JN417723

법학전문대학원협의회 교재개발사업 선정도서

판례교재 형법총론

박상기 · 신양균 · 조상제 · 전지연 · 천진호 共著

공동저자

박상기 연세대학교 법학전문대학원 교수
(현) 한국형사정책연구원 원장
(전) 한국형사법학회 회장

신양균 전북대학교 법학전문대학원 교수
(현) 전북대학교 법학전문대학원 원장
(현) 한국형사법학회 부회장

조상제 아주대학교 법학전문대학원 교수
(현) 한국비교형사법학회 회장
(현) 아주대학교 법학연구소 소장

전지연 연세대학교 법학전문대학원 교수
(현) 한국형사법학회 편집위원장

천진호 동아대학교 법학전문대학원 교수
(현) 한국비교형사법학회 부회장

머리말

'판례교재 형법총론'은 법학전문대학원협의회 교재개발사업 선정도서로서 2009년에 파일형태로 제작되어 제공하던 것을 부분적 수정을 거쳐서 출판한 것이다. 본서의 출판목적은 학생들로 하여금 형사판례를 이해하도록 하기 위하여 사실관계를 이론적 관점에서 분석하는 능력을 키우는 데에 있다. 이를 위하여 대법원 판례 가운데 이론과 사실관계의 접목이라는 관점에서 의미있는 판례를 선별하여 구성하였다. 순서는 형법총론의 일반적 순서를 따랐으나 다만 해당 판례가 있는 경우만으로 제한할 수 밖에 없었다.

형법을 포함하여 법학을 공부할 때 가장 어려운 부분은 실제사건을 이론에 포섭하는 작업이다. 법률가로서의 능력은 이 경우에 가장 중요하게 발휘된다고 볼 수 있다. 판례공부는 이러한 능력을 배양하기 위한 첫 단계에 해당한다. 판례의 단순한 암기는 형법적 사고의 형성에 도움이 되기보다는 판례의 경향을 알아보는 것에 불과하다. 더욱 중요한 것은 사실관계를 분석하여 판례가 정확하게 이론적 틀에 맞게 판단되었는지를 알아보는 것이 더욱 중요하다. 본서는 이러한 능력을 갖추도록 하는 데에 도움이 되도록 편찬되었으나 추가적인 판례의 보완 · 보충 · 비교가 필요할 것으로 보이며 이는 학습과정에서 가능할 것으로 예상한다.

민주사회에서 형법은 사회적 통제기능을 우선시 할 것이 아니라 사회 통합적 기능을 하여야 한다. 즉 범죄를 예방하고 범죄자를 처벌하는 것이 궁극의 목표라고 하기보다는 형법규범의 적용을 통하여 사회구성원이 법 규범에 대한 신뢰를 갖도록 함으로써 종국적으로는 사회 통합이 가능하게 되기 때문이다. 판례를 이용한 형법공부 역시 판례의 단순한 암기나 추종보다는 비판적 분석을 통한 형법 구성요건에 대한 심층적 이해나 고찰이 가능하다고 본다.

끝으로 본서의 출간을 맡아주신 출판사 준커뮤니케이션즈 대표 박준성 사장님에게 감사의 마음을 표한다.

2010년 1월

저자 일동

목차

Ⅳ. 책임론

Ⅴ. 미수범론

Ⅵ. 공범론

Ⅶ. 과실범론

Ⅷ. 부작위범론

IX. 죄수론

X. 형벌론

참고문헌

김성돈, 형법총론, 성균관대학교출판부, 2008
김일수/서보학, 새로 쓴 형법총론, 제11중판, 박영사, 2008
박상기, 형법총론, 제8판, 박영사, 2009
배종대, 형법총론, 제9판, 홍문사, 2008
손동권, 형법총론, 제2개정판, 율곡출판사, 2005
신동운, 형법총론, 제4판, 법문사, 2009
오영근, 형법총론, 제2판, 박영사, 2009
이재상, 형법총론, 제6판, 박영사, 2008
이정원, 형법총론(공개파일), 2008
임 웅, 형법총론, 개정판, 법문사, 2008
정영일, 형법총론, 개정판, 박영사, 2007
형사법연구 창간호(1988.12)~제21권 제4호(2009.12)
비교형사법연구 창간호(199.9)~제11권 제2호(2009.12)
형사판례연구 창간호(1993.7)~제17권(2009.6)
형사정책연구제1권 제1호(1990)~제20권 제4호(2009.12)
형사정책 창간호(1986.12)~제21권 제2호(2009.12)
형사재판의 제문제 제1권~제5권
저스티스 창간호~통권 제114호

I 형법기초이론

1. 형법의 의의, 죄형법정주의, 형법의 해석
2. 죄형법정주의 – 명확성의 원칙
3. 형법의 시간적 적용범위, 소급효금지의 원칙
4. 형법의 시간적 적용범위, 한시법
5. 형법의 장소적 적용범위

I-1 형법의 의의, 죄형법정주의, 형법의 해석

대상판결

대법원 2008.8.21. 선고 2008도3975 판결【풍속영업의규제에관한법률위반】[공2008하,1318]

【피 고 인】피고인

【상 고 인】피고인

【변 호 인】변호사 김장생

【원심판결】광주지법 2008.4.30. 선고 2007노2737 판결

【주 문】상고를 기각한다.

【이 유】

상고이유를 판단한다.

1. 상고이유 제1점에 대하여

원심은 풍속영업의 규제에 관한 법률(이하 '풍속법'이라 한다) 제2조 제2호는 "공중위생관리법 제2조 제1항 제2호 내지 제4호의 규정에 의한 숙박업, 이용업, 목욕장업 중 대통령령으로 정하는 것"을 풍속영업에 포함시키고 있고, 풍속법 시행령 제2조 제2호는 "풍속법 제2조 제2호에서 '목욕장업 중 대통령령으로 정하는 것'이라 함은 공중위생법 시행령 제3조 제2호 (나)목의 규정에 의한 특수목욕장업을 말한다"고만 규정하고 있는바, 풍속법 시행령 제2조 제2호에서 숙박업, 이용업에 대하여 전혀 규정하지 않고 목욕장업에 대해서만 규정을 하고 있음에 비추어, 풍속법 제2조 제2호의 '대통령령으로 정하는 것'을 수식하는 것은 목욕장업만 해당되고, 숙박업과 이용업은 이에 해당하지 않는 것으로 보는 것이 체계해석상 자연스러운 점, 구 풍속영업의 규제에 관한 법률(1999. 3. 31. 법률 제5942호로 개정되기 전의 것) 제2조 제2호는 '공중위생법 제2조 제1항 제1호의 규정에 의한 숙박업, 이용업, 목욕장업 중 대통령령으로 정하는 것 및 유기장업 중 대통령령으로 정하는 것'을 풍속영업에 포함시키는 것으로 규정하였다가, 이후 '유기장업 중 대통령령으로 정하는 것'이라는 문구가 삭제되었는바, 위와 같은 입법 연혁을 고려할 때에도 '숙박업'은 '대통령령으로 정하는 것'이라는 문구에 걸리지 않는 것으로 해석하는 것이 자연스러운 점 등을 종합하여 숙박업에 관하여는 풍속법에

서 직접 규정하고 그 시행령에 별도로 구체적인 범위를 위임하고 있는 것으로 보이지 않는다는 이유로, 풍속법 제2조 제2호에 따른 공중위생관리법 제2조 제1항 제2호 소정의 숙박업은 풍속영업에 해당한다고 판단하였다.

이러한 원심의 판단은 관련 법령에 비추어 정당하고, 거기에 상고이유의 주장과 같은 죄형법정주의 또는 풍속영업의 범위에 관한 법리오해 등의 위법이 없다.

2. 상고이유 제2점에 대하여

풍속법 제3조 제2호는 풍속영업소에서 풍속영업자의 준수사항으로서 음란한 비디오물을 관람하게 하는 행위 등을 금지하고 있는데, 풍속법 제2조 제4호에 의하면 영화 및 비디오물의 진흥에 관한 법률 제2조 제12호가 규정하는 비디오물을 공중의 시청에 제공하는 비디오물감상실업소도 풍속영업소에 포함되는 점에 비추어, 풍속법 제3조 제2호가 규정하는 비디오물이라 함은 영화 및 비디오물의 진흥에 관한 법률 제2조 제12호가 규정하는 비디오물, 즉 연속적인 영상이 테이프 또는 디스크 등의 디지털 매체나 장치에 담긴 저작물로서 기계 · 전기 · 전자 또는 통신장치에 의하여 재생되어 볼 수 있거나 보고 들을 수 있도록 제작된 것을 말하는 것으로서 게임산업진흥에 관한 법률 제2조 제1호의 규정에 의한 게임물과 컴퓨터프로그램에 의한 것(영화가 수록되어 있지 아니한 것에 한한다)을 제외하는 것으로 해석함이 상당하다.

원심이 인정한 사실관계에 의하면, **풍속영업소인 이 사건 모텔의 종업원인 공소외인이 이 사건 모텔의 502호와 506호에 디빅 플레이어(DivX Player)를 설치하여 투숙객으로 하여금 디빅 플레이어에 저장된 비디오물 등을 관람하게 하였는데 디빅 플레이어는 그 내부 하드디스크에 저장된 수많은 디빅(DivX : Digital Internet Video Express) 형식의 동영상 파일을 TV수상기를 통하여 재생시켜 볼 수 있는 기계장치인 사실, 이 사건 디빅 플레이어의 하드디스크에는 남녀의 적나라한 성교 장면이 묘사된 "집단향연"외 30여 편의 음란 동영상이 저장되어 있었는데 투숙객이 디빅 플레이어를 조작하여 음란 동영상을 재생하기 위해서는 비밀번호를 입력하여야 하는 사실, 공소외인은 투숙객이 요청하면 비밀번호를 가르쳐주어 디빅 플레이어를 사용할 수 있도록 한 사실**을 알 수 있는바, 그렇다면 이 사건 디빅 플레이어 내 하드디스크라는 디지털 매체에 디빅 형식의 동영상 파일로 저장된 저작물인 이 사건 음란 동영상은 디빅 플레이어라는 기계장치에 의하여 재생되어 볼 수 있거나 보고 들을 수 있도록 제작된 것으로서 풍속법 제3조 제2호가 정하는 음란한 비디오물에 해당하고, 비밀번호를 입력하여야만 음란한 비디오물을 볼 수 있게 되어 있는 이 사건 디빅 플레이어의 비밀번호를 투숙객에게 가르쳐준 행위는 적극적으로 투숙객들로 하여금 음란한 비디오물을 관람하게 하는 행위와 다르지 않다 할 것인데 공소외인이 이 사건 디빅 플레이어의 비밀번호를 가르쳐줄 당시 투숙객이 음란한 비디오물을 관람할 것을 알았다고 볼 것이므로, 결국 공소외인의 행위는 풍속법 제3조 제2호가 정하는 음란한 비디오물을 관람하게 한 행위에 해당한다.

원심판단은 그 이유 설시에 있어 다소 미흡한 점은 있으나 결론에 있어서 정당하고, 거기에 상고이유의 주장과 같은 판결에 영향을 미친 풍속법상 음란한 비디오물의 개념 및 음란한 비디오물을 관람하게 하는 행위에 관한 법리오해, 채증법칙 위배 등의 위법이 없다.

3. 상고이유 제3점에 대하여

원심이 풍속법 제1조는, "이 법은 풍속영업을 영위하는 장소에서의 선량한 풍속을 해하거나, 청소년의 건전한 육성을 저해하는 행위 등을 규제하여 미풍양속의 보존과 청소년의 보호에 이바지함을 목적으로 한다"고 규정하고 있어, 그 입법 목적에는 청소년의 보호뿐만 아니라 성인들에게 적용될 미풍양속의 보존도 포함되므로, 풍속법 제3조 제2호에서 음란한 물건을 관람하게 하는 행위를 금지하고 있는 것은 위 입법 목적을 달성하는데 적합하면서 최소한의 불가피한 수단이며, 비록 성인의 성적 자기결정권이 일부 제한되더라도, 위 행위를 처벌함으로써 얻게 되는 공익적 효과와의 관계에서 합리적인 비례관계를 현저하게 일탈하여 법익의 균형성을 갖추지 못하였다고 할 수 없다고 판단한 것은 정당하고, 거기에 상고이유의 주장과 같은 풍속법에 관한 법리오해 등의 위법이 없다.

참조조문

형법 제243조 / 풍속영업의 규제에 관한 법률 제2조제2호, 제3조제2호, 제10조, 제12조, 동법 시행령 시행령 제2조 제2호 / 공중위생관리법 제2조제1항제2호 / 영화 및 비디오물의 진흥에 관한 법률 제2조 제12호 / 게임산업진흥에 관한 법률 제2조제1호

법적쟁점

1. 대상판결에서 죄형법정주의가 가지는 의미는 무엇인가?

2. 형벌법규 해석의 방법은 어떤 것이 있는가?

3. 확장해석과 유추의 차이는 무엇이며, 판례는 양자의 관계에 대하여 어떤 입장을 취하고 있는가?

4. 종업원의 행위를 형법전으로는 처벌할 수 없는가?(형법 제243조 참조)

5. 종업원만 처벌되고 모텔의 사업주는 처벌할 수 없는가?(풍속법 제12조 참조)

참고판례 ❶

대법원 2004.2.27. 선고 2003도6535 판결【주민등록법위반】[공2004.4.1.(199),578]

【이유】

검찰관의 상고이유를 판단한다.

이 사건 공소사실 중 주민등록법위반죄의 요지는, 피고인이 2002.12.6. 온라인 게임 '뮤'에 회원으로 가입하면서, 이전에 허위의 주민등록번호를 알려 주는 인터넷 카페에서 알게 된 공소외 성명불상자가 주민등록번호 생성 프로그램으로 만든 주민등록번호를 입력하여 허위의 주민등록번호를 재산상 이익을 위해 사용하였다는 것이다.

형벌법규의 해석은 엄격하여야 하고 명문규정의 의미를 피고인에게 불리한 방향으로 지나치게 확장해석하거나 유추해석하는 것은 죄형법정주의의 원칙에 어긋나는 것으로서 허용되지 않는다(대법원 1992.10.13. 선고 92도1428 판결, 2002.2.8. 선고 2001도5410 전원합의체 판결 등 참조).

주민등록법 제21조 제2항 제3호는 같은 법 제7조 제4항의 규정에 의한 주민등록번호 부여 방법으로 허위의 주민등록번호를 생성하여 자기 또는 다른 사람의 재물이나 재산상의 이익을 위하여 이를 사용한 자를 처벌한다고 규정하고 있으므로, 위 공소사실과 같이 피고인이 이 사건 허위의 주민등록번호를 생성하여 사용한 것이 아니라 타인에 의하여 이미 생성된 주민등록번호를 단순히 사용한 것에 불과하다면, 피고인의 이러한 행위는 피고인에게 불리한 유추해석을 금지하는 위 법리에 비추어 위 법조 소정의 구성요건을 충족시켰다고 할 수 없다.

따라서 원심판결이 같은 취지에서 위 공소사실 부분에 대하여 무죄를 선고한 제1심을 그대로 유지한 조치는 정당한 것으로 수긍이 가고, 거기에 상고이유에서 주장하는 바와 같은 주민등록법이나 자수범에 관한 법리오해 등의 위법이 있다고 할 수 없으며, 또한 피고인이 허위의 주민등록번호를 생성한 자와 공범임을 전제로 하는 상고이유의 주장은 피고인이 공범으로 기소되지도 않았음이 위 공소사실 자체로 보아 명백할 뿐 아니라 기록상 주민등록번호를 생성한 자와 공범관계에 있다고 볼 수도 없으므로 이유 없다.

그러므로 상고를 기각하기로 관여 대법관의 의견이 일치되어 주문과 같이 판결한다.

참고판례 ❷

대법원 1994.12.20. 자 94모32 전원합의체 결정【공소기각결정에대한재항고】[공1995.1.15.(984),538]

【이 유】

재항고이유를 본다.

1. 기록에 의하면, 검사는 피고인이 1993.3.23. 16:00경 대전 대덕구 송촌동 129의 1 피해자 민병숙 등 소유의 사과나무 밭에서 바람이 세게 불어 그냥 담뱃불을 붙이기가 어렵자 마른 풀을 모아 놓고 성냥불을 켜 담배불을 붙인 뒤, 그 불이 완전히 소화되었는지 여부를 확인하지 아니한 채 자리를 이탈한 과실로, 남은 불씨가 주변에 있는 마른 풀과 잔디에 옮겨 붙고, 계속하여 피해자들 소유의 사과나무에 옮겨 붙어 사과나무 217주 등 시가 671만원 상당을 소훼하였다는 것을 공소사실로, 형법 제170조 제2항 , 제167조를 적용법조로 하여 공소를 제기하였는바, 이에 대하여 제1심 법원은 형법 제170조 제2항은 타인의 소유에 속하는 제167조에 기재한 물건(일반물건)을 소훼한 경우에는 적용될 수 없고, 형법상 그러한 물건을 과실로 소훼한 경우에 처벌하도록 하고 있는 규정이 없으므로 결국 공소장에 기재된 사실이 진실하다고 하더라도 범죄가 될 만한 사실이 포함되어 있지 아니한 때에 해당한다는 이유로 공소기각의 결정을 하였고, 위 결정에 대하여 검사가 즉시항고하자, 원심법원은 형법 제170조 제2항의 '자기의 소유에 속하는 제166조 또는 제167조에 기재한 물건'을 '자기의 소유에 속하는 제166조에 기재한 물건 또는 자기나 타인의 소유에 속하는 제167조에 개재한 물건'으로 해석하는 것은 죄형법정주의의 원칙, 특히 유추해석금지 또는 확장해석금지의 원칙에 반한다는 이유로 즉시항고를 기각하여 제1심결정을 유지하고 있다.

2. 그러나. 형법 제170조 제2항의 '자기의 소유에 속하는 제166조 또는 제167조에 기재한 물건을 소훼하여 공공의 위험을 발생하게 한 자'를'자기의 소유에 속하는 제166조에 기재한 물건 또는 자기의 소유에 속하는 제167조에 기재한 물건을 소훼하여 공공의 위험을 발생하게 한 자'로 해석하여 '타인의 소유에 속하는 제167조에 기재한 물건을 소훼하여 공공의 위험을 발생하게 한 자'를 제외함으로써 타인의 물건을 과실로 소훼하여 공공의 위험을 발생하게 한 경우에는 처벌하지 아니한다면, 우리 형법이 제166조에서 타인의 소유에 속하는 일반건조물 등을 방화한 경우(이 경우 공공의 위험을 발생하게 함을 요건으로 하고 있다)보다 더 무겁게 처벌하고 있고, 제167조에서 타인의 소유에 속하는 일반물건을 소훼하여 공공의 위험을 발생하게 한 경우를 자기의 소유에 속하는 물건에 대한 경우보다 더 무겁게 처벌하고 있으며, 제170조에서 과실로 인하여 타인의 소유에 속하는 제166조에 기재한 물건(일반건조물 등)을 소훼한 경우에는 공공의 위험발생을 그 요건으로 하지 아니하고 있음에 반하여 자기의 소유에 속하는 제166조에 기재한 물건을 소훼한 경우에는 공공의 위험발생을 그 요건으로 하고 있음에 비추어, 명백히 불합리하다고 하지 아니할 수 없다.

따라서, 형법 제170조 제2항에서 말하는 '자기의 소유에 속하는 제166조 또는 제167조에 기재한 물건'이라 함은 '자기의 소유에 속하는 제166조에 기재한 물건 또는 자기의 소유에 속하든, 타인의 소유에 속하든 불문하고 제167조에 기재한 물건'을 의미하는 것이라고 해석하여야 할 것이며, 제170조 제1항과 제2항의 관계로 보아서도 제166조에 기재한 물건(일반건조물 등) 중 타인의 소유에 속하는 것에 관하여는 제1항에서 이미 규정하고 있기 때문에 제2항에서는 그중 자기의 소유에 속하는 것에 관하여 규정하고, 제167조에 기재한 물건에 관하여는 소유의 귀속을 불문하고 그 대상으로 삼아 규정하고 있는 것이라고 봄이 관련조문을 전체적, 종합적으로 해석하는 방법일 것이다. 이렇게 해석한다고 하더라도 그것이 법규정의 가능한 의미를 벗어나 법형성이나 법창조 행위에 이른 것이라고는 할 수 없어 죄형법정주의의 원칙상 금지되는 유추해석이나 확장해석에 해당한다고 볼 수는 없을 것이다. 따라서 이 점을 지적하는 논지는 이유 있다.

3. 그러므로 재항고를 받아들여 원심결정과 제1심 결정을 모두 취소하고, 사건을 제1심법원인 대전지방법원에 환송하기로 하여(다만, 이 사건 공소사실만을 보면, 마치, 피고인이 과실로 인하여 피해자의 사과나무를 소훼한 사실에 대하여 공소를 제기한 것처럼 보이나, 공소장에 그 적용법조로 형법 제170조 제2항, 제167조가 기재되어 있으므로, 사실심으로서는 먼저 위 법조에 맞게 공소사실을 정리하여야 할 것이다), 대법관 천경송, 대법관 정귀호, 대법관 박준서, 대법관 김형선을 제외한 관여 대법관의 일치된 의견으로 주문과 같이 결정한다.

대법관 천경송, 대법관 정귀호, 대법관 박준서, 대법관 김형선의 반대의견은 다음과 같다.

다수의견은 형법 제170조 제2항의 '자기의 소유에 속하는 제166조 또는 제167조에 기재한 물건'이라는 표현을, 먼저, '자기의 소유에 속하는 제166조에 기재한 물건 또는 제167조에 기재한 물건'을 축약한 것으로 보고, 나아가 이를 '자기의 소유에 속하는 제166조에 기재한 물건, 또는, 자기의 소유에 속하는'이라는 수식어가 걸리지 아니하는, 다시 말하여, '자기나 타인의 소유에 속하는 제167조에 기재한 물건'으로 해석하여야 한다는 것이다.

그러나, 형벌법규의 해석은 문언해석으로부터 출발하여야 하고, 문언상 해석 가능한 의미의 범위를 넘어서는 것은 법창조 내지 새로운 입법행위 바로 그것이라고 하지 아니할 수 없으며, 이는 죄형법정주의의 중요한 내용인 유추해석의 금지원칙상 쉽게 허용되어서는 안 될 것이다.

형법 제170조 제2항은 명백히 '자기의 소유에 속하는 제166조 또는 제167조에 기재한 물건'이라고 되어 있을 뿐 '자기의 소유에 속하는 제166조에 기재한 물건 또는 제167조에 기재한 물건'이라고는 되어 있지 아니하므로, 우리말의 보통의 표현방법으로는 '자기의 소유에 속하는'이라는 말은 '제166조 또는 제167조에 기재한 물건'을 한꺼번에 수식하는 것으로 볼 수밖에 없고, 위 규정이 '자기의 소유에 속하는 제166조에 기재한 물건 또는, 아무런 제한이 따르지 않는 단순한, 제167조에 기재한 물건'을 뜻하는 것으로 볼 수는 없다 고 하지 아니할 수 없다.

과실로 인하여 타인의 소유에 속하는 일반물건을 소훼하여 공공의 위험을 발생하게 한 경우 그 처벌의 필요성이 있다는 점에는 의견을 같이 할 수 있으나, 그 처벌의 필요성은 법의 개정을 통하여 이를 충족시켜야 할 것이고 법의 개정에 의하지 아니한 채 형법의 처벌규정을 우리말의 보통의 표현방법으로는 도저히 해석할 수 없는 다른 의미로 해석하는 것에 의하여 그 목적을 달성하려고 한다면 그것은 죄형법정주의의 정신을 훼손할 염려가 크다고 아니할 수 없다.

이러한 이유로 다수의견에는 찬동할 수가 없는 것이다.

*유사판례: 대법원 2006.5.12. 선고 2005도6525 판결 ; 대법원 2008.4.24. 선고 2006도8644 판결

참고판례 ❸

대법원 1989.9.12. 선고 87도506 전원합의체판결【위조사문서행사】[공1989.10.15.(858),1418]

【이 유】

검사의 상고이유를 본다.

이 사건 공소사실 중 위조사문서행사죄의 요지는 피고인들은 공모하여 행사할 목적으로 1983.3.25. 공소외 김우곤이 제1심판시 골프장시설공사 도급권을 피고인 2에게 위임하는 내용의 사실증명에 관한 김우곤 명의의 위임장 1매를 위조한 다음 이를 전자복사하여 그 사본을 진정하게 성립된 것처럼 피해자 서대원에게 제시하여 행사하였다는 것이다.

원심판결 이유에 의하면, 원심은 형법에 규정된 위조문서행사죄에 있어서의 문서라 함은 작성명의인의 의사가 표시된 물체 그 자체의 의미한다 할 것이므로 원본을 기계적인 방법에 의하여 사진 복사한 경우에 그 사본 또는 등본은, 사본 또는 등본의 인증이 없는 한 위 죄의 행위객체인 문서에 해당되지 아니한다고 판시하여 같은 이유로 피고인들에게 무죄를 선고한 제1심판결을 그대로 유지하고 있다.

그러나 문서위조 및 동행사죄의 보호법익은 문서자체의 가치가 아니고 문서에 대한 공공의 신용이므로 문서위조죄의 객체가 되는 문서는 반드시 원본에 한한다고 보아야 할 근거는 없고 문서의 사본이라 하더라도 원본과 동일한 의식내용을 보유하고 증명수단으로서 원본과 같은 사회적 기능과 신용을 가지는 것으로 인정된다면 이를 위 문서의 개념에 포함시키는 것이 상당하다 할 것이다.

그러므로 문서의 사본 중에서도 사진기나 복사기등을 사용하여 기계적인 방법에 의하여 원본을 복사한 문서 이른바 복사문서는 사본이라 하더라도 필기의 방법 등에 의한 단순한 사본과는 달리 복사자의 의식이 개재할 여지가 없고, 그 내용에서부터 모양, 형태에 이르기까지 원본을 실제 그대로 재현하여 보여주므로 관계자로 하여금 그와 동일한 원본이 존재하고 있는 것으로 믿게 할 뿐만 아니라 그 내용에 있어서도 원본 그 자체를 대하는 것과 같은 감각적 인식을 가지게 하는 것이고, 나아가 오늘날 일상거래에서 복사문서가 원본에 대신하는 증명수단으로서의 기능이 증대되고 있는 실정에 비추어 볼때 이에 대한 사회적 신용을 보호할 필요가 있다 할 것이므로 위와 같이 사진복사한 문서의 사본은 문서위조 및 동행사죄의 객체인 문서에 해당한다고 보아야 할 것이다. 형법에 규정된 문서위조 및 동행사죄에 있어서 문서의 개념에 관하여 이와 상대되는 견해를 표시한 종전의 본원 판례(1969.11.26. 선고 69모85 결정; 1978.4.11. 선고 77도4068 판결; 1981.12.22. 선고 81도2715 판결;1982.5.25. 선고 82도715 판결; 1983.9.13. 선고 83도1829 판결; 1983.11.8. 선고 83도1948 판결; 1985.11.26. 선고 85도2138 판결; 1988.4.12. 선고 87도2709 판결 및 1988.10.24. 선고 88도1680 판결 등)는 이를 폐기하기로 한다. 따라서 이 사건에서 위조된 위임장을 사진복사한 문서의 사본을 제시 행사한 피고인들의 행위는 형법 제234조 소정의 위조사문서행사죄에 해당한다 할 것임에도 불구하고 원심이 위와 같이 판단한 것은 문서의 개념에 관한 법리를 오해하여 법령적용을 잘못한 위법을 저지른 것이라 할 것이므로 이 점을 지적하는 상고논지는 이유있다.

그러므로 원심판결 중 위조사문서행사에 관한 부분 및 이와 형법 제37조 전단의 경합범 관계에 있는 사문서위조, 사기에 관한 유죄부분을 모두 파기하고 사건을 원심인 부산지방법원 합의부에 환송하기로 하여 대 법관 이재성의 반대의견과 대 법관 이회창의 별개 의견을 제외한 관여 법관의 일치된 의

견으로 주문과 같이 판결한다.

대법관 이재성의 반대의견은 아래와 같다.

다수의견이 설시하는 바와 같이 사진기나 복사기등을 사용하여 기계적인 방법에 의하여 원본을 복사한 문서, 이른바 복사문서가 그 문서의 내용에서부터 모양, 형태에 이르기까지 원본을 실제 그대로 재현하여 보여주므로서 관계자로 하여금 그와 동일한 원본이 존재하고 있는 것으로 믿게 할 염려가 있고 일상거래에서 복사문서가 원본에 대신하는 증명 수단으로서의 기능이 증대되고 있는 실정이어서 진정문서에 대한 사회적 신용을 보호할 필요가 있다고 하는 점은 수긍할 수 있다.

그러므로 이 사건의 경우와 같이 위임사실이 없음에도 불구하고 위임이 있었던 것처럼 위임장을 위조하고 그 위조위임장을 전자복사기로 복사한 후 그 복사본을 진정한 위임장의 복사본인 것처럼 제시행사한 경우 그 행위가 위법하고 심히 부도덕한 것임을 말할 나위가 없다.

그러나 행위자의 어떤 행위가 위법하고 심히 부도덕하다는 사실만으로는 그 행위자를 처벌할 수 없다. 즉 법률에 명시된 처벌규정에 해당하지 아니하면 아무리 위법성이 중대하고 심히 부도덕한 행위라 할지라도 처벌할 수 없는 것이다(헌법 제11조).

이 죄형법정주의의 원칙은 입법자에게는 처벌법규를 제정함에 있어서 그 범죄의 구성요건과 법적 효과(처벌내용)을 일반국민이 잘 이해할 수 있도록 일의적으로 명확하게 규정할 것을 요구하고 법관에게는 처벌법규를 해석하는데 있어서 가능한 한 엄격한 해석을 할 것을 요구하고 있는 것이다.

그리하여 법조문에 분명하게 표시되지 아니한 사실에 대하여 다른 유사한 사실에 관한 법규정을 유추적용하는 것을 금지하는 것이다. 즉 처벌법규의 해석에 있어서는 유추해석이나 확장해석은 할 수 없는 것이다.

그런데 다수의견은 위조된 위임장을 전자복사한 행위를 형법 제231조 소정의 사문서위조죄로 처단하고 그 복사본의 제시행위를 형법 제34조 소정의 위조사문서행사죄로 처단하여야 한다는 것이다.

우리 형법 제231조는 「행사할 목적으로 권리의무 또는 사실증명에 관한 타인의 문서 또는 도화를 위조 또는 변조한 자는 5년 이하의 징역에 처한다」고 규정하였다. 위 조문에서 「문서를 위조한 자」라는 뜻이 무엇인가 하는 점이 문제가 되는데 그것은 첫째로 「문서」라고 하는 것이 무엇을 말하느냐 하는 점을 해석하고 그 다음에 「위조」라고 하는 것이 어떠한 행위를 가르키는 것이냐를 해석하므로서 문제를 해결할 수 있다고 할 것이다.

그런데 지금까지는 일반적으로 문서는 문서작성명의인의 의사표시가 문자 등으로 지편 등 물체 위에 영속되는 상태로 표현(기재)되어 있는 것을 말하고 그것은 문서의 원본을 의미하는 것이고 그 원본을 사진을 찍어 내거나 전자복사한 복사본 따위는 문서의 개념에 포함되지 아니하는 것으로 여겨왔었다. 그리고 「위조」라는 행위의 개념도 「정당한 작성권한 없는 자가 타인의 명의로 문서를 작성하는 것」으로 풀이하여 왔다. 그러므로 위조한 위임장을 전자복사기로 복사본을 만들어 낸 경우에 그 복사본을 형법 제231조에 규정한 문서라고 보기도 어렵거니와 그 복사본을 만들어 낸 행위를 「타인명의로 문서를 작성하였다」고 할 수도 없을 것이다. 즉 그와 같은 행위는 복사본을 만들어 낸 행위가 형법 제231조 소정의 문서위조행위에 해당한다고 보기 어렵고 만들어낸 복사본도 그 법조가 정한 문서에 해당한다고 보기는 어렵다고 생각한다.

그러함에도 불구하고 그러한 경우 문서위조와 성립을 인정하는 것은 죄형법정주의의 원칙에 의하여 금지된 유추확장해석을 하는 것이 된다고 믿는다.

전자복사본에 의한 부정서류의 범람으로부터 진정문서에 대한 사회적 신용을 보호할 필요가 있다고 하여도 그러한 행위를 처벌할 수 있는 명확한 규정이 없는 이상 법원으로서는 무죄를 선고하여야 하고 필요성을 강조하여 처벌법규를 적용하는 것은 부당하다. 그러한 사태에 대한 대책은 입법으로 하여야하고 법원이 형벌법규의 유추확장해석으로 대처할 일이 아니라고 믿는다. 또 다수의견은 복사문서가 필기의 방법 등에 의한 단순한 사본과는 달리 복사자의 의식이 개제할 여지가 없다 하여 필사본을 만들어 그러한 원본이 존재한다고 속인 경우와 전자복사본을 제시하고 그러한 원본이 있다고 속인 경우를 구별하려고 하나 형법 제231조가 규정한 문서의 개념속에 전자복사본은 포함되고 필사본은 포함되지 않는다고 해석한다면 그 규정은 다의적으로 해석하는 것이 되어 형법법규의 명확성에 반하는 결과가 될 것이다.

이상과 같은 소견으로 당원 1978.4.11. 선고 77도4068호 판결은 유지되어야 하고 이 사건 검사의 상고는 기각하여야 한다고 믿는다.

대법관 이회창의 별개의견은 다음과 같다.

(1) 다수의견은 위조문서를 전자복사나 사진복사등 기계적 방법에 의하여 복사한 사본은 원본과 동일한 의식내용을 보유하고 증명수단으로서 원본과 같은 사회적 기능과 신용을 갖는 것이므로 문서위조 및 동행사의 객체인 문서에 해당하고 따라서 그 사본의 작성과 행사는 문서위조죄 및 동행사죄를 구성한다고 주장하나, 이러한 견해는 형법상 범죄구성요건의 기본적 요소는 행위이고 형벌의 기초는 행위책임의 추구에 있음에도 불구하고 위조행위의 실체를 살펴봄이 없이 오직 객체인 문서의 개념에만 집착하여 위조문서의 사본이 문서개념에 합치되는 이상 그 사본 작성행위의 실체가 어떻든 간에 당연의 문서의 위조가 된다는 논리여서 수긍하기 어렵다.

문서위조죄의 객체인 문서란 문자 또는 문자에 갈음하는 부호에 의하여 구체적인 의식내용과 작성명의를 표시한 서면 기타 물체를 말하며 문서위조죄의 보호법익은 이러한 문서가 갖는 증명수단으로서의 사회적 기능과 신용성을 보호하려는 데에 있는 바, 이러한 문서의 개념에 비추어 본다면 전자복사나 사진복사등 기계적 방법에 의하여 원본을 복사한 사본도 원본과 동일한 의식내용과 작성명의를 표시한 문서로서 정도의 차이는 있을지언정 증명문서로서의 사회적 기능과 신용성을 인정받아 통용되고 있으므로 그 문서성을 부인할 수는 없을 것이다.

그러나 이러한 사본을 작성하는 행위 즉 위조문서의 원본을 복사하는 행위자체는 이미 위조가 완성되어 작성명의의 진정이 침해된 문서의 표시내용을 사본으로 재현하는 것에 불과하고 복사로서 새롭게 그 문서의 작성명의의 진정을 침해하는 것은 아니므로 이러한 사본의 작성행위를 가리켜 문서의 위조라고 볼 여지가 없는 것이다(다만 진정한 문서를 복사한 사본의 기재일부를 변개하거나 보충기입을 하는 등 조작을 가한 후 이를 다시 기계적 방법으로 복사하여 원본과 다른 의식내용을 표현한 사본을 작성한 경우에는 그 사본의 작성행위 자체가 문서의 작성명의자의 작성권한을 침해한 것이므로 문서위조에 해당한다).

(2) 위와 같이 위조문서를 복사하는 행위는 문서위조에 해당하지 않으므로 그 사본을 위조문서라고 볼 수는 없으나, 다만 그 사본을 타인에게 제시하여 행사하는 행위는 복사방법을 통하여 위조문서원본을 행사한는 것과 같이 볼 수 있으므로 위조문서행사죄를 구성한다고 보아야 한다.

위조문서의 행사는 위조문서를 진정한 문서인 것처럼 타인에게 제시하거나 열람할 수 있게 비치하는 등 타인이 인식할 수 있는 상태에 두는 것을 말하는 것인 바, 여기에서 제시라 함은 문서자체의 외관과 의식내용을 상대방이 지각작용에 의하여 인식할 수 있도록 내 보여주는 것으로서 그 제시방법은 직접적인 경우뿐만 아니라 간접적으로 문서의 외관과 의식내용을 원본 그대로 전달하는 중개수단을 통하여 제시하는 경우도 포함한다. 간접적인 경우의 예로는 위조문서를 타인에게 환등기로 영사하여 제시하거나 팩시밀리로 전송하여 제시하는 경우를 들 수 있고 이러한 경우에는 영사나 전송 등 중개수단을 통하여 간접적으로 위조문서원본을 제시한 것으로 볼 것이다.

그런데 위조문서를 전자복사나 사진복사 등의 기계적 방법에 의하여 복사한 사본은 문서원본의 외관과 의식내용을 원본 그대로 재현한 것으로서 복사과정에서 의도적인 조작을 가하지 않는 한 그 문서 원본의 외관과 의식내용을 그대로 타인에게 전달하는 기능을 가지고 있으므로, 이러한 사본의 제시는 기계적 복사라는 중개수단을 통하여 문서원본의 외관과 의식내용을 상대방이 인식할 수 있게끔 제시하는 것으로서 환등기의 영사방법이나 팩시밀리의 전송방법과 같이 간접적인 방법으로 문서원본을 제시하는 것이라고 할 수 있다.

그러므로 위조문서의 복사행위는 문서위조행위가 아니어서 그 사본 자체를 위조문서로 볼 수는 없다고 하더라도 그 사본을 제시하는 행위는 위조문서원본을 복사라는 중개수단을 통하여 제시하는 것으로서 위조문서행사죄를 구성한다고 보아야 할 것이다(문서원본의 복사과정에서 조작을 가하여 원본과 다른 복사본을 작성한 경우에는 그 복사본 자체가 위조문서가 되므로 이를 행사하는 것은 당연히 위조문서의 행사에 해당함은 더 말할 나위도 없다).

(3) 결국 위조문서를 전자복사나 사진복사등 기계적 방법에 의하여 복사하는 행위는 문서위조가 되지 않으므로 그 사본을 위조문서라고 볼 수 없음에도 불구하고, 다수의견이 위조문서의 복사도 문서위조가 된다고 보고 그 사본 자체를 위조문서로 보아 그 행사를 위조문서행사에 해당한다고 주장하는 것은 위조행위의 실체를 외면한 이론이어서 찬성할 수 없으나, 다만 그 사본 자체는 위조문서가 아니라고 하여도 이를 제시하여 행사하는 행위는 위조문서원본의 행사로서 위조문서행사죄를 구성한다고 볼 것이므로 이 점에서 원심판결은 유지될 수 없는 것이어서 원심판결을 파기하는 결론에 동조하는 바이다.

참조문헌

김영환, "형법해석의 한계: 허용된 해석과 금지된 유추와의 상관관계", 형사판례연구 제4권, 1996, 1면-18면

류전철, "법률해석의 방법과 형법", 법률행정논총(전남대학교 법률행정연구소) 제17호, 1997, 343면-370면

안성조, "형법의 해석과 적용에 있어서 규칙 따르기(Rule-Following) 논변의 의의", 경찰법연구(한국경찰법학회) 제4권 제1호, 2006.12, 82면-126면

하태훈, "형벌법규의 해석과 죄형법정원칙: 대법원 판례를 중심으로", 형사판례연구 제11권, 2003, 1면-23면

허일태, "형법상 해석원칙과 그 한계", 형사판례연구 제13권, 2005, 25면-52면

I-2 죄형법정주의 – 명확성의 원칙

대상판결

대법원 2008.5.29. 선고 2008도1857 판결【폭력행위등처벌에관한법률위반(집단·흉기등상해)·폭력행위등처벌에관한법률위반(단체등의구성·활동)·폭력행위등처벌에관한법률위반(집단·흉기등감금)·사기】[공보불게재]

【피 고 인】피고인 1외 1인

【상 고 인】피고인들

【변 호 인】변호사 손창환 외 1인

【원심판결】광주고법 2008.1.31. 선고 2007노355 판결

【주　　문】상고를 모두 기각한다.

상고 후의 구금일수 중 93일씩을 본형에 각 산입한다.

【이　　유】

상고이유를 본다.

1. 피고인 2의 상고이유에 대하여

가. 폭력행위 등 처벌에 관한 법률 제4조 제1항 중 "활동" 부분의 위헌성 주장에 대하여

(1) 처벌법규의 구성요건을 일일이 세분하여 명확성의 요건을 모든 경우에 요구하는 것은 입법기술상 불가능하거나 현저히 곤란한 것이므로, 어느 정도의 보편적이거나 일반적인 뜻을 지닌 용어를 사용하는 것은 부득이하다고 할 수밖에 없고(헌법재판소 1996. 12. 26. 선고 93헌바65 전원재판부 결정 참조), 따라서 다소 광범위하여 법관의 보충적인 해석을 필요로 하는 개념을 사용하였다고 하더라도 통상의 해석방법에 의하여 당해 처벌법규의 보호법익과 금지된 행위 및 처벌의 종류와 정도를 알 수 있다면 그 적용단계에서 다의적으로 해석될 우려가 없다고 할 것이므로 헌법이 요구하는 명확성의 요구에 배치된다고 보기 어렵다고 할 것이다. 그리고 처벌법규의 구성요건이 어느 정도 명확하여야 하는가를 일률적으로 정할 수 없고, 각 구성요건의 특수성과 그러한 법적 규제의 원인이 된 여건이나 처벌의 정도 등을 고려하여 종합적으로 판단하여야 한다(헌법재판소 1995.5.25. 선고 93헌바23 전원재판부 결정, 대법원 2002.7.26.

선고 2002도1855 판결 등 참조).

폭력행위 등 처벌에 관한 법률 제4조 제1항(이하 이 사건 법률조항이라고 함)에서 규정하고 있는 범죄단체 구성원으로서의 "활동"의 개념이 다소 추상적이고 포괄적인 측면이 있지만, 폭력행위 등 처벌에 관한 법률이 집단적 · 상습적인 폭력범죄를 엄히 처벌하기 위하여 제정되었고, 특히 이 사건 법률조항은 범죄단체의 사회적 해악의 중대성에 비추어 범죄의 실행 여부를 불문하고 범죄의 예비 · 음모의 성격을 갖는 범죄단체의 생성 및 존속 자체를 막으려는 데 그 입법 취지가 있는 점, 범죄단체활동죄는 범죄단체 구성 · 가입죄가 즉시범으로 공소시효가 완성된 경우에는 이들을 처벌할 수 없다는 불합리한 점을 감안하여 그 처벌의 근거를 마련한 것이라는 점에서 범죄단체의 구성 · 가입죄와 별도로 범죄단체활동죄를 처벌할 필요성이 있는 점, 어떠한 행위가 위 "활동"에 해당할 수 있는지는 구체적인 사건에 있어서 위 규정의 입법 취지 및 처벌의 정도 등을 고려한 법관의 합리적인 해석과 조리에 의하여 보충될 수 있는 점 등을 종합적으로 판단하면, 이 사건 법률조항 중 "활동" 부분이 죄형법정주의의 명확성의 원칙에 위배된다고 할 수 없다.

(2) … 생략

원심은, 그 적법하게 조사하여 채택한 증거들에 의하여 그 판시와 같은 사실을 인정한 다음, 국제피제이파가 폭력행위 등 처벌에 관한 법률 제4조 소정의 범죄단체로 동일성을 유지한 채로 존속하고 있고, 피고인 2가 그 간부로서 국제피제이파의 구성원인 공소외인의 지시에 따라 국제피제이파 조직원들을 동원하여 이 사건 범행을 저지른 것이라고 인정하여 피고인 2를 범죄단체활동죄로 처벌하였다.

원심판결 이유를 위와 같은 법리와 기록에 비추어 살펴보면, 원심의 이와 같은 사실인정 및 판단은 정당한 것으로 수긍할 수 있다.

원심판결에는 상고이유에서 주장하는 바와 같이 채증법칙을 위배한 위법 등이 없다.

【사실관계】

1. 피고인2는 자신이 1994.9.7. 광주고등법원에서 위와 같이 폭력 범죄단체를 구성하고 피해자 공○학 등에게 그림을 강매하려다 미수에 그치는 등의 폭력행위를 하였다는 내용의 폭력행위등처벌에관한법률위반죄 등으로 징역 4년 6월 및 보호감호를 선고받은 것과 관련하여, 위 사건의 수사과정에서 위 피해자 공○학(47세)이 자신에게 불리한 진술을 함으로써 위와 같이 형사처벌을 받게 되었다고 생각하고 피해자에 대

하여 깊은 원한을 품고 있던 중, 2004.5.21. 청송제3교도소에서 가출소하여 광주 남구 주월동 소재 국제호텔 사우나 등지에서 피해자를 수회 만났음에도 피해자로부터 아는 체조차도 하지 않는 무시를 당하자 앙심을 품고, 2006.10. 초순경 서울 강남구 역삼동 소재 상호불상 식당에서 피고인 김○범에게 피해자를 납치하여 달라고 부탁하고, 피고인 김○범은 같은 해 11.경 평소 알고 지내는 이○홍, 심○섭에게 위 범행을 제안하여 동인들로 하여금 위 범행에 가담할 것을 결의하도록 하고, 같은 달 초중순경 서울 강남구 역삼동 소재 스타빌딩 앞 노상에서 평소 알고 지내던 윤○규, 종○영에게 "광주로 내려가서 사람 한 명을 납치해야 한다, 일을 도와주면 너희들에게 1인당 5,000만원씩을 주겠다."라고 말하여 동인들로 하여금 위 범행에 가담할 것을 결의하도록 하고, 피고인2는 피고인 강○을 통해 같은 달 20. 21:00경 광주 서구 금호동 소재 오디션 음악홀로 피고인 김○수, 양○석을 불러낸 후 이들에게 "내일 국제호텔 사우나에서 볼 일이 있다, 아침 8시까지 조직원 10명을 편한 복장으로 집합시켜라."라고 지시하고, 피고인 양○석은 같은 날 22:00경 국제피제이파 동기 조직원인 문○성에게 전화하여 피고인의 지시를 전달하고, 같은 날 22:22경 국제피제이파 1년 후배인 피고인 장○원에게 전화하여 광주 서구 풍암동 소재 상호불상 커피숍으로 불러내어 피고인의 지시를 전달하고, 피고인 장○원은 같은 달 20. 22:43경 국제피제이파 1년 후배인 피고인 나○희에게 전화하여 피고인의 지시를 전달하고, 피고인 나○희는 같은 날 22:46경 국제피제이파 4년 후배인 피고인 부○유에게 전화하여 피고인의 지시를 전달하면서 피고인 부○유의 동기 조직원인 피고인 강○웅과 함께 피고인 장○원을 찾아가라고 지시하고, 피고인 부○유는 같은 날 22:46경 국제피제이파 1년 후배인 피고인 구○권에게 전화하여 피고인의 지시를 전달하고, 피고인 구O권은 같은 날 23:02경 국제피제이파1년 후배인 피고인 신○성 및 김○영에게 전화하여 같은 달 21. 03:00경 광주 동구 대인동 소재 상호불상 여관 근처로 불러낸 후 피고인의 지시를 전달하고, 피고인 장○원은 같은 날 03:00경 국제피제이파 동기 조직원인 피고인 박○혁으로부터 전화를 받고 그에게 피고인의 지시를 전달하는 방법으로 위 범행을 순차 결의한 후,

피고인 김○수, 양○석, 장○원, 박○혁, 부○유, 강○웅, 구○권, 신○성 및 문○성, 김○영은 2006.11.21. 08:00경 광주 남구 주월동 소재 국제호텔 앞 노상에 집결하여, 피고인2로부터 같은 날 09:11경 잠시 후 피고인 김○범 등이 위 호텔 사우나 안으로 진입할 것이니 일부 조직원들은 그들을 따라 위 사우나로 들어가 그곳 카운터과 이발소를 제압하고, 일부 조직원들은 위 호텔 밖에서 망을 보도록 역할분담을 하라는 지시를

받은 피고인 김○수로부터 '피고인 김○수, 양○석은 위 호텔 사우나 안으로 진입하여 이발사를 제압하고, 피고인 장○원, 박○혁은 위 호텔 사우나 안으로 진입하여 카운터 종업원을 제압하고, 피고인 부○유, 강○웅, 구○권, 신○성 및 문○성, 김○영은 위 호텔 사우나 입구에서 망을 보도록 역할을 지정받고, 대기하던 중, 피고인 윤○규 및 이○흥, 심○섭, 종○영이 같은 날 09:20경 위 사우나 앞 노상에 도착하여, 종○영을 타고 온 차량에 남겨 둔 채, 미리 위 호텔 사우나에 들어가 피해자가 위 사우나에 들어온 것을 확인하고 나온 피고인 김O범과 함께 위 사우나 안으로 진입하자, 피고인 부○유, 강○웅, 구○권은 위 호텔 사우나 입구에서 망을 보면서 다른 사람들이 위 호텔 사우나 안으로 들어가지 못하도록 막고, 피고인 신○성 및 문○성, 김○영은 위 호텔 사우나 앞 도로 맞은편 농협 앞 노상에서 망을 보고, 피고인 김○수, 양○석, 장○원, 박○혁은 피고인 김○범 등을 따라 위 호텔 사우나 안으로 진입한 후, 피고인 장○원, 박○혁은 카운터로 뛰어들어가 손으로 여종업원 주○희의 머리를 눌러 바닥에 닿게 한 다음 "움직이지 말고 가만히 있어라, 해치지 않을 테니까 고개를 들지마라."라고 말하면서 동녀를 제압하고, 피고인 김○수, 양○석은 이발소 입구를 가로막고 이발사인 김○석이 탈의실로 나오지 못하게 제지하면서 "조용히 해라."라고 말하여 동인을 제압하고, 피고인 김○범, 윤○규 및 이○흥, 심○섭은 위 사우나 탈의실로 들어가 옷을 갈아입고 있던 피해자에게 달려들어, 피고인 김○범은 미리 소지한 위험한 물건인 전기충격기로 피해자의 몸에 수회 전기충격을 가하고, 심○섭은 주먹으로 피해자의 얼굴 부위를 때리고 발로 정강이 부위를 차고, 피고인 윤○규는 심○섭과 함께 피해자의 양팔을, 이○흥은 피해자의 양다리를 붙잡아 피해자를 움직이지 못하도록 한 상태에서 피해자를 위 사우나 밖으로 들고 나와 위 호텔 앞에 대기시켜 두었던 포텐샤 승용차에 태운 다음, 곧바로 미리 준비한 털모자를 피해자의 얼굴에 씌워 눈과 귀를 가리고 양손목에 수갑을 채우고, 계속하여 피고인 김○범, 윤○규 및 이○흥, 심○섭은 위 차량으로 피해자를 전남 담양군 소재 불상지까지 데리고 가 그곳에 미리 주차시켜 놓았던 그레이스 승합차에 옮겨 태운 후 다시 광주 북구 오치동 소재 31사단 앞 노상까지 이동하여 피고인을 위 승합차에 태우고, 피고인2는 같은 날 13:00경 위 승합차 적재함에 탑승한 후, 위 승합차량이 피고인 이○원 운전의 그랜져 승용차의 선도에 따라 광주 북구 중흥동 오치동, 일곡동 일원을 운행하는 동안, 피해자에게 위 그림 강매 사건 당시 수사기관에 협조하였는지 여부를 추궁하고, 위 심○섭 등은 위 승합차량을 운행하다가 같은 날 15:00경 광주 북구 중흥동 번지불상지에서 피고인의 지시에 따라 피해자를 석방하여 약 5시간 40분동안 피해자를 감금하고, 피해자의 반항을 억압하는 과정에서 피해자에게 약 2주간의 치료를 요하는 우측족부염좌 등의 상해를 가하고,

2. 2006.11.21. 09:20경 위 국제호텔 사우나에서 '국제피제이파' 부두목급 간부로서의 지위를 이용하여 위 제1항 기재와 같이 동 단체의 조직원들을 동원하여 위 피해자를 납치 · 감금함으로써 위 단체의 부두목으로 활동한 것이다(광주지방법원 2007.10.22. 선고 2007고합339 판결에서 정리).

참조조문

헌법 제12조 제1항 / 폭력행위 등 처벌에 관한 법률 제4조

법적쟁점

1. 위 사안에서 법규의 몰가치성, 객관성에 대한 요청이 문제되는 부분은 무엇인가?

2. 죄형법정주의에 있어서 법규의 명확성이 가지는 의미는 무엇이며 명확성은 어디까지 요구되는가?

3. 법규의 명확성과 해석작용은 어떤 관계를 가지는가?

4. 어떤 행위를 범죄로 규정할 것인지 그리고 어떤 제재를 과할 것인지는 입법정책의 문제라고 할 수 있는가?

5. 법규가 명확한 경우라도 처벌대상이나 범위 등을 하위법령에 위임하는 것이 어디까지 허용되는가?

참고판례 ❶

헌법재판소 1995.9.28. 선고 93헌바50 위헌결정【특정범죄가중처벌등에관한법률 제4조 위헌소원】[판례집 7권 2집, 297]

1. 사건의 개요 및 심판의 대상

가. 사건의 개요

청구인은 1988.3.부터 1993.6.16.까지 사이에 포항종합제철주식회사(이하 "포항제철"이라 약칭한다)의 상무이사 또는 부사장 등 간부직원으로 재직하면서 포항제철의 설비계획업무를 총괄하던 자인바, 그 업무총괄기간 중인 1990.1. 하순경부터 1992.1. 하순경까지 사이에 3차례에 걸쳐 포항제철의 거래업체에 종사하는 담당자 등으로부터 설비공급수주를 받도록 하여준데 대한 사례의 명목 등으로 합계 금 106,000,000원을 교부받아 정부관리기업체인 포항제철의 간부직원으로서 그 직무에 관하여 뇌물을 수수하였다는 범죄사실로 구속기소되어, 서울형사지방법원에서 공판을 받던 중(93고합1218호) 그 재판의 전제가 되는 특정범죄가중처벌등에관한법률 제4조 제1항 및 제2항에 대하여 위 법원에 위헌여부심판의 제청신청(서울형사지방법원 93초4073호)을 하였으나 1993.10.8. 그 신청이 기각되자, 같은 달 22. 헌법재판소법 제68조 제2항에 따라 이 사건 헌법소원심판청구를 하였다.

… 생략

나. 심판의 대상

그러므로 이 사건 심판의 대상은 특정범죄가중처벌등에관한법률(제정 1966.2.23. 법률 제1744호, 최종개정 1994.6.28. 법률 제4760호, 이하 "특가법"이라 약칭한다) 제4조 제1항 및 제2항(이 조항들은 특가법이 1966.2.23. 법률 제1744호로 제정된 이래 한번도 개정됨이 없이 현재까지 그대로 존치되어 있다)의 위헌 여부이고, 그 내용은 다음과 같다.

특가법 제4조(뇌물죄 적용대상의 확대)

① 형법 제129조 내지 제132조의 적용에 있어서는 정부관리기업체의 간부직원은 이를 공무원으로 본다.

② 제1항의 정부관리기업체 및 간부직원의 범위는 대통령령으로 정한다.

2. 청구인의 주장 및 관계기관의 의견

가. 청구인의 주장

(1) 죄형법정주의에 위반된다.

죄형법정주의는 무엇이 처벌될 행위인가를 국민이 예측가능한 형식으로 정함으로써 개인의 법적 안정성을 보호하고 성문의 형벌법규에 의한 실정법질서를 확립하여 국가형벌권의 자의적인 행사로부터 개인의 자유와 권리를 보장하려는 법치국가형법의 기본원칙이므로 무엇이 범죄이며 그에 대한 형벌이 어떠한 것인가는 반드시 국민의 대표로 구성된 입법부가 법률로 이를 정하여야 한다. 그런데 형법상 뇌물죄와 같은 신분범에 있어서는 그 주체에 관한 요건이 구성요건의 중요한 부분임에도 불구하고 특가법 제4조는 '정부관리기업체의 간부직원은 공무원으로 본다'라고 규정하면서, "정부관리기업체"의 요건이나 기준을 대통령령에 위임함으로써 특가법의 규정만으로는 정부관리기업체에 관하여 대통령령에 규정될 내용의 대강도 예측할 수가 없으므로 이는 죄형법정주의(특히 법률명확성의 원칙)에 위배된다.

… 생략

나. 법원의 위헌제청신청 기각이유

(1) 죄형법정주의는, 형벌법규는 건전한 상식과 통상적인 법감정을 가진 사람이 구체적인 경우에 그 적용대상자가 누구이며 어떠한 행위들이 금지되어 있는가를 판단할 수 있을 정도로 명확하게 규정되어 있을 것을 요구한다. 그러나 복잡다기하고 변화가 많은 현대사회에서는 모든 사항을 법률로 제정하여 대응할 수 없기 때문에 "죄형법정주의"에서 표현하는 법률이라 함은 형식적 의미의 법률만을 뜻하는 것이 아니라 때에 따라서는 구체적이고 개별적으로 한정된 사항에 관하여 법률로부터 위임받아 제정된 대통령령도 포함되는 것이라고 할 것이다. 특가법 제4조 제1항에는 "형법 제129조 내지 제132조의 적용에 있어서는 정부관리기업체의 간부직원은 이를 공무원으로 본다" 그 제2항에는 "제1항의 정부관리기업체 및 간부직원의 범위는 대통령령으로 정한다"고 각 규정되어 있고, 이로부터 위임받은 특가법시행령 제2조는 "법 제4조 제1항의 정부관리기업체의 범위는 다음과 같다"고 하면서 그 제22호에서 포항제철을 정부관리기업체의 하나로 규정하고 있는바, 위 법률 및 시행령의 규정에 의하면 포항제철의 간부직원은 형법 제129조 내지 제132조의 적용에 있어서는 공무원으로 의제되어 처벌받게 되어 있음이 뚜렷하여 구성요건의 전부가 명확하게 법정되어 있다고 할 것이므로 위 조항이 죄형법정주의나 이에 파생된 형벌법규 명확성의 원칙에 위반된다고 할 수 없다.

… 생략

다. 법무부장관 및 검찰총장의 의견

(1) 죄형법정주의의 원칙은 범죄가 되는 행위 및 이에 대한 형벌을 성문의 법규에 의하여 명확하게 정하여 둠으로써 국민의 법적안정성을 도모하고 행정부에 의한 국가형벌권의 자의적 행사로부터 개인의 자유와 권리를 보장하려는 법치주의의 원칙이다. 여기서 구성요건이 명확하여야 한다는 것은 그 법률을 적용하는 단계에서 가치판단을 전혀 배제한 무색투명한 서술적 개념으로 규정되어져야 한다는 것을 의미하는 것이 아니라 입법자의 입법의도가 건전한 일반상식을 가진 자에 의하여 일의적으로 파악될 수 있는 정도의 것을 의미하는 것이라고 할 것이다. 이렇게 볼 때, 특가법 제4조 제1항이 규정하고 있는 "정부관리기업체"라 함은 일응 그 기업체의 설립근거나 형태 여하에 불구하고 정부가 자본의 전부 또는 상당부분을 출자하고 그 임 · 직원의 임면이나 경영에 영향력을 행사하는 등 일정한 범위에서 정부의 지휘 · 감독을 받는 관계에 있는 기업체를 의미한다고 이해할 수 있을 것이며 이는 건전한 상식을 갖춘 일반인이라면 누구나 명료하게 이해할 수 있는 개념이라 할 것이다. 또한 특가법 제4조 제2항은 정부관리기업체의 범위를 대통령령으로 정하도록 하고 있으며, 이에 따라 동법 시행령 제2조는 정부관리기업체의 범위를 구체적으로 상세하게 규정하고 있다. 따라서 특가법 자체에서 정부관리기업체에 관한 개념정의를 규정하지 않았다 하더라도 특가법 제4조 제1항의 "정부관리기업체"라는 개념이 결코 불명확하다거나 애매모호하다고는 할 수 없어 죄형법정주의에 위반된다고 할 수 없다.

3. 판단

가. 우리헌법 제12조 제1항 후문과 제13조 제1항 전단에서 규정하고 있는 죄형법정주의는 범죄의 구성요건과 그에 대한 형벌의 내용을 국민의 대표로 구성된 입법부가 성문의 법률로 정하도록 함으로써 국가형벌권의 자의적(恣意的)인 행사로부터 개인의 자유와 권리를 보장하려는 법치국가형법의 기본원칙으로서, 형벌법규의 "보장적 기능"을 수행하는 것이다. 따라서 형사처벌의 대상이 되는 범죄의 구성요건은 형식적 의미의 법률로 명확하게 규정되어야 하며(명확성의 원칙), 만약 범죄의 구성요건

에 관한 규정이 지나치게 추상적이거나 모호하여 그 내용과 적용범위가 과도하게 광범위하거나 불명확한 경우에는 국가형벌권의 자의적인 행사가 가능하게 되어 개인의 자유와 권리를 보장할 수 없으므로 죄형법정주의의 원칙에 위배된다.

또한 우리헌법 제75조는 대통령은 법률에서 구체적으로 범위를 정하여 위임받은 사항에 관하여 대통령령을 발할 수 있다고 규정함으로써 위임입법의 근거와 아울러 그 범위 및 한계를 제시하고 있는바, 여기서 "법률에서 구체적으로 범위를 정하여 위임받은 사항에 관하여"라고 함은 법률 그 자체에 이미 대통령령으로 규정될 내용 및 범위의 기본적 사항이 구체적으로 규정되어 있어서 누구라도 당해 법률 그 자체에서 대통령령에 규정될 내용의 대강을 예측할 수 있어야 함을 의미하고(당재판소 1991.7.8. 선고, 91헌가4 결정 참조), 그렇게 하지 아니한 경우에는 위임입법의 한계를 일탈한 것이라 아니할 수 없다.

나. 먼저, 특가법 제4조 제1항 소정의 "정부관리기업체"라는 용어가 구성요건 개념으로서 명확한 것인지의 여부에 관하여 본다.

특가법 제4조는 그 제1항에서 "형법 제129조 내지 제132조의 적용에 있어서는 정부관리기업체의 간부직원은 이를 공무원으로 본다"고 규정하여 뇌물죄의 적용대상(주체)을 원래 공무원이나 중재인이 아닌 정부관리기업체의 간부직원에게도 확대하고 있고 그 제2항에서 "제1항의 정부관리기업체 및 간부직원의 범위는 대통령령으로 정한다"고 규정하여 그 적용대상이 되는 정부관리기업체의 범위를 대통령령에 위임하고 있으며, 그 위임에 따라 같은 법 시행령 제2조는 위 정부관리기업체에 해당하는 것을 구체적으로 열거하고 있다. 따라서 특가법 제4조 및 같은 법 시행령 제2조는 "정부관리기업체 간부직원의 수뢰죄"라는 이른바 신분범에 있어서 그 주체(신분)에 관하여 규정하고 있는 구성요건 규정이고, 이러한 범죄주체가 수수 · 요구 또는 약속한 뇌물의 가액이 5천만원 이상인 때에는 무기 또는 10년 이상의 징역에 처할 수 있는 무거운 형벌이 규정되어 있다(특가법 제2조 제1항 참조).

그런데 특가법 제4조 제1항 소정의 "정부관리기업체"가 어떤 기업체를 가리키는가에 관하여 특가법 자체에는 아무런 규정이 없고 같은 법 시행령을 보아도 그 제2조에서 "법 제4조 제1항의 정부관리기업체의 범위는 다음과 같다"고만 규정하여 그에 해당하는 기업체를 개별적, 구체적으로 열거하고 있을 뿐 "정부관리기업체"라는 용어에 관한 아무런 정의규정이나 해설규정이 없으며 다른 법률에서도 그러한 규정을 찾아볼 수가 없다.

그렇다면 특가법 제4조 제1항의 "정부관리기업체"가 어떤 기업체를 가리키는 것인가는 우리의 건전한 상식에 따라 이를 판단할 수밖에 없는데, "정부관리기업체"라는 용어의 정의를 평명하게 풀이해 보면 일응 "정부가 관리하는 기업체"를 말한다고 볼 수 있겠으나 "정부", "관리" 및 "기업체"라는 세가지 개념요소 중 "관리"라는 용어는 적어도 구성요건의 개념으로서는 그 의미가 지나치게 추상적이고 광범위하다. 정부가 어떤 목적과 법적 근거에서 어떤 사항에 대하여 어떤 내용과 정도의 관리를 함을 의미하는지를 가늠할 수가 없고, 정부가 어떤 기업체를 관리하는 목적과 법적 근거, 관리의 대상, 내용 및 정도 등을 불문하고 그 기업체의 관리에 관하여 직접 또는 간접으로 사실상 또는 법률상 관여하는 모든 경우가 여기에 포함된다면 그 범위가 지나치게 광범하여 적용대상이 매우 모호하게 된다.

"정부관리기업체"라는 용어의 지나친 추상성과 광범성은 다음과 같은 사실에서도 실증적으로 알 수 있다. 현행 형벌법규상으로는 "정부관리기업체"란 용어를 해설한 정의규정이나 해설규정이 없고/다만 이미 폐지된 법률 중 ① 정부관리기업체직원보수통제에관한특별조치법(1961.9.1. 법률 제709호,

이 법률은 1963.8.7. 폐지되었다) 제2조 제1호, ② 정부관리기업체직원퇴직금및해고수당지급에관한특별조치법 (1962.2.19. 법률 제1027호, 이 법률은 1961.5.16.부터 같은 해 12.3.까지의 기간에 퇴직 또는 해고된 자에 대하여서만 적용된 법률이었다) 제2조 제1항 및 ③ 정부관리기업체직원의보수에관한법률 (1963.8.7. 법률 제1388호, 이 법률은 1964.3.3. 폐지되었다) 제2조 등에 "정부관리기업체"의 정의규정(定義規定)이 있었으나 이들 정의규정에서조차도 위 ①,②법률과 ③법률에서 규정한 내용이 동일하지 않았음을 알 수 있고, 또 특가법 제4조에 관한 대법원의 해석론에 의하더라도 "정부관리기업체의 간부직원을 뇌물죄의 적용에 있어서 공무원으로 의제하는 특가법 제4조의 규정취지는, 정부가 소유 · 지배하는 공공적 성격이 강한 기업체는 국가정책과 국민경제에 중대한 영향을 미치기 때문에 그 간부직원에 대하여 일반공무원과 마찬가지로 엄격한 청렴의무를 부과하여 그 직무의 불가매수성을 확보하고자 하는데 있다고 할 것이므로, 어떤 기업체가 특가법 제4조 제1항 소정의 "정부관리기업체"에 해당하는지의 여부는 정부가 납입자본금의 5할 이상을 출자하였는가 아닌가와 같은 소유개념만으로 판단하여서는 아니되고, 그 소유개념과 더불어 그 기업의 공공성 및 정부의 지배력 등을 종합하여 판단하여야 한다"고 판시하고 있는바(대법원 1994.12.27. 선고, 94도618 판결 참조), 위와 같은 판시 그 자체가 이미 "정부관리기업체"라는 용어의 추상성, 광범성, 복잡성 등을 극명하게 시사해주고 있다.

한편, 정부투자기관관리기본법 제2조는 "이 법의 적용대상이 되는 투자기관은 정부가 납입자본금의 5할 이상을 출자한 기업체로 한다. 다만, 한국방송공사법에 의한 한국방송공사를 제외한다"고 규정하고 있으나 이 법과 특가법의 입법목적이 서로 다른 점 등을 감안하면 위 규정이 곧 특가법 제4조 제1항의 "정부관리기업체"의 개념규정에 준용 또는 유추적용될 수 없음은 명백할 뿐만 아니라 위 법률의 시행으로 특가법 제4조 제1항 소정의 "정부관리기업체"의 개념규정을 더 어렵게 하고 있다.

이와 같이 수뢰죄와 같은 이른바 신분범에 있어서 그 주체(신분)에 관한 구성요건 규정이 지나치게 광범위하고 불명확하다면 결국그 구성요건은 전체로서 명확성을 결여한 것으로서 죄형법정주의에 위배된다고 할 것이다.

참고판례 ❷

헌법재판소 2006.7.27. 선고 2005헌바19 합헌 · 각하결정【형법 제349조 제1항 등 위헌소원】[판례집 18권 2집, 125]

[헌공제118호]

1. 사건의 개요와 심판의 대상

가. 사건의 개요

(1) 청구인은 그 자녀들과 함께 천안시 직산읍 소재 전 264㎡의 공동소유자로서, 피해자 ㅇㅇ 주식회사가 그 일대 토지 약 7,436평에 아파트 건설사업을 추진함에 있어서 필요한 사업계획의 승인 및 분양허가 등을 받기 위해서는 전체 사업부지 100%를 모두 취득해야 한다는 점을 악용하여 청구인의 토지가 위 사업부지 중 가장 중심지에 위치함을 기회로 현저하게 높은 가격에 팔아 이득을 얻기로 마음먹고, 위 피해자회사가 위 건설사업에 토지매수비용 89억 원, 설계비, 교통영향평가비용 등 합계 약 105억 원을 투자한 상태에서 사업지연으로 금융비용 등 수억 원의 손해가 발생하고 한편 천안시로부터는 2004. 3. 말경까지 청구인의 토지를 취득하지 못하면 사업승인을 받지 못한다는 통보를 받는 등으로 회사가 부도위기에 처해 청구인의 토지를 조속히 매입할 수밖에 없는 궁박한 상태를 이용하여,

2004. 3.경 위 피해자회사에게 위 토지를 당시 위 사업부지의 평균매매가인 평당 90만 원(총액 7,200만 원)보다 약 36배 비싼 평당 3,250만 원(총액 26억 원)에 매도함으로써 25억 2,800만 원 상당의 부당한 이익을 취득함으로써 형법 제349조 제1항(1995.12.2. 법률 제5057호로 개정된 것)을 위반하였다는 공소사실로 기소(인천지검 2004형제30763호)되어, 2005.2.4. 인천지방법원에서 징역 10월, 집행유예 2년을 선고받았다.(인천지법 2004고단3518호)

(2) 청구인은 위 재판 계속중 청구인의 범죄사실에 적용된 법률조항인 형법 제349조 제1항이 위헌이라면서 위헌법률심판 제청신청을 하였으나(2005 초기 1429) 2005.2.4. 기각되자, 2005.3.5. 형법 제349조 제1항 · 제2항의 위헌확인을 구하는 이 사건 헌법소원심판 청구를 하였다.

나. 심판의 대상

(1) 심판대상 조항

이 사건 심판대상은 형법 제349조 제1항(1995. 12. 29. 법률 제5057호로 개정된 것, 이하 '이 사건 법률조항'이라 한다) · 제2항으로 그 내용은 다음과 같다.

제349조(부당이득) ① 사람의 궁박한 상태를 이용하여 현저하게 부당한 이익을 취득한 자는 3년 이하의 징역 또는 1천만 원 이하의 벌금에 처한다.

② 전항의 방법으로 제삼자로 하여금 부당한 이익을 취득하게 한 때에도 전항의 형과 같다.

(2) 관련 법규정

형법 제348조(1995.12.29. 법률 제5057호로 개정된 것) (준사기) ① 미성년자의 지려천박(지려천박) 또는 사람의 심신장애를 이용하여 재물의 교부를 받거나 재산상의 이익을 취득한 자는 10년 이하의 징역 또는 2천만 원 이하의 벌금에 처한다

② 전항의 방법으로 제삼자로 하여금 재물의 교부를 받게 하거나 재산상의 이익을 취득하게 한 때에도 전항의 형과 같다.

2. 청구인의 주장, 법원의 위헌제청신청 기각이유와 관계기관의 의견

가. 청구인의 주장

(1) "궁박한 상태", "현저하게 부당한 이익", "사람" 등 형법 제349조는 그 개념이 너무 추상적이고 포괄적이어서 위 조항만으로는 그 처벌기준을 알 수가 없고 따라서 국가공권력에 의한 자의적인 처벌이 가능할 뿐만 아니라 행위자는 행위당시 자신의 행위가 범죄행위에 해당하는지 여부를 판단할 수가 없어 명확성의 원칙을 내용으로 하는 죄형법정주의에 위반된다.

(2) 당사자 간의 합의에 의한 계약체결행위가 국가공권력에 의해 처벌받게 되어 헌법상 보장된 사적자치의 원칙에 반하고 개인의 재산권을 침해하여 과잉금지의 원칙에도 위반된다.

나. 법원의 위헌제청신청 기각이유

(1) 범죄구성요건에 있어서도 가치개념을 포함하는 일반적 · 규범적 개념을 사용하는 것을 금지할 수는 없고 통상의 판단능력을 가진 일반인이 구체적인 경우에 당해 행위가 그 적용을 받는가를 판단할 수 있을 정도라면 죄형법정주의를 위반하지 않는다고 할 것이다. 다양한 경제생활에서의 폭리행위를 처벌하여야 하는 부당이득죄의 성격상 구성요건에 일반적 · 규범적인 개념을 사용하는 것은 입법기술상 불가피하고 따라서 '궁박한 상태를 이용', '현저히 부당한 이익의 취득' 등의 개념을 사기죄나 준사기죄에 상응하도록 엄격하게 해석한다면 죄형법정주의에 반하지 않는다.

(2) 형법 제349조도 다른 재산범죄와 마찬가지로 국가가 공정한 경쟁 및 사회공동생활의 유지를 위

하여 마련한 최소한의 '룰(Rule)'을 벗어나 오히려 자유시장질서를 파괴하는 지나친 폭리행위를 처벌하는 조항이므로 헌법 제10조, 제23조 제1항, 제37조 제2항, 제119조 제1항을 위반하여 헌법상 기본권을 침해하는 규정으로 볼 수 없다.

다. 인천지방검찰청 검사장의 의견

'궁박'이나 '현저하게 부당한 이익' 등은 사기죄의 '기망', 배임죄의 '업무에 위배하는 행위' 등과 마찬가지로 다양한 경제생활에서 구체적 타당성을 기하기 위해 입법기술상 불가피한 일반적 · 규범적 개념일 뿐이고, 사적자치의 원칙과 재산권의 행사도 어느 특정인만의 기본권이 아니라 사회 구성원 모두의 기본권이므로 기본권의 행사가 부당하게 다른 구성원의 기본권을 침해할 경우 마땅히 이를 제한하여야 할 것이며, 부당이득죄는 거래의 공정을 꾀한다는 목적의 정당성, 거래상의 신의성실에 중대히 위반하는 경우에 처벌한다는 방법의 적절성 및 피해최소성 그리고 처벌로서 도모하려는 시장경제질서의 유지라는 공익이 처벌을 받는 사인의 이익보다 충분히 크다는 법익의 균형성 모두 인정되는 것이므로 과잉금지원칙에도 위배되지 않는다.

3. 적법요건에 대한 판단

… 생략

4. 본안에 대한 판단

가. 형법상 부당이득죄의 입법례

… 생략

나. 죄형법정주의 위반 여부

(1) 죄형법정주의의 명확성의 원칙

헌법 제12조 제1항 후문은 누구든지 법률과 적법한 절차에 의하지 아니하고는 처벌, 보안처분 또는 강제노역을 받지 아니한다고 규정하고 있다. 이러한 죄형법정주의의 원칙은 법률이 처벌하고자 하는 행위가 무엇이며 그에 대한 형벌이 어떠한 것인지를 누구나 예견할 수 있고, 그에 따라 자신의 행위를 결정할 수 있도록 구성요건을 명확하게 규정할 것을 요구한다. 그러나 처벌법규의 구성요건이 명확하여야 한다고 하더라도 입법권자가 모두 구성요건을 단순한 의미의 서술적인 개념에 의하여 규정하여야 한다는 것은 아니다. 처벌법규의 구성요건이 다소 광범위하여 어떤 범위에서는 법관의 보충적인 해석을 필요로 하는 개념을 사용하였다고 하더라도 그 점만으로 헌법이 요구하는 처벌법규의 명확성의 원칙에 반드시 배치되는 것이라고 볼 수 없다. 즉 건전한 상식과 통상적인 법감정을 가진 사람으로 하여금 그 적용대상자가 누구이며 구체적으로 어떠한 행위가 금지되고 있는지 충분히 알 수 있도록 규정되어 있다면 죄형법정주의의 명확성의 원칙에 위배되지 않는다고 보아야 한다. 그렇게 보지 않으면 처벌법규의 구성요건이 지나치게 구체적이고 정형적이 되어 부단히 변화하는 다양한 생활관계를 제대로 규율할 수 없게 될 것이기 때문이다(헌재 1996.12.26. 93헌바65, 판례집 8-2, 792; 헌재 1998.5.28. 97헌바68, 판례집 10-1, 640, 655-656 등)

(2) 이 사건 법률조항에 대한 판단

이 사건 법률조항에 규정된 '궁박' 또는 '현저하게 부당한 이익'의 의미가 무엇인지, 과연 어느 정도에 이르러야 부당이득죄에 해당된다고 볼 것인지는 문언상 의미만으로는 다소 불분명한 점이 있다.

그러나 '궁박'이나 '현저하게 부당한 이익'이라는 개념도 형법상의 '지려천박(지려천박)', '기망', '임무에 위배' 등과 같이 범죄구성요건을 형성하는 개념 중 구체적 사안에 있어서 일정한 해석을 통하여 적용할 수 있는 일반적, 규범적 개념의 하나로서 특히 경제활동이 다양해지고 또 수시로 변화하는 오늘날에 있어서 '궁박'이나 '현저하게 부당한 이익'의 유형이나 기준을 입법자가 일일이 세분하여 구체적으로 한정하는 것은 입법기술상 불가능하거나 현저히 곤란하다 할 것이다. 그러므로 다소 불분명한 점이 있다 하더라도 통상적인 해석방법에 의하여 그것이 해소될 수 있다면 헌법이 요구하는 처벌법규의 명확성에 배치되는 것이라고는 할 수 없다.

살피건대 '궁박한 상태를 이용하여 현저하게 부당한 이익을 취득'하였는지를 판단하는 기준은 추상적 · 일반적으로 결정할 수 없고 사회통념 또는 건전한 상식에 따라 구체적 · 개별적으로 결정해야 하는바, 단순히 시가와 이익과의 배율로만 판단할 것은 아니고 거래당사자의 신분과 상호 간의 관계, 피해자가 처한 상황의 절박성의 정도, 계약의 체결을 둘러싼 협상과정 및 피해자의 이익, 피해자가 그 거래를 통해 추구하고자 한 목적을 달성하기 위한 다른 적절한 대안의 존재 여부 등 제반 상황을 종합하여 합리적으로 판단할 수 있다고 할 것이다.[대법원 2005. 4. 15. 선고 2004도1246 판결(공2005상, 789); 대법원 2005.12.23. 선고 2005도2797 판결(공2005상, 789) 등]

한편 청구인은 '사람'이라는 개념에 자연인 외에 법인도 포함되는지 명확하지 않다는 주장도 하고 있으나 '사람'이라는 법적 개념에는 자연인과 법인이 있고, 이 사건 법률조항의 '사람'에 법인도 포함된다는 점은 의문의 여지없이 명백하다.

이와 같이 이 사건 법률조항이 지닌 약간의 불명확성은 법관의 통상적인 해석 작용에 의하여 충분히 보완될 수 있고, 건전한 상식과 통상적인 법감정을 가진 일반인이라면 금지되는 행위가 무엇인지를 예측할 수 있으므로 이 사건 법률조항은 죄형법정주의에서 요구되는 명확성의 원칙에 위배되지 아니한다.

다. 계약의 자유에 대한 제한의 위헌 여부

… 생략

5. 결 론

그렇다면 형법 제349조 제2항에 대한 심판청구는 부적법하므로 이를 각하하고, 형법 제349조 제1항(1995.12.29. 법률 제5057호로 개정된 것)은 헌법에 위반되지 아니하므로 주문과 같이 결정한다. 이 결정은 재판관 권 성, 재판관 주선회의 아래 6.과 같은 반대의견이 있는 외에는 나머지 재판관들의 일치된 의견에 따른 것이다.

6. 재판관 권 성, 재판관 주선회의 반대의견

우리는 다수의견과 달리, 이 사건 법률조항은 죄형법정주의의 명확성의 원칙에 반한다는 점에서 헌법에 위반된다고 보므로 아래와 같이 반대의견을 밝힌다.

가. 죄형법정주의는 범죄와 형벌이 법률로 정해져야 함을 의미하는 것으로 이러한 죄형법정주의에서 파생되는 명확성의 원칙은 누구나 법률이 처벌하고자 하는 행위가 무엇이며, 그에 대한 형벌이 어떠한 것인지를 예견할 수 있고, 그에 따라 자신의 행위를 결정할 수 있도록 구성요건이 명확할 것을 의미하는 것이다(헌재 2000.6.29. 98헌가10, 판례집 12-1, 741, 748). 처벌법규의 구성요건이 다소 광범위하여 어떤 범위에서는 법관의 보충적인 해석을 필요로 하는 개념을 사용하였다고 하더라도 그 점만으로는 헌법이 요구하는 처벌법규의 명확성원칙에 반드시 배치되는 것이라고는 볼 수 없지만, 그 내용이 모호하거나 추상적이어서 불명확하면 무엇이 금지된 행위인지를 국민이 알 수 없고 범죄의 성립 여부가 법관의 자의적인 해석에 맡겨져 죄형법정주의에 의하여 국민의 자유와 권리를 보장

하려는 법치주의의 이념은 실현될 수 없게 된다(헌재 1994.7.29. 93헌가4등, 판례집 6-2, 15, 32; 헌재 1998.5.28. 97헌바68, 판례집 10-1, 640, 655; 헌재 2002.2.28. 99헌가8, 판례집 14-1, 87).

나. 범죄구성요건의 핵심을 구성하는 개념인 '궁박'과 '현저하게 부당한 이익'의 사전적인 개념은 매우 곤궁하다거나 이익의 정당하지 아니한 정도가 뚜렷하거나 분명한 경우라고 볼 수 있는바, 위 구성요건상에는 이러한 개념을 보다 구체화하거나 적용범위를 한정짓는 아무런 추가요소가 없고, 특히 현저하게 부당한 이익이 성립되기 위한 비교기준이 되는 정당한 이익내지는 원래의 급부가치는 무엇인지에 대한 규정이 없다. 위 개념들의 형법상의 의미도 사전적 의미와 괴리될 수는 없으므로 일반 국민들로서는 이 사건 법률조항만으로는 도대체 어떤 경우에 거래의 상대방이 궁박한 상태에 있다고 볼 것인지 또는 어느 정도가 정당한 이익이고 어느 정도로 이익을 많이 얻어야 현저하게 부당한 이익을 얻은 것인지 그 기준을 예측하기 어렵다.

다. '궁박' 및 '현저하게 부당한 이익'에 관한 학설 및 판례의 개념정의를 살펴보더라도 위 개념들을 해석함에 있어 객관적인 해석의 폭과 범위의 기준을 제시해주지 못하고 있어 결국 구성요건의 해당여부는 모두 법관의 판단에 맡겨질 수밖에 없으므로 개개 사안에 따라 법관에 의한 자의적인 해석이 가능해질 소지가 있다.

대법원은"부당이득죄에 있어서 궁박이라 함은 '급박한 곤궁'을 의미하는 것으로서, 피해자가 궁박한 상태에 있었는지 여부는 거래당사자의 신분과 상호 간의 관계, 피해자가 처한 상황의 절박성의 정도 등 제반 상황을 종합하여 구체적으로 판단하여야 할 것이고, 특히 부동산의 매매와 관련하여 피고인이 취득한 이익이 현저하게 부당한지 여부는 우리 헌법이 규정하고 있는 자유시장경제질서와 여기에서 파생되는 계약자유의 원칙을 바탕으로 피고인이 당해 토지를 보유하게 된 경위 및 보유기간, 주변 부동산의 시가, 가격결정을 둘러싼 쌍방의 협상과정 및 거래를 통한 피해자의 이익 등을 종합하여 구체적으로 신중하게 판단하여야 한다"고 판시[대법원 2005.4.15. 선고 2004도1246 판결(공2005상, 789)]함으로써 그 일응의 기준을 제시하고는 있으나, 이러한 기준 역시 추상적인 것에 불과하고, 구체적으로 어느 경우에 궁박한 상태에 있고 어떠한 방법으로 어느 정도의 이익을 얻어야 현저하게 부당한 이익을 얻었다고 볼 수 있는 것인지에 관한 예측과 일관성 있는 판단은 쉽지 않은 것으로 보인다.

라. 또한 부당이득죄를 형사처벌하고 있는 독일 및 오스트리아의 경우에는 부당이득죄의 대상이 되는 거래 및 행위의 유형을 유형별로 나누어 여러 조문에 걸쳐 상세히 규정하거나, 원래의 급부가치와 현저한 불균형을 이루는 경우로 규정하는 등 예견가능하도록 구성요건을 가능한 한 구체화하고 있는바, 이와 같은 다른 나라의 입법례에 비추어 보면 이 사건 법률조항의 구성요건을 수범자의 예측가능성이 확보될 수 있도록 구체화하는 것이 입법기술상 불가능하거나 현저히 곤란한 것이라고도 보이지 않는다.

마. 결국 이 사건 법률조항은 법적용기관인 법관의 보충적 법해석을 통하여도 그 규범내용이 확정되기 어려운 모호하고 막연한 형벌조항이 되었다고 할 것이고, 이와 같이 불명확한 형벌조항은 일반 국민이 예측할 수 없음은 물론이고 법집행의 자의성을 초래하기 마련이므로 재판기관은 물론 수사기관으로서도 객관적이고 구속적인 해석 및 집행의 기준을 제공받지 못하므로 자의적·선별적인 법집행에로 이끌리기 쉽다.

바. 따라서 우리는 이 사건 법률조항이 죄형법정주의의 명확성의 원칙에 반하여 헌법에 위반된다고 생각한다.

참고판례 ❸

헌법재판소 2005.5.26. 선고 2003헌가17 위헌결정 【구증권거래법 제207조의2 제2호 등 위헌제청】[판례집 17권 1집, 579]

1. 사건의 개요 및 심판의 대상

가. 사건의 개요

(1)ㅇㅇ주식회사(이하 "ㅇㅇ"이라고만 한다)의 대표이사 회장이었던 김ㅇ동은 2000.3.경부터 2002.4.12.까지 수차례에 걸쳐 단독으로 또는 ㅇㅇ의 부사장이었던 노ㅇ상과 공모하여, 회사 임직원들이나 퇴직한 임직원들에게 자금을 대여하여 그 자금으로 자사주식을 매수하게 한 후 회사에서 일괄관리하면서 장기간 보유함으로써 유통물량을 줄여 ㅇㅇ의 주가를 상승시키는 방법으로 주가를 적정수준으로 안정시켰다는 등의 범죄사실로, ㅇㅇ은 법인의 대표자인 위 김ㅇ동이 위와 같은 범행을 하였다는 범죄사실로 기소되었다.

(2) 김ㅇ동 및 ㅇㅇ은 2002.10.16. 위 범죄사실로 각 유죄판결을 선고받자 항소를 제기하였고 서울중앙지방법원에 소송계속 중 구 증권거래법(1997.1.13. 법률 제5254호로 개정되고, 2002.4.27. 법률 제6695호로 개정되기 전의 것, 이하 '법'이라고만 한다) 제207조의2 제2호, 제188조의4 제3항이 당해사건 재판의 전제가 되며 헌법에 위반된다는 이유로 위헌여부심판의 제청신청을 하였는바, 위 법원은 이를 받아들여 2003.8.7. 이 사건 위헌법률심판제청을 하였다.

나. 심판의 대상

제청법원이 위헌제청을 한 법률조항 중 법 제207조의2 제2호에 관하여는 당해사건에 적용이 되는 제188조의4 제3항에 관한 부분으로 심판대상을 제한함이 상당하므로, 이 사건 심판대상은 법 제207조의2 제2호 중 법 제188조의4 제3항에 관한 부분 및 법 제188조의4 제3항의 위헌여부가 된다. 위 법률조항 및 관련 조항의 내용은 다음과 같다.

법 제207조의2(벌칙) 다음 각 호의 1에 해당하는 자는 10년 이하의 징역 또는 2천만 원 이하의 벌금에 처한다. 다만, 그 위반행위로 얻은 이익 또는 회피한 손실액의 3배에 해당하는 금액이 2천만 원을 초과하는 때에는 그 이익 또는 회피손실액의 3배에 상당하는 금액 이하의 벌금에 처한다.

1. 생략

2. 제188조의4의 규정에 위반한 자

법 제188조의4(시세조종 등 불공정거래의 금지) ③ 누구든지 단독 또는 공동으로 대통령령이 정하는 바에 위반하여 유가증권의 시세를 고정시키거나 안정시킬 목적으로 유가증권시장 또는 협회중개시장에서의 매매거래 또는 그 위탁이나 수탁을 하지 못한다.

법 제215조(양벌규정) 법인의 대표자, 법인 또는 개인의 대리인 · 사용인 기타 종업원이 그 법인 또는 개인의 업무에 관하여 제207조의2 내지 제212조의 위반행위를 한 때에는 행위자를 벌하는 외에 그 법인 또는 개인에 대하여도 각 해당조의 벌금형을 과한다.

구 증권거래법시행령(1999.5.27. 대통령령 제16367호로 개정되고, 2005.1.27. 대통령령 제18687호로 개정되기 전의 것, 이하 '시행령'이라고만 한다) 제83조의8(안정조작 · 시장조성의 제한) ① 법 제188조의4 제3항의 규정에 의하여 유가증권의 시세를 고정시키거나 안정시킬 목적으로 유가증권시장 또는 협회중개시장에서 행하는 매매거래 또는 그 위탁이나 수탁은 일정한 기간 유가증권의 가격의 안정을 기하여 유가증권의 모집 또는 매출을 원활하게 하는 것(이하 "안정조작"이라 한다)과 모집 또는 매출한 유가증권의 수요공급을 당해 유가증권의 상장 또는 협회등록후 일정기간 조성하는 것(이하 "시장조성"이라 한다)에 한한다.

② 안정조작 또는 시장조성을 자기 또는 타인의 계산으로 할 수 있는 자는 그 유가증권의 발행인 또는 소유자와 인수계약을 체결한 증권회사로서 법 제8조 제1항에 규정하는 신고서에 기재된 회사에 한한다. 다만, 법 제8조 제1항 본문의 규정에 의한 신고서를 제출하지 아니하는 경우에는 인수계약의 내용에 안정조작 또는 시장조성을 할 수 있다고 기재된 증권회사에 한한다.

③ 안정조작을 위한 유가증권의 매매거래를 위탁할 수 있는 자는 다음 각 호의 1에 해당하는 자에 한한다.

1. 모집 또는 매출되는 당해 유가증권의 발행인의 임원
2. 매출되는 당해 유가증권의 소유자. 다만, 인수계약에 의하여 그 유가증권을 취득한 자의 경우에는 그에 갈음하여 인수계약에 의하여 그 유가증권을 양도한 자를 소유자로 한다.
3. 모집 또는 매출되는 당해 유가증권의 발행인과 재정경제부령이 정하는 특수한 관계가 있는 회사 또는 그 임원
4. 모집 또는 매출되는 당해 유가증권의 발행인이 안정조작을 위탁할 수 있는 자로 지정하여 미리 금융감독위원회와 증권거래소 또는 협회에 통지한 자

④ 시장조성을 위한 유가증권의 매매거래를 위탁할 수 있는 자는 당해 유가증권의 인수인에 한한다.

2. 위헌심판제청이유와 이해관계인의 의견

가. 제청법원의 제청이유와 제정신청인들의 제청신청이유

법 제188조의4 제3항은 법 제207조의2 제2호와 관련하여 범죄의 구성요건이 된다. 법 제188조의4 제3항은 '유가증권의 시세를 고정시키거나 안정시킬 목적' 이외의 사항에 관하여는 '대통령령이 정하는 바에 위반하여'라고만 규정하고 있는바, 위 조항은 법률에서는 대강의 금지대상만을 정하고 대통령령에서 구체적으로 금지되는 행위의 유형을 특정하도록 한 것인지 아니면 법률에서 원칙적으로 금지되는 행위 가운데 예외적으로 허용되는 행위의 유형을 대통령령에서 규정하도록 한 것인지에 관하여 이중해석의 여지가 있어 명확성의 원칙에 반한다.

형벌법규를 위임하기 위해서는 특히 긴급한 필요가 있거나 미리 법률로써 자세히 정할 수 없는 부득이한 사정이 있는 경우에 해당되어야 하나 위 조항은 이에 해당하지 아니할 뿐만 아니라 동 조항에서는 금지 또는 허용되는 유형의 행위로서 대통령령에 규정될 내용 및 범위의 기본사항에 관하여 구체적인 규정 즉 위임기준을 두고 있지 않아 대통령령에 규정될 내용의 대강을 예측할 수 없으므로 위임입법의 한계를 일탈하였다.

또한, 주가의 안정 · 고정 행위는 적극적으로 시세를 변동시키는 것이 아니라 소극적으로 현 시세를 유지하는 것이며, 또한 투자자를 오인케 하거나 매매거래를 유인할 목적이 없다는 점에 비추어 볼 때 불법적인 목적을 가지고 적극적으로 시세를 상승시키는 일반적인 시세조종에 비하여 그 가벌성의 정도가 현저히 낮음에도 불구하고, 법 제207조의2 제2호는 법 제188조의4 제3항의 규정에 위반한 자에 대하여 법 제188조의4 제1항 또는 제2항을 위반한 자와 동일한 법정형을 규정하고 있는바, 이는 형벌법규의 비례성의 원칙에 어긋난다.

나. 재정경제부장관의 의견

법 제188조의4 제3항이 포함되어 있는 법 제9장 제2절(불공정거래행위의 금지 등)은 내부자거래 행위 등 불공정거래행위를 금지하는 일련의 행위들을 나열하고 있는바, 법 제188조와 제188조의2에서도 법률에서 원칙적인 금지를, 대통령령에서 예외적인 허용의 규정형식을 취하고 있어 법 제188조의4 제3항에 규정된 행위도 원칙적으로 금지를 규정하고 있음을 쉽게 알 수 있으므로, 위 조항은 명확성의 원칙에 반하지 아니한다.

증권시장은 사이버 거래 등 기술의 진보와 선물, 옵션, 파생거래와 연계된 신종상품의 등장 등으로 거래행위 자체가 가변적으로 복잡하며, 인위적인 거래를 통해 부당한 이득을 취득하거나 손해를 회피하려는 새로운 수법들이 지속적으로 생겨나고 있으나 국회에서 이와 같은 증시환경 변화에 맞추어 규제하여야 할 신종 주가조작 행위나 허용해야 될 행위들을 그때 그때 사전에 예측하여 법률에 반영하는 것이 용이하지 않을 뿐만 아니라 법률에서 모든 사항을 세세하게 정할 경우 오히려 시장에서 일어나는 사항을 효과적으로 반영하기 어렵거나 규제회피의 통로가 되어 증권시장의 공정성과 효율성을 달성하지 못할 우려가 있다. 따라서 법 제188조의4 제3항이 법률에서는 기본적인 사항만을 규정하고 세부적인 사항은 하위규정인 대통령령에 위임함으로써 탄력적인 적용이 가능하도록 한 것은 위임입법의 한계를 일탈한 것이 아니다.

정상적인 수요, 공급의 원리를 벗어나 불법적이거나 은닉된 방법을 동원하여 주가를 조작하는 행위와 마찬가지로 시세고정 또는 안정시킬 목적의 매매도 시장의 움직임에 인위적인 영향을 미침으로써 투자자들을 오해에 빠뜨리기 위한 행위라는 점에서 동일한 시세조종행위의 범주에 들어가는 것이므로, 법 제207조의2 제2호가 법 제188조의4 제3항의 위반행위를 나머지 항의 위반행위와 같은 형량으로 처벌하도록 규정하였다고 하더라도 이는 입법 재량의 범위 내의 것일 뿐 비례의 원칙에 위배된 것이 아니다.

3. 판 단

가. 법 제188조의4 제3항의 위헌여부

제청법원의 제청사유는 법 제188조의4 제3항이 법 제207조의2 제2호와 관련하여 처벌법규의 구성요건이 되면서도 명확성의 원칙 및 위임입법의 한계를 일탈하였으므로 헌법에 위배된다는 것이다. 명확성의 원칙 및 위임입법의 한계를 일탈하였는지 여부는 구성요건을 이루는 법 제188조의4 제3항을 직접적인 심사대상으로 하나 그 효과는 처벌조항인 법 제207조의2 제2호에도 직접 영향을 미친다고 할 것이고, 그 경우 제207조의2 제2호에 대한 독자적인 위헌심사는 불필요하다.

(1) 명확성원칙 위반여부

(가) 헌법 제13조 제1항 전단은 모든 국민은 행위시의 법률에 의하여 범죄를 구성하지 아니하는 행위로 소추되지 아니한다고 규정하고, 제12조 제1항 후문은 누구든지 법률과 적법한 절차에 의하지 아니하고는 처벌 · 보안처분 또는 강제노역을 받지 아니한다고 규정하고 있다. 이러한 죄형법정주의의 원칙은 법률이 처벌하고자 하는 행위가 무엇이며, 그에 대한 형벌이 어떠한 것인지를 누구나 예견할 수 있고, 그에 따라 자신의 행위를 결정할 수 있게끔 구성요건을 명확하게 규정할 것을 요구한다(헌재 1997.3.27. 95헌가17, 판례집 9-1, 219, 232).

이와 같은 명확성의 원칙은 특히 처벌법규에 있어서 엄격히 요구되는데, 그 구성요건이 명확하여야 한다고 하여 입법권자가 모든 구성요건을 단순한 의미의 서술적인 개념에 의하여 규정하여야 한다는 것은 아니고, 자의를 허용하지 않는 통상의 해석방법에 의하더라도 당해 처벌법규의 보호법익과 그에 의하여 금지된 행위 및 처벌의 종류와 정도를 누구나 알 수 있도록 규정되어야 한다는 의미로 파악되어야 할 것이며, 처벌법규의 구성요건이 다소 광범위하여 어떤 범위에서는 법관의 보충적인 해석을 필요로 하는 개념을 사용하였다고 하더라도 그 점만으로 헌법이 요구하는 처벌법규의 명확성에 반드시 배치되는 것이라고는 볼 수 없다. 다만, 그 명확성 여부의 판단은 건전한 상식과 통상적인 법감정을 가진 사람을 기준으로 일의적으로 파악될 수 있는지에 달려있다(헌재 1989.12.22. 88헌가13, 판례집 1, 357; 1995.9.28. 93헌바50, 판례집 7-2, 297; 1998.5.28. 97헌바68, 판례집 10-1, 640).

(나) 법 제188조의4 제3항은 "누구든지 단독 또는 공동으로 대통령령이 정하는 바에 위반하여 유가증권의 시세를 고정시키거나 안정시킬 목적으로 유가증권시장 또는 협회중개시장에서의 매매거래 또는 그 위탁이나 수탁을 하지 못한다."고 하고 있는바, 우선, 위 조항은 '대통령령이 정하는 바에 위반하여 유가증권의 시세 고정 · 안정행위를 하지 못한다'는 독특한 구조를 가짐으로써 대통령령이 제정되기 전에는 법률이 금지하는 대상 행위가 무엇인지 알 수 없다는 점에서 명확성원칙에 관한 문제를 갖고 있다.

먼저 법률이 제정되고 나서 그 취지 및 위임에 따라 하위 법령이 제정되는 것이 논리적 순서임에도 불구하고 위 조항은 하위 규범인 대통령령이 제정되기 전에는 법률이 금지하고자 하는 대상의 외연 자체가 개괄적으로도 정해지지 않기 때문이다.

연혁적으로도 위 조항에 해당하는 구 증권거래법(1962.1.15. 법률 제972호로 제정된 것) 제91조 제3항에 대응하는 증권거래법시행령의 조항은 1974.12.31. 대통령령 제7465호로 개정된 구 증권거래법시행령에 제52조의2가 신설될 때까지 존재하지 아니하였다.

(다) 다음으로, 법 제188조의4 제3항의 '대통령령이 정하는 바에 위반하여'는 '대통령령에서 (구체적으로) 금지하는 바에 위반하여'의 의미로 해석하는 것과 '대통령령에서 (예외적으로) 허용하는 경우를 제외하고'의 의미로 해석하는 것 모두 가능한데, 위 부분의 해석과 관련하여 법 제188조의4 제3항의 의미가 일의적으로 확정될 수 있는가 하는 점이 문제된다.

전자의 경우 법률에서는 대강의 금지대상만을 규정하고 대통령령에서 유가증권 시세의 고정 · 안정행위 가운데 구체적으로 금지되는 행위의 유형을 특정하도록 함으로써 그에 해당하지 아니하는 일반적인 시세의 고정 · 안정행위는 허용되는 반면, 후자의 경우에는 이 사건 조항에 의하여 유가증권의 시세를 고정 · 안정시킬 목적의 매매거래는 원칙적으로 전면 금지되고 대통령령에서 정하는 바에 부합하는 시세의 고정 · 안정행위만이 예외적으로 허용되게 된다.

한편, 위 조항의 수권을 받은 시행령 제83조의8 제1항은 법 제188조의4 제3항이 금지하고 있는 유가증권 시세의 고정 · 안정행위의 범위를 유가증권의 모집 또는 매출과 관련된 안정조작 또는 시장조성에 한정되는 것으로 규정하고 있을 뿐, 안정조작 또는 시장조성이 법 제188조의4 제3항이 금지하는 행위의 구체적 대상인지 아니면 예외적으로 허용되는 경우인지에 관하여 언급하지 않고 있으므로, 법 제188조의4 제3항의 불명확성은 시행령 제83조의8 제1항에 의하더라도 해결되지 않는다.

전자의 입장에서 보면 시행령 제83조의8 제1항은 유가증권 시세의 고정 · 안정행위 중에서 유가증권의 모집 또는 매출과 관련된 안정조작 또는 시장조성의 경우만 처벌의 대상으로 삼고 있는 것으로 해석하게 되고, 동조 제2항 내지 제4항은 다시 위 제1항에 대한 예외로서 유가증권의 모집 또는 매출과 관련된 것이라도 일정한 절차와 요건을 갖춘 경우에 처벌을 면할 수 있다고 규정한 것으로 해석하게 된다. 따라서 유가증권의 모집 또는 매출과 관련되지 아니한 시세의 고정 · 안정행위는 처벌되지 않게 된다.

반면, 후자의 입장에서 보면 시행령 제83조의8 제1항은 유가증권 시세의 고정 · 안정행위 중에서 유가증권의 모집 또는 매출과 관련된 경우만 예외적으로 허용한 규정이고, 동조 제2항 내지 제4항은 그 경우에 요구되는 구체적인 절차와 요건을 규정한 것으로 해석하게 되며 위 요건을 구비하지 못한 경우는 허용되지 아니한다. 그러므로 유가증권의 모집 또는 매출과 관련되지 아니한 시세의 고정 · 안정행위도 처벌된다.

위 조항의 해석에 관하여 학설은 대체로 후자의 입장에 있고, 대법원도 2004.10.28. 선고 2002도3131 판결에서 "자유로운 유가증권시장에 개입하여 인위적으로 유가증권의 시세를 조작하는 것을 방지하려는 증권거래법의 입법 취지에 비추어 위 규정의 취지를 살펴보면 법 제188조의4 제3항은 유가증권의 시세를 고정시키거나 안정시킬 목적으로 유가증권시장 또는 협회중개시장에서 행하는 매매거래 또는 그 위탁이나 수탁을 금지하되, 다만 유가증권의 모집 · 매출을 원활하게 하기 위한 시장에서의 필요성에 의하여 그 시행령 제83조의8 제1항 소정의 안정조작과 시장조성을 그 이하 조항이 정하는 기간 · 가격 및 주체 등에 관한 엄격한 조건하에 예외적으로 허용하는 의미라고 보아야 할 것이다."고 판시함으로써 법 제188조의4 제3항을 후자의 입장에서 해석하여야 한다는 점을 처음으로 밝혔으나, 그 원심인 서울고등법원은 2002.5.23. 선고 2000노1542 판결에서 법 제188조의4 제3항의 처벌대상은 시행령 제83조의8 제1항에서 규정하고 있는 안정조작과 시장조성에 한정되고, 이러한 안정조작과 시장조성이 시행령 제83조의8 제2항 · 제3항 · 제4항에서 규정하는 요건과 절차를 위반한 경우에 처벌되는 것이므로 안정조작과 시장조성에 해당하지 아니하는 경우에는 법 제188조의4 제3항이 규정하는 처벌대상이 아니라는 이유를 들어 이와 달리 유죄를 선고한 1심의 판결을 파기하고 무죄를 선고한 바 있다.

위와 같이 법 제188조의4 제3항의 의미에 관하여는 법원의 법률해석에서조차 상반된 견해가 가능하였을 정도이므로, 이 사건 관련 법률 조항들의 전체를 종합하여 이를 유기적으로 해석 · 판단한다고 하더라도 수범자의 제한이 없는 위 조항이 건전한 일반상식을 가진 자에 의하여 일의적으로 파악될 수 있을 정도의 명확성을 갖추었다고 말하기는 어렵다.

위와 같은 문제는 '대통령령이 정하는 바에 위반하여'의 '정하는 바'가 금지의 의미로도, 허용의 의미로도 사용될 수 있는 용어라는 점에서 비롯하는바, 위 부분을 '대통령령이 금지하는 바에 위반하여'라고 하거나 '대통령령이 허용하는 경우를 제외하고'라고 하는 등 법 제188조의4 제3항의 문언을 보다 명확히 규정하였더라면 발생하지 아니하였을 것이다.

(라) 그러므로, 법 제188조의4 제3항은 죄형법정주의의 명확성의 원칙에 반한다.

(2) 위임입법의 한계 일탈 여부

(가) 위임입법의 필요성 및 한계

헌법 제75조는 "대통령은 법률에서 구체적으로 범위를 정하여 위임받은 사항 … 에 관하여 대통령령을 발할 수 있다"고 규정하여 위임입법의 헌법상 근거를 마련하는 한편 대통령령으로 입법할 수 있는 사항을 "법률에서 구체적으로 범위를 정하여 위임받은 사항"으로 한정함으로써 일반적이고 포괄적인 위임입법은 허용되지 않는다는 것을 명백히 하고 있다.

범죄와 형벌에 관한 사항에 있어서도 위임입법의 근거와 한계에 관한 헌법 제75조는 적용되는 것이고, 다만 법률에 의한 처벌법규의 위임은 헌법이 특히 인권을 최대한 보장하기 위하여 죄형법정주의와 적법절차를 규정하고 법률에 의한 처벌을 강조하고 있는 기본권보장 우위사상에 비추어 바람직하지 못한 일이므로 그 요건과 범위가 보다 엄격하게 제한적으로 적용되어야 한다. 따라서 처벌법규의 위임은 특히 긴급한 필요가 있거나 미리 법률로써 자세히 정할 수 없는 부득이한 사정이 있는 경우에 한정되어야 하고, 이러한 경우에도 범죄의 구성요건은 처벌대상행위가 어떠한 것일 것이라고 예측할 수 있을 정도로 법률에서 구체적으로 규정하여야 하되, 위임입법의 위와 같은 예측가능성의 유무를 판단함에 있어서는 당해 특정 조항 하나만을 가지고 판단할 것이 아니고 관련 법조항 전체를 유기적 · 체계적으로 종합하여 판단하여야 한다(헌재 1998.3.26. 96헌가20, 판례집 10-1, 213, 219-220 참조).

(나) 위임입법의 필요성

증권시장은 발행시장이나 유통시장에 있어서 사이버 거래 등 매매기술의 진보와 선물, 옵션, 파생거래와 연계된 신종상품의 등장 등으로 거래행위 자체가 복잡하고 가변적이며, 인위적인 거래를 통해 부당한 이득을 취득하거나 손해를 회피하려는 새로운 수법들이 지속적으로 생겨나고 있는 등 전문화되어가고 있다. 따라서 이와 같은 증시환경의 변화에 맞추어 규제 또는 허용해야 될 주가고정 · 안정행위들을 국회에서 그때그때 사전에 예측하여 법률에 반영하는 것은 국회의 기술적 · 전문적 능력이나 시간적 적응능력의 한계를 벗어나므로, 일반적으로는 법률로서는 기본적인 사항만을 규정하고 세부적인 사항은 대통령령 등 하위규정에 위임함으로써 탄력적인 적용이 가능하도록 할 필요성은 있다고 할 수 있다.

그런데, 실제로 위 조항의 위임을 받은 시행령 제83조의8 제1항은, 1974.12.31. 구 증권거래법시행령(대통령령 제7465호) 제52조의2 제1항으로 최초로 신설된 이후 현재에 이르기까지 수차례 조문의 위치 및 일부 사소한 부분의 표현만이 변경되었을 뿐 기본적인 내용에 있어서 동일성을 유지하여 왔는바, 이와 같은 점을 고려할 때 위 시행령에 규정된 내용이 증시환경의 변화나 신종 주가조작행위의 출현 등에 의하여 수시로 변경을 요하는 성격을 갖고 있는 것이라고 할 수는 없고 최소한 유가증권의 모집 또는 매출과 관련된 것이라는 점에 관하여는 법률조항 자체에 포함시켜 구체적으로 규정하는 것이 충분히 가능하였다고 할 것이다.

그러므로, 이 사건 법률조항은 형벌법규의 위임 요건인 특히 긴급한 필요가 있거나 미리 법률로써 자세히 정할 수 없는 부득이한 사정이 있는 경우에 해당한다고 하기 어렵다.

(다) 위임입법의 한계 일탈 여부

일반적으로 위임입법이 필요한 분야라고 하더라도 입법권의 위임은 법치주의의 원칙과 의회민주주의의 원칙, 권력분립의 원칙에 비추어 구체적으로 범위를 정하여 하는 경우만 허용된다. 더구나 처벌규정의 위임은 처벌대상인 행위가 어떠한 것이 될 것이라고 이를 예측할 수 있을 정도로 구체적으로 정하고 형벌의 종류 및 그 상한과 폭을 명백히 규정하여야 한다.

유가증권 시세의 고정 · 안정행위 전반을 의미하는 광의의 안정조작행위에는 유가증권의 모집 또는 매출과 관련하여 이루어지는 협의의 안정조작 및 시장조성 뿐만 아니라 금융기관이 신용을 유지하기 위한 경우, 유가증권의 담보가치를 유지하기 위한 경우, 회사의 지배권을 획득하기 위한 주식 매수의 경우 등 유가증권의 모집 또는 매출과 관련 없이 이루어지는 경우도 포함된다. 한편, 법 제188조의4 제3항은 동조 제2항과 같이 현실거래에 의한 시세조종행위이면서도 '매매거래를 유인할 목적'을 요구하고 있지는 않으므로 비상장주식의 경우를 제외하고 거래소 및 협회중개시장에서의 안정조작행위 전체를 광범위하게 규율 대상으로 삼게 된다.

법 제188조의4 제3항에 의하여 유가증권의 시세를 고정 · 안정시킬 목적의 매매거래가 원칙적으로 전면 금지되는 것으로 해석하는 입장에서는 광의의 안정조작행위 중 예외적으로 허용되는 유형을 대통령령에서 규정하도록 위임하고 있다고 해석한다.

그런데, 법 제188조의4 제3항은 규율대상인 안정조작행위에 관하여 아무런 위임기준을 두고 있지 않으므로 위와 같이 광의의 안정조작행위 중 어떠한 형태의 행위가 대통령령에서 허용될 것인지를 법 188조의4 제3항 자체로부터는 예측하기 어렵다. '유가증권의 시세를 고정시키거나 안정시킬 목적으로' 하는 거래란 안정조작행위와 같은 의미에 불과하기 때문이다.

또한, 관련 법조항 전체를 유기적 · 체계적으로 종합하여 판단하더라도 대통령령에 규정될 내용의 범위가 곧바로 도출된다고 단정할 수도 없다. 어떠한 형태의 안정조작행위가 허용되어야 하는가 하는 점에 관하여 다툼의 여지가 없는 명백한 것이라고 할 수 없기 때문이다.

한편, 법 제188조의4 제3항이 대강의 금지대상만을 규정하고 대통령령에서 유가증권 시세의 고정 · 안정행위 가운데 구체적으로 금지되는 행위의 유형을 특정하도록 위임한 것이라고 해석하는 입장에서 보더라도 법 제188조의4 제3항은 규율대상인 안정조작행위에 관하여 아무런 위임기준을 두고 있지 않으므로, 광의의 안정조작행위 중 어떠한 형태의 행위가 대통령령에서 금지될 것인지를 법 제188조의4 제3항 자체로부터 예측하기 어렵다.

따라서, 법 제188조의4 제3항을 어느 쪽으로 해석하더라도 위 조항 자체에서 안정조작행위와 유가증권의 모집 또는 매출과의 관계에 대한 기준을 규정하지 않는 한 관련 법조항 전체를 유기적 · 체계적으로 종합하여 판단한다고 하더라도 대통령령에서 규정될 내용의 대강을 예측하는 것이 가능한 것은 아니다.

(라) 그러므로 법 제188조의4 제3항은 위임입법의 한계도 일탈한 것이다.

(3) 소결

결국, 법 제188조의4 제3항은 헌법에 위반된다.

나. 법 제207조의2 제2호 중 법 제188조의4 제3항에 관한 부분의 위헌여부

… 생략

4. 결 론

법 제207조의2 제2호 중 법 제188조의4 제3항의 규정에 관한 부분 및 법 제188조의4 제3항은 헌법에 위반되므로 재판관 전원의 일치된 의견으로 주문과 같이 결정한다.

참조문헌

이상돈, "죄형법정주의", 고시계 통권 제558호, 2003.7, 42면-61면

조천수, "실질적 법치국가와 형법 -형법의 목적과 죄형법정주의에 대한 법철학적 이해-", 형사법연구 제12권, 1999, 215면-234면

홍영기, "죄형법정주의의 근본적 의미", 형사법연구 제24권, 2005, 1면-24면

I-3 형법의 시간적 적용범위, 소급효금지의 원칙

대상판결

대법원 1992.12.8. 선고 92도407 판결【수질환경보전법위반】[공1993.2.1.(937),488]

【피 고 인】피고인 1외 6인

【상 고 인】피고인들

【변 호 인】변호사 이영수 외 2인

【원심판결】대구고등법원 1992.1.15. 선고 91노769 판결

【주 문】상고를 모두 기각한다.

【이 유】

1. 변호인들의 상고이유 제1점에 대한 판단(피고인들의 변호인 변호사 이영수와 피고인 1의 변호인 변호사 임광규가 상고이유서 제출기간이 지난 뒤에 제출한 상고이유서보충서들에 기재된 보충상고이유는 상고이유를 보충하는 한도 내에서 판단한다. 이 뒤에도 같다).

원심이 인용한 제1심판결이 채용한 증거들을 기록과 대조하여 검토하여 보면, **피고인들의 이 사건 수질환경보전법위반 범죄사실, 특히 피고인 2주식회사의 구미공장에 설치된 수질오염방지시설인 폐수소각로 2대 중 1대가 고장이 나고 나머지 1대로는 페놀수지의 생산공정에서 발생되는 폐수를 전부 소각할 수 없는 형편이어서 1990.10.21.경부터 1991.3.20.경까지 사이에 배출허용기준에 적합하지 아니한 오염물질의 일부가 방류되고 있었던 점과 위 공장에서 배출되는 오염물질이 배출허용기준에 적합하도록 조업을 할 책임이 있는 나머지 피고인들이 모두 이와 같은 사정을 알면서도 명시적이거나 묵시적인 의사의 연락하에 오염물질이 방류되는 것을 용인·방치한 점**을 충분히 인정할 수 있고, 원심판결에 소론과 같이 채증법칙을 위반하거나 공모공동정범에 관한 법리를 오해하여 판결에 영향을 미친 사실을 잘못 인정한 위법이 있다고 볼 수 없다.

… 생략

2. 같은 상고이유 제2점에 대한 판단.

"1개의 죄가 본법 시행 전후에 걸쳐서 행하여진 때에는 본법 시행 전에 범한 것으로 간주한다"고 규정하고 있는 형법 부칙 제4조 제1항은 형법을 시행함에 즈음하여 구

형법과의 관계에서 그 적용범위를 정한 경과규정으로서, 형법 제8조가 타법령에 정한 죄에도 적용하도록 규정한 "본법 총칙"에 해당되지 않을 뿐만 아니라, 범죄의 성립과 처벌은 행위시의 법률에 의한다고 규정한 형법 제1조 제1항의 해석으로서도 행위가 종료된 때 시행되는 법률의 적용을 배제한 점에서 타당한 것이 아니므로, 신·구형법 사이의 관계가 아닌 다른 법률 사이의 관계에서는 형법 부칙 제4조 제1항을 그대로 적용하거나 유추적용할 것이 아니다(당원 1986.7.22. 선고 86도1012 전원합의체 판결; 1989.5.23. 선고 89도570 판결 등 참조).

또 수질환경보전법이 시행된 1991.2.1. 이후에도 계속되어 온 이 사건 범행을 같은 법 부칙 제15조가 규정하고 있는 "이 법 시행전에 행한 종전의 환경보전법의 위반행위"라고 볼 수는 없으므로, 같은 법 부칙 제15조에 따라 이 사건 범행에 대한 벌칙의 적용을 종전의 규정인 환경보전법에 의할 것도 아니다.

이와 취지를 같이하여 피고인들의 이 사건 범행을 계속범으로 보고 그 행위가 종료된 때인 1991.3.20.에 시행되고 있는 수질환경보전법의 관계규정을 적용한 원심판결에 행위시법주의와 법률불소급의 원칙에 관한 법리를 오해한 위법이 있다고 비난하는 논지도 받아들일 수 없다.

3. … 생략

4. 그러므로 피고인들의 상고를 모두 기각하기로 관여 법관의 의견이 일치되어 주문과 같이 판결한다.

참조조문

헌법 제13조 / 형법 제1조 제1항, 제8조, (구)형법 부칙 제4조 제1항 / (구)환경보전법 제66조, 제16조의2 / 수질환경보전법 제56조, 제15조, 부칙 제1조, 부칙 제15조

법적쟁점

1. 행위시법주의와 재판시법주의란 무엇인가?

2. 형법 제1조가 위 판결에서 가지는 구체적 의미는 무엇인가?

3. 형벌 이외에 보안처분이 변경된 경우에도 불소급의 원칙이 적용되는가?

4. 형법 이외에 형사소송법 규정이 변경된 경우에도 불소급의 원칙이 적용되는가?

5. 판례가 행위자에게 불리하게 변경된 경우에도 불소급의 원칙이 적용되는가?

참고판례 ❶

대법원 1997.6.13. 선고 97도703 판결【국가보안법위반 · 집회및시위에관한법률위반 · 공직선거및선거부정방지법위반】[공1997.7.15.(38),2109]

【이유】

상고이유를 본다.

1. … 생략

2. 원심은, 피고인이 북한공산집단의 활동을 찬양 · 고무 · 선전 · 동조하여 국가의 존립 · 안전이나 자유민주주의적 기본질서를 위협하는 내용이 담겨 있는 판시의 서적 등 표현물을 각 취득 · 소지한 사실을 인정하고, 피고인이 위 서적 등 표현물이 위와 같이 이적성을 담고 있는 것임을 인식하면서도 이를 취득 · 소지한 점에다가, 피고인이 학생운동을 함께 하였던 친구들이 수사기관에 연행되었다는 소식을 듣고 서둘러 위 서적 등 표현물을 소각한 점 등으로 볼 때, 피고인에게는 위 서적 등 표현물의 취득 및 소지행위가 북한공산집단의 활동에 대한 찬양 · 고무 · 선전 · 동조행위가 될지도 모른다는 미필적 인식과 아울러 그와 같은 목적이 있었다고 인정된다고 하여 피고인의 위 행위를 국가보안법 제7조 제5항, 제1항에 따라 처벌하였다.

원심이 인용한 제1심의 채용 증거들과 기록에 의하여 살펴보면 원심의 위와 같은 사실인정 및 판단은 모두 정당하고, 원심판결에 소론과 같은 채증법칙 위반 또는 위 국가보안법위반죄에 관한 법리오해의 위법이 있다고 할 수 없다.

3. 원심이 적법하게 채용한 증거들에 의하면, 피고인이 1995.6.27.에 실시된 성남시장 선거에서 후보자로 출마한 공소외 1의 선거를 위한 기초조사 등을 하여 주는 과정에서 정식 용역대금 이외의 금

원을 교부받고, 또한 위 공소외 1의 선거운동을 돕고 있는 공소외 한숙자로부터 식사를 제공받아, 위 공소외 1이 후보자로 출마한 성남시장 선거에 관하여 기부를 받았다고 한 판시 공직선거및선거부정방지법위반에 관한 범죄사실을 넉넉히 인정할 수 있으므로, 원심판결에 채증법칙을 위반하여 사실을 잘못 인정하였다는 등 소론과 같은 위법이 있다고 할 수 없다.

4. … 생략

5. 기록에 의하면, 원심은 피고인이 1995.6.부터 1995.11.15.까지 사이에 범한 이 사건 판시 제1, 2의 범죄사실(국가보안법위반, 공직선거및선거부정방지법위반)을 유죄로 인정하여 피고인에게 징역 1년 6월에 집행유예 3년의 형을 선고하면서, 1995.12.29. 법률 제5057호로 개정 · 신설되어 1997.1.1.부터 시행된 개정 형법 제62조의2 제1항, 제2항을 적용하여 보호관찰을 받을 것을 명하였음을 알 수 있다.

개정 형법 제62조의2 제1항에 의하면 형의 집행을 유예를 하는 경우에는 보호관찰을 받을 것을 명할 수 있고, 같은 조 제2항에 의하면 제1항의 규정에 의한 보호관찰의 기간은 집행을 유예한 기간으로 하고, 다만 법원은 유예기간의 범위 내에서 보호관찰의 기간을 정할 수 있다고 규정되어 있는바, 위 조항에서 말하는 보호관찰은 형벌이 아니라 보안처분의 성격을 갖는 것으로서, 과거의 불법에 대한 책임에 기초하고 있는 제재가 아니라 장래의 위험성으로부터 행위자를 보호하고 사회를 방위하기 위한 합목적적인 조치이므로, 그에 관하여 반드시 행위 이전에 규정되어 있어야 하는 것은 아니며, 재판시의 규정에 의하여 보호관찰을 받을 것을 명할 수 있다고 보아야 할 것이고, 이와 같은 해석이 형벌불소급의 원칙 내지 죄형법정주의에 위배되는 것이라고 볼 수 없다.

따라서 피고인에 대하여 집행유예를 선고하면서 보호관찰을 받을 것을 명한 원심의 조치는 위에서 본 바와 같은 법리에 따른 것으로 정당하고, 거기에 논지가 지적하는 바와 같이 형벌불소급의 원칙 내지 죄형법정주의에 관한 법리오해의 위법이 있다고 할 수 없다. 그리고 논지가 지적하는 바와 같이 원심이 피고인에 대하여 명한 보호관찰의 특별준수사항에 국가보안법 및 집회및시위에관한법률위반 소지가 있는 활동을 하지 말라는 내용이 포함되어 있다고 하더라도 그것이 헌법상 집회 · 결사의 자유를 침해하는 것이라고 볼 수도 없다.

6. 징역 10년 미만의 형이 선고된 이 사건에 있어서 원심의 형이 너무 과중하여 부당하다는 주장은 적법한 상고이유가 될 수 없다. 논지는 모두 받아들일 수 없다.

(참조 대법원 1988.11.16. 선고 88초60 판결)

참고판례 ❷

대법원 2008.7.24. 자 2008어4 결정【보호처분에대한재항고】[공2008하,1489]

【이유】

재항고이유를 판단한다.

원심은, 2006.7. 말경에 있었던 재항고인의 이 사건 폭행행위에 대하여 현행 가정폭력범죄의 처벌 등에 관한 특례법(이하 '가정폭력처벌법'이라고 한다) 제41조, 제40조 제1항 제5호, 제4호를 적용하여 재항고인에게 6개월간 보호관찰을 받을 것과 200시간의 사회봉사 및 80시간의 수강을 명하고 있는데, 원심이 적용한 보호처분에 관한 위 규정은 이 사건 폭행행위 이후인 2007.8.3. 법률 제8580호로 개정된 것으로서 개정 전 가정폭력처벌법(이하 '구 가정폭력처벌법'이라고 한다)에는 사회봉사 및 수강명령의 상한이 각각 100시간으로 되어 있다가 위 개정 당시 각각 200시간으로 그 상한이 확대되었다.

그런데 가정폭력처벌법이 정한 보호처분 중의 하나인 사회봉사명령은 가정폭력범죄를 범한 자에 대하여 환경의 조정과 성행의 교정을 목적으로 하는 것으로서 형벌 그 자체가 아니라 보안처분의 성격을 가지는 것이 사실이나, 한편으로 이는 가정폭력범죄행위에 대하여 형사처벌 대신 부과되는 것으로서, 가정폭력범죄를 범한 자에게 의무적 노동을 부과하고 여가시간을 박탈하여 실질적으로는 신체적 자유를 제한하게 되므로, 이에 대하여는 원칙적으로 형벌불소급의 원칙에 따라 행위시법을 적용함이 상당하다.

그렇다면 이 사건 폭행행위에 대하여는 행위시법인 구 가정폭력처벌법 제41조, 제40조 제1항 제4호, 제3호를 적용하여 100시간의 범위 내에서 사회봉사를 명하여야 함에도 불구하고, 원심은 현행 가정폭력처벌법을 잘못 적용한 나머지 위 상한시간을 초과하여 사회봉사를 명하였으니, 원심결정에는 법률적용을 그르친 위법이 있고, 이 점을 지적하는 재항고인의 주장은 이유 있다.

그러므로 나머지 재항고이유에 대하여 판단할 필요 없이 원심결정 전부를 파기하고, 사건을 다시 심리 · 판단하게 하기 위하여 원심법원에 환송하기로 하여 관여 대법관의 일치된 의견으로 주문과 같이 결정한다.

참고판례 ❸

헌법재판소 1999.7.22. 선고 97헌바76,98헌바50 · 51 · 52 · 54 · 55(병합) 합헌 · 각하결정【구수산업법 제2조 제7호 등 위헌소원, 공유수면매립법 제6조 제2호 등 위헌소원】[판례집 11권 2집, 175]

1. 사건의 개요와 심판의 대상

가. 사건의 개요

(1) 97헌바76

(가) 청구인(선정당사자) 홍성민과 그 선정자들(이하 "홍성민 등"이라 한다)은 인천 중구 운서동에 거주하면서 같은 동 용수골 지선 간사지에서 상당기간동안 계속하여 호미, 삽 등을 사용하여 자연산 굴, 바지락, 맛, 낙지, 게, 새우, 숭어, 망둥이 등 어패류와 해조류를 포획 또는 채취하여 왔고, 선정자 유관권 등 6인을 제외한 나머지 선정자들은 1991.10.31. 인천직할시 중구청장에게 어업의 종류 및 명칭을 맨손어업, 유효기간을 같은 날부터 1994. 10.30.까지로 하여 구 수산업법(1990.8.1. 법률 제4252호로 전문개정되어 1995.12.30. 법률 제5131호로 개정되기 이전의 것, 이하 "구 수산업법"이라 한다) 제44조 소정의 어업신고를 하였으나 구 수산업법 부칙(1990.8.1. 법률 제4252호로 전문개정될 당시의 부칙, 이하 "구 수산업법 부칙"이라고 한다) 제11조 소정의 어업권 원부 등록을 마치지 아니하였다.

(나) 당시 교통부장관은 수도권신국제공항 건설을 위하여 1992.5.4. 인천직할시장으로부터 인천 중구 영종, 용유동 일대 간사지 46,524,354㎡의 매립을 승인받고, 청구외 한국공항공단에게 위 공유수면매립승인에 관한 권리와 의무를 양도하였다. 이에 따라 한국공항공단은 1993.4.1.경 위 공유수면매립공사에 착수하였고, 수도권신공항건설공단이 1994.9.1. 수도권신공항건설공단법 부칙 제5조에 의하여 한국공항공단의 권리와 의무를 포괄승계하였다.

(다) 한국공항공단은 위 매립공사에 착수하기 이전인 1993. 3. 6. 신고어업에 관한 손실에 대하여도 보상할 뜻을 공고하고 보상협의를 시도하였으나 홍성민등이 보상에 불응한 채 인천지방법원에 손해배상청구의 소를 제기하였고, 위 공유수면매립공사의 시행으로 말미암아 위 용수골 지선의 어장은 조류가 없어지고 진흙이 침전되어 어패류 및 해조류 등이 모두 폐사함으로써 어장으로서의 기능이 상실

되게 되었다.

(라) 홍성민등은 1995.7.18. 위 손해배상청구의 소에서 원고패소판결(94가합3748)을 선고받고 서울고등법원에 항소하였으나 항소기각판결(95나30309)을 선고받았고, 이에 대하여 다시 상고한 후 대법원에 구 수산업법 제2조 제7호 등이 헌법에 위반된다는 이유로 위헌제청신청을 하였으나 1997.10.10. 상고기각판결(96다3838) 및 위헌제청신청기각결정(96카기43)을 선고받자 이 사건 헌법소원을 제기하였다.

(2) 98헌바50

(가) 청구인(선정당사자) 한명무, 노승구, 최명수 및 그 선정자들(이하 "한명무등"이라 한다)은 보령시 천북면 장은리, 하만리, 궁포리, 낙동리 해안마을에 거주하여 오면서 그 곳 지선해안의 공유수면에서 굴, 바지락, 맛, 낙지, 가무락, 게, 새우, 숭어, 망둥이 등의 수산 동식물(이하 "굴 등"이라 한다)을 호미, 삽, 망태기 등을 사용하여 채취 · 판매하여 왔다.

(나) 청구외 농어촌진흥공사는 농지개량사업의 일환으로 충남 홍성군과 보령시 일대의 방조제 및 배수갑문 등을 설치하는 홍보지구 농업종합개발사업을 시행하게 되었는바, 1991.8. 21. 사업시행인가가 고시되고, 같은 해 11.8. 공유수면매립면허를 받은 후, 1992.1.25. 공유수면매립공사 실시계획이 인가됨으로써 위 사업지역 일대의 공유수면매립을 하게 되었고, 이를 위하여 방조제를 설치하자 해수의 양이 적어지고 해류의 속도 및 방향이 변화되어 어장이 소멸(이하 "이 사건 어장소멸"이라 한다)함으로써 한명무등은 위 보령시 천북면등의 지선해안의 공유수면에서 어업을 계속할 수 없게 되었다.

(다) 이에 한명무등은 대전지방법원 홍성지원에 농어촌진흥공사를 상대로 손해배상청구의 소를 제기한 후 그 소송 중 구 공유수면매립법(1997.4.10. 법률 제5337호로 개정되기 이전의 것, 이하 "구 공유수면매립법"이라 한다) 제6조 제2호 등에 대하여 위헌법률제청신청을 하였으나 1998.6.12. 원고청구기각판결(95가합754) 및 위헌제청신청기각결정(97카기311)을 선고받자 이 사건 헌법소원을 제기하였다.

(3) 98헌바51

(가) 청구인(선정당사자) 김형안 및 그 선정자들(이하 "김형안등"이라 한다)은 충남 홍성군 결성면등에 거주하여 오면서 그 곳 지선해안의 공유수면에서 굴 등을 호미, 삽, 망태기 등을 사용하여 채취 · 판매하여 왔다.

(나) 김형안등은 이 사건 어장소멸로 인하여 위 결성면등 지선해안의 공유수면에서 어업을 계속할 수 없게 되자, 대전지방법원 홍성지원에 농어촌진흥공사를 상대로 손해배상청구의 소를 제기한 후 그 소송 중 구 공유수면매립법 제6조 제2호 등에 대하여 위헌법률제청신청을 하였으나 1998.6.12. 원고청구기각판결(94가합10887) 및 위헌제청신청기각결정(97카기313)을 선고받자 이 사건 헌법소원을 제기하였다.

(4) 98헌바52

(가) 청구인(선정당사자) 편성범, 정영희, 김선길, 김동열, 최창환 및 그 선정자들(이하 "편성범등"이라 한다)은 보령시 천북면등에 거주하여 오면서 그 곳 지선해안의 공유수면에서 굴 등을 호미, 삽, 망태기 등을 사용하여 채취 · 판매하여 왔다.

(나) 편성범등은 이 사건 어장소멸로 인하여 위 천북면등 지선해안의 공유수면에서 어업을 계속할 수 없게 되자, 대전지방법원 홍성지원에 농어촌진흥공사를 상대로 손해배상청구의 소를 제기한 후 그 소송 중 구 공유수면매립법 제6조 제2호 등에 대하여 위헌법률제청신청을 하였으나 1998.6.12. 원고청구기각판결(95가합1955) 및 위헌제청신청기각결정(97카기315)을 선고받자 이 사건 헌법소원을 제

기하였다.

(5) 98헌바54

(가) 청구인(선정당사자) 오연국, 김용희 및 그 선정자들(이하 "오연국등"이라 한다)은 충남 홍성군 서부면 남당리에 거주하여 오면서 그 곳 지선해안의 공유수면에서 굴 등을 호미, 삽, 망태기 등을 사용하여 채취 · 판매하여 왔다.

(나) 오연국등은 이 사건 어장소멸로 인하여 위 남당리등 지선해안의 공유수면에서 어업을 계속할 수 없게 되자, 대전지방법원 홍성지원에 농어촌진흥공사를 상대로 손해배상청구의 소를 제기한 후 그 소송 중 구 공유수면매립법 제6조 제2호 등에 대하여 위헌법률제청신청을 하였으나 1998.6.12. 원고청구기각판결(95가합938) 및 위헌제청신청기각결정(97카기312)을 선고받자 이 사건 헌법소원을 제기하였다.

(6) 98헌바55

(가) 청구인(선정당사자) 김세문 및 그 선정자들(이하 "김세문등"이라 한다)은 충남 홍성군 결성면 읍내리, 은하면 목현리 일대에 거주하여 오면서 그 곳 지선해안의 공유수면에서 굴 등을 호미, 삽, 망태기 등을 사용하여 채취 · 판매하여 왔다.

(나) 김세문등은 이 사건 어장소멸로 인하여 위 결성면등 지선해안의 공유수면에서 어업을 계속할 수 없게 되자, 대전지방법원 홍성지원에 농어촌진흥공사를 상대로 손해배상청구의 소를 제기한 후 그 소송 중 구 공유수면매립법 제6조 제2호 등에 대하여 위헌법률제청신청을 하였으나 1998.6.12. 원고청구기각판결(94가합1101) 및 위헌제청신청기각결정(97카기314)을 선고받자 이 사건 헌법소원을 제기하였다.

나. 심판의 대상

이 사건 심판의 대상은 구 수산업법 제2조 제7호, 구 수산업법 부칙 제11조 및 구 공유수면매립법 제6조 제2호(이상은 공통된 심판대상임)와 구 수산업법 제40조 제1항 (97헌바76호를 제외한 나머지 사건의 심판대상임)(이하 위 각 심판대상조항을 "이 사건 심판대상조항"이라 한다)가 헌법에 위배되는지 여부인바, 위 법률조항 및 그와 관련된 법률조항의 내용은 다음과 같다.

구 수산업법 제2조(정의) 이 법에서 사용하는 용어의 정의는 다음 각호와 같다.

7. "입어"라 함은 입어자가 공동어업의 어장에서 수산동식물을 포획 · 채취하는 것을, "입어자"라 함은 제44조의 규정에 의하여 어업의 신고를 한 자로서 공동어업권이 설정되기 전부터 당해 수면에서 계속적으로 수산동식물을 포획 · 채취하여 온 사실이 대다수 사람들에게 인정되는 자 중 대통령령이 정하는 바에 의하여 어업권원부에 등록된 자를 말한다.

구 수산업법 제40조(입어등의 제한) ① 공동어업의 어업권자는 제2조 제7호의 입어자에 대하여는 제38조의 어장관리규약이 정하는 바에 의하여 당해 어장에 입어하는 것을 허용하여야 한다.

구 수산업법 부칙 제11조(입어자에 관한 경과조치)

① 이 법 시행 당시 종전의 규정에 의하여 입어자로 등록되어 있는 자는 이 법에 의한 입어자로 본다.

② 이 법 시행 당시 공동어업의 어장안에서 입어관행이 있는 것으로 인정되는 자로서 종전의 규정에 의하여 어업권원부에 입어자로 등록되지 아니한 자는 이 법 시행일부터 2년 이내에 제16조의 규정에 의하여 어업권원부에 등록을 한 경우에 한하여 입어자로 본다.

구 공유수면매립법 제6조(권리를 가진 자의 정의) 제5조 제1항에서 공유수면에 관하여 권리를 가진 자라 함은 다음 각호의 1에 해당하는 자를 말한다.

2. 어업권자 또는 수산업법 제2조 제7호의 규정에 의한 입어자

[관련조문]

구 수산업법 제16조(어업권의 등록) ① 어업권과 이를 목적으로 하는 권리의 설정 · 보존 · 이전 · 변경 · 소멸 · 처분의 제한 · 지분 또는 입어에 관한 사항은 어업권원부에 등록한다.

구 수산업법 제44조(신고어업) ① 제8조 · 제41조 또는 제42조의 규정에 의한 어업외의 어업으로서 수산청장이 정하는 어업을 하고자 하는 자는 어선 · 어구 또는 시설마다 시장 · 군수 또는 자치구의 구청장에게 신고하여야 한다.

구 공유수면매립법 제5조(면허의 기준) ① 건설부장관은 매립을 행하고자 하는 구역 및 그 매립으로 인한 피해가 예상되는 인근의 구역안의 공유수면에 관하여 권리를 가진 자가 있을 경우에는 다음 각호의 1에 해당하는 경우를 제외하고는 매립을 면허할 수 없다.(이하 생략)

2. 청구인들의 주장과 이해관계인들의 의견

가. 청구인들의 주장요지

(1) 관행에 의한 어업자의 지위인 관행어업권은 물권적 권리로서 그 발생, 변경 및 소멸이 모두 관습법에 따른 것이므로 행정당국에의 어업신고나 어업권원부등록과 같은 절차규정의 이행 여부에 따라 그 권리의 존속 여부가 좌우될 성질의 것이 아님에도 불구하고, 이 사건 심판대상조항은 단지 어업권원부에 등록하지 아니하였다는 이유만으로 관행어업권을 박탈하는 것으로서 소급입법에 의한 재산권 박탈을 금지하는 헌법 제13조 제2항과 재산권의 사용, 수용 또는 제한에 관하여 정당한 보상을 하도록 하고 있는 헌법 제23조를 위반한 법률조항이다.

(2) 이 사건 심판대상조항은 구 수산업법 시행 이전에 공동어업권의 원부에 입어보존등록을 마쳤거나 구 수산업법 시행 이후 공동어업권이 등록되어 그 원부에 관행어업권을 등록할 수 있는 관행어업권자와 구 수산업법 시행 이후 현재까지도 공동어업권이 등록되지 않아 관행어업권을 등록할 수 없는 관행어업권자를 합리적인 이유 없이 동등하게 취급함으로써 평등의 원칙에 위반되는 법률조항이다.

(3) 공동어업권이 면허되어 있지 아니한 관행어장에 관하여는 관행어업권의 등록이 법률상 불가능함에도 불구하고 이러한 경우에도 2년 이내에 등록을 하지 아니하면 관행어업권이 소멸한다고 해석되는 구 수산업법 부칙 제11조는 헌법에 위반되는 것이다.

나. 법원의 위헌제청신청기각결정이유의 요지

이 사건 심판대상조항은 1990.8.1. 법률 제4252호로 전문개정되기 이전의 수산업법(이하 "종전의 수산업법"이라 한다)의 문언상 명확한 규정이 없었던 입어의 관행 내지는 관행에 의한 입어자의 의미를 명확히 규정함으로써 해석상의 혼란을 방지하고 보상의 기준을 명확하게 하기 위한 규정이고, 그로 인하여 종전의 수산업법에 규정된 입어자의 지위에 제한을 가하는 규정이 아니므로 헌법에 위배되지 아니한다.

다. 해양수산부장관의 의견 요지

(1) 이 사건 심판대상조항은 종전의 수산업법 제40조에서 입어관행자의 정의를 규정하지 아니하여 공익사업시행에 따른 입어자의 어업손실보상과 관련하여 분쟁이 빈발하자, 입어자의 개념을 명확히 하고 보상의 기준도 마련하기 위하여 제정된 조항이지 종전의 수산업법에 의한 입어자의 지위에 어떠한 제한을 가하기 위하여 제정된 조항이 아니다.

(2) 관행에 의한 입어를 공동어업권이 설정된 어장에 한정하는 이유는 공동어업권이 면허된 어장에서 어업권자와 관행어업권자 사이의 형평성을 유지하기 위한 것이고, 공동어업권이 면허되지 아니한 공동어장 밖에서의 입어행위에 대하여 물권적 성격의 관행어업권을 인정하는 것은 합리적이 아니며 형평성에도 맞지 않다.

라. 수도권신공항건설공단의 의견 요지

(1) 관행에 따른 어업은 국민의 자유에 속하는 행위로서 이로 인한 이익은 사실상의 이익에 불과한 것이지 법률상 독립된 물권이 아니고, 관행에 의한 어업권이란 존재하지 않는다.

(2) 어업권원부가 존재하지 않더라도 관행어업권을 어업권원부에 등록할 수 있음에도 불구하고 이러한 등록이 불가능하다는 전제하의 이 사건 심판청구는 이유없다.

마. 농어촌진흥공사의 의견 요지

이 사건 심판대상조항은 입어의 관행 내지 입어자의 의미와 그에 대한 보상의 기준을 명확히 하는 규정이고, 종래의 기득권을 최대한 보장하기 위한 경과조치도 두었으므로 소급입법에 의하여 관행입어권을 박탈하는 규정이 아닐 뿐 아니라 헌법 제23조 제3항에서 규정하는 공공의 필요에 의한 재산권의 수용, 사용, 제한에 해당하지 아니한다.

3. 판 단

가. 이 사건 심판청구 중 청구인 홍성민 등의 구 공유수면매립법 제6조 제2호에 대한 청구에 관한 판단

헌법재판소법 제68조 제2항에 의한 헌법소원은 법률의 위헌여부심판의 제청신청을 하여 그 신청이 기각된 때에만 청구할 수 있는 것이다(헌재 1997.11.27. 96헌바12, 판례집 9-2, 607, 618 ; 1999.4.29. 98헌바47 등). 그런데 청구인 홍성민 등은 수도권신공항건설공단을 상대로 제기한 손해배상청구소송의 상고심에서 대법원에 구 수산업법 제2조 제7호 및 구 수산업법 부칙 제11조에 대하여서만 위헌법률제청신청을 하였다가 이 신청이 기각(96카기43)되자 이 사건 헌법소원심판을 청구하고 있는 터이므로, 구 공유수면매립법 제6조 제2호에 대하여는 위헌여부심판의 제청신청을 한 바 없고, 이에 따라 이 부분에 대하여는 법원의 위헌제청신청기각결정도 없었다.

따라서 청구인 홍성민 등의 이 사건 헌법소원심판청구 중 구 공유수면매립법 제6조 제2호에 관한 부분은 심판청구요건을 갖추지 못하여 부적법하다.

나. 본안에 관한 판단

(1) 관행에 의한 입어권의 본질

… 생략

(2) 이 사건 심판대상조항의 내용

… 생략

(3) 이 사건 심판대상조항이 소급입법에 해당하는지 여부

헌법 제23조 제1항은 "모든 국민의 재산권은 보장된다. 그 내용과 한계는 법률로 정한다"고 하는 재산권 보장에 대한 일반적인 원칙을 규정하고 있고, 제13조 제2항은 "모든 국민은 소급입법에 의하여 재산권을 박탈당하지 아니한다"고 규정하여 소급입법에 의한 재산권의 박탈을 금지하고 있는바, 이러한 재산권의 보장은 국민 개개인이 재산권을 향유할 수 있는 법제도로서의 사유재산제도를 보장한다는 의미와 함께 그 기조위에서 그들이 현재 누리고 있는 구체적 재산권을 개인의 기본권으로 보장

한다는 이중적 의미를 지니고 있다(헌재 1993. 7.29. 92헌바20, 판례집 5-2, 36, 44 ; 1994.2.24. 92헌가15등, 판례집 6-1, 38, 55).

소급입법은 새로운 입법으로 이미 종료된 사실관계 또는 법률관계에 작용케 하는 진정소급입법과 현재 진행중인 사실관계 또는 법률관계에 작용케 하는 부진정소급입법으로 나눌 수 있는바, 부진정소급입법은 원칙적으로 허용되지만 소급효를 요구하는 공익상의 사유와 신뢰보호의 요청 사이의 교량과정에서 신뢰보호의 관점이 입법자의 형성권에 제한을 가하게 되는데 반하여, 기존의 법에 의하여 형성되어 이미 굳어진 개인의 법적 지위를 사후입법을 통하여 박탈하는 것 등을 내용으로 하는 진정소급입법은 개인의 신뢰보호와 법적 안정성을 내용으로 하는 법치국가원리에 의하여 특단의 사정이 없는 한 헌법적으로 허용되지 아니하는 것이 원칙이고/ 다만 일반적으로 국민이 소급입법을 예상할 수 있었거나 법적 상태가 불확실하고 혼란스러워 보호할 만한 신뢰이익이 적은 경우와 소급입법에 의한 당사자의 손실이 없거나 아주 경미한 경우 그리고 신뢰보호의 요청에 우선하는 심히 중대한 공익상의 사유가 소급입법을 정당화하는 경우 등에는 예외적으로 진정소급입법이 허용된다.

청구인들은 이 사건 심판대상조항이 청구인들의 재산권인 관행어업권을 소급적으로 박탈하는 규정이라고 주장하므로, 과연 이 사건 심판대상조항이 소급입법에 해당하는지 여부에 관하여 살펴본다.

이 사건 심판대상조항은 종전의 수산업법에 의하여 아무런 제한 없이 주장이 가능하던 관행어업권에 대하여 구 수산업법 시행 이후부터는 등록하여야만 주장할 수 있는 것으로 변경하고, 그에 관한 경과규정으로 2년간의 등록기간을 설정하였다. 따라서 이 사건 심판대상조항은 구 수산업법의 시행일 이전까지 존재하던 관행어업권에 관하여 규율하는 바 없이 장래에 대하여 관행어업권의 행사방법에 관하여 규제할 뿐이므로 그 규정의 법적 효과가 시행일 이전의 시점에까지 미친다고 할 수 없다. 그리고 이 사건 심판대상조항은 종전의 수산업법에 의하여 인정되던 관행어업권을 일방적으로 박탈하는 것이 아니라/ 다만 일정한 기간 내에 등록만 하면 관행어업권을 인정하여 주는 것이므로 이를 가리켜 재산권을 소급적으로 박탈하는 규정이라고 할 수 없고 다만 그 행사방법을 변경 내지 제한하는 규정이라고 할 것이다.

따라서 이 사건 심판대상조항은 구 수산업법 시행 이전의 법률관계에 관하여 규율하는 것이 아니고, 또한 종래 인정되어 오던 관행어업권의 요건을 엄격하게 변경하는 등의 내용을 포함하고 있는 것도 아니며, 단지 등록만을 하도록 요구하고 있으므로 이를 가리켜 소급입법에 의한 재산권 침해라고 할 수 없다. 그러므로 이 사건 심판대상조항이 소급입법에 의하여 재산권을 침해하는 규정으로서 헌법 제13조 제2항과 제23조에 위배된다는 청구인의 주장은 이유 없다.

(4) 이 사건 심판대상조항이 신뢰보호의 원칙에 위배되는지 여부

헌법상 법치국가의 원칙으로부터 신뢰보호의 원리가 도출된다. 법률의 개정시 구법질서에 대한 당사자의 신뢰가 합리적이고도 정당하며 법률의 개정으로 야기되는 당사자의 손해가 극심하여 새로운 입법으로 달성하고자 하는 공익적 목적이 그러한 당사자의 신뢰의 파괴를 정당화할 수 없다면 그러한 새 입법은 신뢰보호의 원칙상 허용될 수 없다.

이러한 신뢰보호원칙의 위배여부를 판단하기 위하여는 한편으로는 침해받은 이익의 보호가치, 침해의 중한 정도, 신뢰가 손상된 정도, 신뢰침해의 방법 등과 다른 한편으로는 새 입법을 통해 실현하고자 하는 공익적 목적을 종합적으로 비교 · 형량하여야 한다.

그러나 헌법적 신뢰보호는 개개의 국민이 어떠한 경우에도 '실망'을 하지 않도록 하여 주는 데까

지 미칠 수는 없는 것이며, 입법자는 구법질서가 더 이상 그 법률관계에 적절하지 못하며 합목적적이 아님에도 불구하고 그 수혜자군을 위하여 이를 계속 유지하여 줄 의무는 없다 할 것이다(헌재 1995.6.29. 94헌바39, 판례집 7-1, 896, 910).

이 사건의 경우를 살펴보면, 청구인들은 종전의 수산업법에 의하여 등록에 관계없이 관행어업권을 인정받고 있었는데, 이 사건 심판대상조항으로 인하여 등록을 하여야만 관행어업권을 인정받게 되었다. 따라서 이 사건 심판대상조항으로 인하여 청구인들이 침해받은 신뢰이익은 기껏해야 등록에 관계없이 인정받던 권리를 등록하여야 하는 정도이다. 그리고 관행어업권을 등록함에 있어서 어떤 요건이 추가된 것도 아니고, 일단 등록을 마치면 종전부터 보유하고 있던 관행어업권자로서의 지위를 더욱 공고히 유지할 수 있게 되므로 관행어업권자들에게 일정 기간 내에 관행어업권의 등록을 요구하는 것이 불가능하거나 기대하기 어려운 무리한 행위 또는 무익한 행위를 요구하는 것으로 보기 힘들다.

이에 반하여 구 수산업법 시행 당시 이미 전국연안의 수면이 공동어업으로 정리되어 있었으므로 새로이 관행어업권이 발생할 여지는 없고, 따라서 이 사건 심판대상조항은 종래에 존재하던 관행어업권자를 정리함으로써 관행어업권자의 지위를 공고히 하고 불법어업으로 인한 폐해를 방지하며 불법어업자의 무분별한 관행어업권 주장을 배제하여 어업질서를 확립하기 위하여 개정된 것이다.

그렇다면 이 사건 심판대상조항으로 인하여 관행어업권자들이 침해받은 신뢰이익이 이 사건 심판대상조항으로 달성하고자 하는 공익목적에 우선하여 보호되어야 할 정도로 중대한 것이라고 할 수 없으므로 이 사건 심판대상조항이 헌법상 신뢰보호의 원칙에 위배되는 것으로 볼 수 없다.

(5) 이 사건 심판대상조항이 과잉금지의 원칙에 위배되는지 여부

… 생략

4. 결 론

그렇다면 이 사건 헌법소원심판청구 중 청구인 홍성민등의 구 공유수면매립법 제6조 제2호에 관한 청구부분은 부적법하므로 이를 각하하고, 구 수산업법 제2조 제7호, 제40조 제1항, 구 수산업법 부칙 제11조 및 구 공유수면매립법 제6조 제2호는 헌법에 위반되지 아니하므로 다음 5.와 같은 재판관 조승형의 주문 제2항의 주문표시에 관한 별개의견이 있는 이외에 나머지 재판관 전원의 일치된 의견으로 주문과 같이 결정한다.

5. 재판관 조승형의 주문 제2항의 주문표시에 관한 별개의견

… 생략

참고판례 ❹

대법원 1999.9.17. 선고 97도3349 판결【특정경제범죄가중처벌등에관한법률위반(재산국외도피 · 업무상배임) · 공문서변조 · 변조공문서행사】[공1999.11.1.(93),2266]

【이유】

상고이유를 판단한다.

1. 원심이 인용한 제1심판결의 이유에 명시된 증거들과 원심이 추가한 증거들을 기록에 비추어 검토하여 본 즉, 이 사건 기자재들은 공소외 김명조나 유나이티드 비디오 네트워크사(United Video Network, Inc. 이하 U.V.N.사로 약칭함)가 공소외 주식회사에 현물출자한 물품 중 일부인데도, 공소외 주식회사의 대표이사직에 있던 피고인은 공소외 주식회사가 이 사건 기자재들을 U.V.N.사로부터

수입한 것처럼 관계 서류를 변조하거나 허위로 작성하여 제출하는 방법으로 한국산업은행으로 하여금 대출약정에 따른 수입결제 대금으로 합계 미화 1,250,500$를 미국으로 송금하게 하여 국외로 재산을 도피시키고 공소외 주식회사로 하여금 동액 상당의 채무를 부담하게 하여 손해를 가한 사실과 이 과정에서 피고인은 직원들로 하여금 수입면장 21매를 변조하게 하여 한국산업은행에 제출한 사실이 인정된다고 하여 이 피고사건에 대하여 각 범죄의 증명이 있다고 한 원심판결에 상고이유 주장과 같은 위법이 있다고 할 수 없다.

2. 형사처벌의 근거가 되는 것은 법률이지 판례가 아니고, 형법 조항에 관한 판례의 변경은 그 법률조항의 내용을 확인하는 것에 지나지 아니하여 이로써 그 법률조항 자체가 변경된 것이라고 볼 수는 없으므로, 행위 당시의 판례에 의하면 처벌대상이 되지 아니하는 것으로 해석되었던 행위를 판례의 변경에 따라 확인된 내용의 형법 조항에 근거하여 처벌한다고 하여 그것이 헌법상 평등의 원칙과 형벌불소급의 원칙에 반한다고 할 수는 없다 할 것이다.

3. 그러므로 상고를 기각하기로 관여 법관들의 의견이 일치되어 주문과 같이 판결한다.

참조문헌

김선복, "판례변경 시 소급효금지의 원칙", 한국비교형사법연구 제10권 제2호, 2008, 193면-241면

김승환, "독일과 한국의 헌법판례에 비추어 보는 법률불소급의 원칙", 헌법학연구 제13권 제3호, 2007, 317면-335면

김영환, "공소시효와 형벌불소급의 원칙", 형사판례연구 제5권, 1997, 1면-27면

김혜정, "보호관찰과 형벌불소급의 원칙", 형사판례의 연구(지송 이재상교수 화갑기념논문집) Ⅰ, 2004, 25면-41면

이호중, "반인권적 국가범죄의 공소시효배제와 소급효", 민주법학 제30호, 2006, 105면-129면

정영일, "피고인에게 불리한 판례변경과 형법 제1조 제1항", 형사판례의 연구(지송 이재상교수 화갑기념논문집) Ⅰ, 2004, 1면-10면

I-4 형법의 시간적 적용범위, 한시법

대상판결

대법원 2004.8.16. 선고 2004도3062 판결【공직선거및선거부정방지법위반】[공2004.9.15.(210),1557]

【피 고 인】피고인

【상 고 인】피고인

【변 호 인】변호사 김진석 외 1인

【원심판결】대구고법 2004. 5. 13. 선고 2004노46 판결

【주 문】상고를 기각한다.

【이 유】

피고인은 제1심판결에 대하여 양형부당만을 항소이유로 내세웠음이 기록상 명백하므로 피고인의 항소를 기각한 원심판결에 대하여 피고인은 법리오해의 점을 상고이유로 삼을 수 없을 뿐만 아니라, 다음에서 보는 바와 같이 원심판결에 법리오해의 위법이 있다고 할 수도 없다.

공직선거및선거부정방지법(이하 '공직선거법'이라 한다)은 1994.3.16. 법률 제4739호로 제정된 이래 제66조 제1항에서 명함형 소형인쇄물을 선거운동에 사용하는 소형인쇄물의 하나로 규정하고, 같은 조 제2항에서 명함형 소형인쇄물이라 함은 길이 10cm, 너비 6cm 이내에서 1매(양면에 게재할 수 있다)로 작성하는 소형인쇄물을 말한다고 규정하여 명함을 선거운동에 사용하는 것을 허용해 왔으나, 1997. 11.14. 법률 제5412호의 개정으로 대통령선거에서 사용하는 소형인쇄물의 종류에서 명함형 소형인쇄물을 삭제함으로써 명함을 대통령 선거운동에 사용하지 못하도록 금지한 것을 시작으로, 1998.4.30. 법률 제5537호의 개정으로 선거운동에 사용하는 소형인쇄물의 종류에서 명함형 소형인쇄물을 아예 삭제함으로써 모든 선거운동에 명함형 소형인쇄물을 사용하지 못하도록 전면 금지하였다가, 2002.3.7. 법률 제6663호의 개정으로 선거운동에 사용하는 소형인쇄물의 종류에서 명함형 소형인쇄물을 삭제한 구법 제66조 제1항의 조항을 그대로 유지하면서 다만 탈법방법에 의한 문서 · 도화의 배부 · 게시 등 금지를 규정한 제93조 제1항 단서를 신설하여 "다만, 선거기간 중 후보자의 성명 · 사

진 · 주소 · 전화번호 · 학력 · 경력 · 현직을 게재한 길이 9cm 너비 5cm 이내의 명함을 후보자가 직접 주는 경우에는 그러하지 아니하다."는 조항을 추가하였는바, 위와 같은 공직선거법의 개정 경과에 비추어 고비용의 정치구조를 개혁하자는 취지에서 명함을 선거운동에 사용하지 못하도록 전면적으로 제한하였다가 선거기간 중 후보자가 명함을 직접 주는 행위까지 처벌대상으로 삼은 종전의 조치가 부당하였다는 반성적 고려에서 제93조 제1항 단서가 신설된 것으로 보이는 점 및 위 단서의 신설로 후보자가 명함을 '직접 주는' 행위만 허용되었을 뿐 제93조 제1항 본문에 의하여 선거에 영향을 미치게 하기 위하여 명함을 '배부'하는 행위 일반은 여전히 금지되고 있는 점 등을 종합하여 보면, 위와 같이 신설된 제93조 제1항 단서가 시행된 2002. 3. 7.부터는 선거기간 중 후보자가 명함을 직접 주는 경우에 한하여 예외적으로 금지대상에서 제외된 것으로 볼 것이고, 이와 달리 선거에 영향을 미치게 하기 위하여 명함을 아파트 현관의 세대별 우편함에 넣어두거나 아파트 출입문 틈새 사이로 밀어 넣어 안으로 투입하거나 틈새 사이에 끼워 놓은 경우에는 설령 그 투입행위 자체를 후보자 본인이 하였다고 하더라도 명함을 직접 준 것과 동일시할 수 없으므로 여전히 제93조 제1항 본문 위반행위에 해당한다고 할 것이다.

원심이 구 공직선거법(2002.3.7. 법률 제6663호로 개정되고 2004.3.12. 법률 제7189호로 개정되기 전의 것, 이하 같다) 시행 이후에 피고인이 판시와 같이 선거기간 중 선거구민의 아파트 현관의 세대별 우편함에 명함 73매를 넣어두어 배부한 행위를 구 공직선거법 제255조에 의하여 처벌대상이 되는 구 공직선거법 제93조 위반행위가 된다고 보아 피고인을 유죄로 처단한 제1심판결을 그대로 유지한 조치는 위에서 본 법리에 비추어 정당하고, 거기에 상고이유의 주장과 같은 구 공직선거법 제93조 제1항 단서의 법리를 오해한 위법이 있다고 할 수 없다.

그리고 피고인에게 벌금 100만 원이 선고된 이 사건에 있어서 원심의 양형이 너무 무겁다는 사유는 적법한 상고이유가 될 수 없다.

그러므로 상고를 기각하기로 하여 주문과 같이 판결한다.

참조조문

형법 제1조 제2항 / 구 공직선거및선거부정방지법(2004.3.12. 법률 제7189호로 개정되기 전의 것) 제93조 제1항, 제255조 제2항 제5호

법적쟁점

1. 판례는 제1조 제2항의 적용에 대해 어떤 제한을 두고 있는가?

2. 한시법이란 무엇이며 이를 긍정하는 근거 및 요건은 무엇인가?

3. 법률 자체의 변경 없이 고시만 폐지됨으로써 일정한 행위가 처벌대상에서 제외된 경우에도 제1조 제2항이 적용되는가?

4. 범죄 후 법률의 변경에 의하여 형이 구법보다 경한 경우에 형법 제1조 제2항에도 불구하고 신법에 경과규정을 두어 신법의 적용을 배제할 수 있는가?

5. 재판이 확정된 후 법률의 변경으로 그 형이 구법보다 경하게 된 경우에 어떤 조치를 취할 수 있는가?

참고판례 ❶

대법원 2003.10.10. 선고 2003도2770 판결【자동차관리법위반】[공2003.11.15.(190),2211]

【이유】

기록에 의하면, 제1심은 자동차폐차업자인 피고인이 2001. .경부터 2002.9.12.경까지 폐차요청을 받은 자동차 223대의 원동기를 압축 · 파쇄 · 절단하지 아니하고 중고부품상에 판매하여 자동차관리법 제80조 제6호, 제58조 제5항을 위반하였다는 이 사건 공소사실을 유죄로 판단하였고, 원심 또한 이 사건 공소사실을 유죄로 판단하면서, 구 자동차관리법시행규칙(2003.1.2. 건설교통부령 제346호로 개정되기 전의 것, 아래에서도 같다) 제138조 제1항 제1호에는 제작자 등의 무상보증정비기간이 지난 원동기가 폐차시 그 성능을 유지할 수 없도록 압축 · 파쇄 · 절단하여야 할 자동차의 장치로 규정되어 있다가 피고인의 위 행위가 이루어진 후인 2003. 1. 2. 개정 당시 위 조항이 삭제되었으므로 피고인의 위 행위에 대하여는 면소가 선고되어야 한다는 변호인의 주장에 대하여, 위 조항의 삭제는 폐차 원동기의 재활용을 위한 경제적인 필요성 등 그때 그때의 특수한 필요에 대처하기 위한 것에 불과할 뿐 형벌법령 제정의 이유가 된 법률이념의 변경에 따라 종래의 처벌 자체가 부당하였다는 반성적 고려에서 이루어진 것으로 볼 수 없다는 이유로 배척하였다.

형법 제1조 제2항의 규정은 형벌법령 제정의 이유가 된 법률이념의 변천에 따라 과거에 범죄로 보던 행위에 대하여 그 평가가 달라져 이를 범죄로 인정하고 처벌한 그 자체가 부당하였다거나 또는 과형이 과중하였다는 반성적 고려에서 법령을 개폐하였을 경우에 적용하여야 할 것이고, 이와 같은 법률이념의 변경에 의한 것이 아닌 다른 사정의 변천에 따라 그때 그때의 특수한 필요에 대처하기 위하여 법령을 개폐하는 경우에는 이미 그 전에 성립한 위법행위를 현재에 관찰하여도 행위 당시의 행위로서는 가벌성이 있는 것이어서 그 법령이 개폐되었다 하더라도 그에 대한 형이 폐지된 것이라고는 할 수 없음(대법원 1997. 12. 9. 선고 97도2682 판결 등 참조)은 원심이 지적한 바와 같다.

그러나 이 사건을 보면, 구 자동차관리법시행규칙 제138조 제1항 제1호가 삭제되면서 제138조 제3항, 제4항이 신설되어 폐차 과정에서 회수되어 자동차 수리용으로 재사용되는 중고 부품은 자동차안전기준 등에 저촉되지 아니하여야 하고, 폐차업자는 재사용되는 원동기 등 기능성장치 또는 부품에 업체명, 전화번호, 사용된 차종, 그 형식 및 연식, 부품의 명칭, 주행거리 등이 기재된 표지를 부착하도록 하였는데, 그 취지는 자동차 생산기술의 발달로 그 부품의 성능과 품질이 향상됨에 따라 폐차되는 자동차의 원동기를 재사용할 필요가 있고 이를 일정한 조건 아래에서 허용하더라도 별다른 문제가 발생할 여지가 많지 않음에도 불구하고 폐차시 원동기를 압축 · 파쇄 또는 절단하도록 한 종전의 조치가 부당하다는 데에서 나온 반성적 조치라고 보아야 할 것이고, 따라서 피고인의 위 행위는 구 자동차관리법시행규칙 제138조 제1항 제1호가 삭제되어 원동기가 폐차시 압축 · 파쇄 · 절단하여야 할 자동차의 장치에서 제외됨에 따라 범죄 후의 법령개폐로 범죄를 구성하지 않게 되어 형이 폐지되었을 때에 해당한다고 할 것이다. 같은 취지의 상고이유의 주장은 정당하므로 이를 받아들인다.

그렇다면 피고인에 대한 위 공소사실에 대하여는 형사소송법 제326조 제4호에 의하여 면소판결을 하여야 할 것인바, 이에 대하여 유죄를 선고한 원심판결 및 제1심판결은 모두 위법하므로 이를 파기하고, 같은 법 제396조 제1항에 의하여 이 법원이 자판하기로 하여 관여 대법관의 일치된 의견으로 주문과 같이 판결한다.

참고판례 ❷

대법원 1989.4.25. 선고 88도1993 판결【공산품품질관리법위반】[공1989.6.15.(850),839]

【이 유】

상고이유를 본다.

(1) 공산품품질관리법 제6조 제1항의 규정에 의하여 품질검사대상 품목으로 지정 고시되었던 밀링머신이 이 사건 위반행위 이후인 1987.6.30. 공업진흥청 고시 제87-1231호에 의하여 그 대상에서 제외된 바 있음은 소론과 같다.

그러나 이러한 고시의 변경은 법률이념의 변천으로 종래의 규정에 따른 처벌 자체가 부당하다는 반성적 고려에서 비롯된 것이라기보다는 공산품의 품질향상에 따른 정책의 변경 등 특수한 필요에 대처하기 위한 조치에 따른 것으로 보여지므로, 이와 같이 밀링머신이 품질검사대상품목에서 제외되었다 하더라도 그 고시가 변경되기 이전에 범하여진 이 사건 위반행위에 대한 가벌성이 소멸되는 것은 아니라 할 것이다. 이러한 이유로 행위 당시의 법률에 따라 피고인을 처벌한 원심의 조치는 옳고, 거기에 법률의 변경에 따른 신구법 적용의 법리나 면소의 법리를 오해한 위법이 없으므로 논지는 이유 없다.

(2) 벌금형이 선고된 이 사건에 있어 형의 양정이 심히 부당하다는 것은 적법한 상고이유가 되지 못한다.

(3) 그러므로 상고를 기각하기로 관여 법관의 의견이 일치되어 주문과 같이 판결한다.

참고판례 ❸

대법원 2004.7.22. 선고 2003도8153 판결【건설산업기본법위반】[공보불게재]

【이유】

1~4. … 생략

5. 구 건설산업기본법이 1999. 4. 15. 일부 개정되어 당일 시행되었으나, 개정 법률 부칙 제6조에서 '이 법 시행 전의 행위에 대한 벌칙 및 과태료의 적용에 있어서는 종전의 규정에 의한다.'는 내용의 경과조치를 두고 있으므로 구법 시행 당시의 행위에 대하여는 구법을 적용하여야 하는 것이고, 이 경우 법률의 개정으로 범죄를 구성하지 않게 되거나 형이 폐지되었다고 볼 여지가 없어 면소사유에 해당하지 않는 것인바(대법원 2003.1.10. 선고 2002도5477 판결 참조), 개정 건설산업기본법 부칙 제6조에서 위와 같은 개정 법률 시행 전의 행위에 대한 벌칙의 적용에 있어서는 종전의 규정에 의한다는 경과규정을 두고 있는 이상, 원심이 구 건설산업기본법 시행 당시에 행하여진 이 사건 공소사실에 대하여 구 건설산업기본법을 적용하여 처벌한 것은 정당하고, 거기에 상고이유 주장과 같은 법률적용의 위법이 있다고 할 수 없다.

참고판례 ❹

대법원 2005.12.23. 선고 2005도747 판결【보건범죄단속에관한특별조치법위반(부정식품제조등) · 식품위생법위반】[공2006.2.1.(243),205]

【이 유】

1. 형법 제1조 제2항의 규정은 형벌법령 제정의 이유가 된 법률이념의 변천에 따라 과거에 범죄로 보던 행위에 대하여 그 평가가 달라져 이를 범죄로 인정하고 처벌한 그 자체가 부당하였다거나 또는 과형이 과중하였다는 반성적 고려에서 법령을 개폐하였을 경우에 적용하여야 할 것이고, 이와 같은 법률이념의 변경에 의한 것이 아닌 다른 사정의 변천에 따라 그때그때의 특수한 필요에 대처하기 위하여 법령을 개폐하는 경우에는 이미 그 전에 성립한 위법행위는 현재에 관찰하여서도 여전히 가벌성이 있는 것이어서 그 법령이 개폐되었다 하더라도 그에 대한 형이 폐지된 것이라고 할 수는 없는 것이다(대법원 1997.12.9. 선고 97도2682 판결, 2003.10.10. 선고 2003도2770 판결 등 참조).

원심은, 그 판시와 같은 사정들을 종합하여 이 사건 범죄행위 당시 식품에 첨가물로 사용하는 것이 허용되지 않았던 염화메틸렌과 흑색산화철이 '건강기능식품에 관한 법률' 및 이에 의하여 고시된 '건강기능식품의 기준 및 규격' 등에 의하여 건강기능식품에 한하여 그 사용이 가능하도록 법률이 변경된 것은 법률이념의 변천으로 종래의 규정에 따른 처벌 자체가 부당하다는 반성적 고려에서 비롯된 것이라기보다는 건강기능식품의 국내 수요 확대 등 여건의 변화에 따른 규제범위의 합리적 조정의 필요와 건강기능식품의 안전성 제고 등 그때그때의 특수한 필요에 대처하기 위한 정책적 조치에 따른 것으로 판단되므로, 위 법률 및 고시가 시행되기 전에 이미 범하여진 위반행위에 대한 가벌성이 소멸되는 것은 아니라는 이유로, 이 사건 범행에 대하여 범죄 후 법적 견해의 변경에 따른 반성적 고려로 인한 형의 폐지가 있었다는 취지의 피고인들의 주장을 배척하였다.

앞서 본 법리와 기록에 비추어 살펴보면, 원심의 위와 같은 인정 및 판단은 수긍이 가고, 거기에 형법 제1조 제2항에 관한 법리오해 등의 위법이 있다고 할 수 없고, 상고이유로서 주장하고 있는 사정들만으로는 형법 제1조 제2항의 적용 범위에 관하여 종래 대법원판례의 입장을 변경할 필요성이 있다고 할 수도 없다. 이 부분 상고논지는 모두 이유 없다.

(참조 대법원 1987.3.10. 선고 86도42 판결)

참조문헌

강동범, "형법 제1조 제2항과 한시법", 법학논집(이화여대 법학연구소) 제10권 제1호, 2005, 31면-48면

박시환. "형사법 적용의 시간적 · 장소적 범위에 관한 문제", 재판자료 제49집(형사법에 관한 제문제(上)), 1990, 233면-302면

서보학, "법령의 개폐와 형법 제1조 2항의 적용", 인권과 정의(대한변호사협회) 제335호, 2004, 152면-164면

장영민, "한시법의 효력", 형사판례연구 제1권, 1993, 1면-12면

최은수, "법률의 변경과 형벌권의 소멸", 대법원판례해설 제19-2호, 1993, 411면-418면

Ⅰ-5 형법의 장소적 적용범위

대상판결

대법원 2004.4.23. 선고 2002도2518 판결【외국환관리법위반 · 상습도박】[공2004.6.1.(203),932]

【피 고 인】피고인

【상 고 인】검사 및 피고인

【변 호 인】변호사 홍순표

【원심판결】서울지법 2002.5.1. 선고 98노491 판결

【주　　문】원심판결을 파기하고, 사건을 서울중앙지방법원 합의부로 환송한다.

【이　　유】

1. 피고인의 상고이유에 대한 판단

가. 외국환관리법위반의 부분에 관하여

… 생략

나. 카지노에서의 도박에 대한 위법성에 관하여

형법 제3조는 "본법은 대한민국 영역 외에서 죄를 범한 내국인에게 적용한다."고 하여 형법의 적용 범위에 관한 속인주의를 규정하고 있고, 또한 국가 정책적 견지에서 도박죄의 보호법익보다 좀더 높은 국가이익을 위하여 예외적으로 내국인의 출입을 허용하는 폐광지역개발지원에관한특별법 등에 따라 카지노에 출입하는 것은 법령에 의한 행위로 위법성이 조각된다고 할 것이나, 도박죄를 처벌하지 않는 외국 카지노에서의 도박이라는 사정만으로 그 위법성이 조각된다고 할 수 없으므로, 원심이, **피고인이 상습으로 1996.9.19.부터 1997.8.25.경까지 사이에 판시와 같이 미국의 네바다주에 있는 미라지 호텔 카지노에서 도박하였다**는 공소사실에 대하여 유죄를 인정한 것도 정당하고, 거기에 상고이유로 주장하는 바와 같이 도박죄의 위법성조각에 관한 법리오해 등의 위법이 있다고 할 수 없다.

참조조문

형법 제3조, 형법 제246조

법적쟁점

1. 우리나라 국적을 가진 사람이 도박죄를 처벌하지 않는 외국 카지노에서 도박행위를 한 경우에도 우리 형법에 따라 처벌되는가?

2. 외국인이 외국에서 죄를 범한 경우에도 우리 형법이 적용될 수 있는가?

3. 외국인이 외국에서 죄를 범하여 우리나라 국적을 가진 사람이 피해자가 된 경우에 우리 형법이 적용되는가?

4. 우리나라에 있는 외국의 공관에서 우리나라 사람이 죄를 범한 경우에도 우리 형법이 적용되는가? 적용된다면 그 근거는 무엇인가?

5. 사이버범죄의 경우에 형법의 장소적 적용범위의 문제는 어떤 특징을 가지는가?

참고판례 ❶

대법원 1997.7.25. 선고 97도1142 판결【해상강도살인 · 사체유기 · 폭력행위등처벌에관한법률위반】[공1997.9.15.(42),2764]

【이유】

피고인들과 변호인들의 상고이유를 함께 본다.

1. 채증법칙 위배 등 주장에 대하여

가. 원심이 인용한 제1심판결의 증거들을 기록에 비추어 살펴보면, 원심이, 피고인들은 참치잡이 원양어선 페스카마(PESCA MAR) 15호에 승선하여 남태평양 해상에서 근무하던 중 한국인 선원들이 피고인들에 대하여 조업거부 등을 이유로 징계의결을 하고 피고인들을 하선시키기 위하여 사모아로 회항하게 되자, 자신들의 의사에 반하여 하선당하는 데 불만을 품은 나머지, 1등 항해사 피해자 이인석(27세)을 제외한 선장, 갑판장 등 한국인 선원 7명을 살해하고, 인도네시아인, 조선족 중국인 등 선원 10명은 어창에 감금하여 동사시켜 선박을 그들의 지배하에 넣어 한국이나 일본 부근으로 항해하여 선박을 매도하거나 침몰시킨 후 한국이나 일본으로 밀입국하기로 결의한 다음, 합세하여 선장 피해자 최기택(32세)을 비롯하여 한국인 선원 7명을 차례로 살해하고, 나머지 생존 선원들의 반항을 억압하여 선박의 지배권을 장악한 후 피해자 이인석에게 지시하여 사모아로 향하던 항로를 한국으로 수정하였다가 다시 일본으로 수정하였고, 선박을 침몰시키고 일본으로 밀입국하기 위하여 항해 도중에

뗏목을 만들기도 하였던 사실을 확정하고서, 피고인들은 선박의 권리자를 배제하고 선박을 자신들의 소유물과 같이 그 경제적 용법에 따라 이용하고 처분할 의사가 있었다고 인정하여 피고인들이 선박에 대한 불법영득의 의사가 없었다는 주장을 배척한 조치나, 피고인 1이 판시와 같이 범행의 모의를 주도하고 다른 피고인들에게 구체적인 실행행위를 지시하였다고 인정한 제1심판결을 유지하고, 피고인들이 한국인 선원 7명을 살해하고 나머지 선원들의 반항을 억압하여 선박의 지배권을 장악한 판시 범행을 다중의 위력으로 선박을 강취한 것으로 보아 이를 해상강도살인죄로 의율한 조치는 모두 정당하고, 거기에 상고이유로서 주장하는 바와 같은 채증법칙 위배, 심리미진, 해상강도살인죄에 관한 법리오해의 위법이 있다고 할 수 없다.

【사실관계】

1996년 8월 남태평양 사모아 동북쪽 해역에서 참치를 잡던 온두라스 선적 원양어선 페스카마(PESCA MAR)15호에서 선상폭동이 발생하여 선원 24명중 11명이 살해되었는데, 피살된 선원은 선장을 비롯한 한국인 7명, 인도네시아인 3명, 조선족 1명 등 11명이다. 폭동을 일으킨 조선족 중국인들인 피고인들은 가난을 모면하기 위하여 어렵게 마련한 돈으로 선원송출업체에 담보를 제공하고 이 사건 페스카마선박에 승선하게 되었고, 1명을 제외한 피고인들은 원양어선에서 근무해 본 경험이 없었다. 이들은 승선 근무 중 한국인 선원들로부터 작업이 미숙하다는 이유로 폭행을 당하는 등 중국에서 겪어보지 못한 가혹한 대우를 받아 승선한 지 약 한 달 보름 만에 하선시켜 줄 것을 스스로 요구하다가 끝내 징계조치로 하선당하게 되어 사모아로 회항하면서 선장인 피해자 최기택으로부터 하선당하는 경우 사모아에서의 체류비용과 귀국비용은 물론 하선으로 인한 조업손해까지도 부담해야 한다는 위협조의 말을 듣고 하선조치를 철회해 줄 것을 사정하였으나 거절당하였다. 이에 그들은 하선으로 인하여 자신과 가족들이 경제적으로 파탄에 이르게 된다고 생각한 나머지 한국인 선원들에 대한 적개심과 절망감이 폭발하여 고도의 흥분상태에서 한국인 선원들을 살해하기로 결심하고, 범행 직전 한국인 선원 중 1등 항해사인 피해자 이인석을 선박 강취 후 선박 운항을 위하여 살려두고 나머지 한국인 선원들은 피고인 1이 침실에서 1명씩 조타실로 불러내어 각자 정해진 위치에서 대기하고 있던 나머지 피고인들이 합세하여 살해하기로 하는 등 범행을 치밀하게 모의한 다음, 피고인 1의 지시에 따라 역할을 분담하여 한국인 선원 7명을 차례로 1명씩 용의주도하게 살해하였다.

참고판례 ❷

대법원 1986.6.24. 선고 86도403 판결【특수공무집행방해치상,폭력행위등처벌에관한법률위반,국가보안법위반】[공1986.8.1.(781),967]

【이유】

1. 피고인들의 변호인 박원서의 상고이유 제1점을 본다.

재판권의 장소적 효력에 관하여 형법 제2조는 "본법은 대한민국의 영역내에서 죄를 범한 내국인과 외국인에게 적용한다"고 규정하여 속지주의를 채택하는 한편 같은법 제3조에 "본법은 대한민국의 영역외에서 죄를 범한 내국인에게 적용한다"고 규정하므로써 속인주의도 아울러 채택하고 있다.

따라서 설사 논지가 주장하는 바와 같이 국제협정이나 관행에 의하여 서울에 있는 미국문화원이 치외법권지역이고 그곳을 미국영토의 연장으로 본다 하더라도 그곳에서 죄를 범한 피고인들에 대하여 우리 법원에 먼저 공소가 제기되고 미국이 자국의 재판권을 지금까지도 주장하지 않고 있는 바에야 속인주의를 함께 채택하고 있는 우리나라의 재판권은 피고인들에게도 당연히 미친다 할 것이다. 또 미국문화원측이 피고인들에 대한 처벌을 바라지 않았다고 하여 그 재판권이 배제되는 것도 아니다. 논지는 이유없다.

【사실관계】

전국 대학의 총학생회의 회장단으로 구성된 전학련의 결의에 따라 대학생 73명이 우리나라의 진정한 민주화를 실현하기 위하여 그 진상을 규명하고 주체적 입장에서 올바른 한 · 미관계를 정립하기 위하여 미국의 비민주적 정권에 대한 지원의 중단 및 미국의 광주사태 당시 비인도적인 지원에 대한 책임을 묻고 또한 우리나라 국민의 민족적 자부심과 민주적 역량을 무시하는 미국의 고위 공직자의 모욕적인 발언에 대한 사과를 받아내기 위하여 미국문화원을 점거하고 농성하였다.

참고판례 ❸

대법원 2002.11.26. 선고 2002도4929 판결【공문서위조 · 위조공문서행사 · 위조사문서행사 · 사인위조】[공2003.1.15.(170),285]

【이유】

원심이, 형법 제239조 제1항의 사인위조죄는 형법 제6조의 대한민국 또는 대한민국국민에 대하여 범한 죄에 해당하지 아니하므로, 중국 국적의 피고인이 중국에서 대한민국 국적 주식회사의 인장을 위조하였다는 공소사실은 외국인의 국외범으로서 피고인에 대하여 재판권이 없다고 판단한 것은 옳고, 거기에 상고이유의 주장과 같은 법리오해 등의 잘못이 없다. 따라서 상고이유는 받아들이지 아니한다.(참고 대법원 1984.5.22. 선고 84도39 판결)

【사실관계】

중국 국적의 조선족으로서, 중국 거주 조선족 교포들로부터 돈을 받고 비자 신청서 등을 위조하여 중국교포들을 국내로 불법 입국시키기로 마음먹고, 행사할 목적으로 대한민국 국적 주식회사의 인장을 위조하여 같은 달 중순경 중국 북경시 소재 한국영사관에서, 비자발급을 신청하면서 그 정을 모르는 영사관 직원에게 위 제2항과 같이 위조한 A주식회사 명의의 사문서인 요청서 2통 및 의향서 사본 2통, 공문서인 인증서 1통을 마치 진정하게 성립한 것처럼 각 교부하여 이를 일괄 행사하였다.

참조문헌

김성규, "형법의 국제화-그 현상과 전망", 광운비교법학(광운대학교 비교법학연구소) 제6호, 2005, 317면-334면.

김성규, "속지주의의 적용에 있어서 외국관련 공범의 범죄지와 가벌성", 비교형사법연구, 제10권 제2호, 2008, 1면 이하.

김성돈, "형법 제3조와 속인주의의 재음미", 형사재판의 제문제 제5권, 2005, 3면-22면.

신양균, "외교공관에서의 범죄행위에 대한 재판권", 형사판례연구 제2권, 1996. 1면-17면.

주승희, "사이버범죄와 국제형법 : 추상적 위험범의 범죄지 및 형법 제6조의 적용범위를 중심으로", 형사정책연구 제16권 제3호, 2005, 115면-144면.

전지연, "사이버공간에서 형법적 적용범위의 수정,제한", 법조, 2003/11(통권 566호), 78면-110면.

전지연, "형법 제3조의 적극적 속인주의의 문제점과 해결방안", 법학연구(연세대학교 법학연구원), 제19권 제2호, 2009.6, 107-129면.

Ⅱ 구성요건이론

Ⅱ-1 법인의 범죄능력

대상판결

대법원 1984.10.10. 선고 82도2595 전원합의체 판결【배임】[공1984.12.1.(741)1816]

【피 고 인】피고인 1외 1인

【상 고 인】검사

【원심판결】수원지방법원 1982.6.18. 선고 82노181 판결

【주 문】원심판결중 무죄부분을 파기하고, 이 부분 사건을 수원지방법원 합의부로 환송한다.

【이 유】

검사의 상고이유를 본다.

원심판결은 그 이유에서, **피고인 1은 공소외 주식회사의 대표이사로 재직하고 있고, 피고인 2는 위 회사에서 시공분양한 상가를 매수하여 상업에 종사하고 있는 자로서 공소외 김O명이 위 회사의 대표이사로 재직중인 1974.5.24 회사소유의 성남시 상대원동 471단지 16의3 (신지번 상대원동 668) 대지 12.8평과 그 지상에 건립된 건평 10.8평의 건물을 공소외 한O택에게 매도하여 그 무렵 대금 전액을 완납받았고, 1974.7.22 같은 471단지 17의 1 (신지번 상대원동649) 대지 12.8평과 그 지상에 건립된 건평 10.8 평의 점포를, 1974.9.15 같은 471단지 32의 3 (신지번 상대원동 648)대지 12.8평과 그 지상의 점포 10.8평을 각 공소외 김O기에게 매도하고 그 무렵 대금 전액을 완납받은 사실을 피고인 1이 1976.1.20 위 회사의 대표이사로 취임하면서 알게 되었음에도 위 대지와 점포를 공모하여 이중으로 분양하고 (1) 1977.12.14 상대원동 668 대12.8평에 관하여 피고인 2와 공소외 김O진 앞으로의 소유권이전등기절차를, 1979.2.13 그 지상점포에 관하여 피고인 2와 공소외 윤O규 앞으로의 소유권보존등기절차를 각 이행하여 줌으로써 한O택에 매매대금 상당의 재산상 손해를 입히고 (2) 1979.2.14 상대원동 649 지상점포에 관하여 공소외 최O열, 최O임 앞으로, 648지상점포에 관하여 공소외 장O삼과 피고인 2앞으로의 소유권보존등기절차를 각 이행하여 줌으로써 김O기에게 그 매매대금 상당의 손해를 입혀 공동으로 배임행위를 하였다**는 공소사실에 대해 사실관계는 그대로 인정된다고 설시한 후, 위 대지와 점포는 모두 회사의 소유로서 최초의 매수인 한O택,

김O기에게 소유권이전등기를 하여줄 의무의 주체는 회사이고, 피고인 1은 회사의 대표기관에 불과하며 피고인 2는 피고인 1과 공동하여 행위를 한 자에 불과하므로 피고인들이 위 한O택, 김O기에 대하여 그 사무를 처리하는 자의 지위, 다시 말하면 위 한O택, 김O기와 피고인들 사이에는 타인과 본인의 관계가 없다 할 것이니 피고인들은 배임죄의 주체가 될 수 없는 것이라 하여 무죄를 선고하였다.

그러나 형법 제355조 제2항의 배임죄에 있어서 타인의 사무를 처리할 의무의 주체가 법인이 되는 경우라도 법인은 다만 사법상의 의무주체가 될 뿐 범죄능력이 없는 것이며 그 타인의 사무는 법인을 대표하는 자연인인 대표기관의 의사결정에 따른 대표행위에 의하여 실현될 수 밖에 없어 그 대표기관은 마땅히 법인이 타인에 대하여 부담하고 있는 의무내용대로 사무를 처리할 의무가 있다 할 것이므로 법인이 처리할 의무를 지는 타인의 사무에 관하여는 법인이 배임죄의 주체가 될 수 없고, 그 법인을 대표하여 사무를 처리하는 자연인인 대표기관이 바로 타인의 사무를 처리하는 자, 즉 배임죄의 주체가 되는 것이라고 새겨야 할 것이다. 따라서 타인의 사무를 처리할 사법상 의무의 주체가 법인이라 하여 이점을 그 대표기관은 타인에 대한 관계에 있어서 배임죄의 주체가 될 수 없다는 근거로 삼을 수 없다 할 것이므로 당원이 1982.2.9. 선고 80도1796 판결 및 1983.2.22. 선고 82도1527 판결에서 판시한 이와 배치되는 견해는 이 판결로써 변경하기로 한다.

그렇다면 피고인들에 대한 공소사실이 그 판시와 같은 이유로 배임죄를 구성하지 않는다고 본 원심판결에는 상고논지가 지적하고 있는 바와 같이 형법 제355조 제2항의 타인의 사무를 처리하는 자에 관한 법리오해가 있다 하겠으므로 대법원판사 전상석을 제외한 나머지 관여법관들의 일치된 의견으로 원심판결중 무죄부분을 파기하고 이 부분 사건을 다시 심리판단케 하고자 원심인 수원지방법원 합의부에 환송하기로 한다.

대법원판사 전상석의 반대의견

배임죄는 타인의 사무를 처리하는 자가 그 임무에 위배하는 행위로써 재산상 이익을 취득하거나 제3자로 하여금 이를 취득하게 하여 본인에게 손해를 가함으로써 성립하므로 배임죄의 주체는 타인의 사무를 처리하는 지위 또는 신분이 있는 자이다. 법령상 또는 계약상 또는 관습상 이와 같은 지위 또는 신분이 있는 자가 그 타인에 대하여 부담하고 있는 신의성실의 의무에 위배하는 것이 곧 배임죄의 본질이므로 이와 같은 지위나 신분이 없는 자는 배임죄의 주체가 될 수 없다. 다시 바꾸어 극단적으로 표현하면 배임죄는 법령이나 계약에 의하여 타인의 사무를 처리할 권한이 있는 자가 그 권한을 남용하는 것이므로 이와 같은 권한 즉 지위나 신분이 없으면 배임죄는 성립될 여지가 없다. 이점이 배임죄의 구성요건상 특이한 것이며 그렇기 때문에 당원이 이와 같은 견해를 되풀이 하여 왔다.

다수의견은 타인의 사무를 처리할 의무의 주체가 법인이 되는 경우라도 법인은 다만 사법상의 의무주체가 될 뿐 범죄능력이 없는 것이며 그 타인의 사무는 법인을 대표하는 자연인인 대표기관의 의사결정에 따른 대표행위에 의하여 실현될 수 밖에 없어 그 대표기관은 마땅히 법인이 타인에 대하여 부담하고 있는 의무의 내용대로 사무를 처리할 의무가 있다고 하나 그 입론의 근거가 박약함은 물론 배임죄의 본질에 크게 벗어나는 해석으로서 승복할 수가 없다.

우선 법인은 사법상의 의무주체가 될 뿐 법인은 범죄능력이 없다고 하나 바로 이 사법상의 의무주체가 배임죄의 주체가 되는 것이므로 이것을 떠나서 배임죄는 성립할 수 없는 것이며 다수의견이 이 점을 내세우면서도 어찌하여 사법상의 의무주체와 범죄주체를 따로 파악하려는 것인지 참으로 이해하기가 어렵다.

법인에 범죄능력이 없기 때문에 그 대표행위를 하는 대표기관을 배임죄로 다스린다는 것은 의무없는 자를, 따라서 임무위반행위가 없는 자를 처벌하는 것이 되어 죄없는 자를 처벌하자는 것과 같은 결론이 된다. 법인에 범죄능력이 없기 때문에 그 대표기관을 처벌한다는 것은 도시 그 입론의 근거가 될 수 없을 뿐만 아니라 형벌법규의 해석과 적용에 있어 엄계하여야 할 잘못을 범하는 것이 된다.

물론 다수의견이 법인을 대표하는 자연인인 대표기관은 마땅히 법인이 타인에 대하여 부담하고 있는 의무내용대로 사무를 처리할 임무가 있다고 하는 입론이 법인격과 법인의 의사 및 행위능력 등에 비추어 대표기관에 그 책임을 돌리려는 이론구성을 이해하지 못하는 바는 아니나 이와 같은 해석은 배임죄의 구성요건을 확대왜곡하는 것이며 법인이 타인에 대하여 부담하고 있는 의무내용대로 사무를 처리할 임무가 있다는 바로 그 임무는 다수의견의 표현 그대로 이는 법인에 대하여 부담하는 임무이지 법인의 대표기관이 직접 타인에 대하여 지고있는 임무는 아니므로 그 임무에 위배하였다고 하여 이를 타인에 대한 배임죄가 성립한다고는 할 수 없다.

법률 특히 형벌법규는 엄격한 해석이 요청됨은 많은 말을 필요로 하지 않는다. 구성요건상 분명히 타인의 사무를 처리하는 자로 규정되어 있는 배임죄의 주체 즉 사법상의 의무주체가 아님을 분명히 하면서도 그 책임을 법인의 대표기관에 돌리는 것은 배임죄의 구성요건을 확대해석하는 정도를 넘어 배임죄에 관한 형법규정을 왜곡하여 죄

없는 자를 처벌하는 결과가 된다.

법인의 배임행위에 대하여 그 법인에 범죄능력이 없다하여 반드시 누가 책임을 지고 처벌을 받아야 하는 것인가에 대하여도 의문이 없을 수 없다. 법인에 범죄능력이 없으면 그것으로 그만이지 왜 꼭 책임을 지고 처벌을 받아야 할 사람이 있어야 한다는 말인가?

형벌의 목적은 교정에 있는 것이며 응보가 그 목적은 아니다. 배임죄는 재산죄중에서도 특히 사법질서를 다스리는데 그 입법목적이 있는 것이며 그 사법관계는 원칙적으로 사법질서에 따라 해결되는 것이 기본원리임을 간과할 수 없다. 요즈음 흔히 말하는 소위 민사의 형사화 현상은 우리 법조인이 다같이 자성하여야 할 당면의 문제이며 이 점에서도 다수의견과 같은 해석은 피하여야 할 것으로 법의 궁극적 목적과 법의 궁극에 있는 이상을 되새겨 배임죄에 관한 종전 대법원 견해는 변경되어서는 안된다는 생각에서 반대의견을 밝히는 것이다.

2 -1. 법인의 범죄능력

참조조문

형법 제355조 제2항

법적쟁점

1. 현행법이 통상 범죄의 주체를 '…한 자'라고 규정하고 있는데, 이 경우에 자연인 이외에 법인도 처벌대상이 되는가?
2. 형법 제355조 제2항은 배임죄에 관해 "타인의 사무를 처리하는 자가 그 임무에 위배하는 행위로써 재산상의 이익을 취득하거나 제삼자로 하여금 이를 취득하게 하여 본인에게 손해를 가한 때에도 전항의 형과 같다."고 규정하고 있는데, 여기서 '타인의 사무를 처리하는 자'는 사법상 의무를 지는 자와 동일한 개념이라고 할 수 있는가?
3. 법인이 범죄의 주체가 될 수 없다는 말은 형벌도 부과할 수 없다는 의미로 보아야 하는가?
4. 현행법상 법인과 그 대표기관을 동시에 처벌할 수 있는가?

참고판례 ❶

대법원 1997.1.24. 선고 96도524 판결【업무방해 · 건축법위반 · 주차장법위반】[공1997.3.1.(29),698]

【이유】

상고이유를 판단한다.

1. 제1점에 대하여

관세법 제195조는 본문에서 "다음 각 호의 1에 해당하는 자의 사용인이 본인의 업무에 관하여 이 법에 규정한 벌칙에 위반되는 행위를 한 때에는 그 행위자를 벌하는 외에 본인도 처벌한다."라고 규정하면서 "1. 특허보세구역의 설영인, 2. 수출 · 수입 또는 운송을 업으로 하는 자, 3. 관세사, 4. 개항장안 용달업자" 등을 열거하고 있을 뿐이므로, 같은 법조에서의 "다음 각 호의 1에 해당하는 자"나 "본인"은 자연인만을 의미하는 것이고 법인은 여기에 해당하지 않는다고 할 것이다. 이는 같은 법 제196조 본문이 "법인의 임원 · 직원 · 사용인이 법인의 업무에 관하여 이 법에 규정한 벌칙에 위반되는 행위를 한 때에는 그 행위자를 벌하는 외에 법인도 처벌한다."라고 하여 법인과 그 임직원 등에 대한 별도의 처벌규정을 두고 있는 점에 비추어 보아도 명백하다.

원심이 법인인 피고인에게는 관세법 제195조를 적용할 수 없다고 판단한 것은 정당하고, 거기에 법리오해의 위법이 없다. 이 점을 지적하는 상고이유는 받아들일 수 없다.

2. 제2점에 대하여

관세법 제196조에 따라 법인의 임직원 또는 피용자의 범칙행위에 의하여 법인을 처벌하기 위한 요건으로서 '법인의 업무에 관하여' 행한 것으로 보기 위하여는 객관적으로 법인의 업무를 위하여 하는 것으로 인정할 수 있는 행위가 있어야 하고, 주관적으로는 피용자 등이 법인의 업무를 위하여 한다는 의사를 가지고 행위함을 요하며, 위 요건을 판단함에 있어서는 법인의 적법한 업무의 범위, 피용자 등의 직책이나 직위, 피용자 등의 범법행위와 법인의 적법한 업무 사이의 관련성, 피용자 등이 행한 범법행위의 동기와 사후처리, 피용자 등의 범법행위에 대한 법인의 인식 여부 또는 관여 정도, 피용자 등이 범법행위에 사용한 자금의 출처와 그로 인한 손익의 귀속 여하 등 여러 사정을 심리하여 결정하여야 할 것이다(대법원 1983.3.22. 선고 80도1591 판결 참조).

원심판결 이유에 의하면, 원심은 피고인 회사는 화물운송 및 보관을 목적으로 설립된 법인으로서 본점은 미합중국에 있고 대한민국에 그 지점이 설치되어 있으며, 대한민국으로부터 보세구역 설영특허를 받아 서울 강서구 공항동에 약 1,300평 가량의 보세창고를 두고 절반은 수출화물, 절반은 수입화물을 장치하고 있으면서 특송화물의 경우에는 대한민국 기업인 공소외 '프라이엑스'와 국내 특송화물에 대한 총판대리점 계약을 체결하여 위 '프라이엑스'에서 화주를 대신하여 수입신고를 하고 통관절차를 밟아 택배(宅配) 서비스를 하는 한편, 일반화물의 경우에는 화주가 관세사에 의뢰하여 신고서를 작성하여 세관직원의 검사를 받고 면허가 이루어진 다음 피고인 회사의 보세장치장에 면장원본 및 사본을 제시하고 보관료를 내면 물품을 출고하여 주는 사실, 피고인 회사의 위 보세장치장에는 사무직과 일반노무직으로 직책이 나뉘어져 있어 노무직은 직접 화물의 운반, 관리, 출고를 하고 있고, 사무직은 행정적인 처리만을 하고 있는 사실, 피고인 회사의 위 보세장치장의 수출입부직원으로 수출입물품의 반출입업무를 담당하는 사무직에 종사하는 공소외인은 이 사건 범행 당시 휴가중인데도 평소 알고 지내던 원심 상피고인이 물품을 반출한 후 서류를 정리하여 주겠으니 몰래 물품을 반출하여 달라고 간청하자 이를 승낙하고 반쯤 열린 물품반출 출입문을 통하여 위 조세장치장에 들어가 근무하고 있는 수명의 직원들의 눈을 피해 적법한 통관절차를 거치지 않고 몰래 특송화물인 위 밍크코트를 위 보세장치장 밖으로 반출하여 원심 상피고인에게 전달한 사실을 확정한 다음, 공소외인의 위와 같은 행위는 피고인 회사의 '업무에 관하여' 행한 것으로 보기 어려우므로 피고인 회사를 관세법 제196조, 제180조 제1항 위반죄로 처벌할 수 없다고 판단하여 피고인에게 무죄를 선고하였다. 원심판결의 위와 같은 판단을 위에서 본 법리와 기록에 비추어 살펴보면 정당하고, 거기에 관세법 제196조에 대한 법리오해 등의 위법이 없다. 이 점을 지적하는 상고이유도 받아들일 수 없다.

3. 그러므로 상고를 기각하기로 관여 법관의 의견이 일치되어 주문과 같이 판결한다.

참고판례 ❷

대법원 1994.2.8. 선고 93도1483 판결【외국환관리법위반】[공1994.4.1.(965),1038]

【이유】

1. 피고인의 상고이유 제1점에 대한 판단.

원심은, 피고인이 일본국 소재 공소외 1 유한회사 (이 뒤에는 "일본회사"라고 약칭한다)의 대표이사 겸 서울 소재 공소외 2 주식회사 (이 뒤에는 "국내회사"라고 약칭한다)의 사실상의 경영자로서, 국내회사의 대표이사인 원심공동피고인과공모하여 재무부장관의 인가를 받지 아니하고, 피고인이 일본회사에서 재일한국인 등으로부터 일본국 통화인 엔화를 그가 지정하는 국내의 수취인에게 송금해 달라는 의뢰를 받고 그 송금액의 1%에 해당하는 수수료를 받은 다음 그 송금액수와 수취인 명단을 서울에 있는 원심공동피고인에게 팩시밀리로 보내어, 원심공동피고인이 엔화에 상응하는 한화를 수취인의 국내 예금구좌에 입금해 주고, 원심공동피고인은 국내회사에서 내국인 등으로부터 한화를 일본국에 있는 수취인에게 송금해 달라는 의뢰를 받고 그 송금액의 3%에 해당하는 수수료를 받은 다음 그 송금액수와 수취인 명단을 일본국에 있는 피고인에게 팩시밀리로 보내어, 피고인이 같은 날 국내로 송금하지 않고 보관중이던 한화에 상응하는 엔화를 수취인에게 전달하는 방법으로 송금을 대행함으로써, 대한민국과 외국간의 지급 및 이에 부대되는 외국환업무를 영위하였다는 취지의 이 사건 공소사실을 유죄로 인정하였다.

법인은 그 기관인 자연인을 통하여 행위를 하게 되는 것이기 때문에, 자연인이 법인의 기관으로서 범죄행위를 한 경우에도 행위자인 자연인이 그 범죄행위에 대한 형사책임을 지는 것이고, 다만 법률이 그 목적을 달성하기 위하여 특별히 규정하고 있는 경우에만 그 행위자를 벌하는 외에 법률효과가 귀속되는 법인에 대하여도 벌금형을 과할 수 있을 뿐이므로(당원 1961.10.19. 선고 4294형상417 판결; 1976.4.27. 선고 75도2551 판결 등 참조), 이와 같은 취지에서 일본회사의 대표이사인 피고인을 유죄로 인정한 원심판결에 일본회사와 국내회사간의 거래행위를 각 그 대표자간의 거래행위로 보는 등 사실을 잘못 인정한 위법이 있다고 비난하는 논지는 받아들일 것이 못된다.

2.~4. … 생략

참고판례 ❸

대법원 2004.12.10. 선고 2004도5652 판결【정치자금에관한법률위반 · 범죄수익은닉의규제및처벌등에관한법률위반】[공2005.1.15.(218),157]

【이유】
1. 피고인의 상고에 대하여
가. 정치자금에관한법률위반죄 부분
(1) '정치자금을 받은 자'와 관련하여
… 생략

정치자금법은 정당이라 함은 정당법의 규정에 의하여 중앙선거관리위원회에 등록된 정당의 중앙당과 지구당을 말하고(제3조 제1호), 정치자금이라 함은 당비, 후원금, 기탁금, 보조금, 후원회의 모집금품과 정당의 당헌 · 당규 등에서 정한 부대수입 기타 정치활동을 위하여 제공되는 금전이나 유가증권 기타 물건을 말한다(제3조 제2호)고 규정하고 있는데, 정치자금법 제30조 제1항이 정치자금을 받은 자가 정당인 경우에는 그 구성원으로서 당해 위반행위를 한 자를 처벌한다고 규정하고 있는 것은 정당이란 원래 양벌규정과 같은 특별한 규정에 의하여 벌금형을 과하는 것 외에는 일반적인 범죄능력이 없어 형사처벌을 할 수 없으므로 정당에 제공되는 정치자금의 수수행위에 실질적으로 관여한 행위자를 처벌함으로써 정치자금과 관련한 부정을 방지하여 민주정치의 건전한 발전에 기여한다는 정치자금법의 입법목적을 달성하기 위함이라고 할 것인바, 나아가 정당법은 정당은 수도에 소재하는 중앙당과 국회의원지역구선거구를 단위로 하는 지구당으로 구성하고(제3조), 정당은 중앙당이 중앙선거관리위원회에 등록함으로써 성립하며(제4조 제1항), 지구당에는 당원명부를 비치하여야 하고(제22조 제1항), 정당은 대의기관과 집행기관 또는 의원총회 등의 기구를 가져야 하며(제29조 제1항), 정당의 중앙당과 지구당에는 일정 수의 유급사무직원과 정책개발연구원을 둘 수 있다(제30조의2 제1항)고 규정하고 있으므로, 정치자금법 제30조 제1항에 정한 '정당의 구성원'이라 함은 '정당의 당원이거나 정당의 기구에 소속해 있는 임직원'을 말한다고 봄이 상당하다고 할 것이다.
… 생략

참조문헌

김종덕, "배임죄에 있어서 법인 및 대표기관의 형사책임", 법학연구(한국법학회) 제22집, 2006, 255면-283면.

배종대, "법인의 범죄능력", 고시연구 통권 제210호, 1991/9, 155면-165면.

이천현, "법인의 범죄주체능력과 형사책임", 형사법연구 제22권 특집호, 2004, 58면-82면.

조 국, "법인의 형사책임과 형벌규정의 성격", 법학(서울대학교 법학연구소), 제48권 제3호(2007), 60면-76면.

하태훈, "범죄주체와 법인의 형사책임", 고시계 통권 제513호, 1999/11, 205면-214면.

Ⅱ-2 양벌규정

대상판결

대법원 2005.11.25. 선고 2005도6455 판결【청소년보호법위반】[공보불게재]

【피 고 인】피고인

【상 고 인】피고인

【원심판결】전주지법 2005.8.12. 선고 2005노80 판결

【주　　문】상고를 기각한다.

【이　　유】

1. 청소년보호법 제50조 제2호, 제24조 제1항은 청소년을 고용한 청소년유해업소의 업주를 3년 이하의 징역이나 2천만 원 이하의 벌금에 처하도록 규정하고 있고, 같은 법 제54조(양벌규정)는 개인의 대리인, 사용인 기타 종업원이 개인의 업무에 관하여 같은 법 제50조 등의 죄를 범한 때에는 행위자를 벌하는 외에 개인에 대하여도 각 해당 조의 벌금형을 과하도록 규정하고 있는바, 위 양벌규정은 벌칙규정의 실효성을 확보하기 위하여 그 행위자와 업주 쌍방을 모두 처벌하려는 데에 그 취지가 있다고 할 것이므로(대법원 1999.7.15. 선고 95도2870 전원합의체 판결, 2004.5.14. 선고 2004도74 판결 등 참조), 청소년유해업소의 업주로부터 위임을 받은 종업원이 업무와 관련하여 청소년을 고용하였다면 그 종업원과 업주는 모두 청소년보호법 제50조 제2호의 적용대상이 된다고 할 것이다.

원심은, 그 채용 증거들에 의하여, 피고인이 운영하는 유흥주점의 종업원인 공소외인이 손님들의 흥을 돋우기 위하여 2회에 걸쳐 속칭 보도방으로부터 소개받은 청소년들을 고용한 사실을 인정한 다음, 위 양벌규정을 적용하여 피고인을 유죄로 인정하였는바, 위에서 본 법리 및 기록에 비추어 살펴보면, 원심의 위와 같은 사실인정 및 판단은 정당한 것으로 수긍할 수 있고, 거기에 상고이유로 주장하는 바와 같은 청소년보호법상의 고용에 관한 법리오해나 청소년보호법 제54조의 해석적용에 관한 법령위반 등의 위법이 없다.

2. 청소년보호법의 입법 목적 등에 비추어 볼 때, 유흥주점과 같은 청소년유해업소의 업주에게는 청소년의 보호를 위하여 청소년을 당해 업소에 고용하여서는 아니 될

책임이 부여되어 있다 할 것이므로, 유흥주점영업의 업주가 당해 유흥업소에 종업원을 고용함에 있어서는 주민등록증이나 이와 유사한 정도로 연령에 관한 공적 증명력이 있는 증거에 의하여 대상자의 연령을 확인하여야 하고, 만일 대상자가 신분증을 분실하였다는 이유 등으로 연령 확인이 당장 용이하지 아니한 경우에는, 청소년이 자신의 신분과 연령을 감추고 유흥업소에 취업을 감행하는 사례가 적지 않은 실태 등에 비추어, 대상자의 연령을 공적 증명에 의하여 확인할 수 있을 때까지는 그 채용을 보류하거나 거부하여야 할 것이다(대법원 2002.10.25. 선고 2002도3633 판결, 2004.4.28. 선고 2004도255 판결 등 참조).

위 법리 및 원심이 채택한 증거들을 기록에 비추어 살펴보면, 공소외인이 위 청소년들을 고용함에 있어 연령확인 의무를 제대로 이행하지 아니한 이상 고의가 없었다고 볼 수는 없다고 판단한 원심의 조치는 정당한 것으로 수긍이 가고, 거기에 상고이유에서 주장하는 바와 같은 채증법칙위배로 인한 사실오인 등의 위법이 없다.

3. 피고인에 대하여 벌금형이 선고된 이 사건에서 원심의 형의 양정이 과중하다는 사유는 적법한 상고이유가 될 수 없다.

4. 그러므로 상고를 기각하기로 하여, 관여 대법관의 일치된 의견으로 주문과 같이 판결한다.

【사실관계】

피고인은 익산시 인화동 1가 173-4 소재 청소년유해업소인 '버버리성인노래타운' 유흥주점을 운영하는 자인바, 청소년유해업소의 업주는 종업원을 고용하고자 하는 때에는 그 연령을 확인하여야 하며, 청소년을 고용하여서는 아니됨에도 불구하고, 그 종업원인 명○민이 피고인의 업무에 관하여

1. 2004.5.16. 01:10경 위 유흥주점에서, 성명불상의 남자손님을 상대로 술을 마시거나 노래 또는 춤 등으로 유흥을 돋우기 위하여 청소년인 김○전(여, 17세)을 '스칼렛 보도방'으로부터 소개받아 청소년을 고용하고,

2. 같은 달 31. 00:40경 위 유흥주점에서, 성명불상의 남자손님을 상대로 술을 마시거나 노래 또는 춤 등으로 유흥을 돋우기 위하여 청소년인 박○미(여, 17세)를 위 보도방으로부터 소개받아 청소년을 고용하였다.(전주지법 2005.8.12. 선고 2005노80 판결에서 정리)

참조조문

청소년보호법 제24조 제1항, 제50조 제2호, 제54조

법적쟁점

1. 위 사안에서 청소년을 고용한 종업원 외에 업주도 처벌하는 이유는 무엇인가?
2. 유흥업소 업주가 직원을 고용하는 경우 청소년 보호를 위해 구체적으로 취해야 할 조치는 무엇인가?
3. 현행법상 기업이나 법인의 활동을 통해 범죄가 실현된 경우에 직접 위반행위를 한 자 이외에 기업 내지 법인을 처벌하는 경우가 있는데, 그 근거는 무엇인가?
4. 양벌규정이 있는 경우 종업원의 위법행위가 있으면 업주에게 무과실책임을 인정할 수 있는가?
5. 현행법상 직접 법령에 위반되는 행위를 한 자가 처벌되지 않는 경우라도 감독책임을 지는 자를 별도로 처벌할 수 있는가?

참고판례 ❶

헌법재판소 2000.6.1. 선고 99헌바73 합헌 · 각하결정【도로법 제83조 제2호 등 위헌소원】[공보 46호, 462]

【이유】

사건의 개요와 심판의 대상

가. 사건의 개요

(1) 청구인은 서울 06마6087호 화물자동차의 소유자 겸 운전자로,

(가) 1998.1.6. 13:16 경 축하중이 10톤을 초과하거나 총 중량이 40톤을 초과하는 차량의 운행이 제한되는 행주대교상에서 위 차량 제3축에 11.6톤의 화물을 적재, 운행하였다는 공소사실에 대하여 도로법 제83조 제2호 · 제54조 제1항을 적용 법조로 기소되어, 1999.6. 11. 서울지방법원 항소심(99노

1906)에서 벌금300,000원을 선고받고, 적용법조인 도로법 제83조 제2호, 제54조 제1항이 헌법상의 평등원칙에 위반된다고 주장하면서 같은 달 18. 위 법원에 위헌여부심판의 제청신청(99초2984)을 하여 1999. 7. 30. 각하결정을 받고,

(나) 1998.7.14. 10:25 경 수원에 있는 율천 과적검문소 앞길에서 제(가)항 기재 운행제한 기준을 초과하여 위 차량 제3축에 11.9톤의 화물을 적재, 운행하였다는 공소사실에 대하여 도로법 제83조 제2호 · 제54조 제1항을 적용법조로 기소되어 제1심에서 유죄판결을 선고받고 항소하여 그 사건(99노5323)의 소송절차에서 적용법조인 위 법률조항에 대한 위헌여부심판의 제청신청(99초2536)을 하여 1999.7.30. 기각결정을 받았다.

(2) 이에 청구인은 1999.8.5. 도로법(1995.1.5. 법률 제4920호로 개정되고, 1999.2.8. 법률 제5894호로 개정되기 전의 것, 이하 "구법"이라 한다) 제83조 제2호, 제54조 제1항과 도로법시행령(1993.8.14. 대통령령 제13958호로 개정되고, 1999.8.6. 대통령령 제16510호로 개정되기 전의 것, 이하 "구법시행령"이라 한다) 제28조의3에 대하여 1999.8.5. 헌법재판소법 제68조 제2항에 의한 이 사건 헌법소원심판청구를 하였다.

나. 심판의 대상

이 사건의 심판대상은 구법 제83조 제2호, 제54조 제1항(이하 "이 사건 법률조항"이라 한다) 및 구법시행령 제28조의3(이하 "이 사건 시행령조항"이라 한다)의 위헌여부이며 이 사건 법률조항 및 관련조항의 내용은 다음과 같다.

구법 제83조(벌칙) 다음 각 호의 1에 해당하는 자는 1년 이하의 징역 또는 200만원 이하의 벌금에 처한다.

1. 생략

2. 제54조 제1항의 규정에 의한 운행 제한을 위반한 자, 또는 위반을 지시 · 요구한 자(화주를 포함한다)

제54조(차량의 운행제한) ① 관리청은 도로의 구조를 보전하고 운행의 위험을 방지하기 위하여 필요하다고 인정하는 때에는 대통령령이 정하는 바에 의하여 차량(자동차관리법 제2조의 규정에 의한 자동차 및 건설기계관리법 제2조의 규정에 의한 건설기계를 말한다. 이하 같다)의 운행을 제한할 수 있다. 다만, 차량의 구조 또는 적재화물의 특수성으로 인하여 관리청의 허가를 받아 운행하는 경우에는 그러하지 아니하다.

구법시행령 제28조의3(통행의 금지 또는 제한)

① 생략

② 관리청이 법 제54조의 규정에 의하여 운행을 제한할 수 있는 차량은 다음 각 호와 같다.

1. 축하중이 10톤을 초과하거나 총중량이 40톤을 초과하는 차량

[관련조항]

구법 제1조(목적) 이 법은 도로관리의 적정을 기하기 위하여 도로에 관하여 그 노선의 지정 또는 인정, 관리, 시설기준, 보전 및 비용에 관한 사항을 규정함으로써 교통의 발달과 공공복리의 향상에 기여함을 목적으로 한다.

자동차관리법 제2조(정의) 이 법에서 사용하는 용어의 정의는 다음과 같다.

1. "자동차"라 함은 원동기에 의하여 육상에서 이동할 목적으로 제작한 용구 또는 이에 견인되어 육

상을 이동할 목적으로 제작한 용구(이하 "피견인자동차"라 한다)를 말한다. 다만, 대통령령이 정하는 것을 제외한다.

건설기계관리법 제2조(정의 등) ① 이 법에서 사용하는 용어의 정의는 다음과 같다.

1. "건설기계"라 함은 건설공사에 사용할 수 있는 기계로서 대통령령이 정하는 것을 말한다.

2. 청구인의 주장, 법원의 위헌제청신청 각하 및 기각 이유와 관계기관의 의견

가. 청구인의 주장

(1) 청구인은 화물자동차인 덤프트럭을 운전하는 자인데, 덤프트럭에 적재하는 화물은 대부분 건설공사장에서 나오는 토사 및 암석으로 이 경우 운전자의 의사로 도로법상의 운행제한 기준을 초과하여 적재(이하 "과적"이라 한다)하는 것보다는 화주 측의 요구에 의하여 과적하게 되는 경우가 많은데 과적차량 운전자는 과적 사실 자체만으로 처벌되고, 과적으로 이익을 얻는 화주 등은 과적의 지시, 요구 사실이 증명되어야 처벌되도록 한 이 사건 심판대상 규정은 헌법 제11조의 평등 원칙에 어긋난다.

(2) 도로법은 화주를 포함하여 과적을 지시, 요구한 자를 처벌하도록 규정하고 있으나, 과적을 지시, 요구한 자가 이를 자인하지 않는 이상 과적의 지시, 요구의 점에 대한 입증이 불가능하므로 도로훼손을 초래하는 과적 차량을 실질적으로 단속하기 위해서는 과적으로 이득을 보게 되는 화주를 운전자와 함께 처벌할 수 있도록 양벌규정으로 규율하여야 한다.

(3) 1998.12. 도로법 제83조에 제2항을 신설하여 '화주 등의 지시 또는 요구에 의하여 과적한 운전자가 과적 사실을 신고하는 경우 당해 운전자는 처벌하지 아니한다'는 규정을 두었으나, 운전자가 이를 신고한다는 것은 기대하기 어렵고, 따라서 이 사건 심판대상 규정은 과적 차량 운전자를 부당하게 차별하는 조항이다.

나. 법원의 위헌제청신청 각하 및 기각 이유

(1) … 생략

(2) 99초2536(당해사건 서울지방법원 99노5323 도로법위반) 위헌여부심판의 제청신청 사건에 대한 기각 이유

도로법은 도로관리의 적정을 기하여 교통의 발달과 공공복리의 향상에 기여함을 목적으로 하여 제정된 법으로 관리청으로 하여금 도로의 구조를 보전하고 운행의 위험을 방지하기 위하여 일정 기준을 초과하는 과적 차량의 운행을 제한하고 이를 위반하는 경우 형사처벌을 하도록 규정하고 있는 것이므로, 과적 차량의 운행 제한은 청구인의 운전할 권리에 대한 필요 최소한의 제한이고, 도로법에서는 과적을 지시, 요구한 자(화주포함)와 이를 강요한 법인의 대표자 및 법인을 동시에 처벌할 수 있도록 하여 운행제한의 실효성을 담보함과 아울러 평등권 침해의 소지를 미연에 방지하고 있어 청구인의 평등권을 침해하지 아니한다.

다. 건설교통부장관의 의견

(1) … 생략

(2) 본 안

(가) 헌법 제11조의 평등은 합리적 차별을 허용하는 상대적인 평등으로 일정기준을 초과하는 과적 차량의 운행을 제한하고 이를 위반하는 경우 형사처벌을 하도록 규정한 것은 도로의 구조를 보전하고 운행의 위험을 방지함으로써 교통의 발달과 공공복리의 향상에 기여하기 위한 것으로 평등원칙에 위반되지 않는다.

(나) 화물운송계약은 당사자가 자유로이 결정하는 사법상 계약으로 과적운행으로 인한 이익은 화주뿐만이 아니라 차주 또는 운전자에게도 돌아가며 화주를 처벌하기 위해서 과적의 지시 또는 요구가 입증되어야 함은 책임주의 원칙상 당연하다.

(다) 운전자와 화주는 수평적 대립관계에 있으므로 양벌주의를 적용하기 곤란하고, 구법 제86조는 운전자뿐만 아니라 운송사업자(개인, 법인) 등도 동시에 처벌할 수 있도록 규정하고 있으므로 법의 집행에 차등을 두었다거나 행정에 편파성이 있다고 할 수 없다.

3. 판 단

가. … 생략

나. … 생략

다. 이 사건 법률조항의 위헌 여부

(1) 어떤 행위를 범죄로 규정하고 이를 어떻게 처벌할 것인가 하는 문제는 원칙적으로 입법자가 우리의 역사와 문화, 입법 당시의 시대적 상황과 국민 일반의 가치관 내지 법 감정, 범죄의 실태와 죄질 및 보호법익 그리고 범죄예방효과 등을 종합적으로 고려하여 결정하여야 할 국가의 입법정책에 관한 사항으로서 광범위한 입법재량 내지 형성의 자유가 인정되어야 할 분야이다.

따라서 형벌법규가 다른 범죄자와의 관계에 있어서 형벌체계상 현저히 균형을 잃거나 행위자의 책임에 비하여 지나치게 가혹하여 평등의 원칙이나 과잉금지의 원칙에 반하는 것으로 평가되는 등 입법재량권이 헌법규정이나 헌법상의 제 원리에 반하여 자의적으로 행사된 경우가 아니라면 이는 단순한 입법정책 당부의 문제에 불과하고 헌법위반의 문제는 아니라 할 것이다(헌재 1995.4.20. 91헌바11, 판례집 7-1, 478, 487 ; 헌재 1995.11.30. 94헌가3, 판례집 7-2, 550, 556 참조).

(2) 이 사건 법률조항은 도로의 구조를 보전하고 운행의 위험을 방지함으로써 교통의 발달과 공공복리의 향상에 기여하기 위하여(구법 제11조, 제54조 제1항 참조) 과적차량의 운행을 제한하고 이를 위반하는 경우 과적차량을 운행한 자뿐만 아니라 과적차량의 운행을 지시, 요구한 화주 등도 다 같이 1년 이하의 징역 또는 200만원 이하의 벌금에 처하도록 하는 한편 구법 제86조는 과적차량의 운행제한의 실효성을 확보하기 위하여 법인의 대표자나 법인 또는 개인의 대리인, 사용인 기타의 종업원이 그 법인 또는 개인의 업무에 관하여 과적차량을 운행하거나 과적차량의 운행을 지시, 요구한 때에는 그 행위자를 벌하는 외에 그 법인 또는 개인에 대하여도 벌금형을 과하도록 양벌규정을 두고 있다.

(3) 이 사건 법률조항이 과적차량을 운행한 자는 과적사실 자체만으로 처벌하면서 과적으로 이익을 얻는 화주 등은 양벌규정으로 처벌하지 않고 과적차량의 운행을 지시 · 요구한 경우에만 처벌하고 있는 것이 평등의 원칙에 반하는지 여부에 관하여 본다.

과적차량을 운행한 자나 그 운행을 지시 · 요구한 자는 직접 위반행위를 한 자로서 처벌하는 것이고, 행정형벌법규에서 양벌규정으로 위반행위를 한 자를 처벌하는 외에 사업주인 법인 또는 개인을 처벌하는 것은 위반행위를 한 피용자에 대한 선임 감독의 책임을 물음으로써 행정규제의 목적을 달성하려는 것이므로 형벌체계상 합리적인 근거가 있다고 할 것이나, 과적차량의 운행을 지시 · 요구하지도 않고 과적차량을 운행한 자에 대한 선임 감독의 책임도 없는 화주 등을 과적차량을 운행한 자와 양벌규정으로 처벌하는 것은 형법상 책임주의의 원칙에 반하는 것이다.

따라서 이 사건 법률조항이 과적차량을 운행하는 자와 화주 등을 양벌규정으로 처벌하지 않고 화주 등은 과적차량의 운행을 지시 · 요구한 때에만 처벌하도록 규정한 데에는 합리적인 이유가 있으므로 이 사건 법률조항은 평등의 원칙에 위반된 것이라고 볼 수 없다.

4. 결 론

위와 같은 이유로 이 사건 심판청구 중 시행령조항에 대한 부분과 서울지방법원 99노1906 사건과 관련한 부분은 부적법하므로 이를 각하하기로 하고, 이 사건 법률조항은 헌법에 위반되지 아니하므로 합헌임을 선고하기로 하여 관여재판관 전원의 일치된 의견으로 주문과 같이 결정한다.

참고판례 ❷

대법원 2007.12.28. 선고 2007도8401 판결【폐기물관리법위반 · 관세법위반 · 식품위생법위반】[공2008상,192]

【이유】

피고인들의 각 변호인의 상고이유에 대하여 함께 판단한다.

1. 피고인 1의 폐기물관리법 위반죄에 관한 상고이유에 대하여

가. 구 폐기물관리법(2007.1.3. 법률 제8213호로 개정되기 전의 것. 이하 같다) 제60조 제2호, 제25조 제1항이나 같은 법 제61조 제2호, 제24조 제2항의 각 벌칙규정 및 같은 법 제62조의 양벌규정의 규정 내용과 그 취지에 비추어 볼 때, 위 양벌규정은 사업장폐기물배출자가 아니면서 당해 업무를 실제로 집행하는 자가 있는 때에 위 벌칙규정의 실효성을 확보하기 위하여 그 적용대상자를 당해 업무를 실제로 집행하는 자에게까지 확장함으로써 그러한 자가 당해 업무집행과 관련하여 위 벌칙규정의 위반행위를 한 경우 위 양벌규정에 의하여 처벌할 수 있도록 한 행위자의 처벌규정임과 동시에 그 위반행위의 이익귀속주체인 사업장폐기물배출자에 대한 처벌규정이라고 할 것이다(대법원 2005.12.22. 선고 2003도3984 판결 등 참조). 다만, 여기서 '당해 업무를 실제로 집행하는 자'라 함은 그 법인 또는 개인의 업무에 관하여, 자신의 독자적인 권한이 없이 오로지 상급자의 지시에 의하여 단순히 노무제공을 하는 것에 그치는 것이 아니라, 적어도 일정한 범위 내에서는 자신의 독자적인 판단이나 권한에 의하여 그 업무를 수행할 수 있는 자를 의미한다고 봄이 상당하다.

나. 원심은, 적법하게 채택한 증거들을 종합하여 그 판시와 같은 사실들 및 사정들을 인정한 다음, 피고인 1은 인천 부평구 산곡동 306 소재 주한미군 부평교역처 보급창(이하 '부평교역처'라고 한다)의 직원으로 근무하면서 부평교역처의 폐기물처리업무를 담당하는 자로서, 부평교역처의 일반적인 통제 · 감독을 받고 있기는 하나 폐기물처리에 있어서는 어느 정도의 범위 안에서 독자적 권한이 있어, 구 폐기물관리법 제62조의 양벌규정에서 말하는 대리인 · 사용인 기타 종업원에 해당한다고 봄이 상당하고, 따라서 위 피고인은, 폐기물관리법에 의하여, 1일 평균 300kg 이상의 폐기물을 배출하는 사업장인 부평교역처에 관하여 그 사업장폐기물의 종류, 발생량 등을 구청장에게 신고하여야 하고, 부평교역처에서 발생하는 폐기물을 시 · 도지사로부터 폐기물처리업의 허가를 받거나 시 · 도지사에게 폐기물재활용 신고를 한 자 등에게 위탁하여 처리하여야 함에도 불구하고, 부평교역처에서 위 기준을 넘어서는 이 사건 사업장폐기물(유통기한이 경과된 밀가루, 햄, 과자, 치즈, 음료 등의 폐기물을 말한다. 이하 같다)이 발생하였음에도 그 사업장폐기물의 종류, 발생량 등을 구청장에게 신고하지 아니하고, 또한 신화자원환경이라는 상호로 영업을 하는 공소외 1이 시 · 도지사로부터 폐기물처리업의 허가를 받거나 시 · 도지사에게 폐기물재활용신고를 하지 않은 채 영업을 한다는 사실을 알면서도 이 사건 사업장폐기물을 공소외 1에게 위탁하여 처리하게 함으로써, 구 폐기물관리법의 위 각 의무규정을

위반하였다고 판단하였다.

앞서 본 바와 같은 법리 및 기록에 비추어 살펴보면, 위와 같은 원심의 증거의 취사선택과 사실인정 및 판단은 정당하여 수긍할 수 있고, 거기에 상고이유로 주장하는 바와 같은 채증법칙 위반으로 인한 사실오인 내지 피고인 1의 폐기물관리법 위반죄의 고의 또는 폐기물관리법상 양벌규정에 관한 법리오해 등의 위법이 있다고 할 수 없다.

… 생략

참고판례 ❸

헌법재판소 2007.11.29. 선고 2005헌가10 위헌결정【보건범죄단속에관한특별조치법 제6조 위헌제청】[판례집 19권 2집, 520]

1. 사건의 개요와 심판의 대상

가. 사건의 개요

(1) 당해 사건의 피고인 강○용 및 김○윤은 2004.12.29. 서울서부지방법원에 2004고단3102 보건범죄단속에 관한 특별조치법 위반(부정의료업자)으로 공소제기 되었는데 그 공소사실의 요지는, 피고인 김○윤에 대하여는 "상피고인 강○용이 운영하는 ○○기공소의 직원으로서 치과의사면허 없이 위 기공소에서 2004.10.15.경부터 같은 해 10. 7.경까지 7명에 대한 치과치료를 해주고 그 대가로 합계 320만 원을 교부받아 무면허 치과의료행위를 업으로 하였다"는 것이고, 피고인 강○용에 대하여는 "위 ○○기공소를 운영함에 있어서 그 사용인인 상피고인 김○윤이 위 범죄사실과 같이 치과의료행위를 업으로 하였다"는 것이다.

(2) 당해 사건의 1심에서, 피고인 김○윤은 징역 1년 6월 및 벌금 100만 원에 집행유예 3년의 형을 선고받아 그 판결이 확정되었고 피고인 강○용은 김○윤의 치과의료행위가 객관적 외형상 치과기공 업무의 범주에 포함되지 않는다는 이유로 무죄판결을 받았다.

위 강○용에 대한 무죄판결에 대하여 검사가 항소하여 당해 사건의 소송계속 중, 제청법원은 2005. 6. 16. 직권으로 '보건범죄단속에 관한 특별조치법' 제6조의 양벌규정 중 개인인 업주에 관하여 벌금형 외에 무기 또는 2년 이상의 징역형까지 부과하도록 한 규정이 형벌과 책임 간의 비례성의 원칙에 위반된다며 그 위헌 여부의 심판을 제청하였다.

나. 심판의 대상

이 사건 심판의 대상은 '보건범죄단속에 관한 특별조치법'(1990.12.31. 법률 제4293호로 개정된 것) 제6조 중 "개인의 대리인 · 사용인 기타 종업원이 그 개인의 업무에 관하여 제5조의 위반행위를 한 때에는 행위자를 처벌하는 외에 개인에 대하여도 본조의 예에 따라 처벌한다"고 규정한 부분(밑줄 그은 부분, 이하 '이 사건 법률조항'이라 한다)이 헌법에 위반되는지 여부이고, 그 내용 및 관련조항은 다음과 같다.

[심판대상조항]

보건범죄단속에 관한 특별조치법(1990.12.31. 법률 제4293호로 개정된 것) 제6조(양벌규정) 법인의 대표자 또는 법인이나 개인의 대리인 · 사용인 기타 종업원이 그 법인 또는 개인의 업무에 관하여 제2조 내지 제5조의 위반행위를 한 때에는 행위자를 처벌하는 외에 법인 또는 개인에 대하여도 각 본조의 예에 따라 처벌한다.

[관련조항]

보건범죄단속에 관한 특별조치법(1990.12.31. 법률 제4293호로 개정된 것) 제5조(부정의료업자의 처벌)의료법 제25조의 규정을 위반하여 영리를 목적으로 의사가 아닌 자가 의료행위를, 치과의사가 아닌 자가 치과의료행위를, 한의사가 아닌 자가 한방의료행위를 업으로 한 자는 무기 또는 2년 이상의 징역에 처한다. 이 경우에는 100만 원 이상 1천만 원 이하의 벌금을 병과한다.

의료법 제25조(무면허의료행위 등 금지) ① 의료인이 아니면 누구든지 의료행위를 할 수 없으며 의료인도 면허된 이외의 의료행위를 할 수 없다. (이하생략)

2. 제청법원의 위헌제청이유 및 관계기관의 의견

가. 제청법원의 위헌제청이유

이 사건 법률조항은 다른 양벌조항이 '각 본조에 규정된 벌금형을 과한다'고 규정하는 것과 달리 '각 본조의 예에 따라 처벌한다'고 규정하여 징역형의 수형능력이 없는 법인인 사업주가 100만 원 이상 1천만 원 이하의 벌금형에만 처해지는 것과 달리, 개인인 사업주는 무기 또는 2년 이상의 징역에 처해지고 여기에 위와 같은 벌금형이 필요적으로 병과된다. 이는 사업주의 고의가 아닌 선임 · 감독상의 과실을 근거로 처벌을 하면서도 법정형의 하한을 징역 2년으로 정하고 있어 형벌이 책임에 비해 지나치게 과도하다. 즉, 사업주가 사용인의 무면허 의료행위를 알지 못하였다 하더라도 선임 · 감독상의 과실 없음을 증명하지 못하는 이상, (법률상 감경사유가 없는 경우 작량감경을 하여) 적어도 징역 1년 이상에 처해지게 된다. 나아가 만약 피고인에게 선고유예나 집행유예가 허용되지 아니하는 사정이 있는 경우에는 자신이 알지 못하였던 사용인의 행위로 인해 징역 1년 이상의 실형을 복역할 수밖에 없는 불합리한 결과가 발생한다. 따라서 이 사건 법률조항은 헌법 제10조, 제37조 제2항에 반하여 위헌이다.

나. 법무부장관의 의견

이 사건 법률조항은 위법행위로 인한 이익 귀속주체를 직접행위자와 함께 처벌함으로써 국민보건을 해하는 위법행위의 근절을 도모하기 위한 것으로서 영업주가 선임감독상의 주의의무 이행을 해태한 것에 대한 비난가능성이 매우 크고, 어느 범죄에 대한 법정형의 하한은 여러 가지 기준의 종합적 고려에 의하여 정하여 지는 것이라는 점, 법률상 감경사유가 없어도 집행유예를 선고할 수 있고 작량감경할 경우 선고유예도 가능하다는 점, 헌법 제36조 제3항의 국민의 보건에 관한 국가의 보호의무 이행이라는 중대한 법익을 추구하는 점에 비추어 과잉금지의 원칙에 위배되지 아니하며, 법인의 수형능력에 비추어 개인인 영업주와 법인인 영업주 간의 평등원칙에도 위배되지 아니한다.

다. 서울서부지방검찰청검사장의 의견

대체로 법무부장관의 의견과 비슷하다.

3. 판 단

가. 이 사건 법률조항의 연혁 및 특수성

'보건범죄단속에 관한 특별조치법'은 부정식품 및 첨가물, 부정의약품 및 화장품, 독물 및 극물(1990.12.31. 법률 제4293호로 개정 이후 부정유독물로 바뀜)의 제조나 무면허의료행위 등의 사범에 대해 가중처벌 함으로써 국민보건향상에 기여함을 목적으로 1969.8.4. 법률 제2137호로 제정 · 공포되었다. 그 제정 경위를 살펴보면 무면허의료행위, 부정식품 및 부정의약품으로 인한 폐단이 사회적으로 커다란 파장을 몰고 오자 식품위생법, 약사법, '독물 및 극물에 관한 법률'(1990.12.31. 법률 제4293호로 개정 이후 '유해화학물질 관리법'으로 바뀜) 및 의료법에 대한 특칙으로 그 위반행위자에 대한 가중처벌(제2조 내지 제5조)을 하는 한편 그 위반행위자의 영업주에 대해서도 양벌규정(제6조)을 두어 처벌하였는데, 위 양벌규정이 1990.12.31. 내용에 변화를 주지 않는 자구의 개정("전조"를 "제5조"로 개정)을 거쳐 이 사건 법률조항에 이르게 되었다.

이 사건 법률조항은 일반적인 양벌규정이 "벌금형"만을 부과하도록 규정하고 있는 것과는 달리 특이하게도 "징역형"까지 부과하도록 규정하고 있는데, 제정 당시 정부가 제출한 법률안에 의하면 그 법정형을 "각 본조의 벌금형"으로 규정하고 있었으나 국회 보건사회위원회의 심사 과정에서 "특례법의 취지 상 개인에 대한 체형을 추가"하려는 의도로 "각 본조의 예에 따라 처벌한다"로 수정되어 본회의에서 의결되었다.

나.재판관 이강국, 재판관 김종대, 재판관 민형기, 재판관 목영준의 위헌의견

(1) 이 사건 법률조항의 의미

(가) 이 사건 법률조항은 개인이 고용한 종업원(대리인, 사용인 등)이 업무와 관련하여 '보건범죄단속에 관한 특별법' 제5조를 위반한 범죄행위를 저지른 사실이 인정되면, 곧바로 그 종업원을 고용한 개인(영업주)도 종업원과 똑같이 처벌하도록 규정하고 있다. 이 사건 법률조항은 종업원의 범죄행위에 대한 영업주의 가담 여부나 종업원의 행위를 감독할 주의의무의 위반 여부를 영업주에 대한 처벌요건으로 규정하고 있지 않으며, 달리 영업주가 면책될 가능성에 대해서도 규정하고 있지 아니하다.

따라서 종업원이 '보건범죄단속에 관한 특별법' 제5조를 위반한 범죄사실이 인정되면 영업주는, 그 종업원의 범죄에 가담하거나 그 범죄를 알면서 묵인하였는지, 아니면 그 범죄를 알지 못했고 알 수도 없었는지 등과 같은, 영업주 자신에게 관련된 사정들과는 아무런 관계없이 곧바로 이 사건 법률조항에 따라 종업원과 같은 형으로 처벌된다.

비록 이 사건 법률조항이 종업원의 범죄가 '영업주의 업무와 관련'될 것으로 규정하고 있기는 하나, 종업원이 영업주의 업무와 관련하여 이 사건 법률조항이 규정한 범죄를 저질렀다는 사정 역시 '종업원의 행위'와 관련된 사정일 뿐, 영업주 자신의 사정이라고 볼 수 없다.

결국 이 사건 법률조항은 종업원의 일정한 범죄행위가 있으면 영업주 자신이 그와 같은 종업원의 범죄에 대해 어떠한 잘못이 있는지를 전혀 묻지 않고 곧바로 영업주를 종업원과 같이 처벌하도록 규정하고 있는 것이다.

(나) 이 사건 법률조항을 '영업주가 종업원에 대한 선임감독상의 주의의무를 위반한 과실이 있는 경우에만 처벌하도록 규정한 것'으로 해석함으로써 책임주의에 합치되도록 합헌적 법률해석을 할 수 있는지가 문제될 수 있다.

그러나 합헌적 법률해석은 어디까지나 법률조항의 문언과 목적에 비추어 가능한 범위 안에서의 해석을 전제로 하는 것이고, 법률조항의 문구 및 그로부터 추단되는 입법자의 명백한 의사에도 불구하고 문언상 가능한 해석의 범위를 넘어 다른 의미로 해석할 수는 없다(헌재 1989.7.14. 88헌가5등, 판례집 1, 69, 86-87 참조). 따라서 이 사건 법률조항을 그 문언상 명백한 의미와 달리 "종업원의 범죄행위에 대해 영업주의 선임감독상의 과실(기타 영업주의 귀책사유)이 인정되는 경우"라는 요건을 추가하여 해석하는 것은 문언상 가능한 범위를 넘어서는 해석으로서 허용되지 않는다고 보아야 한다.

(2) 책임 없는 자에 대한 형벌 부과의 위헌성

(가) 형벌은 범죄에 대한 제재로서 그 본질은 법질서에 의해 부정적으로 평가된 행위에 대한 비난이다. 일반적으로 범죄는 법질서에 의해 부정적으로 평가되는 행위(행위반가치)와 그로 인한 부정적인 결

과의 발생(결과반가치)이라고 말할 수 있으나, 여기서 범죄를 구성하는 핵심적 징표이자 형벌을 통해 비난의 대상으로 삼는 것은 '법질서가 부정적으로 평가한 행위에 나아간 것', 즉 행위반가치에 있다.

만약 법질서가 부정적으로 평가한 결과가 발생하였다고 하더라도 그러한 결과의 발생이 어느 누구의 잘못에 의한 것도 아니라면, 부정적인 결과가 발생하였다는 이유만으로 누군가에게 형벌을 가할 수는 없다. 물론 결과의 제거와 원상회복을 위해 그 결과 발생에 아무런 잘못이 없는 개인이나 집단에 대해, 민사적 또는 행정적으로 불이익을 가하는 것이 공평의 관념에 비추어 볼 때 허용되는 경우도 있을 수 있다. 그러나 법질서가 부정적으로 평가할 만한 행위를 하지 않은 자에 대해서 형벌을 부과할 수는 없다. 왜냐하면 형벌의 본질은 비난가능성인데, 비난받을 만한 행위를 하지 않은 자에 대한 비난이 정당화될 수 없음은 자명한 이치이기 때문이다.

이와 같이 '책임없는 자에게 형벌을 부과할 수 없다'는 형벌에 관한 책임주의는 형사법의 기본원리로서, 헌법상 법치국가의 원리에 내재하는 원리인 동시에, 국민 누구나 인간으로서의 존엄과 가치를 가지고 스스로의 책임에 따라 자신의 행동을 결정할 것을 보장하고 있는 헌법 제10조의 취지로부터 도출되는 원리이다.

(나) 그런데 앞서 보았듯이 이 사건 법률조항은 영업주가 고용한 종업원이 그 업무와 관련하여 무면허의료행위를 한 경우에, 그와 같은 종업원의 범죄행위에 대해 영업주가 비난받을 만한 행위가 있었는지 여부, 가령 종업원의 범죄행위에 실질적으로 가담하였거나 지시 또는 도움을 주었는지, 아니면 영업주의 업무와 관련한 종업원의 행위를 지도하고 감독하는 노력을 게을리 하였는지 여부와는 전혀 관계없이 종업원의 범죄행위가 있으면 자동적으로 영업주도 처벌하도록 규정하고 있다.

이것은 아무런 비난받을 만한 행위를 한 바 없는 자에 대해, 다른 사람의 범죄행위를 이유로 처벌하는 것으로서 형벌에 관한 책임주의에 반하는 것이라 하지 않을 수 없다.

(3) 소 결

이 사건 법률조항은 법정형에 나아가 판단할 것 없이 다른 사람의 범죄에 대해 그 책임 유무를 묻지 않고 형벌을 부과함으로써 형사법의 기본원리인 책임주의에 반하므로 결국 법치국가의 원리와 헌법 제10조의 취지에 위반하여 헌법에 위반된다.

다. 재판관 이공현, 재판관 조대현, 재판관 김희옥, 재판관 송두환의 위헌의견

우리는 이 사건 법률조항이 책임 없는 영업주를 처벌할 가능성이 있을 뿐만 아니라 책임에 비해 과도한 법정형을 규정하고 있기 때문에 위헌이라 생각한다.

(1) 형벌에 관한 책임원칙

형벌에 관한 형사법의 기본원리인 책임원칙은 두 가지 의미를 포함한다. 하나는 형벌의 부과 자체를 정당화하는 것으로, 범죄에 대한 귀책사유, 즉 책임이 인정되어야만 형벌을 부과할 수 있다는 것이고('책임 없는 형벌 없다'), 다른 하나는 책임의 정도를 초과하는 형벌을 과할 수 없다는 것이다(책임과 형벌 간의 비례의 원칙).

따라서 일정한 범죄에 대해 형벌을 부과하는 법률조항이 정당화되기 위해서는 범죄에 대한 귀책사유를 의미하는 책임이 인정되어야 하고, 그 법정형 또한 책임의 정도에 비례하도록 규정되어야 한다.

귀책시유로서의 책임이 인정되는 자에 대해서만 형벌을 부과할 수 있다는 것은 법치국가의 원리에 내재하는 원리인 동시에 인간의 존엄과 가치 및 자유로운 행동을 보장하는 헌법 제10조로부터 도출되는 것이고, 책임의 정도에 비례하는 법정형을 요구하는 것은 과잉금지원칙을 규정하고 있는 헌법 제

37조 제2항으로부터 도출되는 것이다.

(2) 책임 없는 영업주에 대한 처벌 가능성

(가) 이 사건 법률조항은 "개인의 대리인·사용인 기타 종업원이 그 개인의 업무에 관하여 제5조의 위반행위를 한 때에는 행위자를 처벌하는 외에 개인에 대하여도 본조의 예에 따라 처벌한다"고 규정하고 있다. 한편 이 사건 법률조항이 인용하고 있는 제5조는, 의료인이 아닌 자는 의료행위를 할 수 없고 의료인이라도 면허된 의료행위 이외의 의료행위를 할 수 없도록 하고 있는 의료법 제25조를 위반하여 영리를 목적으로 의료행위, 치과의료행위, 한방의료행위를 업으로 한 자를 무기 또는 2년 이상의 징역에 처하도록 하고 있다.

따라서 이 사건 법률조항은 영업주(개인)의 업무에 관하여 종업원(대리인, 사용인 등을 포함)이 무면허의료행위를 하면, 영업주의 책임 유무와는 관계없이 그 종업원과 함께 영업주도 처벌하도록 규정하고 있다.

(나) 영업주가 종업원의 무면허의료행위에 대해 공모, 가담하거나 조장, 묵인함으로써 영업주에게 종업원과의 공범관계 등으로 그 책임이 인정되는 경우에는 이 사건 법률조항에 따라 영업주를 처벌한다 하더라도 이 사건 법률조항이 책임 없는 자를 처벌한다고 볼 수 없음은 물론이다.

나아가 영업주가 종업원의 무면허의료행위 자체에 공모, 가담하거나 조장, 묵인하지는 않았지만, 종업원을 고용하여 업무를 수행하는 영업주에게 일반적으로 요구되는 선임감독의 주의의무 등, 즉 종업원이 영업주의 업무 수행과 관련하여 위법한 행위를 하지 못하도록 관리감독 할 주의의무 등을 위반함으로써, 종업원이 무면허의료행위를 한 경우라면, 종업원의 그와 같은 범죄행위에 대해 영업주도 함께 일정한 책임을 물어 적절한 형벌을 부과한다고 해서 그것이 책임원칙에 반하는 것으로 보기는 어렵다고 할 것이다.

이에 반해, 비록 종업원이 영업주의 업무에 관하여 범죄를 저지른 경우라 할지라도, 영업주로서는 그 종업원에 대한 선임감독상의 주의의무 등을 다하여 영업주에게 아무런 잘못을 인정할 수 없는 경우에도, 이 사건 법률조항을 들어 그 영업주를 처벌하는 것은 범죄의 발생에 대해 아무런 책임 없는 자에게 형벌을 부과하는 것이어서 책임원칙에 위반된다고 보아야 할 것이다.

(다) 그런데 이 사건 법률조항은, 종업원의 무면허의료행위에 대한 영업주의 관여나 선임감독상의 과실 등과 같은 책임을 구성요건으로 규정하지 않은 채 종업원의 일정한 범죄행위가 인정되면 그 종업원을 처벌하는 동시에 자동적으로 영업주도 처벌하는 것으로 규정하고 있어, 종업원의 범죄에 아무런 귀책사유가 없는 영업주에 대해서도 처벌할 수 있는 것처럼 규정하고 있다.

(3) 책임의 정도를 초과한 과도한 법정형

(가) 한편 이 사건 법률조항은 다음과 같이 책임에 비해 지나치게 과도한 법정형을 규정하고 있다.

(나) 영업주가 종업원 등과 공모하거나 그 위반행위를 조장, 묵인하는 행위를 하여 공동범의 법리에 따라 처벌될 경우에는 그 행위자와 영업주에 대한 법정형이 동일하더라도 책임과 형벌의 비례성원칙에 적합하다는 평가를 받을 수 있을 것이다.

그러나, 동일한 결과를 발생시킨 행위라고 하더라도 그 행위태양에 따라서는 보호법익과 죄질에 비추어 범죄와 형벌 간의 비례의 원칙상 수긍하기 어려운 경우가 있을 수 있다. 예컨대 그 행위가 고의에 의한 것과 과실에 의한 것 사이에는 비례의 원칙상 그에 따른 책임의 정도를 다르게 판단하여야 할 것이므로 가사 이 사건 법률조항을 종업원에 대한 선임감독상의 과실 있는 영업주를 처벌하는 규정으로 보는 경우라 해도 과실밖에 없는 영업주를 고의의 본범(종업원)과 동일한 법정형으로 처벌하는 것은 각자의 책임에 비례하는 형벌의 부과라고 보기 어렵다. 무면허의료행위가 아무리 중대한 불법이라고 본다 하더라도, '종업원에 대한 선임감독상 등의 과실'에 대해 무려 '무기 또는 2년 이상의 징역형'이라는 형벌을 가하는 것은 그 책임에 비해 지나치게 무거운 법정형이라고 하지 않을 수 없기 때문이다.

뿐만 아니라 업무상 과실 또는 중대한 과실로 사람을 사망에 이르게 한 경우에 5년 이하의 금고 또는 2천만 원 이하의 벌금에 처하도록 규정하고 있는 형법 제268조와 비교해 보더라도 이 사건 법률조항의 법정형이 비례의 원칙에 크게 어긋나 있음을 쉽게 알 수 있다.

(4) 소 결

그렇다면 이 사건 법률조항은 종업원의 무면허의료행위에 대해 귀책사유가 있는 영업주에 대한 처벌을 넘어 종업원의 범죄행위에 대해 아무런 책임이 없는 영업주에 대해서까지 처벌할 수 있는 가능성을 열어놓고 있을 뿐만 아니라 책임의 정도에 비해 지나치게 무거운 법정형을 규정함으로써 형벌에 관한 책임원칙에 반한다.

4. 결 론

이 사건 법률조항이 위헌이라는 의견이 8인으로서 위헌심판의 정족수를 넘으므로 이 사건 법률조항에 대하여 위헌을 선언하기로 결정한다. 이 결정에는 재판관 이동흡이 아래 5.와 같은 반대의견을 표시하였다.

5. 재판관 이동흡의 반대의견

이 사건 법률조항은 다음과 같은 이유에서 책임주의원칙에 위반되지 아니하므로 헌법에 위반되지 아니한다.

우선 이 사건 법률조항이 "책임없는 자에게 형벌을 부과할 수 없다."는 책임주의원칙에 위반되는지 여부에 관하여 보기로 한다.

이 사건 법률조항에서 무면허의료행위를 영리 목적으로 업으로 행한 자 이외에 영업자를 그와 동일한 징역형 및 벌금형으로 처벌하도록 하는 것은 종업원의 그와 같은 위반행위가 이익의 귀속주체인 영업주의 묵인 또는 방치로 인하여 발생 또는 강화될 가능성이 높아 영업주에 대한 비난가능성이 높음에도 공범으로서의 입증가능성은 오히려 낮을 수 있다는 점을 감안하여 국민보건이라는 중대한 법익에 위험을 초래할 행위에 대한 예방 및 처벌의 실효성을 제고하고자 한 것으로, 이는 영업주의 선임감독상의 주의의무위반행위에 대하여 강력한 처벌을 하려는 입법자의 의지를 반영한 것이다.

한편 양벌규정에 의한 영업주의 처벌근거로 학계에서는 무과실책임설 이외에 과실책임설로서 과실추정설, 과실의제설, 순과실설 등 다양한 학설이 제시되고 있는데, 대법원은 형벌에 관한 책임주의원칙과 관련하여, "종업원 등의 행정법규위반행위에 대하여 양벌규정으로 영업주의 책임을 묻는 것은 종업원 등에 대한 영업주의 선임감독상의 과실책임을 근거로 하는 것이며 …"(대법원 1987.11.10. 선고 87도1213 판결), "양벌규정에 의한 영업주의 처벌은 금지위반행위자인 종업원의 처벌에 종속되는 것이 아니라 독립하여 그 자신의 종업원에 대한 선임감독상의 과실로 인하여 처벌되는 것이므로 …"(대법원 2006.2.24. 선고 2005도7673 판결 참조), 또는 "… 이는 법인에게 무과실책임은 아니라 하더라도 입증책임을 부과함으로써 업무주체에 대한 과실의 추정을 강하게 하려는데 그 목적이 있다 할 것이므로 … "(대법원 1980. 3. 11. 선고 80도138 판결; 대법원 1992.8.18 선고 92도1395 판결; 대법원 1995.7.25. 선고 95도391 판결; 대법원 2002.1.25. 선고 2001도5595 판결 참조)라고 각 판시한 바 있고,

나아가 이 사건 법률조항에 대하여도 "… 사업주가 개인인 때에는, 그 개인의 대리인, 사용인 기타 종업원의 위반행위가 있는 경우에 그 사업주에게 그 행위자의 선임, 감독 기타 위반행위를 방지하기 위하여 필요한 주의를 다하지 아니한 과실이 있다고 추정하고 이를 처벌하는 것이라고 볼 것이므로 그 사업주는 이러한 주의를 다 하였음을 증명하지 아니하는 한 그 형사책임을 면할 수 없다."라고 판시한 바 있다(대법원 1982.6. 22. 선고 82도777 판결 참조). 위와 같이 양벌규정에 의한 영업주의 처벌과 관련한 대법원 판례를 종합하여 보면, 대법원은 일관되게 영업주의 종업원에 대한 선임감독상의 주의의무위반 즉 과실책임을 근거로 영업주의 책임을 묻고 있다고 봄이 상당하고, 따라서 이러한 대법원 판례에 의할 경우 이 사건 법률조항을 영업주의 책임 유무와 관계없이 영업주를 처벌할 수 있도록 규정한 것으로 볼 수는 없다.

일반적으로 어떤 법률에 대한 여러 갈래의 해석이 가능할 때에는 원칙적으로 헌법에 합치되는 해석 즉 합헌적 법률해석을 하여야 할 것이다. 이러한 해석 방법에 의할 경우 다수의견에서 이 사건 법률조항이 영업주의 책임 유무와 관계없이 영업주를 처벌할 수 있도록 규정하고 있다고 전제한 후 이와 달리 과실책임규정으로 해석한 대법원 판례가 합헌적 법률해석의 한계를 벗어났다고 보아 책임주의원칙에 위반된다고 본 것은 다음에서 보는 바와 같이 타당하다고 볼 수 없다.

이 사건 법률조항은 "개인의 대리인 · 사용인 기타 종업원이 그 개인의 업무에 관하여 제5조의 위반행위를 한 때에는 행위자를 처벌하는 외에 개인에 대하여도 각 본조의 예에 따라 처벌한다."는 것으로 그 문언에 의하더라도 구성요건에 해당하는 영업주의 범위는 종업원의 범죄행위에 대하여 아무런 관련 없는 영업주까지 포함되는 것이 아니라 자신의 '업무'에 관하여 종업원의 '위반행위'가 있는 경우에 한정되는 것으로서, 대법원 판례에서 말하는 '영업주의 종업원에 대한 선임감독상의 과실'이란 것이 영업주의 '업무'와 종업원의 '위반행위'를 연결해 주는 주관적 구성요건 요소로서 추단될 수 있는 것이고, 이러한 주관적 구성요건 요소는 문언상 명시되지 않더라도 책임주의원칙상 위와 같이 해석될 수 있는 것이다[한편, 헌법재판소 1989.7.14. 선고 88헌가5등 사건에서 구 사회보호법(1989.3.25. 법률 제4089호로 개정되기 전의 것) 제5조 제1항에 대한 합헌적 해석이 문의의 한계를 벗어난 것이라고 판시한 바 있으나(헌재 1989.7.14. 88헌가5등, 판례집 1, 69, 86-87), 여기서 문제된 '재범의 위험성'이라는 것은 고의, 과실 등 주관적 구성요건 요소와는 성격을 달리하는 것으로 법률조항의 문언과 목적 등을 종합하더라도 심판대상조항에서 이를 추단할 수 없음이 명백하다는 점 등에 비추어 위 선례는 이 사건과 사안을 달리하는 것으로 보인다].

따라서 이 사건 법률조항의 문언상 '영업주의 종업원에 대한 선임감독상의 과실'이 명시되어 있지 않더라도 그와 같은 과실이 있는 경우에만 처벌하는 것으로 해석하는 것은 문언해석의 범위 내에 있는 것으로서 합헌적 법률해석에 따라 허용된다고 판단된다.

결국 이 사건 법률조항에 대한 대법원의 해석은 위와 같은 합헌적 법률해석에 기초한 것으로 새로운 입법작용에 이르지 아니한 정당한 합헌해석의 범위 내에 있는 것이므로, 이러한 해석을 전제로 한 이 사건 법률조항은 형벌에 관한 책임주의원칙에 위반되지 아니한다.

다음 이 사건 법률조항이 책임과 형벌의 비례성원칙에 위반되는지 여부에 관하여 보기로 한다.

어떤 행위를 범죄로 규정하고 이에 대하여 어떠한 형벌을 과할 것인가 하는 문제, 즉 법정형의 종류와 범위의 선택은 그 범죄의 죄질과 보호법익에 대한 고려뿐만 아니라 우리의 역사와 문화, 입법 당시의 시대적 상황, 국민 일반의 가치관 내지 법감정 그리고 범죄예방을 위한 형사정책적 측면 등 여러 가지 요소를 종합적으로 고려하여 입법자가 결정할 사항으로서 광범위한 입법재량 내지 형성의 자유가 인정되어야 할 분야이다(헌재 1995.4.20. 93헌바40, 판례집 7-1, 539, 547; 헌재 2004.2.26. 2001헌바75, 판례집 16-1, 184, 196-197 참조).

헌법재판소는 이 사건 법률조항의 전제가 되는 위반행위자에 대한 처벌규정인 '보건범죄단속에 관한 특별조치법' 제5조에 대한 위헌소원사건에서(헌재 2001.11.29. 2000헌바37, 판례집 13-2, 632), 위 조항의 법정형은 국민의 생명과 건강에 직결되는 의료행위의 중요성에 비추어 의사가 아닌 자가 영리를 목적으로 업으로 하는 것이라는 비난가능성과 무면허의료업자에 대한 일반예방적 효과를 달성하려는 형사정책적 고려에서 입법자가 국민보건의 향상을 위하여 필요 최소한의 범위 내에서 형벌을 가중한 것이어서 입법형성의 범위 내의 것이라는 전제 하에 위 조항에 대하여 합헌결정을 선고한 바 있다.

그 양벌규정인 이 사건 법률조항에 있어서도 직접 행위자의 처벌규정과 관련하여 영업주에 대한 처벌조항의 법정형의 종류와 하한을 어떻게 정할 것인가는 기본적으로 입법재량에 속한다고 할 것인바, 이 사건 법률조항이 국민건강에 대한 위해의 측면에서 보호법익에 대한 침해가 중대할 뿐 아니라 종업원의 위반행위가 이익의 귀속주체인 영업주의 묵인 또는 방치와 관련되는 등 영업주라는 지위에 대한 비난가능성이 크다는 점 등에 비추어 종업원의 행위에 대한 영업주의 선임감독상 과실의 죄책은 직접 행위자와 동등하게 평가될 수도 있는 것이므로 이 사건 법률조항에서 종업원에 대한 처벌규정을 전제로 하여 양벌규정으로서 그 영업주에게도 종업원과 동일한 법정형을 규정하였다고 하여 입법재량의 한계를 벗어났다고 볼 수는 없다.

따라서 이 사건 법률조항은 책임과 형벌의 비례성원칙에도 위반되지 아니한다.

그렇다면, 이 사건 법률조항은 "책임없는 자에게 형벌을 부과할 수 없다."는 책임주의 원칙이나 책임과 형벌의 비례성을 내용으로 하는 형벌조항에 있어서의 책임주의 원칙에 위반된다고 볼 수 없다.

참고판례 ❹

대법원 1999.7.15. 선고 95도2870 전원합의체 판결【건축법위반】[공1999.8.15.(88),1696]

【이유】

1. 피고인 피고인 2, 피고인 3의 상고이유에 대하여

가. 구 건축법(1991.5.31. 법률 제4381호로 개정되어 1992.6.1. 시행되기 전의 것, 이하 같다) 제54조 내지 제56조의 벌칙규정에서 그 적용대상자를 건축주, 공사감리자, 공사시공자 등 일정한 업무주(업무주)로 한정한 경우에 있어서, 같은 법 제57조의 양벌규정은 업무주가 아니면서 당해 업무를 실제로 집행하는 자가 있는 때에 위 벌칙규정의 실효성을 확보하기 위하여 그 적용대상자를 당해 업무를 실제로 집행하는 자에게까지 확장함으로써 그러한 자가 당해 업무집행과 관련하여 위 벌칙규정의 위반행위를 한 경우 위 양벌규정에 의하여 처벌할 수 있도록 한 행위자의 처벌규정임과 동시에 그 위반행위의 이익귀속주체인 업무주에 대한 처벌규정이라고 할 것이다.

이와 일부 달리 구 건축법 제57조의 양벌규정은 행위자 처벌규정이라고 해석할 수 없는 것이므로 위 규정을 근거로 실제의 행위자를 처벌할 수 없다고 한 대법원 1990.10.12. 선고 90도1219 판결, 1992.7.28. 선고 92도1163 판결 및 1993.2.9. 선고 92도3207 판결의 견해는 이와 저촉되는 한도에서 변경하기로 한다.

나. 원심판결과 원심이 채택한 증거를 위 법리와 기록에 비추어 살펴보면, 원심이 이 사건 아파트

공사는 부산광역시 도시개발공사가 발주하고 공소외 주식회사가 시공하였던 사실 및 위 회사 소속 건축기사인 피고인 피고인 2이 위 회사의 대표이사인 피고인 피고인 1의 포괄적 위임에 따라 위 아파트 공사의 현장소장 겸 현장대리인으로서 자신의 책임하에 위 아파트 공사의 시공 전반을 지휘 · 감독하면서 위 발주자측 현장감독인인 피고인 피고인 3과 공모하여 원심 판시와 같이 위 아파트의 지하주차장 시공의 순서와 방법을 그르치고, 그것이 원인이 되어 위 아파트가 기울어짐으로써 안전한 구조를 가지지 못하게 된 사실 등을 인정한 다음, 건축물 구조의 안전확인의무를 위배하였다는 이유로 구 건축법 제57조, 제55조 제4호, 제10조, 형법 제30조 등을 적용하여 위 피고인들을 건축법위반의 공범으로 다스린 것은 정당하고, 거기에 지적하는 것과 같은 채증법칙 위배로 인한 사실오인이나 구 건축법 제55조 제4호가 규정한 벌칙의 적용대상자, 신분범의 공범 등에 관한 법리오해의 위법이 없다.

이 점 상고이유는 받아들일 수 없다.

2. 피고인 피고인 4의 상고이유에 대하여

구 건축법 및 건축사법(1994.12.31. 법률 제5013호로 개정되기 전의 것) 등 관계 법령을 종합하여 보면, 구 건축법상의 공사감리자는 건축물이 구 건축법 제10조 소정의 안전한 구조를 가지도록 그 시공을 확인 · 지도할 의무가 있고, 공사감리자가 고의로 그 의무에 위반하였을 때에는 같은 법 제55조 제4호에 의한 처벌의 대상이 된다고 할 것이다.

원심이 같은 취지에서, 이 사건 아파트의 공사감리자인 피고인 피고인 4이 위 아파트 및 지하주차장 건축공사에 관하여 원심 판시와 같이 부실한 감리를 한 사실을 적법하게 인정한 다음, 위 피고인을 구 건축법 제55조 제4호, 제10조의 위반죄로 처단한 것은 정당하고, 거기에 지적하는 바와 같은 위 법률조항의 적용대상, 죄형법정주의 등에 관한 법리오해의 위법이 없다.

이 점 상고이유도 받아들일 수 없다.

3. 검사의 상고이유에 대하여

원심은 피고인 피고인 1가 이 사건 아파트의 공사시공자인 남도개발 주식회사의 대표이사로서 그 건축공사를 철저하게 감독하지 아니한 일반적, 추상적 지휘 · 감독상의 과실은 있을지언정, 직접 이 사건 범행을 지시하였다거나 또는 이를 알면서 묵인 내지 방치한 사실이 인정되지 않는다는 취지에서, 위 피고인에게 이 사건 건축법위반의 죄책을 지울 수 없다고 판단하였다.

원심판결의 이유 중에는 다소 적절하지 않은 점이 없지 아니하나, 위 판단은 대법원의 견해에 부합하는 것으로서 정당하고(대법원 1996.4.9. 선고 96도263 판결 참조), 거기에 지적하는 바와 같은 법리오해의 위법이 없다.

상고이유는 받아들일 수 없다.

4. 결 론

그러므로 피고인 피고인 2, 피고인 3, 피고인 4의 각 상고와 검사의 피고인 피고인 1에 대한 상고는 모두 이유가 없으므로 이를 기각하기로 하는바 위 판결에는 제1항의 판례변경 부분의 판단에 관하여 대법관 정귀호, 대법관 신성택, 대법관 이용훈, 대법관 조무제의 반대의견이 있는 외에는 관여 대법관들의 의견이 일치되었으며, 대법관 박준서, 대법관 이돈희의 다수의견에 대한 보충의견이 있다.

5. 대법관 박준서, 대법관 이돈희의 다수의견에 대한 보충의견은 다음과 같다.

구 건축법의 양벌규정인 제57조는 "법인의 대표자 또는 법인이나 자연인의 대리인, 사용인 기타 종업원이 그 법인 또는 자연인의 업무에 관하여 제54조 내지 제56조의 규정에 해당하는 행위를 하였을 때에는 그 행위자를 벌하는 외에 그 법인 또는 자연인에 대하여도 각 본조의 벌금형을 과한다."고 규정하고 있다.

대법원은 종래 구 건축법 제57조와 같은 유형의 양벌규정인 구 건설업법(1995.12.30. 법률 제5137호로 개정되기 전의 것) 제63조, 구 도시가스사업법(1993.3.6. 법률 제4541호로 개정되기 전의 것) 제55조, 구 산업안전보건법(1996.12.31. 법률 제5248호로 개정되기 전의 것) 제71조, 구 석유사업법(1982.12.31. 법률 제3645호로 개정되기 전의 것) 제29조, 구 중기관리법(1993.6.11. 법률 제4561호 건설기계관리법으로 전문 개정되기 전의 것) 제36조, 구 환경보전법(1990.8.1. 법률 제4257호 환경정책기본법 부칙 제2조에 의하여 폐지) 제70조 등에 대하여는, 그 취지가 벌칙규정의 위반행위를 그 적용대상자인 업무주 등이 직접 하지 않은 경우에도 행위자와 업무주 등 쌍방을 모두 처벌하려는 데에 있으므로 위 양벌규정에 의하여 업무주 등이 아닌 행위자도 벌칙규정의 적용대상이 된다고 해석하여 왔다(대법원 1980.12.9. 선고 80도384 판결, 1991.11.12. 선고 91도801 판결, 1995.5.26. 선고 95도230 판결, 1995.11.21. 선고 93도35 판결, 1996.2.23. 선고 95도2083 판결, 1997.6.13. 선고 97도534 판결 등 참조).

위 구 건축법 이외의 법률의 벌칙규정의 경우에는 선행하는 의무규정 또는 금지규정에서 적용대상자를 업무주 등으로 한정하고 그 의무규정 등의 위반행위를 처벌하는 벌칙규정에서는 그 적용대상자를 별도로 한정하지 아니한 것과는 달리, 구 건축법에는 위와 같은 형식의 벌칙규정(제55조 제3호) 외에도, 의무규정 또는 금지규정에서는 적용대상자를 한정하지 아니하고 그 의무규정 등의 위반행위를 처벌하는 벌칙규정에서 비로소 적용대상자를 업무주 등으로 한정하고 있는 경우(제54조, 제55조 제1호, 제2호, 제4호 등)가 있다고 하더라도, 그러한 차이가 유독 구 건축법 제57조의 양벌규정만 다르게 해석하여야 할 근거로 된다고 볼 수 없다.

왜냐하면 선행의 의무규정 또는 금지규정에서 그 적용대상자를 업무주 등으로 한정한 경우에는 벌칙규정에서 다시 처벌대상자를 한정하지 않더라도 위반행위에 관한 처벌대상자는 업무주 등으로 한정됨이 명백하므로 이를 다시 벌칙규정에서 한정하지 아니한 것일 뿐이고, 한편 선행의 의무규정 또는 금지규정에서 적용대상자를 한정하지 아니한 경우에는 그 위반행위에 관한 처벌대상자를 업무주 등으로 한정하기 위하여 벌칙에서 이를 규정한 것이라 할 것인데, 그러한 차이는 입법기술적인 면에서 비롯된 규정형식상의 차이에 불과할 뿐이며, 어느 경우든 의무규정 또는 금지규정의 위반행위에 관한 벌칙규정의 적용대상자가 업무주 등으로 한정된다는 점에 있어서는 실질적인 차이가 없으므로 각각의 경우에 있어서 동일 형식의 벌칙규정에 대한 양벌규정의 의미가 달라진다고 볼 수 없기 때문이다. 이와 같이 적용대상자가 업무주 등으로 한정된 벌칙규정임에도 불구하고 양벌규정에서 '행위자를 벌'한다고 규정한 입법 취지는, 위의 어느 경우든, 업무주를 대신하여 실제로 업무를 집행하는 자임에도 불구하고 벌칙규정의 적용대상자로 규정되어 있지 아니하여 벌칙규정만으로는 처벌할 수 없는 위반행위자를 양벌규정에 의하여 처벌할 수 있도록 함으로써 벌칙규정의 실효성을 확보하고자 하는 데에 있음이 분명하다 할 것이다.

또한 위 판결들에서 판시한 다른 법률의 양벌규정은 업무주를 대신하는 행위자를 처벌하는 규정으로 해석하면서도 건축법에서만 달리 해석하는 것은 법령해석의 통일에 어긋날 뿐 아니라 업무주인 법인의 대표이사 등은 건축에 관여하지 않고, 상무나 전무 등의 임원이 실제로 주도자가 되어 불법 건축한 경우에는 아무도 처벌할 수 없는 극히 불합리한 결과를 가져오게 된다.

위에서 본 바와 같이 구 건축법의 양벌규정의 문언 및 입법 취지와 의무규정 또는 금지규정, 벌칙

규정 등의 내용을 서로 관련지어 보면, 벌칙규정의 적용대상자가 업무주 등으로 한정된 경우에 있어서 양벌규정은 업무주 이외에도 행위자의 처벌규정이라고 해석하는 데에 무리가 없고, 그 의미·내용이 불명확한 것도 아니므로 이러한 해석이 죄형법정주의의 원칙에 배치된다고 할 수 없다. 반대의견은 구 건축법의 양벌규정에 의하여 행위자를 처벌하려면 그 문언을 공직선거및선거부정방지법 제260조의 양벌규정과 같이 "행위자를 해당 각 조의 형에 처하는 외에"라고 개정하여야 할 것이라고 하나, 위와 같은 양벌규정의 문언은 기존의 양벌규정의 문언보다 행위자 처벌의 뜻을 더욱 확실히 나타내는 것이므로 입법기술상으로는 진일보한 것이라고 평가할 만한 것이기는 하지만, 그와 같이 더욱 확실하게 표시하지 않았다는 이유만으로 기존의 양벌규정을 행위자의 처벌규정으로 해석할 수 없는 것은 아니라 할 것이다.

그리고 형사처벌의 근거가 되는 것은 법률이지 판례가 아니고, 구 건축법 제57조에 관한 판례의 변경은 그 법률조항의 내용을 확인하는 것에 지나지 아니하여 이로써 위 법률조항 자체가 변경된 것이라고 볼 수는 없으므로, 행위 당시의 판례에 의하면 처벌대상이 되지 아니하는 것으로 해석되었던 행위를 판례의 변경에 따라 확인된 내용의 위 법률조항에 근거하여 처벌한다고 하여 그것이 형벌불소급의 원칙에 반한다고 할 수는 없다 할 것이다.

6. 구 건축법 제57조 소정의 양벌규정의 성격에 관한 대법관 정귀호, 대법관 신성택, 대법관 이용훈, 대법관 조무제의 반대의견은 다음과 같다.

다수의견은 구 건축법 제57조의 양벌규정도 다수의견이 들고 있는 구 건설업법 등 다른 법률의 양벌규정과 내용상 사소한 차이가 있을 뿐이라는 이유를 들어 위와 같은 다른 법률의 양벌규정에서와 마찬가지로 구 건축법의 양벌규정 자체가 행위자 처벌의 근거 규정이 된다고 해석함으로써 이와 달리 해석하여 왔던 대법원 1990.10.12. 선고 90도1219 판결의 다수의견이 들고 있는 종전의 대법원판례들을 소급적으로 변경하고자 하는 것이나, 이러한 다수의견에는 다음과 같은 이유로 찬성할 수 없다.

첫째, 다수의견이 들고 있는 다른 법률의 양벌규정은 모두 그 벌칙 본조에서 그에 선행하는 의무규정 또는 금지규정과 별도로 처벌대상자의 범위에 관하여 규정하고 있지 아니한데 비하여, 구 건축법 제57조의 양벌규정은 그 벌칙 본조인 같은 법 제54조 내지 제56조에서 그에 선행하는 의무규정 또는 금지규정상 이미 그 적용대상자의 범위가 건축주 등으로 제한되어 있는 같은 법 제7조의2와 제7조의3 및 제29조 위반행위에 대하여는 처벌대상자에 관하여 별도로 규정함이 없이 단지 그 각 조에 위반한 자를 처벌한다고 규정하면서도(제55조 제3호) 그 의무규정 또는 금지규정에서 적용대상자의 범위를 명시적으로 제한하고 있지 아니한 경우에는 그 벌칙 본조 자체에서 명시적으로 처벌대상자를 건축주, 설계자, 공사감리자 또는 공사시공자로 한정함으로써 다른 법률에 있어서의 벌칙 본조와는 규정 내용을 명백히 달리하고 있다(구 건축법 제55조 제4호). 따라서 다른 법률의 양벌규정을 행위자 처벌규정이라고 해석하여 왔다고 하여 위와 같이 벌칙 본조의 내용을 달리하고 있는 구 건축법의 양벌규정의 해석을 그와 같이 하여야 할 이유가 없다.

둘째, 환경범죄의처벌에관한특별조치법 제5조의 양벌규정은 "법인의 대표자 또는 법인이나 개인의 대리인·사용인 기타 종업원이 그 법인 또는 개인의 업무에 관하여 제2조 또는 제3조의 위반행위를 한 때에는 행위자를 벌하는 외에 그 법인 또는 개인에 대하여도 각 해당 조의 벌금형을 과한다."고 규정하여 구 건축법의 양벌규정과 유형을 같이 하고 있다. 그런데 그 벌칙 본조 중 제2조는 소정의 오염물질을 관계 법령에 위반하여 배출·누출·유출 또는 매립하거나 버리는 등의 행위를 함으로써 공중의 생명 또는 신체에 위험을 발생시키거나 상수원오염을 초래하여 공중의 식수사용에 위험을 발생케 한 자를 그 소정의 형에 처하는 것으로 규정하는 한편(제1항) 그와 같은 오염물질의 부정배출 행위에 의하여 사람을 사상케 하거나 농업 등의 산업이나 생태계 또는 수자원에 소정 규모 이상의 오염 등의 결과를 초래한 경우에는 가중 처벌을 하는 것으로 규정하고(제2, 3항), 제3조도 업무상 과실로 위와 같은 죄를 범한 자를 처벌하는 것으로 규정하고 있을 뿐(제1, 2항) 그 처벌대상자의 범위를 제한하고 있지 않다. 따라서 위 각 벌칙 본조 소정의 환경범죄를 저지른 행위자에 대한 처벌은 모두 위 각 벌칙 본조를 그 근거로 하고 있음이 분명하고, 위와 같은 양벌규정이 그 처벌의 근거 규정이 된다고 해석할 여지는 전혀 없다. 또한 법무사법 제72조는 법무사가 등록증을 다른 사람에게 대여한 행위를, 같은 법 제73조는 법무사가 그 업무범위를 초과하여 다른 사람의 소송 기타 쟁의행위에 관여하거나 사건의 알선을 업으로 하는 자를 이용하거나 기타 부정한 방법으로 사건을 유치하는 행위를, 같은 법 제75조는 법무사가 정당한 사유 없이 업무에 관한 위임을 거부하거나 당사자 일방의 위임을 받아 취급한 사건에 관하여 상대방을 위하여 서류를 작성하는 행위를 각각 처벌하는 규정인데, 이러한 규정을 벌칙 본조로 한 양벌규정인 같은 법 제76조 역시 "법무사합동법인의 구성원 또는 구성원이 아닌 소속법무사가 법인의 업무에 관하여 제72조 · 제73조 또는 제75조의 위반행위를 한 때에는 그 행위자를 벌하는 외에 법무사합동법인에 대하여도 각 해당 조의 벌금형을 과한다."고 규정하여 구 건축법의 위 양벌규정과 유형을 같이 하고 있지만, 행위자인 법무사의 처벌은 모두 벌칙 본조에 의하고 위와 같은 양벌규정이 그 처벌 근거가 될 수 없음은 규정상 명백하다. 이러한 점에 비추어 보더라도 구 건축법의 양벌규정이 다수의견이 들고 있는 다른 법률의 양벌규정과 그 유형을 같이 하고 있다고 하여 벌칙 본조와 관계없이 행위자 처벌의 근거가 된다고 해석할 수는 없는 일이다.

셋째, 형사법의 대원칙인 죄형법정주의는 범죄와 형벌은 법률로 정하게 하고 그러한 법률이 없으면 형벌을 부과할 수 없게 함으로써 국민의 법적 안정성을 보호하고 국민에게 예측가능성을 보장하여 국가 형벌권의 자의적 행사로부터 국민의 자유와 권리를 보장하려는 법치국가적 형법의 기본원칙으로서 그 내용의 하나인 명확성의 원칙은 형벌법규의 해석은 가능한 한 엄격하게 하여야 한다는 법률해석의 원리라고도 할 수 있는데, 구 건축법의 양벌규정에서처럼 단지 그 소정의 '행위자를 벌하는 외에'라고만 규정하여 그 규정에서 행위자 처벌을 새로이 정한 것인지 여부가 명확하지 않은 위와 같은 규정을 들어 형사처벌의 근거 규정이 된다고 해석하는 것은 죄형법정주의의 원칙에 배치되는 온당치 못한 해석이라고 할 것이다.

넷째, 우리 법제와 같은 성문법주의 아래서는 최고법원의 판례라고 하더라도 이것이 바로 법원(법원)이 되는 것은 아니지만, 실제의 법률생활에 있어서는 특히 최고법원 판례의 경우 사실상 구속력을 가지고 국민에 대하여 그 행동의 지침을 부여하는 역할을 수행하는 한편 당해 사건을 최종적인 판단에 의하여 해결하는 기능뿐만 아니라 법령해석의 통일이라는 제도적 기능도 아울러 가지고 있음을 고려할 때, 종래 대법원 1990.10.12. 선고 90도1219 판결 등 다수의견이 변경하고자 하는 대법원판례가 구 건축법의 양벌규정이 행위자 처벌의 근거 규정이 될 수 없다고 일관되게 해석하여 옴으로써 국민의 법의식상 그러한 해석이 사실상 구속력이 있는 법률해석으로 자리잡게 되었다고 할 수 있음에도 불구하고 단지 다른 법률의 양벌규정과 해석을 같이 하려는 취지에서 국민에게 불이익한 방향으로 그 해석을 변경하고 그에 따라 위와 같은 대법원판례들을 소급적으로 변경하려는 것은 형사법에서 국민에게 법적안정성과 예측가능성을 보장하기 위하여 소급입법 금지의 원칙을 선언하고 있는 헌법의 정신과도 상용될 수 없는 것이다.

따라서 위와 같은 양벌규정에 근거하여 행위자를 처벌하려고 한다면, 공직선거및선거부정방지법 제260조의 "회사(…)의 임원이나 구성원이 그 업무에 관하여 이 장(장, 벌칙을 정한 같은 법 제16장을 가리킴)에서 정하는 죄를 범한 때에는 당해 회사 등이 한 것으로 보아, 그 행위자를 해당 각 조의 형에 처하는 외에 당해 회사 등에 대하여도 해당 각 조의 벌금형에 처한다."라는 규정과 같이 행위자의 처벌규정이라고 해석할 수 있도록 법률개정을 통하여 그 문언이 변경된 경우에 한하여 가능하다고 할 것이다. 그럼에도 불구하고 그 내용이 명확하지 아니한 구 건축법의 양벌규정을 행위자 처벌의 근거규정이라고 해석하기 위하여 종래 일관되게 유지되어 온 판례들을 변경하려고 하는 것은 법기능적 해석방법으로는 옳을는지 몰라도 국민의 법적안정성과 예측가능성을 훼손하여 판례만 바꾸면 언제라도 국민에 대한 형벌권행사가 가능하다고 생각케 함으로써 국민의 자유와 권리의 보장이라는 더 큰 가치를 잃게 되었다고 하지 않을 수 없다.

따라서 이 사건에서도 구 건축법의 양벌규정을 근거로 피고인 피고인 2과 피고인 3을 처벌하여서는 안된다고 할 것이다.

참고판례 ❺

대법원 1987.11.10. 선고 87도1213 판결【미성년자보호법위반】[공1988.1.1.(815),120]

【이유】

변호인의 상고이유에 대하여,

1. 소론은 미성년자보호법 제4조 제2항, 제2조 제1항 제3호의 선량한 풍속을 해할 염려가 있는 흥행장 등의 영업자는 미성년자를 그 영업소 내에 출입하게 하여서는 아니된다라는 규정가운데 "영업자"는 동 제4조 제1항의연초 또는 주류판매자와 그 고용인이 연초 또는 주류를 판매하거나 공여함을 금지한 규정과 대비하여 볼 때 제1항의 판매자와 대응하는 영업주에 한정되고 종업원은 위 조항이 금지하는 의무자가 아니므로 그에게는 금지위반책임을 물을 수 없고, 따라서 종업원의 책임을 전제로 하는 양벌규정에 의한 영업주의 책임도 물을 수 없다는 취지로 주장하는 터이나 위 규정들과 동법 제7조에 양벌규정을 두고 법인이나 개인의 대리인, 사용인 기타 종업원의 위반행위에 대하여 행위자를 벌하는 외에 법인 또는 개인에 대하여도 처벌하도록 한 규정을 종합하면 위 제4조 제2항의 영업자에는 영업주가 아닌 영업주의 대리인, 사용인 기타 종업원 등 고용인도 포함된다고 해석되며 양벌규정에 의한 영업주의 처벌은 금지위반행위자인 종업원의 처벌에 종속하는 것이 아니라 독립하여 그 자신의 종업원에 대한 선임감독상의 과실로 인하여 처벌되는 것이므로 영업주의 위 과실책임을 묻는 이 사건에서 금지위반 행위자인 종업원에게 구성요건상의 자격이 없다고 하더라도 영업주인 피고인의 범죄성립에는 아무런 지장이 없다.

원심이 극장을 경영하는 피고인에 대하여 그 극장에서 미성년자의 관람이 금지된 영화가 상영되고 있음에도 불구하고 제1심 공동피고인 으로 하여금 14세의 미성년자 2명을 위 극장에 출입하게 하였다는 범죄사실을 인정하고 미성년자보호법 제7조에 의하여 유죄로 처단한 것은 정당하고 위 법 제4조 제2항 소정의 영업자에 관한 법리를 오해한 위법이 없다. 논지는 이유없다.

2. 종업원 등의 행정법규위반행위에 대하여 양벌규정으로 영업주의 책임을 묻는 것은 종업원 등에 대한 영업주의 선임감독상의 과실책임을 근거로 하는 것이며 그 종업원은 영업주의 사업경영과정에

있어서 직접 또는 간접으로 영업주의 감독통제 아래 그 사업에 종사하는 자를 일컫는 것이다. 따라서 영업주 스스로 고용한 자가 아니고 타인의 고용인으로서 타인으로부터 보수를 받고 있다 하더라도 객관적 외관상으로 영업주의 업무를 처리하고 영업주의 종업원을 통하여 간접적으로 감독 통제를 받는 자라면 위에 포함된다고 할 것이다.

원심은 피고인이 경영하는 극장에서 상영하는 영화의 배급업자로서 영화사의 직원인 제1심 공동피고인 이 극장 경영주와 영화배급업자 사이에 수익금을 분배하기로 한 약정에 따라 극장의 관람객수를 확인하던 중 피고인의 검표담당 종업원인 최○성이 잠시 자리를 비우게 되자 피고인의 종업원인 극장 지배인 최○억의 지시로 최○성의 업무를 대행하던 중에 미성년자를 입장시킨 사실을 인정하고 제1심 공동피고인은 미성년자출입제지업무에 관한 한 피고인의 간접적인 감독통제를 받는다 할 것이므로 피고인과 제1심 공동피고인은위 양벌규정 소정의 영업자와 종업원의 관계에 있다고 판단하였는 바, 이는 정당하고 소론과 같은 양벌규정에 있어 종업원의 개념에 관한 법리를 오해한 위법이 없다.

또한 객관적 외관상으로 영업주의 업무에 관한 행위이고 종업원이 그 영업주의 업무를 수행함에 있어서 위법행위를 한 것이라면 그 위법행위의 동기가 종업원 기타 제3자의 이익을 위한 것에 불과하고 영업주의 영업에 이로운 행위가 아니라 하여도 영업주는 그 감독해태에 대한 책임을 면할 수 없다(당원1977.5.24 선고 77도412 판결 참조). 원심판결에 피고인의 업무에 관한 법리를 오해한 위법도 없다. 논지는 이유없다.

이에 상고를 기각하기로 하여 관여법관의 일치된 의견으로 주문과 같이 판결한다.

*참조 대법원 2006.2.24. 선고 2005도7673 판결(저작권법위반)

참조문헌

박기석, "양벌규정의 문제점과 법인범죄의 새로운 구성", 형사정책(한국형사정책학회) 제10호, 1998, 101면-132면

손동권, "법인의 범죄능력과 양벌규정", 안암법학(안암법학회) 제3호, 1995, 325면-350면.

이주희, "업무주처벌의 의미, 근거, 성립요건", 외법논집(한국외국어대학교 법학연구소) 제30집, 2008, 259면-288면

이천현, "법인의 범죄주체능력과 형사책임", 형사법연구 제22권 특집호, 2004, 58면-82면

조 국, "법인의 형사책임과 형벌규정의 성격", 법학(서울대학교 법학연구소) 제48권 제3호, 2007, 60면-76면

Ⅱ-3 인과관계

대상판결

대법원 1994.3.22. 선고 93도3612 판결【살인,살인미수,폭력행위등처벌에관한법률위반,도로교통법위반】[공1994.5.15.(968),1373]

【피 고 인】피고인 1 외 5인

【상 고 인】피고인들

【변 호 인】변호사 오병선

【원심판결】광주고등법원 1993.12.10. 선고 93노670 판결

【주 문】1. 원심판결 중 피고인 2에 관한 부분을 파기하고, 이 부분에 관하여 사건을 광주고등법원에 환송한다.

2. 그 밖의 피고인들의 상고를 모두 기각한다.

3. 상고 후의 구금일수 중 95일씩을 피고인 3 및 4에 대한 각 본형에 산입한다.

【이 유】

1. 피고인들과 변호인의 각 상고이유 제1점에 대한 판단.

원심이 유지한 제1심판결은, **피고인들이 공소외 1 · 2 · 3 · 4 등과 공모하여 그들의 동료인 공소외 5 · 6 등을 납치 · 폭행한 공소외 7 등 타워파 폭력조직원들에 대하여 보복을 하기로 결의한 후, 1993.2.15. 05:30경 전주시 덕진구 금암동 소재 여관 1로 공소외 7 등을 찾아가서 상호공동하여 공소외 1과 피고인 4는 그곳 안내실에서 종업원인 공소외 한정숙이 경찰에 연락을 하지 못하도록 감시하고, 뒤이어 도착한 피고인 2는 여관문 앞에서 망을 보고 공소외 2는 여관 302호실 방문 앞에서 망을 보고, 피고인 5와 공소외 4는 각목을, 공소외 3은 쇠파이프를, 피고인 1과 3은 낫을, 피고인 6은 또 다른 흉기를 각 소지한 채 위 302호실로 들어가 그 곳에서 잠을 자던 피해자 1 · 2를 공소외 7의 일행인줄 잘못 알고 각기 각목과 쇠파이프로 위 피해자들의 머리와 몸을 마구 때리고, 낫으로 팔과 다리 등을 닥치는대로 여러 차례 힘껏 내리찍은 사실을** 인정하였는바, 제1심판결이 채택한 증거들을 기록과 대조하여 검토하면, 제1심의 이와 같은 사실인정은 정당한 것으로 수긍이 되고, 이 점에 관한 한 원심판결에 소론과 같이 채증법칙을 위반하거나 살인과 살인미수죄에 관한 법리를 오해하여 판결에 영향

을 미친 사실을 잘못 인정한 위법이나 이유에 모순이 있는 위법이 있다고 볼 수 없으므로, 논지는 이유가 없다.

2. … 생략

3. … 생략

4. 피고인 2를 제외한 피고인들의 각 상고이유 제3점과 변호인의 상고이유 제2점에 대한 판단

위 피고인들의 가해행위와 피해자 1의 사망과의 사이에 인과관계가 있어야 위 피고인들을 살인죄로 처벌할 수 있는 것임은 소론과 같지만, 살인의 실행행위가 피해자의 사망이라는 결과를 발생하게 한 유일한 원인이거나 직접적인 원인이어야만 되는 것은 아니므로(당원 1982.12.28. 선고 82도2525 판결 참조), 살인의 실행행위와 피해자의 사망과의 사이에 다른 사실이 개재되어 그 사실이 치사의 직접적인 원인이 되었다고 하더라도, 그와 같은 사실이 통상 예견할 수 있는 것에 지나지 않는다면 살인의 실행행위와 피해자의 사망과의 사이에 인과관계가 있는 것으로 보아야 할 것이다.

제1심 증인 이○○ · 이○○ 및 원심 증인 안○○의 각 증언과 의사 이○○이 작성한 피해자 1에 대한 사망진단서의 기재 등 관계증거에 의하면, **피해자 1은 1993.2.15. 위 피고인들의 이 사건 범행으로 입은 자상으로 인하여 급성신부전증이 발생되어 치료를 받다가 다시 폐염 · 패혈증 · 범발성혈액응고장애 등의 합병증이 발생하여 1993.3.17. 사망한 사실, 급성신부전증의 예후는 핍뇨형이나 원인질환이 중증인 경우에 더 나쁜데, 사망률은 30% 내지 60% 정도에 이르고 특히 수술이나 외상 후에 발생한 급성신부전증의 경우 사망률이 가장 높은 사실, 급성신부전증을 치료할 때에는 수분의 섭취량과 소변의 배설량을 정확하게 맞추어야 하는 사실, 위 피해자는 외상으로 인하여 급성신부전증이 발생하였고 또 소변량도 심하게 감소된 상태였으므로 음식과 수분의 섭취를 더욱 철저히 억제하여야 하는데, 이와 같은 사실을 모르고 콜라와 김밥 등을 함부로 먹은 탓으로 체내에 수분저류가 발생하여 위와 같은 합병증이 유발됨으로써 사망하게 된 사실 등을 인정**할 수 있는바, 사실관계가 이와 같다면, 위 피고인들의 이 사건 범행이 위 피해자를 사망하게 한 직접적인 원인이 된 것은 아니지만, 그 범행으로 인하여 위 피해자에게 급성신부전증이 발생하였고 또 그 합병증으로 위 피해자의 직접 사인이 된 패혈증 등이 유발된 이상, 비록 그 직접사인의 유발에 위 피해자 자신의 과실이 개재되었다고 하더라도 이와 같은 사실은 통상 예견할 수 있는 것으로 인정되므로, 위 피고인들의 이 사건 범행과 위 피해자의 사망과의 사이에는 인과관계가 있다고

보지 않을 수 없다.

이와 결론을 같이 한 원심의 판단은 정당하고, 원심판결에 소론과 같이 심리를 제대로 하지 아니한 채 채증법칙을 위반하거나 인과관계에 관한 법리를 오해하여 사실을 잘못 인정한 위법이 있다고 볼 수 없으므로, 논지는 이유가 없다.

5. … 생략

6. … 생략

참조조문

형법 제13조, 형법 제17조, 형법 제250조

법적쟁점

1. 형법상 인과관계의 개념은 무엇인가? 그 본질상 철학적 내지 자연과학적 인과개념과의 차이는 무엇인가?

2. 형법상 문제되는 인과관계의 유형을 검토하고 나아가 각 유형에 해당하는 구체적인 예를 상정하여 보시오.

3. 인과관계에 관한 학설 중 조건설은 일정한 행위가 없었더라면 일정한 결과가 발생하지 않았을 것이라는 이른바 절대적 제약공식에 의하여 인과관계의 존부를 판단하는 입장이다. 동 학설에 의할 경우 위에서 검토한 인과관계의 유형 중 인과관계가 인정되는 경우는 무엇인가? 나아가 동 학설의 문제점은 무엇인가?

4. 인과관계의 존부 판단에 대하여 우리 대법원이 취하고 있는 이른바 상당인과관계설의 내용은 무엇이며 이는 과연 타당한가?(참고판례 1,2)

5. 합법칙적 조건설의 내용은 무엇인가? 또한 동 견해와 객관적 귀속이론의 결합 판단이 왜 필요한지 검토하시오.

참고판례 ❶

대법원 2002.10.11. 선고 2002도4315 판결【감금치사】[공2002.12.1.(167),2784]

【이유】

기록에 비추어 살펴보면, 피고인은 제1심판결에 대하여 양형부당만을 항소이유로 내세워 항소하였는바, 이러한 경우 피고인은 원심판결에 대하여 사실오인이나 법리오해의 위법이 있다는 것을 상고이유로 삼을 수 없을 뿐만 아니라(대법원 1995.2.3. 선고 94도2134 판결, 1996.11.8. 선고 96도2076 판결 등 참조), 나아가 원심이 인용한 제1심판결이 채용한 증거들을 기록에 비추어 살펴보면, 피고인이 피해자를 감금한 기간 등에 관한 원심의 판단에 일부 미흡한 점은 있으나, 피고인이 피해자를 감금하여 사망에 이르게 한 사실은 넉넉히 인정할 수 있고, 또 피고인의 감금의 고의 역시 충분히 인정될 뿐 아니라, 피고인의 위 행위를 정당행위나 긴급피난으로 볼 수도 없으며, 4일 가량 물조차 제대로 마시지 못하고 잠도 자지 아니하여 거의 탈진 상태에 이른 피해자의 손과 발을 17시간 이상 묶어 두고 좁은 차량 속에서 움직이지 못하게 감금한 행위와 묶인 부위의 혈액 순환에 장애가 발생하여 혈전이 형성되고 그 혈전이 폐동맥을 막아 사망에 이르게 된 결과 사이에는 상당인과관계가 있다 할 것이고, 그 경우 피고인에게 사망의 결과에 대한 예견가능성이 없었다고 할 수도 없을 것이며, 정신병자라고 해서 감금죄의 객체가 될 수 없다고 볼 수도 없는 법리이므로, 원심판결에 채증법칙 위배로 인한 사실오인이나, 정당행위나 긴급피난, 감금죄의 객체, 결과적 가중범에 관한 법리오해 등 상고이유에서 주장하는 바와 같은 위법이 있다고 할 수 없다.

… 생략

참고판례 ❷

대법원 1986.9.9. 선고 85도2433 판결【폭행치사】[공1986,1420]

【이유】

변호인들의 상고이유를 판단한다.

원심이 유지한 제1심 판결이 들고 있는 증거들을 기록과 대조하여 검토하여 보면, 피고인에 대하여 판시 범죄사실을 인정한 원심의 조치는 정당하고 거기에 채증법칙위배로 인한 사실오인의 위법이 있다할 수 없으며 원심이 확정한 바와 같이 피고인이 피해자를 2회에 걸쳐 두손으로 힘껏 밀어 땅바닥에 넘어뜨리는 폭행을 가함으로써 그 당시 심관상동맥경화 및 심근섬유화 증세등의 심장질환을 앓고 있었고 음주만취한 상태에 있던 피해자가 그 충격으로 인하여 쇼크성 심장마비로 사망하였다면 비록 피해자에게 그 당시 위와 같은 지병이 있었고 음주로 만취한 상태였으며 그것이 피고인의 폭행으로 피해자가 사망함에 있어 영향을 주었다고 해서 피고인의 폭행과 피해자의 사망간에 상당인과관계가 없다고 할 수 없고 또 위 증거들에 의하면 피고인은 피해자가 평소 병약한 사람인데다 그 당시 음주만취된 상태였다는 것을 알고 있었던 사실이 인정되므로 그 구체적인 병명은 몰랐다고 하더라도 앞서본 바와 같이 피고인이 피해자를 2회에 걸쳐 두 손으로 힘껏 밀어 넘어뜨린 때에 이미 그 폭행과 그 결과에 대한 예견가능성이 있었다 할 것이고 그로 인하여 치사의 결과가 발생하였다면 이른바 결과적 가중범의 죄책을 면할 수 없다 할 것이다. 논지는 모두 이유없다.

그러므로 상고를 기각하기로 관여 법관의 일치된 의견으로 주문과 같이 판결한다.

참고판례 ❸

대법원 1982.11.23. 선고 82도1446 판결【강간치사】[공1983.2.1.(697),236]

【이유】

1. 검사의 상고이유를 본다.

피고인들에 의하여 강간을 당한 피해자가 집에 돌아가 음독자살하기에 이르른 원인이 소론과 같이 강간을 당함으로 인하여 생긴 수치심과 장래에 대한 절망감 등에 있었다 하더라도, 그 자살행위가 바로 피고인들의 강간행위로 인하여 생긴 당연의 결과라고 볼 수는 없어 피고인들의 강간행위와 피해자의 자살행위 사이에 인과관계를 인정할 수는 없다 할 것이니 이와 다른 견지에서 원심판결에 인과관계에 관한 법리오해의 위법이 있다는 논지는 받아들일 수 없다.

2. … 생략

3. … 생략

참고판례 ❹

대법원 1978.11.18. 선고 78도1691 판결【폭행치사】[공보불게재]

【이유】

… 생략

고등학교 교사인 피고인이 피해자의 빰을 때리는 순간 평소의 허약상태에서 온 급격한 뇌압상승으로 피해자가 뒤로 넘어지면서 사망한 경우, 위 사인이 피해자의 두개골이 비정상적으로 얇고 뇌수종을 앓고 있었던 데 연유하였고 피고인이 피해자가 허약함을 알고 있었으나 두뇌에 특별한 이상이 있음은 미처 알지 못하였다면 피고인의 소위와 피해자의 사망 간에는 인과관계가 없거나 결과발생에 대한 예견가능성이 없었다고 할 것이다.

… 생략

참조문헌

김성돈, "범죄유형별 인과관계판단과 직접성", 형사판례연구 제13권, 2005, 53면-75면

김호기, "형법학에서의 인과관계의 의미와 객관적 귀속론", 형사법연구 제26호 특집호, 2006, 529면-550면

신양균, "과실범에 있어서 의무위반과 결과의 관련", 형사판례연구 제1권, 1993, 62면-82면

장영민, "인과관계의 확정과 합법칙적 조건설", 형사판례연구 제3권, 1996, 22면-39면

정현미, "인과과정에 개입된 타인의 행위와 객관적 귀속", 형사판례연구 제9권, 2001, 143면-166면

II-4 객관적 귀속

대상판결

대법원 1991.2.26. 선고 90도2856 판결【교통사고처리특례법위반】[공1991.4.15.(894),1124]

【피 고 인】피고인

【상 고 인】검사

【변 호 인】변호사 문태길

【원심판결】대구지방법원 1990.8.30. 선고 90노738 판결

【주 문】상고를 기각한다.

【이 유】

상고이유를 본다.

원심판결 이유에 의하면 원심은 그 증거에 의하여 **피고인이 트럭을 운전하여 판시 도로의 중앙선 위를 왼쪽 바깥바퀴가 걸친 상태로 운행하던 중 그 판시와 같은 경위로 그 50미터 앞쪽 반대방향에서 피해자가 승용차를 운전하여 피고인이 진행하던 차선으로 달려오다가 급히 자기차선으로 들어가면서 피고인이 운전하던 위 트럭과 교행할 무렵 다시 피고인의 차선으로 들어와 그 차량의 왼쪽 앞 부분으로 위 트럭의 왼쪽 뒷바퀴 부분을 스치듯이 충돌하였고 이어서 위 트럭을 바짝 뒤따라 운전해오던 공소외 이○○의 운전차량을 들이받아 이 사건 사고가 발생**한 사실을 인정한 다음 이와 같은 사고 경위에 비추어 설사 피고인이 중앙선 위를 달리지 아니하고 정상차선으로 달렸다 하더라도 이 사건 사고는 피할 수 없다 할 것이므로 피고인이 트럭의 왼쪽바퀴를 중앙선 위에 올려놓은 상태에서 운전한 것만으로는 이 사건 사고의 직접적인 원인이 되었다고는 할 수 없다고 판시하고 달리 이 사건 범죄에 대한 증명이 없음을 이유로 피고인에게 무죄의 선고를 하였는 바, 기록에 비추어 원심의 판단은 옳게 수긍이 되고 거기에 지적하는 바와 같은 법리의 오해나 채증법칙을 어긴 위법이 없다.

그러므로 상고를 기각하기로 관여 법관의 의견이 일치되어 주문과 같이 판결한다.

참조조문 형법 제17조, 형법 제268조

법적쟁점

1. 객관적 귀속의 개념은 무엇인가? 나아가 인과관계 판단과의 차이점 및 그 관계는 무엇인가?

2. 행위자의 일정한 행위와 구성요건적 결과 사이에 객관적 귀속이 인정되기 위해서는 행위자가 법적으로 의미 있는 만큼 위험을 창출하여야 하며(위험의 창출), 별개의 다른 위험이 아니라 바로 그 창출된 위험이 구체적인 결과로 실현(위험의 실현)되어야 하는바, 당해 사안에서 피고인의 행위가 과연 위험을 창출하였는지, 그리고 그 위험이 구성요건적 결과로 실현되었는지 단계적으로 검토하시오.

3. 각종 교통수단의 운행, 의료행위, 오염물질배출행위 등 일정한 위험을 필연적으로 수반하는 행위로 구성요건적 결과가 발생한 경우, 이러한 행위 자체를 위험의 창출 내지 강화로 평가할 수 있는가? 나아가 도로교통, 의료, 환경법규 등 관련 법규가 획일적인 위험창출의 기준점이 될 수 있는지 검토하시오.

4. 당해 사안에서 트럭 운전사인 피고인이 적법한 대체행위, 즉 트럭의 왼쪽바퀴가 중앙선을 침범하지 아니한 채 차선 안쪽으로 운전하였다고 가정하고 다음의 각 경우 피고인의 형사상 책임을 검토하시오.(참고판례 1,2)
   (1) 동일한 결과의 발생이 없는 경우
   (2) 동일한 결과의 발생이 확실한 경우
   (3) 결과의 회피가능성이 불분명한 경우

5. 甲과 乙은 어둠 속에서 조명등 없이 자전거를 운행하고 있었는데, 앞에서 달리던 乙이 반대편에서 달려오던 丙의 자동차와 추돌하여 상해를 입었다. 검사는 乙의 뒤에서 달려가던 甲이 조명등을 켰더라면 사고는 피할 수 있었을 것이라며 甲에 대하여 공소를 제기하였다. 甲의 죄책을 검토하시오.(참고판례 3)

6. 【참고판례 1, 2】를 읽고 판례의 이른바 '상당인과관계설'이 그대로 통용되고 있는지에 대하여 검토하시오.

참고판례 ❶

대법원 1990.12.11. 선고 90도694 판결【업무상과실치사】[공1991.2.1.(889),513]

【이유】

피고인들의 변호인의 상고이유를 본다.

… 생략

응급환자가 아닌 피해자의 경우에 있어서 수술주관의사 또는 마취담당의사인 피고인들로서는 수술에 앞서 혈청의 생화학적 반응에 의한 검사 등으로 종합적인 간기능검사를 철저히 하여 피해자가 간손상 상태에 있는지의 여부를 확인한 후에 마취 및 수술을 시행하였어야 할 터인데 피고인들은 시진, 문진 등의 검사결과와 정확성이 떨어지는 소변에 의한 간검사 결과만을 믿고 피해자의 간상태를 정확히 파악하지 아니한 채 할로테인으로 전신마취를 실시한 다음 이 사건 개복수술을 감행한 것이므로 피고인들에게는 위와 같은 과실이 있다 할 것이다.

… 생략

이 사건에서 혈청에 의한 간기능검사를 시행하지 않거나 이를 확인하지 않은 피고인들의 과실과 피해자의 사망 간에 인과관계가 있다고 하려면 피고인들이 수술 전에 피해자에 대한 간기능검사를 하였더라면 피해자가 사망하지 않았을 것임이 입증되어야 할 것이다. 즉 수술 전에 피해자에 대하여 혈청에 의한 간기능검사를 하였더라면 피해자의 간기능에 이상이 있었다는 검사결과가 나왔으리라는 점이 증명되어야 할 것이다(검사결과 간에 이상이 있었더라면 의사인 피고인들로서는 피해자를 마취함에 있어 마취 후 간장애를 격화시킬 수도 있는 할로테인의 사용을 피하였을 것이다). 그러나 원심이 거시한 증거들만으로는 피해자가 수술당시에 이미 간손상이 있었다는 사실을 인정할 수 없고 그밖에 일건기록에 의하여도 위와 같은 사실을 인정할 아무런 자료를 발견할 수 없다.

… 생략

그러므로 원심판결을 파기하고 사건을 원심법원에 환송하기로 하여 관여 법관의 일치된 의견으로 주문과 같이 판결한다.

참고판례 ❷

대법원 1996.11.8. 선고 95도2710 판결【업무상과실치사】[공1996.12.15.(24),3632]

【이유】

상고이유를 판단한다.

1. … 생략
2. … 생략
3. 상고이유 제2점에 대하여

의료사고에 있어서 의료종사원의 과실을 인정하기 위하여서는 의료종사원이 결과 발생을 예견할 수 있음에도 불구하고 그 결과 발생을 예견하지 못하였고 그 결과 발생을 회피할 수 있었음에도 불구하고 그 결과 발생을 회피하지 못한 과실이 검토되어야 하고(대법원 1984. 6.12. 선고 82도3199 판결, 1987.1.20. 선고 86다카1469 판결 참조), 그 과실의 유무를 판단함에는 같은 업무와 직무에 종사하는 일반적 보통인의 주의정도를 표준으로 하여야 하며, 이에는 사고 당시의 일반적인 의학의 수준과 의료환경 및 조건, 의료행위의 특수성 등이 고려되어야 하는 것이다(대법원 1987.1.20. 선고 86다카1469 판결 참조).

… 생략

다음 원심이 인정하고 있는 피고인이 피해자의 치료에 관여한 이후의 셋째 과실의 점에 관하여 보면, 피해자의 병명인 루드비히 안기나와 같이 이미 원인균이 알려진 경우라 할지라도 배농이 되었을 경우 원칙적으로 농에 대한 배양검사를 실시하여 적절한 약물을 선택하여야 한다는 것이므로(공판기록 646면), 피고인이 농배양을 하지 않은 것이 과실이라고 할 수는 있겠으나, 그것이 피해자의 사망에 기여한 인과관계 있는 과실이 된다고 하려면 원심으로서는 농배양을 하였더라면 피고인이 투약해 온 항생제와 다른 어떤 항생제를 사용하게 되었을 것이라거나 어떤 다른 조치를 취할 수 있었을 것이고, 따라서 피해자가 사망하지 않았을 것이라는 점을 심리 · 판단하였어야 한다(대법원 1990.12.11. 선고 90도694 판결 참조)

… 생략

그렇다면 결국 피고인에게 업무상 과실을 인정한 원심의 판단에는 그 사실인정에 있어서 채증법칙을 위배하였거나 심리를 다하지 아니하여 판결 결과에 영향을 미친 위법을 저질렀다고 할 것이다. 상고이유는 이 점을 지적하는 범위 내에서 이유 있다.

4. … 생략

참고판례 ❸

대법원 1983.8.23. 선고 82도3222 판결【업무상과실치상】[공1983.10.15.(714),1446]

【이유】

검사의 상고이유를 판단한다.

원심은 피고인 운전의 택시가 이미 정거하였음에도 뒤쫓아오던 택시가 충돌하는 바람에 앞의 차를 충격하여 이 사건 사고가 발생하였다는 제1심의 사실인정을 지지하면서 피고인에 대하여 무죄를 선고한 제1심 판결을 유지하고 있는 바, 기록을 통하여 제1심 및 원심의 사실인정을 살펴보면 정당하고 거기에 경험칙이나 과학법칙을 어겨 사실을 오인한 위법은 찾아 볼 수 없으며, 사실관계가 위와 같다면 설사 피고인에게 안전거리를 준수치 아니한 위법이 있었다 할지라도 그것이 이 사건 피해결과에 대하여 인과관계가 있다고 단정할 수도 없는 것이므로 논지는 모두 이유없다.

따라서 검사의 상고를 기각하기로 하여 관여법관의 일치된 의견으로 주문과 같이 판결한다.

참조문헌

김성돈, "인과관계판단과 과실판단의 분리", 형사판례연구 제11권, 2006, 24면-46면.

김성천, "객관적 귀속 이론과 판례", 비교형사법연구 제7권 제1호, 2005, 53면-74면.

한정환, "객관적 귀속론과 영미법상 법적 인과관계", 형사법연구 제21권 제4호, 2009, 461면-488면.

박상기, "의료과실과 과실인정조건", 형사판례연구 제7권, 1999, 38면-59면.

정영일, “분업적 의료행위에 있어서 형법상 과실책임”, 형사판례연구 제6권, 1998, 40면-61면.
조상제, “교통사고에서 신뢰의 원칙의 적용제한사례 해석”, 비교형사법연구 제4권 제1호, 2002, 437면-456면.
한정환, “정상의 주의태만 · 주의의무위반과 과실”, 형사법연구 제20호, 2003, 141면-161면

Ⅱ-5 독립행위의 경합

대상판결

대법원 1997.11.28. 선고 97도1740 판결【업무상과실치사 · 업무상과실치상 · 업무상과실일반교통방해 · 업무상과실자동차추락】[공1998.1.1.(49),184]

【피 고 인】피고인 1외 4인

【상 고 인】피고인들

【변 호 인】변호사 이재후 외 3인

【원심판결】서울지법 1997.6.11. 선고 95노2918 판결

【주　　문】상고를 모두 기각한다.

상고 후의 구금일수 중 150일을 피고인 2에 대한 본형에 산입한다.

【이　　유】

상고이유를 판단한다.

1. 이 사건 교량(성수대교)의 붕괴원인과 관련한 피고인들의 변호인 및 피고인 3, 4의 상고이유(기간 경과 후에 제출된 피고인 2, 5의 변호인의 상고이유보충서는 이를 보충하는 범위 내에서)에 대하여

가. 업무상과실 및 인과관계 부분에 관하여

원심판결과 원심이 인용한 제1심판결 이유에 의하면, 원심은 이 사건 교량의 붕괴사고는 다음에서 보는 바와 같은 피고인들의 업무상의 과실에 의하여 발생하였고 그 과실과 위 붕괴사고와의 사이에는 상당인과관계가 있다고 판시하였다.

이 사건 교량은 교각 위에 앵커트러스(Anchor Truss)를 설치한 후 앵커트러스에 캔틸레버트러스(Cantilever Truss. 이하 씨트러스라고만 한다)를 가설하고 양 교각의 씨트러스 사이에 서스펜디드트러스(Suspended Truss. 이하 에스트러스라고만 한다)를 달아매는 방식으로 가설하는 이른바 게르버트러스(Gerber Truss) 공법을 사용한 교량이다. 이러한 게르버트러스공법에 의한 교량은 이른바 단재하경로구조(single-load-path structure. 수직재나 핀 등 중요 부재 중의 하나라도 파단되는 경우 바로 붕괴로 이어지는 구조)로서, 하중이 용접과 볼트, 핀 등에 의하여 연결되는 철강재로 지탱되는 특성이 있어 트러스를 구성하는 각 부재의 용접이나 부재 상호간의 연결의 적정 여

부가 교량의 역학구조에 결정적인 영향을 미칠 뿐만 아니라 특히 교량에 부과되는 하중이 에스트러스의 수직재에 집중되기 때문에 수직재를 설계도면과 특별시방서에 따라 정밀하게 제작하고 시공하는 것이 중요하다. 이 사건 교량은 1977.4.9. 착공되어 1979.10.15. 완공되었으나 1994.10.21. 07:30경 제5번과 제6번 교각 사이의 에스트러스의 수직재가 끊어져 붕괴되어 한강으로 떨어지는 사고가 발생하였는바 여기에는 다음과 같은 여러 원인이 겹쳐 있다. 이 사건 교량의 시공을 맡은 동아건설 주식회사 부평공장의 당시 기술담당 상무이사인 피고인 5와 같은 공장의 철구부장인 원심 공동피고인 박효수는, 이 사건 트러스를 설계도대로 정밀하게 제작하도록 지휘 · 감독할 직접적이고 구체적인 업무상의 주의의무가 있음에도 불구하고, 설계도면상으로는 수직재 하부에만 엑스(X)자형 용접으로 표시되어 있으나 그 상부에 엑스표시를 하지 않았다고 하더라도 상부와 하부는 구조가 동일하고 트러스 제작 당시 적용되었던 특별시방서에 완전 용접을 하도록 요구하고 있고 건설부의 용접강도로교표준시방서에도 응집력이 집중되는 용접 부위는 당연히 각 용접 부분을 브이(V)자형으로 개선한 후 이를 맞대어 완전 용접하도록 되어있으므로 수직재의 용접 부위를 엑스자형 용접으로 개선하여 용접하게 하는 등 트러스의 제작에 참여하는 자들을 제대로 지휘 · 감독하지 못함으로써, 아이(I)자형 용접을 하면서 용접도 양쪽을 각 1회씩만 하고 이를 충분히 하지 않아 용입부족 등으로 용접불량이 되게 하였고, 더욱이 당시 부평공장에는 용접공이 부족하여 일부를 외부 용접공에 하도급주어 트러스 제작에 투입하는바 일반적으로 외부 용접공의 기량이 부평공장의 용접공에 비하여 떨어지는 경우가 있음에도 이들에 대해 무리하게 트러스 제작 공기 단축을 독려하고 감독을 소홀히 하여 위와 같은 부실용접을 방치하였으며, 핀플레이트(Pin plate) 강판(상현재와 핀으로 연결하는 부분)을 절삭함에 있어서도 설계도대로 1:10으로 완만하게 절삭하지 아니하고 1:2.5 내지 1:3 정도의 급경사로 제작하여 추가적인 응력집중현상을 초래하게 하였으며, 트러스의 유재나 가로보, 브레이싱(Bracing) 등 각 부재도 설계도대로 정밀하게 제작되지 아니한 채 부재의 볼트구멍의 위치나 크기, 간격을 규격에 맞지 않게 제작하였으며, 제작 후에는 시공상태와 같은 모양으로 가조립을 하지 아니하고 트러스를 출고되게 하였다. 그리고 당시 동아건설 주식회사의 현장소장인 피고인 2은, 당시 기술사 자격이 있는 공소외 1이 현장대리인으로 선임되어 있기는 하였으나 그는 성수대교 시공현장에 거의 나타나지 아니하여 행정적인 업무뿐만 아니라 공사에 관한 기술적 지휘 · 감독을 하여야 하므로, 시공하는 교량의 공법과 구조 등을 숙지하여 공사를 지휘하고 시공에 사용되는 자재의 재질이나 규격이 설계도대로 제작되어 정확한지 여부 등을 최종적으로 확인 · 점검할 의무가 있고 또한 현장소장에게 요구되는 통상의 주의를 기울였다면 이 사건 트러스의 제작상의 잘못을 발견할 수 있었음에도 불구하고, 핀플레이트 강판을 설계도대로 절삭하지 아니하고 급경사를 이루도록 제작된 것을 발견하지 못하고 이를 교량가설에 사용토록 하였고, 브레이싱과 가로보 등 트러스 일부 부재의 볼트의 구멍의 위치가 일치하지 않아 허용오차를 초과하여 볼트구멍을 다시 천공하거나 확장하거나 일부 연결부에는 설계도보다 적은 2개 내지 4개의 볼트만을 체결하여 시공되게 하였으며 가로보 끝 부분에 철근을 덧대어 용접하는 등의 시공상의 잘못을 방치하게 하였다. 한편 당시 이 사건 교량건설에 대한 발주청인 서울특별시의 현장감독공무원이었던 피고인 1, 3, 4는, 이 사건 교량이 국내 최초로 건설하는 게르버트러스공법에 의하여 건설되는 것이고 위 공법의 핵심은 트러스의 제작 및 가설이고 트러스의 제작에 있어서는 설계도에 따른 강재의 정밀한 절단 및 용접, 가설시에는 각 부재의 정확한 조립 및 연결이 요구되므로, 트러스를 제작함에 있어 특별시방서상 요구되는 자격을 갖춘 용접공이 용접을 실시하는지 여부, 각 트러스가 설계도면 및 특별시방서대로 용접, 제작, 조립되는지 여부 등을 확인하되 특히 에스트러스의 수직재를 제작함에 있어 핀플레이트 강판 접합 부분이 1:10의 완만한 경사로 깎아졌는지, 용접 부분을 엑스형으로 개선하고 용접하였는지 여부 등을 육안 및 방사선검사 등을 통하여 확인하고, 트러스의 제작완료 후에는 가조립을 실시하였는지 여부를 확인하는 등 현장감독을 철저히 할 구체적인 주의의무가 있음에도 불구하고 용접공의 자격확인, 방사선검사 등을 통한 용접공사, 가조립공사, 시공과정에서의 철저한 현장확인 등을 하지 아니하였다. 피고인들의 위에서 본 제작, 시공, 감독상의 여러 가지 과실과 원심 판시의 공소외 2등 동부건설사업소 및 서울특별시 도로국 공무원들의 중차량 통행방치, 철강재 부식, 부적절한 수직재 고정 및 안전진단조치 불이행 등 유지 · 관리상의 과실 그리고 제1심 판시와 같은 설계상의 잘못이 겹쳐져서, 트러스 가설 후 교량 제5번과 제6번 교각 사이 에스트러스 북쪽 연결 부분에 있는 3개의 수직재의 용접 부분이 떨어져 나가 위 수직재들의 복부판에 균열이 생겨 끊어지기 시작하여 일시미상경 중앙부 에스트러스의 수직재 균열 부분이 먼저 끊어진 후 1994.10.21. 07:30경 한강 상류쪽 수직재, 한강 하류쪽 수직재 순으로 그 균열 부분이 완전히 끊어지고 이어 같은 트러스의 남쪽 연결 부분에 있는 3개의 수직재도 연쇄적으로 끊어져 같은 트러스를 포함한 상판 일체가 한강으로 떨어지면서 때마침 그 곳을 지나던 자동차 6대도 한강으로 떨어졌다.

2. … 생략

3. 과실범의 공동정범에 관한 피고인들의 변호인의, 불능미수 및 독립행위경합에 관한 피고인 2, 5의 변호인의 각 법리오해의 상고이유에 대한 판단

가. 공동정범에 관하여

이 사건 성수대교와 같은 교량이 그 수명을 유지하기 위하여는 건설업자의 완벽한 시공, 감독공무원들의 철저한 제작시공상의 감독 및 유지 · 관리를 담당하고 있는 공무원들의 철저한 유지 · 관리라는 조건이 합치되어야 하는 것이므로, 위 각 단계에서의 과실 그것만으로 붕괴원인이 되지 못한다고 하더라도, 그것이 합쳐지면 교량이 붕괴될 수 있다는 점은 쉽게 예상할 수 있고, 따라서 위 각 단계에 관여한 자는 전혀 과실이 없다거나 과실이 있다고 하여도 교량붕괴의 원인이 되지 않았다는 등의 특별한 사정이 있는 경우를 제외하고는 붕괴에 대한 공동책임을 면할 수 없다고 봄이 상당하다 할 것이다.

이 사건의 경우, 피고인들에게는 트러스 제작상, 시공 및 감독의 과실이 인정되고, 감독공무원들의 감독상의 과실이 합쳐져서 이 사건 사고의 한 원인이 되었으며, 한편 피고인들은 이 사건 성수대교를 안전하게 건축되도록 한다는 공동의 목표와 의사연락이 있었다고 보아야 할 것이므로, 피고인들 사이에는 이 사건 업무상과실치사상등죄에 대하여 형법 제30조 소정의 공동정범의 관계가 성립된다고 보아야 할 것이다.

같은 취지의 원심의 판단은 정당하고, 거기에 상고이유로 주장하는 바와 같은 공동정범에 관한 법리를 오해한 위법이 있다고 할 수 없다. 이 점에 관한 상고이유는 받아들일 수 없다.

나. 불능미수에 관하여

… 생략

다. 독립행위의 경합에 관하여

2인 이상이 상호의사의 연락이 없이 동시에 범죄구성요건에 해당하는 행위를 하였을 때에는 원칙적으로 각인에 대하여 그 죄를 논하여야 하나, 그 결과발생의 원인이 된 행위가 분명하지 아니한 때에는 각 행위자를 미수범으로 처벌하고(독립행위의 경합), 이 독립행위가 경합하여 특히 상해의 경우에는 공동정범의 예에 따라 처단(동시범)하는 것이므로, 상호의사의 연락이 있어 공동정범이 성립한다면, 이에는 독립행위경합 등의 문제는 제기될 여지가 없는 것이다(대법원 1985.12.10. 선고 85도1892 판결 참조).

이 사건의 경우도, 앞서 본 바와 같이 피고인들에 대하여 업무상과실치사상죄, 업무상과실일반교통방해죄, 업무상과실자동차추락죄의 공동정범으로 인정되는 이상, 여기에는 독립행위의 경합문제가 제기될 여지가 없다고 할 것이다.

뿐만 아니라, 이 사건 붕괴는 앞서 본 바와 같이 피고인들의 제작시공 및 감독상의 과실과 공소외 2등 서울시의 유지 · 관리담당 공무원들의 유지 · 관리의 잘못이 모두 합쳐져서 발생한 것이므로, 결과발생의 원인이 된 행위가 판명되지 아니한 경우에 해당한다고 볼 수도 없다.

이와 같은 결론을 취한 원심판단은 정당하고, 거기에 상고이유로 지적하는 바와 같은 독립행위경합에 관한 법리를 오해한 위법이 있다고 할 수 없다. 이 점을 지적하는 상고이유는 받아들일 수 없다.

참조조문

형법 제19조, 제30조 / 구 형법(1995. 12. 29. 법률 제5057호로 개정되기 전의 것) 제185조, 제187조, 제189조, 제268조 제189조, 제268조

법적쟁점

1. 독립행위의 경합이란 무엇인가?
2. 독립행위의 경합과 인과관계 그리고 공동정범은 어떤 관계에 있는가?
3. 형법 제19조가 없는 경우, 공범 가운데 누구의 행위로 결과가 발생한 것인지 판명되지 않은 경우에 각자를 당해 범죄의 기수범으로 처벌할 수 있는가?
4. 서로 다른 시기에 독립된 상해행위가 경합하여 사망의 결과가 일어났으나 그 원인된 행위가 판명되지 아니한 때에는 각자를 어떻게 처벌해야 하는가?
5. 형법 제19조에 대한 특별규정으로서 형법 제263조의 필요성과 정당성에 대해 판단해보라.

참고판례 ❶

대법원 1981.3.10. 선고 80도3321 판결【상해치사】[공1981.5.15.(656),13853]

【이유】

변호인의 상고이유를 본다.

제1점에 대하여,

원판결이 인용한 제1심 판결이 들고 있는 증거들을 기록과 함께 검토하여 보아도 원심이 피고인 및 원심 공동피고인이었던 송○태의 각 독립행위가 경합하여 이건 피해자인 송○진에게 뇌출혈상을 가하고 이로 인하여 동 송○진을 사망하게 한 사실을 인정한 원심의 조치에 소론 채증법칙 위배의 위법이나 심리미진의 위법있음을 인정할 수 없고, 채증법칙 위배로 인한 사실오인의 주장은 결국 사실오인을 주장하는 데 귀착되는 것이라고 할 것인 바, 이 사유는 원심이 피고인에 대하여 징역 3년(단 5년간 집행유예)의 형을 유지한 이 사건에 있어서는 적법한 상고이유가 되지 못한다. 논지는 이유없다.

제2점에 대하여,

원심이 확정한 사실에 의하면 원심 공동피고인이었던 송○태는 술에 취해있던 피해자 송○진의 어깨를 주먹으로 1회 때리고 쇠스랑 자루로 머리를 2회 강타하고 가슴을 1회 밀어 땅에 넘어뜨렸고, 그 후 3시간 가량 지나서 피고인이 위 피해자의 멱살을 잡아 평상에 앉혀놓고 피해자의 얼굴을 2회 때리고 손으로 2,3회 피해자의 가슴을 밀어 땅에 넘어뜨린 다음, 나일론 슬리퍼로 피해자의 얼굴을 수회 때렸는데 위와 같은 두 사람의 이시적인 상해행위로 인하여 피해자가 그로부터 6일 후에 뇌출혈을 일으켜 사망하기에 이르렀다는 것인 바, 원판결의 문언과 원심이 피고인의 소위에 대하여 형법 제263조를 적용한 취지에서 보면 원심은 위 피해자의 사인이 위 송기태의 행위와 피고인의 행위 중 누구의 행위에 기인한 것인지를 판별할 수 없는 경우에 해당한다고 하여 형법 제263조의 규정에 의한 공동정범의 예에 따라 피고인에게 책임을 지우고 있는 것이라고 할 것이다. 그런데 형법 제19조와 같은 법 제263조의 규정취지를 새겨 보면 본건의 경우와 같은 이시의 상해의 독립행위가 경합하여 사망의 결과가 일어난 경우에도 그 원인된 행위가 판명되지 아니한 때에는 공동정범의 예에 의하여야 한다고 해석하여야 할 것이니 이와 같은 견해에서 피고인의 소위에 대하여 형법 제263조의 동시범으로 의율처단한 원심의 조치는 정당하고 원판결에 형법 제19조와 동 제263조의 법리를 오해한 위법이나 소론 의률착오의 위법이 없으며 사람의 안면은 사람의 가장 중요한 곳이고 이에 대한 강한 타격은 생리적으로 두부에 중대한 영향을 주어 정신적 흥분과 혈압의 항진 등으로 인하여 뇌출혈을 일으켜 사망에 이르게 할 수도 있다는 것은 통상인이라면 누구나 예견할 수 있는 것이라고 할 것이고, 원심의 위의 사실인정이 적법한 이상 원판결에 소론 형법 제15조 제2항의 결과적 가중범에 대한 법리오해의 위법이 없고 피고인이 피해자의 도발에 맞서 원판시와 같은 상해행위를 하였다고 하여도 원심인정 사실에 비추어 볼때 그것만으로서는 피고인의 소위가 소론과 같이 정당방위 내지는 과잉방위에 해당하는 것이라고 할 수 없으니 원판결에 정당방위 내지는 과잉방위의 법리를 오해한 위법도 없다. 논지는 모두 이유없다.

그러므로 상고를 기각하기로 하여 관여법관의 일치된 의견으로 주문과 같이 판결한다.

참고판례 ❷

대법원 2000.7.28. 선고 2000도2466 판결【폭행치사】[공2000.10.1.(115),1978]

【이유】

피고인과 국선변호인의 상고이유를 함께 판단한다.

원심이 인용한 제1심판결이 채용한 증거들과 대조하여 살펴본즉, 원심이, 피고인이 의자에 누워있는 피해자를 밀어 땅바닥에 떨어지게 함으로써 이미 부상하여 있던 그 피해자로 하여금 사망에 이르게 하였다는 이 사건 범죄사실을 유죄로 본 제1심판결을 유지하여 피고인의 항소를 기각한 것은 정당하다.

원심판결에는 심리를 제대로 하지 아니한 채 채증법칙을 위반하여 사실을 잘못 인정한 위법이 없다.

시간적 차이가 있는 독립된 상해행위나 폭행행위가 경합하여 사망의 결과가 일어나고 그 사망의 원인된 행위가 판명되지 않은 경우에는 공동정범의 예에 의하여 처벌할 것이므로(대법원 1985.5.14. 선고 84도2118 판결 참조), 2시간 남짓한 시간적 간격을 두고 피고인이 두번째의 가해행위인 이 사건 범행을 한 후, 피해자가 사망하였고 그 사망의 원인을 알 수 없다고 보아 피고인을 폭행치사죄의 동시범으로 처벌한 원심판단은 옳고 거기에 동시범의 법리나 상당인과 관계에 관한 법리를 오해한 위법도 없다.

… 생략

참조문헌

김신규, "상해의 동시범 특례규정에 대한 검토", 형사법연구 제22권 특집호, 2004, 642면-663면

신양균, "독립행위의 경합", 한국형사법학의 오늘(이영란교수화갑기념논문집), 153면-169면.

이용식, "상해치사의 공동정범과 상해죄의 동시범 특례", 고시계 통권 제526호, 2000/11, 115면-120면

Ⅱ-6 미필적 고의와 인식있는 과실

대상판결

대법원 1987.2.10. 선고 86도2338 판결【사기】[공1987.4.1.(797),481]

【피 고 인】피고인

【상 고 인】피고인

【변 호 인】변호사 전상석

【원심판결】인천지방법원 1986.10.2 선고 86노591 판결

【주　　문】원심판결을 파기하고, 사건을 인천지방법원 합의부로 환송한다.

【이　　유】

1. 원심이 유지한 제1심판결은 그 거시증거를 종합하여, **피고인은1985.4.경 그의 사촌처남인 공소외 1로부터 미국 휴스턴 지역의 조선회사 등에 취업할 희망자를 소개하여 달라는 부탁을 받고, 설시 피해자들에게 해외취업을 하도록 권유하여 오던 중, 공소외 1은 해외취업 알선업면허가 없을 뿐만 아니라 미국이나 호주는 입국규제가 까다롭고 특히 취업비자는 더욱 얻기가 어려운 까닭에 공소외 1이 미국이나 호주에 근로자들을 합법적으로 취업시키기가 어렵다는 사실을 알면서도, 공소외 1로부터 일당으로 돈을 받아 쓰고 자기 자신도 해외취업을 무료로 또는 적은 비용으로 할 수 있으면 더욱 좋겠다는 생각으로 비공식적 방법에 의하여 서라도 피해자들을 해외취업시키면 다행이되 그렇지 아니할 경우에는 할 수 없다는 심산하에 해외취업을 미끼로 사람을 모집, 해외기업체로부터 취업초청장을 받아 합법적으로 입국시켜 정상적으로 취업할 수 있는 것처럼 가장하여 그 비용등 명목으로 돈을 받아 이를 편취하기로 공소외 1과 공모하고, 그 판결 설시와 같이 피해자들로부터 돈을 받아 이를 편취한 사실을 인정하여 이를 사기죄로 처단**하였는바, 위 제1심판결 설시이유로 보아 피고인에게는 그 판시 범행에 관하여 이른바 미필적 고의가 있었다는 이유에서 유죄판결을 한 취지임을 알 수 있다.

2. 그러나 이른바 미필적 고의라 함은 결과의 발생이 불확실한 경우 즉 행위자에 있어서 그 결과발생에 대한 확실한 예견은 없으나 그 가능성은 인정하는 것으로, 이러한 미필적 고의가 있었다고 하려면 결과발생의 가능성에 대한 인식이 있음은 물론 나아

가 결과발생을 용인하는 내심의 의사가 있음을 요한다고 할 것인 바, (당원 1985.6.25. 선고 85도660 판결 참조), 기록에 의하여 피고인의 경찰이래원심법정에 이르기까지의 진술을 살펴보면, **피고인 은 일관하여 공소외 1은 사촌처남이기는 하지만 1984.4.경 조카의 결혼식장에서 처음 만나 알게 된 사람인데 그가 해외취업을 알선하고 있다면서 해외 취업희망자를 모집하여 달라고 하므로 그의 말을 진실이라고 믿고 10여년 동안 조선회사에서 용접공 등으로 피고인과 같이 일하여 왔거나 같은 동네에서 오랫동안 같이 살아온 제1심판결 설시의 피해자들을 공소외 1과 만나도록 하였을 뿐이고, 공소외 1이 피해자들을 속이고 있다는 것은 전연 모르고 있었으며 그렇기 때문에 피고인 스스로도 금 2,000,000원을 공소외 1에게 교부하였을 뿐 아니라 피고인의 형인 공소외 2로 하여금 금 3,000,000원, 피고인의 외사촌 동생인 공소외 3으로하여금 금 5,500,000원을 공소외 1에게 교부하여 해외 취업알선을 요청하도록 하였는데 모두 피해를 입게 된 것이고, 피고인은 중학교 정도의 학력밖에 없어 해외취업에 관한 정확한 절차 등은 몰랐고 다만 공소외 1이 모든 일을 알아서 처리하여 줄 것으로 알고 제1심판시 사실중의 일부 금원을 피해자들로부터 받아 공소외 1에게 전하여 준 것이고, 제1심판결 설시 피해자들의 일부와 공소외 2, 3및 피고인등 9명은 정식여권을 발급받고 공소외 1의 의뢰를 받은 미국 뉴욕에 사는 교포라는 공소외 4, 5의 인솔아래 1985.10.19 출국하여 미국에 입국할 의도아래 도미니카국에 이르렀는데 위 인솔자인 공소외 4, 5등이 몰래 귀국하여 버리거나 잠적하여 버리고 미국에 입국할 수도없어 결국 공소외 1이 피고인이나 위 피해자들을 속인 것으로 알았고, 약 50일정도 도미니카국에 불법체류하다가 귀국하게 되었다고 범의를 완강하게 부인**하고 있다.(다만 검사의 제1회 피의자신문조서 중, 검사가 피고인에게 이 사건기록의 "범죄일람표"를 제시하면서 피고인이 한 행위가 그와 같으냐고 물은데 대하여, 피고인이 "그 중에는 제가 직접 그와 같이 한 것도 있고 제가 돈을 받아서 공소외 1에게 전해주기도 하였읍니다"라고 진술한 것으로 기재되어 있는 부분이 있으나 이는 경찰이래 원심법정에 이르기까지의 위 피고인의 진술에 비추어 피고인 또는 공소외 1의 금전수수 사실에 관한 자백 진술일 뿐, 이 사건 기망사실에 관한 자백으로 볼 진술은 아닌 것이 분명하다). 한편 제1심판결이 이 사건 공소사실을 유죄로 인정함에 끌어 쓴 증거들중 피고인의 진술내용을 제외한 나머지 증거들을 기록에 대조하여 살펴보아도 이들은 주로 이 사건 피해자들의 진술로서 피고인 또는 공소외 1에게 제1심판시의 돈을 주었다는 내용 또는 피고인과 공소외 1은 사촌처남 매부간이므로 피고인이 공소외 1의 기망행위를 알고 있었던 것으로 생각한다는 내용에 불과하므로서 이 사건 범죄사실을 증명할 수 있는 것은 못된다 할 것이고, 오히려 제1심판결이 들고있는 여러증거들에 의하여 인정되는 피고인의 주장내용과 같은 여러사정들, 즉 피고인과 공소외 1과의 접촉과정, 피해자등과 피고인과의 인간관계, 피해자들 중에 형 또는 외사촌동생이 포함되어 있고, 그들 또한 많은 피해를 입었으며 피고인 또한 피해를 입은 점, 경위야 어찌되었건 정식 출국절차를 밟아 도미니카국까지 가서 약 50일정도 체류한 점, 피고인의 학력, 직업 등을 참작하여 보면 피고인에게 기망과 편취의 고의가 없었다는 피고인의 변소를 수긍못 할 바도 아니어서 피고인에게 이 사건 기망과 편취의 고의가 있었다거나 이른바 미필적 고의가 있었다고 보기는 어렵다 할 것이다.

3. 그렇다면 원심은 증거없이 피고인에게 기망과 편취의 고의를 인정한 제1심판결을 정당하다 하여 유지한 잘못을 범하였다 할 것이고, 이는 판결에 영향을 미쳤음이 분명하므로 이를 탓하는 상고논지는 이유있다.

그러므로 원심판결을 파기하고, 사건을 원심법원에 환송하기로 관여법관의 의견이 일치되어 주문과 같이 판결한다.

참조조문

형법 제13조

법적쟁점

1. 위 사안에서 피고인에게 사기죄의 고의를 인정할 수 있는가?

2. 주관적 구성요건인 고의의 지적 요소와 의지적 요소의 내용은 무엇인가?

3. 고의의 종류에 대하여 검토하시오.

4. 미필적 고의의 개념은 무엇인가?(참고판례 1, 2)

5. 인식설의 내용과 대법원 판례의 입장을 검토하시오.(참고판례 3)

6. 인식있는 과실의 개념은 무엇인가?(참고판례 3)

7. 미필적 고의와 인식 있는 과실과의 차이점은 무엇인가?

8. 인식있는 과실과 인식없는 과실의 차이점은 무엇인가?

참고판례 ❶

대법원 1987.1.20. 선고 85도221 판결【재물손괴 · 공유수면관리법위반】[공1987.3.15.(796),389]

【이유】

검사의 상고이유를 본다.

1. 재물손괴에 관한 미필적 고의와 긴급피난에 관한 법리오해의 점에 대하여,

원심이 적법히 확정한 바와 같이 **피고인들이 그 판시 피조개양식장에 피해를 주지 아니하도록 할 의도에서 이 사건 금성호의 7샤클(175미터)이던 닻줄을 5샤클(125미터)로 감아 놓았고 그 경우에 피조개양식장까지의 거리는 약 30미터까지 근접한다는 것이므로 닻줄을 50미터 더 늘여서 7샤클로 묘박하였다면 선박이 태풍에 밀려 피조개양식장을 침범하여 물적 피해를 입히리라는 것은 당연히 예상되고, 그럼에도 불구하고 피고인들이 태풍에 대비한 선박의 안전을 위하여 금성호의 닻줄을 7샤클로 늘여 놓은 것**은 피조개양식장의 물적 피해를 인용한 것이라 할 것이어서 재물손괴의 점에 대한 미필적 고의를 인정할 수 있다고 할 것이다. 원심이 이와 다른 관점에서 피고인들에게 그 미필적 고의를 인정할 수 없다고 판시한 것은 미필적 고의의 법리에 대한 오해에 기인한 것으로서 이점에 관한 소론은 이유있다. 한편 원심이 무죄이유로서 부가하여 설시한 긴급피난의 점에 관하여 보건대, 이 사건 금성호는 공유수면점용허가없이 정박하고 있었으므로 피고인들이나 대한선박주식회사로서는 같은 해상에 점용허가를 얻어서 피조개양식장을 설치한 피해자 김○○측의 요구에 응하여 금성호를 양식장에 피해를 주지 아니하는 곳에 미리 이동시켜서 정박하였어야 할 책임은 있었다고 할 것이다. … 생략

2. … 생략

3. … 생략

참고판례 ❷

대법원 1982.11.23. 선고 82도2024 판결【특정범죄가중처벌등에관한법률위반,사체유기,자살교사미수,도박】[공1982.2.1.(697)239]

【이유】

1. 피고인 주○○ 상고이유를 본다.

(1) … 생략

그런데 원심판결 및 원심이 유지한 제1심 판결이 확정한 사실에 의하면, **피고인은 1980. 11.13.**

17:30경 피해자 이○○을 제1심 판시 아파트에 유인하여 양 손목과 발목을 노끈으로 묶고 입에는 반창고를 두겹으로 붙인 다음, 양 손목을 묶은 노끈은 창틀에 박힌 씨멘트못에, 양 발목을 묶은 노끈은 방문손잡이에 각각 잡아매고 얼굴에는 모포를 씌워 포박 감금한 후 수차 그 방을 출입하던 중 같은달 15일 07:30경에 피고인이 그 아파트에 들어갔을 때에는 이미 피해자가 탈진상태에 있어 박카스를 먹여보려해도 입에서 흘려 버릴뿐 마시지 못하기에 얼굴에 모포를 다시 덮어씌워놓고 그대로 위 아파트에서 나와버렸는데 그때 피고인은 피해자를 그대로 두면 죽을 것 같은 생각이 들어 병원에 옮기고 자수할 것인가, 그대로 두어 피해자가 죽으면 시체를 처리하고 범행을 계속할 것인가 아니면 스스로 자살할 것인가 등 두루 고민하다가 결국 병원에 옮기고 자수할 용기가 생기지 않아 그대로 나와 학교에 갔다가 같은날 14:00경에 돌아와 보니 이미 피해자가 죽어 있었다는 것이니 이와 같은 사실관계로 미루어 보면, 피고인이 1980.11.15. 07:30경 포박 감금된 피해자의 얼굴에 모포를 덮어 씌워놓고 아파트에서 나올 때에는 그 상태로 보아 피해자를 방치하면 사망할 가능성이 있다는 것을 내심으로 인정하고 있었음이 분명하고, 여기에 피고인이 피해자와는 물론 그 부모와도 면식이 있는 사이였었다는 사정을 보태어 보면, 피고인이 위와 같은 결과발생의 가능성을 인정하고 있었으면서도 피해자를 병원에 옮기고 자수할 용기가 생기지 않았다는 이유로 사경에 이른 피해자를 그대로 방치한 소위에는 그로 인하여 피해자가 사망하는 결과가 발생하더라도 용인할 수 밖에 없다는 내심의 의사 즉 살인의 미필적 고의가 있었다고 볼 수 있다. … 생략

(2) … 생략

2. … 생략

3. … 생략

참고판례 ❸

대법원 2000.8.18. 선고 2000도2231 판결【살인(예비적죄명 : 상해치사) · 사체유기】[공2000. 10.15.(116),2038]

【이유】

상고이유(기간도과 후 제출된 상고이유보충서의 기재는 이를 보충하는 범위 내에서)를 본다.

살인죄에 있어서의 범의는 반드시 살해의 목적이나 계획적인 살해의 의도가 있어야만 인정되는 것은 아니고, 자기의 행위로 인하여 타인의 사망의 결과를 발생시킬 만한 가능 또는 위험이 있음을 인식하거나 예견하면 족한 것이고 그 인식 또는 예견은 확정적인 것은 물론 불확정적인 것이라도 이른바 미필적 고의로도 인정되는 것인데(대법원 1998.6.9. 선고 98도980 판결 등 참조), 피고인이 살인의 범의를 자백하지 아니하고 상해 또는 폭행의 범의만이 있었을 뿐이라고 다투고 있는 경우에 피고인에게 범행 당시 살인의 범의가 있었는지 여부는 피고인이 범행에 이르게 된 경위, 범행의 동기, 준비된 흉기의 유무 · 종류 · 용법, 공격의 부위와 반복성, 사망의 결과발생가능성 정도, 범행 후에 있어서의 결과회피행동의 유무 등 범행 전후의 객관적인 사정을 종합하여 판단할 수밖에 없다.

기록에 비추어 살펴보면, 원심이 그 채택한 증거를 종합하여 **피고인이 무술교관출신으로서 인체의 급소를 잘 알고 있으면서도 무술의 방법으로 피해자의 울대를 가격하여 피해자를 사망케 한 행위**에 살인의 범의가 있다고 판단하여 이 사건 살인의 점에 관한 공소사실을 유죄로 인정한 조치는 위와 같은 법리에 따른 것으로서 정당하고, 거기에 상고이유에서 주장하는 바와 같은 살인죄의 범의에 관한

법리오해 또는 채증법칙 위배의 잘못이 있다고 할 수 없다.

그리고 피고인이 피해자의 울대를 쳐 피해자를 사망에 이르게 한 행위가 피해자가 먼저 피고인을 할퀴고, 피고인의 고환을 잡고 늘어지는 등 피고인을 폭행한 것이 원인이 되었다고 하더라도, 원심이 적법하게 인정한 바와 같이 피고인의 이와 같은 행위가 살인의 범의에 기한 것이라고 인정되는 이상, 피고인의 행위는 정당방위나 과잉방위에 해당하는 행위라고 볼 수 없는 것이므로, 이와 다른 취지의 피고인의 상고이유 주장은 받아들일 수 없다.

그러므로 상고를 기각하고 상고 후의 구금일수 중 일부를 본형에 산입하기로 하여 관여 대법관의 일치된 의견으로 주문과 같이 판결한다.

참고판례 ❹

대법원 1992.3.10. 선고 91도3172 판결【중과실치사】[공1992.5.1.(919),1339]

【이유】

상고이유를 본다.

1. 피고인들에 대한 이 사건 공소사실의 요지는, **피고인들과 원심상피고인은경찰관들인데 원심상피고인은1991.1.12. 00:40경 대구 동구 신천4동에 있는 레스토랑에서 평소에 범죄정보 입수를 위하여 자주 접촉하여 오던 피해자 이○○(이하 피해자라고 한다)와 동석하여 술을 마시던 중, 피해자가 그 전날 저녁 대구 동촌관광호텔 나이트클럽에서부터 원심상피고인이 가슴에 휴대하고 있던 3.8구경 리볼버 권총에 대하여 호기심을 보이며, "디어헌트 영화에 나오는 총이 아니냐, 한번 만져보자"라고 요구하였으나 묵살하였는데, 피해자가 또 다시 위 주점에서도 같은 요구를 하고 그것이 거절된 데 화를 내면서 욕설과 함께 "임마, 디어헌트 게임 한번 하자, 형사가 그렇게 겁이 많나, 사나이가 한번죽지 두 번죽나"라고 모욕적인 말을 하여 서로 시비가 되었고, 원심상피고인은위와 같은 피해자의 인격모욕적 시비에 화가나서 순간적으로 가슴에 차고 있던 권총을 뽑아 들고 탄띠에서 실탄 1발을 꺼내어 약실뭉치를 열어 장전하고 약실을 돌린 다음, "너 임마 그 말에 대하여 책임질 수 있나"라고 하자 피해자가 "됐다 임마"라고 하자, 원심상피고인이먼저 자신의 오른쪽 귀 뒷 부분에 총구를 들이대고 "후회 없나, 됐다"라고 재차 다짐을 하고 피해자가 "됐다"라고 하자 1회 격발하였으나 불발이 되자 권총을 피해자에게 던져 주며 격발을 유도하였고, 이어서 피해자가 왼손으로는 술잔을 들고 술을 마시면서 오른손으로는 권총을 집어들고 자신의 오른쪽 귀윗부분에 들이대고 1회 격발하여 위 실탄이 발사되어 두개골을 관통함으로써 그로 하여금 뇌손상으로 즉시 그 곳에서 사망에 이르게 한 바 있었는데, 피고인들은 같은 장소에서 원심상피고인과피해자가 위와 같이 "러시안 룰렛" 게임을 시작하는 과정을 바로 옆에서 지켜보았으므로 경찰관들인 피고인들로서는 만약 이를 그대로 방치하여 피해자가 권총을 집어 들고 방아쇠를 당길 경우 생명을 앗아갈 위험이 있으므로 이를 적극 제지함으로써 사고의 발생을 미리 방지하여야 할 주의의무가 있음에도 불구하고 이를 그대로 방치한 중대한 과실로 피해자가 위와 같이 자신의 머리에 권총을 발사하여 그로 하여금 사망에 이르게 하였다**는 것이다.

2. … 생략

(5) … 생략

나. 위에서 인정한 이 사건 사고의 발생 경위 및 그 상황에 비추어 보면, 피고인들은 원심 상피고인과 피해자가 이 사건 "러시안 룰렛" 게임을 함에 있어 원심 상피고인과 어떠한 의사의 연락이 있었다

거나 어떠한 원인 행위를 공동으로 한 바가 없고, 다만 위 게임을 제지하지 못하였을 뿐인데 보통사람의 상식으로서는 함께 수차에 걸쳐서 흥겹게 술을 마시고 놀았던 일행이 갑자기 자살행위와 다름없는 소위 "러시안 룰렛" 게임을 하리라고는 쉽게 예상할 수 없는 것이고(신뢰의 원칙), 게다가 이 사건 사고는 피고인들이 "장난치지 말라"며 말로 원심 상피고인을 만류하던 중에 순식간에 일어난 사고여서 음주 만취하여 주의능력이 상당히 저하된 상태에 있던 피고인들로서는 미처 물리력으로 이를 제지할 여유도 없었던 것이므로, 경찰관이라는 신분상의 조건을 고려하더라도 위와 같은 상황에서 피고인들이 이 사건 "러시안 룰렛" 게임을 즉시 물리력으로 제지하지 못하였다 한들 그것만으로는 원심상피고인의 과실과 더불어 중과실치사죄의 형사책임을 지울만한 위법한 주의의무위반이 있었다고 평가할 수 없다.

3. … 생략

참조문헌

박상기, "고의의 본질과 대법원 판례의 입장", 형사판례연구 제10권, 2002, 42면-61면

성낙현, "살인죄에 있어서의 대법원의 고의개념", 비교형사법연구 제4권 제1호, 2002, 89면-416면

이종상, "살인죄에 있어서 미필적 고의 : 삼풍백화점 붕괴사건과 관련하여", 형사판례연구 제5권, 1997, 28면-40면

이종원, "구성요건적 고의의 인식대상에 관한 소고", 형사법연구 제13호, 2000, 95면-112면

Ⅱ-7 개괄적 고의

대상판결

대법원 1994.11.4. 선고 94도2361 판결【살인,폭력행위등처벌에관한법률위반(인정된 죄명:상해치사),업무방해】[공1994.12.15.(982),3309]

【피 고 인】피고인

【상 고 인】피고인

【변 호 인】변호사 이진록

【원심판결】서울고등법원 1994.7.27. 선고 94노1060 판결

【주 문】상고를 기각한다. 상고 후의 구금일수 중 90일을 본형에 산입한다.

【이 유】

피고인과 변호인의 각 상고이유에 대하여 함께 판단한다.

1. 상해치사의 점에 대하여

원심이 인용한 제1심판결이 채용한 증거들을 기록과 대조하여 살펴보면 피고인의 이 사건 상해치사 범죄사실을 인정한 원심의 조치는 정당한 것으로 수긍이 가고, 거기에 소론과 같이 채증법칙을 위반하여 사실을 잘못 인정한 위법이나 이유모순의 위법이 있다고 볼 수 없다.

원심이 확정한 바와 같이 **피고인이 1993.10.3. 01:50경 피해자와 함께 낙산비치호텔 325호실에 투숙한 다음 손으로 피해자의 뺨을 수회 때리고 머리를 벽쪽으로 밀어 붙이며 붙잡고 방바닥을 뒹구는 등 하다가 피해자의 어깨를 잡아 밀치고 손으로 우측 가슴부위를 수회 때리고 멱살을 잡아 피해자의 머리를 벽에 수회 부딪치게 하고 바닥에 넘어진 피해자의 우측 가슴부위를 수회 때리고 밟아서 피해자에게 우측 흉골골절 및 우측 제2, 3, 4, 5, 6번 늑골골절상과 이로 인한 우측심장벽좌상과 심낭내출혈 등의 상해를 가함으로써, 피해자가 바닥에 쓰러진 채 정신을 잃고 빈사상태에 빠지자, 피해자가 사망한 것으로 오인하고 피고인의 위와 같은 행위를 은폐하고 피해자가 자살한 것처럼 가장하기 위하여, 같은 날 03:10경 피해자를 베란다로 옮긴 후 베란다 밑 약 13미터 아래의 바닥으로 떨어뜨려 피해자로 하여금 현장에서 좌측 측두부 분쇄함몰골절에 의한 뇌손상 및 뇌출혈 등으로 사망에 이르게 하였다**면, 피고인의 판시 소위는 포괄하여

단일의 상해치사죄에 해당한다고 할 것이므로 이와 같은 취지의 원심판단은 정당하고, 원심판결에 소론과 같은 결과적 가중범, 인과관계 및 포괄일죄 등에 관한 법리를 오해한 위법이 있다고 볼 수 없다. 논지는 모두 이유가 없다.

2. … 생략

참조조문

형법 제13조

법적쟁점

1. 소위 개괄적 고의의 개념은 무엇인가?(참고판례)

2. 위 사안에서 판례와 같이 결과적 가중범이 성립한다고 보는 것이 타당한가?

3. 행위와 책임의 동시존재의 원칙이란 무엇인가?

4. 위 사안과 소위 개괄적 고의 사례군과의 차이점은 무엇인가?

5. 소위 개괄적 고의 사례군의 해결 방법은 무엇인가?

6. 소위 개괄적 고의 사례군에 대한 판례의 결론은 무엇인가?

7. 소위 개괄적 고의 사례군과 인과관계의 착오가 다른 점은 무엇인가?

참고판례

대법원 1988.6.28. 선고 88도650 판결【살인】[공보불게재]

【이유】

원심이 인용한 제1심판결이 채택한 증거에 의하여 원심은, 피고인 신○○은 평소 피해자 김○○이 약간 저능아인 동 피고인의 처에게 젖을 달라는 등의 희롱을 당하는데 심한 불만을 품어 오던 중 1987

년 8월 8일 23시 30분경 충북 괴산군 불정면 신흥리 두촌부락 구판장에서 피해자와 술을 마시다가 위 구판장 주인 공소외 최○○으로부터 그날 낮에도 피해자가 동피고인의 처에게 젖을 달라고 희롱하였다는 말을 듣고 피해자의 뺨을 수회 때리는 등 구타를 한 후 그곳에 찾아온 피고인 이○○와 피해자와 술을 더 마시기 위하여 함께 인근 향촌부락으로 가던 중 위 마을 앞 농로상에 이르렀을 때 술에 만취된 피해자가 손가락으로 눈을 뺄 것같은 시늉을 하면서 욕설을 하자 피고인 신○○은 손바닥으로 피해자의 뺨을 수회 때리고 피고인 이○○는 피해자의 복부를 2회 때려 피해자를 넘어뜨린 다음 순간적으로 분노가 폭발하여 피해자를 살해하기로 마음먹고 피고인 신○○은 피해자의 배위에 올라가 가로 20센치미터, 세로 10센치미터의 돌멩이(증제1호)로 피해자의 가슴을 2회 때려치고, 피고인 이○○도 이에 합세하여 가로 13센치미터, 세로 7센치미터의 돌멩이(증제2호)로 피해자의 머리를 2회 내려친 후 다시 피해자를 일으켜 세워 피고인 이○○가 피해자의 복부를 1회 때려 뒤로 넘어지게 하여 피해자가 뇌진탕 등으로 인하여 정신을 잃고 축 늘어지자 그가 죽은 것으로 오인하고 그 사체를 모래 파묻어 증거를 인멸할 목적으로 피해자를 그곳에서부터 1백50미터 떨어진 개울가로 끌고가 삽으로 웅덩이를 파고 피해자를 매장하여 피해자로 하여금 질식하여 사망에 이르게 한 사실을 인정하고 있는바, 기록에 대조하여 살펴보면 위 인정은 타당하고 거기에 논지가 주장하는 바와 같은 채증법칙을 위배하여 사실을 오인한 위법이 없으며, 또한 사실관계가 위와 같이 <u>피해자가 피고인들이 살해의 의도로 행한 구타 행위에 의하여 직접 사망한 것이 아니라 죄적을 인멸할 목적으로 행한 매장행위에 의하여 사망하게 되었다 하더라도 전과정을 개괄적으로 보면 피해자의 살해라는 처음에 예견된 사실이 결국은 실현된 것으로서 피고인들은 살인죄의 죄책을 면할 수 없다 할 것이므로 같은 취지에서 피고인들을 살인죄로 의율한 제1심판결을 유지한 원심의 조치는 정당하고 거기에 아무런 잘못도 없다.</u>

참조문헌

김영환, "소위 "개괄적 고의"의 문제점", 형사법연구 제16권, 2001, 1면-18면.

윤용규, "이른바 개괄적 고의에 관한 소고", 비교형사법연구 제10권 제2호, 2008, 23면-46면.

이정원, "개괄적 고의", 형사법연구 제15호, 2001, 1면-18면.

이용식, "소위 "개괄적 고의"의 형법적 취급", 형사판례연구 제2권, 1994, 18면-36면.

장영민, "개괄적 과실(culpa generalis)? : 결과적 가중범에서의 결과귀속의 문제", 형사판례연구 제6권, 1998, 62면-86면.

조상제, "개괄적 과실(culpa generalis) 사례의 결과귀속", 형사판례연구 제10권, 2002, 62면-80면.

II-8 구성요건착오 일반이론

대상판결

대법원 1984.1.24. 선고 83도2813 판결【살인】[공1984.3.15.(724) 408]

【피 고 인】피고인

【상 고 인】피고인

【변 호 인】변호사 김대환

【원심판결】서울고등법원 1983.10.7. 선고 83노2213 판결

【주 문】상고를 기각한다. 상고후의 구금일수중 50일을 그 본형에 산입한다.

【이 유】

피고인과 그 변호인의 상고이유를 함께 판단한다.

원심판결이 유지한 제1심판결 거시의 증거를 기록과 대조하여 살펴보면 피고인에 대한 제1심 판시 살인범죄사실을 넉넉히 인정할 수 있으니 소론 피해자 1인 피고인의 형수의 등에 업혀 있던 피고인의 조카 피해자 2(남1세)에 대하여는 살인의 고의가 없었으니 과실치사죄가 성립할지언정 살인죄가 성립될 수 없다는 주장을 살피건대, **피고인이 먼저 피해자 1을 향하여 살의를 갖고 소나무 몽둥이(증 제1호, 길이 85센티미터 직경 9센티미터)를 양손에 집어들고 힘껏 후려친 가격으로 피를 흘리며 마당에 고꾸라진 동녀와 동녀의 등에 업힌 피해자 2의 머리부분을 위 몽둥이로 내리쳐 피해자 2를 현장에서 두개골절 및 뇌좌상으로 사망케 한** 소위를 살인죄로 의율한 원심조처는 정당하게 긍인되며 소위 타격의 착오가 있는 경우라 할지라도 행위자의 살인의 범의 성립에 방해가 되지 아니하니 어느모로 보나 원심판결에 채증법칙 위배로 인한 사실오인의 위법이나 살인죄에 관한 법리오해의 위법이 없어 논지는 이유없다.

다음 원심판결에는 피고인에 대하여 징역 15년을 선고한 제1심판결 선고형을 유지한 양형과중의 부당함이 있다는 소론을 살피건대, 이 사건 범행의 동기, 수단, 결과, 피해정도, 피고인의 연령(소년:공판기록 68정에 의하면 실제나이는 1963. 음력 10.23임), 성행, 환경, 범행후의 정황등에다 소론 정상을 아울러 참작하더라도 원심의 피고인에 대하여 선고한 형의 양정은 적당하고 달리 동 양정이 심히 부당하다고 인정할 현저한 사유도 없으므로 논지는 모두 이유없다.

따라서 상고를 기각하고, 상고후의 구금일수 산입에 관하여는 형법 제57조, 소송촉진등에관한 특례법 제24조를 적용하기로 하여 관여법관의 일치된 의견으로 주문과 같이 판결한다.

참조조문

형법 제13조, 형법 제15조

법적쟁점

1. 위 사안에서 착오의 유형은 어느 유형의 착오인가?
2. 객체의 착오와 방법의 착오의 차이점은 무엇인가?(참고판례 1)
3. 구체적 사실의 착오와 추상적 사실의 착오의 차이점은 무엇인가?
4. 구성요건적 착오의 해결방안은 무엇인가?
5. 경한 사실을 인식하고 중한 사실을 실현한 경우의 해결방안은 어떠한가?
6. 중한 사실을 인식하고 경한 사실을 실현한 경우(존속살해의 고의로 일반인을 살해한 경우)의 해결방안은 무엇이 있는가?
7. 甲에게 발사한 탄환이 甲에게 부상을 입히고 乙을 사망케 한 경우에 있어서의 해결방안은 무엇이 있는가?

참고판례 ❶

대법원 1994.3.22. 선고 93도3612 판결【살인,살인미수,폭력행위등처벌에관한법률위반,도로교통법위반】[1994.5.15.(968),1373]

【이유】

1. 피고인들과 변호인의 각 상고이유 제1점에 대한 판단.

원심이 유지한 제1심판결은, 피고인들이 공소외 1 · 2 · 3 · 4 · 등과 공모하여 그들의 동료인 공소외 5 · 6 등을 납치 · 폭행한 공소외 7 등 타워파 폭력조직원들에 대하여 보복을 하기로 결의한 후, 1993.2.15. 05:30경 전주시 덕진구 금암동 소재 여관 1로 공소외 7 등을 찾아가서 상호공동하여 공소외 1과 피고인 4는 그곳 안내실에서 종업원인 공소외 한○○이 경찰에 연락을 하지 못하도록 감시하고, 뒤이어 도착한 피고인 2는 여관문 앞에서 망을 보고 공소외 2는 여관 302호실 방문 앞에서 망을 보고, 피고인 5와 공소외 4는 각목을, 공소외 3은 쇠파이프를, 피고인 1과 3은 낫을, 피고인 6은 또 다른 흉기를 각 소지한 채 위 302호실로 들어가 그 곳에서 **잠을 자던 피해자 1 · 2를 공소외 7의 일행인 줄 잘못 알고 각기 각목과 쇠파이프로 위 피해자들의 머리와 몸을 마구 때리고, 낫으로 팔과 다리 등을 닥치는대로 여러 차례 힘껏 내리찍은 사실**을 인정하였는바, 제1심판결이 채택한 증거들을 기록과 대조하여 검토하면, 제1심의 이와 같은 사실인정은 정당한 것으로 수긍이 되고, 이 점에 관한 한 원심판결에 소론과 같이 채증법칙을 위반하거나 살인과 살인미수죄에 관한 법리를 오해하여 판결에 영향을 미친 사실을 잘못 인정한 위법이나 이유에 모순이 있는 위법이 있다고 볼 수 없으므로, 논지는 이유가 없다.

2. -6. … 생략

참고판례 ❷

대법원 1987.10.26. 선고 87도1745 판결【폭력행위등처벌에관한법률위반】[공1987.12.15.(814),1832]

【이유】

피고인과 변호인의 각 상고이유에 대하여,

원심이 인용한 제1심판결이 든 증거에 의하면 피고인의 판시 범죄사실을 넉넉히 인정할 수 있고, **성명불상자 3명과 싸우다가 힘이 달리자 옆 포장마차로 달려가 길이 30센티미터의 식칼을 가지고 나와 이들 3명을 상대로 휘두르다가 이를 말리면서 식칼을 뺏으려던 피해자의 귀를 찔러 상해를 입힌** 피고인에게 상해의 범의가 인정되며 상해를 입은 사람이 목적한 사람이 아닌 다른 사람이라 하여 과실상해죄에 해당한다고 할 수 없고, 싸움의 경위, 범행방법 등 제반사정에 비추어 피고인의 범행이 정당방위나 긴급피난 또는 과잉방위에 해당되는 것으로도 보이지 않으므로 여기에 소론과 같은 사실오인이나 법리오해의 위법이 있다할 수 없다.

… 생략

참고판례 ❸

대법원 1975.4.22. 선고 75도727 판결【군용물횡령 · 살인 · 상관살해미수】[공1975.7.15.(516),8483]

【이유】

변호인 및 피고인 본인의 상고이유를 본다.

기록을 검토하여 보아도 피고인의 소론 심신장애를 인정하지 아니한 원심의 판단에 위법사유 있다 할 수 없을 뿐만 아니라 범죄사실을 부인하므로써 원판결에 사실의 오인이 있다는 것과 원판결의 형의 양정이 과중하다는 주장은 군법회의법 제432조 소정 사유에 해당하지 아니하여 적법한 상고이유가 되지 못하므로 논지는 이유 없고 사람을 살해할 목적으로 총을 발시한 이상 그것이 목적하지 아니한 다른 사람에게 명중되어 사망의 결과가 발생하였다 하더라도 살의를 저각하지 않는 것이라 할 것이니 원심인정과 같이 **피고인이 하사 공소외 1을 살해할 목적으로 발사한 총탄이 이를 제지하려고 피고인 앞으로 뛰어들던 병장 공소외 2에게 명중되어 공소외 2가 사망**한 본건의 경우에 있어서의 공소외 2에 대한 살인죄가 성립한다 할 것이므로 공소외 2에 대한 피고인의 살의를 부정하는 논지도 이유 없다 .

그러므로 상고를 기각하고 미결구금일수 산입에 관하여 형법 제57조를 적용하여 일치된 의견으로 주문과 같이 판결한다.

참조문헌

김범식, "규범적 구성요건요소의 착오" 형사법연구 제21권 제2호, 2009, 3면-26면.

김성룡, "착오론에서의 해석론의 착오 - 존속살해죄의 불능미수와 보통살인죄의 기수의 상상적 경합", 비교형사법연구 제4권 제2호, 2002, 135면-157면.

김영환, "형법상 방법의 착오의 문제점", 형사판례연구 제1권, 1993, 13면-39면.

김호기, "타격의 착오를 바라보는 두 가지의 관점 존재론적 관점과 기능적 관점", 형사법연구 제30호, 2007, 21면-42면.

문채규, "형법 제15조 제1항에 대한 새로운 해석의 시도", 형사법연구 제16호, 2001, 19면-38면.

한정환, "구성요건착오와 금지착오의 구별" 형사법연구 제7호, 1994, 22면-50면.

홍영기, "객체의 착오, 방법의 착오에서 고의의 특정 : 간접정범과 교사범에서 피이용자, 피교사자의 객체 혼동의 예", 형사법연구 제26호, 2006, 199면-222면.

Ⅲ 위법성론

1. 정당방위
2. 긴급피난
3. 자구행위
4. 피해자의 승낙
5. 정당행위

Ⅲ-1 정당방위

대상판결

대법원 2006.9.8. 선고 2006도148 판결【폭력행위등처벌에관한법률위반(인정된죄명: 상해) · 공무집행방해 · 위증교사 · 위증】[공2006.10.1.(259),1699]

【피 고 인】피고인 1외 1인

【상 고 인】피고인 1 및 검사

【원심판결】인천지법 2005.12.15. 선고 2005노1392 판결

【주　　문】원심판결 중 피고인 1에 대한 부분을 파기하고, 이 부분의 사건을 인천지방법원 본원 합의부에 환송한다. 검사의 상고를 기각한다.

【이　　유】

1. 피고인 1의 상고이유에 대한 판단

가. 공무집행방해의 점에 대하여

긴급체포는 영장주의원칙에 대한 예외인 만큼 형사소송법 제200조의3 제1항의 요건을 모두 갖춘 경우에 한하여 예외적으로 허용되어야 하고, 요건을 갖추지 못한 긴급체포는 법적 근거에 의하지 아니한 영장 없는 체포로서 위법한 체포에 해당하는 것이고, 여기서 긴급체포의 요건을 갖추었는지 여부는 사후에 밝혀진 사정을 기초로 판단하는 것이 아니라 체포 당시의 상황을 기초로 판단하여야 하고, 이에 관한 검사나 사법경찰관 등 수사주체의 판단에는 상당한 재량의 여지가 있다고 할 것이나, 긴급체포 당시의 상황으로 보아서도 그 요건의 충족 여부에 관한 검사나 사법경찰관의 판단이 경험칙에 비추어 현저히 합리성을 잃은 경우에는 그 체포는 위법한 체포라 할 것이다(대법원 2002.6.11. 선고 2000도5701 판결 참조).

형법 제136조가 규정하는 공무집행방해죄는 공무원의 직무집행이 적법한 경우에 한하여 성립하는 것이고, 여기서 적법한 공무집행이라 함은 그 행위가 공무원의 추상적 권한에 속할 뿐 아니라 구체적 직무집행에 관한 법률상 요건과 방식을 갖춘 경우를 가리키는 것이므로, 검사나 사법경찰관이 긴급체포의 요건을 갖추지 못하였음에도 실력으로 수사기관에 자진출석한 자를 체포하려고 하였다면 적법한 공무집행이라고 할 수 없고, 자진출석한 자가 검사나 사법경찰관에 대하여 이를 거부하는 방법으로써 폭행

을 하였다고 하여 공무집행방해죄가 성립하는 것은 아니다(대법원 1994.10.25. 선고 94도2283 판결, 2000.7.4. 선고 99도4341 판결 등 참조).

기록에 의하면, **2002.11.25. 인천지방법원 부천지원[(사건번호 생략) 사건]에서 위증교사, 위조증거사용죄로 기소된 피고인 1에 대하여 무죄가 선고되었고, 당시 공판검사이던 공소외 1은 이에 불복하여 항소한 후 위 무죄가 선고된 공소사실에 대한 보완수사를 한다며 피고인 1의 변호사사무실 사무장이던 피고인 2에게 2003.1.3. 인천지방검찰청 부천지청 408호 검사실로 출석하라고 요구한 사실, 공소외 1 검사는 2003.1.3. 피고인 1의 위증교사 사건과 관련하여 "피고인 2가 공소외 2에 대한 증인신문사항을 작성할 당시 공소외 2가 허위 증언할 것이라는 것을 알고 있었을 것이라고 생각한다"는 취지로 진술한 공소외 3[이미 위 인천지방법원 부천지원 (사건번호 생략) 사건의 판결에서 그 진술의 신빙성이 배척되었다]과 피고인 2를 대질조사하기 위하여 공소외 3을 소환한 상태에서 자진출석한 피고인 2에 대하여 참고인 조사를 하지 아니한 채 곧바로 위증 및 위증교사 혐의로 피의자신문조서를 받기 시작하였고, 이에 피고인 2는 인적사항만을 진술한 후 공소외 1 검사의 승낙 하에 피고인 1에게 전화를 하여 "검사가 자신에 대하여 위증 및 위증교사 혐의로 피의자신문조서를 받고 있으니 여기서 데리고 나가 달라"고 하였으며, 더 이상의 조사가 이루어지지 아니하는 사이 피고인 1이 위 408호 검사실로 찾아와서 공소외 1 검사에게 "참고인 조사만을 한다고 하여 임의수사에 응한 것인데 피고인 2를 피의자로 조사하는 데 대해서는 협조를 하지 않겠다"는 취지로 말하며 피고인 2에게 여기서 나가라고 지시한 사실, 피고인 2가 일어서서 검사실을 나가려 하자 공소외 1 검사는 피고인 2에게 "지금부터 긴급체포하겠다"고 말하면서 피고인 2의 퇴거를 제지하려 하였고, 피고인 1은 피고인 2에게 계속 나가라고 지시하면서 피고인 2를 붙잡으려는 공소외 1 검사를 몸으로 밀어 이를 제지한 사실**을 알 수 있다.

사정이 그와 같다면, 피고인 2는 참고인 조사를 받는 줄 알고 검찰청에 자진출석하였는데 예상과는 달리 갑자기 피의자로 조사한다고 하므로 임의수사에 의한 협조를 거부하면서 그에 대한 위증 및 위증교사 혐의에 대하여 조사를 시작하기도 전에 귀가를 요구한 것이므로, 공소외 1 검사가 피고인 2를 긴급체포하려고 할 당시 피고인 2가 위증 및 위증교사의 범행을 범하였다고 의심할 만한 상당한 이유가 있었다고 볼 수 없고[위 공소외 3의 진술은 이미 위 인천지방법원 부천지원(사건번호 생략) 사건의 판결에서 그 신빙성이 배척되었으므로 위 공소외 3의 진술만으로 피고인 2가 위증 및 위증교사의 범행을 범하였다고 의심할 만한 상당한 이유가 있다고 볼 수 없다], 기록에 나타난 피고인 2의 소환 경위, 피고인 2의 직업 및 혐의사실의 정도, 피고인 1의 위증교사죄에 대한 무죄선고, 피고인 1의 위증교사 사건과 관련한 피고인 2의 종전 진술 등에 비추어 보면 피고인 2가 임의수사에 대한 협조를 거부하고 자신의 혐의사실에 대한 조사가 이루어지기 전에 퇴거를 요구하면서 검사의 제지에도 불구하고, 퇴거하였다고 하여 도망할 우려가 있다거나 증거를 인멸할 우려가 있다고 보기도 어려우므로, 위와 같이 긴급체포를 하려고 한 것은 그 당시 상황에 비추어 보아 형사소송법 제200조의3 제1항의 요건을 갖추지 못한 것으로 쉽게 보여져 이를 실행한 검사 등의 판단이 현저히 합리성을 잃었다고 할 것이다. 따라서 검사가 위와 같이 검찰청에 자진출석한 피고인 2를 체포하려고 한 행위를 적법한 공무집행이라고 할 수 없다.

그럼에도 불구하고, 원심은 공소외 1 검사가 피고인 2를 긴급체포한 행위에 대하여 객관적으로 합리적 근거를 갖추지 못하였음에도 긴급체포를 하였다고 인정할 수 있는 사정이 있었다고 보기 어려우므로 검사가 피고인 2를 긴급체포하려고 한 행위가 적법한 공무집행에 해당한다는 이유로 피고인 1의 주장을 배척하고 이 부분 범죄사실을 유죄로 인정하였으니, 원심판결에는 긴급체포의 요건에 관한 법리를 오해하였거나, 그 점을 간과하여 공무집행의 적법성에 관한 판단을 그르친 위법이 있다고 하지 않을 수 없다. 이는 판결 결과에 영향을 미쳤음이 명백하다.

나. 상해의 점에 대하여

(1) 원심의 채용 증거들을 기록에 비추어 살펴보면, 공소외 1 검사가 피고인 1의 위에 본 바와 같은 행위로 인하여 상해를 입은 사실을 인정한 원심의 사실인정 및 판단은 정당하고, 거기에 상고이유의 주장과 같은 채증법칙을 위반하여 사실을 잘못 인정한 위법 등이 있다고 볼 수 없다.

(2) 그러나 공소외 1 검사의 행위는 앞서 본 바와 같이 이미 적법한 공무집행을 벗어나 피고인 2를 불법하게 체포하려고 한 것으로 볼 수밖에 없으므로, 피고인 1이 피고인 2에 대한 체포를 제지하는 과정에서 위 검사에게 상해를 가한 것은 이러한 불법 체포로 인한 신체에 대한 현재의 부당한 침해에서 벗어나기 위한 행위로서 정당방위에 해당하여 위법성이 조각된다고 봄이 상당하다(대법원 2000.7.4. 선고 99도4341 판결, 2002.5.10. 선고 2001도300 판결 등 참조).

그럼에도 불구하고, 원심은 공소외 1 검사가 피고인 2를 긴급체포한 행위가 적법한 공무집행에 해당한다는 이유로 피고인 1의 정당방위 주장을 배척하고 이 부분 범죄사실을 유죄로 인정하였으니, 원심판결에는 정당방위의 요건에 관한 법리를 오해하는 등의 위법이 있다. 이는 판결 결과에 영향을 미쳤음이 명백하다.

2. 검사의 상고이유에 대한 판단

원심판결과 원심이 유지한 제1심판결을 기록에 의하여 살펴보면, 원심이 피고인 2에 대한 이 사건 각 공소사실에 대하여 그 증명이 없음을 이유로 무죄를 선고한 제1심판결을 그대로 유지한 것은 수긍이 가고, 거기에 상고이유의 주장과 같은 채증법칙을 어긴 위법이 없다.

3. 결 론

그러므로 원심판결 중 피고인 1에 대한 부분을 파기하고, 이 부분의 사건을 다시 심리 · 판단하게 하기 위하여 원심법원에 환송하기로 하며, 검사의 상고를 기각하기로 하여 관여 대법관의 일치된 의견으로 주문과 같이 판결한다.

참조조문

형법 제21조, 제136조 / 형사소송법 제200조의3 제1항

법적쟁점

1. 정당방위의 성립요건과 관련하여 대상판결에서 피고인 1이 검사에게 상해를 가한 행위를 정당방위로 판단한 근거는 무엇인가?

2. 정당방위의 규범적 평가요소로서 '상당한 이유'의 구체적 내용과 관련하여 피해자인 부녀가 자신을 성폭행하려는 자의 혀를 깨물어 절단한 행위가 정당방위에 해당하는가?(참고판례 2)

3. 정당방위의 객관적 성립요건인 침해의 현재성과 관련하여 예방적 정당방위, 즉 과거의 침해행위가 계속 · 반복성을 가지면서 현재 그 구체적 위험성이 존재하고 있는 경우에도 정당방위가 허용되는가?(참고판례 4, 5) [참조조문 : 폭력행위 등 처벌에 관한 법률 제8조]

4. 정당방위는 원칙적으로 허용되지 않는 개인에 의한 사적 구제를 법적으로 정당화시켜 주고 있다는 점에서 법질서 전체의 입장에서 보아 요구된 행위

여야 하며, 이러한 정당방위행위에 대한 요구성의 제한을 이른바 정당방위의 사회윤리적 한계(sozialethische Einschränkung der Notwehr) 또는 정당방위권의 내재적 제약이라 한다. 정당방위의 사회윤리적 한계에 해당하는 구체적인 사례(유형)에는 어떠한 것들이 있는가?

5. 정당방위의 객관적 요건이 갖추어져 있음에도 불구하고 행위자가 이를 인식하지 못하고 정당방위의사 없이 타인을 밀쳐서 상해를 가한 경우와, 한밤중에 악수를 청하는 사람을 강도로 오인하고 정당방위의사로 상해를 가한 경우와 같이 객관적으로 존재하지 아니하는 행위의 정당화상황을 존재한다고 오인하고 정당방위로 나아간 경우에 행위자의 형사책임은? [위법성조각사유의 객관적 전제사실착오 참조]

참고판례 ❶

대법원 2007.4.26. 선고 2007도1794 판결【살인】[공보불게재]

【이유】

1. 원심은 그 채택 증거들을 종합하여, **피고인이 피해자와 말다툼을 하다가 건초더미에 있던 낫을 들고 반항하는 피해자로부터 낫을 빼앗아 그 낫으로 피해자의 가슴, 배, 등, 뒤통수, 목, 왼쪽 허벅지 부위 등을 10여 차례 찔러 피해자로 하여금 다발성 자상에 의한 기흉 등으로 사망하게 하였다는 사실**을 인정한 다음, 이에 비추어 보면, 피고인에게는 이 사건 범행 당시 적어도 살인의 미필적 고의는 있었다고 판단하였는바, 기록에 비추어 살펴보면, 위와 같은 원심의 판단은 옳고, 거기에 상고이유의 주장과 같은 채증법칙 위배 또는 심리미진으로 인한 사실오인이나 미필적 고의에 관한 법리오해 등의 위법이 있다고 할 수 없다.

2. 형법 제21조 소정의 정당방위가 성립하려면 침해행위에 의하여 침해되는 법익의 종류, 정도, 침해의 방법, 침해행위의 완급과 방위행위에 의하여 침해될 법익의 종류, 정도 등 일체의 구체적 사정들을 참작하여 방위행위가 사회적으로 상당한 것이어야 한다(대법원 1992. 12.22. 선고 92도2540 판결, 2005.9.30. 선고 2005도3940, 2005감도15 판결 등 참조).

원심은 그 채택 증거에 의하여 판시와 같은 사실을 인정한 다음, 피해자가 피고인에게 한 가해의 수단 및 정도, 그에 비교되는 피고인의 행위의 수단, 방법과 행위의 결과 등 제반 사정에 비추어, 피고인의 이 사건 범행행위가 피해자의 피고인에 대한 현재의 부당한 침해를 방위하거나 그러한 침해를 예방하기 위한 행위로 상당한 이유가 있는 경우에 해당한다고 볼 수 없고, 또 피고인의 이 사건 범행행위는 방위행위가 그 정도를 초과한 때에 해당하거나 정도를 초과한 방위행위가 야간 기타 불안스러운 상태 하에서 공포, 경악, 흥분 또는 당황으로 인한 때에 해당한다고 볼 수도 없다고 판단하였는바, 앞서 본 법리와 기록에 비추어 살펴보면, 위와 같은 원심의 조치는 옳은 것으로 수긍이 가고, 거기에 상고이유의 주장과 같은 채증법칙 위배로 인한 사실오인이나 정당방위 및 과잉방위에 관한 법리오해의 위법이 있다고 할 수 없다.

3. - 5. … 생략

6. 그러므로 상고를 기각하고 상고 후의 구금일수 중 일부를 본형에 산입하기로 하여 관여 법관의 일치된 의견으로 주문과 같이 판결한다.

참고판례 ❷

대법원 1989.8.8. 선고 89도358 판결【폭력행위등처벌에관한법률위반, 강간치상, 강제추행치상】[공1989.10.1.(857),1388]

【이유】

1. 먼저 피고인 2의 국선변호인의 상고이유를 본다.

원심판결 이유에 의하면, 원심은 원심공동피고인(원심확정)과 피고인 2는 공모 공동하여 1988.2.26. 01:10경 경북 영양읍 서부동 소재 황금당 앞길에서 피고인 1 겸 피해자(여, 32세 , 이하 피고인 1이라 한다)가 황금당 옆 골목길로 들어가는 것을 발견하고 그녀를 추행할 목적으로 뒤쫓아 가서 달려들어 원심공동피고인은 그녀의 오른팔을 잡고 피고인 2는 그녀의 왼팔을 잡아 그 골목길 안으로 약 10m 정도 더 끌고 들어가 그 곳 담벽에 넘어뜨린 후 원심공동피고인은 오른손을 그녀의 고무줄바지(속칭 몸빼)속에 집어 놓어 음부를 만지면서 이에 반항하는 그녀의 옆구리를 그의 오른쪽 무릎으로 2회 찬 다음 억지로 그녀의 입에 키스를 하는 등으로 그녀에 대해 추행하고 이로 인해 그녀에게 전치 2주간의 우측흉부좌상 등의 상해를 입힌 사실을 인정하였는 바, 기록에 의하여 위 사실을 인정함에 거친 증거의 취사과정을 살펴보면 정당하여 원심인정에 수긍이 가고 거기에 소론과 같은 채증법칙위반으로 사실을 오인한 위법이나 이유불비 등의 잘못이 있다고 할 수 없다.

2. 검사의 상고이유를 본다.

원심판결 이유에 의하면, 원심은 **원심공동피고인이 피고인 2(원심공동피고인과 피고인 2는 이건 강제추행치상 사건의 피고인들임)와 공동으로 인적이 드문 심야에 혼자 귀가중인 피고인 1이 골목길로 들어가는 것을 보고 뒤에서 느닷없이 달려들어 그녀의 양팔을 붙잡고 어두운 골목길로 약 10m 정도 더 끌고 들어가서 그녀를 담벽에 쓰러뜨린 후 원심공동피고인이 음부를 만지며 반항하는 그녀의 옆구리를 무릎으로 차고 억지로 키스를 함으로 피고인 1이 정조와 신체의 안전을 지키려는 일념에서 엉겁결에 원심공동피고인의 혀를 깨물어 그에게 설절단상을 입히게 된 사실**을 인정 한 다음 피고인 1의 위와 같은 행위는 그 자신의 성적 순결 및 신체에 대한 현재의 부당한 침해를 방어하기 위한 행위로서 상당한 이유가 있다고 하여 무죄를 선고하였는 바, 원심이 위와 같은 사실을 인정함에 있어 거친 증거의 취사과정을 기록에 비추어 살펴 보아도 정당하고 거기에 소론과 같은 채증법칙위배로 인한 사실오인의 위법이 없다.

사실관계가 위와 같다면 피고인 1의 이 사건 범행은 같은 피고인의 신체에 대한 현재의 부당한 침해에서 벗어나려고 한 행위로서 그 행위에 이르게 된 경위와 그 목적 및 수단, 행위자의 의사 등 제반사정에 비추어 위법성이 결여된 행위라고 볼 수 있으므로 이와 같은 취지에서 피고인에게 무죄를 선고한 원심판단은 수긍이 가고 거기에 소론과 같은 정당방위에 관한 법리오해의 위법이 있음을 찾아볼 수 없으므로 논지는 이유없다.

3. 그러므로 피고인 2와 검사의 상고를 모두 기각하기로 관여 법관의 의견이 일치되어 주문과 같이 판결한다.

참고판례 ❸

대법원 2000.3.28. 선고 2000도228 판결【폭력행위등처벌에관한법률위반】[공2000.5.15.(106),1123]

【이유】

원심은, **피고인이 1996.8.19. 10:00경 서울 강서구 공항동 664의 13 소재 피고인의 처남인 피해자의 집에서 피해자의 왼쪽 허벅지를 길이 21㎝ 가량의 과도로 1회 찔러 피해자에게 약 14일간의 치료를 요하는 좌측대퇴외측부 심부자상 등을 가하였지만, 피해자가 술에 만취하여 누나인 공소외인과 말다툼을 하다가 공소외인의 머리채를 잡고 때렸으며, 당시 공소외인의 남편이었던 피고인이 이를 목격하고 화가 나서 피해자와 싸우게 되었는데, 그 과정에서 몸무게가 85㎏ 이상이나 되는 피해자가 62㎏의 피고인을 침대 위에 넘어뜨리고 피고인의 가슴 위에 올라타 목부분을 누르자 호흡이 곤란하게 된 피고인이 안간힘을 쓰면서 허둥대다가 그 곳 침대 위에 놓여있던 과도로 피해자에게 상해를 가한 사실**을 인정한 다음, 위와 같은 이 사건의 발생경위와 그 진행과정을 고려하여 피고인의 행위는 피고인의 신체에 대한 현재의 부당한 침해를 방위하기 위한 행위가 그 정도를 초과한 경우인 과잉방위행위에 해당한다고 판단하였다.

그러나 사실관계가 위와 같다 하더라도, 피고인의 행위는 피해자의 부당한 공격을 방위하기 위한 것이라기 보다는 서로 공격할 의사로 싸우다가 먼저 공격을 받고 이에 대항하여 가해하게 된 것이라고 봄이 상당하고, 이와 같은 싸움의 경우 가해행위는 방어행위인 동시에 공격행위의 성격을 가지므로 정당방위 또는 과잉방위행위라고 볼 수 없다(대법원 1971.4.30. 선고 71도527 판결, 1993.8.4. 선고 92도1329 판결 등 참조).

그런데도 원심이 피고인의 행위가 과잉방위행위에 해당한다고 판단한 것은 과잉방위에 관한 법리를 오해하여 판결에 영향을 미친 위법을 저지른 것이다. 따라서 이를 지적하는 상고이유의 주장은 이유가 있다.

그러므로 원심판결을 파기하고, 사건을 원심법원에 환송하기로 하여 주문과 같이 판결한다.

참고판례 ❹

대법원 1992.12.22. 선고 92도2540 판결【살인】[공1993.2.15.(938),657])

【이유】

상고이유를 본다.

피고인들과 변호인들이 각 제출한 상고이유를 함께 판단한다.

사실오인, 채증법칙위반을 주장하고, 기대가능성이 없었다는 주장에 대하여

기록을 살펴보면, 피고인들이 공모하여 피해자 김○○(이하 피해자라고 한다)를 살해하였다는 원심의 사실인정은 수긍이 가고 거기에 채증법칙을 어긴 위법이 있다고 할 수 없다.

원심이 인용한 제1심판결이 든 증거에 의하면, **피고인 1 김△△은 피고인 2 김□□으로부터 피해**

자와의 관계를 고백받고 같이 번민하다가 피해자를 살해하고 강도로 위장하기로 공모한 후, 피고인 1 김△△이 이 사건 범행 전날 서울 창동시장에서 범행에 사용할 식칼(증 제4호), 공업용 테이프(증 제7, 제10호), 장갑 등을 구입하여 가지고 범행장소인 충주에 내려가서 피고인 2 김ㅁㅁ과 전화통화로 범행시간을 정하고, 약속된 시간인 1992.1.17. 01:30경 피고인 2 김ㅁㅁ이 열어준 문을 통하여 피해자의 집안으로 들어간 다음, 이어서 피해자가 술에 취하여 잠들어 있는 방에 몰래 들어가 피해자의 머리 맡에서 식칼을 한손에 들어 피해자를 겨누고 양 무릎으로 피해자의 양팔을 눌러 꼼짝 못하게 한 후 피해자를 깨워 피해자가 제대로 반항할 수 없는 상태에서 피고인 2 김ㅁㅁ을 더 이상 괴롭히지 말고 놓아주라는 취지의 몇 마디 이야기를 하다가 들고 있던 식칼로 피해자의 심장을 1회 찔러 그 자리에서 살해하고, 강도살인을 당한 것처럼 위장하기 위하여 죽은 피해자의 양 발목을 공업용 테이프로 묶은 다음 현금을 찾아 태워 없애고 장농, 서랍 등을 뒤져 범행현장에 흩어 놓고 나서, 피고인 1 김△△은 강도에게 당한 것처럼 피고인 2 김ㅁㅁ의 브레지어 끈을 칼로 끊고 양 손목과 발목을 공업용 테이프로 묶은 다음 달아나고, 피고인 2 김ㅁㅁ은 양 손목과 발목이 공업용 테이프로 묶인 채 옆집에 가서 강도를 당하였다고 허위로 신고한 것이라는 원심의 사실인정을 수긍하기에 부족함이 없다 할 것이고, 사실관계가 위와 같은 이상 피고인들의 이 사건 범행이 우발적으로 이루어진 것이라고 볼 수도 없다.

그리고 사실관계가 원심이 인정한 바와 같다면, 피고인들에게 기대가능성이 없다는 주장을 배척한 원심의 조처도 수긍할 수 있고 거기에 기대가능성의 법리를 오해한 위법이 없다.

따라서 논지는 이유가 없다.

정당방위 또는 과잉방위를 주장하는 부분에 대하여

원심이 인정한 바와 같이, 피고인 2 김ㅁㅁ이 약 12살 때부터 의붓아버지인 피해자의 강간행위에 의하여 정조를 유린당한 후 계속적으로 이 사건 범행무렵까지 피해자와의 성관계를 강요받아 왔고, 그 밖에 피해자로부터 행동의 자유를 간섭받아 왔으며, 또한 그러한 침해행위가 그 후에도 반복하여 계속될 염려가 있었다면, 피고인들의 이 사건 범행 당시 피고인 2 김ㅁㅁ의 신체나 자유 등에 대한 현재의 부당한 침해상태가 있었다고 볼 여지가 없는 것은 아니나, 그렇다고 하여도 판시와 같은 경위로 이루어진 피고인들의 이 사건 살인행위가 형법 제21조 소정의 정당방위나 과잉방위에 해당한다고 하기는 어렵다.

정당방위가 성립하려면 침해행위에 의하여 침해되는 법익의 종류, 정도, 침해의 방법, 침해행위의 완급과 방위행위에 의하여 침해될 법익의 종류, 정도 등 일체의 구체적 사정들을 참작하여 방위행위가 사회적으로 상당한 것이었다고 인정할 수 있는 것이어야 할 것인데(당원 1966.3.15. 선고 66도63 판결; 1984.6.12. 선고 84도683 판결 각 참조), 피고인들이 사전에 판시와 같은 경위로 공모하여 범행을 준비하고, 술에 취하여 잠들어 있는 피해자의 양팔을 눌러 꼼짝 못하게 한 후 피해자를 깨워 피해자가 제대로 반항할 수 없는 상태에서 식칼로 피해자의 심장을 찔러 살해한다는 것은, 당시의 상황에 비추어도 사회통념상 상당성을 인정하기가 어렵다고 하지 않을 수 없고, 피고인들의 범행의 동기나 목적을 참작하여도 그러하므로, 원심이 피고인들의 판시 행위가 정당방위에 해당한다거나 야간 기타 불안스러운 상태하에서 공포, 경악, 흥분 또는 당황으로 인하여 그 정도를 초과한 경우에 해당한다는 피고인들의 주장을 배척한 조처도 정당하고, 거기에 소론과 같은 법리를 오해하거나 채증법칙을 어긴 위법이 있다고 할 수 없다.

정당방위의 성립요건으로서의 방어행위에는 순수한 수비적 방어뿐 아니라 적극적 반격을 포함하는 반격방어의 형태도 포함됨은 소론과 같다고 하겠으나, 그 방어행위는 자기 또는 타인의 법익침해를 방위하기 위한 행위로서 상당한 이유가 있어야 하는 것인데, 피고인들의 판시 행위가 위에서 본 바와 같이 그 상당성을 결여한 것인 이상 정당방위행위로 평가될 수는 없는 것이므로, 원심이 피고인들의 이 사건 범행이 현재의 부당한 침해를 방위할 의사로 행해졌다기 보다는 공격의 의사로 행하여졌다고 인정한 것이 적절하지 못하다고 하더라도, 정당방위행위가 되지 않는다는 결론에 있어서는 정당하여, 이 사건 판결의 결과에 영향이 없는 것이다.

따라서 논지는 이유 없다.

심신장애를 주장하는 부분에 대하여

형법 제10조 소정의 심신장애의 유무 및 정도를 판단함에 있어서 반드시 전문인의 의견에 기속되어야 하는 것은 아니고 범행의 경위, 수단, 범행 전후의 피고인의 행동 등 기록에 나타난 제반자료와 공판정에서의 피고인의 태도 등을 종합하여 법원이 독자적으로 판단할 수 있는 것이다(당원 1983.7.12. 선고 83도1262 판결; 1990.11.27. 선고 90도2210 판결; 1991.9.13. 선고 91도1473 판결 각 참조).

그러므로 원심이 같은 취지에서, 원심증인 김××, 김◇◇의 법정에서의 각 진술부분과 그들이 작성하여 공판기록에 편철된 피고인들의 정신 및 심리상태의 조회에 대한 회신의 각 기재부분은 그들이 피고인들을 면담조차 아니한 채 변호인이 제공한 이 사건 공판기록의 일부분과 변호인이 작성한 "사실관계요지서"라는 서면에 기초하여 피고인들의 정신 및 심리상태를 분석하여 작성되었거나 이를 근거로 진술한 것이라는 이유로 배척하고, 이 사건 기록에 나타난 피고인들의 연령, 생활환경, 성장과정, 대학교 생활의 내용 및 성적, 이 사건 범행 당시의 상황, 그 범행 후의 정황 등과 그 밖에 수사기관을 비롯하여 제1심 및 원심법정에서의 피고인들의 태도 및 언동 등에 비추어 보면 피고인들이 이 사건 범행 당시 사물을 변별할 능력이나 의사를 결정할 능력이 없었다거나 미약한 상태에 있었던 것은 아니라고 하여 피고인들의 심신장애 또는 심신미약의 주장을 배척한 조처는 정당한 것으로 수긍이 가고, 거기에 채증법칙을 어긴 위법이 있다거나 소론과 같은 법리오해의 위법이 있다고 할 수 없다. 따라서 논지도 이유 없다.

양형부당을 주장하는 부분에 대하여

피고인들에게 각 징역 10년 미만이 선고된 이 사건에서 양형부당을 이유로 하여서는 형사소송법상 적법한 상고이유로 삼을 수 없는 것이다.

논지도 이유 없다.

그러므로 상고를 모두 기각하고, 피고인 1 김△△에 대하여는 상고 후의 구금일수 중 일부를 본형에 산입하기로 하여 관여 법관의 일치된 의견으로 주문과 같이 판결한다.

【사실관계】

피고인 1 김△△은 ○○대학교 ○○분교 체육학과 2년에, 피고인 2 김□□은 같은 학교 무용학과 2년에 각 재학중인 자인바,

피고인 2 김□□이 국민학교 2년 때인 9살 무렵부터 의붓아버지인 피해자 김○○(남, 53세)로부터 추행을 당하고 12살 무렵부터는 성관계를 가진 이래 그와 같은 관계가 지속되어 왔는데, 1991.5. 경 대학 입학 후 사귀게 된 피고인 1 김△△에게 피해자와의 관계를 고백한 이래 함께 번민하여 오다가 같은 해 12.27. 경 피고인 2 김□□이 피해자와의 관계를 청산하는 방법으로 피해자를 살해할 것을 제의하자 피고인 1 김△△은 이에 동의한 후, 1992.1.11. 경 충주시내 경양식집 "알레"에서, 칼로 피해자

를 살해하고 강도로 위장하기로 모의하고 피해자가 거주하던 충주시 역전동 260 소재 검찰관사 201호 주변을 둘러보아 위치를 확인하고 헤어져 기회를 엿보다가 같은 달 14. 피고인 2 김□□이 서울에 있던 피고인 1 김△△에게 전화하여 범행일자를 같은 달 17일 밤으로 정한 다음, 같은 달 15. 오전에 피고인 1 김△△은 서울 창동시장에서 범행에 사용할 식칼 1개(증 제4호), 공업용테이프(증 제7호, 제10호) 및 목장갑 등을 구입하여 충주로 내려와 피고인 2 김□□과의 전화통화로 범행시각을 그날 밤 01:30 경으로 정하는 등 피해자를 살해하기로 공모하고, 1992. 1.17. 01:30 경 충주시 역전동 260 소재 피해자의 관사에서, 피고인 2 김□□은 미리 현관문을 열어두고 기다리다가 피고인 1 김△△이 미리 준비한 범행 도구들을 가지고 집안으로 들어오자 피해자가 자고 있던 위 관사 내실로 안내한 다음, 피해자가 덮고 있던 이불을 걷어 내고, 피고인 1 김△△은 양손에 목장갑을 끼고 한손에 식칼(증 제4호)을 든 채 피해자의 머리맡에서 앙무릎으로 피해자의 양팔을 물러 꼼짝하지 못하게 한 후 피해자에게 피고인을 놓아 달라고 요구하였으나 피해자가 반항하는 듯하자 들고 있던 식칼로 피해자의 가슴부분을 칼끝이 좌측 제5늑골과 제6 및 제7흉늑골의 영골을 뚫고 우심실에 이르도록 1회 힘껏 내려 찔러 피해자로 하여금 그 자리에서 우심실 손상에 의한 실혈 및 심정지로 사망에 이르게 함으로써 피해자를 살해한 것이다(청주지방법원 충주지원 1992.4.4. 선고 92고합16 판결에서 정리).

【사건 경과】

제1심에서 검사는 피고인 1과 피고인 2에 대하여 각 징역 12년을 구형하였고 청주지방법원 충주지원은 피고인 1에게 징역 7년을, 피고인 2에게 징역 4년을 선고하였다(청주지방법원 충주지원 1992.4.4 선고 92고합16 판결). 제1심 판결에 대해 검사와 피고인들 모두 항소하였으며, 검사는 제1심과 마찬가지로 피고인 1과 피고인 2에 대하여 각 징역 12년을 구형하였고 서울고등법원 제3형사부는 피고인 1에게는 징역 5년을, 피고인2에게는 징역 3년에 집행유예 5년을 선고하였다(서울고등법원 1992.9.14 선고 92노1511 판결).

제2심 판결에 대해 피고인들만 대법원에 상고하였으나 상고기각판결로 제2심 판결이 확정되었다.

참고판례 ❺

서울북부지방법원 제1형사부 2009.1.15. 선고 2007노876 판결【폭력행위등처벌에관한법률위반(집단·흉기등상해)】

【이유】

1. 공소사실의 요지

피고인은 2001.3.20. 20:00경 필리핀 공화국 마닐라권 파사이시에 있는 피고인의 집에서, 피해자 하○○(당시 16세)의 일행인 공소외 이○○과 나이 문제로 말다툼하다가 위 이○○으로부터 얻어맞자 그곳 부엌에 있는 흉기인 회칼(길이 약 30센티미터)을 들고 나와 위 이○○을 찌르려고 하는 것을 피해자가 제지하면서 말렸다는 이유로, 위 회칼로 피해자의 허벅지를 1회, 오른쪽 어깨 부위를 1회 찔러 피해자에게 약 30일간의 치료를 요하는 오른쪽 어깨부위자창 등의 상해를 가하였다.

2. 원심인정사실 및 판단

피고인의 변호인은, 피고인의 범행은 정당방위에 해당하거나, 과잉방위에 해당하여 형이 감면되어야 한다고 주장하므로 살피건대, 피고인의 법정진술, 피고인에 대한 각 검찰, 경찰 피의자신문조서, 하○○의 진술조서 중 일부 기재를 종합하면, 하○○이 이○○, 신○○과 함께 쇠파이프, 각목, 목검을 들고 피고인의 주거에 침입하여 피고인을 갑자기 폭행하기 시작하였고, 피고인이 이에 대항하여 칼을 들어 하○○의 허벅지를 찌른 후 하○○ 일행이 집밖으로 물러나는 상황에서 하○○의 등 쪽을 다시 칼로 찌른 점이 인정이 되는 바, 피고인의 행위가 현재의 급박한 침해를 방위하기 위한 폭력인 점을 감안하더라도 물러나는 상대방의 등을 찌른 피고인의 행위가 정당방위로 위법성이 조각된다고 보기는 어렵다. 다만, 주거는 절대적으로 보호받아야 할 사적 공간이고 여기에 다수가 흉기를 들고 침입하여 습격을 하였다면 당하는 사람에게 이성적인 대처만을 요구하여 사후적인 판단으로 정도를 초과하는 방어행위에 따른 책임을 물어서는 아니 되며, 타인의 주거를 습격한 불법을 저지른 자는 치명적인 결과라도 감수하도록 함이 사회상규에 합당한바, 피고인의 행위는 하○○ 일행이 피고인의 주거에 흉기를 들고 침입하여 촉발된 것으로, 비록 과잉방위에 해당하지만 주거지에서 불시에 습격당하는 불안스러운 상황에서 공포, 경악, 당황으로 인한 것이므로 적법행위의 기대가능성이 없다 할 것이어서 폭력행위 등 처벌에 관한 법률 제8조 제3항 또는 형법 제21조 제3항에 의하여 피고인에게 행위의 책임을 물을 수 없다.

3. 검사의 항소이유(사실오인 내지 법리오해)

피해자들에게 피고인을 폭행할 만한 동기를 찾기 어렵고, 피해자들이 어떻게 피고인의 집에까지 찾아오게 되었는지 등 범행 경위에 관하여 납득할 만한 설명을 하지 못한 점 등에 비추면 범행 경위에 관한 피고인의 진술은 이를 믿기 어렵고, 하○○의 진술이 더 신빙성이 있는바, 하○○의 진술에 의하면 피고인은 이○○과 말다툼을 하던 중 이○○에게 구타를 당하자 갑자기 부엌에 들어가 칼을 가지고 나와 말리던 피해자를 찔렀다는 것이어서, 정당방위나 과잉방위가 아예 성립할 여지가 없다. 나아가 범행 경위에 관하여 피고인의 진술을 그대로 받아들인다 하더라도, 과잉방위가 성립하기 위해서는 침해의 상당성 요건을 제외한 나머지 정당방위의 요건이 모두 인정되어야 하는데, 원심에서 판시한 바와 같이 등을 찌른 행위에는 침해의 현재성 및 방위의사가 모두 인정되지 아니하고, 오히려 피해자의 공격은 피고인의 모욕 등 도발에 의한 침해일 가능성이 높으므로, 과잉방위가 인정될 수 없다.

또한 형법 제21조 제3항에 해당하는지 여부는 책임조각사유에 관한 사정이므로, 이에 대한 증명책임은 피고인에게 있다고 보아야 하는데 피고인은 이를 증명할 만한 별다른 자료를 제출하지 못하고 있다.

그런데 원심은 피고인의 행위가 과잉방위에 해당한다며 무죄를 선고하였는바, 원심판결에는 사실을 오인하거나 법리를 오해하여 판결에 영향을 미친 위법이 있다.

4. 이 법원의 판단

범죄사실에 대한 증명책임은 검사에게 있으므로, 구성요건해당사실의 존재는 물론, 피고인이 위법성조각사유나 책임조각사유를 주장하였다면, 그와 같은 사유가 그 주장 자체로 그다지 설득력이 없어 받아들여지기 어려운 경우가 아닌 이상, 그와 같은 사유의 부존재 또한 검사가 이를 합리적 의심 없이 증명하여야 한다. 그러므로 폭력행위 등 처벌에 관한 법률 제8조 제3항 또는 형법 제21조 제3항에 있어서는 검사에게 피고인이 과잉방위의 기초로 제시한 범행 정황이 사실이 아니라는 점을 증명할 책임이 있다.

그런데 하○○ 작성의 고소장 및 하○○에 대한 진술조서 중 범행 경위에 관한 부분은 모두 피해자로부터 전문(傳聞)한 것에 불과하여 진술자인 하○○에 대하여 제312조 제4항, 제313조의 각 요건이 갖추어져야 함은 물론, 원진술자인 피해자에 대하여 형사소송법 제314조에서 정한 요건까지 갖추어

져야 비로소 이를 증거로 삼을 수 있는바, 이 사건에서는 위와 같은 요건이 갖추어지지 아니하였고, 필리핀 공화국 내 형사사건 진행경과, 기타 제반 정황에 비추면 당심에서 제출된 피해자 하○○에 대한 진술조서만으로 피고인이 주장하는 범행 경위를 완전히 배척하고 검사가 주장하는 바와 같이 범행이 이루어졌음을 인정하기에는 부족하다고 보인다.

나아가 검사가 합리적 의심 없이 이를 배척하지 못한, 피고인이 주장하는 바와 같은 범행 경위 하에 서라면, 피고인이 돌아가려는 피해자의 등을 찌른 행위만을 따로 떼어 이를 가리켜 바로 침해의 현재성이 없다고 할 수는 없고, 오히려 연속된 일련의 행위 속에서 방위 행위가 시간적으로 초과하여 이루어진 이른바 양적 과잉방위 내지 외적 과잉방위로 볼 여지가 있을 뿐 아니라, 폭력행위 등 처벌에 관한 법률 제8조 제1항은 위험한 물건으로 사람에게 위해를 가하려 할 때 이를 방위하기 위한 행위뿐 아니라 이를 예방하기 위하여 한 행위, 즉 이른바 예방적 정당방위에 대하여도 정당방위로 이를 벌하지 아니하고, 같은 조 제2, 3항은 그와 같은 예방행위가 야간 기타 불안스러운 상태 하에서 공포 · 경악 · 흥분 또는 당황 등으로 그 정도를 초과한 경우에도 벌하지 아니한다고 정하고 있으므로, 침해의 현재성이 반드시 필요한 것도 아니고, 또한 범행 경위에 비추어 볼 때 피해자가 돌아가려 하였다 하여 공격이 중단되고 이후의 침해가 완전히 배제되었다고 보기는 어려우므로, 등을 향하여 칼을 휘두른 행위를 반드시 방위의사 없이 공격적으로 한 것이라고 단정할 수 없고, 예방적 정당방위도 허용되는 한 잠재적 침해의 예방을 위한 공격이 반드시 방위의사와 양립할 수 없다고 할 수도 없다.

아울러 피해자의 공격이 피고인의 모욕 등 도발에 의한 침해일 가능성이 높다는 점 또한 검사가 이를 증명하여야 하나, 검사가 제출한 자료만으로는 이를 인정할 수 없다.

5. 결론

그렇다면 검사의 항소는 이유 없으므로, 형사소송법 제364조 제4항에 의하여 이를 기각하기로 하여, 주문과 같이 판결한다.

참고판례 ❻

대법원 2001.5.15. 선고 2001도1089 판결【상해치사】[공2001.7.1.(133),1435]

【이유】

피고인과 변호인의 상고이유를 함께 본다.

기록에 의하면, **피고인은 피해자(1962년생)와 1987.11.21. 혼인하여 딸(1990년생)과 아들(1994년생)을 둔 사실, 피해자는 평소 노동에 종사하여 돈을 잘 벌지 못하면서도 낭비와 도박의 습벽이 있고, 사소한 이유로 평소 피고인에게 자주 폭행 · 협박을 하였으며, 변태적인 성행위를 강요하는 등의 사유로 결혼생활이 파탄되어 1999년 11월경부터 별거하기에 이르고, 2000.1.10.경 피고인이 서울가정법원에 이혼소송을 제기하여 그 소송 계속중이던 같은 해 4월 23일 10:40경 피해자가 피고인의 월세방으로 찾아온 사실, 문밖에 찾아온 사람이 피해자라는 것을 안 피고인은 피해자가 칼로 행패를 부릴 것을 염려하여 부엌에 있던 부엌칼 두 자루를 방의 침대 밑에 숨긴 사실, 피고인이 문을 열어 주어 방에 들어온 피해자는 피고인에게 이혼소송을 취하하고 재결합하자고 요구하였으나 피고인이 이를 거절하면서 밖으로 도망가려 하자, 피해자는 도망가는 피고인을 붙잡아 방안으로 데려온 후 부엌에 있던 가위를 가지고 와 피고인의 오른쪽 무릎 아래 부분을 긋고 피고인의 목에 겨누면서 이혼하면 죽여버리겠다고 협박하고, 계속하여 피고인의 옷을 강제로 벗기고 자신도 옷을 벗은 다음 피고인에게 자신의 성기를**

빨게 하는 등의 행위를 하게 한 후, 침대에 누워 피고인에게 성교를 요구하였으나 피고인이 이에 응하지 않자 손바닥으로 빰을 2-3회 때리고, 재차 피고인에게 침대 위로 올라와 성교할 것을 요구하며 "너 말을 듣지 않으면 죽여버린다."고 소리치면서 침대 위에서 상체를 일으키는 순간, 계속되는 피해자의 요구와 폭력에 격분한 피고인이 그 상황에서 벗어나고 싶은 생각에서 침대 밑에 숨겨두었던 칼(증 제1호, 길이 34㎝, 칼날길이 21㎝) 한 자루를 꺼내 들고 피해자의 복부 명치 부분을 1회 힘껏 찔러 복부자창을 가하고, 이로 인하여 피해자로 하여금 장간막 및 복대동맥 관통에 의한 실혈로 인하여 그 자리에서 사망에 이르게 한 사실을 인정할 수 있다.

피고인이 이와 같이 피해자로부터 먼저 폭행 · 협박을 당하다가 이를 피하기 위하여 피해자를 칼로 찔렀다고 하더라도, 피해자의 폭행 · 협박의 정도에 비추어 피고인이 칼로 피해자를 찔러 즉사하게 한 행위는 피해자의 폭력으로부터 자신을 보호하기 위한 방위행위로서의 한도를 넘어선 것이라고 하지 않을 수 없고, 따라서 이러한 방위행위는 사회통념상 용인될 수 없는 것이므로, 자기의 법익에 대한 현재의 부당한 침해를 방어하기 위한 행위로서 상당한 이유가 있는 경우라거나, 방위행위가 그 정도를 초과한 경우에 해당한다고 할 수 없다. 따라서 피고인의 이 사건 범행은 정당방위 또는 과잉방위에 해당하지 아니하므로, 항소를 제기하지 아니한 피고인의 정당방위 주장에 대하여 원심이 직권으로 판단하지 아니하였음을 탓하는 상고이유는 받아들일 수 없다.

그러므로 상고를 기각하고, 상고 후의 구금일수 중 일부를 본형에 산입하기로 하여 관여 법관의 일치된 의견으로 주문과 같이 판결한다.

* 유사판례 : 대법원 1983.9.13. 선고 83도1467 판결【살인 · 사체유기】[공1983.11.1.(715),1540]

참조문헌

김재봉, "정당방위와 방위의사의 내용", 형사법연구 제9호, 1997.12, 107면-136면

김정환, "정당방위의 기본사상으로서 법질서수호원리?", 비교형사법연구 제8권 제2호, 2006.12, 1면-30면

김태명, "정당방위의 상당성 요건에 대한 해석론", 형사법연구 제14호, 2000.12, 137면-160면

김혜경, "예방적 정당방위의 성립가능성", 형사판례연구 제15권, 2007.9, 23면-53면

박강우, "정당방위의 사회윤리적 제한", 형사판례연구 제10권, 2002.6, 81면-96면

이태섭, "위법한 강제연행에 대한 저항행위와 정당방위", 형사재판의 제문제 제5권, 2005.10, 76면-88면

정현미, "유책한 도발과 정당방위", 형사판례연구 제10권, 2002.6, 97면-113면

천진호, "형법전 시행 반세기의 회고 : 형법전 시행 이후의 위법성에 관한 학설과 판례", 형사법연구 제18호, 2002.12, 97면-126면

최석윤, "정당방위의 상당성과 사회윤리적 한계", 비교형사법연구 제4권 제1호, 2002.7, 417면-436면

Ⅲ-2 긴급피난

대상판결

대법원 1987.1.20. 선고 85도221 판결【재물손괴, 공유수면관리법위반】[공1987.3.15.(796),389]

【피 고 인】피고인 1 외 1인

【상 고 인】검사

【원심판결】마산지방법원 1984.11.2 선고 84노624 판결

【주 문】상고를 모두 기각한다.

【이 유】

검사의 상고이유를 본다.

1. 재물손괴에 관한 미필적 고의와 긴급피난에 관한 법리오해의 점에 대하여,

원심이 적법히 확정한 바와 같이 **피고인들이 그 판시 피조개양식장에 피해를 주지 아니하도록 할 의도에서 이 사건 금성호의 7샤클(175미터)이던 닻줄을 5샤클(125미터)로 감아 놓았고 그 경우에 피조개양식장까지의 거리는 약 30미터까지 근접한다는 것이므로 닻줄을 50미터 더 늘여서 7샤클로 묘박하였다면 선박이 태풍에 밀려 피조개양식장을 침범하여 물적 피해를 입히리라는 것은 당연히 예상되고, 그럼에도 불구하고 피고인들이 태풍에 대비한 선박의 안전을 위하여 금성호의 닻줄을 7샤클로 늘여 놓은** 것은 피조개양식장의 물적 피해를 인용한 것이라 할 것이어서 재물손괴의 점에 대한 미필적 고의를 인정할 수 있다고 할 것이다. 원심이 이와 다른 관점에서 피고인들에게 그 미필적 고의를 인정할 수 없다고 판시한 것은 미필적 고의의 법리에 대한 오해에 기인한 것으로서 이점에 관한 소론은 이유있다. 한편 원심이 무죄이유로서 부가하여 설시한 긴급피난의 점에 관하여 보건대, 이 사건 금성호는 공유수면점용허가 없이 정박하고 있었으므로 피고인들이나 대한선박주식회사로서는 같은 해상에 점용허가를 얻어서 피조개양식장을 설치한 피해자 김○○ 측의 요구에 응하여 금성호를 양식장에 피해를 주지 아니하는 곳에 미리 이동시켜서 정박하였어야 할 책임은 있었다고 할 것이다.

그러나 위와 같이 선박이동에도 새로운 공유수면점용허가가 있어야 하고 휴지선을

이동하는 데는 예인선이 따로 필요한 관계로 비용이 많이 들어 다른 해상으로 이동을 하지 못하고 있는 사이에 태풍을 만나게 되었다면 피고인들로서는 그와 같은 위급한 상황에서 선박과 선원들의 안전을 위하여 사회통념상 가장 적절하고 필요불가결하다고 인정되는 조치를 취하였다면 형법상 긴급피난으로서 위법성이 없어서 범죄가 성립되지 아니한다고 보아야 하고 미리 선박을 이동시켜 놓아야 할 책임을 다하지 아니함으로써 위와 같은 긴급한 위난을 당하였다는 점만으로는 긴급피난을 인정하는데 아무런 방해가 되지 아니한다.

이 사건에서 원심이 태풍내습시 금성호에는 태풍에 대비하여 7,8명의 선원이 타고 있었고, 피고인들이 태풍으로 인한 선박의 조난이나 전복을 피하기 위하여 선박의 양쪽에 두개의 닻을 내리고, 한쪽의 닻줄의 길이를 175미터(7샤클)로 늘여 놓은 것이 사고지점에서 태풍의 내습에 대비한 가장 적절하고 필요한 조치로 인정된다는 취지에서 피고인들의 소위를 긴급피난행위로 보아 재물손괴의 점에 대하여 무죄를 선고한 원심의 판단은 정당하고, 거기에 긴급피난의 법리를 오해하였거나 심리미진의 위법을 찾아 볼 수 없다. 결국 원심의 미필적 고의에 대한 판단에는 잘못이 있으나 긴급피난을 인정한 점에 잘못이 없으므로 위에서와 같은 잘못은 판결에 영향이 없어 논지는 받아들일 수 없다.

2. 공유수면관리법에 관한 법리오해의 점에 대하여,

이 사건에서와 같이 관리청의 허가 없이 회사소유의 선박을 정박함으로써 공유수면을 점용한 경우에 공유수면관리법 제18조, 제4조 제1항 제9호 위반죄의 주체는 그 선박의 소유자인 회사나 회사의 업무결정권을 가진 기관 또는 선장 등과 같이 선박운항의 결정권을 가진 자라야 한다 고 새겨진다. 원심이 같은 취지에서 대한선박주식회사의 해사담당이사의 지시를 받아 현장에서 위 선박의 관리업무에 종사한 피고인들에게는 그에 관한 아무런 업무결정권이 없으므로 같은법의 위반죄가 성립되지 아니한다고 판단한 조처는 정당하고, 거기에 법리오해나 심리미진 등의 위법을 찾아 볼 수 없다.

논지도 받아들일 수 없다.

3. 결국 상고는 이유없으므로 상고를 기각하기로 하여 관여법관의 일치된 의견으로 주문과 같이 판결한다.

참조조문

형법 제13조, 제22조 / 공유수면관리법 제18조 , 제4조 제1항 제9호

법적쟁점

1. 위 사안에서 대법원이 긴급피난으로 인정한 근거는 무엇인가?

2. 긴급피난의 본질과 관련하여 정당방위와 긴급피난은 어떻게 구별되며, 하나의 사례에서 정당방위와 긴급피난이 모두 성립되는 경우는 어떠한 사례가 있는가?

3. 긴급피난의 성립요건인 '상당한 이유'에 대한 구체적 판단 기준은 무엇인가?(참고판례 1)

4. 긴급피난의 법적 성질과 관련하여 형법 제22조는 면책적 긴급피난을 규정하고 있다고 볼 수 있는가?

5. 甲 · 乙 · 丙은 설악산으로 암벽등반을 갔다. 세 사람은 한 개의 로프에 甲이 맨 앞에, 그 다음 乙이, 마지막에 丙의 몸을 서로 연결하고 암벽을 타고 오르던 중에 甲이 발을 헛디뎌 로프에 몸이 묶인 채 공중에 매달려 버렸고, 그 진동으로 낡은 로프줄이 끊어지기 시작했다. 甲의 뒤를 따라 올라가던 암벽등반에 경험이 많은 乙은 만일 세 사람이 이대로 로프에 매달려 있다가는 모두 죽는다고 판단하고는 로프가 지탱하는 무게를 가볍게 하기 위해 甲의 몸에 있던 로프고리(자일)를 풀어버렸다. 甲은 20미터 아래 바위에 떨어져 즉사했고, 乙과 丙은 간신히 살아났다. 수사과정에서 감정결과 당시의 로프로는 세 사람의 몸무게를 지탱하는 것이 어렵다고 판명되었다. 乙의 형사책임은?

참고판례 ❶

대법원 2006.4.13. 선고 2005도9396 판결【업무방해】[공보불게재]

【이유】

1. 원심은, 그 채택 증거들에 의하여 판시와 같은 사실을 인정한 다음, **주식회사 한국케이블TV 경**

기동부방송(이하 '경기동부방송'이라 한다)이 (아파트 이름 생략)아파트 측으로부터 종전 공청선로를 통한 유선방송서비스 송출 중단을 요구받고 있던 상황에서 종전 공청선로를 통하여 기존 21개 채널 이외에 30개 채널을 추가하여 시험방송을 송출함으로써 결과적으로 한국디지털위성방송 주식회사 남부지점 유니버스(이하 '유니버스'라 한다)의 위성방송 수신에 장애를 초래하였다고 하더라도, 경기동부방송이 각 세대별로 유선방송이용계약을 체결하여 세대별 수신선로 설치공사를 완료하지 않고서는 새로 설비한 케이블TV 수신선로를 통한 유선방송 송출이 어려운 상황에서 2003.12.8.자 합의에 기하여 이미 케이블TV 수신선로를 통한 유선방송 시청을 희망한 가입세대에 대하여 추가된 30여개 채널을 소개하고, 아울러 케이블TV 수신선로를 통한 유선방송서비스를 공급받고자 하는 가입 희망세대를 유치하여 유선방송이용계약을 체결할 목적으로 불가피하게 종전 공청선로를 이용하여 시험방송을 송출한 이상, 이러한 시험방송 송출행위를 사무나 활동 자체가 위법의 정도가 중하여 사회생활상 도저히 용인될 수 없는 정도로 반사회성을 띠는 경우라고 볼 수는 없을 것이므로, 이 사건 당시 경기동부방송의 시험방송 송출행위는 법률상 보호가치가 있는 것으로서 업무방해죄의 보호대상이 되는 업무에 해당하고, 나아가 이와 같이 이 사건 당시 경기동부방송의 시험방송 송출행위가 법률상 보호가치가 있는 업무에 해당하는 이상, 피고인이 다수 입주민들의 민원에 따라 입주자대표회의 회장의 자격으로 유니버스의 위성방송 수신을 방해하는 경기동부방송의 시험방송 송출을 중단시키기 위하여 경기동부방송의 방송안테나를 절단하도록 지시하였다고 하더라도, 피고인이 경기동부방송의 방송안테나를 절단하도록 지시하게 된 경위 및 그 무렵의 전후 상황 등에 비추어 보면, 이 사건 당시 피고인에게는 업무방해에 대한 고의가 있었다고 봄이 상당하다고 판단하였는바, 원심의 채택 증거들을 기록에 의하여 살펴보면, 이러한 원심의 사실인정과 판단은 옳고, 거기에 심리를 다하지 아니한 채 채증법칙을 위배하여 사실을 오인한 위법이 있다고 할 수 없다.

2. 형법 제20조 소정의 '사회상규에 위배되지 아니하는 행위'라 함은 법질서 전체의 정신이나 그 배후에 놓여 있는 사회윤리 내지 사회통념에 비추어 용인될 수 있는 행위를 말하고, 어떠한 행위가 사회상규에 위배되지 아니하는 정당한 행위로서 위법성이 조각되는 것인지는 구체적인 사정 아래서 합목적적, 합리적으로 고찰하여 개별적으로 판단되어야 하므로, 이와 같은 정당행위를 인정하려면 첫째 그 행위의 동기나 목적의 정당성, 둘째 행위의 수단이나 방법의 상당성, 셋째 보호이익과 침해이익과의 법익균형성, 넷째 긴급성, 다섯째 그 행위 외에 다른 수단이나 방법이 없다는 보충성 등의 요건을 갖추어야 한다(대법원 2005.9. 30. 선고 2005도4688 판결 등 참조).

그리고 형법 제22조 제1항의 긴급피난이란 자기 또는 타인의 법익에 대한 현재의 위난을 피하기 위한 상당한 이유 있는 행위를 말하고, 여기서 '상당한 이유 있는 행위'에 해당하려면, 첫째 피난행위는 위난에 처한 법익을 보호하기 위한 유일한 수단이어야 하고, 둘째 피해자에게 가장 경미한 손해를 주는 방법을 택하여야 하며, 셋째 피난행위에 의하여 보전되는 이익은 이로 인하여 침해되는 이익보다 우월해야 하고, 넷째 피난행위는 그 자체가 사회윤리나 법질서 전체의 정신에 비추어 적합한 수단일 것을 요하는 등의 요건을 갖추어야 한다.

원심은, 이 사건 당시 피고인이 경기동부방송의 시험방송 송출로 인하여 위성방송의 수신이 불가능하게 되었다는 민원을 접수한 후 경기동부방송에 시험방송 송출을 중단해달라는 요청도 해보지 아니한 채 시험방송이 송출된 지 약 1시간 30여 분 만에 곧바로 경기동부방송의 방송안테나를 절단하도록 지시한 점, 그 당시 (아파트 이름 생략)아파트 전체 815세대 중 140여 세대는 경기동부방송과 유선방송이용계약을 체결하고 있었던 점 등 그 행위의 내용이나 방법, 법익침해의 정도 등에 비추어 볼 때, 당시 피고인이 다수 입주민들의 민원에 따라 입주자대표회의 회장의 자격으로 위성방송 수신을 방해하는 경기동부방송의 시험방송 송출을 중단시키기 위하여 경기동부방송의 방송안테나를 절단하도록 지시하였다고 할지라도 피고인의 위와 같은 행위를 긴급피난 내지는 정당행위에 해당한다고 볼 수 없다고 판단하였는바, 앞서 본 법리와 기록에 의하여 살펴보면, 원심의 설시에 다소 부족한 점이 있다고 하더라도 그 결론은 옳은 것으로 수긍이 가고, 거기에 정당행위나 긴급피난에 관한 법리오해 등의 위법이 있다고 할 수 없다.

3. 그러므로 상고를 기각하기로 하여 관여 법관의 일치된 의견으로 주문과 같이 판결한다.

참고판례 ❷

대법원 2004.4.27. 선고 2002도315 판결【공직선거및선거부정방지법위반 · 집회및시위에관한법률위반】[공2004.6.1.(203),941]

【이유】

상고이유를 본다.

1. 선거운동이라 함은 특정 후보자의 당선 내지 득표나 낙선을 위하여 필요하고도 유리한 모든 행위로서 당선 또는 낙선을 도모한다는 목적의사가 객관적으로 인정될 수 있는 능동적 · 계획적인 행위를 말하는 것으로서, 피고인들과 같은 후보자 편 이외의 제3자가 당선의 목적 없이 오로지 특정 후보자의 낙선만을 목적으로 하여 벌이는 낙선운동은 특정인의 당선을 목적으로 함이 없이 부적격 후보자의 낙선만을 목적으로 하고 있다는 점에서 특정인의 당선을 목적으로 경쟁 후보가 당선되지 못하게 하는 선거운동과 의미상으로는 일응 구별되기는 하지만, 그 주관적인 목적과는 관계없이 실제의 행동방식과 효과에 있어서는 다른 후보자의 당선을 위하여 하는 선거운동과 다를 것이 없다(헌법재판소 2001.8.30. 선고 2000헌마121 · 202 전원재판부 결정 참조).

그런데 위와 같은 선거운동은 국민의 참정의욕을 고취하고 선거에의 관심을 높임은 물론 선거인에게 후보자의 선택에 관한 판단의 자료를 얻을 수 있는 유력한 기회가 되는 것이므로, 선거운동의 자유 혹은 선거에 있어서의 의사표현의 자유는 최대한으로 보장되는 것이 바람직하지만, 만약 선거운동이 자유라는 이름하에 무제한으로 방임될 경우에는 부당한 경쟁과 금력, 권력, 폭력 등의 개입으로 오히려 선거인의 자유의사가 왜곡되고 후보자 상호간의 실질적인 기회의 균등이 무너지는 등의 폐해가 초래될 우려가 매우 크므로 그에 대한 어느 정도의 제한은 필연적이라고 할 수 있다.

이에 우리 헌법은 "국민의 자유와 권리는 그 본질적인 내용을 침해하지 않는 범위 내에서 법률로써 제한할 수 있다."고 규정(제37조 제2항)함으로써 선거운동의 자유도 '선거의 공정성의 보장'이라는 공익을 위하여 필요한 경우에는 법률로써 제한할 수 있음을 명백히 하였고, 공직선거및선거부정방지법(2002.3.7. 법률 제6663호로 개정되기 전의 것, 이하 '공직선거법'이라 한다)은 "선거의 자유와 공정성을 확보하기 위하여 이 법 또는 다른 법률의 규정에 의하여 금지 또는 제한되는 경우를 제외하고는 누구든지 자유롭게 선거운동을 할 수 있다."고 규정(제58조 제2항)하는 한편, 선거운동의 주체, 기간, 방법 등에 대하여 일정한 제한을 가하고 있는데, 피고인들의 이 사건 공직선거법 위반의 각 행위에 적용되는 공직선거법의 각 조항들에 의한 선거운동의 제한은 의사표현의 내용 그 자체에 대한 전면적인 제한이 아니라 선거운동 과정에서 예상되는 다양한 선거운동의 방법 중에서 특히 중대한 폐해를 초래

함으로써 선거의 자유와 공정을 해칠 우려가 크다고 인정되는 의사표현의 특수한 수단방법에 국한하고 있고, 또 필요 · 최소한의 정도를 넘지 않고 있으므로, 이러한 제한으로 인하여 기본권의 본질적 내용이 침해되는 것은 아니라고 할 것이다.

그렇다면 **피고인들이 확성장치 사용, 연설회 개최, 불법행렬, 서명날인운동, 선거운동기간 전 집회 개최 등의 방법으로 특정 후보자에 대한 낙선운동을 함**으로써 공직선거법에 의한 선거운동제한 규정을 위반한 피고인들의 이 사건 공직선거법 위반의 각 행위는 위법한 행위로서 허용될 수 없는 것이고, 피고인들의 위 각 행위가 피고인들이 주장하듯이 시민불복종운동으로서 헌법상의 기본권 행사 범위 내에 속하는 정당행위이거나 형법상 사회상규에 위반되지 아니하는 정당행위 또는 긴급피난의 요건을 갖춘 행위로 볼 수는 없다 할 것이다.

원심판결을 기록에 비추어 살펴보면, 원심은 피고인들의 이 사건 공직선거법위반의 점에 관한 각 행위가 모두 위법한 선거운동에 해당한다고 보아 위 각 행위가 헌법상 기본권의 행사로 정당화되거나 형법상의 위법성조각사유에 해당한다는 피고인들의 주장을 배척하고 유죄로 판단하였는바, 이는 위와 같은 법리에 따른 것으로서 수긍할 수 있고, 거기에 판결에 영향을 미친 헌법 및 형법상의 정당행위, 긴급피난에 관한 법리오해, 판단유탈 등의 위법이 없다고 할 것이다.

2. 집회 및 시위의 자유는 민주주의의 실현을 위하여 불가결한 중요한 기능을 가지고 있으나, 집단적인 형태로 의사표현을 할 수 있는 자유이기 때문에 공공의 안녕질서 내지 법적 평화와 갈등을 일으키게 될 위험성이 크다. 이에 집회및시위에관한법률(2004.1.29. 법률 제7123호로 개정되기 전의 것)은 옥외 집회 · 시위를 주최하고자 하는 자로 하여금 일정한 사항을 사전에 관할 경찰서장에게 신고하도록 규정(제6조 제1항)함으로써 신고를 받은 관할 경찰서장이 그 신고에 의하여 옥외 집회 또는 시위의 성격과 규모 등을 미리 파악하여 적법한 옥외 집회 또는 시위를 보호하는 한편 옥외 집회나 시위를 통하여 타인이나 공동체의 이익이 침해되는 것을 방지하여 공공의 안녕질서를 유지하기 위한 사전조치를 마련하도록 하고 있는바 (대법원 1990.8.14. 선고 90도870 판결 참조), 이는 집회 및 시위의 자유와 공공의 안녕질서가 적절하게 조화되기 위한 최소한의 조치이므로 이러한 신고 없이 이루어진 옥외 집회 주최 행위를 처벌한다고 하여 그로 인하여 헌법상의 기본권이 침해되는 것은 아니라고 할 것이다.

같은 취지에서 원심이 피고인 김혜정의 미신고 옥외 집회 주최 행위에 대하여 유죄로 판단한 것은 정당하고, 거기에 주장과 같은 헌법 및 형법상의 정당행위, 긴급피난에 관한 법리오해 등의 위법이 없다고 할 것이다.

3. … 생략

4. 결 론

그러므로 원심판결 중 피고인 김○○에 대한 부분을 파기하고, 이 부분 사건을 다시 심리 · 판단하도록 하기 위하여 원심법원으로 환송하며, 피고인 최○, 지○○, 박○○, 정○○, 김○○의 상고는 모두 이유 없으므로 이를 기각하기로 하여 관여 법관의 일치된 의견으로 주문과 같이 판결한다.

참고판례 ❸

대법원 1990.8.14. 선고 90도870 판결 【집회및시위에관한법률위반,기부금품모집법위반】 [공1990.10.1.(881),1988]

【이유】

상고이유를 본다.

제1점에 대하여,

1989.3.29. 법률 제4095호로 전면개정되기 전의 집회및시위에관한법률 제4조 제1항과 그 개정 후의 같은 법 제6조 제1항이 옥외집회 또는 시위를 주최하고자 하는 자로 하여금 관할경찰서장에게 그에 관한 소정의 신고서를 제출하도록 규정 한 취지는 그 신고를 받은 관할경찰서장이 그 신고에 의하여 옥외집회 또는 시위의 성격과 규모 등을 미리 파악함으로써 적법한 옥외집회 또는 시위를 보호하는 한편 그로 인한 공공의 안녕질서를 함께 유지하기 위한 사전조치를 마련하고자 함에 있는 것이므로 옥외집회 또는 시위가 개최될 것이라는 것을 관할경찰서가 알고 있었다거나 그 집회 또는 시위가 평화롭게 이루어진다 하여 그 신고의무가 면제되는 것이라고는 할 수 없고 이에 비추어 소정의 신고서를 제출함이 없이 이루어진 옥외집회 또는 시위를 가리켜 사회상규에 반하지 아니하는 정당한 행위라고도 할 수 없다 할 것이다.

결국 같은 취지의 원심판결은 정당하고 거기에 지적하는 바와 같은 법리오해의 위법이 없다.

제2점에 대하여,

적법하게 신고된 판시 한양대학교 집회에 관하여 관할경찰서장이 보낸 "공무원의 집단행동이 국가공무원법위반의 처벌행위"라는 취지의 경고장이 집회및시위에관한법률 제8조가 정하는 금지처분으로 보기 어렵다 하더라도 원심이 든 증거에 의하면 경찰관들이 한양대학교 출입문에서 집회참가자의 출입을 저지한 것은 집회장소사용 승낙을 하지 않은 한양대학교측의 집회저지협조요청에 따른 것임을 알 수 있어서 이는 경찰관직무집행법 제6조의 주거침입행위에 대한 사전 제지조치로 보지 못할 바 아니고 비록 그 때문에 소정의 신고 없이 연세대학교로 장소를 옮겨서 집회를 하였다 하여 그 신고 없이 한 집회를 급박한 현재의 위난을 피하기 위한 부득이한 것이었다고 볼 수는 없는 것이므로 같은 취지에서 원심이 위 집회가 긴급피난에 해당하지 아니하다고 판단한 것도 정당하여 거기에 지적하는 바와 같은 법리의 오해나 채증법칙위배, 심리미진의 위법이 없다.

… 생략

참고판례 ❹

대법원 1976.7.13. 선고 75도1205 판결【업무상낙태치사(예비적으로 업무상촉탁낙태 · 업무상과실치사)】[공1976.9.15.(544),9317]

【이유】

서울지방검찰청 검사 최○○의 상고이유를 본다.

원심은, 이 사건 피해자 정○○이 사망하게된 것이 피고인이 그 사람에 대하여 한 낙태시술과 그 뒤의 치료과정에서 산부인과 전문의인 의사로서 통상적으로 요구되는 업무상의 주의의무를 다하지 못한 과실에 원인된 것이라고 단정할만한 증거가 없고 그 적시 증거들에 의하면 피고인이 위 정○○에게 낙태시술을 하게 된 이유는 임신의 지속이 모체의 건강을 해칠 우려가 현저할 뿐더러 기형아 내지는 불구아를 출산할 가능성마저도 없지 않다고 판단한 아래 부득이 취하게 된 조처로 인정된다 하여 이는 정당행위 내지 긴급피난에 해당되어 그 위법성이 없는 경우에 해당된다고 결론지어 주의적 공소사실인 업무상 낙태치사와 예비적 공소사실인 업무상 촉탁낙태 및 업무상과실치사 모두에 대하여 무죄를 선고한 제1심 판결을 유지하고 있다.

기록에 의하여 대조 검토하면, 이 사건에서 위 정○○의 사망이 피고인의 과실에 기인되었다고 볼 수 없다고 하고, 또 그 낙태시술이 정당행위 내지는 긴급피난에 해당한다고 인정된다는 근거로 제1심 판결이 상세히 설시하고 있는 이유가 긍인되는 바이므로 이러한 이유에 입각한 원심판단은 그 정당함이 인정되어 소론과 같은 채증법칙의 위반이나 논지가 공격하는 바와 같은 낙태죄의 법리나 긴급피난의 법리를 오해한 위법이 있다고 할 수 없다.

상고논지는 결국 증거의 취사판단에 관한 원심의 전권사항을 비의하는 것이 되거나 그렇지 않으면 이 사건에서 상고 이유가 될 수 없는 사실오인을 주장한 결과가 되어 채용될 수 없다 할 것이므로 이 상고는 그 이유없다 하여 관여 법관의 일치된 의견으로 주문과 같이 판결한다.

참조문헌

류인모, "의무의 충돌과 부작위범의 행위가능성", 형사법연구 제12호, 1999.11, 96면-114면

박광민, "긴급피난의 정당화원리", 형사법연구 제7호, 1994.12, 51면-73면

손동권, "의무충돌에 관한 연구", 형사법연구 제10호, 1998.12, 37면-62면

윤용규, "긴급피난 규정의 이해와 입법론적 검토", 형사법연구 제22호 특집호, 2004.12, 141면-156면

최우찬, " 의무의 충돌", 형사법연구 창간호, 1988.12, 64면-82면

Ⅲ-3 자구행위

대상판결

대법원 1984.12.26. 선고 84도2582,84감도397 판결【특정범죄가중처벌등에관한법률위반 · 절도 · 보호감호】[공1985.3.1.(747),299]

【피고인 겸 피감호청구인】 피고인 겸 피감호청구인

【상 고 인】 피고인 겸 피감호청구인

【변 호 인】 변호사 안범수

【원심판결】 대구고등법원 1984.10.16. 선고 84노1148, 84감노211 판결

【주 문】 상고를 기각한다. 상고후의 구금일수 중 30일을 그 징역형에 산입한다.

【이 유】

피고인 겸 피감호청구인 및 변호인의 상고이유를 판단한다.

논지는 **피고인 겸 피감호청구인(이하 피고인이라 한다)은 피해자인 허○○에게 석고상을 납품한 대금을 여러 차례의 지급요청에도 받지 못하고 있었던 중 급기야 피해자는 화방을 폐쇄하고 도주하였으므로 위 청구권의 담보로 보관할 목적으로 이 사건 행위에 이르른 것**이므로 피고인의 행위는 자구행위에 해당하거나 그렇지 않다 하더라도 절도의 고의가 없다는 것인 바 형법상 자구행위라 함은 법정절차에 의하여 청구권을 보전하기 불능한 경우에 그 청구권의 실행불능 또는 현저한 실행곤란을 피하기 위한 상당한 행위를 말하는 것인 바, 원심이 인정한 범죄사실과 기록에 의하면, **피고인은 피해자에게 금 16만원 상당의 석고를 납품하였으나 그 대금의 지급을 지체하여 오다가 판시 화랑을 폐쇄하고 도주한 사실이 엿보이고 피고인은 판시와 같은 야간에 폐쇄된 화랑의 베니아판 문을 미리 준비한 드라이버로 뜯어내고 판시와 같은 물건을 몰래 가지고 나왔다**는 것인바 위와 같은 피고인의 강제적 채권추심 내지 이를 목적으로 하는 물품의 취거행위는 형법 제23조 소정의 자구행위의 요건에 해당하는 경우라고 볼 수 없으며 , 피고인의 이 사건 범행의 수단 방법에 미루어보아 절도의 범의를 부정할 수 없다 할 것이므로 절도의 범의가 없다거나 자구행위의 법리를 오해한 위법이 있다는 논지는 이유없다.

… 생략

따라서 상고를 기각하고, 미결구금일수의 산입에 관하여 형법 제57조, 소송촉진등에 관한 특례법제24조를 적용하기로 하여 관여법관의 일치된 의견으로 주문과 같이 판결한다.

참조조문

형법 제23조

법적쟁점

1. 자구행위의 성립요건으로서 청구권의 범위와 관련하여 회복불가능한 침해로 인한 경우이면 재산상의 청구권만이 아니라 신분권 및 상속권 등에 기하여 생기는 청구권도 포함[혼인외 출생자의 인지청구권(민법 제863조), 부부상호간의 동거청구권(제826조) 등]될 수 있는가?

2. 절도피해자의 도품탈환행위와 관련하여 절도범을 현장에서 추적하여 탈환하는 경우와 상당기간 경과 후 탈환하는 경우로 나누어 각 행위를 평가해 보시오.

3. 자구행위의 성립요건으로 요구되는 법정절차에는 가압류?가처분 기타 재판상의 절차 뿐만 아니라 국가기관 또는 경찰관리에 의한 구제도 포함될 수 있는가?

참고판례 ❶

대법원 2007.3.15. 선고 2006도9418 판결【일반교통방해】[공보불게재]

【이유】

1. 형법 제185조의 일반교통방해죄는 일반 공중의 교통의 안전을 그 보호법익으로 하는 범죄로서 육로 등을 손괴 또는 불통케 하거나 기타의 방법으로 교통을 방해하여 통행을 불가능하게 하거나 현저히 곤란하게 하는 일체의 행위를 처벌하는 것을 그 목적으로 하고 있으며, 여기서 '육로'라 함은 사실상 일반 공중의 왕래에 공용되는 육상의 통로를 널리 일컫는 것으로서 그 부지의 소유관계나 통

행권리관계 또는 통행인의 많고 적음 등을 가리지 않는다(대법원 2002.4.26. 선고 2001도6903 판결, 2006.3.9. 선고 2006도298 판결 등 참조).

원심은, 그 채택 증거들에 의하여 인정되는 사정들을 종합하여, **이 사건 도로는 주민들이 농기계 등으로 그 주변의 농경지나 임야에 통행하는 데 이용하여 사실상 일반 공중의 왕래에 공용되는 육상의 통로에 해당하고, 피고인은 육로인 이 사건 도로에 깊이 1m 정도의 구덩이를 파는 등의 방법으로 위 도로의 통행을 방해하였다**고 판단하였는바, 앞서 본 법리와 기록에 의하여 살펴보면, 이러한 원심의 사실인정과 판단은 옳고, 거기에 채증법칙 위배로 인한 사실오인이나 일반교통방해죄에 관한 법리오해 등의 위법이 있다고 할 수 없다.

2. 형법상 자구행위라 함은 법정절차에 의하여 청구권을 보전하기 불능한 경우에 그 청구권의 실행불능 또는 현저한 실행곤란을 피하기 위한 상당한 행위를 말하는 것인바(대법원 1984.12.26. 선고 84도2582, 84감도397 판결, 2006.3.24. 선고 2005도8081 판결 등 참조), 이 사건 도로는 피고인 소유 토지상에 무단으로 확장 개설되어 그대로 방치할 경우 불특정 다수인이 통행할 우려가 있다는 사정만으로는 피고인이 법정절차에 의하여 자신의 청구권을 보전하는 것이 불가능한 경우에 해당한다고 볼 수 없을 뿐 아니라, 이미 불특정 다수인이 통행하고 있는 육상의 통로에 구덩이를 판 행위가 피고인의 청구권의 실행불능이나 현저한 실행곤란을 피하기 위한 상당한 이유가 있는 행위라고도 할 수 없으므로, 이 점에 관한 상고이유의 주장도 받아들일 수 없다.

3. 어떠한 행위가 위법성조각사유로서의 정당행위가 되는지의 여부는 구체적인 경우에 따라 합목적적, 합리적으로 가려야 하는바, 정당행위로 인정되려면 첫째 행위의 동기나 목적의 정당성, 둘째 행위의 수단이나 방법의 상당성, 셋째 보호법익과 침해법익의 균형성, 넷째 긴급성, 다섯째 그 행위 이외의 다른 수단이나 방법이 없다는 보충성의 요건을 모두 갖추어야 한다(대법원 2005.2.25. 선고 2004도8530 판결, 2001.9.28. 선고 2001도3923 판결 등 참조).

원심은, 피고인이 이 사건 도로에 구덩이를 파는 등으로 공중의 통행을 저지한 이상 이 사건 도로가 피고인의 소유라고 하더라도 그러한 피고인의 행위는 정당행위에 해당하지 않는다고 판단하였는바, 위와 같은 법리와 기록에 비추어 살펴보면, 이러한 원심의 판단은 옳은 것으로 수긍이 가고, 거기에 정당행위에 관한 법리오해의 위법이 있다고 할 수 없다.

4. 그러므로 상고를 기각하기로 하여 관여 법관의 일치된 의견으로 주문과 같이 판결한다.

* 유사판례 : 대법원 2007.5.11. 선고 2006도4328 판결

참고판례 ❷

대법원 1985.7.9. 선고 85도707 판결【폭력행위등처벌에관한법률위반】[공1985.9.1.(759),1145]

【이유】

상고이유를 판단한다.

원심이 인용한 제1심판결 거시의 증거를 종합하면 원심판시 범죄사실을 인정하기에 넉넉하여 원심판결에 건조물침입죄의 법리를 오해한 위법이 있다고 할 수 없고 비록 피고인들의 변소하는 바가 사실이라고 하더라도 현실적으로 공소외 송○○이 관리하고 있는 건조물의 자물쇠를 쇠톱으로 절단하고 침입한 피고인등의 소위에 현재 민사소송이 계속 중에 있는 이 사건에서 법정절차에 의하여 그 권리를 보전하기가 곤란하고 그 권리의 실행불능이나 현저한 실행곤란을 피하기 위한 상당한 이유가 있

다고 할 수도 없다.

따라서 상고를 기각하기로 관여 법관의 의견이 일치하여 주문과 같이 판결한다.

참고판례 ❸

대법원 2008.5.8. 선고 2007도11322 판결【주거침입 · 재물손괴】[공2008상,864]

【이유】

상고이유를 본다.

주거침입죄는 사실상의 주거의 평온을 보호법익으로 하는 것이므로, 그 주거자 또는 간수자가 건조물 등에 거주 또는 간수할 권리를 가지고 있는가의 여부는 범죄의 성립을 좌우하는 것이 아니며, 점유할 권리 없는 자의 점유라 하더라도 그 주거의 평온은 보호되어야 할 것이므로, 권리자가 그 권리를 실행함에 있어 법에 정하여진 절차에 의하지 아니하고 그 건조물 등에 침입한 경우에는 주거침입죄가 성립한다 할 것이다(대법원 1983.3.8. 선고 82도1363 판결, 대법원 2007.7.27. 선고 2006도3137 판결 등 참조).

원심판결과 원심이 채택한 증거들을 기록에 의하여 살펴보면, 원심은 피고인이 이 사건 주택에 무단 침입한 범죄사실로 이미 2006.5.12. 유죄판결을 받고 그 판결이 확정되었음에도 퇴거하지 아니한 채 계속해서 이 사건 주택에 거주함으로써 위 판결이 확정된 이후로도 피고인의 주거침입행위 및 그로 인한 위법상태가 계속되고 있다고 보아 이 부분 공소사실에 대해 유죄로 판단하였는바, 이러한 원심의 판단은 정당한 것으로서 수긍이 가고, 거기에 주거침입죄에 대한 법리오해의 위법이 없다.

… 생략

【사실관계】

피고인은 이 사건 주택을 공소외 1로부터 분양받았는데, 자녀들 교육문제로 입주하기 곤란하여 피해자 공소외 2에게 대금은 나중에 받기로 하고 이를 전매하였으나, 공소외 1이 토지소유권 문제를 해결치 못하여 철거하라는 판결이 내려지자, 공소외 2는 이사를 가버렸고, 이에 피고인은 공소외 1에게 이미 지급한 분양대금 8,000만 원을 반환 받기 위해서 이 사건 주택에 입주하여 현재까지 가족과 함께 살고 있는 것이어서 이 사건 주택을 점유할 권리가 있고, 이 사건 냉장고와 세탁기 등은 냄새가 나는 등 도저히 집안에 둘 수 없어, 비가 맞지 않도록 처마 밑에 잘 보관해 두었다(의정부지방법원 2007.12.7. 선고 2007노260 판결에서 정리).

참조문헌

신동운, "형법 제23조 자구행위규정의 성립경위", 한국형법학의 새로운 지평(김일수교수화갑기념논문집), 2006, 41면-58면.

전지연, 자구행위의 해석상 몇 가지 문제점, 영남법학(영남대학교 법학연구소), 제28호(2009), 51면-72면.

진계호, "자구행위", 고시연구, 1994, 803면-813면.

Ⅲ-4 피해자의 승낙

대상판결

대법원 1989.11.28. 선고 89도201 판결【폭행치사】[공1990.1.15(864),180]

【피 고 인】피고인

【상 고 인】검사

【변 호 인】변호사 안원모

【원심판결】육군고등군사법원 1988.7.20. 선고 88항53 판결

【주 문】원심판결을 파기하여 사건을 육군고등군사법원에 환송한다.

【이 유】

상고이유에 대하여,

… 생략

나아가 위 한○○, 차○○, 유○○의 각 진술에 의하면, 이 사건 사고가 난날 06:55경 전후하여 약 1분간 위와 같은 구타행위가 있은 뒤 곧 피해자가 소대장실 문 앞에서 힘없는 목소리로 "라이타가 탐이 난다"라고 위 한○○, 차○○에게 말하고 바로 소대장실로 들어 갔다가 거의 1분도 안되어 피해자가 쓰러진 사실이 충분히 인정되므로 비록 피해자가 쓰러지기 직전에 위 한○○, 차○○에게 힘없는 목소리로 그와 같은 말을 하였다 하더라도 그것이 정상적인 대화라기보다는 쇼크가 진행 중인 상황에서 무의식결에 한 말이라고 볼 수도 있을 것이며 더우기 위 상황실과 소대장실은 거의 붙어 있고, 피해자가 위 상황실에서 피고인으로부터 폭행을 당한 후 거의 바로(1-2분내) 쓰러졌고 그 사인이 위 원발성 쇼크사로 추정된다면 위 폭행과 사망간에 인과관계가 없다고 볼 수는 없고 원심거시의 감정서의 기재와 군의관들인 하○○, 이○○의 원심에서의 각 증언이 위와 반드시 양립될 수 없는 것이라고 볼 수도 없을 것이고, 또한 **인체의 흉부는 각종의 장기와 신경이 밀집되어 있어 인체의 가장 중요한 부위를 점하고 있어 이에 대한 강도의 타격은 생리적으로 흉부에 중대한 영향을 줄 뿐만 아니라 신경에 강한 자극을 줌으로써 이에 따른 쇼크로 인해 피해자를 사망에 이르게 할 수 있고, 더우기 그 가격으로 급소를 맞을 때에는 더욱 그러할 것인데 피할만한 여유도 없는 좁은 장소와 상급자인 피고인이 하급자인 피해자로부터 아프게 반격을 받을 정도의 상황에**

서 보다 신체가 건강한 피고인이 피해자에게 약 1분 이상 가슴과 배를 때렸다면 위 사망의 결과에 대한 예견가능성을 부정할 수도 없을 것이며 위와 같은 상황에서 이루어진 폭행이 장난권투로 피해자의 승낙에 의한 사회상규에 어긋나지 않는 것이라고도 볼 수 없을 것이다.

따라서 원심은 논지가 지적하듯이 피고인의 자백의 임의성 나아가 이 사건 공소사실에 부합하는 위 각 증거들의 증거가치를 오해함으로써 채증법칙에 위배하여 사실을 잘못 인정하고 또 폭행치사에 있어서 인과관계 내지 예견가능성과 피해자의 승낙에 관하여도 그 사실을 잘못 인정하거나 법리를 오해하는 위법을 범하였다 할 것이고 이는 판결결과에 영향을 미쳤다 할 것이다.

그러므로 논지는 이유있어 원심판결을 파기하고, 사건을 원심법원에 환송하기로 관여법관의 의견이 일치되어 주문과 같이 판결한다.

참조조문

형법 제24조, 제262조

법적쟁점

1. 위법성조각이 아니라 구성요건해당성 자체를 조각하는 피해자의 승낙(양해)에 해당하는 사례에는 어떤 것이 있는가?

2. 의사가 진단상의 과오 등으로 설명의무를 다하지 못하였다면 환자로부터 받은 수술승낙을 유효한 승낙으로 볼 수 있는가?(참고판례 2)

3. 동반자살(합동정사)와 관련하여 甲과 乙이 자유로운 의사로 동반자살을 기도하였으나 갑만 생존한 경우, 갑이 의사무능력자인 을의 승낙을 받고 동반자살을 기도하여 갑만 생존 한 경우, 갑이 자살의사 없이 을을 기망하여 동반자살을 기도한 후 갑이 생존한 경우에 각 사례에 있어 갑의 형사책임은?

4. 피해자의 추정적 승낙에 의하여 위법성이 조각될 수 있는 사례와 그 요건은 무엇인가?

참고판례 ❶

대법원 2006.4.27. 선고 2005도8074 판결【업무방해】[공보불게재]

【이유】

상고이유에 관하여 본다.

1. 상고이유 제1점(피해자의 승낙의 존재 여부)에 관하여

기록에 의하면, 이 사건 임대차계약서 제16조 제2항은 "제16조 제1항의 경우 임대인이 임차인에게 단전조치 등을 요구할 수 있다."는 취지로 규정되어 있으나, 피해자는 임대차계약의 종료 후 '갱신계약에 관한 의사표시 혹은 명도의무를 지체'하였을 뿐 차임, 관리비의 연체 등과 같은 위 제16조 제1항 각 호의 위반행위를 한 적이 없기 때문에 이 사건의 경우 단전조치에 관한 계약상의 근거가 없고(가사 계약상의 근거가 있다 하여도 피해자의 승낙은 언제든지 철회할 수 있는 것이므로 이 사건에 있어서와 같이 피해자 측이 단전조치에 대해 즉각 항의하였다면 그 승낙은 이미 철회된 것으로 보아야 할 것이다), 피해자가 이 사건 단전조치와 같은 이유로 2003.12.경에도 피고인에 의한 단전조치를 당한 경험이 있다거나 이 사건 단전조치 전 수십 차례에 걸쳐 피고인으로부터 단전조치를 통지받았다거나, 혹은 피고인에게 기한유예 요청을 하였다는 사정만으로는 이 사건 단전조치를 묵시적으로 승낙하였던 것으로 볼 수도 없으므로, 이 사건 단전조치는 피해자의 승낙에 의한 행위로서 무죄라고 볼 수 없다.

원심이 같은 취지에서 피해자의 승낙에 관한 피고인의 주장을 배척한 조치는 이유 설시가 다소 미흡하나, 결론에 있어서는 정당하고 피해자의 승낙에 관한 법리를 오해한 위법이 없으므로, 이 사건 단전조치가 피해자의 승낙에 의한 행위로서 무죄라는 상고이유의 주장은 받아들일 수 없다.

2. 상고이유 제2점(정당행위 해당 여부)에 관하여

어떠한 행위가 사회상규에 위배되지 아니하는 정당한 행위로서 위법성이 조각되는 것인지는 구체적인 사정 아래서 합목적적, 합리적으로 고찰하여 개별적으로 판단하여야 할 것이고, 이와 같은 정당행위를 인정하려면, 첫째 그 행위의 동기나 목적의 정당성, 둘째 행위의 수단이나 방법의 상당성, 셋째 보호이익과 침해이익과의 법익균형성, 넷째 긴급성, 다섯째 그 행위 외에 다른 수단이나 방법이 없다는 보충성 등의 요건을 갖추어야 할 것인바(대법원 1986.10.28. 선고 86도1764 판결, 1994.4.15. 선고 93도2899 판결, 2000.4.25. 선고 98도2389 판결, 2001.2.23. 선고 2000도4415 판결 등 참조), 차임이나 관리비를 단 1회도 연체한 적이 없는 피해자가 임대차계약의 종료 후 임대료와 관리비를 인상하는 내용의 갱신계약 여부에 관한 의사표시나 명도의무를 지체하고 있다는 이유만으로 그 종료일로부터 16일 만에 피해자의 사무실에 대하여 단전조치를 취한 피고인의 행위는 그 권리를 확보하기 위하여 다른 적법한 절차를 취하는 것이 매우 곤란하였던 것으로 보이지 않아 그 동기와 목적이 정당하다거나 수단이나 방법이 상당하다고 할 수 없고, 또한 그에 관한 피고인의 이익과 피해자가 침해받은 이익 사이에 균형이 있는 것으로도 보이지 않으므로, 같은 취지의 원심 판단은 정당하고, 이 사건 단전조치가 사회상규에 위배되지 아니하는 정당행위로서 무죄라는 상고이유의 주장도 받아들일 수 없다.

3. 상고이유 제3점(법률의 착오 여부)에 관하여

형법 제16조에서 "자기가 행한 행위가 법령에 의하여 죄가 되지 아니한 것으로 오인한 행위는 그 오인에 정당한 이유가 있는 때에 한하여 벌하지 아니한다."라고 규정하고 있는 것은 단순한 법률의 부

지를 말하는 것이 아니고, 일반적으로 범죄가 되는 경우이지만 자기의 특수한 경우에는 법령에 의하여 허용된 행위로서 죄가 되지 아니한다고 그릇 인식하고 그와 같이 그릇 인식함에 정당한 이유가 있는 경우에는 벌하지 않는다는 취지인바 (대법원 2006. 1. 13. 선고 2005도8873 판결 참조), 사무실 임대를 업으로 하는 피고인이 위와 같은 사정에서 일방적으로 취한 단전조치가 죄가 되지 않는다고 오인한 것에는 정당한 이유가 있다고 볼 수 없으므로, 같은 취지의 원심 판단은 정당하고, 이 사건 단전조치가 정당한 이유가 있는 법률의 착오로서 무죄라는 상고이유의 주장 또한 받아들일 수 없다.

4. 결 론

그러므로 상고를 기각하기로 하여 관여 대법관의 일치된 의견으로 주문과 같이 판결한다.

【사실관계】

甲과 乙은 1999.12.경 처음으로 임대차계약을 체결한 후 5년 동안 1년마다 임대차계약을 갱신해 왔고, 마지막 임대차계약의 기간은 2004.12.12.까지인 사실, 甲은 2004.10.27.경 피해자인 乙에게 임대료와 관리비를 인상하여 임대차계약을 갱신할 것인지에 관하여 2004. 11. 15.까지 답변해 달라는 취지의 통보를 하였으나, 乙이 아무런 의사표시를 하지 않자 2004.12.2.경 乙에게 2004.12.12. 임대차기간이 만료함과 동시에 사무실을 명도해 줄 것을 요청한 사실, 그러나 그때까지 乙이 사무실을 명도해 주지 않자 甲이 2004.12.13.경 다시 乙에게 2004.12.20.까지 사무실을 명도해 달라는 요청을 하면서 만일 이를 이행하지 않을 때에는 단전조치를 취할 것이라는 취지의 통지를 한 사실, 이에 乙이 2004.12.14.경 甲에게 임대차계약의 갱신을 2004.12.23.까지 유예해 줄 것을 요청하였고, 甲은 이를 수용하여 2004.12.24.까지 사무실을 명도해 달라고 한 사실, 갑이 이 사건 단전조치를 취하자 乙 회사의 직원들이 甲을 찾아가 항의하면서 전기를 다시 공급해 줄 것을 요구하였고, 甲은 乙 회사로부터 이사할 날짜를 곧 알려주겠다는 취지의 대답을 들은 후에야 비로소 단전조치를 해제하였다. 한편 甲과 乙의 임대차 계약상에는 관리비, 차임 연체 시에는 단전 조치를 할 수 있다는 규정이 존재하였고 乙은 이를 위반한 사실도 없었다. 또한 甲은 단전조치를 취하면서 이 행위가 법률로써 금지되는 행위가 아니라고 생각하였다. 乙은 甲을 업무방해행위를 이유로 고소하였다(서울서부지방법원 2005.9.29. 선고 2005노757 판결에서 정리)

참고판례 ❷

대법원 1993.7.27. 선고 92도2345 판결【업무상과실치상】[공1993.10.1.(953),2469]

【이유】

피고인의 상고이유를 본다.

기록에 의하여 원심이 유지한 제1심 판결이 채용한 증거들을 살펴보면 **피고인이 조선대학교 의과대학 산부인과 전문의 수련과정 2년차의 의사로서 광주적십자병원에 파견근무중 환자인 피해자(여 38세)의 복부에서 만져지는 혹을 제거하기 위한 개복수술을 하려고 하였으면 진료경험이나 산부인과적 전문지식이 비교적 부족한 상태이므로 산부인과 전문의 지도를 받는다든지 자문을 구하고, 위 환자의 진료에 필요한 모든 검사를 면밀히 실시하여 병명을 확인하고 수술에 착수하여야 하고 개복 후에도 개복 전의 진단병명은 정확하며 혹시 다른 질환은 아닌지를 세밀히 검토하여 필요한 범위 내에서 수술을 시행하여야 할 업무상 주의의무가 있음에도 불구하고 당초 위 환자를 진찰한 결과 복부에 혹이 만져지고 하혈을 하고 있어 자궁외 임신일 가능성도 생각하였으나 피해자가 10년 간 임신경험**

이 없고 경유병원에서의 진단소견이 자궁근종 또는 자궁체부암으로 되어 있자 자궁외 임신인지를 판별하기 위한 수술전 검사법인 특수호르몬검사, 초음파검사, 복강경검사, 소변임신반응검사 등을 전혀 실시하지 않고 자궁근종을 확인하는 의미에서의 촉진 및 시진을 통하여 자궁외 임신환자인 피해자의 병명을 자궁근종으로 오진하였고 수술단계에서도 냉동절편에 의한 조직검사 등을 거치지 아니한 상태에서 자궁근종으로 속단하고 일반외과 전문의인 공소외 이남재과 함께 병명조차 정확히 확인하지 못한 채 자궁적출술을 시행하여 현대의학상 자궁적출술을 반드시 필요로 하는 환자가 아닌 위 피해자의 자궁을 적출함으로써 동인을 상해에 이르게 한 사실을 인정하기에 넉넉하므로 원심이 피고인을 업무상 과실치상죄를 적용하여 처벌한 제1심 판결을 유지한 조치에 수긍이 가고 거기에 소론과 같은 채증법칙위반, 심리미진 또는 법리오해의 위법이 없다.

소론은 위 자궁적출술의 시행에 앞서 위 피해자로부터 그에 대한 승낙을 받았으므로 위법성이 조각된다는 취지이나, 기록에 의하면 피고인은 자신의 시진, 촉진결과 등을 과신한 나머지 초음파검사 등 피해자의 병증이 자궁외 임신인지, 자궁근종인지를 판별하기 위한 정밀한 진단방법을 실시하지 아니한 채 위 피해자의 병명을 자궁근종으로 오진하고 이에 근거하여 의학에 대한 전문지식이 없는 위 피해자에게 자궁적출술의 불가피성만을 강조하였을 뿐 위와 같은 진단상의 과오가 없었다면 당연히 설명받았을 자궁외 임신에 관한 내용을 설명받지 못한 피해자로부터 수술승낙을 받은 사실을 인정할 수 있으므로 위 승낙은 피고인의 부정확 또는 불충분한 설명을 근거로 이루어진 것으로서 이 사건 수술의 위법성을 조각할 유효한 승낙이라고 볼 수 없다 할 것이다.

또 소론은 위 피해자가 난소의 제거로 이미 임신불능 상태에 있어 자궁을 적출했다 하더라도 이는 업무상 과실치상죄 소정의 상해에 해당하지 않는다는 것이나, 그와 같은 사유만으로 자궁을 제거한 것이 신체의 완전성을 해한 것이 아니라거나 생활기능에 아무런 장애를 주는 것이 아니라거나 건강상태를 불량하게 변경한 것이 아니라고 할 수 없고 이는 업무상 과실치상죄에 있어서의 상해에 해당한다 할 것이다.

그리고 이와 같은 이 사건 의료사고가 일어난 연유, 경위, 피해의 결과 등을 놓고 볼 때 피고인의 이 사건 범행을 사회상규상 허용되는 정당행위라고 볼 수는 없다. 논지는 모두 이유 없다.

그러므로 상고를 기각하기로 하여 관여 법관의 일치된 의견으로 주문과 같이 판결한다.

참고판례 ❸

대법원 1989.9.12. 선고 89도889 판결【주거침입】[공1989.11.15.(860),1608]

【이유】

상고이유를 판단한다.

원심판결 이유에 의하면, 원심은 제1심 채택의 증거와 원심채택의 증거를 종합하여 이 사건 가옥은 설시와 같은 건축의 정도로 보아 주거침입의 대상이 되는 주거라 할 수 있고, 또 이를 피해자가 점유관리하고 있었음을 인정할 수 있으니 이 사건 가옥이 가사 피고인 주장과 같이 피고인의 소유라 할지라도 주거침입죄의 성립에는 아무런 장애가 되지 아니하고 또 이 사건 범행당시 피고인과 피해자 사이에는 이 사건 가옥의 소유권에 대한 분쟁이 있어 현재까지도 그 분쟁이 계속되고 있는 사실에 비추어 볼 때, 피고인이 이 사건 가옥에 침입하는 것에 대한 피해자의 추정적 승낙이 있었다거나, 피고인의 이 사건 범행이 사회상규에 위배되지 아니한다고 볼 수 없다고 판시하고서 제1심판결을 유지하였는 바, 기록에 비추어 원심의 증거채택관계와 판단을 살펴보면 이는 정당한 조치로 수긍이 가고 거기에 지적하는 바와 같은 심리미진 또는 채증법칙위배로 인한 사실오인이나 법리오해의 위법이 있다 할 수 없으므로 이 점에 관한 논지는 이유 없다.

그러므로 상고를 기각하기로 관여 법관의 의견이 일치되어 주문과 같이 판결한다.

참조문헌

김성규, "피해자의 승낙에 관한 법리로서의 자기결정권", 비교형사법연구 제8권 제1호, 2006.7, 23면-44면

김혁돈, "추정적 의사의 확정과 절차적 정당화", 비교형사법연구 제10권 제1호, 2008.7, 1면-26면

이기헌, "추정적 승낙", 형사판례연구 제6권, 1998.7, 111면-136면

최호진, "치료행위에 있어서 환자동의의 형법적 의의", 비교형사법연구 제10권 제2호, 2008. 12, 71면-92면

하태훈, "승낙의 의사표시의 흠결과 주거침입죄의 성부", 형사판례연구 제6권, 1998.7, 223면-238면

황태정, "형법상 동의의 법적 효과와 한계", 형사법연구 제31호, 2007.6, 63면-86면

Ⅲ-5 정당행위

대상판결

대법원 2003.9.26. 선고 2003도3000 판결【폭력행위등처벌에관한법률위반】[공 2003.11.1.(189),2132]

【피 고 인】피고인 1 외 2인

【상 고 인】검사

【원심판결】창원지법 2003. 5. 13. 선고 2002노2543 판결

【주　　문】원심판결을 파기하고, 사건을 창원지방법원 본원 합의부에 환송한다.

【이　　유】

1. 원심의 인정 사실 및 판단

원심은, **피고인들이 공동하여 2002.1.13. 20:30경부터 21:30경까지 사이에 피고인 1의 남편인 공소외 1이 피해자와 사귄다는 이유로 창원시 가음정동 104-4 소재 주택(이하 '이 사건 주택'이라고 한다) 내에 있는 피해자 피해자의 방에 침입하였다**는 이 사건 공소사실에 대하여, 그 채택한 증거들을 종합하여, (1) 피고인 1은 공소외 1의 전처, 피고인 2는 피고인 1의 동생, 피고인 3은 피고인 1과 공소외 1의 아들인 사실, (2) 공소외 1은 2000.8.경부터 외출 및 외박이 많아지다가 2001.1.4. 피고인 1을 상대로 이혼소송을 제기하였고, 2001.1.5.에는 자신의 승용차를 주차하여 둔 채 차안에서 피해자와 30여분 간 이야기를 하고 포옹을 하였으며, 피고인 1이 이를 목격한 사실, (3) 공소외 1은 2001.2.경 가출하여 창원시 가음정동 667에 방을 얻어 생활하였고 피해자 역시 공소외 1의 위 거주지 부근에 있는 이 사건 주택 내에 방 1칸을 임차하여 생활한 사실, (4) **피고인 1, 피고인 2는 2002.1.13. 20:30경 피해자가 공소외 1과 함께 외출하였다가 이 사건 주택 내로 들어가는 것을 보고, 이들의 간통현장을 확보하기 위하여 근처의 가음정동 파출소에 가서 경찰관에게 동행을 요구하였으나 고소가 되지 않았다는 이유로 동행을 거절당한 사실, (5) 그 직후 피고인 2가 시정되어 있는 피해자의 집 현관문을 노크하자 피해자는 "잠깐만요"하면서 공소외 1의 신발을 감추고 문을 열어 주었고, 이에 피고인들이 피해자의 방에 들어가 피고인 1은 피해자에게 욕설을 하고, 피고인 2, 피고인 3은 피해자와 공소외 1이 함께 있는 것, 공소외 1의 옷가지, 부엌 살림살이 등에 관**

하여 사진 촬영을 한 사실, (6) 피고인 1, 피고인 3은 2002.1.20. 위 가음정동 667에 거주하는 이웃 주민으로부터 공소외 1이 일주일에 한차례 정도만 위 방에서 잔다는 사실을 확인하였고, 피해자의 집에 거주하는 이웃 주민으로부터는 공소외 1과 피해자가 부부같아 보였다는 이야기를 들은 사실, (7) 피고인 1은 2002.1.18. 창원중부경찰서에 공소외 1과 피해자를 간통으로 고소하였으나, 공소외 1과 피해자는 2002.3.27. 창원지방검찰청으로부터 증거가 없다는 이유로 무혐의 처분을 받은 사실, (8) 2002.7.19. 위 이혼청구소송의 항소심에서 공소외 1의 이혼 청구는 기각되고 피고인 1의 이혼 및 위자료 청구의 반소가 받아들여져 그 인용 판결이 선고되었고 위 판결은 그 무렵 확정된 사실을 인정하고 나서, 이에 의하면, 피고인들이 피해자의 방에 침입하게 된 동기는 피해자 및 공소외 1의 간통 현장을 목격하기 위한 것으로서 그 동기나 목적이 정당하고, 피해자의 방에 들어간 방법도 문을 부수거나 폭력적인 방법을 사용하지 않고 피해자로 하여금 시정된 문을 열게 한 것으로서 그 수단이나 방법 역시 상당하며, 위와 같은 **간통 현장에서 다른 법적 조치를 강구하여 실행할 시간적 여유가 없었던 점에 비추어 긴급성이 인정되고, 위 간통 현장을 목격하기 위하여 가음정동 파출소에 경찰의 입회를 요청하였으나 경찰이 이를 거절하였으므로 부득이 피고인들이 현장을 목격하기 위해 이 사건 범행에 이르게 된 점**에 비추어 보충성도 인정된다는 이유를 들어, 피고인들의 행위는 사회통념상 허용될 만한 정도의 상당성이 있는 것으로서 형법 제20조의 정당행위에 해당하여 범죄로 되지 아니한다고 판단하였다.

2. 이 법원의 판단

그러나 피고인들의 이 사건 주거침입 행위가 정당행위라고 본 원심의 판단은 수긍하기 어렵다.

형법 제20조 소정의 '사회상규에 위배되지 아니하는 행위"라 함은 법질서 전체의 정신이나 그 배후에 놓여 있는 사회윤리 내지 사회통념에 비추어 용인될 수 있는 행위를 말하고, 어떠한 행위가 사회상규에 위배되지 아니하는 정당한 행위로서 위법성이 조각되는 것인지는 구체적인 사정 아래서 합목적적, 합리적으로 고찰하여 개별적으로 판단되어야 하므로, 이와 같은 정당행위를 인정하려면 첫째 그 행위의 동기나 목적의 정당성, 둘째 행위의 수단이나 방법의 상당성, 셋째 보호이익과 침해이익과의 법익균형성, 넷째 긴급성, 다섯째 그 행위 외에 다른 수단이나 방법이 없다는 보충성 등의 요건을 갖추어야 한다(대법원 2002.12.26. 선고 2002도5077 판결 등 참조).

기록에 의하면, 피고인 1은 1973.경 공소외 1과 혼인을 하였는데 2000. 8.경부터 공소외 1이 휴대폰으로 여자와 자주 전화를 하고 외출, 외박을 하게 되자 공소외 1의 여자관계를 의심하게 되었고 이후 공소외 1과 이 문제로 심하게 다투다가 공소외 1을 폭행하여 그에게 상해를 가한 사실, 이로 인하여 공소외 1이 피고인 1을 상대로 위 이혼 및 위자료 청구 소송을 제기하였고 피고인 1은 혼인파탄의 책임이 공소외 1에게 있음을 이유로 공소외 1을 상대로 이혼 및 위자료의 지급을 구하는 반소를 제기하였으며, 공소외 1은 위 이혼소송 제기 직후인 2001.2. 가출한 이래 따로 방을 얻어 살면서 피고인 1과 별거를 한 사실, 피고인 1은 공소외 1과의 이혼소송을 진행하는 과정에서 공소외 1과 피해자 사이의 불륜관계를 의심하고 공소외 1과의 이혼소송에 제출할 증거자료를 수집하기 위하여 공소외 1과 피해자를 미행한 사실, 한편 피해자는 1999. 남편과 이혼을 한 후 창원시 대방동 성원아파트에서 거주하면서 이와는 별도로 공소외 1의 위 주거지에 인접한 이 사건 주택 중 부엌이 딸린 방 1개를 임차하여 가끔 그 곳에서 잠을 자는 등으로 이를 사용하였는데, 이 사건 주택은 담장 안에 마당이 있고 4가구가 각기 구분된 현관문을 통하여 출입하면서 따로 거주할 수 있는 구조로 이루어져 있으며 그 중 피해자의 방은 현관문을 통하여 부엌을 거쳐 들어가도록 되어 있는 사실, 피고인들은 2001.1. 13. 공소외 1과 피해자를 미행하다가 이들이 함께 피해자의 집으로 올 것을 예상하여 미리 이 사건 주택으로 와서 피고인 3은 먼저 이 사건 주택으로 들어가 마당에 숨어서 기다리고 있었고 피고인 1, 피고인 2는 이 사건 주택 밖에서 기다리고 있다가, 피해자와 공소외 1이 함께 승용차를 타고 와서 이 사건 주택의 대문을 잠그고 피해자의 방 안으로 들어가는 것을 보고는 피고인 3이 그 대문을 열어 피고인 1, 피고인 2가 대문안으로 들어오도록 한 다음 피해자의 방문을 두드렸고, 피해자가 방문을 열어주자 함께 방안으로 들어가 피고인 1은 피해자에게 심한 욕설을 하고 그 곳의 서랍장을 열어 보았고, 피고인 2는 부엌과 방안 내부 등에 관하여 사진 촬영을 하였으나, 공소외 1과 피해자가 그 장소에서 간통행위를 하였다는 구체적인 정황은 확인하지 못한 사실을 인정할 수 있다.

위 인정 사실에 원심이 확정한 사실관계를 종합하여 보면, 피고인들은 공소외 1과 피해자가 이 사건 주택 내의 피해자의 방에서 간통을 할 것이라는 추측하에 피고인 1과 공소외 1 사이의 이혼소송에 사용할 증거자료 수집을 목적으로 그들의 간통 현장을 직접 목격하고 그 사진을 촬영하기 위하여 이 사건 주택에 침입한 것으로서 그러한 목적이 피해자의 주거생활의 평온이라는 법익침해를 정당화할 만한 이유가 될 수 없을 뿐 아니라, 원심이 내세운 사정들을 감안하더라도 피고인들의 위와 같은 행위가 그 수단과 방법에 있어서 상당성이 인정된다고 보기도 어려우며, 공소외 1과 피해자의 간통 또는 불륜관계에 관한 증거수집을 위하여 이와 같은 주거침입이 긴급하고 불가피한 수단이었다고 볼 수도 없다.

그렇다면 피고인들의 이 사건 주거침입 행위는 형법 제20조의 정당행위로 볼 수 없다고 할 것임에도 불구하고, 원심은 그 판시와 같은 이유로 이를 정당행위라고 보고 이에 대하여 무죄를 선고하였으니, 원심판결에는 형법 제20조의 정당행위에 관한 법리를 오해한 위법이 있다고 할 것이고 이와 같은 위법은 판결에 영향을 미친 것이 명백하므로, 이 점을 지적하는 상고이유는 그 이유가 있다.

3. 그러므로 원심판결을 파기하고, 사건을 다시 심리 · 판단하도록 원심법원에 환송하기로 하여 관여 법관의 일치된 의견으로 주문과 같이 판결한다.

참조조문 형법 제20조, 제319조 제1항

법적쟁점

1. 형법 제20조 정당행위와 다른 위법성조각사유(정당방위, 긴급피난, 자구행위, 피해자의 승낙)는 어떤 관계에 있는가? 이와 관련하여 예를 들어 불법선거운동을 적발하려는 목적으로 타인의 주거에 도청장치를 설치한 행위가 위법성이 조각되지 않는 법적 근거는 무엇인가?(참고판례 1)

2. '사회상규에 위배되지 아니하는 행위'란 구체적으로 어떠한 사례를 의미하는가?(참고판례 2)

3. 근로자의 쟁의행위가 형법상 정당행위가 되기 위한 요건 및 쟁의행위의 목적 중 일부가 정당하지 못한 경우, 쟁의행위 전체의 정당성의 판단 기준은 무엇인가?(참고판례 4)

4. 의학적으로 환자에 대한 무의미한 생명연장치료를 중단한 의사의 행위가 정당행위로 평가되기 위한 요건은 무엇인가?(참고판례 6)

5. 권리행사나 직무집행의 일환으로 상대방에게 일정한 해악의 고지를 한 경우 또는 의사표시의 내용 중 일주가 상대방에 대한 경멸적 표현을 한 경우, 정당행위로 평가되기 위한 요건은 무엇인가?(참고판례 8)

참고판례 ❶

대법원 2000.3.10. 선고 99도4273 판결【폭력행위등처벌에관한법률위반】[공2000.5.1.(105),997]

【이유】

상고이유를 본다.

어떠한 행위가 위법성조각사유로서의 정당행위가 되는지의 여부는 구체적인 경우에 따라 합목적적, 합리적으로 가려야 하는바, 정당행위로 인정되려면 첫째 행위의 동기나 목적의 정당성, 둘째 행위의 수단이나 방법의 상당성, 셋째 보호법익과 침해법익의 권형성, 넷째 긴급성, 다섯째 그 행위 이외의 다른 수단이나 방법이 없다는 보충성의 요건을 모두 갖추어야 한다(대법원 1999.2.23. 선고 98도1869 판결, 1992.9.25. 선고 92도1520 판결 등 참조).

원심판결 이유에 의하면, 원심은 그 채택 증거들을 종합하여, ① 피고인과 피해자는 1997년 7월경 공소외 이○○의 소개로 알게 되어 일시 교제하였는데, 피고인은 같은 해 8월경 대전지검 천안지청에 '피해자가 피고인과 결혼할 것처럼 가장하면서 피고인을 도박판에 유인하여 금원을 편취하고, 돈을 빌려가고 갚지 않는 방법으로 금원을 편취하였을 뿐만 아니라 성명 미상의 남자와 함께 피고인을 폭행하였다'는 이유로 피해자를 사기 및 폭행 혐의로 고소하였으나, 무혐의 처리되자 다시 대전고검에 항고하였고, 위 항고에 따라 피해자는 1998. 3. 4.경 대전고검으로부터 같은 달 5일 10:00까지 위 검찰청에 출석하라는 통지서를 송달받은 사실, ② 이에 피해자는 피고인 때문에 검찰청까지 가서 조사를 받아야 한다고 생각한 나머지 이를 따지기 위하여 같은 날 22:00경 피고인에게 전화를 걸었으나 피고인이 피해자의 말을 들으려 하지 않고 전화를 끊자 이에 화가 난 피해자는 피고인을 직접 만나 따지기로 하고 공소외 1, 2와 함께 위 공소외 1의 차를 타고 같은 날 23:00경 피고인의 집까지 찾아가 피고인의 집으로 침입한 다음 피고인의 미닫이 방문을 두드린 사실, ③ 당시 **피고인은 방안에서 자고 있다가 방문 두드리는 소리에 일어나 방문을 열자마자 피해자는 왼손으로는 위 방문을, 오른손으로는 문틀을 붙잡고 피고인의 고소 때문에 검찰청까지 가서 조사를 받게 된 것을 따지려 하였고, 이에 피고인은 피해자와 이야기를 하고 싶지 않아 방문을 닫으려 하였는데, 문이 닫히는 순간 피해자의 오른손이 문과 문틀 사이에 끼이었고, 그 후 문을 닫으려는 피고인과 열려는 피해자 사이의 실랑이가 계속되는 과정에서 문짝이 떨어지자 그 앞에 있던 피해자가 넘어져 2주간의 치료를 요하는 요추부염좌 및 우측 제4수지 타박상의 각 상해를 입게 된 사실**을 인정한 다음, 피고인의 가해행위가 이루어진 시간 및 장소, 경위와 동기, 방법과 강도 및 피고인의 의사와 목적 등에 비추어 볼 때, 이를 사회통념상 허용될 만한 정도를 넘어서는 위법성이 있는 행위라고 보기는 어려우므로 이는 정당행위에 해당한다고 판단하여 피고인에 대하여 무죄를 선고하였다.

기록과 위 법리에 비추어 살펴볼 때 원심의 위와 같은 사실인정과 판단은 정당하고, 거기에 상고이유로 주장하는 바와 같이 채증법칙을 위반한 사실오인 등의 위법이 있다고 할 수 없다.

그러므로 상고를 기각하기로 하여 관여 대법관의 일치된 의견으로 주문과 같이 판결한다

*유사판례 : 대법원 1976.12.28. 선고 76도2359 판결【재물손괴】[공1977.2.1.(553),9841]

피고인은 1975.8.30 17:00경 선산군 고아면 황산동 소재 감천냇가 피고인의 소유 뽕나무밭에서 피해자인 윤팔원의 소유 암소가 뽕잎을 뜯어 먹었다는 이유로 동 암소의 고삐를 낫으로 끊고 그 옆에 있는 동인의 소유 싯가 30,000원 상당의 송아지 꼬리를 낫으로 끊어 그 효용을 해한 것이라는데 있다. 그러나 원심이 끌어 쓴 증거를 검토하여도 피고인이 송아지의 꼬리를 베었다는 사실을 입증하기에 충분하다고 인정될 수 없으니 필경 원판결은 증거 없이 사실을 인정한 위법이 있다고 하겠고, 뽕밭을 유린하는 소의 고삐가 나무에 얽혀 풀 수 없는 상황 하에서 고삐를 낫으로 끊고 소를 밭에서 끌어냄은 사회상규상 용인된다고 하겠으니 특단의 사정이 없는 한 처벌할 수 없다 하겠다.

*유사판례 : 대법원 1997.3.28. 선고 95도2674 판결【폭력행위등처벌에관한법률위반】[공1997.5.1.(33),1289]

일반인의 출입이 허용된 음식점이라 하더라도, 영업주의 명시적 또는 추정적 의사에 반하여 들어간 것이라면 주거침입죄가 성립된다 할 것이다. 그런데, 원심이 인용한 제1심판결이 채용한 증거들에 의하면, **이 사건 음식점에는 1992. 12.11. 08:00경 평소 이 음식점을 종종 이용하여 오던 부산시장 등 기관장들의 조찬모임이 예약되어 있었던 사실, 피고인들은 같은 달 10. 12:00경 그 조찬모임에서의 대화 내용을 도청하기 위한 도청용 송신기를 설치할 목적으로 손님을 가장하여 이 음식점에 들어간 사실**을 알 수 있는바, 사정이 이와 같다면 영업자인 피해자가 출입을 허용하지 않았을 것으로 보는 것이 경험칙에 부합한다 할 것이므로, 피고인들은 모두 주거침입죄의 죄책을 면할 수 없다(대법원 1978.10.10. 선고 75도2665 판결 참조). 그리고 원심판결 이유에 의하면, 원심은 정당행위로 인정되기 위하여는 행위의 동기나 목적의 정당성뿐만 아니라 행위의 수단이나 방법의 상당성, 보호법익과 침해이익과의 법익균형성, 긴급성, 보충성 등의 요건을 갖추어야 할 것이라고 한 다음, 피고인들의 이 사건 범행이 비록 불법선거운동을 적발하려는 목적으로 이루어진 것이라고 하더라도, 이 사건에서와 같이 타인의 주거에 도청장치를 설치하는 행위는 그 수단과 방법의 상당성을 결하는 것으로서 정당행위에 해당하지 않는다고 판단하였는바, 기록과 대조하여 검토하여 보면, 원심의 판단은 정당하고 소론과 같은 위법이 있다고 볼 수 없다.

참고판례 ❷

대법원 1988.2.23. 선고 87도2358 판결【특정범죄가중처벌등에관한법률위반】[공1988.4.15.(822),623]

【이유】

각 상고이유에 대하여 판단한다.

1. 피고인 1과 그의 사선변호인 변호사 김성만, 피고인 2의 사선변호인 변호사 설동훈, 피고인 4, 국선변호인 변호사 이남진의 위 피고인들에 대한 각 상고이유 제1점에 대하여,

위 논지의 요지는, 피고인 1은 피해자를 구타한 사실이 없으며, 피해자를 사망에 이르게 한 제1심판시의 두번째의 고문행위는 피고인이 참고인으로 연행되어 온 하ㅇㅇ에 대한 수사기록을 가지러 제14

호 신문실에 간 사이에 부하직원들인 상피고인들에 의하여 저질러졌다는 것이고, 피고인 2는 역시 피해자를 구타한 사실 및 피해자의 양손 또는 양발을 수건으로 결박한 사실이 없으며 두번째의 고문행위시 자신이 욕조 물속에 들어가 한번 피해자의 머리를 욕조 물속으로 눌렀으나 물이 차거워서 곧 물밖으로 나와 욕조의 턱위에 서 있는 사이에 상피고인 3, 5, 4 등이 피해자에 대한 고문행위를 수차 반복하는 과정에서 피해자가 경부압박으로 인하여 질식사하게 되었다는 것이고, 피고인 4는 상피고인 1의 지시에 따라 범행현장에서 떨어진 제14호 신문실에서 참고인 하○○을 감시하고 있었으며, 그 후 범행현장인 제9호 신문실에 있을 때에는 고문행위가 거의 끝나 있어 피고인 1의 지시에 따라 그곳 욕조 턱에 축 늘어져 있던 위 피해자의 다리를 잡아 침대로 옮겼을 뿐이라고 각 변소하면서, 위 각 변소사실을 뒷받침할 만한 증거가 있음에도 불구하고, 자기들의 책임이 무거워질 것을 두려워하여 책임전가에만 급급한 상피고인들의 상호 모순된 검찰에서의 진술 및 신빙성이 없는 제1심증인 하종문의 증언 등을 믿어, 위 피고인들의 변소를 받아 주지 아니한 채 제1심판시의 이 사건 범죄사실을 인정하였으니 이는 채증법칙을 위배하거나 심리미진으로 인하여 사실을 오인한 위법이 있다고 함에 있다.

그러나 공판정에 현출된 증거로서 증거능력이 있는 이상 법원은 자유로운 심증에 따라 그중 일부증거를 믿고. 이에 배치되는 증거를 배척할 수 있다할 것인 바, 원심판결과 원심이 유지한 제1심판결이 들고 있는 증거를 기록과 대조하여 검토하여 볼 때, 위 피고인들의 각 변소사실에 일부 부합하는 증거를 배척하고 나머지 증거에 의하여 위 피고인들의 판시 범죄사실을 인정한 원심판결에 채증법칙을 위반하고 심리를 다하지 아니하여 사실을 그릇 인정하였다고 볼만한 위법을 가려낼 수 없으므로 논지는 모두 이유 없다.

2. … 생략

3. 피고인들의 국선변호인 변호사 이남진, 피고인 3의 사선변호인 변호사 변갑규, 피고인 5 , 4의 각 상고이유 중 책임조각사유 주장에 대하여,

피고인 2 3, 같은 반○○, 4 등의 원판시 소위는 상사인 상피고인 1의 명령에 따른 정당한 행위에 해당하거나 절대적 복종관계에 기한 강요된 행위이기 때문에 책임이 조각되어야 한다고 주장하나, 공무원이 그 직무를 수행함에 있어 상관은 하관에 대하여 범죄행위 등 위법한 행위를 하도록 명령할 직권이 없는 것이며, 또한 하관은 소속 상관의 적법한 명령에 복종할 의무는 있으나 그 명령이 참고인으로 소환된 사람에게 가혹행위를 가하라는 등과 같이 명백한 위법 내지 불법한 명령인 때에는 이는 벌써 직무상의 지시명령이라 할 수 없으므로 이에 따라야 할 의무는 없다 할 것이고(당원 1980.5.20 선고 80도306 판결 참조), 설령 치안본부 대공수사단 직원은 상관의 명령에 절대 복종하여야 한다는 것이 그 주장과 같이 불문률로 되어있다 할지라도, 국민의 기본권인 신체의 자유를 침해하는 고문행위등이 금지되어 있는 우리의 국법질서에 비추어 볼 때 그와 같은 불문률이 있다는 점만으로는 이 사건 판시 범죄와 같이 중대하고도 명백한 위법명령에 따른 행위가 정당한 행위에 해당하거나 강요된 행위로서 적법행위에 대한 기대가능성이 없는 경우에 해당하게 되는 것이라고는 볼 수 없고 더우기 일건기록에 비추어 볼 때 위와 같은 위법한 명령이 피고인들이 저항할 수 없는 폭력이나 방어할 방법이 없는 협박에 상당한 것이라고 인정되지 않을 뿐 아니라 같은 피고인들이 그 당시 그와 같은 위법한 명령을 거부할 수 없는 특별한 상황에 있었기 때문에 적법행위를 기대할 수 없었다고 볼만한 아무런 자료도 찾아볼 수 없으므로 같은 취지로 위 피고인들의 주장을 배척한 원심의 조처는 정당하고, 논지는 이유없다(위 당원 80도306 판결 참조).

4. … 생략

5. 따라서 상고를 기각하고, 상고후의 구금일수 중 각 일부를 피고인들에 대한 각 본형에 산입하기로 관여법관의 의견이 일치되어 주문과 같이 판결한다.

* 유사판례 : 대법원 1999.4.23. 선고 99도636 판결【국가안전기획부법위반 · 공직선거및선거부정방지법위반 · 통신비밀보호법위반 · 출판물에의한명예훼손 · 명예훼손】[공1999.6.1.(83),1100]

어떠한 행위가 위법성조각사유로서 정당행위가 되는지 여부는 구체적인 경우에 따라 합목적적, 합리적으로 가려져야 할 것인바, 정당행위를 인정하려면, 첫째 그 행위의 동기나 목적의 정당성, 둘째 행위의 수단이나 방법의 상당성, 셋째 보호법익과 침해법익의 권형성, 넷째 긴급성, 다섯째 그 행위 이외의 다른 수단이나 방법이 없다는 보충성의 요건을 모두 갖추어야 한다(대법원 1999.1.26. 선고 98도3029 판결, 1992.9.25. 선고 92도1520 판결 등 참조). 원심이 확정한 사실에 의하면, 피고인은 국가안전기획부장의 비서실장으로서 국가기관인 국가안전기획부(이하 '안기부'라 한다)의 자금으로 허위의 사실로 특정 후보를 비방하는 내용의 책자를 발간 · 배포하거나 기사를 게재하도록 하였다는 것이어서, 그러한 책자의 발간 · 배포나 기사의 게재가 상관의 지시에 따른 것인지 여부를 불문하고 위와 같은 정당행위의 요건을 갖추었다고는 볼 수 없으므로, 피고인의 행위가 정당행위로서 위법성이 조각되는 것은 아니라고 판단한 원심판결은 정당하고, 거기에 위법성조각사유에 관한 법리오해의 위법이 있다고 할 수 없다. 이 점에 관한 상고이유의 주장도 이유 없다.

참고판례 ❸

대법원 1991.5.14. 선고 91도513 판결【상해】[공1991.7.1,(899),1683]

【이유】

상고이유를 본다.

원심인용의 제1심판결이 든 증거에 의하면 피고인에 대한 이 사건 범죄사실을 인정할 수 있고 그 증거의 취사과정도 정당하여 원심판결에 지적하는 바와 같은 채증법칙을 어긴 위법이 없다.

피고인이 피해자를 엎드러지게 한 후 몽둥이와 당구큐대로 그의 둔부를 때려 3주간의 치료를 요하는 우둔부심부혈종좌이부좌상을 입혔다면 비록 피고인이 학생주임을 맡고 있는 교사로서 제자인 피해자를 훈계하기 위한 것이었다 하더라도 이는 징계의 범위를 넘는 것으로서 형법 제20조의 정당행위에는 해당하지 아니한다 할 것이므로 같은 취지의 원심판결은 정당하고 거기에 지적하는 바와 같은 법리오해의 위법이 없다.

내세우는 판례는 이 사건과 사안을 달리하여 적절한 것이 아니다. 주장은 모두 이유없다.

그러므로 상고를 기각하기로 관여법관의 일치된 의견으로 주문과 같이 판결한다.

* 유사판례 : 대법원 1991.5.28. 선고 90다17972 판결【손해배상(기)】[공1991.7.15.(900),1741]

원심판결 이유에 의하면 원심은 그 거시의 증거를 종합하여 **피고 산하 공업고등학교의 전자계산기 과목 담당교사인 공소외인이 1985.10.19. 통신설비과 제1학년 2반의 수업에 들어가서 며칠 전에 수업시간에 가지고 오라고 이야기 한 시험지를 피해자를 비롯한 수명의 학생이 가지고 오지 않았다는 이유로 빗자루 막대기로 그 학생들의 종아리를 2대씩 때리는데 피해자가 욕설을 하므로 그를 교단 앞에 꿇어 앉힌 후 수업시간이 끝날 때까지 계속하여 주먹으로 뺨과 머리를 수십회 구타하여 이로 인하여 피해자가 평소 근시이던 우안에 망막박리의 병증이 생겨 그달 29. 망막박리유착수술을 받고 일단 완**

치된 후 퇴원하였으나 색약현상이 계속되다가 1988.2. 말경 다시 망막박리증세가 나타나 결국 실명하기에 이르렀으며 눈의 망막박리증세는 근시인 사람의 머리에 충격을 가하면 발생할 가능성이 많은 사실을 인정한 다음 피해자 인 선정자 1의 실명의 원인이 된 망막박리증상은 피고의 피용자인 소외인의 직무집행상의 과실있는 불법행위로 인하여 발생한 것이므로 피고는 손해배상책임이 있다고 판시하였는바, 기록에 의하여 살펴보면 소외 인의 위와 같은 이 사건 폭행행위에 관한 원심의 증거취사와 사실인정은 수긍이 가고 거기에 소론과 같은 채증법칙위배나 심리미진 또는 이유불비의 위법이 있다고 볼 수 없다. 교사의 학생에 대한 체벌이 징계권의 행사로서 정당행위에 해당하려면 그 체벌이 교육상의 필요가 있고 다른 교육적 수단으로는 교정이 불가능하여 부득이한 경우에 한하는 것이어야 할 뿐만 아니라 그와 같은 경우에도 그 체벌의 방법과 정도에는 사회관념상 비난받지 아니할 객관적 타당성이 있지 않으면 안된다고 할 것인데(당원 1988.1.12. 선고 87다카2240 판결; 1990.10.30. 선고 90도1459 판결 등 참조), 원심이 인정한 이 사건 체벌의 경위, 방법과 정도 및 이로 인한 상해의 부위 등에 비추어 볼 때 소외인의 체벌행위는 일반적으로 용인되는 교육업무상의 정당한 행위를 벗어난 위법행위에 해당한다 할 것이므로 같은 취지의 원심의 판단은 정당하고 논지는 이유없다.

참고판례 ❹

대법원 2008.9.11. 선고 2004도746 판결【업무방해 · 노동조합및노동관계조정법위반 · 집회및시위에관한법률위반 · 국가공무원법위반(인정된죄명:청원경찰법위반)】[공보불게재]

【이유】

근로자의 쟁의행위가 형법상 정당행위가 되기 위해서는 우선 그 주체가 단체교섭의 주체로 될 수 있는 자이어야 하고, 그 목적이 근로조건의 향상을 위한 노사간의 자치적 교섭을 조성하는 데에 있어야 하며, 사용자가 근로자의 근로조건 개선에 관한 구체적인 요구에 대하여 단체교섭을 거부하였을 때 개시하되 특별한 사정이 없는 한 조합원의 찬성결정 등 법령이 규정한 절차를 거쳐야 하고, 그 수단과 방법이 사용자의 재산권과 조화를 이루어야 함은 물론, 폭력의 행사에 해당되지 아니하여야 한다는 여러 조건을 모두 구비하여야 하며(대법원 2001.10.25. 선고 99도4837 판결 등 참조), 쟁의행위에서 추구되는 목적이 여러 가지이고 그 중 일부가 정당하지 못한 경우에는 주된 목적 내지 진정한 목적의 당부에 의하여 그 쟁의 목적의 당부를 판단하여야 한다(대법원 2003.12.26. 선고 2001도1863 판결, 2004.4.9. 선고 2002도7368 판결 등 참조).

원심판결 이유에 의하면 원심은, 그 채용 증거에 의하여 판시 사실을 인정한 다음, **사용자측이 임금교섭에 대하여는 적극적이었음에도 조종사 노조는 임금협상은 포기하더라도 외국인 조종사의 채용 및 관리, 운항규정심의위원회구성 등에 관한 보충협약 체결에 대하여 이를 철회하지 않을 것임을 분명히 하여 임금교섭의 구체적인 진전이 없었던 이상 조종사 노조의 단체교섭의 주된 목적은 임금교섭이 아닌 위 보충협약 부분이라 할 것인데, 위 보충협약 부분 중 가장 쟁점이 된 외국인 조종사의 채용 및 관리에 관한 조종사 노조측의 제시 요구안은 외국인 조종사의 채용을 2001.6.30.자로 동결하고 외국인 부기장을 채용할 수 없도록 하는 등 사용자의 경영권을 본질적으로 침해하는 내용이어서 단체교섭의 대상이 될 수 없는 사항**이므로, 그 주장의 관철을 목적으로 한 2001.6.경의 이 사건 쟁의행위는 그 목적에 있어서 정당하다고 할 수 없어 목적의 정당성을 결여하였고, 판시와 같은 이유로 쟁의행위의 시기 · 수단 · 방법에 있어서도 정당성의 한계를 벗어났으므로, 이 사건 쟁의행위는 정당행위라고 볼 수 없다고 판단하여, 이 사건 업무방해의 범죄사실을 유죄로 인정하였다.

앞서 본 법리와 기록에 의하여 살펴보면, 원심의 위와 같은 사실인정과 판단은 정당하고, 그 사실인정과 판단에 상고이유 주장과 같은 채증법칙을 위반하였거나 파업 목적의 정당성 등에 관한 법리를 오해하는 등의 위법이 없다. 원심의 판단 중 평화의무 위반에 관한 부분은 파업 목적의 정당성에 관한 원심의 위와 같은 판단에 잘못이 있을 경우를 가정하여 원심이 판단한 부분인데, 위에서 본 바와 같이 파업목적의 정당성에 관한 원심의 판단이 정당한 이상, 원심의 위와 같은 가정적 판단 부분은 판결 결과에 아무런 영향이 없으므로, 원심에 평화의무에 관한 법리를 오해한 위법이 있다는 상고이유의 주장은 더 나아가 판단하지 아니한다.

*유사판례 : 대법원 2007.12.28. 선고 2007도5204 판결【업무방해 · 폭력행위등처벌에관한법률위반(공동주거침입)】[공2008상,187] ; 대법원 2008.1.18. 선고 2007도1557 판결【업무방해 · 절도 · 상해 · 폭력행위등처벌에관한법률위반(야간공동협박) · 폭행 · 모욕 · 특수협박(일부인정된죄명:협박) · 공무집행방해 · 집회및시위에관한법률위반】[공보불게재]

참고판례 ❺

대법원 1997.11.14. 선고 97도2118 판결【살인 · 폭력행위등처벌에관한법률위반】[공1997.12.15.(48),3914]

【이유】

피고인과 변호인들의 상고이유를 함께 본다.

1. 이 사건 공소사실은 **피고인이 피해자 안○○를 살해하고 그 과정에서 피해자 김○○를 흉기를 휴대하여 감금하였다**는 내용의 살인 및 폭력행위등처벌에관한법률위반의 범죄이므로, 검사가 이 사건 공소를 제기하기에 앞서 피고인의 이러한 주장을 뒷받침하는, 이른바, 위 피해자 안○○가 백범 김구를 암살한 배후를 충분히 조사하지 아니하였다는 이유를 들어 그 공소가 부적법하다고 할 수는 없다.

같은 취지의 원심판단은 정당하고, 거기에 상고이유로 주장하는바와 같은 위법이 있다고 할 수 없다.

2. 사람을 살해하는 행위는 어떠한 수단이나 목적을 위하여도 결코 정당화될 수 없는 것이다.

원심판결 이유에 의하면, 원심은 어떠한 행위가 형법 제20조 소정의 사회상규에 위배되지 않는 행위로 판단되기 위하여서는 그 범행의 동기, 행위자의 의사, 목적과 수단의 정당성, 그로 인한 법익침해의 정도 등을 종합적으로 고려하여 사회통념상 용인될 정도의 상당성이 있다고 인정되어야 하고, 그와 같은 판단에는 법질서 전체의 정신이나 그 배후에 놓여 있는 사회윤리가 그 판단의 기준이 되어야 할 것이라고 한 다음, 피고인의 이 사건 범행의 동기나 목적은 주관적으로는 정당성을 가진다고 하더라도 우리 법질서 전체의 관점에서는 사회적으로 용인될 수 있을 만한 정당성을 가진다고 볼 수 없고, 나아가 피고인은 그 처단의 방법으로 살인을 선택하였으나 우리나라의 현재 상황이 위 안○○를 살해하여야 할 만큼 긴박한 상황이라고 볼 수 없을 뿐만 아니라 민족정기를 세우기 위하여서는 위 안○○를 살해하지 아니하면 안된다는 필연성이 있다고 받아들이기도 어렵다고 하여, 결국 피고인의 이 사건 각 범행이 사회상규에 위배되지 아니하는 행위로서 정당행위에 해당한다고 볼 수 없는 것이라고 판단하였다.

기록에 비추어 살펴보면, 원심의 이러한 판단은 정당한 것으로 수긍할 수 있고, 달리 초법규적인 위법성 조각사유를 인정할 수도 없는 것이므로, 원심판결에 상고이유로 주장하는바와 같은 채증법칙 위반이나 심리미진, 논리칙 위반, 헌법 전문과 형법 제250조, 제20조에 관한 법리를 오해한 위법이 있다고 할 수 없다.

3. 징역 10년 미만의 형이 선고된 이 사건에 있어서 그 형의 양정이 무겁다는 사유는 적법한 상고이유가 되지 못한다.

4. 그러므로 상고를 기각하고 상고 후의 구금일수 중 일부를 본형에 산입하기로 하여 관여 법관의 일치된 의견으로 주문과 같이 판결한다.

참고판례 ❻

대법원 2009.5.21. 선고 2009다17417 전원합의체 판결【무의미한연명치료장치제거등】[공2009상,849]

【판시사항】

[1] 의료계약에 따른 진료의무의 내용

[2] 연명치료 중단의 허용 기준

[3] 연명치료 중단의 요건으로서 환자가 회복불가능한 사망의 단계에 진입하였고 연명치료 중단을 구하는 환자의 의사를 추정할 수 있다고 한 사례

【판결요지】

[1] 환자가 의사 또는 의료기관(이하 '의료인'이라 한다)에게 진료를 의뢰하고 의료인이 그 요청에 응하여 치료행위를 개시하는 경우에 의료인과 환자 사이에는 의료계약이 성립된다. 의료계약에 따라 의료인은 질병의 치료 등을 위하여 모든 의료지식과 의료기술을 동원하여 환자를 진찰하고 치료할 의무를 부담하며 이에 대하여 환자 측은 보수를 지급할 의무를 부담한다. 질병의 진행과 환자 상태의 변화에 대응하여 이루어지는 가변적인 의료의 성질로 인하여, 계약 당시에는 진료의 내용 및 범위가 개괄적이고 추상적이지만, 이후 질병의 확인, 환자의 상태와 자연적 변화, 진료행위에 의한 생체반응 등에 따라 제공되는 진료의 내용이 구체화되므로, 의료인은 환자의 건강상태 등과 당시의 의료수준 그리고 자기의 지식경험에 따라 적절하다고 판단되는 진료방법을 선택할 수 있는 상당한 범위의 재량을 가진다. 그렇지만 환자의 수술과 같이 신체를 침해하는 진료행위를 하는 경우에는 질병의 증상, 치료방법의 내용 및 필요성, 발생이 예상되는 위험 등에 관하여 당시의 의료수준에 비추어 상당하다고 생각되는 사항을 설명하여, 당해 환자가 그 필요성이나 위험성을 충분히 비교해 보고 그 진료행위를 받을 것인지의 여부를 선택하도록 함으로써 그 진료행위에 대한 동의를 받아야 한다. 환자의 동의는 헌법 제10조에서 규정한 개인의 인격권과 행복추구권에 의하여 보호되는 자기결정권을 보장하기 위한 것으로서, 환자가 생명과 신체의 기능을 어떻게 유지할 것인지에 대하여 스스로 결정하고 진료행위를 선택하게 되므로, 의료계약에 의하여 제공되는 진료의 내용은 의료인의 설명과 환자의 동의에 의하여 구체화된다.

[2] [다수의견] (가) 의학적으로 환자가 의식의 회복가능성이 없고 생명과 관련된 중요한 생체기능의 상실을 회복할 수 없으며 환자의 신체상태에 비추어 짧은 시간 내에 사망에 이를 수 있음이 명백한 경우(이하 '회복불가능한 사망의 단계'라 한다)에 이루어지는 진료행위(이하 '연명치료'라 한다)는, 원인이 되는 질병의 호전을 목적으로 하는 것이 아니라 질병의 호전을 사실상 포기한 상태에서 오로지 현 상태를 유지하기 위하여 이루어지는 치료에 불과하므로, 그에 이르지 아니한 경우와는 다른 기준

으로 진료중단 허용 가능성을 판단하여야 한다. 이미 의식의 회복가능성을 상실하여 더 이상 인격체로서의 활동을 기대할 수 없고 자연적으로는 이미 죽음의 과정이 시작되었다고 볼 수 있는 회복불가능한 사망의 단계에 이른 후에는, 의학적으로 무의미한 신체 침해 행위에 해당하는 연명치료를 환자에게 강요하는 것이 오히려 인간의 존엄과 가치를 해하게 되므로, 이와 같은 예외적인 상황에서 죽음을 맞이하려는 환자의 의사결정을 존중하여 환자의 인간으로서의 존엄과 가치 및 행복추구권을 보호하는 것이 사회상규에 부합되고 헌법정신에도 어긋나지 아니한다. 그러므로 회복불가능한 사망의 단계에 이른 후에 환자가 인간으로서의 존엄과 가치 및 행복추구권에 기초하여 자기결정권을 행사하는 것으로 인정되는 경우에는 특별한 사정이 없는 한 연명치료의 중단이 허용될 수 있다. 한편, 환자가 회복불가능한 사망의 단계에 이르렀는지 여부는 주치의의 소견뿐 아니라 사실조회, 진료기록 감정 등에 나타난 다른 전문의사의 의학적 소견을 종합하여 신중하게 판단하여야 한다.

(나) 환자가 회복불가능한 사망의 단계에 이르렀을 경우에 대비하여 미리 의료인에게 자신의 연명치료 거부 내지 중단에 관한 의사를 밝힌 경우(이하 '사전의료지시'라 한다)에는, 비록 진료 중단 시점에서 자기결정권을 행사한 것은 아니지만 사전의료지시를 한 후 환자의 의사가 바뀌었다고 볼 만한 특별한 사정이 없는 한 사전의료지시에 의하여 자기결정권을 행사한 것으로 인정할 수 있다. 다만, 이러한 사전의료지시는 진정한 자기결정권 행사로 볼 수 있을 정도의 요건을 갖추어야 하므로 의사결정능력이 있는 환자가 의료인으로부터 직접 충분한 의학적 정보를 제공받은 후 그 의학적 정보를 바탕으로 자신의 고유한 가치관에 따라 진지하게 구체적인 진료행위에 관한 의사를 결정하여야 하며, 이와 같은 의사결정 과정이 환자 자신이 직접 의료인을 상대방으로 하여 작성한 서면이나 의료인이 환자를 진료하는 과정에서 위와 같은 의사결정 내용을 기재한 진료기록 등에 의하여 진료 중단 시점에서 명확하게 입증될 수 있어야 비로소 사전의료지시로서의 효력을 인정할 수 있다.

(다) 한편, 환자의 사전의료지시가 없는 상태에서 회복불가능한 사망의 단계에 진입한 경우에는 환자에게 의식의 회복가능성이 없으므로 더 이상 환자 자신이 자기결정권을 행사하여 진료행위의 내용 변경이나 중단을 요구하는 의사를 표시할 것을 기대할 수 없다. 그러나 환자의 평소 가치관이나 신념 등에 비추어 연명치료를 중단하는 것이 객관적으로 환자의 최선의 이익에 부합한다고 인정되어 환자에게 자기결정권을 행사할 수 있는 기회가 주어지더라도 연명치료의 중단을 선택하였을 것이라고 볼 수 있는 경우에는, 그 연명치료 중단에 관한 환자의 의사를 추정할 수 있다고 인정하는 것이 합리적이고 사회상규에 부합된다. 이러한 환자의 의사 추정은 객관적으로 이루어져야 한다. 따라서 환자의 의사를 확인할 수 있는 객관적인 자료가 있는 경우에는 반드시 이를 참고하여야 하고, 환자가 평소 일상생활을 통하여 가족, 친구 등에 대하여 한 의사표현, 타인에 대한 치료를 보고 환자가 보인 반응, 환자의 종교, 평소의 생활 태도 등을 환자의 나이, 치료의 부작용, 환자가 고통을 겪을 가능성, 회복불가능한 사망의 단계에 이르기까지의 치료 과정, 질병의 정도, 현재의 환자 상태 등 객관적인 사정과 종합하여, 환자가 현재의 신체상태에서 의학적으로 충분한 정보를 제공받는 경우 연명치료 중단을 선택하였을 것이라고 인정되는 경우라야 그 의사를 추정할 수 있다.

(라) 환자 측이 직접 법원에 소를 제기한 경우가 아니라면, 환자가 회복불가능한 사망의 단계에 이르렀는지 여부에 관하여는 전문의사 등으로 구성된 위원회 등의 판단을 거치는 것이 바람직하다.

[대법관 이홍훈, 김능환의 반대의견] 생명에 직결되는 진료에서 환자의 자기결정권은 소극적으로 그 진료 내지 치료를 거부하는 방법으로는 행사될 수 있어도 이미 환자의 신체에 삽입, 장착되어 있

는 인공호흡기 등의 생명유지장치를 제거하는 방법으로 치료를 중단하는 것과 같이 적극적인 방법으로 행사되는 것은 허용되지 아니한다. 환자가 인위적으로 생명을 유지, 연장하기 위한 생명유지장치의 삽입 또는 장착을 거부하는 경우, 특별한 사정이 없는 한, 비록 환자의 결정이 일반인의 관점에서는 비합리적인 것으로 보이더라도 의료인은 환자의 결정에 따라야 하고 일반적인 가치평가를 이유로 환자의 자기결정에 따른 명시적인 선택에 후견적으로 간섭하거나 개입하여서는 아니 된다. 그러나 이와는 달리, 이미 생명유지장치가 삽입 또는 장착되어 있는 환자로부터 생명유지장치를 제거하고 그 장치에 의한 치료를 중단하는 것은 환자의 현재 상태에 인위적인 변경을 가하여 사망을 초래하거나 사망시간을 앞당기는 것이므로, 이미 삽입 또는 장착되어 있는 생명유지장치를 제거하거나 그 장치에 의한 치료를 중단하라는 환자의 요구는 특별한 사정이 없는 한 자살로 평가되어야 하고, 이와 같은 환자의 요구에 응하여 생명유지장치를 제거하고 치료를 중단하는 것은 자살에 관여하는 것으로서 원칙적으로 허용되지 않는다. 다만, 생명유지장치가 삽입, 장착되어 있는 상태에서도 환자가 몇 시간 또는 며칠 내와 같이 비교적 아주 짧은 기간 내에 사망할 것으로 예측, 판단되는 경우에는, 환자가 이미 돌이킬 수 없는 사망의 과정에 진입하였고 생명유지장치에 의한 치료는 더 이상 의학적으로 의미가 없으며 생명의 유지, 보전에 아무런 도움도 주지 못하는 것이므로, 이 때에는 생명유지장치를 제거하고 치료를 중단하는 것이 허용된다.

[대법관 김지형, 박일환의 별개의견] 환자의 사전의료지시가 없는 상태에서 회복불가능한 사망의 단계에 진입한 경우, 이러한 상태에 있는 환자는 법적으로 심신상실의 상태에 있는 자로 보아야 한다. 민법상 심신상실의 상태에 있는 자에 대하여는 금치산을 선고할 수 있으며 금치산이 선고된 경우에는 후견인을 두게 되는데, 그 후견인은 금치산자의 법정대리인이 되며 금치산자의 재산관리에 관한 사무를 처리하는 외에 금치산자의 요양, 감호에 관하여 일상의 주의를 기울여야 하는 의무를 부담한다. 따라서 후견인은 금치산자의 요양을 위하여 금치산자를 대리하여 의사와 의료계약을 체결할 수 있음은 당연하며, 그 의료계약 과정에서 이루어지는 수술 등 신체를 침해하는 행위에 관하여는 의사로부터 설명을 듣고 금치산자를 위한 동의 여부에 관한 의사를 표시할 수 있고, 마찬가지로 진료행위가 개시된 후라도 금치산자의 최선의 이익을 위하여 필요하다고 인정되는 범위 내에서는 그 진료행위의 중단 등 의료계약 내용의 변경을 요구하는 행위를 할 수 있다. 다만, 진료행위가 금치산자 본인의 생명과 직결되는 경우에는 그 중단에 관한 환자 본인의 자기결정권이 제한되는 것과 마찬가지로 후견인의 행위는 제한되어야 하고, 환자의 자기결정권에 의한 연명치료 중단이 허용될 수 있는 경우라고 하더라도 후견인이 금치산자의 생명에 관한 자기결정권 자체를 대리할 수는 없으므로 후견인의 의사만으로 그 연명치료의 중단이 허용된다고 할 수 없다. 그렇다면 회복불가능한 사망의 단계에 이른 경우에 이루어지는 연명치료의 계속이 금치산자인 환자 본인에게 무익하고 오히려 인간으로서의 존엄과 가치를 해칠 염려가 있어 이를 중단하는 것이 환자 본인의 이익을 보호하는 것이라고 하더라도, 이는 항상 금치산자인 환자 본인의 생명 보호에 관한 법익 제한의 문제를 낳을 우려가 있으므로, 민법 제947조 제2항을 유추적용하여 후견인은 의료인에게 연명치료의 중단을 요구하는 것이 금치산자의 자기결정권을 실질적으로 보장할 수 있는 최선의 판단인지 여부에 관하여 법원의 허가를 받아야 하고, 이에 관하여는 가사소송법, 가사소송규칙, 비송사건절차법 등의 규정에 따라 가사비송절차에 의하여 심리 · 판단을 받을 수 있다. 한편, 이와 같이 비송절차에 의하여 연명치료 중단에 관한 법원의 허가를 받는 것이 가능하다고 하더라도, 환자 측이 반드시 비송절차에 따른 허가를 받아야 하는 것은 아니고 소송

절차에 의하여 기판력 있는 판결을 구하는 것도 가능하다.

[3] [다수의견] 담당 주치의, 진료기록 감정의, 신체 감정의 등의 견해에 따르면 환자는 현재 지속적 식물인간상태로서 자발호흡이 없어 인공호흡기에 의하여 생명이 유지되는 상태로서 회복불가능한 사망의 단계에 진입하였고, 환자의 일상생활에서의 대화 및 현 상태 등에 비추어 볼 때 환자가 현재의 상황에 관한 정보를 충분히 제공받았을 경우 현재 시행되고 있는 연명치료를 중단하고자 하는 의사를 추정할 수 있다.

[대법관 안대희, 양창수의 반대의견] 환자가 회복불가능한 사망의 단계에 이르렀는지를 판단할 때 환자를 계속적으로 진료하여 옴으로써 환자의 상태를 직접적으로 얻은 자료에 의하여 가장 잘 알고 있을 담당 주치의의 의견은 단지 의료기록만을 통하여 환자의 상태에 접근한 다른 전문가의 견해에 비교하여 그에 일정한 무게를 두지 않을 수 없는바, 담당 주치의의 의견에 의하면 환자가 회복불가능한 사망의 단계에 진입했다고 단정할 수 없고, 연명치료의 중단을 환자의 자기결정권에 의하여 정당화하는 한, 그 '추정적 의사'란 환자가 현실적으로 가지는 의사가 객관적인 정황으로부터 추단될 수 있는 경우에만 긍정될 수 있으며 다수의견이 말하는 바와 같은 '가정적 의사' 그 자체만으로 이를 인정할 수 없는바, 연명치료 중단에 관한 환자의 추정적 의사를 인정할 근거가 부족하다.

[대법관 이홍훈, 김능환의 반대의견] 환자가 생명유지장치인 인공호흡기가 이미 삽입, 장착되어 있는 상태에서 그 장치의 제거를 구하는 것이 정당하려면 생명유지장치가 삽입, 장착되어 있는 상태에서도 환자가 비교적 아주 짧은 기간 내에 사망할 것으로 예측, 판단되는 돌이킬 수 없는 사망의 과정에 진입하였다는 점이 전제되어야 하는데, 환자가 아직 뇌사 상태에는 이르지 아니한 지속적 식물인간 상태이고 기대여명이 적어도 4개월 이상이므로, 이러한 경우 환자가 돌이킬 수 없는 사망의 과정에 진입하였다고 할 수는 없다.

【참조조문】

[1] 헌법 제10조, 민법 제680조 / [2] 헌법 제10조, 민법 제12조, 제680조, 제689조 제1항, 제947조, 장기등 이식에 관한 법률 제3조 제4호, 제39조, 응급의료에 관한 법률 제2조, 제3조, 제6조 제2항, 제9조 제2항, 응급의료에 관한 법률 시행규칙 제2조 / [3] 헌법 제10조, 민법 제680조, 제689조 제1항

【참조판례】

[1] 대법원 1992. 5. 12. 선고 91다23707 판결(공1992, 1831), 대법원 1994. 4. 15. 선고 92다25885 판결(공1994상, 1434), 대법원 2002. 10. 25. 선고 2002다48443 판결(공2002하, 2867), 대법원 2007. 5. 31. 선고 2005다5867 판결(공2007하, 949)

【원고, 피상고인】 원고 (소송대리인 변호사 신현호외 1인)

【피고, 상고인】 학교법인 연세대학교 (소송대리인 변호사 이동필외 1인)

【원심판결】 서울고법 2009. 2. 10. 선고 2008나116869 판결

【주 문】 상고를 기각한다. 상고비용은 피고가 부담한다.

【이 유】 상고이유를 판단한다.

1. 연명치료 중단의 허용기준에 관한 상고이유에 대하여

가. 의료계약에 따른 진료의무의 내용

환자가 의사(의사) 또는 의료기관(이하 '의료인'이라 한다)에게 진료를 의뢰하고, 의료인이 그 요청에 응하여 치료행위를 개시하는 경우에 의료인과 환자 사이에는 의료계약이 성립된다. 의료계약에 따

라 의료인은 질병의 치료 등을 위하여 모든 의료지식과 의료기술을 동원하여 환자를 진찰하고 치료할 의무를 부담하며 이에 대하여 환자 측은 보수를 지급할 의무를 부담한다.

질병의 진행과 환자 상태의 변화에 대응하여 이루어지는 가변적인 의료의 성질로 인하여, 계약 당시에는 진료의 내용 및 범위가 개괄적이고 추상적이지만, 이후 질병의 확인, 환자의 상태와 자연적 변화, 진료행위에 의한 생체반응 등(이하 '환자의 건강상태 등'이라 한다)에 따라 제공되는 진료의 내용이 구체화되므로, 의료인은 환자의 건강상태 등과 당시의 의료수준 그리고 자기의 지식경험에 따라 적절하다고 판단되는 진료방법을 선택할 수 있는 상당한 범위의 재량을 가진다(대법원 1992.5.12. 선고 91다23707 판결, 대법원 2007.5.31. 선고 2005다5867 판결 등 참조).

그렇지만 환자의 수술과 같이 신체를 침해하는 진료행위를 하는 경우에는 질병의 증상, 치료방법의 내용 및 필요성, 발생이 예상되는 위험 등에 관하여 당시의 의료수준에 비추어 상당하다고 생각되는 사항을 설명하여 당해 환자가 그 필요성이나 위험성을 충분히 비교해 보고 그 진료행위를 받을 것인지의 여부를 선택하도록 함으로써 그 진료행위에 대한 동의를 받아야 한다(대법원 1994.4.15. 선고 92다25885 판결, 대법원 2002.10.25. 선고 2002다48443 판결 등 참조). 환자의 동의는 헌법 제10조에서 규정한 개인의 인격권과 행복추구권에 의하여 보호되는 자기결정권을 보장하기 위한 것으로서, 환자가 생명과 신체의 기능을 어떻게 유지할 것인지에 대하여 스스로 결정하고 진료행위를 선택하게 되므로, 의료계약에 의하여 제공되는 진료의 내용은 의료인의 설명과 환자의 동의에 의하여 구체화된다고 할 수 있다.

나. 생명과 관련된 진료의 거부 또는 중단

자기결정권 및 신뢰관계를 기초로 하는 의료계약의 본질에 비추어 강제진료를 받아야 하는 등의 특별한 사정이 없는 한 환자는 자유로이 의료계약을 해지할 수 있다 할 것이며(민법 제689조 제1항), 의료계약을 유지하는 경우에도 환자의 자기결정권이 보장되는 범위 내에서는 제공되는 진료행위의 내용 변경을 요구할 수 있을 것이다.

따라서 환자의 신체 침해를 수반하는 구체적인 진료행위가 환자의 동의를 받아 제공될 수 있는 것과 마찬가지로, 그 진료행위를 계속할 것인지 여부에 관한 환자의 결정권 역시 존중되어야 하며, 환자가 그 진료행위의 중단을 요구할 경우에 원칙적으로 의료인은 이를 받아들이고 다른 적절한 진료방법이 있는지를 강구하여야 할 것이다.

그러나 인간의 생명은 고귀하고 생명권은 헌법에 규정된 모든 기본권의 전제로서 기능하는 기본권 중의 기본권이라 할 것이므로, 환자의 생명과 직결되는 진료행위를 중단할 것인지 여부는 극히 제한적으로 신중하게 판단하여야 한다.

다. 회복불가능한 사망 단계에 진입한 환자에 대한 진료중단의 허용 요건

(1) 의학적으로 환자가 의식의 회복가능성이 없고 생명과 관련된 중요한 생체기능의 상실을 회복할 수 없으며 환자의 신체상태에 비추어 짧은 시간 내에 사망에 이를 수 있음이 명백한 경우(이하 '회복불가능한 사망의 단계'라 한다)에 이루어지는 진료행위(이하 '연명치료'라 한다)는 원인이 되는 질병의 호전을 목적으로 하는 것이 아니라 질병의 호전을 사실상 포기한 상태에서 오로지 현 상태를 유지하기 위하여 이루어지는 치료에 불과하므로, 그에 이르지 아니한 경우와는 다른 기준으로 진료중단 허용 가능성을 판단하여야 한다.

환자가 회복불가능한 사망의 단계에 진입한 경우, 환자는 전적으로 기계적인 장치에 의존하여 연명

하게 되고, 전혀 회복가능성이 없는 상태에서 결국 신체의 다른 기능까지 상실되어 기계적인 장치에 의하여서도 연명할 수 없는 상태에 이르기를 기다리고 있을 뿐이므로, 의학적인 의미에서는 치료의 목적을 상실한 신체 침해 행위가 계속적으로 이루어지는 것이라 할 수 있으며, 이는 죽음의 과정이 시작되는 것을 막는 것이 아니라 자연적으로는 이미 시작된 죽음의 과정에서의 종기를 인위적으로 연장시키는 것으로 볼 수 있다.

생명권이 가장 중요한 기본권이라고 하더라도 인간의 생명 역시 인간으로서의 존엄성이라는 인간 존재의 근원적인 가치에 부합하는 방식으로 보호되어야 할 것이다. 따라서 이미 의식의 회복가능성을 상실하여 더 이상 인격체로서의 활동을 기대할 수 없고 자연적으로는 이미 죽음의 과정이 시작되었다고 볼 수 있는 회복불가능한 사망의 단계에 이른 후에는, 의학적으로 무의미한 신체 침해 행위에 해당하는 연명치료를 환자에게 강요하는 것이 오히려 인간의 존엄과 가치를 해하게 되므로, 이와 같은 예외적인 상황에서 죽음을 맞이하려는 환자의 의사결정을 존중하여 환자의 인간으로서의 존엄과 가치 및 행복추구권을 보호하는 것이 사회상규에 부합되고 헌법정신에도 어긋나지 아니한다고 할 것이다.

그러므로 회복불가능한 사망의 단계에 이른 후에 환자가 인간으로서의 존엄과 가치 및 행복추구권에 기초하여 자기결정권을 행사하는 것으로 인정되는 경우에는 특별한 사정이 없는 한 연명치료의 중단이 허용될 수 있다.

(2) 환자가 회복불가능한 사망의 단계에 이르렀을 경우에 대비하여 미리 의료인에게 자신의 연명치료 거부 내지 중단에 관한 의사를 밝힌 경우(이하 '사전의료지시'라 한다)에는 비록 진료 중단 시점에서 자기결정권을 행사한 것은 아니지만 사전의료지시를 한 후 환자의 의사가 바뀌었다고 볼 만한 특별한 사정이 없는 한 사전의료지시에 의하여 자기결정권을 행사한 것으로 인정할 수 있다.

다만, 이러한 사전의료지시는 진정한 자기결정권 행사로 볼 수 있을 정도의 요건을 갖추어야 한다. 따라서 의사결정능력이 있는 환자가 의료인으로부터 직접 충분한 의학적 정보를 제공받은 후 그 의학적 정보를 바탕으로 자신의 고유한 가치관에 따라 진지하게 구체적인 진료행위에 관한 의사를 결정하여야 하며, 이와 같은 의사결정 과정이 환자 자신이 직접 의료인을 상대방으로 하여 작성한 서면이나 의료인이 환자를 진료하는 과정에서 위와 같은 의사결정 내용을 기재한 진료기록 등에 의하여 진료 중단 시점에서 명확하게 입증될 수 있어야 비로소 사전의료지시로서의 효력을 인정할 수 있다.

환자 본인의 의사에 따라 작성된 문서라는 점이 인정된다고 하더라도, 의료인을 직접 상대방으로 하여 작성하거나 의료인이 참여한 가운데 작성된 것이 아니라면, 환자의 의사결정능력, 충분한 의학적 정보의 제공, 진지한 의사에 따른 의사표시 등의 요건을 갖추어 작성된 서면이라는 점이 문서 자체에 의하여 객관적으로 확인되지 않으므로 위 사전의료지시와 같은 구속력을 인정할 수 없고, 아래에서 보는 바와 같이 환자의 의사를 추정할 수 있는 객관적인 자료의 하나로 취급할 수 있을 뿐이다.

(3) 한편, 환자의 사전의료지시가 없는 상태에서 회복불가능한 사망의 단계에 진입한 경우에는 환자에게 의식의 회복가능성이 없으므로 더 이상 환자 자신이 자기결정권을 행사하여 진료행위의 내용 변경이나 중단을 요구하는 의사를 표시할 것을 기대할 수 없다. 그러나 환자의 평소 가치관이나 신념 등에 비추어 연명치료를 중단하는 것이 객관적으로 환자의 최선의 이익에 부합한다고 인정되어 환자에게 자기결정권을 행사할 수 있는 기회가 주어지더라도 연명치료의 중단을 선택하였을 것이라고 볼 수 있는 경우에는 그 연명치료 중단에 관한 환자의 의사를 추정할 수 있다고 인정하는 것이 합리적이고 사회상규에 부합된다.

이러한 환자의 의사 추정은 객관적으로 이루어져야 한다. 따라서 환자의 의사를 확인할 수 있는 객관적인 자료가 있는 경우에는 반드시 이를 참고하여야 하고, 환자가 평소 일상생활을 통하여 가족, 친구 등에 대하여 한 의사표현, 타인에 대한 치료를 보고 환자가 보인 반응, 환자의 종교, 평소의 생활태도 등을 환자의 나이, 치료의 부작용, 환자가 고통을 겪을 가능성, 회복불가능한 사망의 단계에 이르기까지의 치료 과정, 질병의 정도, 현재의 환자 상태 등 객관적인 사정과 종합하여 환자가 현재의 신체상태에서 의학적으로 충분한 정보를 제공받는 경우 연명치료 중단을 선택하였을 것이라고 인정되는 경우라야 그 의사를 추정할 수 있을 것이다.

(4) 환자 측이 직접 법원에 소를 제기한 경우가 아니라면, 환자가 회복불가능한 사망의 단계에 이르렀는지 여부에 관하여는 전문의사 등으로 구성된 위원회 등의 판단을 거치는 것이 바람직하다.

라. 이 사건에 대한 판단

원심판결 이유에 의하면, 원심은 환자가 회생가능성이 없는 회복불가능한 사망과정에 진입한 경우에 환자의 진지하고 합리적인 치료중단 의사가 추정될 수 있다면 사망과정의 연장에 불과한 진료행위를 중단할 수 있다는 취지로 판단하였는바, 원심이 연명치료 중단의 기준으로 삼은 위와 같은 사유는 위에서 살펴 본 회복불가능한 사망의 단계에 이른 경우의 연명치료 중단에 관한 법리와 같은 취지이므로 정당하고, 거기에 연명치료 중단의 허용기준에 관한 법리를 오해한 위법이 없다.

2. 원고가 회복불가능한 사망의 단계에 진입하지 않았다는 상고이유에 대하여

앞서 본 바와 같이 환자의 추정적 의사에 의하여 연명치료의 중단이 허용될 수 있는 회복불가능한 사망의 단계는 의식의 회복가능성이 없고 생명과 관련된 중요한 생체기능의 상실을 회복할 수 없으며 환자의 신체상태에 비추어 짧은 시간 내에 사망에 이를 수 있음이 명백한 경우를 의미하는바, 그 단계에 이르렀는지 여부는 주치의의 소견뿐 아니라 사실조회, 진료기록 감정 등에 나타난 다른 전문의사의 의학적 소견을 종합하여 신중하게 판단하여야 한다.

원심은 거시 증거를 종합하여 원고에 대한 뇌 자기공명영상(MRI) 검사에서 뇌가 전반적으로 심한 위축을 보이고 대뇌피질의 요철이 단지 가느다란 띠 형상으로 보일 정도로 심하게 파괴되어 있으며 기저핵 시상(시상)의 구조가 보이지 아니하고 뇌간 및 소뇌도 심한 손상으로 위축되어 있는 사실, 원고의 담당 주치의는 원고에게 자발호흡은 없지만 뇌사상태는 아니며 지속적 식물인간상태로서 의식을 회복할 가능성은 매우 낮아 5% 미만이라는 견해를 피력하였으나, 진료기록 감정의는 원고가 자발호흡이 없어 일반적인 식물인간상태보다 더 심각하여 뇌사상태에 가깝고 회복가능성은 거의 없다고 하고 있으며, 신체감정의들도 모두 원고가 지속적 식물인간상태로서 회생가능성이 희박하다는 취지의 견해를 밝히고 있는 사실, 자발호흡이 없어 인공호흡기에 의하여 생명이 유지되는 상태인 사실을 각 인정한 후, 원고가 회복불가능한 사망의 단계에 진입하였다고 판단하였다.

이러한 원심의 판단은 위의 법리에 따른 것으로서 수긍할 수 있고, 거기에 상고이유에서 주장하는 바와 같은 의료행위의 재량성에 대한 법리오해 등의 위법이 없다.

3. 원고의 진료중단을 구하는 의사가 추정되지 않는다는 상고이유에 대하여

원심은 거시 증거를 종합하여 원고가 독실한 기독교 신자로서 15년 전 교통사고로 팔에 상처가 남게 된 후부터는 이를 남에게 보이기 싫어하여 여름에도 긴 팔 옷과 치마를 입고 다닐 정도로 항상 정갈한 모습을 유지하고자 하였던 사실, 텔레비전을 통해 병석에 누워 간호를 받으며 살아가는 사람의 모습을 보고 “나는 저렇게까지 남에게 누를 끼치며 살고 싶지 않고 깨끗이 이생을 떠나고 싶다”라고

말하였던 사실, 3년 전 남편의 임종 당시 며칠 더 생명을 연장할 수 있는 기관절개술을 거부하고 그대로 임종을 맞게 하면서 "내가 병원에서 안 좋은 일이 생겨 소생하기 힘들 때 호흡기는 끼우지 말라. 기계에 의하여 연명하는 것은 바라지 않는다"고 말한 사실 등 일상생활에서의 대화 및 원고의 현 상태 등 여러 사정을 종합하여, 원고가 현재의 상황에 관한 정보를 충분히 제공받았을 경우 원고에게 현재 시행되고 있는 연명치료를 중단하고자 하는 의사가 있었을 것으로 추정하였다.

원심의 이와 같은 조치는 위에서 본 회복불가능한 사망의 단계에 이르렀을 경우의 환자의 자기결정권 및 환자 의사 추정에 관한 법리에 부합되는 것으로서 수긍할 수 있고, 거기에 상고이유에서 주장하는 바와 같은 헌법 위반이나 법리오해 등의 위법이 없다.

4. 결 론

그러므로 상고를 기각하고, 상고비용은 패소자가 부담하기로 하여 주문과 같이 판결한다. 이 판결에는 원고가 회복불가능한 사망의 단계에 들어섰고 연명치료 중단의 의사가 추정되는지 여부에 대한 대법관 안대희, 대법관 양창수의 반대의견과 연명치료 중단의 허용기준에 대한 대법관 이홍훈, 대법관 김능환의 반대의견이 있는 외에는 관여 법관들의 의견이 일치하였고, 다수의견에 대한 대법관 김지형, 대법관 차한성의 보충의견 및 연명치료 중단의 절차에 대한 대법관 김지형, 대법관 박일환의 별개의견이 있다.

5. 원고가 회복불가능한 사망의 단계에 들어섰고 연명치료 중단의 의사가 추정되는지 여부에 대한 대법관 안대희, 대법관 양창수의 반대의견

연명치료 중단 일반에 관하여, 환자가 회복불가능한 사망의 단계에 진입한 후에 인간으로서의 존엄과 가치 및 행복추구권에 기초하여 자기결정권을 행사하는 것으로 인정되는 경우에는 연명치료 중단이 허용될 수 있고, 이러한 자기결정권은 1차적으로 서면 등에 의한 사전의료지시의 방법으로 행사될 수 있으며, 그것이 없는 경우에는 환자의 '추정적 의사'에 의해서도 연명치료 중단이 허용될 수 있다는 점에 관하여는 다수의견과 견해를 같이한다.

그러나 우선 이 사건에서 원고가 '회복불가능한 사망의 단계'에 이르렀다고 본 점에는 찬성할 수 없다. 나아가 여기서의 '추정적 의사'가 "환자에게 자기결정권을 행사할 수 있는 기회가 주어진다면 연명치료의 중단을 선택하였을 것이라고 볼 수 있는 경우"에는 긍정된다고 하는 점도 수긍할 수 없다. 연명치료의 중단을 환자의 자기결정권에 의하여 정당화하는 한, 그 '추정적 의사'란 환자가 현실적으로 가지는 의사가 객관적인 정황으로부터 추단될 수 있는 경우에만 긍정될 수 있으며, 다수의견이 말하는 바와 같은 '가정적 의사' 그 자체만으로 이를 인정할 수 없다고 할 것이다.

가. 이 사건에서 원고가 회복불가능한 사망의 단계에 이르렀다고 할 것인지 여부에 관하여 본다.

(1) 뒤의 나.(4)에서도 보는 대로 환자가 회복불가능한 사망의 단계에 이르렀다고 판단되면, 이제 곧 그의 죽음을 불러올 수 있는 연명치료의 중단이 이에 관한 환자의 자기결정을 떠나 객관적 법질서의 관점에서도 예외적으로 허용될 수 있다. 이와 같이 환자가 그러한 단계에 이르렀는지는 결국 사망을 직접 초래하는 연명치료 중단의 허용 여부를 가르는 중대한 요건이므로 그 판단에는 신중을 기하여야 한다.

특히, 사람의 뇌는 생명의 유지에 직결되면서도 아직은 그 생리나 기능 등이 밝혀지지 아니한 부분이 여전히 매우 많고 한편 끈질긴 회복 · 재생의 능력을 보이는 신비로운 신체기관이다. 그러므로 과연 뇌의 기능이 '돌이킬 수 없게 상실되었다'고 말할 수 있으려면, 비록 사람의 판단이란 것이 애초 그

판단 당시의 지식 또는 기술 등의 상태를 기준으로 해서 내려질 수밖에 없는 기본적인 한계를 인정한다고 하더라도, 최대한 객관적으로 의문이 없는 전문적인 판단이 필요하다고 할 것이다. '장기등 이식에 관한 법률'이 뇌사 여부만을 판정하는 전문적 기관을 별도로 두어 그 판정 결과에 따르도록 하는 것(같은 법 제14조 이하)도 이러한 취지에서 나온 것임은 물론이다.

그리고 실제로 그 판단을 함에 있어서는 환자를 계속적으로 진료하여 옴으로써 환자의 상태를 직접적으로 얻은 자료에 의하여 가장 잘 알고 있을 담당 주치의의 의견은, 비록 그가 소송당사자의 일방에 속하여 일하는 경우라고 하더라도, 다른 특별한 사정이 없는 한, 단지 의료기록만을 통하여 환자의 상태에 접근한 다른 전문가의 견해에 비교하여 그에 일정한 무게를 두지 않을 수 없다.

(2) 그런데 이 사건에서 기록에 의하면, 원고는 처음 의식을 상실한 2008.2.18. 무렵에는 자발호흡이 거의 없고, 인공호흡기의 도움 없이는 호흡을 유지할 수 없는 상태이며, 뇌 컴퓨터단층촬영(CT) 검사상 광범위한 뇌부종의 소견을 보이고 대뇌의 인지기능을 상실하였으나 자발적으로 눈을 뜨고 외부의 자극에 움직이는 반사반응을 보이는 등 뇌간 기능의 일부가 유지되고 있었고, 제1심 변론종결시인 2008. 11. 6. 무렵에는 의학적으로 의미 있는 개선은 없고, 자발적으로 눈을 뜨기는 하나 외부자극에 반응이 없고, 통증 자극에 대하여는 팔다리의 반사적 반응은 있으나 얼굴표정이나 안구 운동에서 반응이 없으며, 동공반사가 없고 안구의 시선은 양쪽 모두 우측 상향으로 치우쳐 있고 바빈스키 징후도 비정상적인 한편, 제1심 변론종결 무렵을 기준으로 하여 진료기록 또는 신체감정을 한 감정의들은 원고의 의식회복가능성이 없는 지속적인 식물인간상태에서 기대여명이 2년 내지 5년이라고 진술하였으나, 원고를 치료하여 온 피고의 담당 주치의는 원고의 의식회복가능성이 5% 미만이고 원고의 기대여명이 의식상실 당시로부터 1년 내지 2년이라고 진술하였음을 알 수 있다. 이와 관련하여 피고의 상고이유서에 의하면 원고를 치료하여 온 피고의 주치의는 원고의 기대여명을 적어도 4개월 이상으로 판단하고 있고, 이 법원의 변론에서 피고의 원고 담당의사는 원고가 2009. 4. 23. 현재 통증에 반응하나 의식은 회복되지 않았으며, 눈을 계속하여 뜨고 있고 자발호흡도 간간이 보이나 전체적으로 인공호흡기를 유지해야 하는 상태이고, 소리지시에 대한 반응이나 동공의 빛에 대한 반응은 없으나, 기관내 흡인시 고개움직임과 기침반사를 미약하게 보이는 등으로 통증에 대한 반응은 있으며 3개월 동안 임상상태의 변화 없이 중환자실에 입원하고 있다고 진술하고 있음을 알 수 있다.

(3) 사정이 이와 같다면, 특히 원고를 치료하여 온 피고의 담당의사가 원고의 의식회복가능성이 5% 미만으로라도 남아 있고 원고의 현재 상태를 기준으로 하더라도 그 기대여명이 적어도 4개월 이상이라고 판단하고 있는 점 등에 비추어, 원고가 의식회복가능성이 없다거나 원고가 짧은 시간 내에 사망에 이를 것이 명백하다 할 수 있는지 의문이고, 원고가 회복불가능한 사망의 단계에 있다고 쉽사리 단정할 수는 없다고 할 것이다.

나. 이 사건에서 설령 원고가 회복불가능한 사망의 단계에 이르렀다고 하더라도, 연명치료 중단을 구하는 원고의 '추정적 의사'가 있다고는 할 수 없다.

(1) 의사표시의 해석 일반에서 그러한 대로, 추정적 의사는 가정적 의사 또는 의제된 의사와는 기본적으로 구별되어야 할 것이다. 추정적 의사란 일반적으로 어떠한 표현행위를 하는 사람이 현실적으로 가진 의사를 제반 정황으로부터 추단하여 그의 의사표시로 인정하는 것을 의미하고, 이렇게 행하여진 의사표시는 '묵시적 의사표시'라고도 불린다. 예를 들어 어떤 사람이 정류장에서 버스를 기다리다가 아무 말 없이 자신이 원하는 버스에 올라타는 경우에, 그가 버스회사와의 사이에 운송계약을 체결하

려는 의사표시는 '묵시적 의사표시'인 것이다. 한편, 민법 등에서 예를 들면 매매계약과 관련하여 "추정한다"고 정하는 경우가 있다(우선 민법 제579조, 제585조 참조). 그러나 이들 규정은 어디까지나 엄밀한 의미의 의사표시 해석작업에서의 지침 또는 기준을 제시하는 것, 보다 정확하게 말하면 소송에서 계약의 내용에 관한 입증책임을 분배하는 것에 불과하다.

(2) 그러나 그렇지 아니하고 만일 그가 제반 사정 아래서 문제되는 사항에 관하여 자신의 법적 의사를 표시하였다고 가정하는 경우에 이러저러한 의사표시를 하였으리라고 인정되는 경우에는 그러한 의사는 이른바 '가정적 의사'이다.

물론 추정적 의사라는 말을 이와 같이 가정적 의사도 포함하는 것으로 사용하는 것은 기본적으로 언어사용자 사이의 약속에 달려 있는 문제에 그친다고 할는지 모른다. 그러나 소송에서 사용된 언어의 의미는 청구원인, 소송물 등 심리 · 판단의 내용 또는 범위와 관련하여 심중한 의미가 있을 뿐 아니라{이에 대하여는 뒤의 (4) 앞부분 참조}, 그 점을 차치하고라도 다수의견이 환자의 연명치료의 중단청구를 그의 자기결정권으로써 정당화하면서, 그의 가정적 의사에 기해서도 연명치료의 중단을 인정하는 것이 과연 앞뒤가 맞는 것인지 지극히 의문이다.

통상 '보충적 해석'이라고도 불리는 가정적 의사의 탐색은 애초부터 방법적으로 표의자가 현실적으로 가지지 않는 의사를 법률행위의 내용으로 상감(상감)하는 것으로서, 일반적으로 그 성질은 엄밀하게 말하면 의사표시의 해석에 속하는 작업이라기보다는, 법관 등의 제3자가 당사자의 계약 등 법률관계의 처리를 위하여 그 법률관계의 내용을 보충적으로 형성하여 가는 일로서의 측면이 뚜렷하다. 그러므로 거기에서 일반적으로 표의자의 '자기결정'을 찾기가 쉽지 않다.

특히, 이 사건에서와 같이 사람의 가장 중요한 가치인 생명의 유지 · 소멸에 관하여 최종적인 결단에 관한 '자기결정'이라고 하려면, 다른 신체침해적 의료행위(이 경우 의사의 설명의무에 관한 법리를 상기하는 것으로 족하다)에서보다도 더욱 강화된 절차적 요청을 충족하여, 그 의사가 의사결정능력이 있는 상태에서 의료기관으로부터 직접으로 충분한 의학적 정보를 제공받아 설명을 들은 후 이를 바탕으로 가치관에 따라 심사숙고한 결과로서 지속적인 의사로서 진지하게 표시되어야 할 것이고, 이 점은 다수의견도 강조하는 바이다. 그렇다면 더욱이나, 일반적으로 위와 같이 설명에 이어지는 심사숙고의 결과인지와는 무관하게 그 유무 및 내용이 판단되는 가정적 의사를 들어서 환자의 '자기결정'을 운위할 수 없을 것이다. 무엇보다도 이 사건에서 원심이 '추정적 의사'를 긍정하는 근거로 들고 있는 아래 (3)의 ①부터 ③까지의 사정들도 위와 같은 설명에 이어지는 심사숙고의 결과로서 인정되고 있지 않다는 사실(기록상 이러한 점을 인정할 자료도 없다) 자체가 다수의견이 말하는 바와 같은 '가정적 의사'가 위와 같은 설명에 이어지는 심사숙고의 결과로서의 자기결정과 무관함을 반증하여 준다.

또한, 만일 위와 같은 가정적 의사에 기한 연명장치의 중단을 인정한다면, 그것은 이른바 환자의 '보호자'가 자신의 사정들에 기하여 또는 자신의 편의나 이익을 위하여 그 가정적 의사의 존재를 뒷받침하는 사정들만을 제시함으로써 환자의 이른바 '자기결정'을 왜곡하여 의료기관의 연명치료 중단을 구하는 일이 쉽사리 일어날 수 있을 것을 우려하지 않을 수 없다. 그러한 관점에서 보면, 다수의견은 이 사건에서 법논리적으로 원고의 '자기결정권'을 끌어들여 연명치료의 중단청구를 정당한 것으로 설명하면서도, 실제로는 원고의 특별대리인을 포함하여 원고의 가족들이 일치하여 가지는 원고에 대한 연명치료 중단의 의사를 관철하려는 것에 대하여 그들만이 제시 · 입증할 수 있고 또 실제로 제시 · 입증하고 있는 정황에 기하여 원고가 실제로 가지는 의사가 아니라 원고의 이른바 '추정적 의사'를 인정함으로써 이를 법적으로 뒷받침하고 있다는 의구심을 다 떨쳐버릴 수 없음을 지적하여 둔다. 연명치료의 중단에 관한 환자 가족들의 의사는 원고의 '추정적 의사'라는 것을 통하여 우회적으로 관철될 것이 아니라, 뒤의 (4)에서 보는 대로 '환자의 자기결정'과는 무관하게 시인될 수 있는 또 하나의 연명치료중단청구의 허용 여부를 판단함에 있어서 정면으로 그 의미와 무게가 평가되는 것이 정도(정도)라고 할 것이다.

물론, 구체적으로 앞서 본 바와 같은 추정적 또는 묵시적 의사(이하에서는 혼동을 피하기 위하여 아예 '묵시적 의사'라는 표현을 쓰기로 한다)와 가정적 의사가 선명하게 구별되기 어려운 경우도 없지 않을 것이다. 특히, 개별 사건에서 그와 관련되는 모든 사정을 종합적으로 검토 · 평가하여 어떠한 표현행위의 법적 의미를 이해하는 것을 내용으로 하는 의사표시의 해석인 만큼 더욱 그러하다. 그러나 그러한 현실적인 어려움이, 특히 연명치료의 중단이라는 한 사람의 실존적 운명의 종국적인 결정과 관련하여 묵시적 의사와 가정적 의사라는 핵심에서는 서로 분명히 다른 탐색목표의 혼동을 정당화할 수는 없다.

(3) 이와 같은 관점에서 이 사건에서 연명치료의 중단에 관한 원고의 묵시적 의사를 인정할 수 있는지를 살펴본다.

원심이 원고의 진료중단을 구하는 의사가 추정되는 사유로 들고 있는 사정들은, ① 원고는 독실한 기독교 신자로서 15년 전 교통사고로 팔에 상처가 남게 된 후부터는 이를 남에게 보이기 싫어하여 여름에도 긴 팔 옷과 치마를 입고 다닐 정도로 항상 정갈한 모습을 유지하고자 하였다는 것, ② 텔레비전을 통해 병석에 누워 간호를 받으며 살아가는 사람의 모습을 보고 "나는 저렇게까지 남에게 누를 끼치며 살고 싶지 않고 깨끗이 이생을 떠나고 싶다"라고 말하는 등 신체적인 건강을 잃고 타인의 도움 등에 의하여 연명되는 삶보다는 자연스러운 죽음을 원한다는 취지의 견해를 밝혀왔다는 것, ③ 3년 전 남편의 임종 당시 며칠 더 생명을 연장할 수 있는 기관절개술을 거부하고 그대로 임종을 맞게 하면서 "내가 병원에서 안 좋은 일이 생겨 소생하기 힘들 때 호흡기는 끼우지 말라. 기계에 의하여 연명하는 것은 바라지 않는다"고 말하는 등 이 사건과 유사한 실제 상황에서 남편에 대하여 연명치료의 시행을 거부한 바 있다는 것 등이다.

그러나 위 ①이나 ②와 같은 정도의 말이나 태도 등은 누구라도 건강한 상태에서 흔히 할 수 있는 정도의 것에 지나지 않는다. 결국, 위 ③이 연명치료에 관하여 직접 언급한 것으로서 다수의견이 원고의 추정적 의사를 긍정하게 하는 결정적인 정황이 된 것으로 보인다. 그러나 위 ③은 비록 남편이라고 하여도 역시 타인이 처한 상황에 대응하여 나온 것으로서, 그것이 과연 자신의 운명에 관하여 숙고한 끝에 진지하고 지속적인 의사에 기하여 나온 것이라고 볼 자료가 없다. 특히, 그 발언은 그 내용 자체로 보더라도 인공호흡기와 같은 생명유지장치의 삽입 · 장착을 단순히 소극적으로 거부하는 것으로 볼 수는 있을지 몰라도, 거기에서 나아가 생명유지장치가 이미 장착되어 있을 때, 그것도 이 사건에서와 같이 원고가 의식이 있는 상태에서 폐암 여부를 확진받기 위하여 기관지 내시경을 통하여 폐종양조직검사를 받던 중 예기치 못하게, 즉 자연적 노화 또는 원고가 원하였다는 '자연스러운 죽음의 과정'과는 무관하게 이미 인위적인 시술로 '억울하게도' 과다출혈이 발생하여 심정지가 발생하였고 이로 인한 저산소증으로 심한 뇌손상을 입고 뇌기능 및 신체기능의 많은 부분을 상실한 경우에까지도 연명장치를 적극적으로 제거하기를 바라는 의미를 포함한다고 쉽사리 말할 수 없다.

그러므로 이 사건에서 원심이 연명치료의 중단에 관한 원고의 '추정적' 의사를 긍정한 것은 연명치료의 중단에 관한 법리 또는 그 의사의 해석에 관한 법리를 오해하였거나 심리를 다하지 아니한 위법이 있다고 할 것이다.

(4) 이와 관련하여 여기서 부가적으로 지적하고 싶은 것은, 이 사건 청구가 원고의 '자기결정권'에 기하여 연명치료의 중단에 관한 원고 자신의 '추정적 의사'를 기초로 하여서만 행하여지고 있다는 점이다. 여기서 '추정적' 의사란, 이 법원에서 행하여진 변론에서 원고 대리인이 강조한 바와 같이, 원고의 묵시적 의사를 가리킨다. 그러므로 이 사건에도 적용되는 민사소송에 관한 처분권주의 및 변론주의의 기본원칙에 좇아 이 법원은 과연 그러한 묵시적 의사가 인정되는지 여부에 의해서만 이 사건에 대하여 결론을 내려야 한다. 그리하여 이 소수의견은 그 묵시적 의사의 존재 여부에 대하여 부정적으로 판단하는 것이다.

그러나 이 소수의견은 연명치료의 중단에 관한 환자 본인의 명시적 또는 묵시적 의사가 인정되지 않는 경우에도 엄격한 예외적인 요건 아래서 연명치료의 중단이 허용될 수 있다는 견해임을 밝혀 두고자 한다. 즉, 이 소수의견은 연명치료의 중단은 반드시 환자의 '자기결정권'으로부터만 인정된다고 할 것은 아니고, 비록 예외적이기는 하지만, 법질서 일반의 관점에서 정당화될 수 있는 경우도 있다는 것이다.

그것이 어떠한 경우에 허용되는가는 이론적으로 달리 말하면, 환자(또는 그의 가족 등 제3자)와 의료기관 간의 진료계약의 내용으로서의 치료중지의무의 발생 요건을 제시하는 것이 된다. 다수의견이 말하는 대로, 의료의 '가변적인 성질'로 인하여 의료기관의 의무로서의 진료라고 하여도 그 내용은 다양할 수 있다. 그런데 그 가변성이 극단으로 치달아 여기서 문제되는 회복불가능한 사망의 단계에 오면, 의료기관은 의료계약의 앞서 본 '보충적 해석'에 기하여 연명장치를 중단하여야 할 의무를 부담하게 될 수 있다. 또는, 이는 의료기관이 의료계약에 기하여 일반적으로 부담하는 "위임의 본지에 따라 선량한 관리자의 주의로써 위임사무를 처리할 의무"(민법 제681조)의 구체화로 설명하는 것도 전혀 불가능한 것은 아니다. 즉, 의료계약에 기하여 의료기관은 원칙적으로 생명의 유지 · 연장과 건강의 증진을 도모하기 위하여 환자를 진단하고 치료할 의무를 부담하지만, 다수의견이 설시하는 대로 "의학적으로 무의미한 신체침해행위에 해당하는 연명치료를 환자에게 강요하는 것이 오히려 환자의 인간으로서의 존엄과 가치를 해하게 되는" 예외적인 경우에는 연명치료를 중단하는 것이야말로 자신에게 맡겨진 일을 '위임의 본지(본지)에 따라' 처리하는 것이 될 수 있다는 것이다(통상 응급환자에 대한 응급의료를 거부할 수 없는 응급의료종사자라도 '정당한 사유'가 있으면 응급의료를 중단할 수 있다는 '응급의료에 관한 법률' 제10조, 의료계약에 통상 적용되는 민법의 위임에 관한 규정 중에서 상대방에게 불리한 시기에 계약을 해지하더라도 "부득이한 사유"가 있다면 손해배상 기타 법적 불이익을 입지 않는다고 정하는 민법 제689조도 이 맥락에서 참고할 만하다. 자신이 아니라 남의 이익을 앞세워 돌보아야 하는 의료기관의 법적 지위를 생각함에 있어서는 예를 들면 친권에서 그러한 것처럼 권리와 의무 사이의 거리를 강조할 것이 아니다).

구체적으로 어떠한 경우에 연명치료를 환자에게 강요하는 것이 오히려 환자의 인간으로서의 존엄과 가치를 해하게 되는가의 판단은 일률적으로 말할 수 없고, 그 가족을 포함한 환자 측 및 의료기관의 제반 사정을 합리적으로 고려하여 정할 수밖에 없다. 구체적으로는 환자의 나이 · 직업이나 경력, 평소의 종교 · 신념이나 생활태도, 질환의 경과와 현재 상태, 생명의 연장이 가능한 기간의 장단, 이미 지출한 또는 앞으로 지출하게 될 비용, 가족들의 상황, 환자로 인한 가족들의 정신적 고통, 그들의 경제적 지출을 포함한 생활상의 희생 등 환자 측의 사정은 물론이고, 의료기관의 성격이나 설비, 그 진료의 내용과 결과, 의료진의 견해 등과 같은 의료기관 측의 사정이 문제될 것이다. 그리고 연명치료의 중단에 관한 환자 가족들의 동의 여부도 그러한 판단에 있어서 고려되어야 할 중요한 요소의 하나로서, 오히려 이는 독자적인 요건에 해당한다고 할 것이다(가족의 동의 요건 및 그 내용에 관하여는 '장기 등 이식에 관한 법률' 제18조 제3항 제2호 등이 유추적용될 수 있다). 이렇게 보면 이 소수의견과 다수의견의 차이는 법논리적인 것 또는 소송내용 등은 별론으로 하고 그 결론에 있어서는 아주 큰 것이 아니라고 해도 좋을지 모른다.

그러나 중요한 것은 여기서 환자의 '가정적 의사'는 연명치료 중단의 허용 여부를 판단하는 유일한 또는 결정적인 요소는 아니라는 점이다. 즉, 환자의 가정적 의사가 연명치료의 중단에 찬성하지 않는 것으로 밝혀지더라도, 그 의사를 존중하여 연명치료를 계속하는 것이 환자의 인간으로서의 존엄과 가치에 반한다고 말할 수 있는 경우가 상정될 수 있다. 요컨대, 이 단계에서 연명치료의 중단 여부는 법질서 일반의 관점에서 행하여지는 당해 사안에 대한 객관적인 이익형량 내지 가치평가의 문제인 것이다.

다. 결국, 원심이 원고가 이미 회복불가능한 사망의 단계에 이르렀다고 전제하고 나아가 연명치료 중단에 관한 원고의 '추정적' 의사를 긍정하여 원고의 연명치료 중단 청구를 인용한 것은 결국 연명치료의 중단에 관한 법리 또는 그 의사의 해석에 관한 법리를 오해한 위법이 있다고 할 것이다. 그러므로 원심판결은 그대로 유지될 수 없고, 파기되어야 한다.

6. 연명치료 중단의 허용기준에 대한 대법관 이홍훈, 대법관 김능환의 반대의견

다수의견과는 달리, 생명에 직결되는 진료에 있어서 환자의 '자기결정권'은 소극적으로 그 진료 내지 치료를 거부하는 방법으로는 행사될 수 있어도 이미 환자의 신체에 삽입, 장착되어 있는 인공호흡기 등의 생명유지장치를 제거하는 방법으로 치료를 중단하는 것과 같이 적극적인 방법으로 행사되는 것은 허용되지 아니하며, 따라서 원고의 이 사건 청구는 인용될 수 없다고 본다. 그 이유는 다음과 같다.

가. 의료계약의 본질과 특성상 의사는 진료를 행함에 있어 환자의 상황과 당시의 의료수준 그리고 자기의 지식경험에 따라 적절하다고 판단되는 진료방법을 선택할 상당한 범위의 재량을 가진다. 따라서 환자가 의료인에게 특정한 의료행위나 치료방법을 강요할 수 없다. 그러나 모든 사람은 인간으로서의 존엄과 가치를 가지며 이에 터잡아 신체의 불가침성과 완전성을 보전할 기본적인 권리를 가지므로 인체에 대한 어떤 형태의 침해일지라도 이를 거부하고 거절할 권리가 있다고 할 것이다. 따라서 의료행위가 신체에 대한 침해적인 요소를 포함하는 것인 때에는 환자의 동의 내지 승낙이 없이는 그 시술을 할 수 없고, 환자는 '자기결정권'에 기하여 이를 거부할 수 있으며, 이는 그 의료행위가 생명유지장치의 삽입, 장착과 같이 생명에 직결되는 것이라고 하더라도 마찬가지라고 할 것이다. 다만, 이러한 인체를 침해하는 의료행위의 거부에 관한 환자의 '자기결정권'의 행사가 정당하기 위하여는, 의사결정능력이 있는 상태에서 의료인으로부터 직접, 충분한 의학적 정보를 제공받아 설명을 들은 후 이를 바탕으로 자신의 고유한 가치관에 따라 진지하게 심사숙고한 결과라는 점이 전제되어야 한다. 그리고 이러한 '자기결정권'은 사전의료지시의 방법으로도 행사될 수 있다.

그러나 '자기결정권'도 구체적인 권리의 하나이므로 타인의 권리를 침해할 수 없고 헌법질서에 위반되지 않는 범위에서만 보호받을 수 있는 내재적 한계가 있으며, 생명권의 주체라고 하더라도 자살의 경우와 같이 자기 생명을 자유롭게 처분하는 것은 헌법상 '자기결정권'의 한계를 벗어나는 것으로서 사회상규에 반하므로 허용될 수 없다.

그러므로 환자가 인위적으로 생명을 유지, 연장하기 위한 생명유지장치의 삽입 또는 장착을 거부하는 경우, 특별한 사정이 없는 한, 비록 환자의 결정이 일반인의 관점에서는 비합리적인 것으로 보이더라도 의료인은 환자의 결정에 따라야 하고 일반적인 가치평가를 이유로 환자의 자기결정에 따른 명시적인 선택에 후견적으로 간섭하거나 개입하여서는 아니 된다. 환자의 이러한 '자기결정권' 행사가 있는 때에는 의료인이 의료법상의 진료 또는 응급의료에 관한 법률상의 응급의료를 행하지 아니할 정당한 사유가 있는 경우에 해당한다고 할 것이다.

그러나 이와는 달리, 이미 생명유지장치가 삽입 또는 장착되어 있는 환자로부터 생명유지장치를 제거하고 그 장치에 의한 치료를 중단하는 것은 환자의 현재 상태에 인위적인 변경을 가하여 사망을 초래하거나 사망시간을 앞당기는 것이므로, 이미 삽입 또는 장착되어 있는 생명유지장치를 제거하거나 그 장치에 의한 치료를 중단하라는 환자의 요구는 특별한 사정이 없는 한 자살로 평가되어야 하고, 이와 같은 환자의 요구에 응하여 생명유지장치를 제거하고 치료를 중단하는 것은 자살에 관여하는 것으로서 원칙적으로 허용되지 않는다고 할 것이다.

다만, 생명유지장치가 삽입, 장착되어 있는 상태에서도 환자가 몇 시간 또는 며칠 내와 같이 비교적 아주 짧은 기간 내에 사망할 것으로 예측, 판단되는 경우에는, 환자가 이미 돌이킬 수 없는 사망의 과정에 진입하였고 생명유지장치에 의한 치료는 더 이상 의학적으로 의미가 없으며 생명의 유지, 보전에 아무런 도움도 주지 못하는 것이므로, 이 때에는 생명유지장치를 제거하고 치료를 중단하는 것이 허용된다고 할 것이다. 이 경우의 치료중단은 사망을 초래하거나 사망시간을 앞당기는 것으로 평가할 것이 아니다.

나. 그런데 다수의견은 '환자가 의식의 회복가능성이 없고 생명과 관련된 중요한 생체기능의 상실을 회복할 수 없으며 환자의 신체상태에 비추어 짧은 시간 내에 사망에 이를 수 있음이 명백한 경우'를 '회복불가능한 사망의 단계'라고 정의하고, 그 단계에 이른 환자는 이미 의식의 회복가능성을 상실하여 더 이상 인격체로서의 활동을 기대할 수 없고 자연적으로는 이미 죽음의 과정이 시작되어 연명치료를 계속하는 것은 의학적으로 무의미한 신체침해행위를 강요하는 것이 되므로 그 환자에 대하여는 사전의료지시에 의한 '자기결정권'의 행사에 따라, 또는 추정되는 환자의 의사에 따라 생명유지장치를 제거하는 방법으로 연명치료를 중단하는 것이 허용된다고 하고 있다.

그러나 다수의견은 의료계약의 본질과 특수성에 반하여 환자가 의료인에게 특정한 의료행위 또는 치료행위를 하도록 강요하는 것이어서 부당하다.

나아가 다수의견이 말하는 '환자의 신체상태에 비추어 짧은 시간 내에 사망에 이를 수 있음이 명백한 경우'의 의미가 어떤 것인지 분명하지는 않지만, 이 사건에서 담당 주치의 또는 감정의들은 인공호흡기가 장착된 상태에서 원고의 기대여명이 짧게는 4개월 이상, 길게는 1년 이상이라는 의견을 제시하였음에도 불구하고 원고가 이미 회복불가능한 사망의 단계에 이른 것으로 판단하고 있는 점에 비추어 보면, 인공호흡기 등의 생명유지장치가 장착되어 있는 환자의 경우에는 그 장치가 장착되지 않는 신체상태를 기준으로 하여 그가 비교적 짧은 시간 내에 사망에 이를 것인지 여부를 판단한다는 뜻이라고 해석된다.

그러나 호흡을 통해 체세포에 산소가 공급되지 않으면 모든 체세포가 곧 기능을 상실하여 사람이 사망에 이르는 것이므로, 다수의견의 기준에 따르는 한에 있어서는, 비록 의식의 회복가능성이 없다는 점이 전제되어 있기는 하지만, 자발호흡을 완전히 회복하지 못한 모든 환자가 회복불가능한 사망의 단계에 이른 것으로 분류, 평가될 위험이 있다. 사람의 심폐기능이 정지되지 않는 한 아직 사망한 것이 아니며, 그 심폐기능이 자발적인 것인지 인공호흡기 등의 생명유지장치의 도움에 의한 것인지에 따라 달리 볼 것은 아니다. 장기 등 이식에 관한 법률은 그 법이 정한 기준 및 절차에 따라 뇌 전체의 기능이 되살아날 수 없는 상태로 정지되었다고 판정된 자를 '뇌사자'로, 뇌사자를 제외한 자를 '살아 있는 사람'으로 정의하면서(제3조 제4호), 뇌사자로 판정되지 아니한 자로부터 장기 등을 적출하여 사망에 이르게 한 자를 살인죄와 같은 형으로 처벌하도록 규정하고 있다(제39조). 한편, 응급의료에 관한 법령은 심폐소생술이 필요한 경우를 응급환자의 하나로 정의하고, 응급환자의 발생부터 생명의 위험에서 회복되거나 심신상의 중대한 위해가 제거되기까지의 과정에서 응급환자를 위하여 행하여지는 응급처치 등을 응급의료라고 정의하면서(법 제2조, 시행규칙 제2조), 모든 국민은 응급의료를 받을 권리를 가지며(법 제3조), 응급의료종사자는 업무중에 응급의료를 요청받거나 응급환자를 발견한 때에는 즉시 응급의료를 행하여야 하며 정당한 사유 없이 이를 거부하거나 기피하지 못한다고 규정하고 있다. 그러므로 뇌사로 추정조차 되지 아니하는 자는 인공호흡기 등의 생명유지장치의 도움을 받는지 여부와 관계없이 여전히 '살아 있는 사람'이며, 그로부터 인공호흡기 등을 제거함으로써 그로 하여금 사망에 이르게 하는 행위는 응급의료의 거부 내지 기피에 해당하여 현행법상 그 생명을 침해하는 행위로 평가할 수밖에 없다. 다만, 그 환자가 인공호흡기 등을 장착하여 그 도움을 받는 상태에서도 사망에 극히 근접해 있는 경우라면, 이 때의 인공호흡기 등의 제거는 생명을 침해하는 것으로 평가할 수 없고 사회상규에도 반하지 아니하는 것으로 볼 수 있을 것이다. 그러나 사망에 근접하였는지 여부를 인공호흡기 등이 장착된 상태가 아니라 그 장치가 제거된 상태를 기준으로 하여 판단하고 인공호흡기 등의 제거가 허용된다고 보는 것은 현행법상 용인될 수 없고, 그 정당성의 근거를 찾을 수도 없다. 만일 다수의견이, 회복불가능한 사망의 단계에 이른 환자에 대한 인공호흡기 등에 의한 치료는 의학적인 의미에서 치료의 목적을 상실한 신체침해행위가 계속적으로 이루어지는 것이어서 환자의 인간으로서의 존엄과 가치 및 행복추구권에 반한다고 하는 가치판단에서 그 치료중단행위의 정당성의 근거를 찾는 취지라면, 굳이 환자의 '자기결정권'에 기한 입론을 할 필요도 없을 것이다.

다. 이러한 법리에 따라 이 사건을 검토하여 보면, 원고는 생명유지장치인 인공호흡기가 이미 삽입, 장착되어 있는 상태에서 그 장치의 제거를 구하고 있으므로 그 청구가 정당하려면 원고가 앞에서 본 바와 같이 생명유지장치가 삽입, 장착되어 있는 상태에서도 원고가 비교적 아주 짧은 기간 내에 사망할 것으로 예측, 판단되는 돌이킬 수 없는 사망의 과정에 진입하였다는 점이 전제되어야 할 것이다.

그러나 이 사건에서 원고의 뇌가 비록 전반적으로 심한 위축을 보이고 뇌간 및 소뇌도 심한 손상으로 위축되어 있으나, 아직 뇌사상태에는 이르지 아니한 지속적 식물인간상태라는 점에 대하여는 담당 주치의와 감정의의 의견이 일치되어 있고, 다수의견도 인정하는 터이다. 그리고 앞서의 다른 반대의견에서 적절히 지적하고 있는 바와 같이, 이 사건 소제기 당시 및 제1심 변론종결 당시 원고의 기대여명은 1년 내지 2년이라는 것이었고, 현재에 있어서도 적어도 4개월 이상이라는 것이므로, 원고를 가리켜 앞에서 본 바와 같은 의미에서의 이른바 돌이킬 수 없는 사망의 과정에 진입하였다고는 도저히 말할 수 없다.

그렇다면 이 사건은 환자에게 장착된 인공호흡기의 제거가 정당화될 수 있는 경우에 해당한다고는 볼 수 없으므로, 원고의 이 사건 청구는 다른 요건을 나아가 따져 볼 것도 없이 인용될 수 없다.

라. 사람의 생명은 그 무엇과도 바꿀 수 없는 고귀한 것이고, 살아 있다는 것 자체로 가치가 있다.

사람의 정신과 뇌의 기능은 오묘한 것이어서 단순히 물리적으로 또는 의학적으로만 판단하기 어려운 측면이 있음은 누구도 부인하기 어렵다. 지속적 식물인간상태로 10여 년 이상의 장기간이 지난 후에 의식이 회복된 예도 있고, 자발호흡이 없어 인공호흡기를 제거하면 곧 사망에 이를 것이라는 판단 아래 인공호흡기를 제거하였으나 수년간을 더 생존한 예도 있음을 우리는 알고 있다.

다수의견은 의료계약의 본질과 특성에 반하여 환자가 의료인에게 특정한 의료행위 또는 치료방법을 시행할 것을 강요하는 결과로 될 뿐만 아니라, 사망에 근접한 경우로 볼 수 있는 범위를 지나치게 확장하여 인정함으로써 오히려 생명의 침해를 용인하는 결과로 될 위험이 있는 것이어서 부당하다. 이상의 이유로 다수의견에 찬동하지 아니한다.

7. 연명치료 중단의 허용기준에 대한 대법관 김지형, 대법관 차한성의 보충의견

가. 대법관 이홍훈, 대법관 김능환의 반대의견(이하 '반대의견'이라고만 한다)은, 환자가 자기결정권을 행사하여 생명유지장치의 삽입 또는 장착을 거부하는 것은 특별한 사정이 없는 한 허용되지만 이미 생명유지장치가 삽입 또는 장착되어 있는 환자가 생명유지장치의 제거를 요구하는 것은 특별한 사정이 없는 한 자살로 평가되므로 원칙적으로 허용되지 않고, 다만 환자가 '돌이킬 수 없는 사망의 과정에 진입한 경우'에는 생명유지장치의 제거를 요구하는 것도 허용된다고 하면서, 여기서 '돌이킬 수 없는 사망의 과정에 진입한 경우'라 함은 생명유지장치가 삽입, 장착되어 있는 상태에서도 비교적 아주 짧은 기간 내에 사망할 것으로 예측, 판단되는 경우를 말하는데, 이 사건 원고의 경우에는 여기서 말하는 돌이킬 수 없는 사망의 과정에 진입하지 않았으므로 더 나아가 살필 필요 없이 원고의 청구를 인용할 수 없다는 취지이다.

이러한 반대의견의 논리는, '돌이킬 수 없는 사망의 과정'을 다수의견에서 정의하고 있는 '회복불가능한 사망의 단계'보다 더 범위를 좁히고 그 이후에는 연명치료의 중단이 허용될 수 있지만, 그 이전에는 연명치료의 중단이 생명 침해에 해당하므로 허용될 수 없다는 것이나, 위와 같은 반대견해는 타당하지 않다.

나. 반대의견은 돌이킬 수 없는 사망의 과정에 이르기 전의 상태를 응급 상태와 마찬가지로 보아 응급의료에 관한 법률에 의하여 연명치료의 중단이 허용될 수 없다고 보고 있다. 응급의료에 관한 법률이 '응급환자의 발생부터 생명의 위험에서 회복되거나 심신상의 중대한 위해가 제거되기까지의 과정에서 응급환자를 위하여 행하여지는 응급처치 등'을 응급의료라고 정의하고 있다.

그런데 다수의견에서 정의하는 '회복불가능한 사망의 단계'에 이른 환자에 대한 연명치료는, 환자를 생명의 위험에서 회복시키거나 심신상의 중대한 위해를 제거할 수 없는 상태에서 이루어지는 것이므로 이를 응급의료에 관한 법률의 적용을 받는 응급의료라고 볼 수 없고, 따라서 회복불가능한 사망의 과정에 이른 환자에 대하여 연명치료를 보류하거나 중단하는 것이 응급의료를 거부 내지 기피하는 것으로 평가될 수 없다고 봄이 타당하므로 응급의료에 관한 법률을 연명치료 중단이 불허되어야 한다는 논거로 삼는 것은 타당하지 않다.

다. 환자의 의사에 의하여 진료를 중단하는 것이 환자의 생명을 침해하는 것인지에 관하여 반대의견은 환자가 현재 진료를 받고 있는 상태를 기준으로 하였을 때 죽음과 시간적으로 가까운 경우와 그렇지 않은 경우를 달리 취급하고 있다.

그러나 생명권은 모든 인간에게 인정되는 기본권 중의 기본권으로서 사망이 임박하여 생명이 얼마 남지 아니한 환자라 하더라도 생명권의 주체가 되는 것이므로, 어떠한 행위가 인위적으로 생명을 단

축시키는 행위로서 살인이나 자살로 평가될 수 있다면, 생명 단축 기간이 얼마인지에 따라서 살인이나 자살인지의 여부에 대한 법적 평가가 달라지지 아니한다.

반대의견에서 연명치료 중단을 허용하는 '돌이킬 수 없는 사망의 과정'에 진입한 환자 중에는 장기등 이식에 관한 법률에서 정하는 뇌사로 추정조차 되지 않는 환자도 포함되어 있는바, 이러한 환자는 여전히 살아 있는 사람으로서 당연히 생명권의 주체가 된다 할 것이며, 그 환자를 생명권의 보호 범위에서 배제할 수 없다 할 것이다.

그럼에도 불구하고, 반대의견은 사망에의 시간적 근접성만을 이유로 단계를 구분하고 그 이전 단계에서는 이미 장착된 치료장치의 제거를 요구하는 것은 일반적으로 자살이라고 하면서도, 그 이후 단계에서는 같은 행위가 생명침해에 해당하지 아니한다고 보는 것이어서, 이러한 반대의견의 논리는 살인이나 자살에 관한 일반적인 법리에 어긋난다.

라. 따라서 치료의 중단이 허용되는 것인지 여부는 단순히 사망과의 시간적 근접성을 기초로 판단할 것이 아니라 환자의 자기결정권에 의한 치료의 중단이 사회상규에 비추어 자살이라고 평가될 수 있는 것인지에 초점을 맞추어 판단하여야 한다.

인간의 존엄과 가치 및 행복을 추구할 권리는 우리 헌법상의 최고목적조항으로서 헌법상 모든 기본권의 보장을 통하여 추구하고자 하는 최고의 가치라 할 것이고, 이러한 인간의 존엄과 가치 역시 모든 인간이 향유할 수 있는 기본권이므로, 의식의 회복가능성이 없는 환자라 하더라도 남은 삶에 있어 인간으로서의 존엄과 가치를 누릴 수 있다.

한편, 죽음이란 삶을 살아가는 인간이 피할 수 없는 인간 실존의 한 영역이고 이러한 의미에서 죽음이란 삶의 마지막 과정에서 겪게 되는 삶의 또 다른 형태라 할 것이므로, 모든 인간은 죽음을 맞이하는 순간까지 인간으로서의 존엄과 가치를 보존할 권리를 보장받아야 한다.

따라서 진료가 의학적으로 무의미하고 오히려 진료에 의하여 인간으로서의 존엄과 가치가 침해되는 것으로 인정될 수 있으며 환자가 명시적으로 자기결정권을 행사한 경우나 이를 추정할 수 있는 경우에 진료를 중단하는 것은, 인위적으로 생명을 침해하는 것이 아니라 오히려 인위적인 신체 침해 행위에서 벗어나 환자의 생명을 환자 자신의 자연적인 신체상태에 맡기도록 하는 것으로서 이를 자살로 평가할 수 없다 할 것이다.

진료가 의학적으로 무의미한 것인지 여부를 판단함에 있어서는 사망과의 시간적 근접성보다는 중단을 요구하는 대상인 진료행위 자체의 특성을 고려하여야 한다. 사망의 단계에 진입하였고 그 단계에서 회복될 수 없는 환자에게 신체를 침해하면서 행하여지는 진료는 의학적으로 무의미하다고 판단하는 것이 사회상규에 부합한다.

그러나 '회복불가능한 사망의 단계'에 진입하였다는 사정만으로 모든 환자에 대한 연명치료가 인간으로서의 존엄과 가치를 해하는 것으로 볼 수는 없다. 환자의 가치관이나 신념 등에 따라 신체 침해를 수반하는 연명치료의 계속이 인간으로서의 존엄과 가치를 해하는 것으로 받아들일 것인지 여부가 달라질 수 있고, 따라서 진료행위를 계속할 것인지 여부에 관한 환자의 결정권이 존중되어야 한다는 의료계약의 일반원칙이 배제되는 것은 아니며, 의료인은 연명치료의 중단을 구하는 환자의 사전의료지시나 추정적 의사가 인정되는 경우에 비로소 연명치료의 중단의무를 부담한다.

마. 다만, 사람의 생체기능은 모두 직·간접적으로 생명현상 유지와 관련되어 있으므로 '회복불가능한 사망의 단계'를 생체기능을 유지하기 위한 조치의 중단에 의한 사망가능성이라는 개념으로만 접

근하면, 단순히 영양이나 수액을 공급하는 등 기본적인 보살핌을 하는 것만으로도 생존이 가능한 경우까지 '회복불가능한 사망의 단계'에 포함되는 것으로 확장해석될 수 있다. 이러한 이유로 생명현상 유지에 필수적인 기능으로서 그 기능을 상실하는 경우 짧은 시간 내에 사망에 이를 수 있는 생체기능으로 제한하는 것이지, 반대의견과 같이 사망과 시간적으로 근접하고 있다는 사정만으로 진료가 의학적으로 무의미하다거나 진료의 중단을 정당화시켜 주는 것은 아니다.

호흡기능은 인공호흡기에 의하여 상당 기간 유지될 수 있기 때문에 호흡 기능이 영구적으로 정지되어 있다는 것만으로는 회복불가능한 사망의 단계에 진입하였다고 평가할 수 없다는 취지로 반대의견을 해석할 수도 있을 것이다.

그러나 호흡 기능과 혈액순환 기능, 그리고 이를 조율하는 뇌간의 기능은 서로 유기적으로 작용하여 생명현상을 유지시키는 핵심적인 기능이고, 그 중 하나의 기능이 상실되는 경우 나머지 기능들도 순차적으로 기능을 상실하여 결국 사망에 이르게 되며, 일단 위 기능들 중 하나라도 영구적으로 상실된 경우에는 장기이식 등 극히 이례적인 진료방법을 동원하지 않고는 사망에 이르는 결과를 회피할 수 없다. 이런 점에서 호흡 기능, 혈액순환 기능, 뇌간의 기능이 순차적으로 상실되는 과정은 사망이라는 일련의 과정 중에서도 가장 핵심적인 과정이라 할 것이다.

따라서 호흡기능을 영구적으로 상실한 경우에는 회복불가능한 사망의 단계에 진입한 것으로 보아야 할 것이다.

바. 반대의견은, 지속적 식물상태에서 10여 년 이상의 장기간이 지난 후에 의식이 회복된 사례와 자발호흡에 의한 생존이 불가능하다고 판정되었으나 이후 인공호흡기를 제거하고도 수년간을 자발호흡에 의하여 생존이 가능하였던 사례를 들어 회복불가능한 사망의 단계를 의학적으로 판단하기 어렵다고 비판하고 있다.

다수의견은 회복불가능한 사망 단계에 진입한 경우에 한정하여 판단하고 있으므로, 반대의견이 들고 있는 사례 중 지속적 식물상태 환자의 사례는 다수의견이 제시하고 있는 사안을 벗어난 논의라 할 것이고, 나머지 사례는 인공호흡기의 장착 자체가 오히려 불필요한 신체 침해였던 사안이므로 이를 이유로 다수의견을 비판하는 것은 적절하지 않다.

사. 다수의견에서 명시한 바와 같이, 환자의 신체 침해를 수반하는 구체적인 진료행위가 환자의 동의를 받아 제공될 수 있는 것과 마찬가지로, 그 진료행위를 계속할 것인지 여부에 관한 환자의 결정권 역시 존중되어야 하며, 환자가 그 진료행위의 중단을 요구할 경우에 원칙적으로 의사는 이를 받아들이고 다른 적절한 진료방법이 있는지를 강구하여야 하는 것은 의료계약의 본질에 따른 당연한 귀결이고, 다만 생명과 관련된 진료에 한하여 위와 같은 의료계약의 본질에 대한 예외로서 환자의 자기결정권 행사가 제한될 수 있을 뿐이므로, 이와 다른 전제에서 회복불가능한 사망의 단계에 들어선 환자에 대하여 생명유지장치를 제거하는 방법으로 연명치료를 중단하는 것을 허용하면 의료계약의 본질과 특수성에 반하여 환자가 의료인에게 특정한 진료행위를 하도록 강요하는 것이어서 부당하다는 취지의 반대의견도 받아들이기 어렵다.

회복불가능한 사망의 단계에 들어선 환자에 대하여 질병 치료의 효과가 없는 연명치료를 계속하는 것이 의학적으로 의미가 있다고 할 수 없음에도 생명유지장치를 제거하는 방법으로 연명치료를 중단하는 것을 금지시키고 그 연명치료를 받도록 하는 것이 질병치료를 주된 목적으로 하는 의료계약의 본질에 부합하는 것이라고 볼 수는 없다고 생각된다.

아. 위와 같이 회복불가능한 사망의 단계에 관한 다수의견의 견해가 정당한 이상, 연명치료를 거부하는 것과 연명치료 중단을 요구하는 것을 달리 취급할 것인지 여부는 이 사건의 결론에 영향을 미치지 아니한다.

연명치료의 중단이 환자의 현재 상태에 인위적인 변경을 가하여 생명을 단축시킨 것이므로 이를 자살로 보아야 한다는 반대의견에 대하여는 다음과 같은 문제점이 있을 수 있음을 지적하여 둔다.

반대의견은 연명치료의 거부와 달리 연명치료의 중단의 경우에는 '생명유지장치가 삽입 또는 장착되어 있는 환자로부터 생명유지장치를 제거'한다는 점을 중시하여 이를 자살로 평가하는 것으로 보인다. 그러나 더 이상 진료를 받지 않겠다는 의도에서 연명치료를 거부하는 것이나 연명치료의 중단을 요구하는 것은 규범적인 측면에서 차이가 있다고 보기 어렵다. 중요한 것은 생명유지장치를 가동시켜야 할 의무가 있는지 여부이며, 만약 생명유지장치를 가동시켜야 할 의무가 있다면 환자의 요구에 의하여 그 가동을 중단한 행위나 환자의 거부에 따라 그 가동을 위한 장착을 하지 아니한 행위나 모두 그 의무를 위반한 행위로서 동일하게 평가되어야 할 것이며 규범적인 면에서 본질적인 차이가 있다고 할 수 없다. 예를 들어, 여호와의 증인 환자가 수혈을 거부하는 것과 의식이 없는 상태에서 수혈이 시작되었으나 이후 의식을 회복하여 수혈의 중단을 요구하는 것 사이에 차이가 있다고 보기 어렵다.

그뿐 아니라, 연명치료는 생명유지장치의 지속적인 가동에 의하여 계속적으로 이루어지는 것으로서 그 장치를 제거하는 것을 현재의 상태에서 보면 연명치료의 중단으로 볼 수 있지만, 장래의 상태에서 보면 연명치료의 거부로 볼 수 있으므로, 연명치료의 거부와 중단이 개념적으로 명확히 구분되는 것도 아니다.

그럼에도 불구하고, 연명치료의 거부와 연명치료의 중단을 구분하고 이를 규범적으로 달리 평가하여 후자의 경우에만 자살로 평가하여야 한다는 반대의견에는 찬성하기 어렵다.

자. 위에서 본 바와 같이 환자의 신체상태를 기초로 회복불가능한 사망의 단계에 들었는지 여부를 판단하고 그 이후의 단계에 들어선 환자에 대하여는 사전의료지시, 환자의 추정적 의사 등에 의하여 연명치료를 중단할 수 있다고 판단한 다수의견은 정당하다.

8. 연명치료 중단에 관한 법적 판단절차에 대한 대법관 김지형, 대법관 박일환의 별개의견

가. 연명치료의 중단은 연명치료를 계속하는 것이 오히려 환자의 인간으로서의 존엄과 가치를 침해하는 상황에서 환자의 의사가 추정되는 경우에 한하여 허용되는 것이므로, 연명치료의 중단이 허용되는지 여부에 관한 판단이 실효성 있는 법적 절차에 의하여 신중하면서도 적절한 시기에 내려지게 함으로써 인간으로서의 존엄과 가치라는 중대한 기본권 침해에 대한 구제절차가 유효적절한 방법으로 이루어질 수 있도록 할 필요가 있다.

이러한 문제의식을 바탕으로 하여 연명치료 중단의 허용 여부를 결정하기 위한 적정한 법적 절차에 관하여 다음과 같이 별개의견을 밝히고자 한다.

나. 환자의 사전의료지시가 없는 상태에서 회복불가능한 사망의 단계에 진입한 경우의 연명치료 중단과 관련하여, ① 환자 측에서 연명치료 중단을 요구하고 의료인도 전문의사 등으로 구성된 위원회 등의 판단에 따라 환자가 회복불가능한 사망의 단계에 이르렀고 현 상태에서 연명치료 중단에 동의할 것으로 추정된다고 판단하는 경우와 ② 환자 측은 연명치료 중단을 요구하였으나 의료인은 환자가 연명치료의 중단이 허용되는 회복불가능한 사망의 단계에 이르지 않았거나 환자의 추정적 의사가 불분명하다고 판단하여 연명치료 중단 요구를 거부하는 경우가 있을 수 있다.

우선 위 ②의 경우 환자 측의 요구가 연명치료 중단의 요건을 갖추었는지 여부에 관하여 어떠한 형식으로든 최종적인 분쟁해결기관인 법원의 판단이 필요하다. 이와 달리 위 ①의 경우에는 다수의견이 제시하는 바와 같이 여러 사람의 전문적인 의견을 종합하여 신중한 절차를 거친 후 의료인이 환자 측의 요구를 받아들여 연명치료 중단을 실행할 수는 있고, 따라서 환자 측의 요구가 연명치료 중단의 요건을 충족하는 점에 대하여 조금의 의문도 없는 경우에는 법원의 개입이 필요하지 않을 수 있을 것이다.

그러나 문제는 위 ①의 경우에도 의료인이 연명치료 중단을 실행한 것과 관련하여 법적 책임으로부터 완전히 자유로울 수는 없다는 점이다. 연명치료의 중단에 관한 법적 절차와 효력 등을 정하고 있는 입법이 마련되어 있지 않은 현재의 상황에서, 의료인이 나름대로 신중한 절차를 거쳐 연명치료 중단을 실행하였다는 사정만으로 의료인에게 면책을 인정하는 것은, 환자의 생명권의 보호에 관한 중대한 사항을 의료인의 판단에만 전적으로 맡겨버리는 셈이 되어, 결코 적정하다고 말할 수 없을 것이다. 결국, 의료인이 신중한 절차를 거쳐 연명치료를 중단한다 하더라도, 사후적으로 환자 본인이 회복불가능한 사망의 단계에 이르지 않았다거나 환자 본인의 추정적 의사가 불분명한 것으로 판명되어 의료인이 민 · 형사상 책임을 지게 될 가능성을 배제할 수는 없다. 이와 같이 법원의 사후적 평가에 의하여 형사책임까지 부담할 가능성이 배제되지 않은 상태에서는 의료인은 환자 측의 요구에 대하여 방어적인 태도를 취할 수밖에 없고, 조금이라도 문제될 여지가 있으면 연명치료 중단을 실행하는 것을 주저할 것이다.

현재 환자 측의 요구에도 불구하고 연명치료 중단에 소극적인 의료계의 실상도 이러한 맥락에서 이해될 수 있고, 위와 같이 사후판단에 의하여 법적 책임을 지게 될 가능성에 대한 불안은 절차적 요건이 마련되지 않은 상태에서 실체적 요건을 제시하는 것만으로는 근본적으로 해소되기 어렵다. 따라서 위 ①의 경우에도 많은 사안에서 어떠한 형식으로든 법원의 사전판단을 받을 수 있는 절차를 거칠 수 있다면 연명치료 중단과 관련한 법률관계의 안정에 커다란 도움이 될 수 있다 할 것이다.

회복불가능한 사망의 단계에 이른 환자에 대하여 연명치료를 계속하는 것이 오히려 인간으로서의 존엄과 가치를 해하는 경우가 있을 수 있고 그러한 경우에 연명치료의 중단이 허용되는 것이다. 그런데 바로 이 사건에서 확인되는 바와 같이 통상적인 소송절차는 엄격한 절차를 준수하여야 하고 그로 인하여 상당한 비용과 시간이 소요될 수 있으므로 연명치료의 중단을 위하여 반드시 소송절차를 거쳐야 한다면 객관적으로 연명치료의 중단이 허용되는 경우에 해당한다 하더라도 환자의 인간으로서의 존엄과 가치가 침해되는 상태가 장기간 방치되는 결과에 이를 수 있다. 이는 환자의 생명권을 최대한 보호하되 환자의 인간으로서의 존엄과 가치를 해하는 연명치료에 관하여는 보다 적정하고 신속한 절차를 통하여 법원의 사전판단을 받음으로써 침해 상태를 배제할 것을 구하는 환자들이나 병원 측의 요청을 외면하는 결과가 될 수 있다.

이 사건의 경우 민사소송의 형태로 소가 제기되었으므로 다수의견과 같이 민사소송 절차에서 연명치료 중단의 실체적 허용기준만 제시하더라도 결론을 도출하는 데에 지장은 없다. 그러나 연명치료 중단의 허용 여부에 대한 법적 불안정을 제거하고 환자가 적정하고 신속하게 인간으로서의 존엄과 가치에 대한 침해로부터 구제받기 위하여는 소송절차에 의하지 아니하고도 법원의 판단을 구할 수 있는 절차가 있다면 이에 관하여도 명시할 필요가 있다. 그러므로 현행법의 해석상 가능한 범위 내에서 적정하고 신속하게 법적 판단을 받을 수 있는 절차에 관하여 살펴보고자 한다.

다. 환자의 사전의료지시가 없는 상태에서 회복불가능한 사망의 단계에 진입한 경우에는 환자가 의식의 회복가능성이 없으므로 더 이상 환자 자신이 직접 자기결정권을 행사하여 진료행위의 내용 변경이나 중단을 요구하는 의사를 표시할 것을 기대할 수 없다. 이러한 상태에 있는 환자는 법적으로 심신상실의 상태에 있는 자로 보아야 할 것이다.

민법상 심신상실의 상태에 있는 자에 대하여는 금치산을 선고할 수 있으며(민법 제12조), 금치산이 선고된 경우에는 후견인을 두게 되는데, 그 후견인은 금치산자의 법정대리인이 되며, 금치산자의 재산관리에 관한 사무를 처리하는 외에, 금치산자의 요양, 감호에 관하여 일상의 주의를 기울여야 하는 의무를 부담한다(민법 제947조 제1항).

따라서 후견인은 금치산자의 요양을 위하여 금치산자를 대리하여 의사와 의료계약을 체결할 수 있음은 당연하며, 비록 자기의 생명과 신체의 기능을 어떻게 유지하는지에 대하여 스스로 결정하는 권리는 일신전속적인 것이라고 하더라도, 후견인은 의료계약의 법정대리인으로서, 그리고 금치산자의 요양에 관한 후견적 사무를 처리하는 자로서, 그 의료계약 과정에서 이루어지는 수술 등 신체를 침해하는 행위에 관하여는 의사로부터 설명을 듣고 금치산자를 위한 동의 여부에 관한 의사를 표시할 수 있고, 마찬가지로 진료행위가 개시된 후라도 금치산자의 최선의 이익을 위하여 필요하다고 인정되는 범위 내에서는 그 진료행위의 중단 등 의료계약 내용의 변경을 요구하는 행위를 할 수 있다고 봄이 상당하다. 응급의료에 관한 법률 제9조 제2항은 응급의료종사자는 응급환자가 의사결정능력이 없는 경우 법정대리인이 동행한 때에는 그 법정대리인에게 응급의료에 관하여 설명하고 그 동의를 얻도록 규정하고 있는데, 이와 같이 긴급성을 요하는 응급의료의 영역에서도 법정대리인의 동의권을 법률로 보장하는 취지에 비추어 보면, 생명과 관련된 진료에 있어서도 일반적 진료와 마찬가지로 금치산자의 이익을 보호하는 범위 내에서 후견인의 동의권이 인정된다고 해석하는 것이 상당하다. 다만, 후견인의 요양 · 감호에 관한 임무는 후견인 자신을 위한 것이 아니라 피후견인인 금치산자의 보호를 위한 것이므로, 금치산자의 후견인이 요양 · 감호에 관한 임무에 기초하여 동의권을 행사하거나 진료행위의 변경을 요구하는 경우에는 금치산자 본인의 가치관이나 신념에 기초하여 객관적으로 금치산자에게 최선의 이익이 되는 결정을 하여야 한다.

더구나 진료행위가 금치산자 본인의 생명과 직결되는 경우에는 그 중단에 관한 환자 본인의 자기결정권이 제한되는 것과 마찬가지로 후견인의 행위는 제한되어야 한다. 그뿐 아니라, 환자의 자기결정권에 의한 연명치료 중단이 허용될 수 있는 경우라고 하더라도 후견인이 금치산자의 생명에 관한 자기결정권 자체를 대리할 수는 없으므로 후견인의 의사만으로 그 연명치료의 중단이 허용된다고 할 수 없다. 민법 제947조 제2항 본문이 “후견인이 금치산자를 사택에 감금하거나 정신병원 기타 다른 장소에 감금치료함에는 법원의 허가를 얻어야 한다”고 규정하고 있는 것도 비록 금치산자의 생명 내지 건강이라는 법익을 보호하기 위하여 치료가 필요하더라도 금치산자의 행동의 자유라는 다른 중대한 법익을 제한하는 경우에는 금치산자를 위한 최선의 판단인지 여부에 관하여 법원의 판단을 받도록 한 것임을 알 수 있다. 하물며 금치산의 이러한 행동의 자유보다 훨씬 막중한 법익으로서 금치산자의 생명권의 보호와 직결되는 사항에 관하여 법원의 적정한 판단이 필요할 것임은 두말할 나위가 없을 것이다. 그렇다면 회복불가능한 사망의 단계에 이른 경우에 이루어지는 연명치료의 계속이 금치산자인 환자 본인에게 무익하고 오히려 인간으로서의 존엄과 가치를 해칠 염려가 있어 이를 중단하는 것이 환자 본인의 이익을 보호하는 것이라고 하더라도, 이는 항상 금치산자인 환자 본인의 생명 보호에 관한 법익 제한의 문제를 낳을 우려가 있으므로, 위 규정을 유추적용하여 후견인은 의료인에게 연명치료의 중단을 요구하는 것이 금치산자의 자기결정권을 실질적으로 보장할 수 있는 최선의 판단인지 여부에 관하여 법원의 허가를 받아야 한다고 봄이 상당하고, 이에 관하여는 가사소송법, 가사소송규칙, 비송사건절차법 등의 규정에 따라 가사비송절차에 의하여 심리 · 판단을 받을 수 있다 할 것이다.

이 경우에 법원은 금치산자가 회복불가능한 사망단계에 이르렀고, 금치산자의 평소 가치관이나 신념 등에 비추어 연명치료를 중단하는 것이 객관적으로 금치산자의 이익에 부합한다고 인정되며 금치산자에게 자기결정권을 행사할 수 있는 기회가 주어지더라도 연명치료의 중단을 선택하였을 것이라고 보는 것이 합리적이고 사회상규에도 부합되어 연명치료 중단에 관한 금치산자의 의사를 추정할 수 있는 경우에 허가를 할 수 있다. 금치산자가 회복불가능한 사망단계에 이르렀는지 여부에 관하여는 주치의의 소견뿐 아니라 다수의견 1의 다의 (4)항에서 본 바와 같은 위원회의 판단, 사실조회, 진료기록 감정 등에 나타난 다른 전문의사의 의학적 소견 등을 종합하여 신중하게 판단하여야 하고, 금치산자의 의사 추정도 민사소송절차에서의 허용기준과 마찬가지로 객관적으로 이루어져야 한다.

한편, 이와 같이 비송절차에 의하여 연명치료 중단에 관한 법원의 허가를 받는 것이 가능하다고 하더라도, 환자 측이 반드시 비송절차에 따른 허가를 받아야 하는 것은 아니고 소송절차에 의하여 기판력 있는 판결을 구하는 것도 가능함은 물론이다.

라. 이와 같이 민법 제947조 제1항, 제2항에 따라 연명치료 중단의 허용 여부에 관한 법원의 사전판단을 받게 하면, 의료인 측의 판단절차에 맡기는 것에 비하여 적정하고 법적 구속력 있는 판단을 받을 수 있고, 소송절차에 의하는 것보다 간이하고 신속한 절차를 통하여 연명치료 중단에 관한 당사자의 법적 불안정을 제거할 수 있다.

다만, 현재 법원의 기능과 조직에 비추어 연명치료 중단이 문제되는 많은 사건에서 가정법원이 이러한 역할을 담당하는 것이 적절한지에 관하여 의문이 있을 수 있고, 이는 의료인이 법적 책임에 대한 부담감으로 인하여 법원의 사전판단을 받기를 선호하는 경우에는 더욱 문제될 수 있다. 그러나 생명권은 기본권 중의 기본권이므로 생명과 관련된 진료행위를 중단함에 있어서는 최대한 신중을 기하여야 한다는 측면에서 보면, 혹시라도 환자 본인의 의사가 제대로 반영되지 아니한 환자 측과 의료인의 판단만으로 연명치료 중단을 결정할 수 있는 여지를 없애고 법률이 정한 절차에 의한 법원의 사전판단을 받도록 함으로써 생명존중과 적정의료 등의 목적을 동시에 달성할 수 있으며, 이러한 연명치료 중단 요구에 대한 허가는 현행법상 인정되는 가정법원의 후견적 기능이 가장 필요한 법적 영역이라고 할 것이다. 뿐만 아니라, 연명치료 중단의 요건을 충족하였는지 여부에 대하여 환자 측과 의료인 및 위원회의 판단이 일치하는 경우 회복불가능한 사망 단계에 이르렀는지 여부 등 객관적인 요건에 대한 심리의 부담이 그리 크지 않을 것이며, 환자 측과 의료인의 판단이 서로 다른 경우에는 어차피 쟁송절차에 의한 법원의 판단을 요할 것이므로 전체적으로 법원의 부담도 크게 증가되지 않을 것으로 보인다.

마. 이 사건의 경우 원고가 위 허가절차를 거치지 아니하고 연명치료 중단에 관하여 직접 민사소송을 제기하였으나, 이러한 쟁송절차가 배제되어야 한다는 것이 아님은 앞서 본 바와 같고, 다만 반드시 쟁송절차에 의하지 않더라도 비송절차에 의한 법적 판단을 받을 수 있는 절차가 가능하다는 점을 이상의 이유를 들어 별개의견으로 밝혀 둔다.

【사실관계】

원고 김○경은 2008.2.18. 폐암 발병 여부를 확인하기 위하여 X 병원에서 기관지 내시경을 이용한 폐종양 조직 검사를 받던 중 저산소증에 의한 뇌손상을 입고 8개월째 의식이 없는 식물인간상태에서 피고 산하 X 병원의 중환자실에서 인공호흡기를 부착하고 항생제 투여, 인공영양 공급, 수액 공급 등의 치료를 받고 있는데, 나머지 원고들은 원고 김○○의 자녀들임. 원고 김○○의 가족들은 피고에게 인공호흡기를 제거하고 생명연장치료를 중단할 것을 요구하였으나 피고는 원고 김○○의 생명을 보호할 의무가 있어 원고들의 요구에 응할 수 없다고 거부하여 원고들은 이 사건 인공호흡기 제거 소송에 이르게 되었음. 김○경과 김○경의 자녀들이 X 병원을 운영하는 학교법인 Y와 김○경의 주치의 Z를 상대로, ① 주위적으로는 이 사건 치료의 중단을 구하고, ② 예비적으로는 김○경이 X 병원에서 퇴원하는 것을 방해하지 말 것을 구하는 가처분을 신청하였다(김○경은 사실상 의사능력을 상실한 상태에 있어 소송능력이 없는바, 김○경의 자녀들 중 한 사람인 이○화가 특별대리인으로 선임되었다).

서울서부지방법원 2008.7.10 선고 2008카합822호 결정【무의미한 연명치료장치제거 등 가처분신청】

【주문】채권자들의 주위적 및 예비적 신청을 모두 기각한다.

【결정 요지】

1. 주위적 신청(이 사건 치료중단 신청)에 관한 판단

가. 의료행위에 있어서 환자의 자기결정권과 그 한계

(1) 의료행위에 있어서 환자의 자기결정권은 최대한 존중되어야 할 것이므로, 환자가 의료행위의 계속을 원하지 아니하는 경우에는 원칙적으로 더 이상 그 의료행위를 계속할 필요가 없게 된다고 할 것이다.

(2) 그러나 의료행위를 계속하지 아니하는 경우에 단지 환자의 건강이 회복되는 속도가 늦어지게 된다거나 생명에 위험이 없을 정도로 상태가 악화될 것이 예측되는 것에 그치는 것이 아니라, 환자가 사망하거나 환자의 생명이 단축될 가능성이 상당히 높아지는 결과에 이르게 되는 경우에는 결국 생명에 대한 포기나 처분권을 인정하는 것과 같아질 수 있는바, 헌법이 보장하고 있는 절대적 생명 보호의 원칙을 고려하여 볼 때 그러한 경우까지도 환자의 자기결정권이 무제한적으로 인정된다고 볼 수는 없다.

(3) 그러므로 법률 등에서 그와 같은 치료 중단의 허용 요건이나 시행 방법 등을 규정하고, 사전적·사후적 통제 시스템 등 제도적 안전장치가 갖추어 지는 경우에 그와 같은 치료 중단이 허용될 수 있는지 여부는 별론으로 하고, 환자에게 위와 같은 치료의 중단을 요구할 수 있는 권리가 곧바로 인정된다고 할 수는 없으므로, 김○경에게는 자신의 생명을 단축시키게 되는 이 사건 치료 중단을 요구할 수 있는 권리가 제한된다고 할 것이다.

나. 가정적 판단

설령 채권자들의 주장과 같이, 결과적으로 환자의 생명을 단축시키게 되는 치료 중단의 경우에도 환자가 회복될 가능성이 없고, 더 이상의 치료가 의학적으로 아무런 의미가 없는 경우에는 환자의 자기결정권이 인정될 수 있다고 보더라도, ① 우선 환자가 회복될 가능성이 없고, 더 이상의 치료가 의학적으로 아무런 의미가 없다는 것이 전제되어야 할 것이고, ② 무엇보다도 환자 본인의 진지하고도 명확한 치료 중단 의사가 있음을 인정할 수 있어야 할 것이다.

(1) 김○경이 회복될 가능성이 없음이 명백하고, 이 사건 치료가 의학적으로 아무런 의미가 없는지 여부

이 사건에서 김○경이 현재 식물인간 상태이기는 하지만, 의료 기술의 진보가능성 등을 고려해 보면 식물인간 상태에 있는 환자라고 하더라도 일률적으로 의식 등이 회복될 가능성이 없다고 단정할 수는 없는데, 김○경의 주치의인 Z 및 객관적으로 판단할 수 있는 의학적 전문가인 다른 의사들이 '김

ㅇ경의 의식 등이 회복될 가능성이 없고 이 사건 치료가 의미가 없다'고 진단하였다는 등의 객관적인 자료도 없을 뿐만 아니라, 오히려 김ㅇ경의 주치의 Z는 '식물인간 상태가 3개월 내지 6개월 동안 지속되는 경우에도 의식이 돌아올 가능성이 8% 정도 있으므로 김ㅇ경도 그 의식이 돌아올 가능성이 있으며, 이 사건 치료를 계속하는 경우 김ㅇ경이 12개월 내지 29개월 정도 생존할 수 있을 것으로 추정되므로 그 사망이 임박한 것도 아니어서 이 사건 치료를 계속할 필요가 있다'고 주장하면서 다투고 있는 이상 김ㅇ경의 의식 등이 회복될 가능성이 없으며 이 사건 치료가 의학적으로 의미가 없는 치료라고 단정할 수도 없다.

(2) 김ㅇ경이 이 사건 치료 중단을 결정하였다고 볼 수 있는지 여부

① 이 사건 가처분 계속 중 김ㅇ경의 치료 중단 결정

이 사건 치료를 중단하기 위하여는 무엇보다도 환자 본인이 치료 중단 결정을 하여야 할 것이고, 환자의 치료 중단 결정은 원칙적으로 '그 치료 중단 당시에' 표시되어야 한다고 할 것이나, 김ㅇ경이 현재 의식불명 상태이므로 이 사건 가처분 신청 계속 중에 치료 중단의 의사를 표시할 수는 없다.

② 김ㅇ경의 자녀들이 김ㅇ경을 대신하여 치료 중단 결정을 할 수 있는지 여부

가족이라고 하더라도 타인의 생명을 단축할 수도 있는 치료 중단 결정을 대신할 수는 없는 것이고, 김ㅇ경의 자녀들이 이 사건 치료로 인하여 경제적 · 정신적 고통을 받고 있다고 하더라도 그와 같은 법익과 김ㅇ경의 생명권을 비교 형량할 수 는 없는 것이므로, 의료보장을 비롯한 기타 사회보장 장치를 통하여 그와 같은 고통을 덜어 주어야 할 국가적 · 사회적 필요가 있음은 별론으로 하고, 김ㅇ경의 자녀들이 김ㅇ경을 대신하여 이 사건 치료 중단을 결정할 수 있다거나 이 사건 치료 중단을요구할 수 있는 독자적인 권리를 가진다고 볼 수는 없다.

③ 이 사건 치료 중단에 대한 김ㅇ경의 추정적 의사를 인정할 수 있는지 여부

다만 환자가 의식불명상태에 있어 의사표현이 불가능한 경우에는 여러 가지 사정을 종합하여 환자의 진정한 의사를 추정할 수도 있다고 할 것이지만, 김ㅇ경이 사전에 '문서에 의하여' 이 사건 치료와 같은 종류의 연명치료를 중단하기를 원한다는 의사를 표시하였다는 사실을 인정할 수 있는 자료가 전혀 없고, 김ㅇ경이 사전에 구두로 '혹시 병원에서 안 좋은 일이 생기면 호흡기를 절대 끼우지 말라'는 등의 의사를 표시하였다고 하더라도, 이는 일반적인 상황에서 장래의 상황을 가상으로 예측하여 추상적이고 막연하게 형성된 의사일 뿐이므로 현재와 같은 상황에서의 김ㅇ경의 구체적이고 진정한 의사와 곧바로 합치한다고 보기도 어려울 뿐만 아니라, 김ㅇ경이 질병의 상태나 치료 방법, 치료 효과 등에 관하여 의학적 전문가인 의사로부터 알기 쉬운 설명을 듣고 충분한 정보를 얻어 정확하게 인식한 상태에서 치료의 중단을 결정한 것이라고 볼 수도 없으므로, 이 사건 기록에 나타난 사정들만으로는 이 사건 치료를 거부하는 김ㅇ경의 의사를 추정하거나 김O경의 자녀들의 의사가 김O경의 의사와 부합한다고 인정하기에 부족하다.

2. 예비적 신청(퇴원방해금지신청)에 대한 판단

원칙적으로 환자 및 그 가족들에게는 스스로의 의사결정에 의하여 원하는 시기에 퇴원할 수 있는 권리가 인정되는 것이지만, 이 사건에 있어서의 퇴원과 치료 중단은 사실상 하나의 사실관계의 양면으로 상호 결합되어 있다고 할 것이고, 또한 이 사건 예비적 신청은 단순히 김ㅇ경이 X 병원에서 퇴원하는 것의 방해 금지만을 구하는 것이 아니라 김ㅇ경이 X 병원에서 퇴원하고 이 사건 치료와 같이 인공적으로 생명을 연장시키는 일체의 치료를 중단하는 것의 방해 금지도 함께 구하는 취지라고 할 것

이므로, 결국 이 사건 치료의 중단을 구하는 주위적 신청과 다를 것이 없다고 할 것이다.

3. 보전의 필요성

일반적인 가처분과 달리, 이 사건 가처분은 일시적으로 현상을 동결하는데 그치지 아니하고 본안 판결이 확정되기도 전에 김○경에 대한 치료를 중단하게 되는 결과 김○경의 생명이 단축되거나 김○경이 사망할 위험까지도 발생할 수 있는데, 이는 영원히 회복할 수 없는 것이라고 할 것이고, 김○경이 입원해 있는 X 병원을 운영하는 학교법인 Y와 김○경의 주치의인 Z가 김○경의 의식이 돌아올 가능성이 있고 그 사망이 임박한 것도 아니므로 이 사건 치료를 계속하여야 할 필요가 있다고 주장하면서 다투고 있는 이상 본안 소송에서 당사자의 권리 관계를 확정하기도 전에 이 사건 가처분을 명할 보전의 필요성을 인정하기도 어렵다고 할 것이다.

〈이 결정의 의미〉

1. 의료행위에 있어서 원칙적으로는 환자의 자기결정권이 최대한 존중되어야 하는 것이지만, 치료를 중단하게 되면 환자가 사망하거나 환자의 생명이 단축될 가능성이 상당히 높아지는 결과에 이르게 되는 경우까지도 환자의 자기결정권이 무제한적으로 인정될 수는 없다고 할 것인바, 법률에 의하여 그와 같은 치료 중단의 허용여부나 그 요건, 방법 등에 대하여 규정하고 있지 아니할 뿐만 아니라, 오히려 촉탁 · 승낙에 의한 살인 및 자살방조를 처벌하고 있는 형법, 응급의료종사자에게 응급환자에 대한 응급의료라는 공법상의 의무를 부과함과 동시에 이를 정당한 사유 없이 거부하거나 중단하지 못하도록 하고 있는 응급의료에 관한 법률 및 아직 뇌사 상태에 이르지 아니한 환자의 경우에는 가족이 동의하는 경우에도 장기를 적출하는 등의 행위를 할 수 없도록 한 장기 등 이식에 관한 법률 등 현행 법률의 입법취지 등에 비추어 보면, 김○경에게는 그 생명을 단축시키게 되는 치료 중단을 요구할 수 있는 권리가 제한된다고 판시한 사례.

2. 설령 채권자들의 주장과 같이 위와 같은 권리(생명을 단축시키게 되는 치료 중단을 요구할 수 있는 권리)를 인정할 수 있다고 하더라도, 이 사건 기록에 나타난 사정들만으로는, ① 김○경이 회복될 가능성이 없다거나 김○경에 대한 치료가 의학적으로 의미가 없는 치료라는 주장을 인정할 수 없고, ② 무엇보다도 환자 본인인 김○경의 치료 중단에 대한 명시적 또는 추정적 의사가 있다는 점을 인정할 수가 없으며, ③ 김○경의 자녀들이 김○경을 대신하여 치료 중단 결정을 할 수 있다거나, 김○경의 자녀들의 치료 중단 결정이 김○경의 진정한 의사와 합치된다고 보기에도 부족하다고 본 사례.

서울서부지방법원 제12민사부 2008.11.28. 선고 2008가합6977 판결【무의미한 연명치료장치제거 등】

【주문】

1. 피고는 원고 김○○에 대하여 인공호흡기를 제거하라.

2. 원고 이○○, 이□□, 이◇◇, 이△△의 청구를 각 기각한다.

3. 소송비용 중 원고 김○○과 피고 사이에 생긴 부분은 피고가 부담하고, 원고 이○○, 이□□, 이◇◇, 이△△와 피고 사이에 생긴 부분은 원고 이○○, 이□□, 이◇◇, 이△△가 부담한다.

【이유】

… 생략

다. 이 사건 인공호흡기 제거청구에 관한 판단

원고 김○○은 현재 지속적 식물인간상태로서 인공호흡기를 제거하면 바로 사망에 이르게 되는 사실은 앞서 본 바와 같으므로, 피고가 원고 김○○의 청구에 따라 원고 김○○에 대한 인공호흡기를 제거할 의무가 있다고 하기 위하여는 위에서 본 요건을 충족하여야 할 것이므로 이에 관하여 본다.

(1) 회복가능성 및 치료의 의학적 무의미성

회복가능성 및 치료의 의학적 무의미성에 관한 판단은 환자의 치료를 담당한 병원뿐만 아니라 제3의 중립적 의료기관에 의한 의학적 진단을 토대로 하여 환자의 생명 회복(생명연장치료장치의 항시적인 도움없이 생존할 수 있는 상태) 및 의식 회복의 가능성과 치료의 의학적 의미에 대한 규범적인 판단이 되어야 할 것으로, 갑 제4호증(가지번호 포함)의 기재, 증인 박○○, 이○○의 각 증언, 이 법원의 서울대학교 법의학교실에 대한 진료기록감정촉탁결과, 이 법원의 서울대학교병원장, 서울아산병원장에 대한 각 신체감정촉탁결과에 변론 전체의 취지를 종합하면, 다음과 같은 사실을 인정할 수 있다.

(가) 의학문헌(Plum and Posner's Diagnosis of Stupor and Coma 4th Edition, 2007)에 의하면 통상적인 지속적 식물상태 환자의 경우 상태발생 후 3개월 내지 6개월이 경과한 시점의 경우 의식이 돌아올 확률이 0% 내지 8%라고 되어 있는데, 이는 환자의 상태와 뇌손상의 범위에 따라 달라질 수 있는 일반적인 추정치로서 뇌영상 촬영이 없는 신경과적 검진을 토대로 한 것이다.

(나) 원고 김○○은 저산소성 뇌손상으로 지속적 식물상태에 빠진 2008.2.18. 당시 자발호흡이 거의 없는 상태로 인공호흡기의 도움 없이는 호흡을 유지할 수 없는 상태에 있었고, 대뇌의 인지 기능의 상실로 의식이 없고 의사소통이 불가능하며 자발적으로 눈을 뜨고 외부의 자극에 움직이는 반사 반응을 보이는 등 뇌간 기능의 일부만 유지되고 있었으며, 2008. 4.18. 시행한 뇌파검사는 심한 미만성 뇌기능 이상 소견을 보였다.

(다) 현재 원고 김○○은 만 76세의 고령으로서 식물상태 발생 후 8개월이 경과하였음에도 의학적으로 의미 있는 개선의 변화를 보이지 않았으며 자발호흡이 불가능하여 인공호흡기에 전적으로 의지하여 호흡을 하고 있고, 자발적으로 눈을 뜨기는 하나 외부 자극에 전혀 반응을 보이지 아니하고 통증자극에 대하여는 팔다리의 반사적 반응은 있으나 얼굴 표정이나 안구 운동에서 반응을 보이지 아니하며, 동공은 대광반응이 없고 안구의 시선은 양쪽이 모두 우측 상향으로 치우쳐져 있으며 바빈스키 징후도 비정상이다.

(라) 원고 김○○에 대하여 2008.10.16. 시행한 뇌 MRI 검사에 의하면 뇌는 전반적으로 심한 위축을 보이고 있고 대뇌 피질이 파괴되어 있으며 기저핵 및 시상의 구조가 보이지 아니하고 뇌간 및 소뇌도 심한 손상으로 위축되어 있는데 다만 뇌간 기능의 일부가 살아 있음으로 인하여 자발적인 눈뜨기와 팔다리의 반사적인 운동을 보인다.

(마) 원고 김○○은 뇌간 기능의 일부가 유지되고 있고 뇌파의 평탄화현상이 없으므로 뇌사상태라고 할 수는 없으나, 식물상태의 발생이 외상이나 대사장애에 기인한 경우와 비교할 때 예후가 가장 나쁜 심호흡 정지에 기인한 경우로서 자발 호흡도 불가능하므로 통상의 지속적 식물인간상태보다 더 심각하여 뇌사에 가까운 상태이다.

(바) 원고 김○○의 담당 주치의인 의사 박○○은 원고 김○○의 위와 같은 현재 상태를 감안할 때 의식의 회복가능성은 5% 미만이라고 보고 있고, 원고 김○○에 대한 진료기록을 감정한 서울대학교병원 의사 이△△은 의식의 회복가능성이 거의 없다고 보고 있으며, 원고 김○○의 신체를 감정한 서울대학교병원 의사 이ㅁㅁ 역시 의식의 회복가능성이 없다고 보고 있고, 원고 김○○의 신체를 감정한 서울아산병원 의사 이○○ 또한 원고 김○○은 이미 대뇌 피질이 파괴되어 있으므로 의식이 회복될 가능성이 없고 자발호흡을 하게 될 가능성도 없으며, 최선의 회복을 한다고 하더라도 의식 및 자발

적인 움직임의 회복은 불가능하며 호흡을 하고 눈을 깜박이는 상태로 침대에 누워있는 식물상태로의 회복만을 상정할 수 있다고 보고 있다.

(사) 통상적인 지속적 식물인간상태의 경우 기대생존기간은 2년 내지 5년이나, 원고 김○○은 자발호흡이 불가능하고 뇌손상의 범위가 커 통상적 식물상태보다 더 심각한 상태이므로 기대생존기간은 더 짧아질 수 있으며, 의사 이○○은 원고 김○○의 기대 생존기간을 식물상태가 발생한 날로부터 1년 이내, 현재로부터 3 내지 4개월 이내로 보고 있다. 위 인정사실에 의하면, 원고 김○○이 현재 상태에서 의식을 회복하고 인공호흡기 등의 항시적인 도움없이 생존이 가능한 상태가 될 가능성이 없다고 볼 것이고, 현재 원고 김○○에 대하여 시행되고 있는 인공호흡기 부착의 치료행위는 원고 김○○의 상태 회복 및 개선에 영향을 미치지 못하는 치료로서 의학적으로 무의미하다고 봄이 상당하다.

(2) 환자의 의사

환자의 자기결정권에 기한 치료 중단 의사는 원칙적으로 그 치료 중단 당시 질병과 치료에 관한 정확한 정보를 제공받았음을 전제로 하여 명시적으로 표시되어야 유효하다고 할 것이나, 환자가 질병으로 의식불명의 상태에 처한 경우에까지 중단의 의사가 명시적으로 표시되어야 한다고 볼 것은 아니고 의식불명의 환자가 현재 자신의 상태 및 치료에 관한 정보를 제공받았더라면 표시하였을 진정한 의사를 추정하여 그 추정된 의사에 기한 자기결정권의 행사가 가능하다고 할 것이다. 의사의 추정에 관하여, 환자가 의사능력을 상실하기 전에 서면으로 현재와 같은 상황에서 어떠한 행동을 취할 것인지에 관한 의사를 명확히 나타낸 바가 있다면 그 서면에 의한 의사는 현재 환자의 의사를 고도로 추정할 수 있는 자료가 될 것이나, 의사가 서면에 의하여 명확히 표시될 것을 요구하는 입법이 없는 이상, 그러한 서면이 없다고 하여 바로 환자의 의사를 추정할 수 없다고 배척한다면 건강할 때 자신의 희망을 명확히 작성해 둔 자만이 원치 않는 치료를 거부할 권리를 행사할 수 있는 결과가 되므로 이와 같이 볼 것은 아니고, 환자가 사전에 가족, 친구 등에 대한 구두의 의사표현, 타인에 대한 치료를 보고 환자가 보인 반응, 환자의 종교, 평소의 생활 태도와 환자의 현재 상태, 기대생존기간, 나이 등을 종합적으로 고려하여 현재 상황에서 환자의 인공호흡기 제거의 의사가 추정될 수 있는지 판단하여야 할 것이다.

이 사건에 관하여 보건대, 갑 제1호증(가지번호 포함)의 기재, 증인 심○○의 증언에 변론 전체의 취지를 종합하면, 원고 김○○은 독실한 기독교 신자로서 3년 전 남편이 심장질환으로 임종을 맞게 될 무렵 며칠 더 생명을 연장할 수 있는 기관절개술을 거부하고 그대로 임종을 맞게 하였던 사실, 당시 가족들에게 '내가 병원에서 안 좋은 일이 생겨 소생하기 힘들 때 호흡기는 끼우지 말라. 기계에 의하여 연명하는 것은 바라지 않는다'고 말한 사실, 환자가 병석에 누워 간호를 받으며 살아가는 장면 등을 텔레비전을 통하여 볼 때 '나는 저렇게까지 남에게 누를 끼치며 살고 싶지 않고 깨끗이 이생을 떠나고 싶다'라고 말한 사실을 인정할 수 있으므로 이에 의하면 원고 김○○은 평소 생명연장치료를 받지 아니하고 자연스러운 죽음을 맞이하고 싶다는 의사를 표시하였음을 알 수 있고, 또한 위 각 채용증거에 의하면 15년 전 교통사고로 팔에 상처가 남게된 후부터 이를 타인에게 보이기 싫어하여 여름에도 긴 팔 옷과 치마를 입고 다녔던 사실 등을 인정할 수 있는바, 이에 의하면 원고 김○○은 항상 정갈한 모습을 유지하고 싶어하는 성격을 가진 것으로 보인다. 이러한 사정에다가 앞서 본 바와 같은 원고 김○○의 현재 상태 및 회복가능성에 관한 사정, 원고 김○○의 기대생존기간을 식물상태가 발생한 날로부터 1년 이내, 현재로부터 3 내지 4개월 이내로 보고 있는 점, 원고 김○○의 현재 나이가 76세인 점 등을 더하여 보면, 원고 김○○은 현재와 같은 상태를 유지하는 것보다 인공호흡기를 제거하고 자연스러운 죽음을 맞이하고자 하는 의사를 가지고 이를 표시하였을 것으로 추정된다고 봄이 상당하다.

(3) 소결

따라서 원고 김○○은 피고에 대하여 자신에게 부착된 인공호흡기의 제거를 요구할 권리가 있으며 피고는 이에 응할 의무가 있다.

3. 원고 이○○, 이□□, 이◇◇, 이△△의 인공호흡기 제거 청구에 관한 판단

가. 위 원고들은 원고 김○○에 대한 치료와 관련하여서는 가족들인 위 원고들의 권리 및 이해관계도 고려되어야 하는 것인데, 인공호흡기를 계속하여 부착하는 것은 위 원고들에게 경제적 · 정신적으로 큰 고통을 야기하고 인간으로서의 존엄과 가치, 행복추구권, 평등권, 양심의 자유권, 건강권, 재산권 등을 침해하므로 위 원고들도 독자적으로 인공호흡기의 제거를 구할 수 있는 권리를 가진다고 주장한다.

살피건대, 위에서 본 바와 같이 치료의 중단은 환자의 자기결정권 행사에 근거를 가지는 것으로 환자의 가족들이 환자에 대한 생명연장치료로 인하여 경제적 · 정신적으로 고통을 받고 있다고 하더라도 그에 관한 입법이 없는 한 타인의 생명을 단축하는 결과를 가져오는 치료 중단을 청구할 독자적 권리를 가진다고 보기 어려우므로, 위 원고들 역시 독자적으로 원고 김○○에 대한 이 사건 인공호흡기의 제거를 청구할 권원을 가진다고 보기 어렵다 할 것이어서 위 원고들의 위 주장은 받아들이지 아니한다(다만, 가족들은 이 사건에서와 같이 가족 중 1인이 환자의 특별대리인으로 선임되어 환자의 추정된 의사에 근거하여 치료의 중단을 소송상 청구함으로써 그 목적을 실질적으로 달성할 수 있게 될 것이다).

나. 또한, 위 원고들은 원고 김○○에 대한 진료계약을 해지하였으므로 그에 기하여 피고는 위 원고들에 대하여도 이 사건 인공호흡기를 제거할 의무가 있다고 주장한다. 진료계약은 환자가 의사에게 질병의 치료 등 의료행위를 위탁하고 의사는 이를 승낙함으로써 성립하는 일종의 위임계약으로서 이는 보호자가 환자를 위해 진료계약을 체결하는 경우와 같이 제3자를 위한 계약의 형태로 체결될 수도 있는바, 이러한 경우 환자인 제3자에 대한 의료행위가 이루어지기 위하여는 제3자의 동의 내지는 수익의 의사표시가 있어야 할 것이고 제3자가 의사능력이 없는 경우에는 의학상 · 사회통념상 합리성이 인정되는 범위 내의 진료에 대하여 제3자의 수익의 의사표시가 추정될 수 있다고 할 것이며, 이와 같은 진료계약은 민법 제689조 제1항에 따라 또는 환자의 신체에 대한 침습을 전제로 하는 치료행위 및 그에 대한 신뢰에 기초하게 되는 계약의 성질에 비추어 보더라도 계약당사자가 이를 언제든지 해지할 수 있다고 할 것이나, 제3자를 위한 진료계약에서 보호자 등 계약당사자가 계약을 해지한다고 하여 바로 환자인 제3자에 대한 의사의 치료의무가 소멸된다고 보기는 어렵고 치료의 계속 및 중단은 여전히 환자 본인의 의사에 따라야 할 것이며 이 경우 환자와의 새로운 진료계약이 성립될 수 있고 환자 본인의 의사가 불명한 경우 민법상 사무관리에 근거하여 치료의 계속 여부가 결정될 수 있을 것이다.

이 사건에 관하여 보건대, 먼저, 원고 이□□, 이◇◇, 이△△가 피고와 사이에 원고 김○○에 대한 진료계약을 체결하였다는 점에 대하여는 아무런 주장, 입증이 없으므로 위 원고들의 진료계약 해지에 기한 청구는 더 나아가 살펴볼 필요 없이 이유 없다 할 것이다.

다음으로, 원고 이○○의 진료계약 해지에 기한 청구에 관하여 보면, 갑 제4호증의 5의 기재, 증인 김□□의 증언에 변론 전체의 취지를 종합하면 원고 김○○의 딸 원고 이○○은 원고 김○○이 저산

소성 뇌손상을 입은 2008. 2. 18. 피고와 사이에 원고 김○○을 중환자실에 입실시켜 '환자의 상태에 따라 동맥혈관 내 도관 삽입, 중심정맥혈관 내 도관 삽입, 기관 내 삽관 및 인공환기기, 기관절개술, 혈액투석 등 적극적인 치료를 시행'함에 동의하는 것을 내용으로 한 진료계약(이하 '이 사건 진료계약'이라 한다)을 체결한 사실을 인정할 수 있고, 원고 이○○이 2008. 3.경부터 피고에 대하여 이 사건 진료계약을 해지한다는 의사를 표시하여 온 사실은 당사자 사이에 다툼이 없으므로, 원고 이○○은 원고 김○○이 저산소성 뇌손상을 입은 당시 수익자인 원고 김○○을 위하여 이 사건 진료계약을 체결하였고 당시 원고 김○○의 수익의 의사는 의학상 · 사회통념상 합리성이 인정되는 범위 내이므로 추정될 수 있다고 할 것이며, 그 후 원고 이○○의 의사표시로 이 사건 진료계약은 해지되었다고 할 것이나, 이 사건 진료계약이 해지되었다고 하여 피고의 원고 김○○에 대한 치료의무가 바로 소멸되었다고 볼 수는 없고, 특히 원고 김○○은 이 사건 인공호흡기를 제거함으로써 바로 사망에 이르게 되므로 피고는 앞서 본 바와 같이 원칙적으로는 여전히 원고 김○○에 대하여 인공호흡기를 부착하는 치료를 계속할 의무가 있으며, 다만 앞서 본 요건을 충족하는 경우 원고 김○○의 자기결정권 행사에 근거한 청구에 의하여 치료를 중단할 수 있을 뿐이므로, 피고는 원고 이○○에 대하여 진료계약의 해지를 원인으로 하여 이 사건 인공호흡기를 제거할 의무를 부담한다고 보기는 어렵다고 할 것이어서 원고 이○○의 위 청구 역시 받아들이지 아니한다.

4. 결 론

그렇다면, 원고 김○○의 이 사건 청구는 이유 있어 인용하고, 나머지 원고들의 청구는 모두 이유 없어 기각하기로 하며, 가집행의 선고는 청구의 성질상 붙이지 아니함이 상당하므로 주문과 같이 판결한다.

서울고등법원 제9민사부 2009.2.10. 선고 2008나116869 판결【무의미한 연명치료장치제거 등】

… 생략

4. 이 사건 사안의 구체적 검토

가. 회생가능성 없는 비가역적인 사망과정에 진입한 것인지 여부

(1) 먼저 갑 제4호증의 1 내지 19, 제1심 증인 박△△, 이□□의 각 증언, 제1심의 서울대학교 의과대학 법의학교실에 대한 진료기록 감정촉탁결과, 제1심의 서울대학교 병원장, 서울아산병원장에 대한 각 신체감정촉탁결과에 변론 전체의 취지를 종합하여 인정되는 원고의 상태 경과 및 이에 관한 의사들의 견해는 다음과 같다.

① 원고는 2008.2.18. 심폐정지가 발생한 후 미간의 두드림이나 큰 소리에 반응하는 정도의 상태에 있다가, 2.22.경 검사에서 자발호흡과 동공반사가 없고 동공부동(瞳孔不同, anisocoria)이 나타난 것이 관찰되었으며, 저산소성 뇌손상으로 인한 미만성 뇌부종으로 진단되었다.

② 그 후 2.25.경 신경학적 검사에서 여전히 자발호흡과 동공반사가 없는 동공부동 등의 상태로서 반혼수(semicoma) 상태로 진단되었고, 4.18. 시행한 뇌파검사 등에서 심한 미만성 뇌기능 이상 소견을 보였으며, 7.3.경의 검사에서는 의식상태가 계속 악화되고 있는 것으로 진단되었다.

③ 2008.10.경 서울대학교병원의 신체감정에서, 동공이 수축된 상태로 빛에 거의 반응을 보이지 않고 자발적인 운동이 없으며 통증에 의한 수축 정도의 반응이 관찰되었고, MRI 검사에서 미만성의 뇌위축과 뇌손상이 관찰되고 뇌파의 리듬이 현저하게 억압되어 있으며 개선의 변화를 보이지 않는 상태로 진단되었다.

④ 또한 같은 무렵의 서울아산병원의 신체감정에서도 자발호흡이 없고 통증 자극에 대해 팔다리의 반사적 반응 외에 얼굴 표정 및 안구 운동에 전혀 반응을 보이지 않으며, 안구의 대광반사가 없고 안구의 시선은 양쪽이 모두 환자의 우측 상향으로 치우쳐 있으며, 바빈스키징후(babinski sign)가 양쪽 모두 비정상이라고 하면서, 뇌 MRI 검사에서 뇌가 전반적으로 심한 위축을 보이고 대뇌피질이 파괴되어 있으며 기저핵 시상(視床)의 구조가 보이지 아니하고 뇌간 및 소뇌도 심한 손상으로 위축되어 있는데 다만 뇌간 및 시상의 일부 산발적인 기능으로 인하여 눈뜨기와 팔다리의 반사적인 운동을 보인다고 진단하였다.

⑤ 이와 같은 원고의 상태에 관하여, 원고의 담당 주치의인 박△△은 자발호흡은 없지만 뇌사상태는 아니며 지속적 식물인간상태로서 의식을 회복할 가능성은 매우 낮아 5% 미만이라는 견해를 피력하였다. 그리고, 진료기록 감정의인 서울대학교 의과대학 법의학교실 의사 이××은 자극에 대한 반응이 없는 상태로서 지속적 식물인간상태이며, 식물상태의 발생이 외상이나 대사장애에 기인한 경우와 비교할 때 예후가 가장 나쁜 심호흡 정지에 기인한 경우로서 자발호흡이 없어 일반적인 식물인간상태보다 더 심각하여 뇌사상태에 가깝지만, 대뇌의 기능부조화로 뇌파의 평탄화 현상이 나타나지 않았을 뿐이며, 회복가능성은 거의 없다고 하고 있다. 또한 신체감정의인 서울대학교 병원의 의사 이○○도 의미 있는 회복의 변화가 없고 지속적으로 자발호흡이 없으며, 미만성의 뇌위축과 뇌손상이 관찰되고 뇌파 검사에서도 개선이 없어 회복가능성이 없다고 하며, 역시 신체감정의인 서울아산병원의 의사 이ㅁㅁ 역시 뇌가 전반적으로 극심한 구조적 손상을 받아 의식회복이나 자발호흡의 가능성은 없고, 최선의 회복을 한다고 하더라도 의식 및 자발적인 움직임의 회복은 불가능하며 호흡을 하고 눈을 깜박이는 상태로 침대에 누워있는 식물인간상태로의 회복만을 상정할 수 있다고 보고 있다.

⑵ 원고의 상태에 관하여 식물인간상태로서 회생가능성이 희박하다는 취지의 주치의 박△△ 등 의사들의 위와 같은 견해들에는 기본적으로 별다른 차이가 없는 것으로 보이는바, 원고는 현재 만 76세의 고령으로 의식상실 후 약 11개월이 경과하였으나 상태가 개선되는 징후는 보이지 않고 있을 뿐 아니라, 특히 자발호흡이 없어 인공호흡기에 의하여 생명이 유지되는 상태로서, 뇌 전반에 걸쳐 심한 구조적 손상이 발생하여 일부 반사적인 운동을 담당하는 기능만이 남아 있을 뿐 인간적인 지표를 나타내는 것으로 볼 수 있는 본인의 의지에 의한 움직임은 모두 소멸하였고, 이러한 상황이 점점 악화되고 있는 것으로 보이므로, 이미 회생가능성이 없는 비가역적인 사망과정에 진입한 것으로 봄이 상당하다.

나. 환자의 의사(意思)

제1심에서도 인정한 바와 같이 원고는 독실한 기독교 신자로서 15년 전 교통사고로 팔에 상처가 남게 된 후부터는 이를 남에게 보이기 싫어하여 여름에도 긴 팔 옷과 치마를 입고 다닐 정도로 항상 정갈한 모습을 유지하고자 하였고, 텔레비전을 통해 병석에 누워 간호를 받으며 살아가는 사람의 모습을 보고 "나는 저렇게까지 남에게 누를 끼치며 살고 싶지 않고 깨끗이 이생을 떠나고 싶다"라고 말하는 등 신체적인 건강을 잃고 타인의 도움 등에 의하여 연명되는 삶보다는 자연스러운 죽음을 원한다는 취지의 견해를 밝혀왔으며, 특히 3년 전 남편의 임종 당시 며칠 더 생명을 연장할 수 있는 기관절개술을 거부하고 그대로 임종을 맞게 하면서 "내가 병원에서 안 좋은 일이 생겨 소생하기 힘들 때 호흡기는 끼우지 말라. 기계에 의하여 연명하는 것은 바라지 않는다"고 말하는 등 이 사건과 유사한 실제 상황에서 남편에 대하여 연명치료의 시행을 거부하는 한편 자신에 대하여도 그러한 연명치료를 바라지 않는다는 명시적인 의사를 표명하였다.

그리고 원고의 이와 같은 의사는 제1심 공동원고들을 포함한 원고 가족들의 일치된 진술에 의하여 확인되고, 원고 자신이 위와 같은 상황에 처할 무렵까지 일관되게 유지되었던 것으로 보이며 그 사이에 변화가 있었을 것으로 판단할 만한 자료는 없는 바, 원고가 표명해온 위와 같은 의사에다가 앞서 살펴본 원고의 현 상태 등 여러 사정을 종합하여 원고가 현재의 상황에 관한 정보를 충분히 제공받았을 경우를 상정하여 보면, 원고에게 현재 시행되고 있는 연명치료를 중단하고자 하는 의사가 있었을 것으로 충분히 추정할 수 있다. 또한 현 상황에서 원고에 대한 연명치료의 중단은 일반인의 도덕관념이나 사회적인 타당성의 관점 등에서 보더라도 합리성이 있는 것으로 판단된다.

그러므로, 이 사건에서 원고에게는 연명치료 중단에 관한 진지하고 합리적인 치료중단 의사가 있는 것으로 보아야 할 것이다.

다. 중단을 구하는 연명치료의 내용

원고는 현재 피고병원의 중환자실에서 인공호흡기를 부착한 상태로 인공영양 공급, 수액 공급과 항생제 투여 등의 치료를 받고 있는바, 이 사건에서 원고는 그 중 인공호흡기의 제거를 구하고 있다. 우선 원고의 경우 인공호흡기 치료는 원고의 현 상태에 대한 근본적인 원인이라고 할 수 있는 저산소성 뇌손상에 대한 직접적인 치료가 아니라 단지 원고의 현재 상태를 유지하는 수단일 뿐이다. 또한 이는 원고의 연명상태를 유지하는 핵심적인 치료수단으로서 그로 인하여 비록 뇌간 등의 일부 기능에 의하여 반사적인 반응이 있는 상태라고는 하지만, 이는 인간성의 지표를 나타내는 의미 있는 움직임이라 할 수 없고, 오히려 인간으로서의 존엄과 품위가 유지된다고 볼 수 없는 현 상황에서 원고가 원하지 않는 연명상태가 초래되어 있는 것이라 할 수 있다. 아울러 인공호흡기 치료는 원고의 고통을 완화하거나 원고가 인간으로서의 존엄과 품위를 유지하는 데에 필수적인 진료에도 해당하지 않는다.

그러므로, 이 사건에서 원고가 중단을 구하는 인공호흡기 치료는 연명치료에 있어 환자가 중단을 구할 수 있는 치료행위에 해당한다고 할 것이다.

라. 의사(醫師)에 의한 실행

피고는 학교법인으로서 산하에 의료기관인 신촌세브란스 병원을 개설하여 직접 의료업을 영위하고 있으며, 원고에 대한 담당주치의 박△△ 등 의사인 피용자들로 하여금 원고에 대한 연명치료중단을 실행하게 할 수 있는 지위에 있으므로, 피고는 원고가 구하는 연명치료 중단의 상대 당사자가 될 수 있는 지위에 있다 할 것이다.

마. 소결

따라서, 원고는 피고에 대하여 자신에게 부착된 인공호흡기의 제거를 청구할 권리가 있고, 원고에 대한 연명치료를 시행하고 있는 피고는 이에 응할 의무가 있다 할 것이다.

5. 결론

그렇다면, 원고의 청구를 인용한 제1심 판결은 정당하므로, 피고의 항소를 기각하되, 판결의 성질상 확정을 기다려 집행함이 상당하므로 가집행 선고는 제1심에서와 같이 이 법원에서도 이를 붙이지 아니하기로 하여 주문과 같이 판결한다.

참고판례 ❼

대법원 2008.8.21. 선고 2008도2695 판결【상해 · 폭행】[공2008하,1310]

【이유】

상고이유를 본다.

1. … 생략

2. 2006.8.18.자, 2006.8.20.자 각 폭행 및 2006. 8. 21.자 상해 중 안수기도와 관련한 폭행으로 인한 부분

원심은 **피고인이 정신분열증을 앓던 25세의 피해자에 대하여 2006.8.18.과 8.20. 및 8. 21. 등 3회에 걸쳐 피고인 운영의 그 판시 기도원에서 안수기도 명목으로 피해자를 눕혀 머리를 피고인의 무릎 사이에 끼우고 불상의 신도들로 하여금 피해자의 팔과 다리를 붙잡아 움직이지 못하게 한 뒤, 수회에 걸쳐 손가락으로 피해자의 눈 부위를 세게 누르고 뺨을 때리는 등으로 폭행하였다**고 하는 위 각 폭행의 공소사실에 관하여, 피고인으로서는 아들인 피해자의 정신질환을 치료해 달라며 위 기도원에 찾아온 공소외인의 부탁을 받고 피해자에게 도움을 주고자 하는 의도에서 안수기도를 해 준 것이지 피해자에게 유형력을 행사하여 고통을 주려는 의도가 있었다고 보기 어려운 점, 피해자의 보호자인 공소외인은 '환자 입실 경우 반드시 보호자와 동반해야 하며 환자에 대한 모든 책임은 보호자에게 있고, 위 사항 위반시에 민 · 형사상의 이의를 제기하지 않을 것을 서약한다'는 내용의 주의사항란에 서명까지 하고 그 후 피해자의 안수기도 장면을 옆에서 지켜보는 한편, 2006.8.22.에는 자신이 직접 안수기도를 받기도 하는 등 안수기도의 실시방법이나 안수기도에 따르는 고통에 대하여 설명을 들어서 어느 정도 알고 있었던 것으로 보이는 점, 이 사건 안수기도의 방법은 환자를 눕혀 머리를 피고인 무릎 사이에 끼운 상태에서 환자가 피고인의 손을 환자의 눈 위에 올려놓는 행위만으로도 고통을 느껴 몸부림을 심하게 치는 경우가 많아, 미리 다른 사람들로 하여금 환자의 팔과 다리를 붙잡아 움직이지 못하게 한 뒤 환자의 눈 위에 얇은 수건을 올려놓고 수회에 걸쳐 손가락으로 피해자의 눈 부위를 누르고 뺨을 가볍게 때리는 정도이었던 점, 안수기도의 대가로 피고인이 취한 금전적 이득은 공소외인으로부터 받은 5만 원의 헌금이 전부인 점 등의 사정을 종합하면, 위 안수기도를 하면서 피고인이 행사한 유형력은 그 동기나 수단, 방법에 있어서 상당성이 인정되어 형법 제20조의 '사회상규에 위배되지 않는 행위'에 해당한다고 판단하는 한편, 피해자가 피고인으로부터 안수기도를 받으면서 몸에 멍이 들기도 했지만, 이는 다른 신도들이 피해자를 움직이지 못하게 잡고 있을 때 피해자가 심하게 몸부림을 치는 바람에 생긴 것이지 위 안수기도로 인하여 발생했다고 보기는 어렵다는 이유를 들어, 위 각 폭행 혹은 그로 인한 상해의 공소사실에 대하여 무죄를 선고하였다.

그러나 종교적 기도행위의 일환으로서 기도자의 기도에 의한 염원 내지 의사가 상대방에게 심리적 또는 영적으로 전달되는 데 도움이 된다고 인정될 수 있는 한도 내에서 상대방의 신체의 일부에 가볍게 손을 얹거나 약간 누르면서 병의 치유를 간절히 기도하는 행위는 그 목적과 수단면에 있어서 정당성이 인정된다고 볼 수 있을 것이지만, 그러한 종교적 기도행위를 마치 의료적으로 효과가 있는 치료행위인 양 내세워 환자를 끌어들인 다음, 통상의 일반적인 안수기도의 방식과 정도를 벗어나 환자의 신체에 비정상적이거나 과도한 유형력을 행사하고 신체의 자유를 과도하게 제압하여 그 결과 환자의 신체에 상해까지 입힌 경우라면, 그러한 유형력의 행사가 비록 안수기도의 명목과 방법으로 이루어졌다 해도 사회상규상 용인되는 정당행위라고 볼 수 없음은 물론이고, 이를 치료행위로 오인한 피해자측의 승낙이 있었다 하여 달리 볼 수도 없다(대법원 1994.8.23. 선고 94도1484 판결, 대법원 2006.3. 10. 선고 2005도10250 판결 등 참조).

그런데 원심의 인정 사실에 의하더라도 피고인이 실시한 이 사건 안수기도는 의료적 치료행위임을

전제로 피해자의 어머니 공소외인으로부터 시술에 따른 책임을 전가하는 각서까지 받은 점, 그 실시에 앞서 피해자가 고통을 느껴 몸부림칠 것에 대비하여 다수의 사람들을 동원해서 피해자의 신체를 장시간 강제로 제압하도록 하였고, 실제 안수기도 과정에서 피해자가 신체에 상해(피해자측이 제출한 진단서상으로는 3주간의 치료를 요하는 다발성좌상 및 피하출혈흔 등의 상해)를 입는 것을 감수하면서까지 고통으로부터 벗어나고자 저항하였을 정도인데다가, 기록에 의하면 피해자와 달리 정신적 질환이 없는 위 공소외인마저 피고인의 권유로 위 안수기도를 받다가 고통을 못 이겨 소리를 지르는 바람에 큰 소동이 벌어졌음에 비추어 위 안수기도로 피해자가 느낀 고통은 단순한 심리적 · 정신적 고통이 아닌 신체적 고통으로 볼 여지가 많다는 점, 피해자가 입은 2006.8.21.자의 상해가 원심의 인정처럼 위 안수기도와 무관한 피고인의 별도의 가해행위로 인한 것이 아니라면 그것이 피해자의 자해행위에 의한 것도 아닌 이상에야 결국, 위에서 본 이 사건 안수기도의 불법적인 폭력행사의 측면 때문에 초래된 것이라고 볼 수밖에 없다는 점 등의 사정을 종합하여 보면, 이 사건 눈 안수기도의 명목으로 피고인이 사용한 일련의 유형력의 행사 및 그로 인한 상해의 결과는 그 목적뿐만 아니라 수단과 방법의 측면에 있어서도 사회상규상 용인될 수 있는 정당행위라고 보기 어렵다 할 것이다.

그럼에도 원심이 그 판시와 같은 사정만을 이유로 피고인의 위 각 안수기도 명목의 폭행의 점이 정당행위라고 보아 무죄를 선고한 것은 형법 제20조의 정당행위에 관한 법리를 오해한 위법이 있고, 한편 원심판결 중 2006.8.21.자 상해의 점은, 이 법원이 원심의 무죄판단을 그대로 유지하는 '각목 폭행으로 인한 부분'이 아닌 '위 안수기도 명목의 폭행으로 인한 부분'에 대하여 그 전제사실인 위 안수기도 폭행부분에 관하여 정당행위에 관한 법리오해의 위법이 있는 이상, 위 안수기도 폭행과 상해의 점 사이에 상당인과관계가 있는지 여부에 관하여 법리를 오해하여 필요한 심리를 다하지 아니한 위법도 있게 되어, 각 판결 결과에 영향을 미쳤다 할 것이니, 위 각 점에 대한 상고이유 중 이 점을 지적하는 취지의 검사의 주장은 이유 있다.

3. 결 론

그러므로 원심판결 중 2006.8.18.자, 2006.8.20.자 각 폭행 및 2006.8.21.자 상해에 관한 부분을 파기하고(2006.8.21.자 상해 부분은 단일죄의 관계에 있는 공소사실 일부에 파기사유가 있어 이를 전부 파기하기로 한다), 이 부분 사건을 다시 심리 · 판단하게 하기 위하여 원심법원으로 환송하며, 검사의 나머지 상고를 기각하기로 하여, 관여 대법관의 일치된 의견으로 주문과 같이 판결한다.

참고판례 ❽

대법원 2007.9.28. 선고 2007도606 전원합의체 판결【형의실효등에관한법률위반 · 협박】[공2007.10.15.(284),1726]

1. 가. 나, … 생략

다. 정당행위에 해당한다는 주장에 대하여

【이유】

권리행사나 직무집행의 일환으로 상대방에게 일정한 해악의 고지를 한 경우, 그 해악의 고지가 정당한 권리행사나 직무집행으로서 사회상규에 반하지 아니하는 때에는 협박죄가 성립하지 아니하나, 외관상 권리행사나 직무집행으로 보이는 경우에도 그것이 실질적으로 권리나 직무권한의 남용이 되어 사회상규에 반하는 때에는 협박죄가 성립한다고 보아야 할 것인바, 구체적으로는 그 해악의 고지가 정당한 목적을 위한 상당한 수단이라고 볼 수 있는 경우라면 위법성이 조각된다고 할 것이지만, 위와 같은 관련성이 인정되지 아니하는 경우에는 그 위법성이 조각되지 아니한다.

원심판결 이유에 의하면, **피해자로부터 돈을 돌려받지 못해 걱정하고 있는 공소외 2를 친구의 부탁으로 상담차 만난 피고인은 공소외 2로부터 그가 처한 상황에 관한 설명을 듣고 그 자리에서 피해자에게 전화를 걸어 자신이 정보과 형사라고 신분을 밝힌 다음 공소외 2가 집안 동생이라고 거짓말을 하면서 공소외 2의 돈을 빨리 안 해 주면 상부에 보고하여 문제를 삼겠다고 말한 사실, 당시 피고인은 피해자와 공소외 2 사이의 금전거래로 인한 사건을 정식으로 수사하거나 내사하는 상황이 아니었을 뿐만 아니라 범죄 혐의에 대한 뚜렷한 의심도 갖기 이전이었던 사실**을 알 수 있다.

이에 의하면, 우선 피고인이 피해자에게 고지한 해악의 내용은 피고인이 경우에 따라 소속기관에 보고하여 문제삼을 수도 있다는 취지여서 외관상으로는 직무집행의 의사가 있음을 피력한 것에 지나지 아니하며, 그 목적 역시 피해자의 공소외 2에 대한 채무의 조속한 변제 혹은 피해 변상에 있었던 것으로 보여 그 자체로 위법하다거나 부당한 것이라고는 볼 수 없다 하더라도, 경찰공무원복무규정 제10조(민사분쟁에의 부당개입금지)에서 "경찰공무원은 직위 또는 직권을 이용하여 부당하게 타인의 민사분쟁에 개입하여서는 아니된다."고 규정하고 있는 점과 피해자의 범죄혐의가 드러나기 이전이라는 당시의 상황에 비추어 보면, 피해자의 공소외 2에 대한 채무의 변제나 피해 변상 여부에 따라 직무집행 여부를 결정할 의사를 갖고 있다는 취지의 해악의 고지는, 정당한 직무집행의 일환으로 평가할 수 없을 뿐 아니라, 그 목적 달성을 위한 상당한 수단으로 인정할 수도 없다 할 것이다.

따라서 위와 같은 해악의 고지가 경찰관으로서의 정당한 업무상의 행위라거나 사회상규에 반하지 아니하는 행위라고 볼 수는 없으므로, 같은 취지의 원심 판단은 정당하고, 거기에 정당행위에 관한 법리를 오해한 위법이 있다고 할 수 없다.

… 생략

＊유사판례 : 대법원 1992.11.24. 선고 92도391 판결【특정경제범죄가중처벌등에관한법률위반(변경된죄명:사기)】[공보불게재] ; 대법원 2008.7.10. 선고 2008도1433 판결【모욕】[공2008하,1204]

원심은, **피고인이 그 판시 인터넷 사이트 내 공개된 카페의 '벌당벌금제도'라는 게시판에 '이상한 나라의 빅토리아'라는 제목으로 '재수 없으면 벌당 잡힘. 규칙도 없음. 아주 조심해야 됨. 부장이나 조장 마주치지 않게 피해서 다녀야 됨. 조장들 한심한 인간들임. 불쌍한 인간임. 잘못 걸리면 공개처형됨'이라는 내용의 글을 작성 · 게시함으로써 위 골프클럽 조장이던 피해자를 공연히 모욕하였다**고 하는 이 사건 공소사실에 대하여, 위 게시글의 전체적인 내용은 '규칙이 없어 운이 나쁘면 벌당(징벌적 특근)이나 공개망신을 당할 수가 있으니 부장과 조장을 조심하라'는 취지이고, 그 중 피해자를 '불쌍하고 한심하다'라고 표현한 부분은 '처지가 가엾고 애처로우며, 정도에 너무 지나치거나 모자라서 가엾고 딱하거나 기막히다'라는 의미에 불과하여, 위 게시글이 피고인의 의견표현의 자유를 일탈하여 피해자에 대한 사회적 평가를 훼손한 모욕적 언사라고 보기 어렵다는 이유로, 피고인에게 무죄를 선고하였다.

모욕죄에서 말하는 모욕이란, 사실을 적시하지 아니하고 사람의 사회적 평가를 저하시킬 만한 추상적 판단이나 경멸적 감정을 표현하는 것으로, 어떤 글이 특히 모욕적인 표현을 포함하는 판단 또는 의견의 표현을 담고 있는 경우에도 그 시대의 건전한 사회통념에 비추어 그 표현이 사회상규에 위배되지 않는 행위로 볼 수 있는 때에는 형법 제20조에 의하여 예외적으로 위법성이 조각된다(대법원

2003.11.28. 선고 2003도3972 판결, 대법원 2005.12. 23. 선고 2005도1453 판결 등 참조).

위 공소사실에 따르면, 피고인이 게시한 글 중 특히, 피해자를 지칭하는 위 골프클럽 조장이 한심하고 불쌍한 인간이라고 표현한 부분은 그 게시글 전체를 두고 보더라도 피해자의 인격적 가치에 대한 사회적 평가를 훼손할 만한 모욕적 언사라고 볼 수는 있지만, 다른 한편, 기록에 나타나는 피고인이 위 게시판에 글을 올리게 된 동기나 경위 및 배경을 살펴보면, 위 글은 전체적으로는 피고인이 근무하였던 골프클럽에서 운영된 징벌적 근무제도의 불합리성 및 불공정성에 대한 불만을 토로하는 취지에서 작성된 것으로, 글의 전제가 되는 위 징벌적 근무제도가 실제 운영되어 왔고, 그 내용 또한 상당한 정도의 업무강도를 수반하는 것으로 보이므로, 위 제도에 대한 피고인의 의견이나 판단 자체가 합리적인 것인지 여부는 차치하고 전혀 터무니없는 것은 아니라는 점, 위 글에서는 피해자를 '조장' 또는 '조장들'이라고만 표현하고 구체적으로 누구라고 지칭하지는 아니하면서, 그 중 모욕적 표현은 한심하고 불쌍하다는 내용의 1회의 표현에 그쳤고 그 부분이 글 전체에서 차지하는 비중도 크지 아니하며, 그 표현이 내포하는 모욕의 정도 또한, 비공개적인 상황에서는 일상적으로 사용되는 경미한 수준의 것으로서 위 글의 전체적인 내용에서도 크게 벗어난 표현이라고는 보기 어려운 점, 위 글의 게시장소도 골프클럽 경기보조원들 사이에서 각 골프클럽에 대한 정보교환을 통해 구직의 편의 등의 도모를 주된 목적으로 하는 사이트 내 회원 게시판으로, 위 글에 대한 댓글을 보아도 위 글이 골프클럽 자체에 대한 불만의 표출 내지 비난으로 받아들여진 것으로 보이는 점 등의 사정에 비추어 볼 때, 이 사건 피고인의 표현은 골프클럽 경기보조원인 회원들 사이의 각 골프클럽에 대한 평가 내지 의견교환의 장소에서, 피고인이 개인적으로 실제 경험하였던 특정 골프클럽 제도운영의 불합리성을 비난하고 이를 강조하는 과정에서 그 비난의 대상인 제도의 담당자인 피해자에 대하여도 같은 맥락에서 일부 부적절한 표현을 사용하게 된 것으로, 이러한 행위는 사회상규에 위배되지 않는다고 봄이 상당하다.

원심의 판단은 그 판결 이유를 이와 달리하고 있으나, 이 사건 공소사실을 무죄로 판단한 결론에 있어서는 옳다.

그러므로 상고를 기각하기로 하여 관여 대법관의 일치된 의견으로 주문과 같이 판결한다.

참조문헌

김대휘, "쟁의행위에 있어서 업무방해와 정당성", 형사판례연구 제2권, 1994.5, 66면-89면.

김봉수, "위법성조각사유의 체계 및 경합에 관한 연구", 비교형사법연구 제10권 제2호, 2008.12, 47면-70면.

류석준, "기망행위를 수단으로 한 권리행사와 사기죄의 성부", 비교형사법연구 제11권 제2호, 2009.12, 235면-256면.

윤용규, "교원의 학생체벌에 대한 형법적 고찰", 형사법연구 제21호, 2004.6, 128면-157면.

이석배, "연명치료중단의 기준과 절차 - 대법원 2009.5.21. 선고 2009다17417 판결이 가지는 문제점을 중심으로 -", 형사법연구 제21권 제2호, 2009.6, 147면-170면.

이용식, "상관의 위법한 명령에 따른 행위", 형사판례연구 제4권, 1996.7, 41면-55면.

이인영, "인공호흡기제거 청구사건 판결의 형사법적 시사점", 비교형사법연구 제11권 제1호, 2009.7, 409면-460면.

천진호, "'사회상규에 위배되지 아니하는 행위'에 대한 비판적 고찰", 비교형사법연구 제3권 제2호, 2001.12, 146면-185면.

최우찬, "형사법연구 20주년을 통해서 본 정당화사유", 형사법연구 제20권 제4호, 2008.12, 39면-64면.

하태훈, "상관의 명령에 복종한 행위", 형사판례연구 제9권, 2001.6, 167면-182면.

한상훈, "안락사의 허용성에 대한 비교법적 고찰", 형사법연구 제21호, 2004.6, 158면-184면.

Ⅳ 책임론

1. 책임능력
2. 원인에 있어서 자유로운 행위
3. 금지착오
4. 위법성조각사유의 객관적 전제사실착오
5. 기대가능성

Ⅳ-1 책임능력

대상판결

대법원 2007.2.8. 선고 2006도7900 판결【성폭력범죄의처벌및피해자보호등에관한법률위반(강간등치상)ㆍ강간상해ㆍ강도ㆍ성폭력범죄의처벌및피해자보호등에관한법률위반(13세미만미성년자강간등)】[공2007.3.15.(270),462]

【피 고 인】피고인

【상 고 인】검사

【변 호 인】변호사 이우윤

【원심판결】서울고법 2006. 10. 19. 선고 2006노898 판결

【주　　문】원심판결을 파기하고, 사건을 서울고등법원에 환송한다.

【이　　유】

상고이유를 본다.

원심판결 이유에 의하면, **원심은, 피고인에 대한 정신감정 결과 피고인이 중학생이던 1983.경 9세의 여아를 강간하여 학교를 더 다니지 못하게 된 점, 피고인에 대한 누범전과의 내용도 어린 나이의 여아를 강간한 것인 점, 피고인에 대한 임상심리검사 결과 피고인은 초등학교 6학년 때 아버지로부터 성적 폭행을 당하였다고 주장하는데, 그 후부터 지속적으로 나이 어린 여아에 대하여만 성욕을 느끼고, 소녀와의 성행위 내지 성적 공상에 탐닉하여 왔고, 피고인의 자아 이미지가 매우 부정적이고 기능이 매우 손상되어 있으며 불안정, 우울, 충동성 등 정서적 문제가 발견되는 점 등을 종합하여 볼 때, 피고인에게 변태성욕의 일종인 소아기호증이 존재하는 것으로 진단되고, 이 사건 범행 당시에도 피고인은 소아기호증이라는 정신질환으로 인하여 심신미약의 상태에 있었던 것으로 추정하고 있는데, 위와 같은 정신감정 결과, 피고인의 범행전력, 이 사건 범행 내용 및 횟수 등에 비추어 볼 때, 피고인은 이 사건 범행 당시 소아기호증으로 인하여 범행의 충동을 억제하지 못하고 범행에 이르게 된 것으로서 의사를 결정하거나 사물을 변별할 능력이 미약한 상태에 있었다**고 판단하였다.

형법 제10조에 규정된 심신장애는 생물학적 요소로서 정신병 또는 비정상적 정신상태와 같은 정신적 장애가 있는 외에 심리학적 요소로서 이와 같은 정신적 장애로 말미

암아 사물에 대한 변별능력과 그에 따른 행위통제능력이 결여되거나 감소되었음을 요하므로, 정신적 장애가 있는 자라고 하여도 범행 당시 정상적인 사물변별능력이나 행위통제능력이 있었다면 심신장애로 볼 수 없는 것이고(대법원 1992.8. 18. 선고 92도1425 판결 등 참조), 특단의 사정이 없는 한 성격적 결함을 가진 자에 대하여 자신의 충동을 억제하고 법을 준수하도록 요구하는 것이 기대할 수 없는 행위를 요구하는 것이라고는 할 수 없으므로, 사춘기 이전의 소아들을 상대로 한 성행위를 중심으로 성적 흥분을 강하게 일으키는 공상, 성적 충동, 성적 행동이 반복되어 나타나는 소아기호증은 성적인 측면에서의 성격적 결함으로 인하여 나타나는 것으로서, 소아기호증과 같은 질환이 있다는 사정은 그 자체만으로는 형의 감면사유인 심신장애에 해당하지 아니한다고 봄이 상당하고, 다만 그 증상이 매우 심각하여 원래의 의미의 정신병이 있는 사람과 동등하다고 평가할 수 있거나, 다른 심신장애사유와 경합된 경우 등에는 심신장애를 인정할 여지가 있을 것이며(대법원 1995.2.24. 선고 94도3163 판결 등 참조), 이 경우 심신장애의 인정 여부는 소아기호증의 정도, 범행의 동기 및 원인, 범행의 경위 및 수단과 태양, 범행 전후의 피고인의 행동, 증거인멸 공작의 유무, 범행 및 그 전후의 상황에 관한 기억의 유무 및 정도, 반성의 빛 유무, 수사 및 공판정에서의 방어 및 변소의 방법과 태도, 소아기호증 발병 전의 피고인의 성격과 그 범죄와의 관련성 유무 및 정도 등을 종합하여 법원이 독자적으로 판단할 수 있다(대법원 1994.5.13. 선고 94도581 판결 등 참조).

기록에 의하면, 피고인이 범행 내용을 비교적 뚜렷하게 기억하고 있는 것으로 보이는 사실, 피고인이 이 사건과 같은 소아에 대한 성범죄로 종전에 재판받을 당시 소아기호증 등의 질환이 있다는 사정을 주장하지 않았던 사실, 피고인이 이 사건 이전에 소아기호증으로 치료를 받았다고 볼 자료가 전혀 없고, 원심 재판 진행 중 소아기호증으로 진단을 받아 진단서를 제출하기는 하였으나 위와 같은 진단을 받은 이후에도 전혀 치료를 받지 않았고, 오히려 치료를 거부하기도 한 것으로 보이는 사실, 피고인이 범행 장소를 사전에 답사하기도 한 것으로 보이는 등 이 사건 각 범행이 우발적이라고 하기는 어려운 것으로 보이는 사실, 피고인이 약 3년 만에 처와 헤어진 것으로 보이기는 하지만, 이 사건 범행 이전에 성인 여성과 결혼을 하여 아들을 두기도 하는 등 정상적인 가정생활을 하였던 것으로 보이고, 이 사건 각 범행 당시에도 직업적으로 운전을 하는 등 사회적, 직업적으로 지장을 받고 있다고 볼 자료가 부족한 사실, 피고인에 대한 정신감정 결과에 의하더라도 피고인의 의식은 명료하고, 시간 · 장소 · 사람에 대한 지남력은 보존되어 있으며, 특별한 감정의 고조나 우울감은 관찰되지 않으며, 사고과정 및 내용상 망상은 없고, 지각 장애도 의심되지 않으며, 시험적인 판단력은 보존되어 있었던 것으로 판단되었으며, 피고인의 소아기호증이 이 사건 범행에 끼친 영향은 적고, 정신과적 치료 효과도 제한적이라고 하면서, 피고인의 소아기호증이 이 사건에 적은 부분 영향이 있었을 것이며, 정신질환으로 인하여 적은 정도의 심신미약 상태에 있었다고 판단한 사실 등을 알 수 있다.

이러한 사정을 앞서 본 법리에 비추어 살펴보면, 피고인이 이 사건 범행 당시 소아기호증이라는 정신적 장애가 있다는 사정 이외에 더 나아가 사물을 변별할 능력이나 의사를 결정할 능력이 미약한 상태였다고 인정할 수 있을지, 피고인의 소아기호증의 정도가 원래의 의미의 정신병이 있는 사람과 동등하다고 평가할 수 있을 정도로 심각하다고 인정할 수 있을지 의문의 여지가 있다.

따라서 원심으로서는 피고인의 소아기호증의 정도 및 내용, 이 사건 각 범행의 동기 및 원인, 범행의 경위 및 수단과 태양, 범행 전후의 피고인의 행동, 범행 및 그 전후의 상황에 관한 기억의 유무 및 정도, 수사 및 공판정에서의 방어 및 변소의 방법과 태도, 소아기호증 발병 전의 피고인의 성격과 그 범죄와의 관련성 유무 및 정도 등에 관하여 나아가 심리한 다음, 피고인에게 인정되는 소아기호증이 원래의 의미의 정신병을 가진 사람과 동등하다고 평가할 수 있을 정도로 심각한 것인지, 피고인에게 소아기호증의 정신적인 장애가 있다는 사정 이외에 그로 인하여 사물 변별능력이나 의사결정능력이 감소된 상태였다고 인정할 사정이 존재하는지를 검토하여, 피고인이 심신장애 상태에서 이 사건 각 범행을 범한 것인지의 여부에 대하여 판단하였어야 할 것으로 보인다.

그럼에도 불구하고, 원심이 이러한 사정에 대하여 구체적으로 심리, 검토하지 않은 상태에서 그 판시와 같은 사정만을 근거로 피고인이 이 사건 각 범행 당시 심신미약의 상태에 있었다고 판단한 것은, 심신장애에 관한 법리를 오해함으로써 판결 결과에 영향을 미친 위법을 저지른 경우에 해당하므로, 이 점을 지적하는 상고이유의 주장은 이유 있다.

그러므로 원심판결을 파기하고 사건을 다시 심리, 판단하게 하기 위하여 원심법원으로 환송하기로 하여 관여 대법관의 일치된 의견으로 주문과 같이 판결한다.

【사실관계】

서울고등법원 2006.10.19. 선고 2006노898 판결【성폭력범죄의처벌및피해자보호등에관한법률위반(강간등치상)·강간상해·강도·성폭력범죄의처벌및피해자보호등에관한법률위반(13세미만미성년자강간등)】[공보불게재]

[주 문] 원심판결을 파기한다. 피고인을 징역 15년에 처한다.

원심판결 선고 전의 구금일수 96일을 위 형에 산입한다.

[이 유]

1. 항소이유의 요지

가. 사실오인

피고인이 원심 판시 제1항의 범행 당시 위험한 물건인 문구용 칼을 들고 피해자를 협박한 사실이 없고, 동인으로부터 현금 6,000원을 강취하거나, 원심 판시 제10항의 강도 범행을 저지른 사실이 없음에도 위 각 부분을 모두 유죄로 인정한 원심에는 사실을 오인한 잘못이 있다.

나. 심신미약

피고인은 이 사건 범행 당시 청소년 때부터 앓아 온 피해망상증, 정신분열증 등 정신질환으로 인하여 사물을 변별하거나 의사를 결정할 능력이 미약해진 상태에서 아동에 관한 성적욕구(아동성도착증)를 참지 못하고 이 사건 범행을 저지르게 된 것임에도 원심은 피고인의 심신미약 상태를 간과한 잘못이 있다.

다. 양형부당

이 사건의 여러 가지 양형 조건에 비추어 원심이 피고인에 대하여 선고한 형량(무기징역)은 너무 무거워 부당하다.

2. 판단

가. 사실오인 부분

원심 판시 범죄사실 중 피고인이 사실오인의 위법이 있다고 주장하는 부분에 부합하는 원심의 증거들, 특히 피해자 공소외 1, 2의 진술은 ① 그 진술이 구체성과 일관성이 있고, 동인들이 강간당한 사실 외에 실제로 피고인으로부터 문구용 칼로 협박당하거나, 돈을 빼앗기지 않았음에도 피고인을 모함하기 위하여 허위로 추가 진술할 만한 특별한 이유가 없는 점, ② 수사기록에 편철된 피고인의 이전 범행에 대한 판결문(수사기록 575쪽)에 의하면, 피고인은 이전에도 여아에게 1,000원을 주면서 유인하여 아파트옥상 등 인적이 드문 곳으로 피해자를 데리고 가 강간하는 범행수법을 사용한 사실을 알 수 있는바, 위 피해자 공소외 1은 이 사건 강도 부분에 관하여, 피고인이 자신의 옷을 벗기기 전에 6,000원을 빼앗았고, 그 중 1,000원은 피고인이 그 직전에 아파트 단지 안에서 김기사를 찾아오라고 심부름을 시키면서 준 돈이라고 진술한 사실(수사기록 24, 25쪽)에 비추어 위 피해자의 진술은 피고인이 상용한 범행수법에 상응하는 것으로 보이고, 실제 경험하지 않은 사실을 가공하여 진술하는 것으로는 전혀 보이지 않는 점 등을 종합하여 볼 때 진술의 신빙성이 있고, 그 진술 등에 근거하여 위 범행사실을 충분히 인정할 수 있으므로 이 부분을 유죄로 인정한 원심에는 아무런 잘못이 없다.

나. 심신미약 부분

당심에서의 정신감정결과에 의하면, 피고인이 중학생이던 1983.경 9세의 여아를 강간하여 학교를 더 다니지 못하게 된 점, 피고인에 대한 누범전과의 내용도 어린 나이의 여아를 강간한 것인 점, 피고인에 대한 임상심리검사 결과 피고인은 초등학교 6학년 때 아버지로부터 성적 폭행을 당하였다고 주장하는데, 그 후부터 지속적으로 나이 어린 여아에 대하여만 성욕을 느끼고, 소녀와의 성행위 내지 성적 공상에 탐닉하여 왔고, 피고인의 자아 이미지가 매우 부정적이고 기능이 매우 손상되어 있으며 불안정, 우울, 충동성 등 정서적 문제가 발견되는 점 등을 종합하여 볼 때 피고인에게 변태성욕의 일종인 소아기호증(사춘기 이전의 소아들을 상대로 한 성행위를 중심으로 성적 흥분을 강하게 일으키는 공상, 성적 충동, 성적 행동이 반복되어 나타나고 그로 인하여 심각한 고통이나 사회적 · 직업적 기능의 장해를 초래하는 증상)이 존재하는 것으로 진단되고, 이 사건 범행 당시에도 피고인은 소아기호증이라는 정신질환으로 인하여 심신미약의 상태에 있었던 것으로 추정하고 있다.

위와 같은 정신감정결과, 피고인의 범행전력, 이 사건 범행 내용 및 횟수 등에 비추어 볼 때, 피고인은 이 사건 범행 당시 소아기호증으로 인하여 범행의 충동을 억제하지 못하고 범행에 이르게 된 것으로서 의사를 결정하거나 사물을 변별할 능력이 미약한 상태에 있었던 사실이 인정되므로 피고인의 심신미약 주장은 이유 있다.

3. 결론

따라서, 피고인의 항소는 일부 이유 있으므로 피고인의 나머지 양형부당 주장에 나아가 판단하지 아니한 채 형사소송법 제364조 제6항에 의하여 원심판결을 파기하고, 다시 변론을 거쳐 주문과 같이 판결한다.

… 생략

[양형이유]

피고인이 초등학교를 다니는 나이 어린 여학생 12명을 강간하여 동인들 및 그 가족들에게 평생 지워지지 않을 정신적 충격을 가한 점, 범행수법이 매우 대담하고, 지능적이며 교활한 점, 이 사건 범행 직전에도 성폭력범죄의처벌및피해자보호등에관한법률위반(13세미만미성년자강간등)죄로 징역 5년을 선고받고 출소한 후 3개월이 지난 직후인 2005. 2. 11.부터 2006.1.22.까지 12회에 걸쳐 반복적으로 학교나 학원을 마치고 귀가하거나, 학원으로 가기 위하여 주거지 앞길을 가던 어린이들을 유인하여 범행을 저지른 점, 당심에 이르기까지 피해자들로부터 용서를 받지 못하고 있는 점 등 피고인에게 불리한 정상, 피고인이 심신미약의 상태에서 이 사건 범행을 저지른 점, 피고인이 자신의 잘못을 뉘우치고 있는 점 등 피고인에게 유리한 정상 및 피고인의 가정환경, 경력, 성행, 연령 등 이 사건에 나타난 형법 제51조 소정의 양형 조건을 모두 참작하여 주문과 같은 형을 선고한다.

참조조문

형법 제10조

법적쟁점

1. 현행 형법은 형사책임무능력자와 한정책임능력자를 어떻게 규정하고 있는가?
2. 형법 제10조에서 규정하고 있는 심신장애의 유무 및 정도에 대한 판단기준은 무엇인가?(참고판례 1,2)
3. 충동조절장애와 같은 성격적 결함으로 인한 범행을 심신장애로 인한 범행으로 볼 수 있는가?(참고판례 3)
4. 치료감호법상 치료감호대상자의 범위는 어디까지이며, 심신상실자에 대하여 검사가 치료감호만을 청구할 수 있는가?
5. 소년법에서 규정하고 있는 만 10세 이상 19세 미만에 대한 형사제재는 무엇인가?

참고판례 ❶

대법원 2007.6.14. 선고 2007도2360 판결【공무집행방해】[공보불게재]

【이유】

피고인과 변호인의 상고이유를 본다.

1. … 생략

2. 피고인의 정신상태에 관한 심리미진 및 채증법칙 위배 주장에 대하여

형법 제10조에 규정된 심신장애는, 생물학적 요인으로 인하여 정신병 또는 비정상적 정신상태와 같은 정신적 장애가 있는 외에, 심리학적 요인으로 인한 정신적 장애로 말미암아 사물에 대한 변별능력과 그에 따른 행위통제능력이 결여되거나 감소되었음을 요하므로, 정신적 장애가 있는 자라고 하여도 범행 당시 정상적인 사물변별능력이나 행위통제능력이 있었다면 심신장애로 볼 수 없다(대법원 2007.2.8. 선고 2006도7900 판결 등 참조). 그리고 피고인이 범행 당시 심신장애의 상태에 있었는지 여부를 판단함에 있어 반드시 전문가의 감정을 거쳐야 하는 것은 아니므로, 법원이 범행의 경위와 수단, 범행 전후의 피고인의 행동 등 기록에 나타난 여러 자료와 공판정에서의 피고인의 태도 등을 종합하여 피고인이 심신장애의 상태에 있지 아니하였다고 판단하여도 이것만 가지고 위법이라고 할 수는 없다(대법원 1993.12.7. 선고 93도2701 판결 등 참조).

… 생략

참고판례 ❷

대법원 1999.1.26. 선고 98도3812 판결【폭력행위등처벌에관한법률위반】[공1999.3.1.(77),408]

【이유】

변호인의 상고이유를 본다.

원심판결 이유에 의하면, 원심은, 피고인이 정신분열증으로 인하여 **의사를 결정하거나 사물을 변별할 능력이 미약한 상태에서 이 사건 범행을 저지른 사실을 인정하고서 피고인에 대하여 심신미약 감경을 한 제1심판결을 유지하였다.**

피고인에 대한 정신감정서의 기재에 의하면, 의사 윤○○은 피고인을 미분화형 정신분열증으로 진단하고 그 심신장애의 정도는 심신미약에 해당한다고 감정하였다. 그러나 그 감정서의 기재에 의하더라도, 피고인은 지능지수가 88에 불과하고, 사고가 비논리적이고 관계망상 · 피해망상 · 환각 등으로 사고장애와 지각장애가 뚜렷하며, 정서적으로 불안하고 허무감, 열등감 등이 팽배해 있어 문제해결능력이 매우 빈약하고, 성격적으로 자아를 통제하는 능력이 빈약하여 내적 충동을 억제하지 못하고 충동적으로 표출할 가능성이 충분히 잠재되어 있으며, 피고인이 앞으로 지속적인 수용치료를 받지 않으면 재범의 위험성도 있다는 것이다.

또 기록에 의하면, **피고인은 17년 전부터 정신분열증으로 치료를 받아 왔고, 특히 1992. 5.경부터 1995.1.경까지는 국립서울정신병원 등에 수용되어 치료를 받았음에도 만성정신분열증이 지속되고 있고, 이 사건 범행은 피고인이 이웃집에 거주하는 피해자(남, 46세)의 집에서 그와 함께 돼지고기를 구워 먹고 있는 자신의 아버지에게 아무런 이유도 없이 "후레아들놈"이라는 등 심한 욕설을 한 뒤, 피고인을 타이르기 위하여 피고인의 집 계단을 올라오는 피해자의 얼굴을 낫으로 내리찍고, 이에 도망하**

는 피해자를 뒤쫓아가서 길에 쓰러진 피해자의 얼굴을 다시 낫으로 여러 차례 내리찍어 약 3주간의 치료를 요할 안면부 다발성 심부열창을 입힌 것으로서, 피고인은 범행의 동기에 관하여 "피해자가 자기에게 반말을 하고 인사도 하지 아니하여 없애버리려고 목을 베었다.", 또는 "피해자가 자신의 이름을 부르는 바람에 갑자기 감정이 생겼다."는 등으로 진술하였고, 검찰에서는 자신의 범행이 잘못이라는 취지로 진술하기도 하였으나, 경찰에서는 자신의 범행은 잘한 행동이고 피해자를 죽여 버려야 한다고 진술하였으며, 피고인은 이 사건 범행 후 수원구치소에 수감되어 있으면서도 심한 정신질환 증세를 보여 수원구치소장이 원심법원에 피고인의 수용관리가 곤란하다는 내용의 통보를 하였음을 알 수 있는바, 위와 같은 피고인의 정신감정 결과나 이 사건 범행의 경위, 방법, 범행 전후의 정황 등에 비추어 볼 때, 피고인은 이 사건 범행 당시 정신분열증에 의한 망상으로 사물변별능력이나 의사결정능력이 결여된 상태에 있었다고 볼 여지가 많다.

그리고 형법 제10조 제1항, 제2항에 규정된 심신장애의 유무 및 정도의 판단은 법률적 판단으로서 반드시 전문감정인의 의견에 기속되어야 하는 것은 아니고, 정신분열증의 종류와 정도, 범행의 동기, 경위, 수단과 태양, 범행 전후의 피고인의 행동, 반성의 정도 등 여러 사정을 종합하여 법원이 독자적으로 판단할 수 있는 것이고(대법원 1994.5.13. 선고 94도581 판결 등 참조), 피고인이 항소이유에서 양형부당만 주장하였을 뿐 심신상실에 관한 주장을 하지 않았다고 하더라도, 원심으로서는 제1심판결에서 정신분열증을 이유로 심신미약 감경을 하였고, 소송 계속중 피고인이 수감되어 있던 구치소장으로부터 위와 같은 내용의 통보서가 접수되었다면, 마땅히 직권으로라도 피고인의 병력을 상세히 확인하여 그 증상을 밝혀보고, 나아가 재감정을 의뢰하는 등의 방법으로 피고인의 심신장애 정도에 관하여 좀 더 면밀히 심리하여 심신상실 여부를 가려보았어야 할 것이다.

＊유사판례 : 대법원 1998.4.10. 선고 98도549 판결 ; 1997.7.25. 선고 97도1142 판결 ; 1996.5.10. 선고 96도638 판결 ; 1995.2.24. 선고 94도3163 판결 등 다수 판례

참고판례 ❸

대법원 2002.5.24. 선고 2002도1541 판결【특정범죄가중처벌등에관한법률위반(절도)】[공2002.7.15.(158),1598]

【이유】

1. 심신장애 주장에 대하여

가. 원심판결 이유에 의하면 원심은, 피고인이 심신장애의 상태에서 이 사건 범행을 저질렀다고 하는 피고인의 주장에 대하여, 이 사건 범행의 경위, 범행 전후의 피고인의 태도 및 언행, 범행 동기와 수단, 범행 후의 정황 등 여러 가지 사정을 종합하면 피고인이 이 사건 범행 당시 순간적인 비정상적인 상태에서 사물을 변별할 능력이나 의사를 결정할 능력이 없었다거나 미약하였다고 보이지 아니한다고 판단하여 이를 배척하였다.

나. 그런데 기록에 의하면, 다음 사정들을 알 수 있다.

① 피고인의 전력

피고인은 이 사건 범행 이전에 1983.3.10. 절도죄로 기소유예처분을 받고, 1993.9.13. 및 1997.6.13. 각 절도죄로 각 징역 10월에 2년간 집행유예, 1998.12.15. 절도죄로 벌금 100만 원, 1999.8.23. 절도죄로 벌금 3백만 원, 2001.4.3. 절도 및 점유이탈물횡령죄로 징역 10월에 2년간 집행유예의 판결을 각 선

고받았는데, 그 범행 내용들을 살펴보면, 1997.2. 20. 서울 중구 남창동 소재 여성의류점에서 여성용 티셔츠 1점 시가 금 28,500원 상당을, 1998.4. 중순경 슈퍼마켓에서 화장지 1묶음 시가 금 10,000원 상당을, 같은 해 5. 중순 같은 장소에서 화장지 2묶음 시가 금 20,000원 상당을, 같은 해 6.1. 같은 장소에서 하기스 기저귀 2묶음 시가 금 30,000원 상당 및 세제 1개 시가 금 80,000원 상당을, 1999.7.29. 서울 중구 남창동 소재 여성용의류점에서 의류를, 2001.3.2. 서울 중구 남창동 소재 여성용의류점에서 의류를 각 절취한 것 등이다.

② 피고인의 가정환경

피고인은 31년 전에 결혼하여 남편과 아들 셋 및 며느리를 둔 가정주부로서 남편은 1992년경부터 이 사건 범행일 현재까지 계속하여 주식회사 ○○○의 이사로 재직하여 왔다.

③ 피고인의 병력

피고인은 생리 기간이 되면 밖으로 나가고 싶어지고, 가게 등에서 위 ①에서 본 물건들을 보면 온몸에 열이 나면서 순간적으로 아무 생각 없이 물건을 그냥 집어 들고 가게 되곤 하여 생리 기간 중에는 밖에 나가고 싶어도 참고 집에서 지내는데 그러다가 일이 생겨 부득이 밖에 나가면 조심하려고 애를 써도 얼떨결에 위와 같은 범행에 이르게 되고 만다. 피고인은 위와 같은 증세로 병원에서 '병적절도(생리전증후군)'라는 병명으로 진단을 받았는데, 피고인을 진찰한 신경정신과 전문의 박언규는 제1심 법정에서 피고인은 생리기에 이르면 자신도 모르는 사이에 긴장 및 불안증세에 이르고 불안으로 인하여 점진적으로 심계항진이 되어 온몸에 열이 나면서 걷잡을 수 없는 상황에서 순간적으로 절도행위에 이르게 된다고 진술하고 있다. 또 위 박언규는 위와 같은 절도행위는 정상적인 정신상태에서 도벽으로 일어난 것이기보다는 비정상적인 의식상태에서 충동적으로 일어난 것이라고 볼 수 있는데 피고인은 충돌조절이 안되어 통제불능에 이르고 절도를 함으로써 긴장이 해소되며, 피고인은 위와 같은 증세로 부정기적으로 치료를 받아 왔는데 향후 약 3년간의 전문적인 치료가 필요하다고 진술하고 있다. 그리고 피고인의 남편은 제1심 및 원심법원에 제출한 탄원서에 "피고인이 수년 전에 집 계단에서 굴러 떨어져 머리를 다친 일이 있었는데 그 후유증으로 매월 주기적으로 머리에 혹 같은 것이 나타났다가 없어지곤 하며 그 때마다 몸에 심한 열이 나고 자신의 의지로는 통제불능의 행동을 하며 특히 생리 기간 중이면 그 정도가 더욱 심하여진다."고 기재하고 있고, 피고인은 원심법원에 제출한 반성문에 "어느 날 갑자기 머리에서 병 깨지는 소리를 내며 쓰러져서 병원에 가서 머리를 꿰매고 나서부터 고민하고 우울증이 생기고 머리에 혹이 나며 조금 전의 일도 자주 잊어버리고 잠을 자면 소변을 보는 꿈만 꾸고 불면증에 시달리며 어디로 정처 없이 방황하며 밖에 나가고 싶은 생각이 들고 월경만 하면 나쁜 마음이 들어 여러 번 저질렀지만 하고 나면 왜 그랬는지 후회를 하고 저의 마음을 저도 어떻게 달랠 수가 없습니다."라는 취지로 기재하고 있다.

④ 이 사건 범행의 경위 및 범행 당시의 상황

피고인은 이 사건 범행으로 경찰에서 조사를 받으면서 "저도 모르게 남의 것만 보면 가지고 싶습니다. 제 마음을 저도 모르겠습니다.", "시장에 나가서 여자옷만 보면 꼭 필요하지도 않은데 나도 모르게 손이 가서 훔치게 됩니다. 저도 제 마음을 어떻게 자제할 수가 없습니다.", "나쁜 짓을 안한다고 다짐을 하는데 월경이 나오면 귀에 혹이 나고 얼굴이 화끈거리며 충동이 생기는데 내 마음이지만 왜 그러는지 모르겠습니다.", "한두 번도 아니고 여러번 죄를 저질렀는데 저도 제 마음을 모르겠어요. 안 그런다고 마음을 굳게 다짐하고 저희 식구들도 제가 이상한 물건만 있으면 신경을 많이 쓰고 해서 마

음을 굳게 다짐을 하는데 이번에도 왜 그랬는지를 정말 모르겠어요. 병원에서도 치료를 받아야 한다고 했는데 당장 죽는 병이 아니고 집안에 쓸 데도 많다 보니까 치료를 못받았습니다."라는 등으로 진술을 하고 있고, 피고인은 약 2시간 20분 동안에 남대문 시장의 31곳의 점포를 돌아다니면서 여성의류만 절취하였는데 "남대문시장의 지리도 모르고 상가 이름도 모르고 어디에서 훔쳤는지 모르고 정신도 없고 뭐가 뭔지도 모른다."고 진술하고 있으며, 피고인은 이 사건 범행 당시 생리 기간 중이었다.

⑤ 범행 후의 정황

피고인은 출소하면 병원에서 치료를 받겠다고 진술하고 있고, 피고인의 남편은 피고인이 혼자 외출을 하는 일이 없도록 하겠다고 다짐하고 있다.

다. 자신의 충동을 억제하지 못하여 범죄를 저지르게 되는 현상은 정상인에게서도 얼마든지 찾아볼 수 있는 일로서, 특단의 사정이 없는 한 위와 같은 성격적 결함을 가진 자에 대하여 자신의 충동을 억제하고 법을 준수하도록 요구하는 것이 기대할 수 없는 행위를 요구하는 것이라고는 할 수 없으므로, 원칙적으로 충동조절장애와 같은 성격적 결함은 형의 감면사유인 심신장애에 해당하지 아니한다고 봄이 상당하지만, 그 이상으로 사물을 변별할 수 있는 능력에 장애를 가져오는 원래의 의미의 정신병이 도벽의 원인이라거나 혹은 도벽의 원인이 충동조절장애와 같은 성격적 결함이라 할지라도 그것이 매우 심각하여 원래의 의미의 정신병을 가진 사람과 동등하다고 평가할 수 있는 경우에는 그로 인한 절도 범행은 심신장애로 인한 범행으로 보아야 할 것이다(1999.4.27. 선고 99도693, 99감도17 판결 참조).

위에서 본 여러 사정들을 종합하여 보면, 이 사건 범행은 피고인이 생리 기간 중에 정신병을 가진 사람과 동등하다고 평가할 수 있는 정도의 심각한 충동조절장애에 빠져 남의 물건을 훔치고 싶은 억제할 수 없는 충동이 발동하여 사물을 변별하거나 의사를 결정할 능력을 상실하거나 미약한 상태에서 저지르게 된 것이 아닌가 하는 의심이 되므로, 원심으로서는 전문가에게 피고인의 정신상태를 감정시키는 등의 방법으로 과연 이 사건 범행 당시 피고인의 정신상태가 생리의 영향 등으로 인하여 그 자신이 하는 행위의 옳고 그름을 변별하고, 그 변별에 따라 행동을 제어하는 능력을 상실하였거나 그와 같은 능력이 미약해진 상태이었는지 여부를 확실히 가려보아야 하였을 터임에도 그러하지 아니한 채, 피고인이 이 사건 범행 당시 사물을 변별할 능력이나 의사를 결정할 능력이 없었다거나 미약하였다고 보이지 아니한다고 판단하여 피고인의 주장을 배척하고 만 것은 필요한 심리를 다하지 아니하고, 심신장애에 관한 법리를 오해함으로써 판결 결과에 영향을 미친 위법을 저지른 경우에 해당한다 할 것이므로 이 점을 지적하는 상고이유의 주장은 그 이유 있다.

*유사판례 : 대법원 1999.4.27. 선고 99도693,99감도17 판결 ; 대법원 1995.2.24. 선고 94도3163 판결

참조문헌

권창국, "다중인격장애자에 의한 범죄행위의 형사면책기준", 형사정책 제14권 제1호, 2002.6, 149면-168면.

김혜정, "소아성기호증과 책임판단문제", 형사판례연구 제16권, 2008.6, 36면-57면.

신양균, "책임능력과 감정", 형사판례연구 제5권, 1997.8, 41면-69면.

신영호, “형사책임능력의 판단기준 - 특히 감정의와 법관의 관계설정을 중심으로 한 법해석론”, 비교형사법연구 제3권 제1호, 2001.7, 59면-88면.

안성조, “사이코패스의 형사책임능력”, 형사법연구 제20권 제4호, 2008.12, 167면-196면.

한정환, “심신장애와 책임능력”, 형사법연구 제15호, 2001.6, 73면-94면.

Ⅳ-2 원인에 있어서 자유로운 행위

대상판결

대법원 1996.6.11. 선고 96도857 판결【살인 · 폭력행위등처벌에관한법률위반 · 특수강도 · 특정범죄가중처벌등에관한법률위반(절도) · 대마관리법위반 · 사체은닉】[공1996.8.1.(15),2266]

【피 고 인】피고인 1 외 2인

【상 고 인】피고인들

【변 호 인】변호사 조정근 외 1인

【원심판결】서울고법 1996.2.29. 선고 95노3115 판결

【주　　문】상고를 모두 기각한다.

【이　　유】

1. 피고인 2와 그 국선변호인의 상고이유 중 사실오인 주장에 관하여 본다.

기록에 의하여 제1심판결이 들고 있는 증거들을 살펴보면 같은 피고인이 이 사건 각 살인범행에 관하여 사전에 다른 피고인들과 모의한 사실을 충분히 인정할 수 있으므로, 같은 피고인이 피해자 1을 칼로 찌를 당시 살해할 의사가 없었다거나 피해자 2를 살해하기로 사전에 모의한 바 없으며, 그 사실도 예상하지 못하였다는 피고인의 주장을 배척하고, 이 사건 범죄사실을 모두 인정한 원심의 사실인정은 정당하고, 거기에 소론과 같은 중대한 사실오인의 위법이 있다 할 수 없다. 논지는 이유 없다.

2. 피고인 1과 그 국선변호인 및 사선변호인, 피고인 3과 그 국선변호인의 상고이유 중 심신장애에 관한 법리오해 주장에 관하여 본다.

원심은 거시증거에 의하여 같은 **피고인들은 상습적으로 대마초를 흡연하는 자들로서 이 사건 각 살인범행 당시에도 대마초를 흡연하여 그로 인하여 심신이 다소 미약한 상태에 있었음**은 인정되나, 이는 위 피고인들이 피해자들을 살해할 의사를 가지고 범행을 공모한 후에 대마초를 흡연하고, 위 각 범행에 이른 것으로 대마초 흡연시에 이미 범행을 예견하고도 자의로 위와 같은 심신장애를 야기한 경우에 해당하므로, 형법 제10조 제3항에 의하여 심신장애로 인한 감경 등을 할 수 없다고 판시하였는바, 기록에 의하여 관계 증거를 살펴보면 위와 같은 원심의 사실인정 및 판단은 정당한 것으로

수긍이 가고, 거기에 상고이유에서 주장하는 바와 같은 심신장애에 관한 채증법칙 위배나 심리미진의 위법이 있다 할 수 없다.

또한 원심은 같은 피고인들이 위 범행 당시 대마초 흡연으로 인하여 심신이 미약한 상태에 있었음을 인정하면서도 이는 원인에 있어서 자유로운 행위라 하여 감경주장을 배척하였음에도, 상고이유는 형법 제10조 제3항 소정의 원인에 있어서 자유로운 행위가 아니라거나 또는 다른 사유를 들어 그 조항을 적용할 수 없다는 주장은 전혀 하지 않은 채 다만 심신미약 상태에 있었다고만 주장할 뿐이므로 그 주장 자체로도 원심을 탓하기에 부족하다.

따라서 논지는 어느 모로 보나 이유 없다.

3. 피고인들 및 그 각 변호인들의 상고이유 중 양형부당 주장에 관하여 본다.

피고인들은 피해자 1을 범행장소로 유인하여 잔인한 방법으로 살해하여 매장한 다음, 곧이어 위 살인범행을 숨기기 위하여 위 피해자의 애인으로서 그 행방을 찾고 있던 피해자 2에게 위 피해자 1의 거처로 데려다 준다고 속여 최초의 범행장소 부근으로 유인하여 참혹하게 살해하여 매장한 점 등 이 사건 기록에 나타난 여러 양형조건 등에 비추어 보면 피고인들에 대하여 사형을 선고한 제1심을 유지한 원심의 양형이 심히 부당하다고 볼 수 없다. 논지도 이유 없다.

4. 그러므로 상고를 모두 기각하기로 관여 법관의 의견이 일치되어 주문과 같이 판결한다.

참조조문

형법 제10조 제3항, 제250조 제1항

법적쟁점

1. 책임원칙과 관련하여 원인에 있어서 자유로운 행위(actio libera in causa)의 가벌성의 근거는 어디에 있는가?

2. 학설은 원인에 의한 자유로운 행위의 유형을 어떻게 나누고 있는가?

3. 제10조 제3항이 과실에 의한 원인에 있어서 자유로운 행위에도 작용되느냐?(참고판례 1)

4. 고의에 의한 원인에 있어서 자유로운 행위의 실행착수시기는 언제인가?

5. 甲은 평소 원한이 있는 乙을 살해하기로 결심하였으나 용기가 나지 않아 술을 마시고 심신미약 상태에서 흉기를 품고 을을 찾아갔으나 을이 병약해진 것을 발견하고 나중에 건강해지면 죽이는 것이 진정으로 원수를 갚는 길이라고 생각하여 범행을 포기하고 그대로 돌아온 경우와 같이, 원인에 있어서 자유로운 행위의 실행착수 이전에 행위를 중지한 경우 갑의 형사책임은?

참고판례 ❶

대법원 1992.7.28. 선고 92도999 판결【특정범죄가중처벌등에관한법률위반(도주차량), 도로교통법위반】[공1992.10.1.(929),2698]

【이유】

피고인과 변호인의 상고이유를 본다.

1. … 생략

2. 이밖에 상고논지는 원심이 형법 제10조 제3항을 적용하여 피고인에게 심신장애로 인한 형의감경을 하지 않은 조치를 위법하다고 탓하고 있다.

형법 제10조 제3항은「위험의 발생을 예견하고 자의로 심신장애를 야기한자의 행위에는 전 2항의 규정을 적용하지 아니한다」고 규정하고 있는바, 이규정은 고의에 의한 원인에 있어서의 자유로운 행위만이 아니라 과실에 의한 원인에 있어서의 자유로운 행위까지도 포함하는 것으로서 위험의 발생을 예견할 수 있었는데도 자의로 심신장애를 야기한 경우도 그 적용대상이 된다고 할 것이다.

원심이 같은 취지에서 피고인이 음주운전을 할 의사를 가지고 음주만취한 후 운전을 결행하여 그 판시와 같은 교통사고를 일으킨 이 사건에서 피고인은 음주시에 교통사고를 일으킬 위험성을 예견하였는데도 자의로 심신장애를 야기한 경우에 해당하므로 형법 제10조 제3항에 의하여 심신장애로 인한 감경 등을 할 수 없다고 판단하였음은 정당하고 소론과 같은 위법이 없어 이 점에 관한 논지는 이유 없다.

【사실관계】

피고인은 동료들과 함께 회식모임을 가졌다. 평소 주량이 약한 피고인은 그 날따라 대단히 기분도 좋고 해서 동료들이 권하는 술을 사양하지 않고 마시다 보니 너무 만취되어 몸도 제대로 못 가눌 정도가 되어 버렸다. 회식자리가 끝나고 피고인은 "이런 상태로는 운전을 못하니 차를 두고 가라"는 동료들의 만류를 뿌리치고 자정도 넘은 시간이라 인적도 드물고 해서 자가용을 몰고 귀가하다 영업용 택시를 기다리기 위해 차도에 내려서 있던 피해자를 치었다. 피고인은 음주 만취된 상태라 자기 차에 부딪힌 것이 처음에는 사람인 줄 몰랐고, 쿵하고 부딪히는 소리가 나서 정차하고 내려 보니 사람이 차에 치어 피를 많이 흘리고 있었다. 피고인은 응겹결에 일어난 사고라 당황한 나머지 들키지 전에 사고 장소를 빨리 벗어나야겠다는 생각에서 피를 흘리고 쓰려져 있는 피해자를 자기 차의 뒷좌석에 실고 인근 유원지의 수풀 속에 피해자를 내다 버렸다. 피해자를 자기 차에서 끄집어 낸 피고인도 술기운을 이기지 못하고 그 옆에서 잠이 들어 버렸고, 다음날 아침 산책 나온 주민에 의해 경찰에 신고 · 체포되었다. 체포 당시까지도 피고인은 술이 덜 깨어 있었고, 수사과정에서의 진술에서도 피고인은 동료들과의 술자리를 끝내고 일어난 후의 정황을 기억하지 못하였다. 사체부검 결과 피해자의 사망시간은 사고시간으로부터 3시간 내지 5시간 이후로 판명되었다(서울고등법원 1992.4.2. 선고 91노5029 판결에서 정리)

*유사판례 : 대법원 1996.6.11. 선고 96도857 판결【살인 · 폭력행위등처벌에관한법률위반 · 특수강도 · 특정범죄가중처벌등에관한법률위반(절도) · 대마관리법위반 · 사체은닉】[공1996.8.1.(15),2266] ; 대법원 1994.2.8. 선고 93도2400 판결【특정범죄가중처벌등에관한법률위반(도주차량) · 도로교통법위반】[공1994.4.1.(965),1040]

참고판례 ❷

대법원 1995.6.13. 선고 95도826 판결【특정범죄가중처벌등에관한법률위반(도주차량),도로교통법위반】[공1995.7.15.(996),2434]

【이유】

… 생략

4. 논지는 피고인이 이 사건 사고 당시 술에 만취하여 사고 사실을 몰랐기 때문에 사고 후 도주한 것이라고 할 수 없고, 이러한 사실의 주장은 한편 심신미약의 주장으로 볼 수 있음에도 불구하고 원심이 피고인의 도주사실을 인정하여 특정범죄가중처벌등에관한법률위반죄를 적용하고 심신미약 주장에 대한 판단을 명시하지 아니한 것은 심신미약에 대한 법리를 오해하였거나 심리를 미진하고 채증법칙을 위배하였으며, 판단을 유탈한 위법이 있다는 것이나, 원심판결 이유를 보면, 피고인의 심신미약 주장에 대한 판단이 원심판결 이유에 명시되어 있을 뿐만 아니라(원심판결 제12쪽 하단 이하), 기록에 비추어 보면, 원심이 피고인이 이 사건 사고 당시 주취상태에 있었으나 위 사고사실을 알고도 도주한 것이고, 위 사고 및 도주 당시 사물을 변별할 능력이나 의사를 결정할 능력이 없었거나 미약한 상태에 있지 않았다고 판단한 조치는 수긍할 수 있으며, 가사 피고인이 소론과 같이 심신미약 상태에 있었다고 하더라도 형법 제10조 제3항에 의하면 "위험의 발생을 예견하고 자의로 심신장애를 야기한 자의 행위에는 전 2항의 규정을 적용하지 아니한다"고 규정하고 있는바, 기록에 의하면, 피고인은 자신의 차를 운전하여 술집에 가서 술을 마신 후 운전을 하다가 이 사건 교통사고를 일으킨 사실을 인정할 수 있고, 이는 피고인이 음주할 때 교통사고를 일으킬 수 있다는 위험성을 예견하고도 자의로 심신장애를 야기한 경우에 해당하여 심신미약으로 인한 형의 감경을 할 수 없다 할 것이므로(당원 1994.2.8.선고 93도2400 판결; 1992.7.28.선고 92도999 판결 등 참조), 논지는 어느 모로 보나 받아들일 수 없다.

참조문헌

김성돈, "범죄체계론적 관점에서 본 원인에 있어서 자유로운 행위", 저스티스 제75호, 2003.10, 101면-123면.

김성룡, "현행 형법 체계에 기초한 제10조 제3항에 대한 해석론의 대상과 쟁점", 비교형사법연구 제11권 제1호, 2009.7, 163면-182면.

손지선, "원인에 있어서 자유로운 행위의 유형론", 형사법연구 제20권 제2호, 2008.6, 3면-22면.

윤용규, "과실의 '원인이 자유로운 행위'", 형사법연구 제11호, 1999.5, 40면-59면.

이상문, "대법원의 형법 제10조 제3항의 해석", 형사법연구 제19권 제3호(하), 2007.9, 487면-508면.

임상규, "원인에 있어서 자유로운 행위의 처벌맥락", 형사법연구 제21권 제3호, 2009, 161면-184면.

조상제, "과실의 원인에 있어서 자유로운 행위", 형사판례연구 제4권, 1996.7, 56면-73면.

한상훈, "고의의 원인에 있어 자유로운 행위", 형사판례연구 제10권, 2002.6, 137면-171면.

한정환, "형법 제10조 제3항과 원인에 있어서 자유로운 행위", 형사법연구 제25호, 2006.6, 139면-162면.

Ⅳ-3 금지착오

대상판결

대법원 2006.3.24. 선고 2005도3717 판결【공직선거및선거부정방지법위반】[공2006.5.1.(249),766]

【피 고 인】피고인

【상 고 인】검사

【변 호 인】법무법인 한강 담당변호사 최재천외 2인

【원심판결】서울고법 2005.5.24. 선고 2004노3184 판결

【주　　문】원심판결을 파기하고, 사건을 서울고등법원에 환송한다.

【이　　유】

1. 적법한 의정보고서에 해당하는지 여부

구 공직선거 및 선거부정방지법(2000.2.16. 법률 제6265호로 개정되기 전의 것, 이하 '공직선거법'이라 한다) 제58조 제1항에 의하면 선거에 관한 단순 의견개진 및 의사표시는 선거운동으로 보지 아니한다는 규정을 두고 있었을 뿐인데, 위 조항이 현행과 같이 개정된 이후에는 선거에 관한 단순한 의견개진 및 의사표시뿐만 아니라 정당의 후보자추천에 관한 단순한 지지 · 반대의 의견개진 및 의사표시까지도 선거운동으로 보지 아니하게 되었으므로, 정당의 후보자추천에 관하여 단순한 지지 · 반대를 하는 경우에 위 법 개정 전에는 선거에 관한 단순 의견개진 및 의사표시를 초과하는 범위에서는 선거운동이 되고, 위 법 개정 이후에도 후보자추천에 관한 단순한 지지 · 반대의 의견개진 및 의사표시를 넘는 범위에서는 선거운동이 되어 모두 공직선거법이 허용하는 범위 안에서만 허용된다(대법원 2002.2.26. 선고 2000수162 판결 등 참조).

따라서 이른바 낙천운동이나 낙천대상자명단 발표에 의하여 낙천대상자로 지목된 사람에 대하여 자신이 그와 같이 낙천대상자에 포함된 것에 대한 해명할 기회를 보장해 주는 것이 형평성을 고려할 때 필요하다고 할지라도, 낙천대상자 선정에 대한 해명이나 반론은 결국, 자신이 정당의 후보자 추천이 되어야 하는 것에 관한 지지의 의견개진 및 의사표시로서의 성격을 가질 수밖에 없는 것이므로, 낙천운동이 정당의 후보자추천에 관한 단순한 지지 · 반대의 의견개진 및 의사표시를 넘지 못하는 것과 마찬가지

로, 이에 대한 해명이나 반론도 정당의 후보자 추천에 관한 단순한 지지 · 반대의 의견 개진 및 의사표시를 넘지 않는 범위에서만 허용되고, 이를 초과하는 행위는 선거운동에 해당하게 되어 공직선거법이 허용하는 방법과 범위 안에서만 허용되는 것이다.

그런데 구 공직선거법 제93조 제1항에서는 "누구든지 선거일 전 180일(보궐선거 등에 있어서는 그 선거의 실시사유가 확정된 때)부터 선거일까지 선거에 영향을 미치게 하기 위하여 이 법의 규정에 의하지 아니하고는 정당(창당준비위원회와 정당의 정강 · 정책을 포함한다) 또는 후보자(후보자가 되고자 하는 자를 포함한다)를 지지 · 추천하거나 반대하는 내용이 포함되어 있거나 정당의 명칭 또는 후보자의 성명을 나타내는 광고, 인사장, 벽보, 사진, 문서 · 도화, 인쇄물이나 녹음 · 녹화테이프 기타 이와 유사한 것을 배부 · 첩부 · 살포 · 상영 또는 게시할 수 없다."고 규정하고 있고, 제111조 제1항은 "국회의원 또는 지방의회의원은 보고회 등 집회 · 보고서(인쇄물 · 녹음 · 녹화물 및 전산자료 복사본을 포함한다) · 개인용 컴퓨터 또는 전화(컴퓨터를 이용한 자동송신장치를 설치한 전화의 경우를 제외한다)를 통하여 의정활동(선거구활동 기타 업적의 홍보에 필요한 사항을 포함한다)을 선거구민(행정구역 또는 선거구역의 변경으로 새로 편입된 구역의 선거구민을 포함한다)에게 보고할 수 있다. 다만, 대통령선거 · 국회의원선거 · 지방의회의원선거 및 지방자치단체의 장 선거의 선거기간 개시일부터 선거일까지 직무상의 행위 기타 명목 여하를 불문하고 의정활동을 보고할 수 없다."고 규정하고 있다.

따라서 국회의원이 선거기간 개시일 이전에 하는 집회 · 보고서 · 컴퓨터 · 전화 등에 의한 의정활동보고는 허용된다고 할 것이지만, 여기서 허용되는 것은 국회의원이 지역주민 대표로서의 지위에서 행하는 순수한 의정활동보고일 뿐이고, 의정활동보고라는 명목하에 이루어지는 형태의 선거운동은 허용되지 않는다 할 것인바(대법원 2003.7.11. 선고 2003도1789 판결 등 참조), 국회의원이 선거일 전 180일부터 선거일까지의 기간에 의정보고서를 제작하여 선거구민들에게 배부함에 있어 그 내용 중 선거구 활동 기타 업적의 홍보에 필요한 사항 등 의정활동보고의 범위를 벗어나서 선거에 영향을 미치게 하기 위하여 특정 정당이나 후보자를 지지 · 추천하거나 반대하는 내용이 포함되어 있다면 그 부분은 공직선거법 제93조 제1항에서 금지하고 있는 탈법방법에 의한 문서배부행위에 해당되어 위법하다고 할 것이다(대법원 2005.3.10. 선고 2004도8717 판결 등 참조).

그런데 이러한 낙천대상자 선정에 대한 해명이나 반론은 차기 선거에 있어서의 정당의 후보자 추천에 관한 것으로서 원칙적으로 국회의원의 의정활동에 관한 보고와는 아무런 관련이 없는 것이고, 한편, 국회의원이 선거일 전 180일부터 선거일까지의 기간 동안에 의정보고서를 제작하여 배부함에 있어 자신이 낙천대상자로 선정된 데 대한 반론으로서 그 선정사유에 대하여 해명하는 내용의 글이나 낙천대상자 선정에 대한 제3자의 반론 등을 게재하거나 이러한 내용을 보도한 글을 전재하는 것은, 결국 선거구활동 기타 업적의 홍보에 필요한 사항 등 의정활동보고의 범위를 벗어나서 선거에 영향을 미치게 하기 위하여 특정 정당이나 후보자를 지지 · 추천하거나 반대하는 내용을 포함하고 있는 것으로 볼 수밖에 없고, 그 부분은 공직선거법 제93조 제1항에서 금지하고 있는 탈법방법에 의한 문서배부행위에 해당되어 위법하다고 하여야 한다.

기록에 의하면, **피고인이 2004.4.15. 실시된 총선에서 총선시민연대라는 단체에 의하여 낙천대상자로 선정된 사유는 정치자금법 위반 등으로서 피고인의 의정활동과는 무관한 것이며, 이 사건 공소사실 기재의 글들은 다른 동료의원들이나 네티즌들이 피고인이 낙천대상자로 선정된 것이 부당하다는 취지의 반론을 보도한 내용인데, 이러한 내용을 의정보고서에 게재하여 배부**하는 것은 공직선거법 제58조 제1항 제3호의 정당의 후보자 추천에 대한 단순한 지지 · 반대의 의견개진 및 의사표시의 범위를 넘는 것으로서 선거운동에 해당하여 의정활동보고의 범위를 넘는 것일 뿐만 아니라, **의정보고서가 선거를 불과 두 달 남짓 앞 둔 시점에서 선거구민 전체를 대상으로 배부**된 점 등에 비추어 보면, 선거에 영향을 미치게 하기 위하여 피고인에 대한 지지 · 추천의 내용의 문서를 배부한 것이라고 할 것이므로, 그 부분은 공직선거법 제93조 제1항에서 금지하고 있는 탈법적 방법에 의한 문서배부행위에 해당한다.

따라서 원심이 이와 달리, 낙천운동이나 낙천대상자명단 발표에 의하여 낙천대상자로 지목된 사람 자신이, 그와 같이 낙천대상자에 포함된 것에 대하여 해명을 하는 것은 그것이 직접적인 의정활동에 대한 보고에 해당하는 것은 아니라고 하더라도 이러한 내용을 의정보고서에 게재하는 것은 허용된다고 봄이 상당하고, 따라서 그와 같은 순수한 해명을 위한 내용의 게재 및 배부는 선거에 영향을 미치게 하기 위하여 후보자를 지지 · 추천하는 내용의 문서배부에 의한 사전선거운동에 해당하지는 않는다고 보아야 할 것이라는 전제하에, 이 사건 의정보고서에 게재된 이 사건 공소사실 기재와 같은 내용의 글들이 제17대 국회의원 선거의 후보자로서 피고인을 지지 · 추천하는 내용이라기보다는 제16대 국회의원으로서의 피고인의 의정활동 수행 결과 및 시민단체가 피고인을 낙천대상자로 선정한 것에 대한 동료의원들과 시민들의 평가 내용에 관한 것으로서, 피고인이 위와 같은 글들을 피고인의 의정보고서에 게재하여 유권자들에게 배부한 행위는 공직선거법에서 허용하는 범위 내에 해당한다고 판단하고, 여기서 더 나아가 피고인의 위와 같은 행위가 선거에 영향을 미치게 하기 위하여 피고인을 지지 · 추천하는 내용의 글을 게재하여 배부한 것이라고 보기는 어렵다고 판단한 것은, 낙천운동에 대한 반론이나 의정보고서의 허용 범위에 관한 법리를 오해하여 판결에 영향을 미친 위법을 범한 것이다.

2. 법률의 착오에 해당하는지 여부

형법 제16조에서 자기가 행한 행위가 법령에 의하여 죄가 되지 아니한 것으로 오인한 행위는 그 오인에 정당한 이유가 있는 때에 한하여 벌하지 아니한다고 규정하고 있는 것은 일반적으로 범죄가 되는 경우이지만 자기의 특수한 경우에는 법령에 의하여 허용된 행위로서 죄가 되지 아니한다고 그릇 인식하고 그와 같이 그릇 인식함에 정당한 이유가 있는 경우에는 벌하지 아니한다는 취지이다(대법원 1992. 5.22. 선고 91도2525 판결, 대법원 2002.1.25. 선고 2000도1696 판결 등 참조). 그리고 이러한 정당한 이유가 있는지 여부는 행위자에게 자기 행위의 위법의 가능성에 대해 심사숙고하거나 조회할 수 있는 계기가 있어 자신의 지적 능력을 다하여 이를 회피하기 위한 진지한 노력을 다하였더라면 스스로의 행위에 대하여 위법성을 인식할 수 있는 가능성이 있었음에도 이를 다하지 못한 결과 자기 행위의 위법성을 인식하지 못한 것인지 여부에 따라 판단하여야 할 것이고, 이러한 위법성의 인식에 필요한 노력의 정도는 구체적인 행위정황과 행위자 개인의 인식능력 그리고 행위자가 속한 사회집단에 따라 달리 평가되어야 한다.

기록에 의하면, **피고인의 보좌관이나 계양구 선거관리위원회 직원이 참조하였다는 자료인 중앙선거관리위원회에서 발간한 선거관련 책자 중 일부에 '국회의원이 의정보고서에 시민단체가 발표한 낙천대상자에 자신이 포함된 것에 대한 자신의 해명내용을 일부 포함 · 작성하여 선거구민에게 배부하는 것은 무방하며, 정치적 소신, 학력 · 경력, 본인의 신상에 관한 해명, 신문기사 등 의정활동과 직접 관련이 없는 내용이라도 의정보고서와 일체가 되는 형태로 작성 · 배부하는 것은 무방(이를 별책으로 작성 · 배부할 수는 없음)하다.'고 기재되어 있는 사실**은 인정된다.

그러나 대법원은 앞서 본 바와 같이 국회의원이 선거일 전 180일부터 선거일까지의 기간 동안에 의정보고서를 제작하여 선거구민들에게 배부함에 있어 그 내용 중 선거구 활동 기타 업적의 홍보에 필요한 사항 등 의정활동보고의 범위를 벗어나서 선거에 영향을 미치게 하기 위하여 특정 정당이나 후보자를 지지 · 추천하거나 반대하는 내용이 포함되어 있다면 그 부분은 공직선거법 제93조 제1항에서 금지하고 있는 탈법방법에 의한 문서배부행위에 해당되어 위법하고, 또한, 피고인의 신상에 관한 해명이라고 하더라도 국회의원으로서의 의정활동에 관한 것이라고 볼 수 없는 경우에는 이러한 내용을 인쇄하여 배부하는 것은 정당한 의정보고서의 범위를 넘는다고 판시하여 왔다(대법원 1997.9.5. 선고 97도1294 판결 등 참조).

한편, 기록에 의하면, **중앙선거관리위원회에서 발간한 위 선거관련 책자에도 "국회의원의 자격으로 행한 의정활동과 관련 있는 내용이 주류를 이루고 있는 신문 · 잡지 기타 간행물에 게재된 내용을 의정보고서에 전재하여 일반선거구민에게 배부하는 것은 무방하나, 차기 선거에서의 지지호소 등 선거운동에 이르는 내용은 게재할 수 없으며, 의정보고서에 통상적인 범위 안에서 경력을 게재하는 것은 의정보고서에 부수된 행위로서 무방하지만, 출생과 성장에서부터 정치입문 과정을 거쳐 현재에 이르기까지 걸어온 길을 자료화보와 함께 기술하고, 후보자가 되고자 하는 국회의원을 지지 · 추천하는 내용의 타인의 인사말이나 시 등을 게재하는 것은 설령 의정활동보고 내용이 일부가 부가되어 있다 할지라도 이는 후보자가 되고자 하는 자를 선전하기 위한 목적이 있다고 보아야 하며, 의정보고는 국회의원이나 지방의회의원이 직접 보고하는 행위이므로 타인이 의정보고서를 제작하거나 3인칭 소설처럼 기술하거나 타인의 글을 게재하여서는 아니 된다."는 취지로 기재되어 있는 사실**을 알 수 있다.

피고인은 변호사 자격을 가진 국회의원으로서 법률전문가라고 할 수 있는바(더구나 피고인은 2000년 총선 당시 후보자가 되어 현역 국회의원인 경쟁후보자를 상대로 선거운동을 하면서 현역 국회의원이 의정보고서를 법정선거일 전일까지 무제한 배포하는 것을 허용하는 것은 위헌이라고 주장하여 헌법소원을 제기하고 헌법재판소의 판단을 받은 바 있으므로 의정보고서의 내용이 선거운동의 실질을 갖추고 있는 한 허용될 수 없다는 것을 잘 알고 있다고 진술하고 있기도 하다. 수사기록 98면 참조), 피고인으로서는 의정보고서에 앞서 본 바와 같은 내용을 게재하거나 전재하는 것이 허용되는지에 관하여 의문이 있을 경우, 관련 판례나 문헌을 조사하는 등의 노력을 다 하였어야 할 것이고, 그렇게 했더라면, 낙천대상자로 선정된 이유가 의정활동에 관계있는 것이 아닌 한 낙천대상자로 선정된 사유에 대한 해명을 의정보고서에 게재하여 배부할 수 없고 더 나아가 낙천대상자 선정이 부당하다는 취지의 제3자의 반론 내용을 싣거나 이를 보도한 내용을 전재하는 것은 의정보고서의 범위를 넘는 것으로서 허용되지 않는다는 것을 충분히 인식할 수 있었다고 할 것이다.

따라서 피고인이 그 보좌관을 통하여 관할 선거관리위원회 직원에게 문의하여 이 사건 의정보고서에 앞서 본 바와 같은 내용을 게재하는 것이 허용된다는 답변을 들은 것만으로는(또한, 원심도 인정하는 바와 같이 이 사건 의정보고서의 제작과 관련하여, 피고인측에서 관할 선거관리위원회의 지도계장인 공소외 1에게 구두로 문의를 하였을 뿐 관할 선거관리위원회에 정식으로 질의를 하여 공식적인 답신을 받은 것도 아니다), 자신의 지적 능력을 다하여 이를 회피하기 위한 진지한 노력을 다 하였다고 볼 수 없고, 그 결과 자신의 행위의 위법성을 인식하지 못한 것이라고 할 것이므로 그에 대해 정당한 이유가 있다고 하기 어렵다.

한편, 피고인측이 위 선거관련 책자의 내용을 그 나름대로 해석하여 위 의정보고서의 발간이 위법이 아니라고 판단하였을 가능성에 관하여 보더라도, 앞서 본 바와 같이 위 책자에는 동일한 사안에 대하여 다른 내용의 회답이 존재하고 있는데도 불구하고 자신에게 유리한 회답만을 근거로 하여 행위를 한 것일 뿐만 아니라, 위 책자에는 "국회의원이 의정보고서에 시민단체가 발표한 낙천대상자에 자신이 포함된 것에 대한 자신의 해명내용을 일부 포함 · 작성하여 선거구민에게 배부하는 것은 무방하다."고 기재되어 있는바, 이는 의정보고서에 낙천대상자 선정에 대한 자신의 해명내용을 일부 포함 · 작성하는 것이 무방하다는 취지에 불과하고, 더 나아가 낙천대상자 선정이 부당하다는 취지의 제3자의 글을 싣거나 제3자의 반론을 보도한 내용을 전재하는 것까지 허용된다는 취지는 아님이 분명하다고 할 것이다. 따라서 피고인이 낙천대상자로 선정된 사유에 대하여 자신의 해명 내용만을 게재한 것이 아니라, 다른 동료의원들이나 네티즌의 낙천대상자 선정이 부당하다는 취지의 반론을 보도한 내용을 전재한 이 사건에서 이를 근거로 하여 정당한 이유가 있다고 할 수도 없다.

그렇다면 원심이 이와 달리, 피고인이 이 사건 의정보고서를 제작, 배부하는 과정에서 그 실무를 담당한 보좌관인 공소외 2를 통하여 관할 선거관리위원회 담당계장에게 자문을 한 결과 이러한 의정보고서를 작성 배부하는 것이 위법이 아니라는 답변을 얻은 점과 위 공소외 2가 담당계장인 공소외 1과 함께 중앙선거관리위원회에서 배포된 업무관련 책자들을 확인하면서 그 내용에 비추어 보아 이 사건 공소사실 기재와 같은 내용을 이 사건 의정보고서에 게재하는 것이 선거법규에 저촉되지 않는다고 판단하였을 수 있다는 점을 근거로 하여, 피고인이 이 사건 의정보고서의 발간이 법령에 의하여 죄가 되지 아니한 것으로 오인한 것에 정당한 이유가 있는 때에 해당한다고 판단한 것은, 형법 제16조의 정당한 이유에 관한 법리를 오해한 나머지 판결에 영향을 미친 위법을 범한 것이라고 아니할 수 없다.

3. 결 론

그러므로 원심판결을 파기하여 이 사건을 원심법원에 환송하기로 하여 관여 대법관의 일치된 의견으로 주문과 같이 판결한다.

【사실관계】

2004.2. 초순경 전국총선연대, 인천총선연대 등에서 피고인을 낙천대상자로 지목하여 발표하자, 피고인의 보좌관인 공소외 1은 피고인에게 낙천대상자 선정에 대한 해명을 위하여 이 사건 의정보고서를 제작, 배부하자는 건의를 하였고, 피고인이 이를 승인하여 공소외 1의 주도하에 이 사건 의정보고서를 제작하게 되었다.

2004.2.9. 공소외 1은 피고인의 지역구 활동에 대한 내용과 더불어 피고인의 인사글, 낙천대상자 선정에 대한 부당함을 지적하는 언론보도자료(임종석, 김근태, 정동영 의원 발언 관련 각 언론보도, 네티즌 의견 게재 언론보도 등) 등을 정리하여 4면 짜리 기획 초안을 만든 후 당시 (구명 생략)구 선거관리위원회 지도계장이던 공소외 2에게 전화를 하여 위와 같은 내용의 의정보고서를 제작, 배부하는 것이 선거법규에 위반되지 않는지 문의하였는바, 공소외 2는 문제가 없는 것으로 보이지만 확실한 것은 초안을 직접 보아야 알 수 있을 것이라고 답변을 하였다.

그 후 공소외 1은 위와 같이 자신이 만든 4면짜리 기획 초안을 공소외 2에게 가지고 가서 이를 보여주면서 피고인이 낙천대상자로 선정된 것에 대한 소명의 글과 반론을 제기하거나 반대의사를 밝힌 인사들도 있다는 언론보도를 발췌하여 의정보고서에 수록해도 되는지에 관하여 문의를 하였고, 공소외 2는 공소외 1이 제시한 위 기획 초안의 내용을 공소외 1과 함께 검토하면서 중앙선거관리위원회에서 배포된 업무관련책자와 질의회답책자 등의 내용을 확인하고, 인천광역시 선거관리위원회에 위 초안 내용을 팩스로 전송하고 그 곳 담당자인 공소외 3과 전화 통화를 하여 상의를 하기도 하면서 확인작업을 하여 의정보고서에 위와 같은 내용을 수록하는 것이 허용된다고 답변을 하였다.

2004.2.12. 공소외 1은 이 사건 의정보고서의 제작인쇄 직전의 최종안을 만들어서 (구명 생략)구 선거관리위원회에 가지고 가서 이를 다시 공소외 2에게 보여주면서 최종적으로 선거법규 위반 여부를 문의하였고, 공소외 2는 위 언론보도 내용을 발췌하여

게재한 부분 등을 모두 살펴보고 나서 의정보고서로 배부해도 무방하다고 답변을 하였고, 이에 공소외 1은 위 최종안 그대로 인쇄를 하여 이 사건 의정보고서를 제작한 후 2004.2.17. (명칭 생략)우체국에서 이를 유권자들에게 발송하였다.

피고인의 보좌관인 공소외 1은 피고인을 위한 선거운동을 함에 있어 이 사건 의정보고서 관련 사항 외에도 수시로 관할 선거관리위원회의 지도계장인 공소외 2에게 선거법 위반 여부를 문의하고 그 답변을 받아 처리하여 왔다.

【항소심의 판단】

앞서 본 바에 의하여 인정되는 다음과 같은 사정들, 즉 ① 이 사건 의정보고서 제작과 관련하여, 비록 피고인 측에서 관할 선거관리위원회의 지도계장인 공소외 2에게 구두로 문의를 하였을 뿐 관할 선거관리위원회에 정식으로 질의를 하여 공식적인 답신을 받은 것은 아니나, 그 동안 공소외 2가 관할 선거관리위원회의 지도계장으로서 관내 선거 후보자 내지 선거운동 관련자들로부터 실질적, 직접적으로 선거운동 관련 질의를 받고 이에 대하여 1차적인 답변을 하여 온 점, ② 더욱이 선거 후보자 내지 선거운동 관련자들이 선거관리위원회 직원에게 질의를 함에 있어서, 통상적으로는 질의 자체도 추상적이거나 가정적인 형태의 질의가 많고, 선거관리위원회 직원도 구체적이고 단정적인 답변을 피하고 일반적, 추상적으로 답변을 함으로써 구체적인 특정 사안에 대하여 직접적이고 명확한 판단을 유보하는 경우가 대부분인데, 이 사건의 경우 피고인의 보좌관인 공소외 1은 이 사건 의정보고서의 제작과 관련하여 공소외 2에게 3회에 걸쳐서 질의를 하였고, 더욱이 3번째 질의 때에는 인쇄하기 직전의 이 사건 의정보고서 최종안(실제 제작, 배부된 내용과 동일하다)을 출력하여 가지고 가서 공소외 2에게 보여주면서 구체적, 특정적으로 질의를 하였고, 공소외 2도 그 제시된 내용을 직접 검토하면서 중앙선거관리위원회에서 배포된 업무관련책자들에 기재된 관련 내용들을 확인하고 이를 공소외 1에게 보여주기도 하고, 또한 (광역시명 생략)광역시 선거관리위원회의 담당자와 상의를 하기도 하는 등 구체적, 직접적인 검토 후에 위와 같은 내용의 의정보고서 제작, 배부가 선거법규에 위배되지 않는다고 명시적으로 답변을 한 점, ③ 또한, 피고인 측에서 공소외 2와 함께 위 중앙선거관리위원회에서 배포된 업무관련책자들을 확인하면서 '국회의원이 의정보고서에 시민단체가 발표한 낙천대상자에 자신이 포함된 것에 대한 자신의 해명내용을 일부 포함 · 작성하여 선거구민에게 배부하는 것은 무방하며, 정치적 소신, 학력 · 경력, 본인의 신상에 관한 해명, 신문기사 등 의정활동과 직접 관련이 없는 내용이라도 의정보고서와 일체가 되는 형태로 작성 · 배부하는 것은 무방(이를 별책으로 작성 · 배부할 수는 없음)하다.'고 기재되어 있는 것을 근거로 하여 이 사건 공소사실 기재와 같은 내용을 이 사건 의정보고서에 게재하는 것이 선거법규에 저촉되지 않는다고 판단하였을 수 있고, 이를 전혀 근거 없는 판단이라고 비난할 수는 없는 것으로 보이는 점[비록 위 중앙선거관리위원회에서 배포된 업무관련책자들에 앞서 본 바와 같이 의정보고서에 게재할 수 없는 내용에 관하여도 설명이 있기는 하지만, 피고인측 입장에서는 이 사건 의정보고서에 게재한 내용은 낙선대상자 선정에 대한 해명을 하는 것이지 차기 선거에서의 지지를 호소하는 것은 아니고, 타인의 글을 직접 게재하는 것이 아니라 신문기사나 언론보도 내용을 전재하는 것이며, 신문 · 잡지 등에 보도된 내용을 복사 · 인쇄하여 그 복사(인쇄)물을 배부하거나 위 내용을 별책으로 작성 · 배부하는 것이 아니라 신문 · 잡지 등에 보도된 내용을 의정보고서에 전재함으로써 그 내용이 의정보고서와 일체가 되는 형태로 작성되는 것이고, 그 기재 내용이 인사문, 지지 · 추천사, 축사, 격려사 등의 성격은 아니라고 생각하여 위 책자에서 허용하지 않는 경우에 해당되지는 않는다고 자체적으로 판단하였을 수 있고, 이를 전혀 근거 없는 판단이라고 비난할 수는 없다.], 기타 이 사건 공판과정에서 나타난 제반 사정 등에 비추어 보면, 피고인 및 그의 보좌관으로서 이 사건 의정보고서 작성을 실질적으로 담당한 공소외 1로서는 이 사건 공소사실 기재와 같은 행위를 하는 것은 선거법규의 해석상 허용되는 행위에 해당하여 죄가 되지 아니한다고 잘못 인식하였고 그와 같이 잘못 인식함에 정당한 이유가 있는 경우에 해당한다고 판단된다.

따라서, 이 사건 공소사실은 법률의 착오에 기한 행위로서 범죄가 되지 아니하는 경우에 해당하므로, 이를 지적하는 피고인의 위 항소 이유도 이유 있다(서울고등법원 2005.5.24. 선고 2004노3184 판결에서 정리)

참조조문

형법 제16조 / 구 공직선거 및 선거부정방지법(2000.2.16. 법률 제6265호로 개정되기 전의 것) 제93조 제1항

법적쟁점

1. 대상판결에서 대법원이 '정당한 이유'가 없다고 판시한 근거는 무엇인가?

2. 형법 제16조의 규범적 판단인 '정당한 이유'에 대한 구체적 판단척도와 독일 형법 제17조에서 규정하고 있는 '회피가능성'에 대한 구체적 판단척도의 공통점과 차이점은 무엇인가?

3. 행정기관의 법해석을 신뢰한 경우 또는 제3자 특히 법률전문가로부터 수집한 정보를 신뢰한 경우에 '정당한 이유'가 있다고 판단할 수 있는가?(참고판례 1,2,3)

4. 금지규범의 존재 및 효력에 관한 착오인 이른바 '법률의 부지' 사례가 금지착오의 영역에 포섭될 수 있는가?(참고판례 4, 5)

5. 제16조의 반대해석으로 '정당한 이유'가 없어 벌하더라도 고의설과 책임설에 따라 어떻게 형사책임이 달라지는가?

참고판례 ❶

대법원 2008.10.23. 선고 2008도5526 판결【공공기관의개인정보보호에관한법률위반】[공보불게재]

【이유】

상고이유를 본다.

1. 원심은, 경찰공무원인 피고인이 수사과정에서 취득한 개인정보인 공소외 1과 공소외 2의 통화내역을 임의로 공소외 2에 대한 고소장에 첨부하여 타 경찰서에 제출한 것은 공소외 2의 위증 혐의를 증명하기 위한 목적이 포함되어 있다고 하더라도, 공소외 1의 동의도 받지 아니하고 관련 법령에 정한 절차를 거치지 아니한 이상 부당한 목적하에 이루어진 개인정보의 누설에 해당한다고 판단하였는바, 관련 법령과 기록에 비추어 살펴보면, 이러한 원심의 사실 인정과 판단은 옳고, 거기에 채증법칙위배로 인한 사실오인이나 공공기관의 개인정보보호에 관한 법률 위반죄에 관한 법리오해 등의 위법이 없다.

2. 형법 제20조에 정하여진 '사회상규에 위배되지 아니하는 행위'라 함은, 법질서 전체의 정신이나 그 배후에 놓여 있는 사회윤리 내지 사회통념에 비추어 용인될 수 있는 행위를 말하므로, 어떤 행위가

그 행위의 동기나 목적의 정당성, 행위의 수단이나 방법의 상당성, 보호법익과 침해법익과의 법익균형성, 긴급성, 그 행위 외에 다른 수단이나 방법이 없다는 보충성 등의 요건을 갖춘 경우에는 정당행위에 해당한다.

이러한 법리와 기록에 비추어 살펴보면, 이 사건 통화내역을 제출하게 된 동기나 목적, 피고인이 관련 법령에 정한 절차를 따르지 아니하고 이를 제출한 점 등에 비추어 피고인의 행위가 사회상규에 위배되지 아니하는 정당행위로 보기 어렵다고 판단한 원심의 조치는 정당하고, 거기에 정당행위 등에 관한 법리를 오해한 위법이 없다.

3. 형법 제16조에서 "자기가 행한 행위가 법령에 의하여 죄가 되지 아니한 것으로 오인한 행위는 그 오인에 정당한 이유가 있는 때에 한하여 벌하지 아니한다."고 규정하고 있는 것은 일반적으로 범죄가 되는 경우이지만 자기의 특수한 경우에는 법령에 의하여 허용된 행위로서 죄가 되지 아니한다고 그릇 인식하고, 그와 같이 그릇 인식함에 정당한 이유가 있는 경우에는 벌하지 아니한다는 취지이고, 이러한 정당한 이유가 있는지 여부는 행위자에게 자기 행위의 위법의 가능성에 대해 심사숙고하거나 조회할 수 있는 계기가 있어 자신의 지적능력을 다하여 이를 회피하기 위한 진지한 노력을 다하였더라면 스스로의 행위에 대하여 위법성을 인식할 수 있는 가능성이 있었음에도 이를 다하지 못한 결과 자기 행위의 위법성을 인식하지 못한 것인지 여부에 따라 판단하여야 할 것이며, 이러한 위법성의 인식에 필요한 노력의 정도는 구체적인 행위정황과 행위자 개인의 인식능력, 그리고 행위자가 속한 사회집단에 따라 달리 평가되어야 한다(대법원 2006.3.24. 선고 2005도3717 판결, 대법원 2006. 9.28. 선고 2006도4666 판결, 대법원 2008.2.28. 선고 2007도5987 판결 등 참조).

원심은, **피고인이 이 사건 고소장을 제출하기 전에 변호사에게 자문을 구한 경위와 그 답변취지 및 경찰공무원으로서의 피고인의 경력이나 사회적 지위 등을 종합**하여 이 사건 고소장 제출 당시 피고인에게 법률의 착오가 있었다고 볼 수 없다고 판단하였는바, 원심이 인정한 사정들을 앞서 본 법리에 비추어 보면, 원심의 위와 같은 판단은 정당하고, 거기에 법률의 착오에 관한 법리를 오해한 위법이 없다.

4. 그러므로 상고를 기각하기로 하여, 관여 대법관의 일치된 의견으로 주문과 같이 판결한다.

＊유사판례 : 대법원 2007.10.26. 선고 2006도7968 판결 ; 2007.11.16. 선고 2007도7205 판결 ; 2008.2.28. 선고 2007도5987 판결.

참고판례 ❷

대법원 1982.1.19. 선고 81도646 판결【의장법위반】[공1982.3.15.(676),277]

【이 유】

검사의 상고이유를 판단한다.

원심이 유지한 제1심 판결이 적법하게 확정한 바에 의하면, **피고인은 소아용 의류 및 양말 등을 제조 판매하는 공소외 주식회사의 대표이사로서 1974. 말경 외국상사들로부터 발가락 삽입부가 5개로 형성된 양말을 주문받아 1975.1부터 이를 생산하던 중 이 사건 피해자인 김○○으로부터 1975.2.24경 발가락 삽입부가 5개로 형성된 양말은 동인의 의장권(의장등록 제13319호)을 침해한다 하여 그 제조의 중지요청을 받고 그 즉시 변리사 김□□에게 문의하였던바, 양자의 의장이 색채와 모양에 있어 큰 차이가 있으므로 동일 유사하다고 할 수 없다는 회답을 받고, 또 같은 해 3.11에는 위 김□□에게 감정을 의뢰하여 위 양자의 의장은 발가락 삽입부 5개가 형성되어 있는 외에는 형상, 색채 혹은 그 조합**

이 각기 다르고 위 발가락 5개의 양말은 위 의장등록이 된 후에도 공소외 조○○ 명의로 의장등록(제17597호)된 바 있으니 발가락 삽입부가 위 김○○의 등록의장의 지배적 요소라고 할 수 없으므로 양자는 결국 동일 또는 유사하다고 할 수 없다는 전문적인 감정을 받았고, 이에 따라 같은 해 3.12 피고인 스스로 자신이 제조하는 양말에 대하여 의장등록출원을 한 결과 같은 해 12.22 특허국으로부터 등록사정까지 받게 되었으며, 한편 위 조○○이 위 김○○을 상대로 본건 등록의장의 권리범위 확인심판청구(특허국 74년 심판 제333호)를 한 결과, 그 1심과 항소심에서 이 사건 등록의장과 위 등록 제17597호 의장은 피차 양말의 선단부에 발가락이 삽입되는 5개의 삽입부를 형성하는 점이 닮았으나, 이 같은 종류 물품에 삽입부를 형성한다는 것은 보통으로 이루어지는 형상에 속하는 것이어서 별로 사람들의 주의를 끌거나 미감을 일으킬 만한 의장적 특징이 될 수 없고 양자를 전체적으로 비교할 때 빛깔의 배합, 무늬, 모양 등에 있어서 현저한 차이가 있어 서로 오인, 혼동될 염려가 없다는 이유로 청구인 승소의 심결이 있었다가 상고심(대법원 77후9)에서 비로소 이 사건 등록의장의 지배적 요소는 발가락 삽입부가 5개로 형성된 점이라는 이유로 1977.5.10 원심결을 파기환송하는 판결이 있었다는 것이다. 사실이 이와 같다면 특허나 의장권 관계의 법률에 관하여는 전혀 문외한인 피고인으로서는 위 대법원판결이 있을 때까지는 자신이 제조하는 양말이 위 김○○의 의장권을 침해하는 것이 아니라고 믿을 수밖에 없었다고 할 것이니, 위 양말을 제조 판매하는 행위가 법령에 의하여 죄가 되지 않는다고 오인함에 있어서 정당한 이유가 있는 경우에 해당하여 처벌할 수 없는 것이라고 할 것인바, 원심이 이와 같은 취지에서 피고인이 1975. 4.17부터 1976.7.5까지 발가락 삽입부가 5개 형성된 양말을 제조하여 피해자의 의장권을 침해하였다는 공소사실에 대하여 무죄를 선고한 제1심 판결을 유지한 조처는 정당하다 할 것이고, 거기에 소론의 법리를 오해한 위법이 있다고는 인정되지 아니한다. 논지는 이유없다.

그러므로, 상고를 기각하기로 하여 관여법관의 일치된 의견으로 주문과 같이 판결한다.

참고판례 ❸

대법원 1993.9.14. 선고 92도1560 판결【산림법위반】[공1993.11.1.(955),2838]

【이유】

상고이유를 본다.

… 생략

제3점에 대하여

원심판결 이유에 의하면 원심은 피고인이 이 사건 자수정 채광 작업을 함에 있어 사전에 산림훼손허가가 필요한지 여부를 관계 행정청에 문의하여 별도의 허가가 불필요하다는 회답을 받고 이를 그대로 믿고 작업을 하였으므로 이 사건 산림훼손행위에 대한 위법성의 인식이 없었다고 주장함에 대하여, 단순히 관계 관청에 산림법 위반 여부를 문의하여 산림훼손허가가 불필요하다는 회답을 받았다는 사유만으로는 피고인이 자신의 행위가 죄가 되지 않는다고 오인함에 정당한 이유가 있다고 보기 어렵다 하여 이를 배척하였다.

먼저 이 사건 공소사실 중 **경남 울산군 상북면 등억리 산 177의1 및 산 177의2 경계선 부근 약 1,000평방미터(제1심판결첨부 ② 도면 ㄱ 부분)와 같은 군 삼남면 가천리 산 4 일대 약 550평방미터(위 도면 ㄴ 부분) 및 2,938평방미터(위 도면 ㄹ부분)의 산림법위반 부분에 관하여 보건대 행정청의 허가가**

있어야 함에도 불구하고 허가를 받지 아니하여 처벌대상의 행위를 한 경우라도 허가를 담당하는 공무원이 허가를 요하지 않는 것으로 잘못 알려 주어 이를 믿었기 때문에 허가를 받지 아니한 것이라면 허가를 받지 않더라도 죄가 되지 않는 것으로 착오를 일으킨데 대하여 정당한 이유가 있는 경우에 해당하여 처벌할 수 없다고 할 것인 바(위 91도2525 판결 참조) 기록에 의하면 피고인은 검찰이래 제1심법정에 이르기까지 일관하여 이 사건 산림훼손지역은 그 곳에 있는 자수정 광산을 둘러싸고 위 고용균과 사이에서 분쟁이 있어온 곳이었으므로 그로부터 책잡히지 않기 위하여 자수정 채광 작업을 하기에 앞서 울산군 산림과에 가서 산림훼손허가를 받으려고 하였으나 관광지 조성승인이 난 지역이므로 별도로 산림훼손허가를 받을 필요가 없으니 도시과에 문의하라고 하여 다시 도시과에 가서 확인해 본 바 역시 같은 이유로 산림훼손허가가 필요 없다고 하면서 피고인의 요구에 따라 그러한 취지가 기재된 울주군수 명의의 산림법배제확인서를 작성해 주므로 이를 믿고 산림훼손허가를 받지 않은 채로 자수정 채광 작업을 하여오고 있다고 변소하고 있고 울산군 도시과 도시계에 근무하는 김성환도 검찰에서 자신이 도시과에 근무한지 약 1개월 가량밖에 되지 아니하여 구체적인 업무를 잘 모르는 상태에서 피고인의 요구에 따라 산림법의 적용이 배제된다는 취지의 확인서를 작성해 주었다고 피고인의 위 변소에 부합하는 진술을 하고 있으며(91년 형 제24985호 수사기록 399쪽) 피고인이 위 김성환으로부터 발급받은 1990. 9. 26.자 울주군수 명의의 산림법배제확인서(위 수사기록 131쪽)를 보면 울주군 상북면 등억리 산 20(일부), 산 23, 산 177의 1, 산 177의 2, 같은 군 삼남면 가천리 산 4의 토지는 자수정 광구에 포함되어 있어 피고인이 광업주로서 자수정 채굴 작업을 할 때도 이미 관광지 조성승인이 된 지역이므로 관광진흥법 제26조 제10호에 따라 별도의 산림훼손허가를 얻을 필요가 없다는 내용으로 되어 있는 사실, 또한 위 김성환이 그 후 이 사건 산림훼손지역이 위치하는 자수정산업 관광지에 대한 산림훼손허가 요부에 관하여 경상남도지사로부터 받은 질의회신내용(위 수사기록 402쪽)이나 피고인에게 채광작업을 중지하도록 통보하였다는 내용(위 수사기록 403쪽)을 살펴보더라도 광물채취 등 자연자원훼손행위는 관광진흥법과 그 시행령에 의하여 관계행정청의 허가를 받은 후 작업을 재개하라는 취지의 것이었을 뿐 산림법에 따른 산림훼손허가를 받으라는 내용은 담겨져 있지 않은 사실을 인정할 수 있는바 이러한 사정을 종합하여 보면 피고인은 위 산림훼손지역에 대하여 비록 산림법 제90조 소정의 허가를 받은 바 없다 하더라도 이 사건 범행 당시 자기의 행위가 법령에 의하여 죄가 되지 않는 것으로 믿을 수 밖에 없었고 또 그렇게 오인함에 있어서 정당한 이유가 있는 경우에 해당한다고 보아야 할 것이므로 피고인을 산림법위반으로 처벌할 수는 없다고 하겠다.

그럼에도 불구하고 원심이 그 판시와 같은 이유만으로 위 산림훼손부분을 유죄로 인정한 것은 법률의 착오에 관한 법리를 오해하여 심리를 다하지 않으므로써 판결결과에 영향을 미쳤다고 하지 않을 수 없다.

주장은 이유 있다.

다음에 그 나머지의 같은 군 상북면 등억리 산 22 소재 약 150평방미터(제1심판결 첨부 ①도면 가부분)와 같은 군 삼남면 가천리 산 2 소재 약1,557평방미터(위 판결 첨부 ②도면 ㄷ부분)그리고 같은 군 상북면 등억리 산 18 및 산 22 소재 약 3,900평방미터(위 도면 ㅁ부분)의 산림법위반 부분에 관하여 보건대 기록에 의하면 피고인은 이에 대하여도 앞서 본 바와 같은 취지의 변소를 하고 있기는 하나 다른 한편 위 산림훼손지역은 위 가천리 산 2 임야만이 국토이용관리법에 의하여 관광휴양 지역으로 결정고시된 곳일 뿐이고 그 밖에는 어느 임야도 교통부장관으로부터 관광객이용시설업사업계획승인이

난 토지가 아니고 위 김성환이 피고인에게 울주군수 명의로 작성하여 준 위 산림법배제확인서에 산림훼손허가를 얻을 필요가 없는 대상토지로 적시되어 있지도 않으며 울주군수가 피고인에게 그 주장과 같은 회신(공판기록 56쪽)을 하였다고 하더라도 이는 피고인이 위 고용균의 토석채취(훼손)행위에 대하여 진정한데 대한 회신일 뿐 피고인 자신의 자수정 채광 작업을 위한 산림훼손행위를 대상으로 한 것이 아니고 그 회신내용이 구체적이고 상세하지도 않으며 피고인은 위 회신을 받고도 자수정 채광 작업을 개시할 당시 울산군청에서 산림훼손허가를 받으려고 시도하였다는 자료도 없으므로 사실이 이와 같다면 피고인이 위 산림훼손행위를 함에 있어서 그것이 법령에 위배되지 않는 것으로 오인함에 정당한 사유가 있는 경우에 해당한다고 할 수 없다 하겠다.

같은 취지에서 원심이 피고인의 주장을 배척한 것은 기록에 비추어 수긍이 되고 거기에 지적하는 바와 같은 법리오해의 위법이 없다.

… 생략

참고판례 ❹

대법원 2008.3.14. 선고 2007도11263 판결【사기 · 장사등에관한법률위반】[공보불게재]

【이유】

상고이유를 판단한다.

1. 상고이유 제1점에 대하여

장사 등에 관한 법률 제15조 제4호, 같은 법 시행령 제14조 제2항 제1호, 국토의 계획 및 이용에 관한 법률(이하 '국토계획법'이라 한다) 제36조 제1항 제1호 가.목, 제76조 제1항, 같은 법 시행령 제71조 제1항 제1호, [별표 2] 제2호 라.목, 마.목, 건축법 시행령(2006. 5. 8. 대통령령 제19466호로 개정되기 전의 것, 이하 같다) [별표 1] 제4호 마.목, 제5호 가.목의 각 규정을 종합하면, 국토계획법 제36조 제1항 제1호 가.목 소정의 '주거지역'에는 원칙적으로 납골시설을 설치할 수 없고, 다만 '종교집회장'이나 '종교집회장 안에 설치하는 납골당'은 도시계획조례가 정하는 바에 의하여 주거지역안에서 건축할 수 있다.

그런데 서울특별시 도시계획조례(2006. 11. 20. 조례 제4449호로 개정되기 전의 것)는 제25조에서 '제1종 전용주거지역안에서 건축할 수 있는 건축물'에 관하여 규정하면서, 제4호에서 '건축법 시행령 [별표 1] 제4호의 제2종 근린생활시설 중 종교집회장(타종시설 및 옥외확성장치가 없는 것에 한한다)'을, 제5호 가.목에서 '건축법 시행령 [별표 1] 제5호의 문화 및 집회시설 중 종교집회장(제2종 근린생활시설에 해당하지 아니하는 것으로서 타종시설 및 옥외 확성장치가 없는 것에 한한다)으로서 당해 용도에 쓰이는 바닥 면적의 합계가 1천 ㎡ 미만인 것'을 규정하고 있을 뿐, '종교집회장 안에 설치하는 납골당'에 관하여는 별도로 규정하고 있지 아니하므로, 서울특별시 내의 제1종 전용주거지역에는 '종교집회장 안에 설치하는 납골당'을 포함하여 납골시설을 설치할 수 없다(위 조례 소정의 '종교집회장'에 '종교집회장 안에 설치하는 납골당'이 포함된다고 해석할 수는 없다).

같은 취지에서 원심이, 이 사건 납골당 부지가 전용주거지역이어서 납골당 설치가 불가능한 지역이라고 판단한 것은 정당하고, 거기에 납골당 설치에 관한 법령 및 서울특별시 조례의 규정을 오해하는 등의 위법이 없다.

2. 상고이유 제2점, 제3점에 대하여

형법 제16조가 "자기의 행위가 법령에 의하여 죄가 되지 아니하는 것으로 오인한 행위는 그 오인에 정당한 이유가 있는 때에 한하여 벌하지 아니한다."고 규정하고 있는 것은 단순한 법률의 부지를 말하는 것이 아니고, 일반적으로 범죄가 되는 경우이지만 자기의 특수한 경우에는 법령에 의하여 허용된 행위로서 죄가 되지 아니한다고 그릇 인식하고 그와 같이 그릇 인식함에 정당한 이유가 있는 경우에는 벌하지 않는다는 취지이다(대법원 2006. 4. 28. 선고 2003도4128 판결 등 참조).

기록에 비추어 살펴보면, 원심이 그 채택 증거에 의하여 그 판시와 같은 사실을 인정한 다음, 피고인이 이 사건 사찰에 납골시설이 설치될 수 없다는 사정을 알았음에도 불구하고, 그 판시와 같이 피해자들을 기망하여 피해자들로부터 금원을 편취하였다고 인정한 것은 정당하고, 거기에 법률의 착오 또는 편취의 범의에 관한 법리오해, 채증법칙 위배 등의 위법이 없다.

… 생략

*유사판례 : 2006.1.13. 선고 2003도7040 판결 ; 2006.1.13. 선고 2005도8873 판결 ; 2006.3.10. 선고 2005도6316 판결 ; 2006.4.27. 선고 2005도8074 판결 ; 2006.5.11. 선고 2006도631 판결 ; 2006.8.25. 선고 2005도5105 판결 ; 대법원 2007.11.15. 선고 2007도6775 판결 ; 2007.9.20. 선고 2006도9157 판결 등 다수 판례

참고판례 ❺

대법원 1985.4.9. 선고 85도25 판결【미성년자보호법위반】[공1985.6.1.(753),764]

【이유】

검사의 상고이유를 판단한다.

(1) 원심이 유지한 제1심판결 이유에 의하면, **피고인은 의정부시내에서 디스코클럽을 경영하는 자로서 1983.12.23. 20:00경부터 같은날 23:00경까지 위 디스코클럽에 미성년자인 공소외 인 등 10명을 출입시키고 맥주 등 주류를 판매한 사실은 이를 인정하고도 한편으로 1983.4.15. 14:00경 의정부경찰서 강당에서 개최된 청소년선도에 따른 관련 업주회의에서 업주측의 관심사라 할 수 있는 18세 이상자나 대학생인 미성년자들의 업소출입 가부에 관한 질의가 있었으나 그 확답을 얻지 못하였는데, 같은 달 26 경기도 경찰국장 명의로 청소년 유해업소 출입단속대상자가 18세 미만자와 고등학생이라는 내용의 공문이 의정부경찰서에 하달되고 그 시경 관할지서와 파출소에 그러한 내용이 다시 하달됨으로써 업주들은 경찰서나 파출소에 직접 또는 전화상의 확인방법으로 그 내용을 알게 되었고 위와 같은 사정을 알게 된 피고인은 종업원에게 단속 대상자가 18세 미만자와 고등학생임을 알려주고 그 기준에 맞추어서 만 18세 이상자이고 고등학생이 아닌 공소외인 등 10명을 출입시키고 주류를 판매하기에 이른 사실**을 인정할 수 있으므로 그 경위관계가 위와 같다면 결국 피고인은 법령에 의하여 죄가 되지 아니한 것으로 오인하여 미성년자를 출입시키고 주류를 판매한 것이고 그 오인을 하게된데 대하여 형법 제16조 소정의 정당한 이유가 있는 때에 해당한다는 취지로 판단하고 있다.

(2) 형법 제16조에 자기의 행위가 법령에 의하여 죄가 되지 아니하는 것으로 오인한 행위는 그 오인에 정당한 이유가 있는 때에 한하여 벌하지 아니한다고 규정하고 있는바, 이는 단순한 법률의 무지의 경우를 말하는 것이 아니고, 일반적으로는 범죄가 되는 행위이지만 자기의 특수한 경우에는 법령에 의하여 허용된 행위로서 죄가 되지 아니한다고 그릇 인식하고 그와 같이 그릇 인식함에 있어서 정당

한 이유가 있는 경우에는 벌하지 아니한다는 취지로 풀이할 것 이다.

이 사건에 있어서 위에서 본바와 같이 피고인은 유흥접객업소내에 출입시키거나 주류를 판매하여서는 아니되는 대상을 18세 미만자 또는 고등학생에 한정되고, 20세 미만의 미성년자 전부가 이에 해당된다는 미성년자보호법의 규정을 알지 못하였다는 것이므로 이는 단순한 법률의 부지에 해당한다 할 것이고 피고인의 소위가 특히 법령에 의하여 허용된 행위로서 죄가 되지 아니한다고 적극적으로 그릇 인정한 경우는 아니므로 범죄의 성립에 아무런 지장이 될바 아니고 또 미성년자보호법 제4조 제1, 2항에 위반되는 이상 경찰당국이 당시 미성년자의 유흥접객업소 출입단속대상에서 고등학생이 아닌 18세 이상의 미성년자를 제외하였다 하여 그로 인하여 그 범죄의 성립에 어떠한 영향을 미친다고는 할 수 없을 것이므로 피고인이 이를 믿었다고 하여 법령에 저촉되지 않는 것으로 오인함에 정당한 사유가 있는 경우에 해당한다고도 할 수 없을 것이다. 그런데도 피고인의 이 사건 소위를 형법 제16조 소정의 법률의 착오에 기인한 행위로 인정하고 무죄를 선고한 제1심판결을 유지한 원심의 조치는 결국 심리미진으로 법률의 착오에 관한 판단을 그릇하였거나 이에 관한 법리를 오해한 위법이 있고 판결에 영향을 미쳤음이 명백하므로 논지는 이유있다.

그러므로 원심판결을 파기하고 사건을 원심법원에 환송하기로 관여 법관의 일치된 의견으로 주문과 같이 판결한다.

*유사판례 : 대법원 1998.10.13. 선고 97도3337 판결【상표법위반】[공1998.11.15.(70),2720]

참조문헌

강동범, “허가 등의 대상인 줄 모르고 한 행위의 형법상 취급”, 형사판례연구 제3권, 1995.7, 67면-80면.

김성돈, “형법 제16조의 개정방안”, 형사법연구 제22호 특집호, 2004.12, 194면-211면.

김영환, “법률의 부지의 형법해석학적 문제점”, 형사판례연구, 2003.6, 47면-80면.

박강우, “법률의 착오에 관한 영미판례의 동향”, 형사법연구 제20권 제4호, 2008, 197면-220면.

이의영, “약사법 소정의 의약품의 정의 및 법률의 착오”, 형사재판의 제문제 제1권, 1997.1, 35면-54면.

이재상, “법률의 착오에 있어서 정당한 이유의 판단기준”, 형사정책연구 제18권 제3호, 2007.9, 265면-290면.

장성원, “고의조각적 법률의 착오”, 형사법연구 제21권 제3호, 2009, 27면-56면.

정현미, “법률의 착오에서 정당한 이유의 판단기준”, 형사판례연구 제8권, 2000.6, 1면-26면.

천진호, “디지털콘텐츠 음란물에 대한 음란성 판단의 주체와 법률의 착오”, 형사법연구 제19권 제3호(하), 2007.9, 509면-526면.

Ⅳ-4 위법성조각사유의 객관적 전제사실착오

대상판결

대법원 1968.5.7. 선고 68도370 판결【살인】[집16(2)형,001]

【피 고 인】피고인

【원심판결】제1심 육군보통, 제2심 육군고등 1968.1.26. 선고 67고군형항1031 판결

【이 유】

피고인과 변호인의 상고이유에 대하여 살피건대,

싸움을 함에 있어서의 격투자의 행위는 서로 상대방에게 대하여 공격을 함과 동시에 방위를 하는 것이므로 그중 일방 당사자의 행위만을 부당한 침해라하고, 다른 당사자의 행위만을 정당방위에 해당하는 행위라고는 할 수 없을 것이나, 격투를 하는 자중의 한사람의 공격이 그 격투에서 당연히 예상을 할 수 있는 정도를 초과하여 살인의 흉기등을 사용하여 온 경우에는 이는 역시 부당한 침해라고 아니할 수 없으므로 이에 대하여는 정당방위를 허용하여야 한다고 해석하여야 할 것이다.

본건에 있어서 원심이 인정한 사실은 다음과 같다. 즉 **피고인은(피고인은 상병이다) 소속대의 경비병으로 복무를 하고 있는 자로서 1967.7.28. 오후 10시부터 동일 오후 12시까지 소속 연대장숙소 부근에서 초소근무를 하라는 명령받고 근무중, 그 이튿날인 1967.7.27. 오전 1시30분경 동소에서 다음번 초소로 근무를 하여야 할 상병 공소외인과 교대시간이 늦었다는 이유로 언쟁을 하다가 피고인이 동인을 구타하자 공소외인(22세)은 소지하고 있던 카빙소총을 피고인의 등뒤에 겨누며 실탄을 장전하는등 발사할 듯이 위협을 하자 피고인은 당황하여 먼저 동인을 사살치 않으면 위험하다고 느낀 피고인은 뒤로 돌아서면서 소지하고 있던 카빙소총을 동인의 복부를 향하여 발사하므로서 동인을 사망케 하였다**는 것이다.

그렇다면 피고인과 공소외인과의 사이에 언쟁을 하고, 피고인이 동인을 구타하는 등의 싸움을 하였다하여도, 다른 특별한 사정이 없는 한, 구타를 하였음에 불과한 피고인으로서는 공소외인이 실탄이 장전되어있는(초소 근무인만큼 실탄이 장전되어 있다) 카빙소총을 피고인의 등뒤에 겨누며 발사할 것 같이 위협하는 방위 행위는 위와 같은 싸움에서 피고인이 당연히 예상하였던 상대방의 방위행위라고는 인정할 수 없으

므로 이는 부당한 침해라고 아니할 수 없고, 원심이 인정한 바와 같이 피고인이 동인을 먼저 사살하지 않으면 피고인의 생명이 위험하다고 느낀 나머지 뒤로 돌아서면서 소지중인 카빙총을 발사하였다는 행위는 현재의 급박하고도 부당한 침해를 방위하기 위한 행위로서 상당한 이유가 있는 행위라고 아니할 수 없고, 만일 공소외인이 피고인의 등뒤에서 카빙총의 실탄을 발사하였다면, 이미 그 침해행위는 종료되고 따라서 피고인의 정당방위는 있을 수 없을 것임에도 불구하고, 원심이 위와 같은 사실을 인정하면서 피고인이 발사를 할 때까지는 공소외인이 발사를 하지 아니한 점으로 보아, 동인에게 피고인을 살해 할 의사가 있다고는 볼 수 없으므로 피고인의 생명에 대한 현재의 위험이 있다고는 볼 수 없다는 취지로 판시하므로서, 위와 같은 피고인의 행위를 정당방위가 아니라는 취지로 판시하였음은 정당방위에 관한 법의를 오해한 위법이 있다고 아니할 수 없을 뿐 아니라, 가사 피해자인 공소외인에게 피고인을 상해할 의사가 없고 객관적으로 급박하고 부당한 침해가 없었다고 가정하더라도 원심이 인정한 사실자체로 보아도 피고인으로서는 현재의 급박하고도 부당한 침해가 있는 것으로 오인하는데 대한 정당한 사유가 있는 경우(기록에 의하면 공소외인은 술에 취하여 초소를 교대하여야 할 시간보다 한시간반 늦게 왔었고, 피고인의 구타로 동인은 코피를 흘렸다는 것이며, 동인은 코피를 닦으며 흥분하여 "월남에서는 사람하나 죽인 것은 파리를 죽인 것이나 같았다. 너하나 못 죽일 줄 아느냐"라고 하면서 피고인의 등뒤에 카빙총을 겨누었다고한다)에 해당된다고 아니할 수 없음에도 불구하고, 원심이 위와 같은 이유로서 피고인의 정당방위의 주장을 배척하였음은 역시 오상방위에 관한 법리를 오해한 위법이 있다.

참조조문 형법 제21조

법적쟁점

1. 위법성조각사유의 착오 유형에는 어떠한 것들이 있는가?

2. 고의와 위법성의 인식과는 어떠한 관계에 있는가?

3. 범죄체계론과 관련하여 위법성조각사유의 객관적 전제사실착오에 관한 학설에는 어떠한 것들이 있으며, 그 논거는 무엇인가?

4. 위법성조각사유의 객관적 전제사실착오에 관한 학설(엄격고의설, 소극적 구성요건표지이론, 엄격책임설, 유추적용설, 법효과제한적 책임설, 법효과독립적 책임설 등)에 의할 때 대상판결에서 피고인의 형사책임은 어떻게 평가되는가?

5. 형법 제310조 명예훼손죄의 위법성조각사유와 관련하여 그 법적 성질은 무엇이며, 객관적으로 허위의 사실을 진실한 사실로 오인하고 오로지 공공의 이익을 위한다는 의사로 타인의 명예를 훼손한 경우에 행위자의 형사책임은?(참고판례 1,2)

6. 위법성조각사유의 객관적 전제사실의 착오에 빠진 제3자를 이용한 자의 형사책임은?

참고판례 ❶

대법원 1994.8.26. 선고 94도237 판결【명예훼손】[공1994.10.1.(977),2573]

【이유】

1. … 생략

2. 검사의 상고이유를 본다.

(가) 원심판결 이유에 의하면 원심은, **피고인 1, 2는 대구 서구 (이하생략) 소재 아파트의 1992년도 입주자대표회의 회장 및 부회장으로서, 피고인 1은, ① 1992.3.9. 22:00경 위 아파트 노인정에서 입주자대표회의를 마친 후 공소외 이○○ 등 대표 10여명이 모인 자리에서 공연히 "아파트 관리비가 약 42,000,000원이 빈다"라고 말을 하여 1991년도 회장인 피해자 1 및 관리소장인 피해자 2가 관리비를 횡령한 것처럼 말하여 그들의 명예를 훼손하고, ② 같은 해 4.8.22:00경 위 노인정에서 입주자대표회의를 마친 후 위 이○○ 외 10여명의 동대표들이 있는 자리에서 공연히 "관리소장이 부정을 저질러서 감사를 해야 되겠다"라고 말하여 피해자 2의 명예를 훼손하고, ③ 같은 해 6.10. 20:00경 위 노인정에서 부녀회원 및 통반장 연석회의를 하던 중 부녀회원 및 통반장 21명이 모인 자리에서 공연히 "전 회장 때 돈이 26,000,000원이 빈다"라고 말을 하여 피해자 1의 명예를 훼손하고, ④ 같은 해 6.25. 20:00**

경 위 아파트 101동 23통 4반 반장 집에서 반상회를 하던 중 반원 20여 명이 모인 자리에서 공연히 "관리비 27,000,000원이 빈다"라고 말을 하여 위 피해자들의 명예를 훼손하고, 피고인들은 공모하여 같은 해 7.17.경 위 아파트에서 피고인 1이 "부채대비 26,000,000원 상당액의 자금부족 발견, 이월 부족액 8,988,310원 등, 계 35,059,489원과 현금 시재 3,372,000원의 해명을 관리소장에게 요청하고 있는데 해명도 받기 전에 신병악화로 입주자대표회의 회장직을 사퇴한다"는 내용의 인사말씀이라는 유인물을 제작하여 같은 달 18. 21:30경 피고인 2가 위 아파트 478세대에 각 배포하여 위 피해자들의 명예를 훼손한 것이라는 이 사건 공소사실에 대하여, 피고인 1이 위 ①의 일시, 장소에서 "아파트 관리비가 약 42,000,000원이 빈다"라고 말한 사실이 있었는지에 관하여는 이에 부합하는 피해자 1, 2의 제1심법정 및 수사기관에서의 각 진술은 믿을 수 없고, 달리 이를 인정할 증거가 없으며, 한편 그 나머지 공소사실에 대하여는 피고인들이 그와 같이 말하거나 유인물을 배포한 사실은 인정할 수 있으나, 이는 위 아파트 1992년도 입주자대표회의 회장 및 부회장으로 선출된 피고인들이 그 직책을 수행하는 과정에서 전회장으로부터 인수 · 인계받은 회계장부를 검토한 결과와 사건의 진상을 밝히기 위하여 실시한 공인회계사의 감사자료 등에 의하여 밝혀진 사실을 위 아파트 전입주자들의 공익을 위하여 그들에게 이를 보고 · 설명한 행위에 불과하다 할 것이고, 나아가 피고인들이 피해자들의 명예를 훼손할 의도로 한 행위는 아니라 할 것이어서 그 범죄사실의 증명이 없거나 또는 위법성이 없는 경우에 해당한다는 이유로 무죄를 선고하였다.

(나) … 생략

(다) 다음으로 그 나머지 범죄사실에 관한 원심의 판단에 대하여 본다.

형법 제310조는 "제307조 제1항의 행위가 진실한 사실로서 오로지 공공의 이익에 관한 때에는 처벌하지 아니한다"고 규정하고 있는바, 공연히 사실을 적시하여 사람의 명예를 훼손한 행위가 위 규정에 따라서 위법성이 조각되어 처벌받지 않기 위하여는 적시된 사실이 객관적으로 볼 때 공공의 이익에 관한 것으로서 행위자도 공공의 이익을 위하여 그 사실을 적시한 것이어야 될 뿐만 아니라, 그 적시된 사실이 진실한 것이거나 적어도 행위자가 그 사실을 진실한 것으로 믿었고 또 그렇게 믿을 만한 상당한 이유가 있어야 할 것이다(당원 1993.6.22. 선고 92도3160 판결 ; 1993.6.22. 선고 93도1035 판결 참조).

그런데 이 사건에서 문제된 피고인들이 적시한 사실은 전년도 회장 또는 관리소장인 피해자들이 아파트 관리비를 횡령하였다는 것으로서, 이는 위 아파트 입주자들의 관심과 이익에 관한 사실임이 분명하고, 피고인들은 이와 같은 사실은 입주자들이 알고 있어야 할 사항이라고 판단하였기에 사실대로 알려 준 것 뿐이라고 주장하고 있는 반면, 이와 달리 피고인들이 위와 같은 행위를 한 주요한 목적이 다른 개인적인 동기 때문이었다고 인정할 만한 뚜렷한 증거는 없으므로, 원심이 위 적시된 사실이 공공의 이익에 관한 것이라고 판단한 데에 소론과 같은 위법이 있다고 하기는 어렵다.

그러나 과연 피고인들이 적시한 사실이 진실한 것인지 여부에 관하여 보건대, 기록에 있는 각 감사보고서(수사기록 60, 67면) 및 감사결과보고서(수사기록 37면)의 각 기재와 위 이춘우의 경찰에서의 진술에 의하면, 피고인들이 입주자 대표회의 회장 및 부회장으로 선출될 때까지는 위 아파트 관리와 관련하여 그 입주자들 사이에 아무런 문제가 없었으나, 피고인들이 선출된 후 별다른 자료의 제시도 없이 전년도 회장과 관리소장인 피해자들에게 비리가 있는 것처럼 말함으로써 비로소 문제가 되었던 것으로, 피고인들의 문제 제기에 따라 1992.4. 하순부터 같은 해 5. 초순 사이에 공인회계사에게 의뢰하여 실시한 감사결과에서 일부 회계처리상의 사소한 잘못이 지적되기는 하였으나 피해자들의 비리는 밝혀지지 아니하였고, 같은 해 6.경 실시한 자체 감사결과에서도 피해자들의 비리는 밝혀지지 아니하고 오히려 아무런 문제가 없다는 결론이 내려졌는데, 그 이후에도 피고인들은 여전히 피해자들에게 마치 무슨 비리가 있는 것처럼 말하거나 유인물을 배포하였던 것임을 알 수 있는바, 사정이 이러하다면 피고인들이 적시한 사실이 진실한 것이라고 할 수는 없음은 물론, 설사 피고인들이 피해자들의 비리가 있다고 믿었다고 하더라도 이는 피고인들의 독단적인 추측에 불과한 것일 뿐 그렇게 믿을 만한 상당한 이유가 있었다고 할 수는 없다 할 것이다.

그리고 피고인들이 적시한 사실 자체가 피해자들의 사회적 가치 내지 평가가 침해될 가능성이 있는 내용인 데다가, 피고인들은 위와 같이 독단적으로 추측하여 말한 것이고, 더구나 일부 범죄사실은 피해자 2가 1992.7.14. 피고인들의 요구에 따라 해명서를 제출한 이후에 이루어졌던 점 등으로 보면, 피고인들에게 명예훼손의 범의가 없다 할 수도 없을 것이다.

(라) 결국 원심이 공소사실에 부합하는 직접증거가 있는데도 이에 대한 아무런 판단도 없이 증거가 없다고 하거나, 피고인들이 적시한 사실이 진실이라고 볼 수 없음은 물론 그 적시 사실이 진실한 것이라고 믿을 만한 상당한 이유는 없었다고 보이는데도 피고인들의 변소에 치우친 나머지 위법성 또는 범의가 없다고 하여 무죄를 선고한 것은 채증법칙에 위반하여 사실관계를 잘못 파악하였거나 명예훼손죄의 위법성조각사유에 관한 법리를 오해한 위법이 있다 하지 않을 수 없고, 이와 같은 위법은 판결에 영향을 미친 것임이 분명하므로, 이 점을 지적하는 논지는 이유 있다.

… 생략

참고판례 ❷

대법원 1993.6.22. 선고 92도3160 판결【명예훼손】[공1993.9.1.(951),2188]

【이유】

변호인의 상고이유에 대하여 판단한다.

1. 원심판결이 유지한 제1심판결이 인정한 이 사건 공소사실의 요지

피고인은 서울 구로구 (이하생략) 소재 공소외 1 주식회사의 시내버스 운전사로서 위 회사의 노동조합장인바, 1991.4.1. 위 회사의 노동조합장에 취임하여 전임 노동조합장인 피해자 의 재임중의 업무처리내용을 확인하는 과정에서 근거자료가 불명확한 부분을 다소 발견하고 그 사실을 노동조합원들에게 알려 향후 조합장 선거시 피해자를 경쟁대상에서 배제할 목적으로, 1991.4.20.경 위 회사내 배차실 벽에 모조지 전지를 사용하여 "체육복에 관하여, 1벌당 10,000원이면 구입할 수 있는 것을 터무니없이 비싼 가격인 18,000원에 구입하였다"(이 뒤에는 "체육복관련벽보"라고 약칭한다), "수재의연금에 관하여, 지부에서 우리 조합원들의 수재현황을 보고받아 수재의연금을 지급한 사실이 있는데 전 분회장 피해자는 이러한 사실을 공고조차 하지 않고 전혀 피해를 입지 아니한 조합원들에게 극비리에 5만원씩 지급하였다"(이 뒤에는 "수재의연금관련벽보"라고 약칭한다), "조합비 · 전별금 · 경조비에 관하여, 전임자 피해자는 업무를 집행한 1988.7.1.부터 현재까지 불규칙적으로 조합비는 납부하였으나 전별금 및 경조비는 한푼도 낸 사실이 없다"(이 뒤에는 "전별금등관련벽보"라고 약칭한다)라는 내용의 대자보를 작성 부착하여 다른 조합원들로 하여금 열람하게 함으로써 공연히 사실을 적시하여 피해자의 명예를 훼손하였다는 것으로서, 제1심은 위 인정사실에 형법 제307조 제1항을 적용하여 피고인에게 유죄의 판결을 선고하였다.

2. 원심판결의 이유의 요지

원심변호인이 피고인에게 명예훼손의 고의가 없었을 뿐만 아니라, 피고인의 행위가 진실한 사실로서 오로지 공공의 이익에 관한 것이거나 사회상규에 위배되지 아니하는 것이라고 주장한데 대하여, 원심은 피고인이 이 사건 대자보를 부착하게 된 경위에 있어서는 조합을 위한다는 일면이 엿보인다고는 하더라도, 그 기재내용 및 수단 등에 비추어 보면 피고인의 이 사건 행위에 명예훼손의 범의가 없었다고는 볼 수 없고, 진실한 사실로서 오로지 조합원들의 이익에 관한 때에 해당한다거나 사회상규에 위배되지 아니하는 행위로서 위법성이 없다고 볼 수도 없다고 판시하여, 변호인의 주장을 배척하고 피고인의 항소를 기각하였다.

3. 당원의 판단

가. 형법 제310조 는 "제307조 제1항의 행위가 진실한 사실로서 오로지 공공의 이익에 관한 때에는 처벌하지 아니한다"고 규정하고 있으므로, 공연히 사실을 적시하여 사람의 명예를 훼손하였다고 하더라도, 그 사실이 공공의 이익에 관한 것으로서 공공의 이익을 위할 목적으로 그 사실을 적시한 경우에는, 그 사실이 진실한 것임이 증명되면 위법성이 조각되어 그 행위를 처벌하지 아니하는 것인바, 위와 같은 형법의 규정은 인격권으로서의 개인의 명예의 보호와 헌법 제21조에 의한 정당한 표현의 자유의 보장이라는 상충되는 두 법익의 조화를 꾀한 것이라고 보아야 할 것이므로, 이들 두 법익간의 조화와 균형을 고려한다면, 적시된 사실이 진실한 것이라는 증명이 없더라도 행위자가 그 사실을 진실한 것으로 믿었고 또 그렇게 믿을 만한 상당한 이유가 있는 경우에는 위법성이 없다고 보아야 할 것이다(당원 1962.5.17. 선고 4294형상12 판결; 1988.10.11. 선고 85다카29 판결 등 참조). 그리고 이 경우에 적시된 사실이 공공의 이익에 관한 것인지의 여부는 그 사실 자체의 내용과 성질에 비추어 객관적으로 판단하여야 할 것이고, 행위자의 주요한 목적이 공공의 이익을 위한 것이라면 부수적으로 다른 사익적인 동기가 내포되어 있었다고 하더라도 형법 제310조의 적용을 배제할 수는 없다고 할 것이다(당원 1989.2.14. 선고 88도899 판결 참조).

나. 그러므로 먼저 피고인이 적시한 사실이 공공의 이익에 관한 것인지의 여부에 대하여 살펴본다.

관계증거를 기록과 대조하여 검토하면, 피고인이 1991.3.21. 선거에 의하여 임기 3년의 전국자동차노동조합연맹 서울버스지부 공소외 1 주식회사분회(이 뒤에는 조합이라고 약칭한다)의 분회장(이 뒤에는 조합장이라고 약칭한다)으로 당선되어 4.1. 취임하였는데, 종전에는 조합의 운영이나 회계감사의 결과가 공개되지 아니하여 조합원들간에 오해와 불만이 있었기 때문에, 피고인이 조합장의 선거에 즈음하여 조합의 운영을 모두 공개하겠다고 공약하였던 사실, 조합의 임원들이 1991.4.8.부터 4.12.까지 사이에 분회운영세칙(공판기록 제57면 내지 제75면)에 따라 6개월마다 하도록 되어 있는 회계감사를 공개적으로 한 결과, 원심도 인정한 바와 같이 전임 조합장인 피해자 가 조합장으로 재임하면서 처리한 업무 중 이 사건 대자보에 기재된 바와 같이 조합의 자금을 지출한 증빙자료가 부족하거나 의심의 여지가 있는 부분들을 발견하게 되어 주로 조합원들에게 이를 알리고자 하는 목적에서 대자보를 부착한 사실, 회계감사를 한 조합의 임원들이 피고인에게 회계감사의 결과를 공개할 것을 강력히 요청한 사실 등을 인정할 수 있고, 피고인이 위 대자보를 부착하게 된 주된 동기가 공소사실에 기재된 바와 같이 다음에 실시될 조합장의 선거에서 위 피해자를 배제하기 위한 것이라고 인정하기는 어렵다(검사가 작성한 피해자에 대한 진술조서에 기재된 위 피해자의 일방적인 주장 이외에는 이 점에 부합되는 증거가 없다).

따라서 위 대자보에 기재된 사실들은 위 피해자가 조합장으로 재임하는 동안에 조합의 자금이 정상적으로 지출되었는지의 여부 등에 관한 것으로서, 그 내용과 성질에 비추어 객관적으로 판단할 때 형법 제310조 소정의 "공공의 이익에 관한 것"에 해당한다고 봄이 상당한바, 위 대자보의 표현방법이 단순한 회계감사결고보고서의 형식을 취하지 아니하고 전임 조합장인 위 피해자의 업무집행을 비난하는 형식을 취하였다고 하더라도, 피고인이 조합장으로서 위 대자보를 부착하게 된 목적이 주로 위와 같은 사실들을 조합원들에게 알리기 위한 것인 이상 공공의 이익을 위한 것이라고 볼 수 있을 것이다.

피고인이 위 대자보를 부착한 장소가 일반인이 출입할 수 있는 배차실이라고 하더라도, 관계증거와 기록에 의하여 인정되는 바와 같이 배차실이 주로 조합원인 운전사들의 대기실로 사용되는 곳으로서 1일 2교대제로 근무하는 운전사 등 조합원들 전원이 한자리에 집합하는 것이 어려운 점을 감안하면, 배차실에 대자보를 부착하는 것이 전체 조합원들에게 위와 같은 사실들을 알리는 데에 가장 효과적인 방법이 될 수도 있다고 보이므로, 피고인이 위와 같은 장소에 대자보를 부착한 것만으로 피고인의 행위가 공공의 이익을 위한 것이 아니라고 볼 수도 없다.

다. 다음으로 피고인이 적시한 사실이 진실한 것인지의 여부에 대하여 살펴본다.

원심이 배척하지 아니한 제1심증인 신○○ 원심증인 정○○의 각 증언과 수사기록에 편철된 위 대자보의 사진들(제13면, 제14면), 김○○ 및 이○○ 작성의 각 진술서(제48면, 제50면), 간이세금계산서(제49면), 영수증(제51면), 수재의연금 지출관계서류(제52면 내지 제69면)의 각 기재 등 관계증거와 기록에 의하면, 조합의 임원들이 공개적으로 회계감사를 한 결과 피고인이 위 대자보에 기재된 사실들을 알게 된 근거로는, (1) "체육복관련벽보"에 관하여는, 조합원인 김○○이 조합이 이미 1벌에 금 18,000원씩 주고 구입한 체육복과 색상 및 디자인이 다를 뿐 상표와 천이 같은 물건을 시장에서 금 10,000원에 구입하였다고 하면서 그 물건을 가져와 비교하여 보니 품질이 같은 것이었고(피고인은 위 김동운이 구입한 체육복을 대자보 옆에 함께 부착하여 공개하였다), (2) "수재의연금관련벽보"에 관하여는, 당시 수재의연금을 지급받은 조합원인 이○○이 위 피해자로부터 수재의연금이 나왔으니 통장의 확인서를 받아오면 주겠다는 말을 듣고 실제로 수해를 입지 않았는데도 통장의 확인서를 제출하고 수재의연금을 받았다고 말하였으며(당시 수재의연금을 지급받은 조합원은 모두 6명이었다), (3) "전별금등관련벽보"에 관하여는, 다른 조합원들로부터는 조합비 · 전별금 · 경조비를 월급에서 일률적으로 공제하여 징수하였는데, 위 권○○으로부터는 조합비만 불규칙적으로 월급에서 공제하여 징수하였을 뿐 전별금과 경조비는 월급에서 공제하지 아니한 사실이 확인된 것으로서, 피고인은 공개적인 회계감사의 결과 드러난 이와 같은 자료들을 근거로 위 대자보에 기재된 사실들이 진실한 것이라고 믿고 공개하게 된 사실을 인정할 수 있는바, 그렇다면 위 대자보에 기재된 내용이 모두 진실한 사실임이 증명되었다고 볼 수는 없을지 모르지만, 위 피해자가 조합장으로 재임할 당시 조합의 운영을 공개하지 아니하여 오해의 소지가 있었던 터에, 공개적으로 회계감사를 한 결과 위 피해자가 조합장으로 처리한 업무중 조합의 자금을 지출한 증빙자료가 부족하거나 의심의 여지가 있는 부분들이 드러나게 되었고, 그 중의 일부 중요한 부분은 진실한 사실임이 증명될 수 있는 정도로 자료가 확보되어 있어, 피고인이 위 대자보에 기재된 내용을 진실이라고 믿게 되었던 것이므로, 피고인이 그와 같이 믿은 데에는 그럴만한 상당한 이유가 있었다고 볼 수도 있을 것이다.

라. 그렇다면 원심으로서는 피고인이 자신이 적시한 사실이 공공의 이익에 관한 것으로서 진실한 사실이라고 믿었는지의 여부와 확실한 자료나 근거에 비추어 피고인이 그렇게 믿을만한 상당한 이유

가 있었는지의 여부에 관하여 신중하게 심리검토한 다음, 형법 제310조가 적용되어야 한다는 변호인의 주장이 이유가 있는 것인지의 여부에 대하여 판단을 하였어야 할 것임에도 불구하고, 원심은 판시한 바와 같은 이유만으로 피고인의 행위가 진실한 사실로서 오로지 공공의 이익에 관한 때에 해당하지 아니한다고 판단하여 피고인을 명예훼손죄로 처벌하였으니, 원심판결에는 명예훼손죄에 있어서의 위법성에 관한 법리를 오해한 위법이 있다고 할 것이고, 이와 같은 위법은 판결에 영향을 미친 것임이 분명하므로, 이 점을 지적하는 논지는 이유가 있다.

4. 그러므로 원심판결을 파기하고 다시 심리판단하게 하기 위하여 사건을 원심법원에 환송하기로 관여 법관의 의견이 일치되어 주문과 같이 판결한다.

참조문헌

김경락, "오상방위의 형사책임", 비교형사법연구 제8권 제1호, 2006.7, 95면-124면.

김경락, "오상과잉방위의 형사책임", 형사법연구 제20권 제4호, 2008, 135면-166면.

손동권, "오상(과잉)방위의 효과", 형사법연구 제12호, 1999.11, 115면-136면.

송광섭, "책임설의 문제점에 관한 소고", 형사법연구 제11호, 1999.5, 19면-39면.

정현미, "과잉방위와 오상과잉방위", 형사판례연구 제16권, 2008.6, 1면-35면.

Ⅳ-5 기대가능성

대상판결

대법원 2008.10.23. 선고 2005도10101 판결【위증】[공2008하,1620]

【피 고 인】피고인

【상 고 인】검사

【원심판결】부산지법 2005. 12. 14. 선고 2005노3276 판결

【주 문】원심판결을 파기하고, 사건을 부산지방법원 본원 합의부에 환송한다.

【이 유】

상고이유를 본다.

1. 이 사건 공소사실의 요지

피고인은 2004.4.7. 부산고등법원에서 강도상해죄로 징역 4년을 선고받고 2004.4.16. 그 판결이 확정된 사람으로서, 사실은 2002.9.27. 새벽 부산 동래구 온천 3동에 있는 황제룸주점 앞길에서 술에 취해 귀가하는 공소외 1과 어깨를 부딪치며 시비를 걸어 동인의 멱살을 잡고 주먹으로 얼굴을 때리는 등으로 공소외 1의 지갑을 강취하였음에도 불구하고, 2005.1.14. 16:00경 부산지방법원 제301호 법정에서, 위 강도상해 사건과 관련하여 피고인과 공범으로 기소된 공소외 2에 대한 강도상해 피고사건에 증인으로 출석한 후 선서하고 증언함에 있어 "피해자 공소외 1과 어깨를 부딪친 후 멱살을 잡고 시비한 사실이 있는가요"라는 검사의 질문에 "그런 사실은 없습니다"라고 대답함으로써 기억에 반하는 허위의 진술을 하여 위증하였다.

2. 원심의 판단

원심은 공범이 공동피고인으로 함께 재판을 받는 경우, 그 공동피고인에게는 증언을 거부할 수 있는 권리가 인정되어 위증죄로부터의 탈출구가 마련되어 있는 만큼 적법행위의 기대가능성이 없다고 할 수 없으므로, 증인 선서를 한 공동피고인이 증언거부권을 포기하고 허위의 진술을 한 이상 위증죄의 처벌을 면할 수 없지만(대법원 1987.7.7. 선고 86도1724 판결 참조), 이 사건의 경우 피고인은 공범이기는 하나 강도상해죄로 이미 유죄판결이 확정된 상태이어서 공동피고인의 경우와는 달리 증언거부권이 인정되지 않으므로(형사소송법 제148조에 규정하고 있는 '유죄판결을 받을 사실이

발로될 염려가 있는 경우' 등에 해당되지 않는다), 피고인으로서는 공범으로 별건 기소된 공소외 2의 피고사건에 증인으로 채택되어 소환된 이상 증언을 거부할 수는 없는바, 위증죄로부터의 탈출구가 마련되어 있지 않은 피고인에게 그동안의 일관된 진술을 뒤엎고 확정된 유죄판결에서 판시하고 있는 자신의 범죄사실(이 사건의 경우는 피고인이 공소외 2와 공모하였는가에 관한 것이 아니라 피고인이 공소외 1과 어깨를 부딪친 사실이 있는지 여부에 관한 것이다)을 시인하는 증언을 하는 것을 기대할 수 없고, 따라서 자신의 범행사실을 부인하는 증언을 한 피고인의 판시 행위는 적법행위의 기대가능성이 없어 이 사건 공소사실은 범죄가 되지 않는 경우에 해당한다고 본 제1심판결이 정당하다고 판단하였다.

3. 당원의 판단

피고인에게 적법행위를 기대할 가능성이 있는지 여부를 판단하기 위하여는 행위당시의 구체적인 상황하에 행위자 대신에 사회적 평균인을 두고 이 평균인의 관점에서 그 기대가능성 유무를 판단하여야 하는 점, 자기에게 형사상 불리한 진술을 강요당하지 아니할 권리가 결코 적극적으로 허위의 진술을 할 권리를 보장하는 취지는 아닌 점, 이미 유죄의 확정판결을 받은 경우에는 일사부재리의 원칙에 의해 다시 처벌되지 아니하므로 증언을 거부할 수 없는바, 이는 사실대로의 진술 즉 자신의 범행을 시인하는 진술을 기대할 수 있기 때문인 점 등에 비추어 보면, 피고인은 강도상해죄로 이미 유죄의 확정판결을 받았으므로 그 범행에 대한 증언을 거부할 수 없을 뿐만 아니라 나아가 사실대로 증언하여야 하고, 설사 피고인이 자신에 대한 형사사건에서 시종일관 그 범행을 부인하였다 하더라도 이러한 사정은 이 사건 위증죄에 관한 양형참작사유로 볼 수 있음은 별론으로 하고 이를 이유로 피고인에게 사실대로의 진술을 기대할 가능성이 없다고 볼 수는 없다.

그런데도 원심은 이와 달리 판시와 같은 이유로 피고인에게 사실대로의 진술을 기대할 가능성이 없다고 판단하였으니, 원심판결에는 기대가능성 내지 증언거부권에 관한 법리를 오해하여 판결에 영향을 미친 위법이 있고, 이를 지적하는 검사의 상고이유는 이유 있다.

4. 결 론

그러므로 원심판결을 파기하고, 사건을 다시 심리 · 판단하게 하기 위하여 원심법원에 환송하기로 관여 대법관의 의견이 일치되어 주문과 같이 판결한다.

참조조문

형법 제152조 제1항

법적쟁점

1. 현행 형법은 기대가능성과 관련된 내용을 어떻게 규정하고 있는가?

2. 기대가능성의 판단기준은 무엇인가?(참고판례 1,2,6)

3. 상관의 위법한 직무명령에 복종한 부하의 행위가 정당행위 또는 기대불가능한 행위로 평가될 수 있는가? (정당행위 참조)

4. 확신범이나 양심범과 같이 자신의 종교적?윤리적 내지 정치적 신념에 따라 저가치의무를 이행한 경우에 기대불가능성을 주장할 수 있는가?

5. 적법행위에 대한 기대불가능성을 이유로 책임이 조각되는 사례에는 어떠한 것들이 있는가?

참고판례 ❶

대법원 1988.2.23. 선고 87도2358 판결【특정범죄가중처벌등에관한법률위반】[공1988.4.15.(822),623]

【이유】

… 생략

3. 피고인들의 국선변호인 변호사 이남진, 피고인 3의 사선변호인 변호사 변갑규, 피고인 5 , 4의 각 상고이유 중 책임조각사유 주장에 대하여,

피고인 2 3, 같은 반○ ○, 4 등의 원판시 소위는 상사인 상피고인 1의 명령에 따른 정당한 행위에 해당하거나 절대적 복종관계에 기한 강요된 행위이기 때문에 책임이 조각되어야 한다고 주장하나, 공무원이 그 직무를 수행함에 있어 상관은 하관에 대하여 범죄행위 등 위법한 행위를 하도록 명령할 직권이 없는 것이며, 또한 하관은 소속 상관의 적법한 명령에 복종할 의무는 있으나 그 명령이 참고인으

로 소환된 사람에게 가혹행위를 가하라는 등과 같이 명백한 위법 내지 불법한 명령인 때에는 이는 벌써 직무상의 지시명령이라 할 수 없으므로 이에 따라야 할 의무는 없다 할 것이고(당원 1980.5.20 선고 80도306 판결 참조), 설령 치안본부 대공수사단 직원은 상관의 명령에 절대 복종하여야 한다는 것이 그 주장과 같이 불문률로 되어있다 할지라도, 국민의 기본권인 신체의 자유를 침해하는 고문행위 등이 금지되어 있는 우리의 국법질서에 비추어 볼 때 그와 같은 불문률이 있다는 점만으로는 이 사건 판시 범죄와 같이 중대하고도 명백한 위법명령에 따른 행위가 정당한 행위에 해당하거나 강요된 행위로서 적법행위에 대한 기대가능성이 없는 경우에 해당하게 되는 것이라고는 볼 수 없고 더우기 일건기록에 비추어 볼 때 위와 같은 위법한 명령이 피고인들이 저항할 수 없는 폭력이나 방어할 방법이 없는 협박에 상당한 것이라고 인정되지 않을 뿐 아니라 같은 피고인들이 그 당시 그와 같은 위법한 명령을 거부할 수 없는 특별한 상황에 있었기 때문에 적법행위를 기대할 수 없었다고 볼만한 아무런 자료도 찾아볼 수 없으므로 같은 취지로 위 피고인들의 주장을 배척한 원심의 조처는 정당하고, 논지는 이유없다(위 당원 80도306 판결 참조).

… 생략

참고판례 ❷

대법원 1999.7.23. 선고 99도1911 판결【특정경제범죄가중처벌등에관한법률위반(사기 · 배임 · 횡령 · 증재 등 · 수재 등) · 뇌물공여의사표시 · 사문서위조 · 위조사문서행사 · 사기 · 뇌물공여 · 특정범죄가중처벌등에관한법률위반(뇌물) · 업무상배임】[공1999.9.1.(89),1832]

【이유】

… 생략

나. 제2점(기대가능성에 대한 법리오해, 심리미진, 사실오인)

업무상배임죄에 있어서 타인의 사무를 처리하는 자란 고유의 권한으로서 그 처리를 하는 자에 한하지 않고 그 자의 보조기관으로서 직접 또는 간접으로 그 처리에 관한 사무를 담당하는 자도 포함하는 것이고(대법원 1982.7.27. 선고 81도203 판결 참조), 직장의 상사가 범법행위를 하는데 가담한 부하에게 직무상 지휘 · 복종관계에 있다 하여 범법행위에 가담하지 않을 기대가능성이 없다고 할 수 없다(대법원 1986.5.27. 선고 86도614 판결 참조).

원심이 인용한 제1심 채택 증거들에 의하면, **피고인 3은 한○○의 개발신탁3부장으로 근무하면서 공소외 1 주식회사, 공소외 1 주식회사건설과의 탄현 · 기흥 아파트 신탁사업에 관한 실무책임을 담당하였고, 중요한 의사결정은 한부신의 이사회에서 결정하게 되지만 실무부장들로 구성되는 신탁사업심의위원회의 일원으로 사전심의에 참가하며 또 의안이 상정되는 이사회에도 참석하여 의안을 보고하고 의견을 진술하는 등의 역할을 하여 왔으며 일정 범위 내에서의 의사결정 권한(전결권)을 가지고 있으면서 국민기술금융에 대한 지급보증, 기흥 아파트와 관련한 공사도급계약 체결 및 선급금 지급, 탄현 아파트 관련 긴급 자재대금 명목의 자금 지원에 관련한 업무를 직접 담당한 사실**이 인정되고, 이와 같은 사정에 비추어 보면 위 피고인이 대표이사인 피고인 3나 상무이사인 제1심 공동피고인 백○○으로부터 지시를 받거나 승인을 얻어 그와 같은 행위를 하였다고 하더라도 의당 공범으로서의 죄책을 부담한다고 할 것이며, 상사인 피고인 3, 백○○ 등의 지시에 의하여 기계적으로 사무를 집행하였다거나 상사의 지시를 거절할 기대가능성이 없다고 볼 수는 없는 것이므로, 피고인 3을 업무상배임죄의 공범으로 인정한 원심판결은 정당하고 거기에 논지가 주장하는 바와 같은 기대가능성에 대한 법리오해나 심리미진 또는 사실오인 등의 위법은 없다.

논지는 이유가 없다.

참고판례 ❸

대법원 1999.4.23. 선고 99도636 판결【국가안전기획부법위반 · 공직선거및선거부정방지법위반 · 통신비밀보호법위반 · 출판물에의한명예훼손 · 명예훼손】[공1999.6.1.(83),1100]

【이유】

… 생략

원심이 확정한 사실에 의하면, **피고인은 국가안전기획부장의 비서실장으로서 국가기관인 국가안전기획부(이하 '안기부'라 한다)의 자금으로 허위의 사실로 특정 후보를 비방하는 내용의 책자를 발간 · 배포하거나 기사를 게재하도록 하였다**는 것이어서, 그러한 책자의 발간 · 배포나 기사의 게재가 상관의 지시에 따른 것인지 여부를 불문하고 위와 같은 정당행위의 요건을 갖추었다고는 볼 수 없으므로, 피고인의 행위가 정당행위로서 위법성이 조각되는 것은 아니라고 판단한 원심판결은 정당하고, 거기에 위법성조각사유에 관한 법리오해의 위법이 있다고 할 수 없다. 이 점에 관한 상고이유의 주장도 이유 없다.

라. 피고인 6의 기대가능성이 없다는 주장에 대하여

공무원이 그 직무를 수행함에 즈음하여 상관은 하관에 대하여 범죄행위 등 위법한 행위를 하도록 명령할 직권이 없는 것이며, 또한 하관은 소속 상관의 적법한 명령에 복종할 의무는 있으나 그 명령이 이 사건에서와 같이 대통령 선거를 앞두고 특정후보에 대하여 반대하는 여론을 조성할 목적으로 확인되지도 않은 허위의 사실을 담은 책자를 발간 · 배포하거나 기사를 게재하도록 하라는 것과 같이 명백히 위법 내지 불법한 명령인 때에는 이는 벌써 직무상의 지시명령이라 할 수 없으므로 이에 따라야 할 의무가 없고(대법원 1988.2.23. 선고 87도2358 판결 등 참조), 설령 안기부가 그 주장과 같이 엄격한 상명하복의 관계에 있는 조직이라고 하더라도 안기부 직원의 정치관여가 법률로 엄격히 금지되어 있고, 피고인도 상피고인 피고인 1의 의도를 잘 알고 있었으며, 여기에 피고인의 경력이나 지위 등에 비추어 보면, 이 사건 범행이 강요된 행위로서 적법행위에 대한 기대가능성이 없다고 볼 수는 없으므로, 같은 취지로 피고인의 주장을 배척한 원심판결은 정당하고, 거기에 기대가능성에 관한 법리오해의 위법이 있다고 할 수 없다. 이 점에 관한 상고이유의 주장도 이유 없다.

참고판례 ❹

대법원 1991.11.12. 선고 91도2211 판결【업무방해】[공1992.1.1.(911),167]

【이유】

… 생략

그리고 원심이 확정한 바와 같이 **피고인 조○○이 출제교수들로부터 대학원신입생전형시험문제를 제출받아 알게 된 것을 틈타서 피고인 김○○, 차○○ 등에게 그 시험문제를 알려주었고 그렇게 알게 된 위 김○○, 차○○ 등이 그 답안쪽지를 작성한 다음 이를 답안지에 그대로 베껴 써서 그 정을 모르는 시험감독관에게 제출하였다**면 이는 위계로써 입시감독업무를 방해하였다 할 것이므로 이에 대하여 형법 제314조, 제313조를 적용한 것은 정당하고 거기에 지적하는 바와 같은 업무방해죄 내지 기대가능성에 대한 법리를 오해한 위법이 없다.

참고판례 ❺

대법원 1966.3.22. 선고 65도1164 판결【업무방해】[집14(1)형,036]

【이유】

서울지방검찰청 검사장 대리 검사의 상고이유에 대하여 살피건대, 원심이 유지한 제1심 판결에 의하면, 법원은 다음과 같은 사실을 인정하였다. 즉 피고인이 본건 "1965년도 서울시내 사립 및 공립고등학교 전기 입학 고사 연합출제 채점 기준표"를 절취하였거나 그 절취에 공모 가담한바 없을 뿐 아니라, 피고인이 위의 채점 기준표를 매수하여 입수한바 없고 다만, 피고인의 누이인 원심 공동피고인으로부터 받아 그 답을 암기한 후 그 암기에 따라 고등학교 입학시험 답안을 작성하여 제출하였다는 것이다.

입학시험에 응시한 수험생으로서, 자기 자신이 부정한 방법으로 탐지한 것이 아니고 우연한 기회에 미리 출제될 시험문제를 알게 되어 그에 대한 답을 암기하였을 경우, 그 암기한 답에 해당된 문제가 출제되었다 하여도 위와 같은 경위로서 암기한 답을 그 입학시험 답안지에 기재하여서는 아니된다는 것을 그 일반 수험자에게 기대한다는 것은 보통의 경우 도저히 불가능하다 할 것인바, 본건에 있어서 위에서 말한 바와 같이 **피고인은 자기 누이로부터 어떠한 경위로 입수되었는지 모르는 채점기준표를 받았고 그에 기재 된 답을 암기하였으며 그 암기한 답에 해당된 문제가 출제되었으므로 미리 암기한 기억에 따라 답안을 작성제출하였다**는 것이므로 위와 같은 경우에 피고인으로 하여금 미리 암기한 답에 해당된 문제가 출제되었다 하여도 그 답안지에 미리 암기한 답을 기입하여서는 안된다고 기대하는 것은 수험생들의 일반적 심리상태로 보아 도저히 불가능하다 할 것이다.

그러므로 원심이 위와 같은 취지에서 피고인의 본건 행위를 무죄라고 판단하였음은 정당하므로, 위와 반대되는 논지는 독자적 견해로서 채용할 수 없다 하여, 관여법관 전원의 일치된 의견으로 주문과 같이 판결한다.

참고판례 ❻

대법원 2008.10.9. 선고 2008도5984 판결【근로기준법위반】[공2008하,1568]

【이유】

… 생략

한편, 기업이 불황이라는 사유만으로 사용자가 근로자에 대한 임금 등을 체불하는 것은 허용되지 아니하지만, 모든 성의와 노력을 다했어도 임금의 체불이나 미불을 방지할 수 없었다는 것이 사회통념상 긍정할 정도가 되어 사용자에게 더 이상의 적법행위를 기대할 수 없거나 불가피한 사정이었음이 인정되는 경우에는 그러한 사유는 구 근로기준법 제36조 위반죄의 책임조각사유로 된다 할 것이다(대법원 2001.2.23. 선고 2001도204 판결, 대법원 2002.9.24. 선고 2002도3666 판결 등 참조).

원심판결 이유에 의하면, 원심은 이 사건 고양시축산기업지부의 조합장이자 대표자인 공소외 1은 2005년 6월경부터 위 지부에 출근하지 않고 사업장을 방치하여 사실상 경영에서 손을 뗀 사실, 이에 피고인이 위 사업장 내 다른 직원들과 같이 사업장 운영을 계속하고자 그때부터 지금까지 상무라는 직함으로 위 지부를 사실상 운영해 온 사실, 위 사업장의 사무실 직원은 피고인을 포함한 6인으로 위 지부 조합원이 납부하는 회비를 주요 수입원으로 하여 운영되는데, 피고인이 사무실 책임자로서 조합비를 받고 급여 등 제경비를 지출하는 등 전체적인 관리를 하여 온 사실 등을 인정한 다음, 비록 피고인이 위 지부의 대표자로부터 명시적인 경영위임 혹은 권한과 책임의 위임을 받은 일은 없다 해도 2005년 6월경부터 위 사업장을 사실상 운영해 온 이상 근로자에 대한 사항에 관하여 사업주를 위하여 행위하는 자로서 구 근로기준법 제36조의 임금지급의무를 부담하는 사용자에 해당하고, 따라서 위 사업장에서 운전기사로 근무하다가 2006.7.31.경 퇴직한 고소인 공소외 2에 대하여 2005년 11월분부터 2006년 7월분까지 9개월간 임금 및 퇴직금을 체불한 데 대해 구 근로기준법 제112조 제1항 위반의 책임이 있다고 판단하였다.

그러나 원심의 인정 사실과 기록에 의하면, 이 사건 사업장의 대표자인 공소외 1이 2005년 6월경 사업장 운영을 사실상 포기한 이후에도 피고인이 위 사업장에서 근무를 계속한 것은 위 사업장에서의 근로 이외에는 달리 대안이 없었던 피고인과 고소인 등 그 당시 사업장 전체 직원 6인의 이해관계의 일치에 따른 것으로 보이고, 그 기간 중 피고인이 직원의 신규채용 혹은 해고, 급료 · 근로시간 · 업무분장 기타 근로조건의 조정 등과 같이 실질적 사용자로서의 권한을 행사하였다고 볼 만한 자료는 전혀 없는 점, 공소외 1이 위 사업장을 포기한 원인이 되었던 사업장의 경영악화 및 자금난은 수입축산물의 증가로 인한 도축 의뢰 건수 및 조합원 수의 지속적인 감소 등 구조적인 문제로 말미암아 그 후에도 계속되어 고소인뿐만 아니라 피고인과 다른 직원들 모두 급여를 거의 지급받지 못했다고 피고인이 일관되게 주장함에 대하여 고소인이 다투지 아니하고, 다른 직원들도 제1심에 제출한 사실확인서에서 같은 취지로 진술하고 있는 점, 고소인의 제1심 증언에 의하더라도 직원들의 급여결정은 위 사업장의 사업주인 위 지부(조합)의 이사회나 총회에서 하고, 이 사건 임금체불의 원인도 역대 조합장들의 잘못과 상당한 액수의 미수금채권에 있다는 것인 반면, 고소인은 피고인이 상무로서 2005년 6월경부터 위 사업장을 사실상 운영하였다고 개괄적으로 주장하면서도 위 도축 의뢰건의 접수와 그 수입금의 사무실 입금 및 급여의 지급 등의 사무를 피고인이 맡았다는 것 외에 근로조건의 결정 또는 업무상 명령이나 지휘 · 감독 등의 사항에 대하여 피고인이 조합으로부터 어떠한 권한과 책임을 부여받아 실제로 어떻게 이를 행사하였는지에 관하여는 아무런 구체적인 진술을 하지 못하였고, 오히려 위 사실확인서에 의하면 피고인은 다른 직원들과 마찬가지로 급여를 받고 일하는 직원에 불과하고 단지 연장자임을 고려하여 상무로 호칭되었을 뿐이라는 점, 고소인은 당초 자신의 사용자이자 이 사건 임금체불의 책임자로서 대표자인 공소외 1을 지목 · 고소하였다가 소환이 제대로 이루어지지 아니하자 조사과정에서 위 책임자 겸 피고소인을 피고인으로 교체한 점 등의 사정을 알 수 있는바, 위와 같은 사정하에서는 피고인이 대표자 유고 상태의 사업장을 전체 직원들과의 합의에 따라 사무관리자의 지위 혹은 상호 수평적 관계에서 맡은 업무를 처리해 왔다고 볼 수 있을지는 몰라도 근로자에 대한 사항에 관하여 사업주를 위하여 행위하는 사용자의 지위에서 위 사업장을 사실상 운영해 온 것이라고 단정짓기는 어렵다 할 것이다.

나아가, 설령 피고인이 위 사업장을 운영한 것으로 본다 하더라도 피고인 자신을 비롯한 전체 직원들의 공통의 이해관계와 상호 합의에 따라 대표자가 버리고 간 사업장을 종전대로 계속 운영하였지만, 구조적이고 고질적인 경영난 때문에 전체 직원들의 급여를 지불할 수 없는 상황에 처한 것으로 보이는 이상, 피고인으로서는 가능한 성의와 노력을 다했어도 임금의 체불이나 미불을 방지할 수 없었다는 것이 사회통념상 긍정할 정도가 되어 더 이상의 적법행위를 기대할 수 없는 경우에 해당한다고 볼 여지도 있음을 배제할 수 없다 할 것이다.

그렇다면 원심으로서는 마땅히 위와 같은 사정들을 더 심리하여 피고인이 구 근로기준법 제15조의 사용자에 해당하는지 및 같은 법 제36조 위반죄의 책임조각사유가 존재하는지 등을 면밀히 살핀 다음 이 사건 임금체불에 따른 죄책 여부를 판단하였어야 할 것임에도 만연히 이 사건 공소사실을 유죄로 인정한 것은 구 근로기준법 제15조와 제36조의 법리를 오해하여 필요한 심리를 다하지 아니한 위법이 있다 할 것이다.

이 점을 지적하는 취지의 상고이유의 주장은 이유 있어 원심판결은 파기를 면할 수 없다.

그러므로 원심판결을 파기하고, 사건을 다시 심리 · 판단하게 하기 위하여 원심법원에 환송하기로 하여, 관여 대법관의 일치된 의견으로 주문과 같이 판결한다.

참조문헌

배종대, “형법전 시행 반세기의 회고 : 기대가능성이론의 발전과 우리 형법 50면”, 형사법연구 제18호, 2002.12, 67면-96면.

손동권, “한국 범죄체계론에서의 면책사유”, 형사법연구 제21권 제4호, 2009, 3면-24면.

윤종행, “부작위범에 있어서 기대가능성의 체계적 지위”, 형사법연구 제18호, 2002.12, 211면-232면.

이정원, “기대가능성과 책임조각사유”, 형사법연구 제26호, 2006.12, 25면-46면.

V 미수범론

1. 범죄의 실현단계, 예비와 음모
2. 미수범 일반
3. 실행의 착수
4. 중지미수
5. 불능미수

V-1 범죄의 실현단계, 예비와 음모

대상판결

대법원 1977.6.28. 선고 77도251 판결【부정선거관련자처벌법위반】[공1977.7.15.(564),10157]

【피 고 인】피고인

【상 고 인, 피 고 인】및 검사

【변 호 인】변호사 김정두(사선)

【원 판 결】대구고등법원 1976.11.6. 선고 74노158 판결

【주 문】판결을 파기하고 사건을 대구고등법원에 환송한다.

검사의 상고를 기각한다.

【이 유】

먼저 검사의 상고 이유에 대하여 판단한다.

… 생략

변호인의 상고이유 제3점을 판단한다.

원판결 이유에 의하면 원심은 **피고인은 1960.3.15 제4대 대통령 및 제5대 부통령선거당시 제1지방검찰청 제2지청장으로 재직하던 사람으로서 당시 자유당의 부정선거를 규탄하는 수천 명의 제2시민들이 동일 19:00경 투석을 하면서 개표장인 제2시청앞 50미터 지점까지 밀어닥치자 위 제2지청 정문앞길에서 당시 제2경찰서장인 공소외인이 피고인에게 영감 야단났읍니다. 어떻게 하면 좋겠읍니까 최루탄은 역풍으로 쓸모가 없고 하면서 다급하게 묻자 피고인은 빨갱이 같은 놈들 쏴버리시오 쏴버려 라고 말하여 공소외인에게 시위군중 들의 살상을 교사하였으나 공소외인이 이를 승락하지 아니한 것이다**라는 검사의 피고인에 대한 예비적 공소 사실을 그 거시의 증거에 의하여 인정한 다음 위 피고인의 소위에 대하여 부정선거 관련자 처벌법 제5조 4항 1항 형법 제31조 3항을 적용하고 소정형 중 유기징역형을 선택하여 자수 감경 및 작량감경을 한 형기범위내에서 피고인을 징역2년에 처하고 3년간 위 형의 집행을 유예라는 판결을 선고하였다.

살피건대 부정선거 관련자처벌법 제5조 1항에 의하면 부정선거에 관련하여 사람을

살해하거나 또는 부정선거에 항의하는 국민을 살해한 자는 사형, 무기 또는 7년이상의 징역이나 금고에 처한다고 규정하고 동법 제5조 4항에 의하면 제1항의 예비음모와 미수는 이를 처벌한다고 규정하고 있다.

그러나 형법 제28조에 의하면 범죄의 음모 또는 예비행위가 실행의 착수에 이르지 아니한 때에는 법률에 특별한 규정이 없는 한 처벌하지 아니한다고 규정하고 있어 범죄의 음모 또는 예비는 원칙으로 벌하지 아니하되 예외적으로 법률에 특별한 규정이 있을 때 다시 말하면 음모 또는 예비를 처벌한다는 취지와 그 형을 함께 규정하고 있을 때에 한하여 이를 처벌할 수 있다고 할 것이므로 위 부정선거 관련자 처벌법 제5조 4항에 예비, 음모는 이를 처벌한다라고 규정하였다 하더라도 예비, 음모는 미수범의 경우와 달라서 그 형을 따로 정하여 놓지 아니한 이상 처벌할 형을 함께 규정한 것이라고는 볼 수 없고 또 동법 제5조 4항의 입법취지가 동법 제5조 1항의 예비, 음모죄를 처벌한 의도이었다 할지라도 그 예비, 음모의 형에 관하여 특별한 규정이 없는 이상 이를 본범이나 미수범에 준하여 처벌한다고 해석함은 피고인의 불이익으로 돌아가는 것이므로 이는 죄형법정주의의 원칙상 허용할 수 없다 할 것이다.

따라서 위법 5조 4항에서 규정한 예비 음모죄는 그 형에 관하여 특별한 규정이 없는 때에 해당하여 이를 처벌할 수 없다 할 것인 즉 원심이 피고인에 대한 본건 예비적 공소사실이 인정된다하여 이에 관하여 부정선거 관련자 처벌법 제5조 4항 1항을 적용하여 처단하였음은 원심이 심리를 다하지 아니하여 위법5조 4항 및 예비 음모죄에 관한 법리를 오해함으로써 판결결과에 영향을 미친 위법을 저질렀다 할 것이니 이점에 관한 논지는 이유있고 원판결은 파기됨을 면할 수 없다 할 것이다.

그러므로 피고인의 상고이유와 변호인의 나머지 상고 이유에 대한 판단을 생략하고 원판결을 파기하여 다시 심리하게 하기 위하여 사건을 원심인 대구고등법원에 환송하기로 하고 검사의 상고는 이유 없으므로 이를 기각하기로 하여 관여법관의 일치된 의견으로 주문과 같이 판결한다.

참조조문

형법 제28조 / 부정선거관련자처벌법 제5조 1항

법적쟁점

1. 범죄실현의 단계를 설명하고, 위 사안이 어느 단계에 해당하는지 그리고 그 단계에서 행위자를 처벌하기 위한 요건은 무엇인지 설명하라.

2. 예비와 음모는 구별할 실익이 있는가, 구별할 실익이 있다면 그 기준은 무엇이며 음모의 경우에 성립요건은 무엇인가?

3. 현행법상 타인의 범죄실행을 예비하는 것이 가능한가?

4. 예비단계에서 범죄를 그만 둔 경우에도 미수범과 마찬가지로 형법 제26조에 따라 형을 감면해야 하는가?

5. 예비단계에서 타인의 범죄에 가담한 데 그친 경우에 공범으로 처벌할 수 있는가?

참고판례 ❶

대법원 1990.8.28. 선고 90도1217 판결【국가보안법위반(화합미수에대하여인정된죄명:회합예비)】[공1990,2063]

【이 유】

1. 피고인들 및 변호인의 상고이유를 본다.

(1) - (2) … 생략

(3) 원심판결 이유에 의하면, 원심은 피고인 2, 3, 4는실제 북한과의 범민족단합대회추진을 위한 예비회담을 하기 위하여 판문점을 향하여 출발하려 한 사실, 비록 위 피고인들이 위 회담의 주체는 아니였다고 하더라도 그 주체와의 의사의 연락하에 원판시 3기재의 행위를 한 사실 및 당국의 제지가 없었더라면 위 화담이 반드시 불가능하지는 아니하였던 사실을 확정하고 위 피고인들의 원판시 3기재의 판시소위를 국가보안법 제8조 제4항 제1항에 해당한다고 판단하고 있는바 기록에 의하여 살펴보면 원심의 위 판단은 정당하고 거기에 소론과 같은 법리오해의 위법이 없다.

2. 검사의 상고이유를 본다.

원심이 확정한 바와 같이 피고인 2, 3, 4가반국가단체의 구성원과의 회합을 위하여 회합장소인 판문점 평화의 집으로 가던 중 그에 훨씬 못미치는 원판시 검문소에서 경찰의 저지로 그 뜻을 이루지 못한 것이라면 아직 반국가단체의 구성원과의 회합죄의 실행에 착수하였다고 볼 수 없을 것이고 위 피고인들의 행위는 그 예비행위에 지나지 아니한다고 보아야 할 것이다. 같은 취지의 원심판단은 정당하고 거기에 소론과 같은 법리오해의 위법이 없다.

참고판례 ❷

대법원 1999.11.12. 선고 99도3801 판결【군용물특수절도(인정된 죄명 : 야간주거침입군용물절도) · 군용물절도(일부 인정된 죄명 : 군용물절도미수) · 강도음모 · 강도예비 · 초병수소이탈 · 상관공연모욕 · 폭력행위등처벌에관한법률위반 · 폭행 · 횡령】[공1999.12.15.(96),2570]

【이유】

1. 피고인들과 변호인의 각 상고이유에 대한 판단

… 생략

2. 검찰관의 상고이유에 대한 판단

가. 강도음모의 점에 대하여

형법상 음모죄가 성립하는 경우의 음모란 2인 이상의 자 사이에 성립한 범죄실행의 합의를 말하는 것으로, 범죄실행의 합의가 있다고 하기 위하여는 단순히 범죄결심을 외부에 표시 · 전달하는 것만으로는 부족하고, 객관적으로 보아 특정한 범죄의 실행을 위한 준비행위라는 것이 명백히 인식되고, 그 합의에 실질적인 위험성이 인정될 때에 비로소 음모죄가 성립한다고 할 것이다.

원심이 같은 취지에서 피고인 1와 피고인 3이 수회에 걸쳐 '총을 훔쳐 전역 후 은행이나 현금수송차량을 털어 한탕 하자'는 말을 나눈 정도만으로는 강도음모를 인정하기에 부족하다고 판단한 것은 정당하고, 거기에 강도음모죄의 법리를 오해하여 판결 결과에 영향을 미친 위법이 있다고 할 수 없다.

… 생략

(참조 대법원 1986.6.24. 선고 86도437 판결)

참고판례 ❸

대법원 1999.4.9. 선고 99도424 판결【특정범죄가중처벌등에관한법률위반(관세)】[공1999.5.15.(82),947]

【이유】

1. 국선변호인의 상고이유 제1점에 대하여

형법 제28조는 범죄의 음모 또는 예비행위가 실행의 착수에 이르지 아니한 때에는 법률에 특별한 규정이 없는 한 벌하지 아니한다고 규정하고, 관세법 제182조 제2항은 제180조 소정의 관세포탈죄 등을 범할 목적으로 그 예비를 한 자를 미수범과 함께 본죄에 준하여 처벌한다고 규정하며, 특정범죄가중처벌등에관한법률 제6조 제7항은 관세법 제182조에 규정된 죄를 범한 자를 일정한 요건하에 가중처벌하는 규정을 두고 있는바, 이는 관세포탈죄를 비롯한 관세범이 국가경제에 미치는 영향이 크고, 조직성, 전문성, 지능성, 국제성을 갖춘 영리범이라는 특성을 갖고 있으며, 기수와 미수, 미수와 예비가 그 법익침해 가능성이나 위험성에 있어서 크게 차이가 없는 점 등에 비추어 관세법의 입법목적 달성 및 질서유지와 공공복리를 위하여 그 예비행위를 벌하는 규정을 두고 있는 것일 뿐이고, 합리적 근거 없이 어느 특정인을 일반 국민과 차별하거나 조세범처벌법상 조세포탈죄 등 다른 특정범죄와 차별하여 특별히 엄단하려 하는 것은 아니므로, 관세포탈예비죄에 관한 위 규정들은 헌법 제11조의 평등원칙이나 헌법 제10조의 기본적 인권보장의 원리에 위배된다고 할 수 없다.

2. 국선변호인의 상고이유 제2점 및 피고인의 상고이유 제1, 2점에 대하여

원심판결과 원심이 인용한 제1심판결 명시의 증거들을 기록과 대조하여 살펴보면, 원심이 피고인 등은 1998. 2. 17. 중국 하남남강진출구 유한회사와 녹두 1,000t의 수입에 관한 계약서를 작성하고 같은 달 25. 과세가격 사전심사를 신청할 때에도 위 계약서를 그대로 제출하였으나, 실제로는 중국 회사에 수입물량의 10%에 해당하는 대금을 더 지급하고 물량을 그 만큼 더 수입하되 그 부분에 대하여는 수입신고를 하지 않는 방법으로 그에 해당하는 관세를 포탈하기로 결의한 후, 같은 해 7. 7.까지 3차에 걸쳐 330t의 녹두를 수입 통관하고 나머지 770t을 수입하려 한 사실을 인정한 조처는 옳고, 거기에 상고이유로 주장하는 바와 같은 채증법칙 위배로 인한 사실오인의 위법이 있다고 할 수 없다.

한편, 관세법 제9조의2 제1항에 의하면 관세의 납부의무자는 수입신고를 하는 때에 대통령령이 정하는 바에 따라 세관장에게 당해 물품의 가격에 대한 신고를 하여야 하지만, 같은 법 제9조의15는 납세신고를 하여야 할 자가 과세가격결정의 기초가 되는 사항에 관하여 의문이 있는 경우에는 가격신고 전에 대통령령이 정하는 서류를 갖추어 관세청장 또는 세관장에게 미리 심사하여 줄 것을 신청할 수 있고, 세관장은 관세의 납세의무자가 위 사전심사서에 의하여 납세신고를 한 경우에 당해 납세의무자와 사전심사 신청인이 일치하고 수입신고된 물품 및 과세가격신고가 사전심사서상의 내용과 동일하다고 인정되는 때에는 대통령령이 정하는 특별한 사유가 없는 한 사전심사서의 내용에 따라 과세가격을 결정하도록 규정하고 있으므로, 관세를 포탈할 목적으로 수입할 물품의 수량과 가격이 낮게 기재된 계약서를 첨부하여 수입예정 물량 전부에 대한 과세가격 사전심사를 신청함으로써 과세가격을 허위로 신고하고 이에 따른 과세가격 사전심사서를 미리 받아 두는 행위는 관세포탈죄의 실현을 위한 외부적인 준비행위에 해당한다고 봄이 상당한바, 이러한 취지에서 원심이 피고인 등이 실제로 수입 통관한 녹두 330t을 제외한 나머지 770t에 관하여 관세법 제182조 제2항 소정의 관세포탈예비죄가 적용된다고 판단하여 특정범죄가중처벌등에관한법률 제6조 제7항으로 의율하였음은 옳고, 거기에 관세포탈예비죄에 관한 법리오해의 위법이 있다고 할 수 없다.

또한, 기록을 살펴보면, 위 과세가격 사전심사서의 유효기간이 1998. 8. 25.까지로 기재되어 있다고 하여 피고인 등이 나머지 녹두 770t을 실제로 수입하는 것이 불가능하였다고 볼 수 없고, 나아가 피고인 등이 자의로 그 수입을 포기하였다는 사정이 인정되지도 아니할 뿐만 아니라, 중지범은 범죄의 실행에 착수한 후 자의로 그 행위를 중지한 때를 말하는 것이고 실행의 착수가 있기 전인 예비음모의 행위를 처벌하는 경우에 있어서 중지범의 관념은 이를 인정할 수 없는 것이므로(대법원 1991. 6. 25. 선고 91도436 판결 참조), 이 점에 관한 상고이유의 주장 역시 모두 받아들일 수 없다.

… 생략

참고판례 ❹

대법원 1976.5.25. 선고 75도1549 판결【강도예비방조】[공1976.6.15.(538),9169]

【이유】

검사의 상고이유에 대한 판단

형법 제32조 제1항의 타인의 범죄를 방조한 자는 종범으로 처벌한다는 규정의 타인의 범죄란 정범이 범죄를 실현하기 위하여 착수한 경우를 말하는 것이라고 할 것이므로 종범이 처벌되기 위하여는 정범의 실행의 착수가 있는 경우에만 가능하고 정범이 실행의 착수에 이르지 아니한 예비의 단계에 그친 경우에는 이에 가공하는 행위가 예비의 공동정범이 되는 경우를 제외하고는 이를 종범으로 처벌할 수 없다고 할 것이다.

왜냐하면 범죄의 구성요건 개념상 예비죄의 실행행위는 무정형 무한정한 행위이고 종범의 행위도 무정형 무한정한 것이고 형법 제28조에 의하면 범죄의 음모 또는 예비행위가 실행의 착수에 이르지 아니한 때에는 법률에 특별한 규정이 없는 한 벌하지 아니한다고 규정하여 예비죄의 처벌이 가져올 범죄의 구성요건을 부당하게 유추 내지 확장해석하는 것을 금지하고 있기 때문에 형법각칙의 예비죄를 처단하는 규정을 바로 독립된 구성요건 개념에 포함시킬 수는 없다고 하는 것이 죄형법정주의의 원칙에도 합당하는 해석이라 할 것이기 때문이 다. 따라서 형법전체의 정신에 비추어 예비의 단계에 있어서는 그 종범의 성립을 부정하고 있다고 보는 것이 타당한 해석이라고 할 것이다.

본건 강도예비죄가 형법상 독립된 구성요건에 해당하는 범죄이라는 상고논지는 전술한 바와 같이 수긍할 수 없는 독자적인 견해라 할 것이고 원심의 판단취의는 이와 다소 다르다고 하더라도 예비죄의 종범의 성립을 부정한 결론에 있어서 정당하고 이를 논난하는 상고논지는 그 이유 없다고 할 것이다.

그러므로 상고를 기각하기로 하여 관여 법관의 일치된 의견으로 주문과 같이 판결한다.

참조문헌

김선복, "예비의 중지", 비교형사법연구 제4권 제1호, 2002, 61면-86면

문채규, "예비죄의 공범과 중지", 비교형사법연구 제4권 제1호, 2002, 29면-60면

박강우, "형법각칙상의 예비 · 음모죄의 입법론적 검토", 형사법연구 제22호 특집호, 2004, 216면-233면

손동권, "중지〈미수〉범의 특수문제 : 특히 예비단계에서의 중지", 형사판례연구 제5호, 1997, 70면-103면

정원태, "절도죄에 있어서 점유와 실행의 착수, 강도음모가 성립하기 위한 요건 및 음모와 예비와의 관계", 형사재판의 제문제 제3권, 2000, 70면-78면

V-2 미수범 일반

대상판결

대법원 1984.12.11. 선고 84도2524 판결【절도,특정범죄가중처벌등에관한법률위반】[공1985.2.1.(745),189]

【피 고 인】피고인

【상 고 인】피고인

【변 호 인】변호사 안용대

【원심판결】서울고등법원 1984.10.4 선고 84노1529 판결

【주　　문】상고를 기각한다.

【이　　유】

피고인의 변호인의 상고이유를 판단한다.

원심판결 이유를 기록과 대조하여 살펴보면, 원심이 인정한 피고인에 대한 이 사건 판시사실은 그 증명이 충분하여서 원심판결에 채증법칙을 위배하여 사실을 오인한 위법이 있다는 논지는 이유없고, 소매치기의 경우 피해자의 양복상의 주머니로부터 금품을 절취하려고 그 호주머니에 손을 뻗쳐 그 겉을 더듬은 때에는 절도의 범행은 예비단계를 지나 실행에 착수하였다고 봄이 상당하므로 이와 동일한 견해를 취한 원판결에 실행의 착수에 관한 법리오해의 위법이 있다고 할 수 없고, 피고인에 대하여 징역 10년 미만의 형이 선고된 이 사건에 있어서 양형이 과중하다는 주장은 적법한 상고이유가 될 수 없으므로 논지는 모두 이유없다.

그러므로 상고를 기각하기로 관여법관의 의견이 일치되어 주문과 같이 판결한다.

사실관계

피고인은 1979.5.18. 부산지방법원에서 상습절도죄로 징역 1년의 형을 선고받은 외에 1977.7.17. 절도죄로 서울지방 검찰청에서 기소유예처분을, 1975.11.25. 서울형사지방법원에서 야간주거침입절도죄로 징역 1년을 선고받은바 있는 자로서 상습으로, 1983.11.3. 00:30 서울 동대문구 전농 2동 소재 청량리역 광장에서 피해자 김영만(38세)이 술이 취한 채 택시를 기다리고 있는 것을 발견하고, 동인의 호주머니에 들어있는

돈을 빼내어 절취하기로 마음먹고 접근하여 담배를 권한 후 "술을 한잔하러 가자"고 하면서 피고인의 오른팔을 피해자의 왼쪽 겨드랑이에 넣어 끼고 20미터쯤 걸어가면서 동인의 상의 왼쪽 호주머니를 더듬으면서 절취할 물품을 물색 중 피해자에게 들켜 미수에 그친 것이다(서울고등법원 1984.10.4. 선고 84노1529 판결에서 정리).

참조조문

형법 제25조, 제29조, 제329조

법적쟁점

1. 범행이 도중에 수포로 돌아갔음에도 불구하고 이를 벌하는 것은 어떤 경우이며 그 근거는 무엇인가?

2. 미수범에는 어떤 형태가 있는지를 설명하라.

3. 예비 및 음모와 미수의 구별기준은 무엇인가?

4. 미수와 기수를 구별하는 기준은 무엇인가?

5. 개별 범죄구성요건이 미수범 처벌에 대해 별도의 법정형을 명시한 경우에 형법 제25조에 따라 다시 형을 감경할 수 있는가?(참고판례 3)

참고판례 ❶

대법원 2007.3.15. 선고 2006도9453 판결【미성년자의제강간미수 · 무고】[공2007.4.15.(272),595]

【이유】

상고이유를 판단한다.

1. 상고이유 제1점에 대하여

형벌법규는 문언에 따라 엄격하게 해석 · 적용되어야 하고 피고인에게 불리한 방향으로 지나치게 확장해석하거나 유추해석 하여서는 아니되나, 형벌법규의 해석에 있어서도 법률문언으로서의 통상적인 의미를 벗어나지 않는 한 그 법의 입법 취지와 목적, 입법연혁 등 여러 요소를 고려한 목적론적 해석이 배제되는 것은 아니라고 할 것이다(대법원 2002.2.21. 선고 2001도2819 전원합의체 판결, 2003.1.10. 선고 2002도2363 판결, 2006.5.12. 선고 2005도6525 판결 등 참조).

미성년자의제강간 · 강제추행죄를 규정한 형법 제305조가 "13세 미만의 부녀를 간음하거나 13세 미만의 사람에게 추행을 한 자는 제297조, 제298조, 제301조 또는 제301조의2의 예에 의한다."로 되어 있어 강간죄와 강제추행죄의 미수범의 처벌에 관한 형법 제300조를 명시적으로 인용하고 있지 아니하나, 형법 제305조의 입법 취지는 성적으로 미성숙한 13세 미만의 미성년자를 특별히 보호하기 위한 것으로 보이는바 이러한 입법 취지에 비추어 보면 동조에서 규정한 형법 제297조와 제298조의 '예에 의한다'는 의미는 미성년자의제강간 · 강제추행죄의 처벌에 있어 그 법정형 뿐만 아니라 미수범에 관하여도 강간죄와 강제추행죄의 예에 따른다는 취지로 해석된다. 따라서 이러한 해석이 형벌법규의 명확성의 원칙에 반하는 것이거나 죄형법정주의에 의하여 금지되는 확장해석이나 유추해석에 해당하는 것으로 볼 수 없다고 할 것이다.

원심이 피고인이 11세인 피해자를 간음하려다 미수에 그친 이 사건 공소사실에 대하여 형법 제305조, 형법 제300조 및 형법 제297조를 적용하여 미성년자의제강간미수죄로 처벌한 것은 정당하고 거기에 상고이유 제1점으로 주장하는 죄형법정주의에 관한 법리를 오해한 위법이 없다.

2. 상고이유 제2점에 대하여

원심은 그 설시 증거들을 종합하여 학원 승합차를 운전하던 피고인이 학원 수업을 마치고 귀가하기 위하여 승합차를 탄 11세의 피해자가 혼자 남은 틈을 타 승합차 안에서 피해자를 간음하려다 미수에 그친 이 사건 공소사실이 유죄로 인정된다고 판단하여 피고인에게 무죄를 선고한 제1심판결을 취소하고 유죄를 선고하였는바 이 사건 기록을 검토하여 보면 이는 사실심 법관이 피해자의 증언을 직접 청취한 뒤 관련 증거들을 종합하여 합리적인 자유심증에 따라 판단한 것으로 인정되고 거기에 상고이유 제2점으로 주장하는 심리미진 또는 채증법칙을 위반하여 사실을 오인하는 등으로 판결 결과에 영향을 미친 잘못이 없다.

참고판례 ❷

대법원 2008.2.14. 선고 2007도8767 판결【여신전문금융업법위반】[공보불게재]

【이유】

상고이유를 본다.

여신전문금융업법 제70조 제1항은 분실 또는 도난된 신용카드 또는 직불카드를 판매하거나 사용한 자는 7년 이하의 징역 또는 5천만 원 이하의 벌금에 처한다고 규정하고 있는바, 위 부정사용죄의 구성요건적 행위인 신용카드의 사용이라 함은 신용카드의 소지인이 신용카드의 본래 용도인 대금결제를 위하여 가맹점에 신용카드를 제시하고 매출전표에 서명하여 이를 교부하는 일련의 행위를 가리키므로(대법원 1992.6.9. 선고 92도77 판결, 1993.11. 23. 선고 93도604 판결 등 참조), 단순히 신용카드를 제시하는 행위만으로는 신용카드부정사용죄의 실행에 착수한 것이라고 할 수는 있을지언정 그 사용행위를 완성한 것으로 볼 수 없고, 신용카드를 제시한 거래에 대하여 카드회사의 승인을 받았다고 하더라도 마찬가지라 할 것이다.

원심판결 이유에 의하면 원심은, 피고인이 절취한 신용카드로 대금을 결제하기 위하여 신용카드를 제시하고 카드회사의 승인까지 받았으나 나아가 매출전표에 서명을 한 사실을 인정할 증거는 없고,

카드가 없어진 사실을 알게 된 피해자에 의해 거래가 취소되어 최종적으로 매출취소로 거래가 종결된 사실이 인정된다고 한 다음, 피고인의 행위는 신용카드 부정사용의 미수행위에 불과하다 할 것인데 여신전문금융업법에서 위와 같은 미수행위를 처벌하는 규정을 두고 있지 아니한 이상 피고인을 위 법률위반죄로 처벌할 수 없다는 이유로 무죄를 선고한 1심판결을 유지하고 있는바, 원심의 이러한 법리 및 사실 판단은 정당하고 거기에 상고이유에서 주장하는 것과 같은 여신전문금융업법위반죄의 법리를 오해하거나 채증법칙을 위반한 위법이 없다.

그러므로 상고를 기각하기로 하여 관여 대법관의 일치된 의견으로 주문과 같이 판결한다.

참고판례 ❸

대구고법 1987.1.27. 선고 86노1588 판결【특정범죄가중처벌등에관한법률위반(절도)피고사건】[하집 1987(1),338]

【이유】

검사의 항소이유의 요지는, 피고인의 범죄경력과 이 사건 소매치기의 수법과 죄질이 불량한 점에 비추어 보면 원심이 피고인에 대하여 선고한 징역 2년의 형은 너무 가벼워서 부당하다는 것이고 피고인과 그 변호인의 각 항소이유의 요지는 피고인의 불우했던 성장환경 및 현재 처해 있는 딱한 가정형편과 이 사건 범행 후 그 잘못을 깊이 반성하고 있는 정상 등을 고려하면 원심의 선고형은 오히려 너무 무거워서 그 형의 양정이 부당하다는 것이다.

그러나 검사 및 피고인과 그 변호인의 위 항소이유에 관한 판단에 앞서 원심판결의 법령적용에 관하여 직권으로 살피건대, 원심은 피고인의 이 사건 절도미수행위를 특정범죄가중처벌등에관한법률(이하 특가법이라 한다)제5조의 4 제1항, 형법 제342조, 제329조 위반죄로 의율하면서 그 소정형 중 유기징역형을 선택한 다음 미수범임을 이유로 형법 제25조 제2항에 의한 형의 미수감경을 하였는바, 특가법 제5조의 4 제1항은 상습으로 형법 제329조 내지 제331조의 죄 또는 미수죄를 범한 자는 무기 또는 3년 이상의 징역에 처한다고 규정하므로서 상습절도미수 행위를 그 범죄구성 요건으로 정하고 그에 관하여 무기 또는 3년이상의 징역형을 법정하고 있어, 이와 같이 미수범 자체가 어느 죄의 구성요건이 되어 있고 그 위반죄에 관하여 형이 법정되어 있는 경우에는 미수범임을 이유로 형법 제25조 제2항에 의한 형의 미수감경이 허용되지 아니함은 명백한 이치임에도 원심은 형의 미수감경을 하므로서 특가법 및 형법의 미수범에 관한 해석을 그릇한 위법을 저질렀음이 명백하다.

… 생략

참조문헌

백형구, "미수범의 신체계", 저스티스 제32권 제2호, 1999, 71면-85면

이용식, "결과의 조기발생 사례의 형법적 취급 : 기수범의 실행의 착수와 미수범의 고의", 법학(서울대학교 법학연구소) 47권 제3호(140호), 2006, 358면-384면

천진호, "미수범 이론의 발전과 전망", 형사법연구 제18호, 2002, 127면-156면

하태훈, "미수범 체계의 재정립", 형사법연구 제22호 특집호, 2004, 234면-248면

V-3 실행의 착수

대상판결

대법원 2003.6.24. 선고 2003도1985,2003감도26 판결【강도상해(인정된 죄명 : 주거침입, 상해) · 보호감호】[공2003.8.1.(183),1658]

【피고인겸피감호청구인】 피고인 겸 피감호청구인

【상 고 인】 검사

【변 호 인】 변호사 이영대

【원심판결】 서울고법 2003.4.1. 선고 2002노3519, 2002감노201 판결

【주 문】 원심판결을 모두 파기하고, 사건을 서울고등법원에 환송한다.

【이 유】

1. 원심은, 피고인 겸 피감호청구인(다음부터 '피고인'이라고 한다)은 1988. 7. 7. 수원지방법원에서 절도미수죄 등으로 징역 8월을, 1990. 2. 26. 인천지방법원에서 주거침입죄로 징역 8월을, 1994. 6. 17. 인천지방법원에서 절도죄로 징역 6월을, 1996. 2. 2. 인천지방법원 부천지원에서 특정범죄가중처벌등에관한법률위반(절도)죄로 징역 1년 6월을, 2000. 7. 25. 인천지방법원에서 같은 죄 등으로 징역 1년 6월을 선고받고 2001. 12. 17. 그 형의 집행을 마친 사람으로서, 2002. 8. 21. 18:30 무렵 구리시 수택동(이하 생략)다세대주택 2층에 있는 피해자의 집에 재물을 훔치기 위하여 열려있는 현관문을 통하여 방 안에 들어가 뒤지던 중 집안으로 들어오던 피해자에게 발각되자 체포를 면탈할 목적으로 피해자를 밀어 1층 난간으로 떨어뜨리고, 다시 피해자가 일어나 피고인의 목덜미를 붙잡자 주먹으로 피해자의 얼굴을 1회 때려 피해자에게 6주간의 치료가 필요한 우측요골골두골절상 등을 가하였고 재범의 위험성이 있다는 요지의 이 사건 주위적 공소사실 및 감호청구원인사실에 대하여, 피고인을 징역 1년 9월 및 보호감호에 처한 제1심판결을 파기하고, 피고인이 피해자의 집에 들어가 재물을 물색하기 시작하였다고 인정하기에 부족하고 달리 절도범행의 실행에 착수하였다고 인정할 증거가 없으므로 범죄의 증명이 없는 경우에 해당한다고 하여 주위적 공소사실을 무죄로 판단하면서 보호감호청구도 기각하였다.

2. 그러나 피고인이 절도범행의 실행에 착수하지 아니하였다는 원심의 판단은 다음

과 같은 이유로 받아들일 수 없다.

야간이 아닌 주간에 절도의 목적으로 다른 사람의 주거에 침입하여 절취할 재물의 물색행위를 시작하는 등 그에 대한 사실상의 지배를 침해하는 데에 밀접한 행위를 개시하면 절도죄의 실행에 착수한 것으로 보아야 한다.

이 사건에서 보면, 피고인은 범행 당일 피해자가 빨래를 걷으러 옥상으로 올라 간 사이에 피해자의 다세대주택에 절취할 재물을 찾으려고 신발을 신은 채 거실을 통하여 안방으로 들어가 여기저기를 둘러보고는 절취할 재물을 찾지 못하고 다시 거실로 나와서 두리번거리고 있다가 피해자가 현관문을 통하여 거실로 들어가다가 마주치게 된 사실을 인정할 수 있다. 이와 같이 피고인이 방 안으로 들어가다가 곧바로 피해자에게 발각되어 물색행위 등을 할 만한 시간적 여유가 없었던 경우가 아니고 피고인이 방 안까지 들어갔다가 절취할 재물을 찾지 못하고 거실로 돌아 나온 경우라면 피고인이 절도의 목적으로 침입한 이상 물색행위를 하는 등 재물에 대한 피해자의 사실상의 지배를 침해하는 데 밀접한 행위를 하였던 것으로 보아야 한다.

그럼에도 불구하고, 원심이 이와 달리 주위적 공소사실인 강도상해의 점에 대하여 피고인이 절도의 실행행위에 착수하지 아니하였다는 이유로 무죄로 판단하는 한편 그에 따라서 보호감호청구를 기각한 것은 형법 제335조에 정하여진 절도의 해석 · 적용을 그르쳐 판결에 영향을 미친 잘못을 저지른 것이다.

3. 그러므로 원심판결을 모두 파기하고, 사건을 원심법원에 환송한다.

참조조문 형법 제25조, 제329조

법적쟁점

1. 위 사안에서 미수범으로 처벌하기 위한 일반적 기준으로 삼는 것은 무엇인가?
2. 실행의 착수에서 위험성 판단은 어떤 의미를 가지는가?
3. 실행의 착수시기에 관한 판례의 태도는 어떠한가?
(※ 미수범을 처벌하는 개별 범죄유형의 경우에 실행의 착수시기가 어떻게 정해지는지를 판례를 통해 정리할 것)

4. 부작위범이나 과실범의 경우에 실행의 착수시기는 어떻게 정해지는가?

5. 공범의 경우에 실행의 착수시기는 어떻게 정해지는가?

참고판례 ❶

대법원 2006.9.14. 선고 2006도2824 판결【야간주거침입절도미수】[공2006.10.15.(260),1770]

【이유】

상고이유를 본다.

야간에 타인의 재물을 절취할 목적으로 사람의 주거에 침입한 경우에는 주거에 침입한 단계에서 이미 형법 제330조에서 규정한 야간주거침입절도죄라는 범죄행위의 실행에 착수한 것이라고 보아야 한다(대법원 2003.10.24. 선고 2003도4417 판결 참조).

원심판결 이유에 의하면 원심은, 피고인은 출입문이 열려있는 집에 들어가 재물을 절취하기로 마음먹고 피해자들이 주거하는 이 사건 다세대주택에 들어가 그 건물 101호의 출입문을 손으로 당겨보았는데 문이 잠겨있자 그 옆의 102호, 2층의 201호, 202호, 3층의 301호, 302호, 옆 건물의 주택 1층에 이르러 똑같이 출입문을 당겨보았는데 모두 잠겨있어 범행에 실패하였고, 그 후 위 주택 2층의 문이 열려있어 피고인이 제1심 판시 유죄 부분과 같은 절취범행을 한 사실을 인정한 다음, 이 부분에서와 같이 피고인이 잠긴 출입문을 부수거나 도구를 이용하여 강제로 열려는 의사가 전혀 없이, 즉 출입문이 잠겨있다면 침입할 의사가 전혀 없이 손으로 출입문을 당겨보아 출입문이 잠겨있는지 여부를 확인한 것이라면 이는 범행의 대상을 물색한 것에 불과하여 피고인의 이 부분 행위는 야간주거침입절도죄의 예비단계에 불과하고 그 실행의 착수에 나아가지 않은 것이라고 판단하였다.

그러나 주거침입죄의 실행의 착수는 주거자, 관리자, 점유자 등의 의사에 반하여 주거나 관리하는 건조물 등에 들어가는 행위, 즉 구성요건의 일부를 실현하는 행위까지 요구하는 것은 아니고 범죄구성요건의 실현에 이르는 현실적 위험성을 포함하는 행위를 개시하는 것으로 족하다고 할 것이므로(대법원 2003.10.24. 선고 2003도4417 판결 참조), 원심 판시와 같이 출입문이 열려 있으면 안으로 들어가겠다는 의사 아래 출입문을 당겨보는 행위는 바로 주거의 사실상의 평온을 침해할 객관적인 위험성을 포함하는 행위를 한 것으로 볼 수 있어 그것으로 주거침입의 실행에 착수가 있었고, 단지 그 출입문이 잠겨 있었다는 외부적 장애요소로 인하여 뜻을 이루지 못한 데 불과하다 할 것이다.

이와 달리 판시한 원심판결에는 야간주거침입절도죄에 관한 법리를 오해한 위법이 있다고 할 것이고 이는 판결의 결과에 영향을 미쳤다 할 것이며, 이 점을 지적하는 검사의 상고논지는 이유 있다.

참고판례 ❷

대법원 1986.11.11. 선고 86도1109,86감도143 판결【특정범죄가중처벌등에관한법률위반,절도,보호감호】[공1987.1.1.(791),46]

【이유】

상고이유를 판단한다.

원심판결 이유에 의하면, 원심은 피고인이 이 사건 당시 소를 흥정하고 있는 피해자의 뒤에 접근하여 그가 들고 있던 가방으로 돈이 들어 있는 피해자의 하의 왼쪽 주머니를 스치면서 지나간 사실을 인정하고 있는바 일건기록에 비추어 볼때 위 인정은 정당하며 거기에 채증법칙을 위배한 허물이 있다고 할 수 없고 이어 원심이 이와 같은 피고인의 행위에 대하여 이는 단지 피해자의 주의력을 흐트려 주머니 속에 들은 금원을 절취하기 위한 예비단계의 행위에 불과한 것이고 이로써 실행의 착수에 이른 것이라고는 볼 수 없다고 판단한 조치 또한 정당하며 거기에 실행의 착수에 관한 법리를 오해한 위법이 있다고도 할 수 없다. 논지는 모두 이유 없다.

참고판례 ❸

대법원 1984.9.11. 선고 84도1381 판결【국가보안법위반 · 간첩 · 간첩미수】[공1984.11.1.(739),1675]

【이유】

1. - 3. … 생략

4. 피고인 2의 사선변호인의 상고이유 제4점 및 제5점에 대하여,

원심판시 사실에 의하면, 피고인이 일본국 오오사카부 소재 공소외 1집에서 아라이와 접선하여 동인으로부터 대한민국의 정치, 경제, 사회, 군사등 제반사항에 관한 기밀을 탐지 수집하여 도일시 보고하라는 공작임무를 부여 받고 1983.5.13 김포공항으로 입국기밀을 탐지 수집하려던 중 같은달 20경 경찰관 2인이 피고인의 행적을 탐문하고 갔다는 말을 전해 듣고 지령사항 수행을 보류하고 있던 중 같은해 7.12 수사기관에 검거됨으로써 미수에 그쳤다는 것인바 기록에 의하여 살펴보면, 피고인은 1983.7.11 수사기관에 연행되어 검거된 사실이 인정되는데도 원심이 같은달 12에 검거되었다고 인정한 잘못이 있음은 소론과 같으나 위 날짜 이외의 범죄사실을 인정한 조치는 수긍이 가고 간첩의 목적으로 외국 또는 북한에서 국내에 침투 또는 월남하는 경우에는 기밀탐지가 가능한 국내에 침투 상륙함으로써 실행의 착수가 있다고 할 것이므로(대법원 1958.10.10. 선고 4291형상294 판결 ; 1960.9.30. 선고 4293형상508 판결 ; 1964.9.22. 선고 64도290 판결 ; 1971.9.28. 선고 71도1333 판결 참조) 동 피고인이 입국한 뒤 간첩의 기회를 노리다가 체포된 이상 실지 검거된 날보다 하루 늦게 검거되었다고 잘못 인정하였다 하여 판결에 영향을 미치는 사실오인의 위법이 있다 할 수 없고 위의 인정사실에 의하면, 동 피고인은 기밀탐지의 기회를 노리다가 검거된 것이므로 동 소위를 간첩미수범으로 의율한 원심의 조치는 정당하고 이를 중지범으로 의율하여야 한다는 논지는 채용할 수 없다.

참조문헌

이경렬, “실행의 착수의 실질적 기준”, 성균관법학 제8호, 1997.12, 45면-67면

이순동, “실행의 착수”, 재판자료 49집[형사법에 관한 제문제(상)], 1990.9, 329면-386면

정영일, “절도죄에 있어서 실행의 착수시기”, 형사판례연구 제2권, 1996.8, 177면-190면

한정환, “형법 제25조 제1항 범죄실행의 착수”, 비교형사법연구 제8권 제1호, 2006.7, 125면-152면

V-4 중지미수

대상판결

대법원 1985.11.12. 선고 85도2002 판결【향정신성의약품관리법위반,약사법위반】[공 1986.1.1.(767),91]

【피 고 인】피고인 1외 5인

【상 고 인】피고인들

【변 호 인】변호사 도태구, 송종진

【원 판 결】서울고등법원 1985.8.24. 선고 85노1455,2135(병합) 판결

【주　　문】상고를 모두 기각한다. 상고후의 미결구금일수 중 35일을 피고인 등에 대한 본형에 각 산입한다.

【이　　유】

상고이유를 본다.

1. … 생략

2. 피고인 1의 변호인 변호사 도태구 및 피고인 2, 피고인 3, 피고인 4의 상고이유 제2점

이른바 중지미수라 함은 범죄의 실행행위에 착수하고 그 범죄가 완수되기 전에 자기의 자유로운 의사에 따라 범죄의 실행행위를 중지하는 것으로서 장애미수와 대칭되는 개념이나 중지미수와 장애미수를 구분하는데 있어서는 범죄의 미수가 자의에 의한 중지이냐 또는 어떤 장애에 의한 미수이냐에 따라 가려야 하고 특히 자의에 의한 중지 중에서도 일반사회통념상 장애에 의한 미수라고 보여지는 경우를 제외한 것을 중지미수라고 풀이함이 일반이다.

소론은 피고인 등의 이 사건 범행은 원료불량으로 인한 제조상의 애로, 제품의 판로문제, 범행탄로시의 처벌공포, 원심 공동피고인의 포악성 등으로 인하여 히로뽕 제조를 단념한 것이므로 중지미수로서 형법 제26조를 적용하여야 한다는 취지이나 원심이 인용한 제 1심판결이 적법하게 확정한 바에 따르면 피고인 등은 염산에페트린으로 메스암페타민합성 중간제품을 만드는 과정에서 그 범행이 발각되어 검거됨으로써 메스암페타민 제조의 목적을 이루지 못하고 미수에 그쳤다는 것이므로 피고인 등의 범행과

정에 설사 소론과 같은 사정이 있었다고 하더라도 그와 같은 사정이 있었다는 사정만으로서는 이를 중지미수라 할 수 없는 것이므로 소론 상고논지 역시 그 이유가 없다.

【사실관계】

피고인 도○환은 서울 구로구 구로동 1126의 18에서 범창수지공업사라는 상호로 프라스틱재생업에 종사하는 자, 같은 신○암은 상업에 종사하는 자, 같은 이○근은 1978.3.20. 부산지방법원에서 습관성의약품관리법위반죄로 징역5년을 선고받고 1982.12.9. 김해교도소에서 그 형의 집행을 종료한 자로서 부산시 서구 장림동 소재 마루겐 상사의 회사원인 자, 같은 김○진은 1977.8.24. 서울고등법원에서 습관성의약품관리법위반죄로 징역 5년을 선고받고 1981.9.10. 수원교도소에서 가석방되어 1982.2.7 그 잔형기가 경과된 자로서 상업에 종사하는 자, 같은 석○술은 상업에 종사하는 자, 같은 최○대는 1968.4.18. 서울형사지방법원에서 마약법위반죄로 징역8월을 선고 받은 것을 비롯하여 같은 죄 등 범죄전력 3회인 자로 일정한 직업이 없는 자, 같은 김○섭은 일정한 직업이 없는 자인 바,

1, 피고인들은 향정신성의약품취급자가 아님에도 불구하고 메스암페타민(속칭 히로뽕)의 원료인 염산에페트린 100킬로그램, 싯가 5,000만원 상당으로 메스암페타민 60킬로그램, 금3억6,000만원 상당을 제조, 판매하여 그 이익을 원료공급자측에서 50퍼센트, 제조자측에서 50퍼센트씩 분배할 것을 순차 합의하고, 피고인 김○섭, 같은 도○환, 같은 신○암은 1984.8. 초순경 위 마루겐 상사 앞에서 같은 이○근에게 준비한 염산에페트린100킬로그램 중 우선 50킬로그램을 교부하고, 같은 이○근은 그즈음 이를 제조를 맡기로 한 같은 김○진, 같은 석○술에게 전하고 그들은 제조 기술자인 최○대를 제조에 가담시키는 등 상호 공모하여, 1984.12.15.경부터 동월 22.경까지 사이에 경북 경산군 남천면 삼성동 291 소재 공소외 김○술의 집 사랑채에 붙여 은밀하게 지은 약 11평의 창고에서 같은 석○술, 같은 김○진, 같은 최○대 등이 모터펌프, 여과기, 여과병, 교반기 및 건조대 등 메스암페타민 제조 시설을 갖춘 후 위 염산에페트린 50킬로그램을 이용하여 그중 11킬로그램을 염화지오닐, 크로루포륨, 메칠에텔등과 합성시키는 방법으로 1차 공정으로 메스암페타민합성 중간제품 9.5킬로그램을 가공 중 발각되어 메스암페타민 제조의 목적을 이루지 못한 채 미수에 그쳤다. 피고인 도○환 등은 범행에 착수한 후 자의로 그 행위를 중지하였으므로 이는 이른바 형법 제26조 소정의 중지 미수에 해당한다고 주장하나, 앞서 든 증거에 의하면 위 피고인 등이 메스암페타민의 제조에 착수하였으나 기술부족 등으로 완제품을 생산하지 못하고 있던 중 수사

기관에 발각되어 제조의 목적을 이루지 못한 것이었다는 것이 원심법원의 판단이다(서울형사지방법원 1985.4.16. 선고 85고합14, 85고합267(병합) 판결에서 정리).

참조조문

형법 제25조, 제26조 / 구 향정신성의약품관리법위반 제4조, 제42조 제1항 1호 및 동조 제3항(현행 마약류관리에관한법률 제3조 6호, 제58조 제1항 3호 및 동조 제3항).

법적쟁점

1. 위 사안에서 강도가 피해자를 간음하려다가 그만 둔 경우와 일반적인 미수범과 다른 점은 무엇인가?

2. 위 사안에서 자의성 판단의 기준은 무엇인가?

3. 아직 범죄의 실행에 착수하기 전에 자의로 그만 둔 경우에도 중지미수에 해당하는가?

4. 공범자 중 1인이 실행에 착수한 후에 범죄가 완성되지 않은 상태에서 다른 공범자에 대해서도 중지범이 성립될 수 있는가? 그리고 수인이 범행에 가담했다가 그 중 1인이 도중에 범의를 철회한 경우도 중지미수에 해당하는가?

5. 범죄의 실행을 종료한 후에도 중지미수의 성립이 가능한지, 가능하다면 그 요건은 어떠하며 범죄가 기수에 이른 후에는 어떠한가?

참고판례 ❶

대법원 1992.7.28. 선고 92도917 판결【강도상해,특수강도[인정된죄명:특정범죄가중처벌등에관한법률위반(강도)],공무집행방해,폭력행위등처벌에관한법률위반,강도,특정범죄가중처벌등에관한법률위반(강도,특수강도강간)】[공1992.7.28.(925),2696]

【이유】

1. - 4. … 생략

5. 같은 상고이유 제6점을 본다.

원심판시 2의 나 사실에 의하면 피고인들이 강도행위를 하던 중 피고인 강○○과 김○○는 피해자 전○○을 강간하려고 작은방으로 끌고 가 팬티를 강제로 벗기고 음부를 만지던 중 피해자가 수술한지 얼마 안 되어 배가 아프다면서 애원하는 바람에 그 뜻을 이루지 못하였다는 것인바, 강도행위의 계속 중 이미 공포상태에 빠진 피해자를 위와 같이 강간하려고 한 이상 강간의 실행에 착수한 것으로 보아야 할 것이고, 피해자의 진술을 비롯한 관계증거의 내용에 비추어 보면 피고인들이 간음행위를 중단한 것은 피해자를 불쌍히 여겨서가 아니라 피해자의 신체조건상 강간을 하기에 지장이 있다고 본데에 기인한 것이므로, 이는 일반의 경험상 강간행위를 수행함에 장애가 되는 외부적 사정에 의하여 범행을 중지한 것에 지나지 않는 것으로서 중지범의 요건인 자의성을 결여한 것이라 보아야 할 것이다.

같은 취지에서 중지범감면규정을 적용하지 않은 원심판단은 정당하고 소론과 같은 이유불비 내지 법리오해의 위법이 없으므로 이 점 논지도 이유없다.

… 생략

(참조 대법원 1999.4.13. 선고 99도640 판결)

참고판례 ❷

대법원 1993.10.12. 선고 93도1851 판결【강간미수】[공1993.12.1.(957),3129]

【이유】

1. 원심이 유지한 제1심판결의 채용증거들을 종합하여 보면, 피고인이 제1심판결 범죄사실기재와 같이 피해자를 강간할 마음을 먹고 판시와 같이 폭행한 다음 강간하려 하였으나 피해자가 다음 번에 만나 친해지면 응해 주겠다는 취지의 간곡한 부탁으로 인해 그 이상 강간의 실행행위에 나아가지 아니한 사실을 충분히 인정할 수 있고 거기에 소론과 같은 채증법칙위배나 심리미진으로 인한 사실오인의 위법이 있다 할 수 없다. 논지는 이유없다.

2. 범죄의 실행행위에 착수하고 그 범죄가 완수되기 전에 자기의 자유로운 의사에 따라 범죄의 실행행위를 중지한 경우에 그 자의에 의한 중지가 일반사회통념상 장애에 의한 미수라고 보여지는 경우가 아니면 이는 중지미수에 해당한다고 할 것이다(당원 1985.11.12. 선고 85도2002 판결 참조).

원심이 유지한 위 제1심 인정사실에 의하면 피고인은 피해자를 강간하려고 하다가 피해자가 다음번에 만나 친해지면 응해 주겠다는 취지의 간곡한 부탁으로 인하여 그 목적을 이루지 못했다는 것이며, 기록에 의하면 그 후 피고인은 피해자를 자신의 차에 태워 집에까지 데려다 준 사실이 엿보이는바, 위 사실에 의하면 피고인은 자의로 피해자에 대한 강간행위를 중지한 것이고 피해자가 다음에 만나 친해지면 응해 주겠다는 취지의 간곡한 부탁은 사회통념상 범죄실행에 대한 장애라고 여겨지지는 아니하므로 이 사건 피고인의 행위는 중지미수에 해당한다고 할 것이다.

그럼에도 불구하고 원심이 피고인을 장애미수로 처단한 제1심판결을 정당하다 하여 유지한 것은 중지미수에 관한 법리를 오해하여 판결결과에 영향을 미치게 하였다 할 것이므로 이 점을 지적하는 논지는 이유 있다.

(참조 대구고등법원 1975.12.3. 75노502 형사부판결)

참고판례 ❸

대법원 2005.2.25. 선고 2004도8259 판결【성폭력범죄의처벌및피해자보호등에관한법률위반(특수강간등)】[공보불게재]

【이유】

다른 공범의 범행을 중지하게 하지 아니한 이상 자기만의 범의를 철회, 포기하여도 중지미수로는 인정될 수 없는 것인바(대법원 1969. 2. 25. 선고 68도1676 판결 참조), 기록에 의하면, 피고인은 원심 공동피고인과 합동하여 피해자를 텐트 안으로 끌고 간 후 원심 공동피고인, 피고인의 순으로 성관계를 하기로 하고 피고인은 위 텐트 밖으로 나와 주변에서 망을 보고 원심 공동피고인은 피해자의 옷을 모두 벗기고 피해자의 반항을 억압한 후 피해자를 1회 간음하여 강간하고, 이어 피고인이 위 텐트 안으로 들어가 피해자를 강간하려 하였으나 피해자가 반항을 하며 강간을 하지 말아 달라고 사정을 하여 강간을 하지 않았다는 것이므로, 앞서 본 법리에 비추어 보면 위 구본선이 피고인과의 공모하에 강간행위에 나아간 이상 비록 피고인이 강간행위에 나아가지 않았다 하더라도 중지미수에 해당하지는 않는다고 할 것이다.

같은 취지에서, 원심이, 피고인에 대한 판시 행위를 성폭력범죄의처벌및피해자보호등에관한법률 제6조 제1항, 형법 제297조의 기수로 인정하여 처벌한 제1심의 조치를 유지한 것은 정당하고, 거기에 상고이유로 주장하는 바와 같은 중지미수에 관한 법리오해의 위법이 없다.

참조문헌

김성룡, “착수미수의 실패한 중지범”, 형사법연구 제19호, 2003, 200면-220면

박상기, “중지미수의 성격과 자의성 판단”, 형사법연구 제14호, 2000, 307면-318면

이용식, “부작위형태의 중지행위의 요건에 관하여 : 형법 제26조 “실행에 착수한 행위를 중지하거나”의 해석과 관련하여”, 법학(서울대학교 법학연구소) 제46권 제3호, 2005, 298면-340면

이훈동, “중지범에 있어서 미종료미수와 종료미수의 구별기준”, 비교형사법연구 제3권 제2호, 2001, 211면-242면

최준혁, “다수인의 범행가담과 중지미수”, 형사법연구 제31호, 2007, 111면-128면

V-5 불능미수

대상판결

대법원 2007.7.26. 선고 2007도3687 판결【살인 · 살인미수 · 살인음모】[공2007.9.1.(281),1419]

【피 고 인】피고인

【상 고 인】피고인

【변 호 인】변호사 이성환

【원심판결】서울고법 2007. 4. 19. 선고 2007노78 판결

【주 문】상고를 기각한다. 상고 후의 구금일수 중 85일을 본형에 산입한다.

【이 유】

상고이유를 판단한다.

1. 상고이유 제1점에 대하여

불능범은 범죄행위의 성질상 결과발생 또는 법익침해의 가능성이 절대로 있을 수 없는 경우를 말하는 것이다(대법원 1998.10.23. 선고 98도2313 판결 참조).

기록에 의하면 '초우뿌리'나 '부자'는 만성관절염 등에 효능이 있으나 유독성 물질을 함유하고 있어 과거 사약(死藥)으로 사용된 약초로서 그 독성을 낮추지 않고 다른 약제를 혼합하지 않은 채 달인 물을 복용하면 용량 및 체질에 따라 다르나 부작용으로 사망의 결과가 발생할 가능성을 배제할 수 없는 사실을 알 수 있는바, 원심이 그 설시 증거를 종합하여 **피고인이 원심 공동피고인 공소외 1과 공모하여 일정량 이상을 먹으면 사람이 사망에 이를 수도 있는 '초우뿌리' 또는 '부자' 달인 물을 피해자(공소외 1의 남편)에게 마시게 하여 피해자를 살해하려고 하였으나 피해자가 이를 토해버림으로써 미수에 그친** 행위를 불능범이 아닌 살인미수죄로 본 제1심의 판단을 유지한 것은 정당하고 거기에 앞서 본 불능범에 관한 법리오해 또는 채증법칙 위배 등의 위법이 없다.

2. … 생략

【사실관계】

피고인 김○자, 공소외인 박○순은 2005. 11.경 피고인 김○자가 공소외인 박○순이 운영하는 서울 금천구 시흥동 856-8 소재 '지리산 약수암'이라는 점집을 찾아가서 점

을 보며 알게 되어 공소외인 박○순이 피고인 김○자에게 거리낌 없이 돈을 빌려줄 정도로 친하게 된 사이로서, 피고인 김○자가 보험설계사로 근무하면서 이미 남편인 피해자 류○술(남, 59세)을 피보험자로 하여 5개의 종신보험에 가입해 둔 상태여서 피해자가 사망하면 피고인 김○자가 수익자가 되어 거액의 보험금을 수령할 수 있음을 기화로 그 보험금 수령을 위해 피해자를 살해하여 재해 내지 질병에 의한 사망으로 위장하기로 마음먹고, 공모하여,

2006. 4. 초순 일자불상 20:00경 서울 금천구 시흥본동 871-38 소재 피해자의 주거지에서, 공소외인 박○순으로부터 일정량 이상을 먹으면 사람이 사망에 이를 수도 있는 '초우뿌리' 달인 물을 건네받은 피고인 김○자는 피해자에게 "뼈가 아플 때 먹는 약이다"라는 취지로 속여 피해자로 하여금 이를 마시게 하고, 다음날 20:00경 공소외인 박○순으로부터 다시 '초우뿌리' 달인 물을 건네받은 피고인 김○자는 미리 준비해 둔 수면안정진정제 아론 50정을 가루로 만들어 위 약물에 희석한 다음 위와 같이 속여 피해자로 하여금 이를 마시게 하고, 다시 그 다음날 20:00경 공소외인 박○순으로부터 일정량 이상을 먹으면 사람이 사망에 이를 수도 있는 '부자' 달인 물을 건네받은 피고인 김○자는 위와 같이 속여 피해자로 하여금 이를 마시게 하여 피해자를 살해하려고 하였으나, 평소 건강체질이던 피해자가 이틀 동안 이를 이겨내고 3일째는 속이 거북함을 느낀 나머지 이를 토해버림으로써 그 뜻을 이루지 못하고 미수에 그쳤다(서울남부지방법원 2006. 12. 21. 선고 2006고합372 판결에서 정리).

참조조문

형법 제27조, 제250조 제1항, 제254조

법적쟁점

1. 본 사안에서 일반 미수범과 구별이 문제되고 있는 이유는 무엇인가?
2. 행위자 자신이 자신의 신분에 관한 착오로 인하여 결과의 발생이 불가능했던 사실을 알지 못했던 경우에도 제27조가 적용되는가?

3. 제27에서 '결과발생이 불가능한' 경우인지 여부는 무엇을 기준으로 판단해야 하는가?

4. 제27조에서 '위험성'는 무엇을 기준으로 판단해야 하며, 미수범의 일반적 성립요건으로서 실행의 착수와는 어떻게 구별되는가?

5. 범죄의 실행에 착수한 다음 결과발생이 불가능함에도 이를 알지 못하고 자의로 실행을 그만두거나 결과발생을 방지하기 위해 진지하게 노력한 경우에 어떻게 처벌해야 하는가?

참고판례 ❶

대법원 1984.2.14. 선고 83도2967 판결【살인미수】[공1984.4.15.(726) 543]

【이유】

먼저 피고인의 변호인의 상고이유를 본다.

원심이 인용한 제 1심판결 이유에 의하면 제 1심은 그 채택한 증거를 종합하여 피고인이 남편인 공소외인을 살해할 것을 결의하고 배추국 그릇에 농약인 종자소독약 유제3호 8밀리리터 가량을 탄 다음 위 공소외인에게 먹게하여 동인을 살해하고자 하였으나 이를 먹던 위 피해자가 국물을 토함으로써 그 목적을 이루지 못하고 미수에 그친 사실을 인정하고 피고인에 대하여 형법 제254조, 제250조 제1항, 제25조, 제55조 등을 적용하여 처단하고 있다.

그러나 원심이 채택한 사법경찰관 사무취급작성의 신현화에 대한 진술조서의 기재에 의하면, 위 농약유제 3호는 동물에 대한 경구치사량에 있어서 엘.디 (LD) 50이 킬로그램 당 1.590밀리그램이라고 되어 있어서 피고인이 사용한 위의 양은 그 치사량에 현저히 미달한 것으로 보이고, 한편 형법은 범죄의 실행에 착수하여 결과가 발생하지 아니한 경우의 미수와 실행수단의 착오로 인하여 결과발생이 불가능하더라도 위험성이 있는 경우의 미수와는 구별하여 처벌하고 있으므로 원심으로서는 이 사건 종사소독약유 제3호의 치사량을 좀더 심리한 다음 피고인의 소위가 위의 어느 경우에 해당하는지를 가렸어야 할 것임에도 불구하고 원심이 이를 심리하지 아니한 채 그 판시와 같은 사유만으로 피고인에게 형법 제254조, 제250조 제1항, 제25조의 살인미수의 죄책을 인정하였음은 장애미수와 불능미수에 관한 법리를 오해하였거나 심리를 다하지 아니함으로써 판결에 영향을 미친 위법을 범하였다 할 것이고 이 점을 탓하는 논지는 이유있다.

참고판례 ❷

대법원 1978.3.28. 선고 77도4049 판결【습관성의약품관리법위반,사기미수】[공1978.6.1.(585) 10761]

【이유】

변호인들의 상고이유를 판단한다.

원판결은 1심 판결을 끌어 피고인이 에페트린과 빙초산등 화공약품을 혼합하고 섭씨 80도-90도로 가열하여 메스암페타민(속칭 히로뽕)1 킬로그램을 제조했으나 그의 제조기술과 경험부족으로 히로뽕 완제품 아닌 염산메칠에페트린을 생성시켰을 뿐으로 미수에 그친 사실을 인정하고 그가 예비한 염산메칠에페트린으로 메스암페타민을 생성하기 위하여서는 염산에페트린이 원료로 사용되어야 하고 염산에페트린은 염산메칠에페트린에 의하여 생성시킬 가능성을 인정할 수 있으나 피고인의 소위는 결코 불능범일 수 없다는 취지로 판단하였다.

살피건대 원판결은 피고인이 수사과정에서 한 진술을 토대로 하여 피고인이 히로뽕을 만들려고 뜻을 두고 원설시방법으로 만들어 놓고 보니 뜻밖에 다른 염산메칠에페트린이였으니 미수다라는 취지이나 검사 작성의 증인 김정현, 이영숙의 각 심문조서 기재로서 피고인이 위 김정현으로부터 염산메칠에페트린 1.5킬로그램을 30만원주고 매입한 사실이 충분히 인정될 수 있고 기록에 의하면 염산메칠에페트린은 감기약, 해열제인 일반의약품이라는 것인데 그러한 염산메칠에페트린을 사들인 일이 습관성의약품 제조의 실행의 착수라고는 할 수없다. 원판결은 피고인의 자백을 중시했으나 위와 같이 염산메칠에페트린을 사들인 사실이 인정될 수 있는 사정 밑에서는 수사 도중에서의 엄문으로 자백했다는 피고인의 공판정에서의 변소도 고려에 넣을 때 자백을 믿어 증거로 판단함은 경험에 반한다고 하겠다. 또 사들인 것이 원판결 인정의 생성물질과 다른 것이라는 사정이 인정되지 아니하는 한 동일물질로 아니볼 수 없는 우리 경험이다. 그렇다면 원판결이 본건에서 실행의 착수가 있다고 인정한데에는 경험법칙을 위배한 채증으로 사실을 오인한 것이 아니면 실행의 착수의 법리를 오해하므로 결과에 영향을 준 위법을 남겼다고 하리니 이점을 말하는 논지는 이유 있어 다른 점을 따질 나위 없이 이유 있고 원판결은 파기를 못 면한다.

다음 가정판단에 들어가 본다. 원판결은 피고인이 생성시켰다고 인정한 염산메칠에페트린이 화학작용을 일으키면 메칠기를 뺄 수 있고 그렇게 되면 염산에페트린이 될 수 있어 히로뽕의 제조원료가 되니 위험성이 있어 불능범이 아니라는 판단을 하였는데 위험성이 인정되면 불능범이 될 수 없다는 판단은 옳으나 아래와 같은 위법이 있다.

즉 원심이 끌어 쓴 증거에 의하여서는 염산메칠에페트린에서 염산기를 빼낼 수 있음이 인정될 수 없다고 인정될 수 있어 원심인정에는 심리미진 아니면 증거를 잘못 해석한 위법이 있음을 숨길 수 없고, 본건 피고인의 행위의 위험성을 판단하려면 피고인이 행위당시에 인식한 사정 즉 원심이 인정한 대로라면 에페트린에 빙초산을 혼합하여 80-90도의 가열하는 그 사정을 놓고 이것이 객관적으로 제약방법을 아는 일반인(과학적 일반인)의 판단으로 보아 결과발생의 가능성이 있느냐를 따졌어야 할 것이어늘 이점 심리절차 없이 다시 말해서 어째서 위험성이 있다고 하는지 그 이유를 밝힌 바 없어 위험성이 있다고 판단한 조치에는 이유불비의 위법 아니면 불능범 내지는 위험성의 법리를 오해한 잘못이 있다고 하리니 이점을 들고 있는 논지 부분도 이유 없다고 할 수 없다.

(참조 대법원 2005.12.08 선고 2005도8105 판결)

참고판례 ❸

대법원 2002.2.8. 선고 2001도6669 판결【사기미수】[공2002.4.1.(151),733]

【이유】

상고이유를 본다.

원심판결 이유에 의하면, 원심은 판시 증거에 의하여, 피고인이 1997.4.8. 이 사건 건물 부분(이하 '위 건물'이라 한다)의 실질적 소유자인 김근수와 사이에 위 건물에 관하여 임대차보증금 3,000만 원, 존속기간 같은 달 11일부터 1999.4.11.까지로 하는 임대차계약을 체결한 다음 가족들과 입주하였으나, 1997.6.5. 그 처인 공소외 1의 주민등록만 위 건물소재지로 전입신고하고, 피고인 및 그 자녀들의 주민등록은 피고인이 처와 함께 운영하고 있는 음식점의 소재지인 광주 남구 서동 191-6에 그대로 둔 사실, 그런데 김근수가 1997.7.16.경 위 건물에 대하여 근저당권을 설정하고 광주광역시 축산업협동조합으로부터 대출받은 합계 2억 3,000만 원을 상환하지 못함으로써 1998.2.13.경 광주지방법원 98타경7375호로 위 건물에 관하여 임의경매절차가 개시되자, 이에 불안감을 느낀 피고인이 1998년 3월 초순경 김근수에게 공소외 1명의로 전세계약서를 다시 작성해 달라고 부탁하였고, 이에 김근수는 피고인에게 전세계약서를 다시 작성할 필요까지는 없다면서 직접 전세계약서 중 임차인란의 피고인 명의 부분을 지우고 공소외 1 명의로 변경한 사실, 이후 피고인이 1998.3.28. 위 변경된 전세계약서에 확정일자를 받고, 같은 달 30일 위 경매법원에 위 변경된 전세계약서 등을 첨부하여 임대차보증금 3,000만 원의 배당을 요구한 사실, 그러자 위 경매법원은 1999. 7.5. 공소외 1을 주택임대차보호법상의 소액임차인으로 인정하여 공소외 1에게 광주광역시 축산업협동조합보다 우선하여 1,200만 원을 배당한 사실 등을 인정한 다음, 대법원의 확립된 판례에 의하면, 피고인이 전세계약서상의 임차인 명의를 처인 공소외 1로 변경하지 아니하였다 하더라도 피고인은 소액임대차보증금에 대한 우선변제권 행사로서 배당금을 수령할 권리가 있다 할 것이어서, 경매법원이 실제의 임차인을 공소외 1로 오인하여 배당결정을 하였더라도 이로써 재물의 편취라는 결과의 발생은 불가능하다 할 것이고, 이러한 피고인의 행위를 객관적으로 결과발생의 가능성이 있는 행위라고 볼 수도 없으므로, 이 사건 공소사실은 범죄로 되지 않거나 범죄사실의 증명이 없는 때에 해당하여 형사소송법 제325조에 의하여 무죄를 선고하여야 한다고 판단하였다.

기록에 의하여 살펴보면, 원심의 사실인정 및 판단은 수긍이 가고, 거기에 주장과 같은 불능미수에 관한 법리오해 등의 위법이 없다.

참조문헌

김태명, "형법 제27조(불능범)의 위험성 요건의 독자성과 구체적 의미", 형사법연구 제26호, 2006, 223면-252면.

류부곤, "불능미수범에 있어서 위험성 요건의 의미", 형사법연구 제21권 제2호, 2009, 57면-78면.

문채규, "형법 제27조(불능범)의 '위험성' 표지", 비교형사법연구 제8권 제2호, 2006, 31면-58면.

이상문, "형법 제27조의 결과발생의 불가능 요건", 형사법연구 제21권 제3호, 2009, 185면-208면.

이정원, "불능미수에서 범죄실현의 불가능과 위험성", 형사정책연구 제18권 제4호, 2007, 5면-28면.

정영일, "불능미수의 불법구조에 관한 재검토", 형사정책연구, 제20권 제3호, 2009, 61면-85면.

천진호, "불능미수의 위험성 판단 - 해석상의 오류를 중심으로", 비교형사법연구 창간호, 1999, 67면-92면.

한상훈, "형법 제27조(불능범)에서 '결과발생의 불가능'과 '위험성'표지의 구별기준", 형사법연구 제20권 제3호, 2008, 79면-108면.

Ⅵ 공범론

1. 공동정범
2. 간접정범
3. 교사범
4. 방조범
5. 공범과 신분

Ⅵ-1-1 공동정범의 성립요건

대상판결

대법원 2003.3.28.선고 2002도7477판결【성폭력범죄의처벌및피해자보호등에관한법률위반(강간등치상)(인정된 죄명: 강간상해 · 강간)】[공2003.5.15.(178),1121]

【피 고 인】피고인

【상 고 인】피고인

【변 호 인】변호사 표병대

【원심판결】부산고법 2002. 12. 12. 선고 2002노682 판결

【주 문】원심판결을 파기하고, 사건을 부산고등법원에 환송한다.

【이 유】

1. 공소사실의 요지

피고인은 2002.3.10. 20:30경 마산시 합성1동 소재 '사이버리아' 피시방 앞에서 원심 공동피고인 1이 인터넷 채팅을 통하여 알게 된 피해자 1 및 그 친구들인 피해자 2 및 공소외 1을 원심 공동피고인 1의 승용차에 태우고 함께 창원시 동면 소재 주남저수지 부근을 드라이브하던 중, 피해자 일행이 잠시 차에서 내린 사이에 원심 공동피고인 2의 제의로 원심 공동피고인 1은 피해자 2를, 원심 공동피고인 2는 피해자 1을, 피고인은 공소외 1을 각 강간하기로 공모한 다음, 다음날인 11일 01:00경 경남 함안군 칠북면 마산리 소재 야산 입구에 이르러 원심 공동피고인 1은 피해자 2의 얼굴을 손으로 1회 때리고 산 쪽으로 20m 가량 끌고 가 다시 손으로 얼굴을 때리며 겁을 주어 반항을 억압한 다음 1회 간음하여 강간하고, 원심 공동피고인 2는 피해자 1을 산 쪽으로 50m 가량 끌고 가 겁을 주어 반항을 억압한 다음 1회 간음하여 강간하고, 원심 공동피고인 1은 원심 공동피고인 2가 피해자 1을 데리고 자기 쪽으로 오자 그녀를 인계받아 뺨을 때리면서 겁을 주어 반항을 억압한 다음 1회 간음하여 강간하고, 이로 인하여 피해자 1에게 약 2주간의 치료를 요하는 다발성 좌상 등을 입게 하였다.

2. 원심의 판단

원심 공동피고인 2, 1과 사이에 강간 등의 범행을 공모하거나 이에 가담한 바가 없다고 다투는 피고인의 주장에 대하여, 원심은 그 채용한 증거들에 의하여, 피해자 일

행이 집으로 돌아가겠다며 일시 차에서 내린 틈에 원심 공동피고인 2, 1이 피해자 일행을 한 사람씩 나누어 강간하자고 제의하자, 피고인은 아무런 반대의 의사표시 없이 이를 수락한 다음, 피해자 일행을 다시 차에 태워 인근 야산으로 데려가 원심공동피고인 2, 1이 범행을 마칠 때까지 그들과 동행하였을 뿐만 아니라, 그 과정에서 피해자 1, 2가 원심 공동피고인 2, 1에게 끌려가 부근에서 강간당하는 것을 보고 듣고도 이를 저지하기 위한 아무런 조치를 취하지 아니하였고, 오히려 자신의 강간 상대방으로 정해진 공소외 1을 옆에 가만히 앉아 있도록 하여 원심 공동피고인 2, 1의 범행에 관여하지 못하도록 한 이상, 비록 피고인이 가석방 중인 자신의 처지에서 처벌에 대한 두려움 때문에 공소외 1에게 위해를 가하지 아니하였다 하더라도 그러한 사정만으로는 공모관계에서 이탈하였다고 할 수 없고, 피고인 역시 원심공동피고인 2, 1의 실행행위에 묵시적으로 공동 가공함으로써 공모공동정범으로서의 죄책을 면할 수 없다고 판단하였다.

3. 이 법원의 판단

그러나 이러한 원심의 사실인정과 판단은 수긍하기 어렵다.

형법 제30조의 공동정범은 2인 이상이 공동하여 죄를 범하는 것으로서, 공동정범이 성립하기 위하여는 주관적 요건으로서 공동가공의 의사와 객관적 요건으로서 공동의사에 기한 기능적 행위지배를 통한 범죄의 실행사실이 필요하고, 공동가공의 의사는 타인의 범행을 인식하면서도 이를 제지하지 아니하고 용인하는 것만으로는 부족하고 공동의 의사로 특정한 범죄행위를 하기 위하여 일체가 되어 서로 다른 사람의 행위를 이용하여 자기의 의사를 실행에 옮기는 것을 내용으로 하는 것이어야 하고, 이와 같은 공동가공의 의사는 이른바 공모공동정범의 경우에 있어서도 마찬가지로 요구된다.

기록에 의하면, 피고인은 자신의 강간 상대방으로 정해졌다는 공소외 1을 강간하거나, 원심공동피고인 2 및 원심공동피고인 1의 범행에 공동가공하여 피해자들을 폭행하거나 협박하는 등으로 실행행위를 한 바가 전혀 없다는 것이고, 나아가 원심공동피고인 1의 경찰에서의 진술에 의하면, 원심공동피고인 2의 제의에 따라 원심공동피고인 1은 피해자 2를, 원심공동피고인 2는 피해자 1을 각 강간하기로 하였으나, 피고인은 아무런 말도 하지 않았다는 것이며(수사기록 61쪽), 원심공동피고인 2의 검찰에서의 진술에 의하면, 피고인은 처음부터 처벌이 두려워 강간할 마음이 없었던 것으로 알고 있다는 것이고(수사기록 142쪽), 공소외 1의 검찰에서의 진술에 의하면, 원심공동피고인 2와 원심공동피고인 1이 피해자들을 강간하기 위하여 숲 속으로 끌고갈 때 피고인은 야산 입구에 앉은 채 "우리 그대로 가만히 앉아 있자"고 하면서 자신의 몸에 손도 대지 않았고, 이에 피고인 옆에 앉아 서로 각자 가지고 있던 담배를 피우면서 피고인의 물음에 대하여 "고향은 거제이고, 현재 마산 구암동 이모집에서 살고 있고, 마산 창동의 미용실에 근무하고 있다."라고 말하였고, 자신의 휴대폰으로 수 차 전화를 걸어 온 피해자 2의 남자친구인 공소외 2와 통화를 하기까지 하였는데, 그 때 피고인이 통화를 제지하지도 아니하였고, 자신이 피해를 당하고 있는 친구들에게 데려다 달라고 하거나, 피고인이 자신의 팔을 잡아 만류한 적은 없고 다만, 친구들이 애처로워 피고인에게 "우리 친구들을 좀 보내주면 안 되느냐"고 부탁하자, 피고인은 아무런 대꾸도 없이 그 자리에 앉아 있었다는 것인바(수사기록 158~160쪽), 이와 같은 전후 사정을 종합하여 볼 때, 피고인이 원심 공동피고인 2 및 원심 공동피고인 1로부터 피해자 일행을 강간하자는 제의를 받고 가부 간에 아무런 의사표시를 하지 아니한 채 가만히 있었다는 점만으로는 피고인이 원심 공동피고인 2 및 원심 공동피고인 1과 강간범행을 공모한 것으로 보기는 어렵고, 이와는 달리 피고인과 사이에 강간범행을 공모하였다는 취지의 원심공동피고인 2 및 원심공동피고인 1의 수사기관에서의 일부 진술은 위와 같은 피고인의 태도가 강간범행에 참여하겠다는 의사로 비추어진 데에 기인하는 것으로 보이고, 처음에는 강간할 마음이 있었다는 피고인의 경찰에서의 일부 진술은, 심야에 젊은 남녀가 각기 3명씩 함께 어울려 드라이브를 하는 상황에서 피고인이 다른 일행들과 마찬가지로 욕정을 느꼈을 수도 있고, 다른 일행들의 강간 제의에 피고인으로서도 내심 자신의 욕정을 강간을 통하여서라도 해소하고 싶은 마음이 들었을 수도 있는데, 피고인이 경찰의 집요한 추궁에 이러한 심리상태에 대하여 진술한 것으로 보이고, 어쩔 수 없이 함께 강간하기로 모의하기는 하였다는 취지의 피고인의 검찰에서의 일부 진술은, 피고인이 사건 발생 당시 가석방 중이었던 관계로 가중 처벌될 것이 두렵기도 하는 등 내키지는 않았으나, 분위기 때문에 가부 간에 의사표시도 하지 못한 채 소극적으로 따라간 행동(당시는 야간이었을 뿐만 아니라 피고인으로서는 원심 공동피고인 1이 운전하는 승용차에 동승하여 시외 한적한 곳으로 나와 있던 관계로 일행들을 따라다니는 외에는 달리 행동을 취할 수도 없었다)에 대하여 위와 같이 진술한 것으로 볼 수 있고, 특히 앞서 본 모의의 경위라든가 그 후의 진행경과 등에 비추어 볼 때, 이 정도의 심리상태나 행동만으로는 피고인이 원심 공동피고인 2 및 원심공동피고인 1과 함께 피해자 일행을 강간하기로 모의하였다고 단정하기는 어렵고, 피고인이 원심 공동피고인 2 및 원심 공동피고인 1이 피해자들을 강간하려는 것을 보고도 이를 제지하지 아니하고 용인하였다고 하여 이들의 범행에 공동으로 가공할 의사가 있었다고 볼 수도 없다.

그럼에도 불구하고, 원심은 그 판시와 같은 이유로 피고인이 원심공동피고인 2 및 원심공동피고인 1과 함께 피해자 일행을 강간하기로 공모한 것으로 보아 공소사실에 대하여 모두 유죄로 인정하고 말았으니, 원심판결에는 채증법칙을 위배하여 사실을 오인하거나 공동정범의 주관적 요건에 관한 법리를 오해한 위법이 있다 할 것이다.

4. 결 론

그러므로 원심판결을 파기하고, 사건을 다시 심리 · 판단하게 하기 위하여 원심법원에 환송하기로 하여 관여 법관의 일치된 의견으로 주문과 같이 판결한다.

참조조문

형법 제30조, 제297조

법적쟁점

1. 공동정범에 관한 형법 제30조의 규정이 필요한 이유를 설명하고, 공동정범의 정범성이 인정되기 위한 조건을 판례의 입장에서 설명하시오.

2. 공범과 정범을 구별하는 기준에 대하여 설명하고, 위 사안에서 피고인에게 강간죄의 공동정범을 인정하지 않은 대법원의 판단근거를 논평하시오.

3. 공모공동정범과 공동정범은 성립요건상 차이가 있는지 여부를 검토하고, 차이가 있다면 그 법적 근거는 무엇인가?

4. 소위 편면적 공동정범이 공동정범에 해당하지 않는 이유를 설명하시오.

5. 판례가 인정하는 공동정범의 유형에 대하여 설명하시오.

참고판례 ❶

대법원 1985.5.14. 선고 84도2118 판결【상해치사 · 상해 · 폭력행위등처벌에관한법률위반】[공1985.7.1.(755),866]

【이유】

공동정범은 행위자 상호간에 범죄행위를 공동으로 한다는 공동가공의 의사를 가지고 범죄를 공동실행하는 경우에 성립하는 것으로서, 여기에서의 공동가공의 의사는 공동행위자 상호간에 있어야 하며 행위자 일방의 가공의사만으로는 공동정범관계가 성립할 수 없다.

나. 동시범의 특례를 규정한 형법 제263조는 상해치사죄에도 적용된다.

참고판례 ❷

대법원 2008.7.24. 선고 2008도287 판결【업무상배임】[공보불게재]

【이유】

업무상배임죄의 실행으로 인하여 이익을 얻게 되는 수익자 또는 그와 밀접한 관련이 있는 제3자를 배임의 실행행위자와 공동정범으로 인정하기 위하여는 우선 실행행위자의 행위가 피해자 본인에 대한 배임행위에 해당한다는 점을 인식하였어야 하고, 나아가 실행행위자의 배임행위를 교사하거나 또는 배임행위의 전 과정에 관여하는 등으로 배임행위에 적극 가담할 것을 필요로 한다.

원심이 인정한 사실과 기록에 의하면, 피고인 2는 대영산업의 대표이사로 있으면서 대영산업의 직원인 공소외 1, 공소외 2에 의하여 임금체불 등의 이유로 고발당한 사실, 피고인 2는 대영산업의 소유인 이 사건 건물 등을 피고인 1에게 보증금 3,000만 원에 임대하고 그 보증금 중 1,500만 원으로 공소외 1, 공소외 2에 대한 체불임금 중 일부를 지급한 사실을 알 수 있는바, 위 인정 사실에 의하면 대영산업의 대표이사인 피고인 2가 대영산업 소유의 이 사건 건물 등을 임대하여 그 보증금으로 대영산업 직원에 대한 체불임금을 지급한 것은 대영산업 대표이사로서의 정당한 업무수행이라 할 것이고, 이 사건에서 피고인 2의 업무상 배임이 인정되는 것은 위 1.항에서 살펴본 바와 같이 피고인 2가 이 사건 건물 등을 임대하고 그 보증금 중 1,500만 원으로 자신의 체불임금에 충당한 일련의 행위라고 할 것이므로, 이와 같은 경우에 피고인 1에게 피고인 2의 업무상 배임죄에 대한 공모공동정범의 죄책을 인정하기 위해서는 피고인 1이 피고인 2의 배임행위, 즉 피고인 2가 대영산업 소유인 이 사건 건물 등을 임대하여 받는 보증금 중 일부로 자신의 유덕산업에 대한 체불임금에 충당하려 한다는 사실을 알면서도 이 사건 임대차계약을 체결하였으며, 나아가 피고인 2의 위와 같은 배임행위를 교사하거나 또는 배임행위의 전 과정에 관여하는 등으로 배임행위에 적극 가담하였음이 입증되어야 한다.

그런데 원심은 이 점에 관하여는 심리 및 판단을 하지 아니한 채 그 판시와 같은 이유, 즉 피고인 1이 이 사건 임대차계약 체결 당시 피고인 2가 유덕산업의 직원으로서 대영산업의 명목상 대표이사에 불과한 사실을 알고 있었다는 이유만으로 피고인 1이 피고인 2의 업무상배임죄의 공범에 해당한다고 판단하였는바, 이러한 원심판결에는 업무상배임죄의 공모공동정범에 관한 법리를 오해하여 필요한 심리를 다하지 아니함으로써 판결에 영향을 미친 위법이 있고, 이 점을 지적하는 논지는 이유 있다.

3. 결 론

그러므로 원심판결 중 피고인 1에 대한 부분을 파기하고 이 부분 사건을 다시 심리 · 판단하게 하기 위하여 원심법원에 환송하며, 피고인 2의 상고를 기각하기로 하여 관여 대법관의 일치된 의견으로 주문과 같이 판결한다

참조문헌

김봉수, "공동정범의 과잉에 대한 비판적 고찰", 형사법연구 제21권 제4호, 2009, 221면-246면.

김성룡, "공동정범의 주관적 구성요건요소", 비교형사법연구 제3권 제1호, 2001, 89면 이하.

박상기, "형법 제정 50년과 공범론의 전개", 형사법연구 제18권, 157면 이하.

박상기, "공동정범론과 현대적 과제", 형사법연구 제21권 제4호, 2009, 47면-66면.

이정원, "부진정부작위범에서의 정범과 공범", 비교형사법연구 제2권 제1호, 2000, 137면 이하.

이정원, "과실범에서의 정범과 공범", 형사법연구 제16권, 2001, 105-126면.

전지연, "부작위범에서 정범과 공범의 구별", 형사판례연구 제13권, 95면 이하.

하태훈, "기능적 범행지배의 범위", 형사판례연구 제12권, 62면 이하.

한정환, "공동정범, 공모공동정범의 성립요건", 형사법연구 제21권 제1호, 2009, 279면-302면.

Ⅵ-1-2 필요적 공범 – 대향범과 공범규정의 적용

대상판결

대법원 2007.10.25.선고 2007도6712판결【사문서위조 · 위조사문서행사 · 세무사법위반】[공2007하,1970]

【피 고 인】 피고인

【상 고 인】 피고인

【변 호 인】 변호사 조태천외 1인

【원심판결】 서울남부지법 2007. 7. 25. 선고 2007노121 판결

【주　　문】 원심판결을 파기하고, 사건을 서울남부지방법원 합의부에 환송한다.

【이　　유】

상고이유를 판단한다.

2인 이상의 서로 대향된 행위의 존재를 필요로 하는 대향범에 대하여는 공범에 관한 형법총칙 규정이 적용될 수 없다.

원심은 채용 증거를 종합하여, **피고인이 세무사 사무실 직원인 공소외 1과 공모하여 위 공소외 1로부터 세무사 사무실에서 보관하고 있던 임대사업자 공소외 2 등의 이름, 주민등록번호, 주소, 사업자소재지가 기재된 서면을 교부받아 위 공소외 1이 직무상 지득한 비밀을 누설하게 한 사실**을 인정한 다음, 피고인을 공소외 1의 세무사법상 직무상 비밀누설죄의 공동정범으로 의율하였다.

그러나 세무사법 제22조 제1항 제2호, 제11조는 세무사와 세무사였던 자 또는 그 사무직원과 사무직원이었던 자가 그 직무상 지득한 비밀을 누설하는 행위를 처벌하고 있을 뿐 세무사법에는 비밀을 누설받는 상대방을 처벌하는 규정이 없고, 세무사 사무실 직원인 위 공소외 1이 직무상 지득한 비밀을 누설한 행위와 피고인이 그로부터 그 비밀을 누설받은 행위는 대향범 관계에 있다고 할 것이므로 이러한 대향범에 대하여는 공범에 관한 형법총칙 규정이 적용될 수 없다고 할 것인데도 불구하고, 원심은 피고인을 위 공소외 1의 직무상 비밀누설죄에 관한 공동정범으로 의율하였는바, 이러한 원심의 판단에는 세무사법상 직무상 비밀누설죄의 공동정범에 관한 법리를 오해하여 판결에 영향을 미친 위법이 있다.

그렇다면 원심판결 중 세무사법 위반의 점은 그대로 유지될 수 없는바, 원심에서는 이 부분과 형법 제37조 전단의 경합범 관계에 있는 나머지 유죄 부분 전부에 대하여 하나의 형이 선고되었으므로, 원심판결을 모두 파기할 수밖에 없다.

그러므로 나머지 상고이유에 대하여 나아가 살펴 볼 필요 없이 원심판결을 파기하고, 사건을 다시 심리 · 판단하게 하기 위하여 원심법원에 환송하기로 하여 관여 대법관의 일치된 의견으로 주문과 같이 판결한다.

참조조문

형법 제30조, 세무사법 제11조, 제22조 제1항 제2호

법적쟁점

1. 필요적 공범의 종류 및 필요적 공범에 대해 형법총칙상의 공범 규정의 적용이 배제되는 이유는 무엇인가?

2. 위 사안에서 피고인의 행위가 구성요건에 해당하지 않아서 처벌하지 않는다는 사실과 방조범에서 방조행위가 구성요건에 해당하지 않음에도 불구하고 처벌하는 이유의 차이점은 무엇인가?

3. 형법총칙상의 공범규정 적용대상이 아닌 대향범의 예를 들어보시오.

참고판례

대법원 2001. 12. 28. 선고 2001도5158 판결【마약류관리에관한법률위반(향정) · 약사법위반방조】[공2002.2.15.(148),440]

【이유】

매도, 매수와 같이 2인 이상의 서로 대향된 행위의 존재를 필요로 하는 관계에 있어서는 공범이나 방조범에 관한 형법총칙 규정의 적용이 있을 수 없고, 따라서 매도인에게 따로 처벌규정이 없는 이상 매도인의 매도행위는 그와 대향적 행위의 존재를 필요로 하는 상대방의 매수범행에 대하여 공범이나 방조범관계가 성립되지 아니한다.

약사법위반죄의 방조범에 대한 공소사실 중 정범의 범죄사실이 전혀 특정되지 않아 방조범에 대한 공소사실 역시 특정되었다고 할 수 없고, 정범의 판매목적의 의약품 취득범행과 대향범관계에 있는 정범에 대한 의약품 판매행위에 대하여는 형법총칙상 공범이나 방조범 규정의 적용이 있을 수 없어 정범의 범행에 대한 방조범으로 처벌할 수 없다고 한 사례.

참조문헌

조　국, "대항범중 불가벌적 대향자에 대한 공범규정 적용", 형사판례연구 제2권, 123면.

이정원, "대향범인 필요적 공범에 대한 임의적 공범규정의 적용가능성", 형사법연구 제20권 제3호, 2008, 109-125면.

Ⅵ-1-3 공모관계에서의 이탈과 공동정범의 성립

대상판결

대법원 2008.4.10.선고 2008도1274판결【강도상해 · 특수절도】[공2008상,708]

【피 고 인】피고인

【상 고 인】피고인

【변 호 인】변호사 노옥기

【원심판결】광주고법 2008.1.25. 선고 (전주)2007노171 판결

【주 문】상고를 기각한다. 상고 후의 구금일수 중 70일을 본형에 산입한다.

【이 유】

상고이유를 판단한다.

형법 제30조의 공동정범은 2인 이상이 공동하여 죄를 범하는 것으로서, 공동정범이 성립하기 위하여는 주관적 요건으로서 공동가공의 의사와 객관적 요건으로서 공동의사에 기한 기능적 행위지배를 통한 범죄의 실행사실이 필요하고, 공동가공의 의사는 타인의 범행을 인식하면서도 이를 제지하지 아니하고 용인하는 것만으로는 부족하고 공동의 의사로 특정한 범죄행위를 하기 위하여 일체가 되어 서로 다른 사람의 행위를 이용하여 자기의 의사를 실행에 옮기는 것을 내용으로 하는 것이어야 한다. 그리고 공모공동정범에 있어서 공모자 중의 1인이 다른 공모자가 실행행위에 이르기 전에 그 공모관계에서 이탈한 때에는 그 이후의 다른 공모자의 행위에 관하여는 공동정범으로서의 책임은 지지 않는다 할 것이나, 공모관계에서의 이탈은 공모자가 공모에 의하여 담당한 기능적 행위지배를 해소하는 것이 필요하므로 공모자가 공모에 주도적으로 참여하여 다른 공모자의 실행에 영향을 미친 때에는 범행을 저지하기 위하여 적극적으로 노력하는 등 실행에 미친 영향력을 제거하지 아니하는 한 공모관계에서 이탈되었다고 할 수 없다.

원심이 채용한 증거와 기록에 의하면, **피고인은 21세로서 이 사건 강도상해의 범행 전날 밤 11시경에 14세 또는 15세의 원심공동피고인 1, 2, 3과 강도 모의를 하였는데 이때 피고인이 삽을 들고 사람을 때리는 시늉을 하는 등 주도적으로 그 모의를 한 사실, 피고인은 위 원심공동피고인 1 등과 이 사건 당일 새벽 1시 30분경 특수절도의 범**

행을 한 후 함께 일대를 배회하면서 새벽 4시 30분경 이 사건 강도상해 범행을 하기까지 강도 대상을 물색한 사실, 위 원심공동피고인 1, 2가 피해자를 발견하고 쫓아가자 피고인은 "어?"라고만 하고 위 원심공동피고인 3에게 따라가라고 한 후 자신은 비대한 체격 때문에 위 원심공동피고인 1, 2를 뒤따라가지 못하고 범행현장에서 200m 정도 떨어진 곳에 앉아 있었던 사실, 결국 위 원심공동피고인 1, 2는 피해자를 쫓아가 폭행하여 항거불능케 한 다음 피해자의 뒷주머니에서 지갑을 강취하고 피해자에게 약 7주간의 치료를 요하는 우측 무릎뼈골절 등의 상해를 입히는 이 사건 강도상해의 범행을 한 사실을 알 수 있는바, 그렇다면 피고인은 위 원심공동피고인 1 등과 공동가공의 의사와 공동의사에 기한 기능적 행위지배를 통한 범죄의 실행사실이 인정되므로 판시 강도상해죄의 공모관계에 있다고 할 것이고, 이와 같이 공모관계에 있는 위 원심공동피고인 1, 2가 피해자를 강도의 대상으로 지목하고 뒤쫓아 갈 때 피고인이 단지 "어?"라고 반응하였을 뿐이라면 위 원심공동피고인 1, 2가 강도상해죄의 실행에 착수하기까지 범행을 만류하는 등으로 그 공모관계에서 이탈하였다고 볼 수도 없으므로, 피고인은 판시 강도상해죄의 공동정범으로서의 죄책을 면할 수 없다.

같은 취지의 원심 판단은 정당하고, 거기에 상고이유로 주장하는 바와 같은 채증법칙 위배, 공모공동정범의 성립요건 또는 공모관계 이탈에 관한 법리오해 등의 위법이 없다.

그러므로 상고를 기각하고 상고 후의 구금일수 일부를 본형에 산입하기로 하여, 관여 대법관의 일치된 의견으로 주문과 같이 판결한다.

참조조문 형법 제30조, 제337조

법적쟁점

1. 공동정범의 공모관계에서의 이탈과 방조범의 이탈의 경우를 비교하여 설명하시오.

2. 공모관계에서의 이탈요건과 공동정범에서 중지미수의 성립요건은 차이가 있는가?

3. 다른 공모자가 실행의 착수에 이르기 전에 공모자중 1인이 독자적으로 이탈한 경우 형사책임은?

참고판례

대법원 1986.1.21. 선고 85도2371, 85감도347 판결【강도살인 · 특정범죄가중처벌등에관한법률위반 · 강도강간 · 강도상해 · 사체유기】[공1986.3.1.(771),404]

【이유】

1. … 생략

2. … 생략

3. 검사의 상고이유를 판단한다.

(1) 소위 공모공동정범에 있어서는 범죄행위를 공모한 이상 그후 그 실행행위에 직접 가담하지 아니하더라도 다른 특별한 사정이 없는 한 다른 공모자의 분담실행행위에 대하여 공동정범의 죄책을 면할 수 없다함은 소론과 같다.

그러나 공모자 중의 어떤 사람이 다른 공모자가 실행행위에 이르기전에 그 공모관계에서 이탈한 때에는 그 이후의 다른 공모자의 행위에 관하여 공동정범으로서의 책임은 지지 않는다고 할 것이고 그 이탈의 표시는 반듯이 명시임을 요하지 않는다고 할 것이다. 원심이 확정한 사실에 의하면 구체적인 살해방법이 확정되어 피고인을 제외한 나머지 공범들이 피해자의 팔, 다리를 묶어 저수지 안으로 던지는 순간에 피해자 에 대한 살인행위의 실행의 착수가 있다 할 것이고 따라서 피고인은 살해모의에는 가담하였으나 다른 공모자들이 실행행위에 이르기 전에 그 공모관계에서 이탈하였다 할 것이고 그렇다면 피고인이 위 공모관계에서 이탈한 이후의 다른 공모자의 행위에 관하여는 공동정범으로서의 책임을 지지 않는다고 할 것이므로 위와 같은 취지의 원심판결은 정당하고 거기에 소론과 같은 실행의 착수와 공동정범에 관한 법리오해의 위법이 있다 할 수 없으므로 논지 이유 없다.

(2) … 생략

참조문헌

김용세, "'공모관계이탈'과 공범의 중지", 형사법연구 제13호, 55면 이하

박상기, "우리나라 학설과 판례에 나타나는 공동정범의 유형과 문제점", 형사법연구 제13호, 1면 이하

이용식, "공동자 중 1인의 실행착수 이전 범행이탈 - 공동정범의 처벌한계", 형사판례연구 제11권, 81면 이하

조준현, "공범관계의 해소에 관한 사례연구", 형사판례연구 제5권, 129-154면

Ⅵ-1-4 공모공동정범

대상판결

대법원 1992.11.24.선고 92도2432 판결【살인 · 폭력행위등처벌에관한법률위반 · 에너지이용합리화법위반 · 공갈 · 상해치사】[공1993.1.15.(936),307]

【피 고 인】피고인 1 외 5인

【상 고 인】피고인들

【변 호 인】변호사 서성복 외 4인

【원심판결】서울고등법원 1992.8.27. 선고 92노2185 판결

【주　　문】원심판결 중 피고인 2에 대한 유죄부분과 피고인 3에 대한 부분을 파기하고, 이 부분 사건을 서울고등법원에 환송한다.

피고인 1, 4, 5, 6의 상고를 모두 기각한다.

상고 후의 구금일수 중 25일씩을 위 피고인들의 본형(피고인 1, 6에 대하여는 원심판시 제1의 죄에 대한 형)에 각 산입한다.

【이　　유】

피고인 1, 2, 3, 4, 5의 상고이유와 피고인 3, 6의 변호인 및 피고인 1, 2, 4, 5의 변호인(국선)의 상고이유를 판단한다.

살인, 상해치사의 점에 대하여

원심이 취사선택한 증거관계를 기록에 비추어 검토하여 보면, 원심이 **피고인 1, 2가 피해자 1을 상해하기로 공모하고, 피고인 2, 3, 4, 5가 피해자 1을 상해하기로 공모하여 동인을 구타하다가 순간적으로 동인을 살해하기로 의사가 합치되어 피고인 2가 칼로 피해자 1의 배 부위를 2회 힘껏 찌르고, 피고인 3, 4, 5가 위 칼을 넘겨받아 피해자의 팔과 다리 부분을 수회씩 찌르고, 피고인 3이 철근으로 피해자 1의 머리 뒷부분을 수회 내리쳐 피해자 1이 복부자상으로 인한 후복부 대동맥 파열 등으로 사망하게 하여 동인을 살해한 사실**을 인정한 것은 옳고, 그 사실인정 과정에 소론과 같은 채증법칙을 위배하여 사실오인을 한 위법이 있다 할 수 없다.

원심이 적법히 확정하고 있는 바와 같이 피고인 2가 칼로 피해자 1의 배부위를 2회 힘껏 찌르고, 피고인 3, 4, 5가 위 칼을 넘겨받아 피해자 1의 팔과 다리부분을 수회씩

찌르고, 피고인 3이 철근으로 피해자 1의 머리 뒷부분을 수회 내리쳐 피해자 1이 복부를 포함하여 전신에 자상 등을 입고 이로 인한 후복부 대동맥 파열 등의 치명상으로 사망하였다면 위 피고인들에게 살인의 범의가 없었다 할 수는 없는 것이다.

공동정범의 주관적 요건인 공모는 공범자 상호간에 범죄의 공동실행에 관한 의사의 결합만 있으면 족하고, 이와 같은 공모가 이루어진 이상 실행행위에 관여하지 않더라도 다른 공범자의 행위에 대하여 형사책임을 지는 것인바, 원심이 적법히 확정한 바와 같이 피고인 1, 2가 피해자 1을 상해하기로 공모하고, 이어 피고인 2, 3, 4, 5가 피해자 1을 상해하기로 공모하여 실제로는 피고인 1을 제외한 피고인 2 등 4인이 피해자 1을 판시와 같이 가해하다가 그 정도를 넘어 피해자 1을 살해하기까지에 이르렀다면, 피고인 4에게 살인의 죄책을 지울 수 없다 하더라도 상해치사의 죄책을 면할 수 없는 것이므로 같은 취지의 원심판단은 정당하고, 거기에 소론과 같은 법리오해의 위법이 있다 할 수 없다.

논지는 모두 이유 없다.

… 생략

참조조문 형법 제30조

법적쟁점

1. 공모에 가담한 자가 다른 공모자의 중한 범행에 대하여 만일 사전에 그러한 내심의 계획 또는 결과를 예상하였더라면 처음부터 공모에 가담하지 않았을 것이라는 점을 인정할 수 있는 경우에도 중한 결과에 대하여 공모공동정범의 성립을 인정할 수 있는가?

2. 공동정범의 성립요건과 공모공동정범의 인정은 배치되지 않는가?

3. 공모공동정범은 형법 제30조를 법적 근거로 삼을 수 있는가?

4. 공모공동정범을 인정할 실익이 있는지 여부 및 있다면 무엇인가?

참고판례

대법원 2007.11.15. 선고 2007도6075 판결【특정경제범죄가중처벌등에관한법률위반(배임)(일부인정된죄명:업무상배임) · 정치자금에관한법률위반】[공보불게재]

【이유】

상고이유를 본다.

1. … 생략

2. 검사의 상고이유에 대하여

가. 피고인 4, 피고인 5에 대한 특정경제범죄 가중처벌 등에 관한 법률 위반(배임)의 점

형법 제30조의 공동정범은 공동가공의 의사와 그 공동의사에 기한 기능적 행위지배를 통한 범죄 실행이라는 주관적 · 객관적 요건을 충족함으로써 성립하는바, 공모자 중 구성요건 행위 일부를 직접 분담하여 실행하지 않은 자라도 경우에 따라 이른바 공모공동정범으로서의 죄책을 질 수도 있는 것이기는 하나, 이를 위해서는 전체 범죄에서 그가 차지하는 지위, 역할이나 범죄 경과에 대한 지배 내지 장악력 등을 종합해 볼 때, 단순한 공모자에 그치는 것이 아니라 범죄에 대한 본질적 기여를 통한 기능적 행위지배가 존재하는 것으로 인정되는 경우여야 한다(대법원 2004.6.24. 선고 2002도995 판결, 대법원 2006.12.22. 선고 2006도1623 판결, 대법원 2007.4.26. 선고 2007도235 판결 등 참조).

이와 같은 법리에 터잡아 원심판결 이유를 기록에 비추어 살펴보면, 원심이 ① 피고인 1이 대통령 러시아 방문 의제 포함, 외국석유회사 · 국내대기업 · 공기업 등과 컨소시엄 구성, 근거 없는 영업이익 산출 등 부실하거나 확인되지 않거나 거짓된 내용으로 피고인 4, 피고인 5에게 보고한 내용, ② 피고인 4, 피고인 5이 그 보고 이후 행한 지시 내용과 회의석상 결정의 추상성, ③ 한 번도 이루어지지 않은 정식 결재, ④ 사업추진 당시 철도청장으로 재임하던 피고인 4의 계속 재임 여부 불투명성과 위 피고인이 이 사건 유전개발사업 추진에 대하여 보인 관심의 정도, ⑤ 위 피고인의 철도청장 이임 후 철도청 내부에서 이루어진 이 사건 사업 추진 진행 정도와 코리아크루드오일 주식 사실상 전부 인수라는 철도청 · 철도재단 내 중대한 사정 변경, ⑥ 피고인 4, 피고인 5이 코리아크루드오일 주식인수와 관련하여 보고와 문의를 받은 내용과 이에 대해 그들이 지시한 내용의 추상성, ⑦ 피고인 1이 주도한 이 사건 사업 추진 과정 등을 근거로 하여, 피고인 4, 피고인 5에 대하여 사업 추진에 대하여 감독을 제대로 하지 못한 점에 대하여 과실 내지 중과실 존재 여부는 별론으로 하고, 그들에게 고의로 공소사실과 같은 배임행위를 저질렀다거나 이를 공모하였다고 인정하기 부족하다고 판단한 것은 정당하다. 원심판결에는 이에 관하여 상고이유에서 주장하는 바와 같이 배임의 공모 여부에 관한 법리오해 등의 위법이 없다.

나. 피고인 1, 2, 3에 대한 각 2004.9.16.자 특정경제범죄 가중처벌 등에 관한 법률 위반(배임)의 점 (생략)

3. 결 론

그러므로 상고를 각 기각하기로 하여, 관여 대법관의 일치된 의견으로 주문과 같이 판결한다.

참조문헌

이용식, "공동정범의 실행의 착수와 공모공동정범", 형사판례연구 제8권, 57면 이하.
이정원, "소위 공모공동정범과 독일형법에서의 공동정범", 형사법연구 제5호, 40면 이하.
천진호, "'공모'공동정범에 있어서 공모의 정범성", 형사판례연구 제9권, 197면 이하.
하태훈, "기능적 범행지배의 범위", 형사판례연구 제12권, 62면 이하.
한정환, "공동정범, 공모공동정범의 성립요건", 형사법연구 제21권 제1호, 2009, 279면-302면.

Ⅵ-1-5 승계적 공동정범

대상판결

대법원 1997.6.27. 선고 97도163 판결【특정경제범죄가중처벌등에관한법률위반(배임)】[공1997.8.1.(39), 2234]

【피 고 인】피고인 1 외 1인

【상 고 인】피고인들

【변 호 인】변호사 한경국 외 1인

【원심판결】대전고법 1996. 12. 27. 선고 96노315 판결

【주 문】원심판결 중 피고인 1에 대한 부분을 파기하고, 이 부분 사건을 대전 고등법원에 환송한다. 피고인 2의 상고를 기각한다.

【이 유】

상고이유를 판단한다.

1. 피고인 1의 사선변호인의 상고이유에 대하여(생략)

나. 제1점에 관하여

(1) 원심이 인용한 제1심판결 이유에 의하면, 피고인 1에 대하여 인정한 범죄사실은, 위 **피고인은 1994.10.24.경부터 1996.3. 0.까지 충남 부여군 충화면 소재 피해자 조합의 판매부장으로 근무하면서 양곡의 매입, 판매 등의 업무에 종사하던 자인바, 조합내규상 양곡을 외상으로 판매함에 있어서는 조합이 정한 여신규정 및 판매사업요령에 따라 외상거래판매계약을 체결하기 전에 담보물에 대한 감정평가를 실시하고 담보가치가 있는 담보물을 취득하여 채권 회수의 확실성을 기하고, 사전에 채권확보 조치를 한 후에 양곡을 외상판매하여야 할 업무상 임무가 있음에도 불구하고, 위 조합의 조합장인 원심 공동 피고인 2, 전무인 공소외 1과 공모하여, 1994.8.25.경부터 1996.3.26.경까지 위 조합에서 제1심판결의 별지 범죄일람표 기재와 같이 공소외 2 등 7명의 양곡업자에게 백미를 외상 판매함에 있어서 위와 같은 임무에 위배하여 담보가치가 전혀 없는 담보물을 제공받는 등으로 백미 시가 합계 금 2,706,569,750원 상당을 외상 판매하다 그 대금의 회수를 어렵게 하여 그들에게 동액 상당의 재산상 이득을 취득하게 하고 위 조합에게 동액 상당의 손해를 가한 것**이다라는 것이다.

(2) 그러나, 원심이 인용한 제1심판결 기재 범죄사실에 의하더라도 피고인 1은 1994.10.24.경부터 1996.3.30.까지 위 조합의 판매부장으로 근무하면서 양곡의 매입, 판매 등의 업무에 종사하였다는 것이고, 공소외 2와의 거래는 위 피고인이 위 조합의 판매부장으로 부임하기 이전인 1994.8.25.부터 시작하여 같은 해 11.15.까지 이루어졌다는 것이므로, 원심판결 이유만에 의하면, 위 피고인의 위 공소외 2와 관련된 배임행위가 위 피고인이 판매부장으로 부임한 이후부터의 거래행위만 해당한다는 것인지 아니면 그 이전인 1994. 8. 25.부터의 거래행위까지 배임행위에 해당한다는 취지인지 명확하지 아니할 뿐만 아니라, 위 피고인의 배임행위가 1994.10.24. 이후의 거래행위만에 해당한다고 한다면 원심판결만으로는 그 범죄행위의 정확한 일시, 피해액수 등을 특정할 수 없어 유죄판결 이유에 범죄될 사실을 명시하였다고 볼 수 없다.

더욱이 원심판결이 1994.8.25.부터 같은 해 11.15.까지의 위 공소외 2와의 거래행위까지 모두 업무상 배임행위로 본 취지라면, 원심이 인용한 제1심판결 기재 범죄사실에 의하더라도 피고인 1은 1994.10.24.부터 1996.3.30.까지 위 조합의 판매부장으로 근무하였다는 것이고, 원심판결이 인용하고 있는 제1심판결 이유에서 들고 있는 증거들을 기록에 의하여 검토하여 보아도, 위 피고인이 위 조합의 판매부장으로 부임하기 이전인 1994.8.25.부터 위 조합을 위하여 스스로 위 공소외 2와의 사이에 양곡외상거래를 한 사실을 인정할 자료가 없고, 다만 위 피고인은 1994. 10.24.경 위 조합의 판매부장으로 부임한 이후에도 1994.8.24.자로 체결된 거래계약에 기하여 종전에 계속하여 온 위 공소외 2와의 거래를 계속한 사실을 인정할 수 있을 뿐이다(수사기록 24, 47면). 그런데 이와 같이 계속된 거래행위 도중에 공동정범으로 범행에 가담한 자는 비록 그가 그 범행에 가담할 때에 이미 이루어진 종전의 범행을 알았다 하더라도 그 가담 이후의 범행에 대하여만 공동정범으로 책임을 지는 것이라고 할 것이므로, 비록 이 사건에서 위 공소외 2와의 거래행위 전체가 포괄하여 하나의 죄가 된다 할지라도 위 피고인에게 그 가담 이전의 거래행위에 대하여서까지 유죄로 인정할 수는 없다 할 것이다.

따라서 원심판결에는 유죄판결 이유에 명시할 범죄될 사실을 제대로 기재하였다고 볼 수 없거나, 공동정범에 관한 법리를 오해하여 판결에 영향을 미친 위법을 저질렀다고 하지 않을 수 없으므로 상고이유 중 이 점을 지적하는 부분은 이유 있고, 원심판결 중 위 피고인에 대한 부분은 파기를 면할 수 없다.

2. 피고인 2과 국선변호인의 상고이유에 대하여(생략)

3. 그러므로 원심판결 중 피고인 1에 대한 부분을 파기하고, 이 부분 사건을 다시 심

리 · 판단케 하기 위하여 원심법원에 환송하고, 피고인 2의 상고를 기각하기로 관여 법관의 의견이 일치되어 주문과 같이 판결한다.

참조조문 형법 제30조, 제355조 제2항, 제356조

법적쟁점

1. '승계적' 공동정범의 개념에 관한 견해를 살펴보시오.
2. 승계적 공동정범을 인정할 실익은 무엇이며, 공동정범의 일반적 성립요건과 부합되는지 여부를 검토하시오.
3. 승계적 공동정범을 인정할 경우 고의를 인정하는 근거를 설명하시오.
4. 승계적 방조범도 인정할 수 있는가?

참고판례

대법원 1994.12.2.선고 94도2510판결【배임수재(인정된 죄명:업무방해), 무고, 위증】[공1995.1.15(984), 528]

【이유】

대학교 입시에서 수험생의 학부모들로부터 합격시켜 달라는 청탁을 받은 갑교수가 그 수험생으로 하여금 답안지에 비밀표시를 하도록 해 놓고 채점위원이 될 것으로 예상되는 을 교수에게 비밀표시된 답안지 채점을 부정하게 높게 하는 등 위계의 방법으로 부정합격시키도록 하자고 부탁하여 을이 이를 승락하는 방법으로 갑과 공모하였는데 그 후 을이 채점위원이 되지 아니하자 채점위원이 된 병 교수에게 그와 같은 부정채점을 청탁한 경우, 병이 을의 부정채점 제의를 거절하고 즉시 그 대학교 교무처장에게 신고함으로써 더 이상 입시부정행위를 할 수 없게 되었고 달리 그 이후 을이 갑이나 수험생들 및 그 대학교 총장으로 하여금 부정한 행위나 처분을 하게 할 만한 행위를 한 바 없다면, 을의 범행 가담 이후 그 대학교 총장의 입시관리업무가 방해될 만한 행위가 없다 할 것이니 업무방해죄의 기수로 논할 수 없음이 명백하므로 병에게 부정청탁을 하였으나 뜻을 못 이룬 을의 행위를 형법 제314조를 적용하여 업무방해죄의 죄책을 지울 수 없다고 한 사례.

참조문헌

이용식, "승계적 종범의 성립범위", 형사판례연구 제15권, 101-125면

Ⅵ-1-6 합동범의 공동정범

대상판결

대법원 1998.5.21.선고 98도321 전원합의체 판결【강도상해 · 특수절도 · 사기】[공1998.7.1(61),1829]

【피 고 인】피고인

【상 고 인】피고인

【변 호 인】변호사 박태운

【원심판결】서울고법 1998.1.16. 선고 97노2329 판결

【주 문】상고를 기각한다. 상고 이후의 구금일수 중 100일을 본형에 산입한다.

【이 유】

피고인과 국선변호인의 상고이유를 함께 본다.

1. 채증법칙 위반 주장에 대하여(생략)

2. 합동범의 공동정범의 성립 여부 주장(1997.4.18. 04:08경 삼성동 소재 엘지마트 편의점에서 범하였다는 특수절도죄)에 대하여

가. 형법 제331조 제2항 후단의 '2인 이상이 합동하여 타인의 재물을 절취한 자'(이하 '합동절도'라고 한다)에 관한 규정은 2인 이상의 범인이 범행현장에서 합동하여 절도의 범행을 하는 경우는 범인이 단독으로 절도 범행을 하는 경우에 비하여 그 범행이 조직적이고 집단적이며 대규모적으로 행하여져 그로 인한 피해도 더욱 커지기 쉬운 반면 그 단속이나 검거는 어려워지고, 범인들의 악성도 더욱 강하다고 보아야 할 것이기 때문에 그와 같은 행위를 통상의 단독 절도범행에 비하여 특히 무겁게 처벌하기 위한 것이다.

합동절도가 성립하기 위하여는 주관적 요건으로 2인 이상의 범인의 공모가 있어야 하고, 객관적 요건으로 2인 이상의 범인이 현장에서 절도의 실행행위를 분담하여야 하며, 그 실행 행위는 시간적, 장소적으로 협동관계가 있음을 요한다.

나. 한편 2인 이상이 공동의 의사로서 특정한 범죄행위를 하기 위하여 일체가 되어 서로가 다른 사람의 행위를 이용하여 각자 자기의 의사를 실행에 옮기는 내용의 공모를 하고, 그에 따라 범죄를 실행한 사실이 인정되면 그 공모에 참여한 사람은 직접 실

행행위에 관여하지 아니하였더라도 다른 사람의 행위를 자기 의사의 수단으로 하여 범죄를 하였다는 점에서 자기가 직접 실행행위를 분담한 경우와 형사책임의 성립에 차이를 둘 이유가 없는 것인바(형법 제30조), 이와 같은 공동정범 이론을 형법 제331조 제2항 후단의 합동절도와 관련하여 살펴보면, 2인 이상의 범인이 합동절도의 범행을 공모한 후 1인의 범인만이 단독으로 절도의 실행행위를 한 경우에는 합동절도의 객관적 요건을 갖추지 못하여 합동절도가 성립할 여지가 없는 것이지만, 3인 이상의 범인이 합동절도의 범행을 공모한 후 적어도 2인 이상의 범인이 범행 현장에서 시간적, 장소적으로 협동관계를 이루어 절도의 실행행위를 분담하여 절도 범행을 한 경우에는 위와 같은 공동정범의 일반 이론에 비추어 그 공모에는 참여하였으나 현장에서 절도의 실행행위를 직접 분담하지 아니한 다른 범인에 대하여도 그가 현장에서 절도 범행을 실행한 위 2인 이상의 범인의 행위를 자기 의사의 수단으로 하여 합동절도의 범행을 하였다고 평가할 수 있는 정범성의 표지를 갖추고 있다고 보여지는 한 그 다른 범인에 대하여 합동절도의 공동정범의 성립을 부정할 이유가 없다고 할 것이다.

형법 제331조 제2항 후단의 규정이 위와 같이 3인 이상이 공모하고 적어도 2인 이상이 합동절도의 범행을 실행한 경우에 대하여 공동정범의 성립을 부정하는 취지라고 해석할 이유가 없을 뿐만 아니라, 만일 공동정범의 성립가능성을 제한한다면 직접 실행행위에 참여하지 아니하면서 배후에서 합동절도의 범행을 조종하는 수괴는 그 행위의 기여도가 강력함에도 불구하고 공동정범으로 처벌받지 아니하는 불합리한 현상이 나타날 수 있다. 그러므로 합동절도에서도 공동정범과 교사범 · 종범의 구별기준은 일반원칙에 따라야 하고, 그 결과 범행현장에 존재하지 아니한 범인도 공동정범이 될 수 있으며, 반대로 상황에 따라서는 장소적으로 협동한 범인도 방조만 한 경우에는 종범으로 처벌될 수도 있다.

이와 다른 견해를 표명하였던 대법원 1976.7.27. 선고 75도2720 판결 등은 이를 변경하기로 한다.

다. 원심판결 이유에 의하면, 원심은 제1심이 채택한 증거들을 인용하여 피고인에 대하여 1997.4.18. 04:08경 삼성동 소재 엘지마트 편의점에서 범한 특수절도죄를 유죄로 인정하였다. 그런데 원심이 인용한 제1심판결이 채택한 증거들을 기록과 대조하여 검토하여 보면, **속칭 삐끼주점의 지배인인 피고인이 피해자 오건수로부터 신용카드를 강취하고 신용카드의 비밀번호를 알아낸 후 현금자동지급기에서 인출한 돈을 삐끼주점의 분배관례에 따라 분배할 것을 전제로 하여 원심 공동피고인 1(삐끼), 2(삐끼주점**

업주) 및 공소외인(삐끼)과 피고인은, 삐끼주점 내에서 피해자를 계속 붙잡아 두면서 감시하는 동안 원심 공동피고인 1, 2 및 공소외인은 피해자의 위 신용카드를 이용하여 현금자동지급기에서 현금을 인출하기로 공모하였고, 그에 따라 원심 공동피고인 1, 2 및 공소외인이 1997.4.18. 04:08경 서울 강남구 삼성동 소재 엘지마트 편의점에서 합동하여 현금자동지급기에서 현금 4,730,000원을 절취한 사실을 인정하기에 넉넉한바, 비록 피고인이 범행 현장에 간 일이 없다 하더라도 위와 같은 사실관계 하에서라면 피고인이 합동절도의 범행을 현장에서 실행한 원심 공동피고인 1, 2 및 공소외인과 공모한 것 만으로서도 그들의 행위를 자기 의사의 수단으로 하여 합동절도의 범행을 하였다고 평가될 수 있는 합동절도 범행의 정범성의 표지를 갖추었다고 할 것이고, 따라서 위 합동절도 범행에 대하여 공동정범으로서의 죄책을 면할 수 없다. 같은 취지의 원심의 판단은 정당하고, 여기에 논하는 바와 같은 법리오해의 위법이 있다고 할 수 없다. 이 점에 관한 논지도 이유가 없다.

3. 양형부당의 주장에 대하여 … 생략

4. 생략

참조조문

형법 제30조, 제331조 제2항

법적쟁점

1. 합동범의 공동정범과 합동범의 차이는 무엇인가?
2. 합동범의 공동정범을 인정할 경우 합동범을 공모공동정범의 경우까지 확대하여 인정할 수 있는지 여부를 검토하시오.
3. 합동범의 공동정범에서도 일부 공동정범의 범행 중단시 중지미수 규정을 적용할 수 있는가?

참고판례 ❶

대법원 1994.11.25. 선고 94도1622 판결【특정범죄가중처벌등에관한법률위반(특수강간등)】[공1995.1.1(983),140]

【이유】

피고인과 원심공동피고인이 피해자 1과 2를 만나 그 판시 주점과 한강고수부지에서 함께 술을 마시고 나서 피해자들을 집까지 데려다 주겠다면서 승합차에 모두 태워 원심공동피고인이 위 차를 운전하여 피해자들의 집 쪽으로 가던 도중에 방향을 바꾸어 판시 야산으로 가서 차를 세운 뒤, 원심공동피고인의 제의에 따라 피해자들을 각기 강간하기로 공모하고, 우선 원심공동피고인이 피해자2에게 잠시 이야기하자고 말하여 그녀를 차에서 내리게 한 다음 그 부근의 숲속으로 데리고 가서 이야기를 나누던 중에 강간할 마음이 없어져 이를 포기하고 차 있는 데로 돌아왔으며, 피고인은 그 사이 피해자2가 차에서 내린 후 혼자 남은 피해자 1이 차에서 내리려고 하자 그녀를 협박하여 제지한 다음 판시와 같은 방법으로 차안에서 강제로 간음하였다는 것이다. 합동범이 성립하기 위하여는 주관적 요건으로서의 공모와 객관적 요건으로서의 실행행위의 분담이 있어야 하고, 특히 그 실행행위에 있어서는 반드시 시간적으로나 장소적으로 협동관계가 있음을 요하는 것이다. 피고인과 원심공동피고인 이 피해자 … 피고인과 원심공동피고인 사이에 범행현장에서 서로 강간의 실행행위를 분담한 협동관계가 있었다고 보기는 어려우므로, 피고인을 특수강간죄의 합동범으로 다스릴 수는 없다 할 것이다.

참고판례 ❷

대법원 2004.8.20. 선고 2004도2870 판결【성폭력범죄의처벌및피해자보호등에관한법률위반(특수강간등)·성폭력범죄의처벌및피해자보호등에관한법률위반(강간등치상)】[공2004.10.1(211),1623]

【이유】

1. 이 사건 공소사실의 요지

피고인은 공소외 1, 공소외 2, 공소외 3과 합동하여, 2003.9.17. 01:00경 진해시 풍호동 풍호저수지에서, 2003.9.16. 22:00경 여고생인 피해자 1(16세), 피해자 2(17세), 피해자 3(18세)을 만나 함께 놀다가 피해자들을 야산의 저수지로 유인하여 강간하자는 공소외 3의 제의에 따라 피고인 등은 피고인 운전의 더블캡 트럭에 피해자들을 태워 위 저수지로 데리고 가면서 불안해하는 피해자들에게 그 곳에 공소외 2의 할머니 댁이 있다고 거짓말하여 피해자들을 안심시켜 위 저수지에 도착한 다음, 공소외 2는 주변에 사람들이 오는지 망을 보고, 피고인은 피해자 3을 주차해 놓은 트럭으로 데리고 가 반항을 억압한 후 피해자 3을 간음하고, 공소외 1은 피해자 2를 주변 벤치로 데리고 가 반항을 억압한 후 피해자 2를 간음하고 이로 인하여 피해자 2로 하여금 2주간의 치료를 요하는 요부 염좌 및 찰과상 등을 입게 하였으며, 공소외 3은 피해자 1을 트럭으로 데리고 가 강간하기 위하여 허벅지를 수회 때렸으나 피해자 1이 심하게 반항하는 바람에 그 뜻을 이루지 못하고 미수에 그쳤다.

3. 이 법원의 판단

성폭력범죄의처벌및피해자보호등에관한법률 제6조 제1항의 2인 이상이 합동하여 형법 제297조의 죄를 범함으로써 특수강간죄가 성립하기 위하여는 주관적 요건으로서의 공모와 객관적 요건으로서의 실행행위의 분담이 있어야 하고, 그 실행행위는 시간적으로나 장소적으로 협동관계에 있다고 볼 정도에 이르면 된다 고 할 것이다. … 피고인 등은 사전에 피해자들을 야산으로 유인하여 강간하기로 모의하고 자정이 넘은 심야에 인가에 멀리 떨어져 있고 인적도 없어 피해자들이 쉽게 도망할 수 없는 야산의 저수지로 피해자들을 유인하여 간 다음 각자 마음에 드는 피해자들을 데리고 흩어져 각각 강간하기로 하는 암묵적인 합의에 따라 곧바로 피고인은 피해자 3을 트럭으로 데리고 가고, 공소외 1은 30m 가량 떨어진 다른 벤치로 피해자 2를 데리고 가고, 공소외 2는 공소외 3, 피해자 1 둘만 그 자리에 남을 수 있도록 자리를 피하여 주는 등 피해자들을 장소적으로 분리시킨 다음 100m 이내의 거리에 있는 트럭과 벤치에서 동시 또는 순차적으로 피고인은 피해자 3을, 공소외 1은 피해자 2를, 공소외 3은 피해자 1을 각 강간하거나 강간하려고 하였다는 것이고, 한편 기록에 의하면 피고인이 트럭에서 피해자 3을 강간하려고 옷을 강제로 벗기는 등으로 실랑이를 하고 있을 무렵, 공소외 3과 공소외 2가 트럭에 다가와 피고인에게 "빨리 하라."고 재촉하였고, 그 후 공소외 3은 피고인이 트럭에서 피해자 3을 강간하는 동안 피해자 1을 데리고 벤치에서 기다리고 있다가 피고인이 피해자 3을 데리고 벤치로 돌아오는 것을 보고 피해자 1을 트럭으로 데리고 가 강간하려고 하였으며, 피고인은 피해자 3을 강간한 후 일행이 있는 곳으로 데리고 가다가 공소외 3이 피해자 1을 강간하려고 트럭으로 데리고 가는 것을 본 피해자 3이 피해자 1에게 다가가 "트럭에 타지 말라."고 하자 피해자 3을 붙잡아 피해자 1에게 가지 못하도록 하였고, 공소외 2는 피고인 등이 피해자들과 짝을 맞추자 자리를 피해 저수지 뚝을 오가며 망을 보았을 뿐만 아니라 피고인이 트럭에서 피해자 3을 강간하고 나와 벤치로 돌아가고 공소외 3이 피해자 1을 강간하려고 트럭으로 데리고 오는 것을 보고 트럭 앞좌석에 있던 휴지를 뒷좌석에 갖다 놓은 다음 공소외 3에게 "세팅 다 해 놓았다. 빨리 하고 나오라."는 말을 하기도 하였으며, 피해자 3이 피해자 1에게 "트럭에 타지 말라."고 하자 "가만히 있어라. 화가 나면 나도 어떻게 할지 모른다."고 겁을 주기도 하였음을 알 수 있는바, 사실관계가 위와 같다면 피고인 등은 피해자들을 강간하기로 하는 공모관계에 있었다고 보아야 할 것이고, 또 피고인 등이 비록 특정한 1명씩의 피해자만 강간하거나 강간하려고 하였다 하더라도, 사전의 모의에 따라 강간할 목적으로 심야에 인가에서 멀리 떨어져 있어 쉽게 도망할 수 없는 야산으로 피해자들을 유인한 다음 곧바로 암묵적인 합의에 따라 각자 마음에 드는 피해자들을 데리고 불과 100m 이내의 거리에 있는 곳으로 흩어져 동시 또는 순차적으로 피해자들을 각각 강간한 이상, 그 각 강간의 실행행위도 시간적으로나 장소적으로 협동관계에 있었다고 보아야 할 것이므로, 피해자 3명 모두에 대한 특수강간죄 등이 성립된다고 보아야 할 것이다. 그럼에도 불구하고 원심이 피고인 등이 합동하여 피해자들을 각 강간한 것으로 보기 어렵고 달리 이를 인정할 증거가 없다는 이유로 피고인의 피해자들에 대한 각 범행이 성폭력범죄의처벌및피해자보호등에관한법률 소정의 특수강간, 특수강간미수, 특수강간치상죄에 해당하지 않는다고 판단한 것은 합동범에 관한 법리를 오해하여 판결에 영향을 미친 위법이 있다고 보아야 할 것이다. 이 점을 지적하는 상고이유는 이유 있다.

참조문헌

강동범, "합동범의 공동정범", 형사법연구 제13호, 2000, 79-94면.

강동범, "합동범의 본질과 공동정범의 성립여부", 김일수교수화갑기념논문집, 2006, 256-274면.

문채규, "합동범의 공동정범", 형사법연구 제22호, 2004, 23면-40면

이호중, "합동절도의 공동정범", 형사판례연구 제7권, 130면 이하

정영일, "합동범에 관한 판례연구", 형사판례연구 제7권, 109면 이하

Ⅵ-2-1 고의 없는 피이용자의 행위와 간접정범

대상판결

대법원 2008.9.11.선고 2007도7204판결【특정범죄가중처벌등에관한법률위반(알선수재) · 정치자금법위반】[공2008하,1402]

【피 고 인】 피고인 1외 1인

【상 고 인】 검사

【변 호 인】 변호사 황진호외 7인

【원심판결】 대전고법 2007.8.22. 선고 2007노129 판결

【주 문】 원심판결을 파기하고, 사건을 대전고등법원에 환송한다.

【이 유】

상고이유를 본다.

1. 정치자금법 위반 부분에 관하여(생략)

나. (생략)

다. 한편, 형법 제34조 제1항은 "어느 행위로 인하여 처벌되지 아니하는 자 또는 과실범으로 처벌되는 자를 교사 또는 방조하여 범죄행위의 결과를 발생하게 한 자는 교사 또는 방조의 예에 의하여 처벌한다."고 규정하고 있으므로, 처벌되지 아니하는 타인의 행위를 적극적으로 유발하고 이를 이용하여 자신의 범죄를 실현한 자는 위 법조항이 정하는 간접정범으로서의 죄책을 지게 되고, 그 과정에서 타인의 의사를 부당하게 억압하여야만 간접정범에 해당하게 되는 것은 아니다.

라. 원심 및 제1심의 적법한 증거조사를 거친 증거들에 의하면, **에쓰오일주식회사의 대표이사 겸 회장인 피고인 2가 위 회사의 제2공장을 서산시에 신설하는 것과 관련하여 그곳 지역구 국회의원인 피고인 1의 주선으로 서산시장 등과의 간담회를 가지고 피고인 1에게 도시계획변경 및 일반지방산업단지지정에 관하여도 서산시장의 협조를 구해 달라고 부탁한 사실, 이와 관련하여 피고인 2는 피고인 1에게 후원금을 제공하기로 마음먹고, 위 회사의 경영진과 조직을 통하여 전국에 산재한 위 회사 지점 및 영업소 직원들에게 피고인 1을 소개하면서 그에 대한 후원금 기부를 권고하고 후원한 직원들의 명단까지 파악하는 등 후원금 기부를 적극적으로 유도하여, 이전에는 피고인**

1에 대한 후원금 기부를 생각조차 하지 않던 전국 각지의 위 회사 직원들 중 무려 542명으로 하여금 불과 14일 동안 10만 원씩 모두 5,420만 원의 후원금을 피고인 1의 후원회에 집중적으로 기부하도록 함으로써 피고인 2 및 위 회사 임원 등의 후원금을 합하여 합계 5,560만 원을 기부한 사실, 피고인 1의 후원회는 형식적으로는 위 피고인과 별도로 구성되어 있기는 하나, 그 활동이 미미하고, 후원금 관리계좌가 위 피고인 명의로 개설되어 있으며, 그 통장 및 도장을 위 피고인의 변호사사무실 여직원 겸 국회의원 정치자금 회계책임자가 위 피고인의 국회의원 정치자금 통장 및 도장과 함께 보관하면서 위 피고인의 국회의원 보좌관 겸 후원회 회계책임자의 구체적 지시 · 감독 아래 이를 관리하여 왔고, 위 피고인은 그 보좌관 겸 후원회 회계책임자로부터 위 통장의 입 · 출금 내역 등 관리 상황을 수시로 보고받아 왔으며, 이 사건 후원금 입금에 관하여도 위와 같은 방법으로 보고받고 그 직후 피고인 2에게 직접 감사하다는 취지의 인사말까지 한 사실을 알 수 있다.

위와 같은 사실을 앞서 본 법리에 비추어 살펴보면, 비록 형식적으로는 위 후원금이 후원회에 기부된 것이라고 하더라도 실질적으로는 후원회의 회계를 사실상 지배 · 장악하고 있던 피고인 1 본인이 바로 후원금을 기부받은 것으로 볼 수 있어 정치자금법 제32조 제3호가 금지하는 공무원이 담당 · 처리하는 사무에 관하여 청탁 또는 알선하는 일과 관련하여 정치자금을 수수한 것이라 할 것이고, 피고인 2는 자세한 내막을 알지 못하여 정치자금법 위반죄를 구성하지 않는 직원들의 기부행위를 유발하고 이를 이용하여 자신의 범죄를 실현한 것이어서 간접정범으로서의 죄책을 면할 수 없다 할 것이다.

마. 그럼에도 원심은, 피고인 1의 간담회 주선과 서산시장에의 의견제시는 국회의원 본래의 직무범위에 속하여 피고인 2가 피고인 1에게 위와 같은 행위를 부탁하고 그와 관련한 정치자금을 기부하였다고 하더라도 피고인들의 행위가 공무원이 담당 · 처리하는 사무에 관한 청탁 또는 알선과 관련한 기부행위에 해당한다고 볼 수 없고, 피고인 1이 적극적으로 정치자금의 기부를 요구하거나 피고인들 사이에 그에 관한 사전의 의사연락이 있었다고 볼 만한 증거가 없는 이상 단지 후원회의 인적 구성이나 운영실태가 제1심 판시와 같다는 사정만으로는 피고인 1이 형식상 후원회를 통하여 정치자금을 받았다고 하기 어려우며, 피고인 2가 그 직원들의 의사를 부당하게 억압하는 방법으로 기부를 알선하였다고 볼 증거가 없어 피고인 2에게 간접정범의 죄책을 물을 수도 없다는 이유로, 이 부분 공소사실을 무죄로 판단하고 말았으니, 이러한 원심의 판단에는 정치자금법의 관련 규정 및 간접정범에 관한 법리를 오해하고 채증법칙을 위

반하여 사실을 잘못 인정한 위법이 있고, 이는 판결 결과에 영향을 미쳤음이 분명하다. 상고이유 중 이 점을 지적하는 부분은 이유 있다.

다만, 원심판결 중 제1심이 그 이유에서 인정할 증거가 없다고 보아 무죄로 판단한 부분을 유지한 결론은 기록에 비추어 수긍할 수 있어, 이 부분에는 상고이유에서 주장하는 바와 같은 판결 결과에 영향을 미친 위법이 있다고 할 수 없다.

2. 특정범죄가중처벌 등에 관한 법률 위반(알선수재) 부분에 관하여

특정범죄가중처벌 등에 관한 법률 제3조는 "공무원의 직무에 속한 사항의 알선에 관하여 금품이나 이익을 수수·요구 또는 약속한 자는 5년 이하의 징역 또는 1,000만원 이하의 벌금에 처한다."고 규정하고 있는바, 국회의원이 공무원의 직무에 속한 사항의 알선에 관한 금품을 수수하면서 후원회를 통하는 방식을 취하였을 때, 국회의원의 후원회가 정치자금법이 정한 단체로서의 실질을 갖추지 못한 경우이거나 단체로서의 실질은 갖추었더라도 국회의원이 직접 또는 보조자를 통하여 후원회의 후원금 입·출금을 포함한 후원회의 회계를 사실상 지배·장악하여 관리하고 있는 경우라면 비록 형식적으로는 후원회 명의로 후원금을 기부받았다고 하더라도 실질적으로는 국회의원이 바로 후원금을 수수한 것과 같이 보아야 할 것임은 앞에서 본 바와 같다.

앞서 본 사실을 위와 같은 법리에 비추어 살펴보면, 피고인 1은 그 보좌관 겸 후원회 회계책임자 등을 통하여 후원회의 회계를 사실상 지배·장악하여 관리하고 있었다고 할 것이므로, 비록 피고인 1이 형식적으로는 후원회를 통하여 이 사건 금원을 기부받았다고 하더라도 실질적으로는 피고인 1 본인이 바로 이 사건 금원을 수수한 것과 같이 보아야 할 것이다.

이와 달리 원심은 이 사건 금원이 후원회에 입금된 이상 피고인 1이 이를 피고인 2로부터 수수하였다고 볼 수 없다는 이유로 이 부분 공소사실을 무죄로 판단하였는바, 이러한 원심의 판단에는 판결 결과에 영향을 미친 특정범죄가중처벌 등에 관한 법률 위반(알선수재)죄에 있어서의 금품수수에 관한 법리오해의 위법이 있고, 상고이유 중 이 점을 지적하는 부분은 이유 있다. 원심이 인용한 대법원판결은 구성요건 및 사안을 달리하는 이 사건에 원용되기에 적절한 것이 아니다.

3. 결 론

그러므로 검사의 나머지 상고이유에 대한 판단을 생략한 채 원심판결을 파기하고, 사건을 다시 심리·판단하게 하기 위하여 원심법원에 환송하기로 하여 관여 대법관의 일치된 의견으로 주문과 같이 판결한다.

참조조문

형법 제34조 제1항 / 정치자금법 제32조 제3호, 제45조 제2항 제5호

법적쟁점

1. 제34조 제1항의 간접정범과 동조 제2항의 특수교사 · 방조를 비교하여 차이점을 설명하시오.

2. 위 판결에서 피이용자인 회사직원들은 간접정범에서 '어느 행위로 인하여 처벌되지 아니하는 자' 중 어느 유형에 해당하는지 설명하시오.

참고판례

대법원 1997.7.11. 선고 97도1180 판결【수복지역내소유자미복구토지의복구등록과보존등기등에관한특별조치법위반 · 공정증서원본부실기재 · 부실기재공정증서원본행사】[공1997.9.1(41),2586]

참조문헌

전지연, "간접정범의 기본구조와 자살참가에서의 간접정범", 형사법연구 제6호, 1993, 169면 이하

Ⅵ-2-2 착오에 의한 지배와 간접정범

대상판결

대법원 2007.9.6. 선고 2006도3591 판결【사기미수 · 사문서위조】[공2007.10.1(283), 1596]

【피 고 인】피고인

【상 고 인】검사

【원심판결】수원지법 2006.5.11. 선고 2005노3908 판결

【주 문】원심판결 중 사기미수의 점에 대한 부분을 파기하고, 이 부분 사건을 수원지방법원 본원 합의부에 환송한다. 나머지 상고를 기각한다.

【이 유】

상고이유를 본다.

1. 사문서위조의 점에 대하여(생략)

2. 사기미수의 점에 대하여

가. 공소사실 및 원심의 판단

원심에서 적법한 절차를 거쳐 변경된 이 사건 공소사실 중 사기미수의 점의 요지는, **공소외 주식회사(이하 '공소외 회사'라 한다)의 대표이사로 있던 피고인은 2003.9.1.경 사실은 공소외 회사가 피해자 공소외 1에게 2,000만 원을 빌려 준 적이 없기 때문에 양도할 채권이 존재하지 아니함에도, 피고인이 공소외 2에 대하여 개인적으로 부담하고 있던 차용금 채무 3,500만 원에 대한 변제조로, 공소외 2와 사이에 "채권양도인 공소외 회사. 채권양수인 공소외 2. 채권양도인 공소외 회사는 공소외 1에 대하여 가지고 있는 차용금채권 전부를 양도하고 양도금은 원금 2,000만 원, 이자 2,500만 원 합계 4,500만 원 전부를 양도한다."라는 내용의 채권양도계약서를 작성하고, 미리 위조하여 놓은 "금액: 일금 이천만 원정. 상기 금액을 정히 차용하여 이자는 월 2부로 하여 지급키로 한다. 담보물: 공소외 회사 1층 152호 공소외 1 지분(7.05평). 입금액 25,307,500원을 담보로 함. 차용인 공소외 1. 1998.8.20. 공소외 회사 대표이사 피고인 귀하"라는 내용이 기재된 공소외 1 명의의 차용증(이하 '이 사건 차용증'이라 한다)을 공소외 2에게 교부하여 마치 공소외 회사가 공소외 1에 대하여 2,000만 원 상당의 대여금 채권을 가지고**

있는 것처럼 공소외 2에게 위 허위채권을 양도한 다음, 2003.12.12.경 수원지방법원 성남지원에서 그 정을 모르는 공소외 2로 하여금 피고인으로부터 양도받은 위 허위채권에 기초하여 공소외 1을 상대로 "피고 공소외 1은 금 45,000,000원 및 2003.9.1.부터 완제일까지 월 2부의 비율에 의한 금원을 지급하라"는 내용의 양수금 청구소송(2003가단32208호)을 제기하면서 위조된 이 사건 차용증을 증거자료로 제출하게 하여, 이에 속은 위 법원으로 하여금 승소판결을 선고하게 함으로써 공소외 2로 하여금 공소외 1로부터 동액 상당의 재산상 이익을 취득하게 하려고 하였으나, 공소외 1이 응소하고 공소외 2가 2004.5.7. 소취하서를 제출함으로써 그 뜻을 이루지 못하고 미수에 그쳤다는 것이다.

이에 대하여 원심은, 피고인이 공소외 2로 하여금 피고인을 대신하여 공소외 1에 대한 대여금소송을 하게 하는 것을 주된 목적으로 하여 채권양도를 한 것이라면 모르되, 위 공소사실 자체에 나타난 바와 같이, 피고인이 공소외 2에 대한 기존 채무의 변제를 위하여 공소외 2에게 이 사건 차용증상의 채권을 양도하고, 공소외 2도 피고인에 대한 기존 대여금 채권을 변제받기 위하여 위 채권을 양수한 것이라면, 공소외 2는 자신의 이익을 위하여 위 양수금 청구소송을 제기하고 자신이 선임한 변호사를 통해 당사자로서의 소송을 수행하여 승소판결을 얻으려 한 것이어서, 단순히 채권양도인인 피고인에 의해 이용되는 지위에 머무는 데 불과하다고 볼 수는 없고, 검사가 제출한 증거들만으로는, 피고인에게 공소외 2의 소송제기에 대한 행위지배가 인정되어 공소외 2가 피고인의 지시에 따라 소송수행을 하는 데 불과한 형식상의 소송당사자에 불과하다거나 피고인과 공소외 2 사이에 소송행위를 하게 하는 것을 주목적으로 이 사건 채권양도가 이루어진 경우라는 점을 인정하기에 부족하며 달리 이를 인정할 증거가 없다는 이유로, 위 공소사실에 대하여 무죄를 선고하였다.

나. 대법원의 판단

소송사기는 법원을 속여 자기에게 유리한 판결을 얻음으로써 상대방의 재물 또는 재산상 이익을 취득하는 범죄로서, 이를 쉽사리 유죄로 인정하게 되면 누구든지 자기에게 유리한 주장을 하고 소송을 통하여 권리구제를 받을 수 있는 민사재판제도의 위축을 가져올 수밖에 없으므로, 피고인이 그 범행을 인정한 경우 외에는 그 소송상의 주장이 사실과 다름이 객관적으로 명백하고 피고인이 그 주장이 명백히 거짓인 것을 인식하였거나 증거를 조작하려고 하였음이 인정되는 때와 같이 범죄가 성립되는 것이 명백한 경우가 아니면 이를 유죄로 인정하여서는 아니 되고, 단순히 사실을 잘못 인식하였다거나 법률적 평가를 잘못하여 존재하지 않는 권리를 존재한다고 믿고 제소한 행위는 사기죄를 구성하지 아니하며, 소송상 주장이 다소 사실과 다르더라도 존재한다고 믿는 권리를 이유 있게 하기 위한 과장표현에 지나지 아니하는 경우 사기의 범의가 있다고 볼 수 없고, 또한 소송사기에서 말하는 증거의 조작이란 처분문서 등을 거짓으로 만들어내거나 증인의 허위 증언을 유도하는 등으로 객관적 · 제3자적 증거를 조작하는 행위를 말한다.

그리고 간접정범에 관하여 규정한 형법 제34조 제1항에 의하면, 어느 행위로 인하여 처벌되지 아니하는 자 또는 과실범으로 처벌되는 자를 교사 또는 방조하여 범죄행위의 결과를 발생하게 한 자는 교사 또는 방조의 예에 의하여 처벌하도록 되어 있으므로, 범죄사실의 인식이 없는 타인을 이용하여 범죄를 실행하게 한 자는 위 법조 소정의 "어느 행위로 인하여 처벌되지 아니하는 자를 교사한 자"에 해당하여 간접정범으로서 단독으로 그 죄책을 부담한다.

따라서 자기에게 유리한 판결을 얻기 위하여 소송상의 주장이 사실과 다름이 객관적으로 명백하거나 증거가 조작되어 있다는 정을 인식하지 못하는 제3자를 이용하여 그로 하여금 소송의 당사자가 되게 하고 법원을 기망하여 소송 상대방의 재물 또는 재산상 이익을 취득하려 하였다면 간접정범의 형태에 의한 소송사기죄가 성립하게 된다.

원심과 제1심이 적법하게 채용한 증거들에 의하면, 공소외 회사가 신축한 상가 건물(이하 '이 사건 건물'이라 한다) 내의 1층 152호 점포(이하 '이 사건 점포'라 한다)에 대하여 분양계약을 체결하고 그 분양대금의 계약금 및 중도금 명목으로 공소외 회사에 합계 25,307,500원을 지급한 공소외 1은 1996.5.29.경 이 사건 건물의 공사가 지연됨에 따른 분양계약 해제 및 분양대금 반환 문제와 관련하여 당시 공소외 회사의 대표이사로 있던 공소외 3과 말다툼하다가 폭행을 당하여 상해를 입게 된 사실, 이와 같은 폭행사건을 이유로 공소외 1은 1998.4.16. 서울지방법원에 공소외 회사를 상대로 한 손해배상 청구소송을 제기하였는데, 위 소송이 진행 중이던 1998.8.20. 피고인은 당시 공소외 1의 남편으로서 그녀를 대리한 공소외 4에게 2,000만 원을 교부하고 공소외 4로부터 "금액: 일금 이천만 원정. 상기 금액을 공소외 회사로부터 정히 차용함. 1998.8.20. 차용인: 공소외 1. 공소외 회사 대표이사 귀하"라는 내용이 기재된 공소외 1 명의의 차용증(이하 '원 차용증'이라 한다)과 위 2,000만 원에 대하여 이 사건 점포를 담보로 제공한다는 내용의 공소외 1 명의의 이행각서를 작성 · 교부받은 사실, 이후 위 민사소송에서 1998.12.11. 공소외 회사는 공소외 1에게 181,029,529원(공소외 1의 가족에 대한 위자료까지 포함한 금액이다) 및 이에 대한 법정지연손해금을 지급할 것을 명하는 판결이 선고되었고, 1999. 1. 6. 항소기간의 도과로 위 판결이 그대로 확정되었으며, 이후에도 피고인과 공소외 1 사이에는 위 확정판결에 기한 손해배상금의 지급문제, 공소외 1이 이 사건 건물의 부지와 일부 점포에 대하여 설정해 놓은 가압류의 해제 문제 등을 둘러싸고 분쟁이 지속된 사실, 그런데 원 차용증이 작성된 이후인 어느 날 피고인은 위와 같이 공소외 4에게 2,000만 원을 교부함에 있어 위 금원에 대한 이자를 지급받기로 약정한 사실이 없음에도 공소외 1 또는 공소외 4의 동의 없이 월 2부의 이자 및 이 사건 점포를 차용금에 대한 담보로 제공한다는 내용을 기재한 공소외 1 명의의 이 사건 차용증을 작성한 사실, 그 후 피고인은 2003.9.1.경 피고인의 처가 인테리어 사업과 관련하여 3,500만 원의 채무를 부담하고 있던 공소외 2에게 이 사건 차용증을 보여주며 "공소외 1이 전 대표이사로부터 폭행당하여 병원에 입원하게 되었을 때 병원비가 없다고 하므로 피고인이 공소외 4에게 2,000만 원을 빌려 주면서 이 사건 차용증을 받아두었다. 이렇게 공소외 1로부터 돈을 받을 것이 있으니 나의 채권을 양도받아서 소송을 제기하여서라도 돈을 받으라"고 말하면서 이 사건 차용증상의 채권원리금 4,500만 원(원금 2,000만 원 + 약정이자 2,500만 원)을 양도하는 내용의 채권양도계약서를 작성하여 주고 이 사건 차용증을 공소외 2에게 교부한 다음 2003.11.29.경 공소외 1에게 위 채권양도의 통지를 한 사실, 그 무렵 피고인은 공소외 2와 함께 법무법인 창조의 공소외 5 변호사를 찾아가서 공소외 1을 상대로 소송을 제기하는 문제를 상담하였는바, 이 때 위 변호사는 "공소외 1이 위 손해배상채권에 기한 상계처리 주장을 하게 되면 소송을 제기해 보아야 돈을 받을 길이 없다고 하면서 소송을 제기하지 말라"는 취지로 만류하였음에도 피고인은 소송을 강행하여 달라고 요구한 사실, 공소외 2는 피고인과의 친분관계상 공소외 1에 대한 권리를 주장하는 피고인의 말과 이 사건 차용증의 기재 내용을 그대로 믿은 나머지 공소외 1에게 이 사건 차용증 내용의 진위를 확인해 보거나 채권양수금의 지급을 요구하여 보지도 아니한 채 피고인으로부터 양도받은 채권에 기초하여 2003.12.12. 공소외 1을 상대로 양수금 청구소송을 제기하였고, 얼마 후 위 공소외 5 변호사가 공소외 2의 대리인으로 선임되어 위 소송을 수행한 사실을 알 수 있다. 한편, 기록에 의하면 위와 같이 공소외 1과 공소외 회사 사이의 손해배상소송이 진행 중이던 1998.8.20. 피고인이 공소외 4에게 2,000만 원을 교부한 이유에 대하여, 피고인은 공소외 1이 공소외 회사의 전 대표이사에게 폭행당한 이후로 병원치료비도 없고 카드사용대금도 갚지 못하는 등으로 생계가 막막하다고 공소외 4가 읍소하면서 돈을 빌려달라고 사정하여 위 2,000만 원을 대여한 것이라고 주장하는 반면, 공소외 1과 공소외 4는 위 손해배상채권의 보전을 위하여 이 사건 건물 내 점포에 대하여 가압류를 하려고 하였더니 피고인이 하지 말라고 하면서 소송비용 보전 명목으로 교부한 돈인데, 당시 피고인이 법인 내부의 회계처리상의 편의를 위하여 차용 형식으로 서류를 해 달라고 요청하여 원 차용증과 이행각서를 작성해 준 것에 불과하다고 다툰다.

사실관계가 이와 같다면, 공소외 2 명의로 제기된 위 양수금 청구소송은 피고인이 공소외 회사와 공소외 1 사이의 실체적 권리관계에 대하여 피고인의 말을 전적으로 믿고 있는 공소외 2를 원고로 내세워 제기한 것으로 볼 수 있다.

우선 위 소송에서의 청구금액 중 원금 2,000만 원 부분에 관하여 보면, 위 2,000만 원이 교부된 명목에 관하여 공소외 1 측의 진술을 받아들인다 하더라도, 이는 공소외 회사가 공소외 1에게 지급하여야 할 손해배상금 또는 소송비용을 판결확정 전에 미리 지급한 성격의 금원으로서 궁극적으로는 공소외 회사가 공소외 1에게 지급하여야 할 채무액에서 공제되어야 할 금액이고, 따라서 이와 같이 공소외 회사가 적어도 공소외 1에 대하여 그 손해배상채무액에서 위 2,000만 원의 공제를 주장할 권리를 가지고 있었던 이상, 위 양수금 청구소송에서의 청구금액 중 위 2,000만 원을 구하는 부분은 피고인이 법률적 평가를 잘못하여 대여금채권으로 주장하도록 한 것이지, 그 본질에 있어서 자신의 정당한 권리행사의 일환으로 이루어진 것이 아니라 허구의 주장과 증거조작을 통하여 법원을 기망하려고 시도한 것으로 소송상의 주장이 사실과 다름이 객관적으로 명백하여 소송사기를 구성한다고는 보기 어려울 뿐만 아니라, 피고인에게 공소외 회사의 공소외 1에 대한 그 주장과 같은 권리가 존재하지 않았다는 사실을 잘 알면서도 허위의 주장과 입증으로 법원을 기망한다는 인식이 있었다고 할 수도 없으므로, 비록 그 이유설시에 있어서 적절하지 않은 부분이 있기는 하나 위 원금 2,000만 원 부분에 대하여 간접정범에 의한 소송사기죄가 성립하지 않는다고 본 원심판결은 그 결론에 있어서 정당하다.

그러나 위 양수금 청구소송에서의 청구금액 중 약정이자로 2,500만 원 및 그에 대한 2003.9.1.부터 월 2푼의 비율에 의한 금원의 지급을 구하는 부분에 관하여 보면, 피고인은 이 사건 차용증이 위조된 것이고 그 차용증의 기재 내용 중 적어도 약정이자에 관한 부분은 허위라는 정을 명백히 인식하고서 그러한 인식이 전혀 없는 공소외 2를 도구로 이용하여 공소외 1을 상대로 위 소송을 제기한 것으로 충분히 인정할 수 있다.

다만, 만일 피고인이 공소외 1 측에게 교부한 위 2,000만 원의 권원이 대여금과 같이 공소외 회사에게 그 반환청구권을 유보시킨 것이라면, 약정이자 명목으로 청구하는 금원 중 적어도 법정지연손해금에 상당하는 금원에 관하여는 허위의 주장과 조작된 증거에 의하여 법원을 기망하는 소송사기의 대상에 해당한다고 볼 수 없으므로, 이 경우에는 약정이자 명목으로 구하는 금원 중 법정지연손해금을 초과하는 부분에 한하여 소송사기가 성립할 뿐이라고 보아야 한다.

따라서 원심으로서는 위 2,000만 원이 어떠한 명목으로 교부된 것인지에 대한 사실관계를 확정한 다음 이에 기초하여 위 양수금 청구소송에서 약정이자로 청구하는 금원 부분 중 소송사기에 해당하는 부분이 전부인지 일부인지를 가렸어야 함에도, 앞에서 본 바와 같은 이유를 들어 위 약정이자청구 부분 전부에 대하여 간접정범의 형태에 의한 소송사기죄가 성립하지 않는다고 단정하고 말았으니, 원심판결에는 간접정범 및 소송사기에 관한 법리를 오해한 나머지 필요한 심리를 다하지 아니하거나 채증법칙에 위배하여 사실을 오인함으로써 판결에 영향을 미친 위법이 있다. 이 점을 지적하는 상고이유의 주장은 이유 있다.

3. 결 론

그러므로 원심판결 중 사기미수의 점에 대한 부분에는 일부에 파기사유가 있으나 나머지 부분과 일죄를 이루고 있어 전부를 파기할 수밖에 없으므로, 원심판결 중 사기미수의 점에 대한 부분을 모두 파기하여 이 부분 사건을 다시 심리 · 판단하게 하기 위하여 원심법원에 환송하고, 나머지 상고를 기각하기로 관여 대법관의 의견이 일치되어 주문과 같이 판결한다.

참조조문 형법 제347조 제2항

법적쟁점

1. 소송사기의 구조에 대하여 설명하고 소송사기를 넓게 인정할 경우의 문제점을 지적하시오.

2. 위의 사안에서 대표이사인 피고인이 간접정범에 해당하는 이유를 설명하시오.

3. 착오에 의한 지배와 배후정범의 성립가능성을 생각해 보시오.

참고판례

대법원 1990.10.30. 선고 90도1912 판결【허위공문서작성 · 허위공문서작성행사】[공1990.12.15(886),2488]

【이유】

2. 허위공문서작성죄의 주체는 직무상 그 문서를 작성할 권한이 있는 공무원에 한하고 작성권자를 보조하는 직무에 종사하는 공무원은 허위공문서작성죄의 주체가 되지 못함은 소론과 같으나 이러한 보조직무에 종사하는 공무원이 허위공문서를 기안하여 허위인 정을 모르는 작성권자에게 제출하고 그로 하여금 그 내용이 진실한 것으로 오신케 하여 서명 또는 기명날인케 함으로써 공문서를 완성한 때에는 허위공문서작성죄의 간접정범이 성립된다 할 것이다.

기록과 원심이 인용한 제1심판결이 확정한 사실에 의하면 당시 횡성군 안흥면 호적계장이던 피고인이 안흥면장의 결재를 받아 그 판시와 같은 허위내용의 호적부를 작성한 것임을 알 수 있으므로 이와 같은 피고인의 행위는 호적부의 작성권자인 안흥면장의 작성행위에 대한 간접정범에 해당한다고 하겠으니 원심이 피고인의 위 행위에 대하여 허위공문서작성, 동행사죄로 의율 처단한 조치는 정당하고 거기에 허위공문서작성죄의 주체에 관한 법리오해의 위법이 없다.

그러므로 피고인의 상고를 기각하기로 하여 관여 법관의 일치된 의견으로 주문과 같이 판결한다.

참조문헌

김종구, "배후정범에 관한 소고", 형사법연구 제16호, 2001.12, 153면-174면

Ⅵ-2-3 허위공문서작성죄의 간접정범 성립 여부

대상판결

대법원 1992.1.17. 선고 91도2837판결【허위공문서작성, 동행사】[공1992.3.15(916), 948]

【피 고 인】최남기

【상 고 인】검사

【원심판결】광주지방법원 1991.7.11. 선고 91노496 판결

【주 문】원심판결을 파기하고 사건을 광주지방법원 합의부에 환송한다.

【이 유】

상고이유를 본다.

원심판결 이유에 의하면, 원심은 **피고인이 1990.4.7.자 향토예비군훈련을 받은 사실이 없음에도 불구하고 소속 예비군동대 방위병인 공소외 이O웅에게 위 날짜에 예비군훈련을 받았다는 내용의 확인서를 발급하여 달라고 부탁하자, 동인은 작성권자인 예비군 동대장 전O득에게 그 사실을 보고하여 그로부터 피고인이 예비군훈련에 참가한 여부를 확인한 후 확인서를 발급하도록 지시를 받고서는 미리 예비군 동대장의 직인을 찍어 보관하고 있던 예비군훈련확인서용지에 피고인의 성명등 인적사항과 위 부탁받은 훈련일자 등을 기재하여 피고인에게 교부한 사실**을 인정하면서도, 허위 공문서작성죄의 주체는 그 문서작성권한이 있는 공무원이나 그 문서의 전결권을 위임받은 자로 제한되는 것이고 예외적으로 그 문서작성권한이 있는 공무원을 보조하는 지위에 있는 공무원이 허위의 신고나 보고를 하여 작성권한이 있는 공무원으로 하여금 허위의 문서를 작성하게 한 경우에는 허위공문서작성죄의 간접정범이 성립될 수 있으나 공무원이 아니면서 이와 공모한 자에 대하여는 허위공문서작성죄의 본질 및 그 구성요건의 정형성에 비추어 그에 대한 공범은 성립되지 아니한다하여 위 이O웅의 행위가 허위공문서작성죄의 간접정범에 해당하는지 여부에 관계없이 공무원이 아닌 피고인에 대하여는 위 죄의 공범으로서의 죄책을 물을 수 없다고 판시함으로써, 피고인에 대한 공소사실 중 허위공문서작성 및 동행사 부분에 대하여 무죄를 선고한 제1심 판결을 그대로 유지하였다.

그러나 공문서의 작성권한이 있는 공무원의 직무를 보좌하는 자가 그 직위를 이용하여 행사할 목적으로 허위의 내용이 기재된 문서초안을 그 정을 모르는 상사에게 제출하여 결제하도록 하는 등의 방법으로 작성권한이 있는 공무원으로 하여금 허위의 공문서를 작성하게 한 경우에는 간접정범이 성립되고 이와 공모한 자 역시 그 간접정범의 공범으로서의 죄책을 면할 수 없는 것이고, 여기서 말하는 공범은 반드시 공무원의 신분이 있는 자로 한정되는 것은 아니라고 할 것이다.

원심이 인정한 바에 의하면 방위병인 이O웅은 공문서작성권한이 있는 공무원을 보좌하는 자신의 직위를 이용하여 정을 모르는 그 작성권자로 하여금 허위의 공문서를 작성하게 함으로써 허위공문서작성죄의 간접정범인 죄책을 지게 되었다 할 것이니 그와 공모한 피고인으로서도 신분이 공무원인지 여부에 관계없이 그 공범으로서의 죄책을 면할 수 없는 것이다. 필경 원심은 허위공문서작성죄의 간접정범의 공범에 관한 법리를 오해함으로써 판결에 영향을 미친 위법을 저지른 것이라 할 것이므로 이를 지적하는 논지는 이유 있다.

이에 원심판결을 파기하여 사건을 원심법원에 환송하기로 관여 법관의 의견이 일치되어 주문과 같이 판결한다.

참조조문

형법 제33조, 제34조 제1항, 제227조

법적쟁점

1. 공무원 아닌 자가 허위공문서작성죄의 간접정범이 될 수 없는 이유를 설명하시오.

2. 직무보좌 공무원이 상사로 하여금 허위공문서를 작성하도록 한 행위에서 상사이면서 작성권한자인 공무원에 대해 간접정범에서의 피이용자로 파악하는 것은 직무집행의 최종권한자에 대한 타당한 평가로 볼 수 있는가?

참고판례 ❶

대법원 1986.8.19. 선고 85도2728 판결【허위공문서작성 · 허위공문서작성행사】[공1986.10.1(785),1258] (공1986,1258)

【이유】

피고인의 변호인들의 상고이유를 본다.

공동정범의 주관적 성립요건으로서의 공모는 공범자 사이에 직접 또는 간접적으로 범죄의 공동실행에 관한 암묵적인 의사연락이 있으면 족하다 할 것이다. 원심판결과 원심이 유지한 제1심판결이 든 증거에 의하면, 피고인과 원심피고인 은 판시 소유권확인서 발급신청인들이 제시한 신청서가 모두 허위의 내용이란 사실을 알면서 그 정을 모르는 동장을 이용하여 허위의 소유권확인서를 작성케 한다는 암묵적인 의사의 연락하에서 각기 그 판시와 같이 그 실행을 분담한 사실을 인정하기에 어렵지 아니하므로 피고인과 원심공동피고인을 공동정범의 관계에 있는 것으로 본 원심의 조처는 정당하고 거기에 소론과 같은 공동정범 또는 방조범에 관한 법리의 오해나 채증법칙을 어긴 위법이 있다할 수 없다. 논지는 이유없다.

그리고 공문서의 작성권한이 있는 공무원의 직무를 보좌하는 자가 그 직위를 이용하여 행사할 목적으로 허위의 내용이 기입된 문서초안을 그 정을 모르는 상사에게 제출하여 결재하도록 함으로써 허위공문서를 작성케 하는 경우에는 허위공문서작성죄의 간접정범이 성립되고 이와 공모한 자 역시 위 죄책을 면할 수 없다 할 것이므로 같은 취지에서 원심이 피고인을 허위공문서작성의 간접정범의 공범으로 처단한 조치도 정당하여 거기에 소론과 같은 허위공문서작성죄의 법리를 오해한 위법이 없다. 논지는 이유없다.

그러므로 상고를 기각하기로 관여법관의 의견이 일치되어 주문과 같이 판결한다.

참고판례 ❷

대법원 2006.5.11. 선고 2006도1663 판결【사기 · 허위공문서작성 · 허위작성공문서행사】[공보불게재]

【이유】

1. 허위공문서작성, 허위작성공문서행사의 점에 대하여

가. 원심은, 그 채택 증거들을 종합하여 판시와 같은 사실을 인정한 다음, 피고인은 공소외인이 허위로 재해대장 및 농가별 농작물피해조사대장을 작성할 당시 공소외인의 행위를 알면서도 이를 묵비하고 또한, 공소외인으로 하여금 재해대장 및 농가별 농작물피해조사대장에 피고인의 비닐하우스가 설치된 지번을 허위로 기재하도록 하는 등의 방법으로 공소외인의 행위에 가공하여 공소외인과 공동으로 위 허위공문서작성 및 허위작성공문서행사의 범행을 하였다고 판단하여 이 사건 허위공문서작성, 허위작성공문서행사의 각 공소사실을 유죄로 인정하였는바, 기록을 살펴보면 이러한 원심의 사실인정과 판단은 옳고, 거기에 심리를 다하지 않았거나 채증법칙을 위배하여 사실을 오인한 위법 등이 없다.

나. 공무원이 아닌 자는 형법 제228조의 경우를 제외하고는 허위공문서작성죄의 간접정범으로 처벌할 수 없으나, 공무원이 아닌 자가 공무원과 공동하여 허위공문서작성죄를 범한 때에는 공무원이 아닌 자도 형법 제33조, 제30조에 의하여 허위공문서작성죄의 공동정범이 된다.

원심은, 앞에서 본 바와 같이 피고인이 공무원인 공소외인과 공동으로 허위공문서작성죄를 범하였다고 판단하여 피고인을 위 죄의 공동정범으로 인정한 것인바, 앞의 법리에 비추어 이러한 원심의 조치는 옳고, 거기에 허위공문서작성죄의 공범 성립 여부에 관한 법리를 오해한 위법이 있다 할 수 없다.

참조문헌

김태명, "간접정범 규정의 해석과 허위공문서작상죄의 간접정범", 형사법연구 제22호, 2004. 12, 41면-71면

이정원, "허위문서작성죄의 제문제", 오선주교수정년기념논문집, 2001, 247면-262면

조준현, "허위공문서작성죄의 정범표지와 공범관여자의 책임", 이재상교수화갑기념논문집, 2004, 1027면-1041면

Ⅵ-3-1 교사행위의 내용

대상판결

대법원 1991.5.14. 선고 91도542판결【특정범죄가중처벌등에관한법률위반, 특수절도교사】[집39(2)형, 703;공1991.7.1(899),1683]

【피 고 인】피고인

【상 고 인】피고인

【변 호 인】변호사 이세중

【원심판결】서울고등법원 1991.2.1. 선고 90노3952 판결

【주 문】상고를 기각한다. 상고 후의 구금일수 중 80일을 본형에 산입한다.

【이 유】

피고인과 국선변호인의 상고이유를 함께 본다.

채증법칙위배, 심리미진을 주장하는 부분에 대하여 제1심과 원심의 공동피고인(이하 공동피고인이라 한다) 1, 2, 3의 제1심법정에서의 진술과 제1심판결이 들고 있는 여러 증거들을 합하여 보면, 피고인에 대한 이 사건 범죄사실을 모두 인정할 수 있다는 원심의 설시이유를 수긍할 수 있고, 거기에 채증법칙을 어기거나 심리를 미진한 위법이 있다고 할 수 없다.

그리고 이 사건에서 피고인의 교사로 인하여 절도를 하였다는 1이나 2가 원심에서는, 제1심까지의 진술과는 달리 피고인으로부터 드라이버를 받은 일 없고, 절도교사를 당한 것이 아니라고 진술하였다거나, 그 드라이버가 증거로 제출된 바 없었다고 하여도, 기록을 살펴보면 이것만 가지고 원심의 사실인정이 위법하다고 할 수 없는 것이고, 법률심인 당심에서는 새로운 증거를 조사하여 줄 것을 신청할 수 없는 것이다.

또 원심이 압수된 돋보기 1개와 합성루비 1개(증 제13,14호)를 증거의 하나로 삼은 것이 위법하다고 할 수 없고, 이들을 증거로 하지 않더라도 원심과 같은 사실인정을 하는데 장애가 되지는 아니하며, 원심이 피고인에게 장물인 정에 대한 인식이 있었다고 인정한 점에도 위법이 없다. 따라서 논지는 이유가 없다.

절도교사에 대한 법리오해를 주장하는 부분에 대하여 교사범이란 타인(정범)으로 하여금 범죄를 결의하게 하여 그 죄를 범하게 한 때에 성립하는 것이고 피교사자는 교

사범의 교사에 의하여 범죄실행을 결의하여야 하는 것이므로, 피교사자가 이미 범죄의 결의를 가지고 있을 때에는 교사범이 성립할 여지가 없고, 또 막연히 "범죄를 하라"거나 "절도를 하라"고 하는 등의 행위만으로는 부족하다 하겠으나, 그렇다고 하더라도 타인으로 하여금 일정한 범죄를 실행할 결의를 생기게 하는 행위를 하면 되는 것으로서 교사의 수단방법에 제한이 없다 할 것이며, 교사범의 교사가 정범이 그 죄를 범한 유일한 조건일 필요도 없다.

기록을 살펴보면 이 사건의 경우 피교사자인 공동피고인 1, 2가 피고인의 절도교사행위 이전에 이미 판시 2의 바 (1), (2)항의 절도의 결의를 하고 있었다고 인정되지는 아니한다.

그리고 피고인이 공동피고인 1, 2, 3 등이 절취하여 온 장물을 판시와 같이 상습으로 19회에 걸쳐 시가의 3분의1 내지 4분의 1의 가격으로 매수하여 취득하여 오다가, 공동피고인 1, 2에게 일제 드라이버 1개를 사주면서" 공동피고인 3이 구속되어 도망 다니려면 돈도 필요할텐데 열심히 일을 하라(도둑질을 하라)"고 말하였다면, 그 취지는 종전에 공동피고인 3과 같이 하던 범위의 절도를 다시 계속하여 하라, 그러면 그 장물은 매수하여 주겠다는 것으로서 절도의 교사가 있었다고 보아야 할 것이고, 구체적으로 언제, 누구의 집에서, 무엇을 어떠한 방법으로 절도 하라고 특정하여 말하지 아니 하였다고 하여 이와 같은 피고인의 말이 너무 막연해서 교사행위가 아니라거나 절도교사죄가 성립하지 않는다고 할 수는 없다.

이와 같이 교사범이 성립하기 위하여는 범행의 일시, 장소, 방법 등의 세부적인 사항까지를 특정하여 교사할 필요는 없는 것이고, 정범으로 하여금 일정한 범죄의 실행을 결의할 정도에 이르게 하면 교사범이 성립된다 할 것이다.

또한 교사범의 교사가 정범이 죄를 범한 유일한 조건일 필요는 없으므로, 교사행위에 의하여 정범이 실행을 결의하게 된 이상 비록 정범에게 범죄의 습벽이 있어 그 습벽과 함께 교사행위가 원인이 되어 정범이 범죄를 실행한 경우에도 교사범의 성립에 영향이 없다 할 것이다.

따라서 공동피고인 1, 2가 절도의 습벽이 있었고 피고인의 교사 이전에도 다른 절도행위를 여러 차례 한 바 있었다고 하여도, 피고인이 이들에게 드라이버를 사주면서 절도를 하라고 교사하여 판시 2의 바 (1), (2)항의 절도를 한 것인 이상, 피고인이 단순히 그 절도의 동기를 부여한 것이라고만 할 수 없다.

원심판결에 교사범에 관한 법리를 오해한 위법이 있다고 할 수 없고, 논지도 이유 없다.

그러므로 상고를 기각하고, 상고 후의 구금일수 중 일부를 본형에 산입하기로 하여 관여 법관의 일치된 의견으로 주문과 같이 판결한다.

참조조문

형법 제31조, 제331조

법적쟁점

1. 교사행위의 구체성 및 그 필요성에 대해서 설명하시오.

2. 교사의 상대방이 이미 범행을 결의하고 있는 교사의 미수와 미수의 교사의 차이점을 설명하시오.

3. 교사범의 정범종속성에 대해 설명하고, 정범종속성이 전제되는 이유에 대해 공범의 처벌근거와 관련하여 생각해 보시오.

참고판례

대법원 1998.2.24. 선고 97도183 판결 [공1998.4.1.(55),937])

【이유】

정범의 성립은 교사범의 구성요건의 일부를 형성하고 교사범이 성립함에는 정범의 범죄행위가 인정되는 것이 그 전제요건이 되는 것이고(당원 1981.11.24. 선고 81도2422 판결 참조), 문서의 위조라고 하는 것은 작성권한 없는 자가 타인 명의를 모용하여 문서를 작성하는 것을 말하는 것이므로 사문서를 작성함에 있어 그 명의자의 명시적이거나 묵시적인 승낙(위임)이 있었다면 이는 사문서위조에 해당한다고 할 수 없다.

이 사건에 돌아와 보면 다음과 같은 사정들이 있다. 원심 공동피고인은 피고인 2가 아무런 이상이 없는데도 허위로 최초진단서를 발급하였다 하여 허위진단서작성죄로 기소되었고, 피고인 2는 그 사실과 관련하여 허위진단서작성교사죄와 무고죄(피고인 2가 1991.10.17. 공소외 1로부터 상해를 당한 일이 없는데도 허위진단서인 최초진단서를 첨부하여 공소외 1을 폭력행위등처벌에관한법률위반죄로 고소하였다는 공소사실이다)로 각 기소되었다. 그런데 이 사건 제1심법원은 위 신경외과의원에 보관되어 있던 방사선촬영대장에 1991.10.18.자로 '이ㅇ귀' 이름으로 기재된 방사선촬영필름을 피고인 2에 대한 방사선촬영필름과 비교한 결과 '이ㅇ귀'의 방사선 촬영필름의 촬영시기를 판단할 수 없으나 두

필름이 동일인에 대한 것임을 알 수 있고, '이○귀'에 대한 방사선필름을 분석한 결과 척추굴곡의 감소가 있어 경추부와 요추부에 약 21일 이상의 치료를 요하는 상해를 입었다고 볼 수 있는 사실을 인정할 수 있으므로 원심 공동피고인이 최초진단서를 작성함에 있어서 그 내용이 허위라는 주관적 인식을 가지고 있었다 하더라도 그 내용이 객관적으로 진실에 부합하기 때문에 허위진단서작성죄가 성립하지 아니하고, 피고인 2의 그 행사죄 및 무고죄도 성립하지 아니한다고 판단하였고, 그에 대하여 검사가 항소하였으나 원심은 검사의 항소를 기각하였다. 기록과 대조하여 검토하여 보면 제1심과 원심의 위와 같은 판단은 옳다고 할 수 있으며, 이에 의하면 피고인 2는 1991.11.9.에도 아직 경추부와 요추부에 입은 상해가 완치되지 아니하여 더 치료를 받아야 하는 상태에 있었을 개연성이 있다고 할 수 있다.

참조문헌

김정환, "형법 제31조 제1항 "교사"의 해석", 형사법연구 제26호, 2006, 253면-276면

신양균, "정범의 객체의 착오와 교사자의 책임", 형사법연구 제25호, 2006, 217면 이하

Ⅵ-3-2 교사행위와 피교사자의 초과행위

대상판결

대법원 1997.6.24.선고 97도1075판결【교통사고처리특례법위반 · 도로교통법위반 · 간통 · 상해치사교사(인정된 죄명:상해교사)】[공1997.8.1(39),2220]

【피 고 인】 피고인

【상 고 인】 피고인 및 군검찰관

【변 호 인】 변호사 김규복

【원심판결】 고등군사법원 1997.2.28. 선고 96노202, 606 판결

【주 문】 피고인 및 검찰관의 상고를 모두 기각한다.

【이 유】

상고이유를 본다.

1. 피고인 및 변호인의 상고이유에 관하여

원심이 유지한 1심판결 채택의 각 증거에 의하면 원심이 피고인에 대한 상해교사 범죄사실을 인정한 조치는 정당한 것으로 수긍이 가고 거기에 채증법칙을 위배하여 사실을 오인한 위법이 있다고 할 수 없다.

원심이 확정한 바와 같이 **피고인이 피해자를 정신차릴 정도로 때려주라고 교사**하였다면 이는 상해에 대한 교사로 봄이 상당하다고 할 것이므로 거기에 소론 주장과 같은 상해교사에 관한 법리오해의 위법이 있다고 할 수도 없다.

그리고 원심이 유지한 위 증거에 의하면 피교사자인 정복순은 피고인의 교사에 의하여 비로소 범죄실행의 결의를 하였음을 알 수 있으니 원심 판시에 교사범에 관한 법리오해의 위법이 있다고 할 수 없다. 논지는 모두 이유 없다.

2. 검찰관의 상고이유에 관하여

교사자가 피교사자에 대하여 상해를 교사하였는데 피교사자가 이를 넘어 살인을 실행한 경우에, 일반적으로 교사자는 상해죄에 대한 교사범이 되는 것이고, 다만 이 경우 교사자에게 피해자의 사망이라는 결과에 대하여 과실 내지 예견가능성이 있는 때에는 상해치사죄의 교사범으로서의 죄책을 지울 수 있다고 하겠다.

기록에 의하여 살펴보면, 원심이 거시 증거에 의하여 판시와 같은 사실을 인정한 다

음, 피고인이 피해자의 사망이라는 결과를 예측하였다거나 또는 피해자의 사망의 결과에 대하여 과실이 있었다고 인정하기 어렵다고 한 조치는 정당한 것으로 수긍할 수 있고, 거기에 소론 주장과 같은 교사범에 관한 법리오해 등의 위법이 있다고 할 수 없다. 논지는 이유 없다.

3. 그러므로 검찰관 및 피고인의 상고를 모두 기각하기로 관여 법관들의 의견이 일치되어 주문과 같이 판결한다.

참 조 후술 Ⅶ-5 (결과적 가중범의 공범) 참조

Ⅵ-3-3 함정교사

대상판결

대법원 1983.4.12. 선고 82도2433 판결【특정범죄가중처벌등에관한법률위반 · 방위세법위반】[공1983.6.1(705),848]

【이 유】

상고이유를 판단한다.

피고인 1에 대하여,

ㄱ. 원심판결 적시의 증거들을 기록에 대조하면 그 인정의 범죄사실을 수긍할 수 있고 그 증거취사과정에 무슨 위법이 있다고 할 수 없다. 동 판시에 의하면, 소론 데이비드엘 · 영의 진술외에도 다른 증거들을 원용하고 있을 뿐 아니라 동 데이비드엘 · 영의 증언 내지 진술이 신빙성이 없다고 볼 자료는 기록상 찾아볼 수 없다.

ㄴ. 소위 함정수사라 함은 본래 범의를 가지지 아니한 자에 대하여 수사기관이 사술이나 계략 등을 써서 범죄를 유발케 하여 범죄인을 검거하는 수사방법을 말하는 것이므로 범의를 가진 자에 대하여 범행의 기회를 주거나 범행을 용이하게 한 것에 불과한 경우에는 함정수사라고 말할 수 없다 할 것인바 기록에 의하면, 피고인이 미국으로부터 물품을 밀수입할 것을 먼저 데이비드엘 · 영에게 제의하였음을 알 수 있으니 피고인은 본래 범의를 가진 자라 할 것이니 여기에 함정수사라는 관념이 개재할 수 없으며 기록에 의하여 본건 범죄가 외국기관에 의하여 연출되었다고 볼 증거는 발견되지 아니한다.

ㄷ. 소론은 본건 밀수입품이 외국기관에 의하여 통관되었다는 전제에서 의론을 펴고 있으나 이는 기록상 자료의 뒷받침없이 하는 말이니 채택할 여지도 없다. 기록에 의하면, 본건 밀수품을 공범자인 데이비드엘 · 영이 휴대하고 한미협정 대상자 세관검사대를 통과 입국하게 된 것은 동인이 출국시에 피고인의 지시에 따른 것임을 알 수 있으므로 동 데이비드엘 · 영이 미국 수사기관원이라는 사실만으로 이를 외국기관에 의한 통관이라고 단정할 수도 없다. 따라서 공동정범 및 관세포탈죄의 기수시기에 관한 법리오해 있다는 소론은 이유없다.

2. 피고인 2에 대하여 … 생략

참조조문

형법 제13조 / 나. 관세법 제180조 제1항, 제27조 제1항

법적쟁점

1. 함정교사의 특성 및 본래적 의미의 교사와의 차이점을 설명하시오.

2. 교사의 미수 유형을 설명하시오.

3. 교사의 미수와 미수의 교사의 차이점을 설명하시오.

참고판례

대법원 2008.3.13. 선고 2007도10804 판결【특정범죄가중처벌등에관한법률위반(뇌물)】[공2008상,549]

【이유】

5. 함정수사 주장에 대하여

본래 범의를 가지지 아니한 자에 대하여 수사기관이 사술이나 계략 등을 써서 범의를 유발케 하여 범죄인을 검거하는 함정수사는 위법하다 할 것인바, 구체적인 사건에 있어서 위법한 함정수사에 해당하는지 여부는 해당 범죄의 종류와 성질, 유인자의 지위와 역할, 유인의 경위와 방법, 유인에 따른 피유인자의 반응, 피유인자의 처벌 전력 및 유인행위 자체의 위법성 등을 종합하여 판단하여야 하고, 따라서 유인자가 수사기관과 직접적인 관련을 맺지 아니한 상태에서 피유인자를 상대로 단순히 수차례 반복적으로 범행을 교사하였을 뿐, 수사기관이 사술이나 계략 등을 사용하였다고 볼 수 없는 경우는, 설령 그로 인하여 피유인자의 범의가 유발되었다 하더라도 위법한 함정수사에 해당하지 아니한다.

원심은 그 인정 사실에 나타난 다음과 같은 사정, 즉 공소외 1이 2007.1.18. 피고인을 방문하여 뇌물의 대가로 공사를 줄 것을 독촉한 일과 관련하여, 사전에 공소외 6이 잘 아는 제3의 특정인물(A)과 공소외 1 사이에 어떠한 약속이 되어 있었고, 그 약속을 공소외 6도 미리 알고 있었던 것으로 보이는 점, 공소외 1과 공소외 6 사이의 연락이 이 사건 뇌물수수 전인 2006.12.4. 시작되어 2007.1.18.의 통화시까지 주요 고비마다 긴밀하게 계속된 것으로 보아 위 2007. 1. 18.의 통화에서 언급된 약속은 이 사건 뇌물수수 이전부터 이미 있었던 것으로 보이는 점, 피고인이 2월 안으로 공사를 주겠다고 했음에도 불구하고, 공소외 1은 공소외 6에게 오로지 A와의 약속만이 중요하다고 말하였고, 그 후 공사를 주기를 기다리지 않고, 돈을 다시 돌려받으려는 어떠한 요구나 시도도 하지 아니한 채 피고인의 뇌물수수

사실을 서둘러 검찰에 알린 점, 뇌물을 교부하면서 이례적으로 그 현장을 녹음해 둔 점, 거짓으로 문자메시지를 보내는 방법으로 미리 증거조작을 시도한 점 등에 비추어 보면, 이 사건에서 공소외 1과 공소외 3이 피고인에게 공여한 1억 원의 뇌물은 공소외 6이 잘 아는 제3의 특정인물(A)과 공소외 1 사이의 사전 약속에 따라 제공된 것으로서, 적어도 공소외 1과 공소외 6, 5, 특정인물(A) 등 사이에서는 피고인을 함정에 빠뜨린다는 점에 관하여 상호 의사의 연락이 있었던 것으로 보이므로, 피고인의 이 사건 뇌물수수는 위 사람들의 함정교사에 의한 것이라고 인정하면서도, 이 사건에서 피고인의 뇌물수수가 공소외 1 등의 함정교사에 의한 것이라는 사정은 피고인의 책임을 면하게 할 사유가 되지 못한다고 판단하였는바, 앞서 본 법리와 기록에 비추어 살펴보면, 원심의 위와 같은 판단은 옳은 것으로 수긍이 가고, 거기에 상고이유의 주장과 같은 함정수사에 관한 법리오해나 심리미진의 위법이 있다고 할 수 없다.

6. 불능미수 등의 주장에 대하여 … 생략

참조문헌

김정환, "형법 제31조 제2항 및 제3항에 대한 검토", 연세대 법학연구 제33호, 2007, 115-139면

Ⅵ-4-1 방조의 고의

대상판결

대법원 2005.4.29. 선고 2003도6056판결【특정범죄가중처벌등에관한법률위반(관세)·관세법위반】[공2005.6.1(227),887]

【피 고 인】피고인

【상 고 인】검사

【변 호 인】변호사 최명규

【원심판결】서울고법 2003.9.18. 선고 2003노1226 판결

【주 문】원심판결의 무죄부분 중 2001. 2. 19.부터 2001. 3. 12.까지 사이의 각 관세부정환급으로 인한 관세법위반죄 및 특정범죄가중처벌등에관한법률위반(관세)죄 부분을 파기하고, 이 부분 사건을 서울고등법원에 환송한다. 나머지 부분에 대한 검사의 상고를 모두 기각한다.

【이 유】

상고이유를 판단한다.

1. 공소사실

피고인은 외화획득을 위하여 외화획득용 원료구매확인서 등을 이용하는 방법으로 국내에서 원료를 구매하는 경우, 부가가치세 영세율 적용 혜택을 받아 구매할 수 있는 점을 이용하여 위장수출 회사를 설립하여 마치 외화획득용으로 사용할 것처럼 허위수출계약서를 제출하여 외국환 은행장의 확인을 받아 금괴를 구매하여 시중에 판매처분하기로 하는 한편, 그 구매에 대응하는 외화획득에 대하여 실제로는 시중에서 구매한 모조 금도금 제품을 수출하면서 피고인 등이 운영하는 위장법인에서 마치 단순송금(TT)방식으로 외국수입상에게 정식으로 외화획득용 금괴를 사용하여 제조가공한 금제품을 수출하는 것처럼 허위로 수출신고한 후, 이를 근거로 세관에 관세 환급을 신청하여 이에 속은 세관으로부터 부정하게 관세를 환급받기로 마음먹고, **공소외 1과 공모하여 외화획득용 원자재로서 금을 매입하여 이를 시중에 팔고 모조 신변장식용품을 수출한 후 관세환급을 받음에 있어 공소외 1의 지시에 따라 금 매입, 금 운반, 수출물품 운송 등 업무를 수행하기로 결의하고, 2000.11.20.부터 2001.3.31.까지 1심판결 범죄**

일람표 1. 공소외 2 주식회사 외화획득용 금괴 매입내역과 같이 26회에 걸쳐 금괴 506㎏을 부가가치세 영세율을 적용받아 5,638,572,508원에 외화획득용으로 매수하여 국내 중간상에게 세금계산서의 수수 없이 판매한 후, 2000.11.28.경 서울세관에 외화획득용 원자재인 금 90.842㎏을 사용하여 1,188,584,993원 상당의 금제품을 만들어 수출하였다는 취지(실제로는 모조 신변장식용품을 수출)로 허위내용의 관세환급신청을 하여 2000.12.4. 관세 27,724,740원을 환급받은 것을 비롯하여 그 무렵부터 2001. 3. 12.까지 같은 범죄일람표 3. 공소외 2 주식회사 위장수출 및 부정환급내역과 같이 8회에 걸쳐 관세 합계 243,212,870원을 부정한 방법으로 환급받았다.

2. 원심의 판단

원심판결 이유에 의하면 원심은, 이 사건에서 피고인에게 위 공소사실의 죄책을 지우기 위해서, 정범으로서는 피고인에게 공동정범의 주관적 · 객관적 요건인 공동가공의 의사나 기능적 행위지배를 통한 범죄의 실행이 있어야 하고, 방조범으로서는 정범의 실행을 방조한다는 이른바 방조의 고의와 정범의 행위가 구성요건에 해당하는 행위인 점에 대한 정범의 고의가 있어야 한다고 전제한 다음, 우선 공소외 3은 검찰 및 원심 법정에서의 진술에서, 피고인보다 먼저 공소외 2 주식회사에 입사하여 피고인과 같이 공소외 1의 지시에 따라 고려아연으로부터 금을 매입하여 공소외 1이 경영하는 또 다른 회사의 사무실이나 공장에 전달하여 주고, 공소외 1이 금제품을 완전 포장하여 공소외 2 주식회사의 사무실에 보내오면 그것을 운송회사인 주식회사 발렉스코리아에 보내어 주는 일을 하였는데, 공소외 1이 금을 이용하여 부정하게 관세환급을 받고 있다는 사실을 나중에 알게 되었고, 피고인도 같이 얘기 나눈 적이 있어서 알고 있을 것이라는 것이고, 피고인은 검찰에서는 공소외 2 주식회사에서 2000.11.경부터 2001.3.경까지 공소외 3과 같은 업무를 취급하면서 2001.1.경에 공소외 1이 금을 이용하여 부정하게 관세환급을 받고 있다는 사실을 알게 되었다고 진술하고 있으나, 1심 법정에서는 2001.1~2.경부터 그 사실을 의심하게 되었을 뿐이라고 진술하고 있으므로, 먼저 피고인이 위 공소사실 범행의 정범이라는 점에 관하여 보건대, 피고인은 공소외 1에게 고용되어 그 지시에 따라 금을 수령하는 등의 업무만을 수행하였을 뿐이어서 피고인에게 공동정범의 주관적 · 객관적 요건인 공동가공의 의사나 기능적 행위지배를 통한 범죄의 실행이 있다고 보기 어렵다 할 것이고, 나아가 피고인이 그 방조범이라는 점에 관하여 보건대, 공소외 3의 진술은 피고인이 이를 알았을 것이라는 추측을 진술한 것에 불과하고, 피고인의 검찰에서의 진술도 피고인이나 공소외 3의 위 각 진술에 의하면 피고인이 앞서 본 업무만을 취급하였을 뿐 금을 국내에서 처분하거나 포장된 금제품을 수출하는 업무에 관여하지 않았다는 사실이 명백함에 비추어, 그 구체적인 범죄행위를 확인하여 알고 있었다기 보다는 막연히 추상적으로 알게 된 사실을 그렇게 표현한 것으로 보이고, 피고인이 1심 법정에서 진술한 바와 같이 피고인은 그 무렵 공소외 1이 비정상적인 방법으로 금제품을 수출하는 것으로 의심하게 되었을 뿐이라고 봄이 타당할 것인바, 따라서 피고인은 당시 위 공소사실의 구체적인 범죄행위에 대한 인식이 없었을 뿐만 아니라, 피고용인으로서 공소외 1의 지시에 따라 월급을 받으며 주어진 업무를 하였을 뿐이어서, 공소외 1의 실행행위를 용이하게 하겠다는 방조범의 고의를 가지고 있었다고 보기도 어렵다고 판단하여 위 공소사실에 대하여 무죄를 선고하였다.

3. 이 법원의 판단

가. 형법 제30조의 공동정범은 2인 이상이 공동하여 죄를 범하는 것으로서, 공동정범이 성립하기 위하여는 주관적 요건으로서 공동가공의 의사와 객관적 요건으로서 공동의사에 기한 기능적 행위지배를 통한 범죄의 실행사실이 필요하고, 공동가공의 의사는 타인의 범행을 인식하면서도 이를 제지하지 아니하고 용인하는 것만으로는 부족하고 공동의 의사로 특정한 범죄행위를 하기 위하여 일체가 되어 서로 다른 사람의 행위를 이용하여 자기의 의사를 실행에 옮기는 것을 내용으로 하는 것이어야 한다.

위와 같은 법리와 기록에 비추어 살펴보면, 피고인을 공소외 1의 이 사건 각 범행에 대한 공동정범이라고 볼 수 없다고 한 원심의 인정 · 판단은 옳고, 거기에 채증법칙 위반으로 인한 사실오인 등의 위법이 있다고 할 수 없다.

나. 그러나 원심이 피고인을 공소외 1의 이 사건 각 범행에 대한 방조범으로도 볼 수 없다고 판단한 것은 수긍할 수 없다.

(1) 형법상 방조행위는 정범이 범행을 한다는 정을 알면서 그 실행행위를 용이하게 하는 직접 · 간접의 행위를 말하므로, 방조범은 정범의 실행을 방조한다는 이른바 방조의 고의와 정범의 행위가 구성요건에 해당하는 행위인 점에 대한 정범의 고의가 있어야 하나, 이와 같은 고의는 내심적 사실이므로 피고인이 이를 부정하는 경우에는 사물의 성질상 고의와 상당한 관련성이 있는 간접사실을 증명하는 방법에 의하여 입증할 수밖에 없고, 이 때 무엇이 상당한 관련성이 있는 간접사실에 해당할 것인가는 정상적인 경험칙에 바탕을 두고 치밀한 관찰력이나 분석력에 의하여 사실의 연결상태를 합리적으로 판단하는 외에 다른 방법이 없다고 할 것이며(대법원 1999. 1. 29. 선고 98

도4031 판결 참조), 또한 방조범에 있어서 정범의 고의는 정범에 의하여 실현되는 범죄의 구체적 내용을 인식할 것을 요하는 것은 아니고 미필적 인식 또는 예견으로 족하다고 할 것이다.

(2) 이러한 법리를 전제로 하여 피고인에게 방조의 고의와 함께 정범의 고의가 있었는지 여부에 관하여 보건대, 먼저 기록에 의하면 다음과 같은 사실을 인정할 수 있다.

(가) 공소외 2 주식회사는 공소외 1이 2000.9.28. 금 등 귀금속의 제조 및 수출입 등을 목적으로 하여 설립한 회사인데, 공소외 1은 설립 당시 초등학교 동창인 공소외 4에게 부탁하여 그의 처 를 공소외 2 주식회사의 대표이사로, 공소외 4를 감사로 등재하였고, 피고인도 공소외 4의 부탁을 받고 공소외 2 주식회사의 이사로 등재됨을 승낙하였다.

(나) 공소외 2 주식회사의 사무실은 서울 서초구 반포동(상세주소 생략)에 있었으나 금제품의 제조 및 가공을 위한 공장은 따로 없었고, 한편 공소외 1이 운영하던 또 다른 금제품 수출회사인 공소외 5 주식회사의 사무실은 원래 서울 종로구 장사동(상세주소 생략)에 있었는데 2000.12.경 서울 성동구 성수동 2가(번지생략)에 공장을 신설하면서 사무실도 옮겼으나, 위 공장은 그 후에도 가동되지 않았다.

(다) 피고인은 공소외 4의 권유로 2000.11.20.경부터 공소외 2 주식회사에서 일하게 되었는데, 피고인이 담당한 업무는 공소외 1의 지시를 받아 국내 금 도매업체인 고려아연 주식회사(이하 '고려아연'이라고 한다)에 금괴를 주문하고 그 대금을 환전하여 고려아연 계좌에 입금한 다음 외환은행으로부터 '외화획득용 원료(물품) 구매승인서'를 발급받아 고려아연으로부터 금괴를 인수하여 이를 공소외 2 주식회사에 즉시 인계하고, 그 후 공소외 1이 수출용 금제품이라며 나무상자에 담아 포장을 완료한 상태로 가져온 제품을 운송업체인 주식회사 발렉스코리아에 인도하는 등의 일이었고, 당시 공소외 2 주식회사의 직원으로는 피고인 이외에 공소외 4와 공소외 3이 있었다.

(라) 공소외 1이 수출품이라며 피고인에게 가져온 금제품의 양은 당초 매입한 금의 양에 비하여 매우 적었으나, 공소외 1은 매입한 금괴의 행방, 처리내역 등을 비밀에 붙였고, 피고인 등에게도 금제품의 제조가공에 대해서는 알지 못하도록 하였다.

(마) 공소외 4와 공소외 3은 공소외 2 주식회사의 설립 당시부터 근무해 오던 사람들로서 두 사람 모두 피고인과 비슷한 일을 하였으나, 공소외 4는 그 외에 수출에 필요한 서류인 송장, 포장상품목록 등을 공소외 1로부터 받아 관세사에게 보내고, 그 후 고려아연으로부터 관세환급에 필요한 기초원재료납세증명서(수사기록 86면 양식 참조)를

교부받아 공소외 1에게 전해주는 등의 일도 하다가 2001.1. 말경 퇴사하였고, 그 이후에는 한동안 공소외 2 주식회사의 직원은 피고인과 공소외 3 두 명 뿐이었다.

(3) 위 인정 사실에 따르면, 공소외 2 주식회사는 공소외 1이 실질적으로 운영하는 회사이면서도 피고인과 그 친인척만이 임원으로 등재되어 있을 뿐 아니라 금을 제조 가공하는 회사라면서도 이를 위한 물적 설비를 전혀 갖추지 못하였고, 공소외 1이 수출제품용 원재료로 구입한 금괴를 곧바로 가져간 후 당초 구입한 금의 양에 비하여 매우 적은 분량의 금제품을 수출품이라며 가져와 운송을 위탁하도록 지시하는 한편, 매입한 금괴의 행방, 처리내역 등은 비밀에 붙여오는 등 극히 비정상적인 행태를 보여왔다고 할 것인바, 이러한 사정만으로도 피고인은 공소외 2 주식회사에 근무하는 동안 공소외 1이 수출제품용 원재료로 구입한 금괴를 이용하여 불법적인 거래를 하고 있을지도 모른다고 의심하였을 것임을 경험칙상 넉넉히 추단할 수 있다.

나아가 이러한 사실관계와 함께, 공소외 3이 세관과 검찰에서 '2001.2.경 청계천 소재 공소외 5 주식회사 사무실에 갔다가 공소외 1이 혼자 모조신변장식품을 비닐봉투에 넣어 포장하는 것을 보고 공소외 1이 모조품을 수출한다는 사실을 알고 이를 피고인에게도 말해주었다.'는 취지로 진술하였고(수사기록 008~1010, 1415~1416면), 1심 법정에서는 '공소외 1이 모조품을 포장하는 것을 본 사실은 없다.'고 하면서도 '공소외 1이 부정한 방법으로 관세를 환급받는다는 사실은 피고인이 입사하기 전부터 알고 있었고 나중에 피고인도 자신과 이야기하는 과정에서 이를 알게 되었다.'는 취지로 진술한 점(공판기록 139~141면), 피고인도 세관과 검찰에서 '금괴를 공소외 5 주식회사에 인계한 이후에는 이를 어떻게 했는지에 대해 공소외 1이 일체 이야기도 없고 전혀 관여하지도 못하도록 하였으며 다른 사람이 수출품을 보지 못하도록 견고하게 포장한 점 등으로 보아 수출품이 진짜가 아니라는 직감이 들었다.'라거나(수사기록 1142~1143면), 또는 '구입한 금괴의 물량에 비해 가공하여 수출하는 금제품의 물량이 너무 적은 것 같았고 금제품을 포장하는 박스 등을 몇 개씩 구입하는 등 어쩐지 좀 문제가 있어 보였는데, 2001. 1.경 공소외 3이 공소외 1이 모조품을 위장 수출하는 것 같다는 말을 하여 그 때 비로소 이를 알게 되었다.'는 취지로(수사기록 1393면) 각각 진술하였고, 나아가 '공소외 2 주식회사에서 근무할 때 금을 영세율 적용받아 수출원자재 명목으로 구입한 후 이를 국내에 불법판매하고 위장 수출하는 방식으로 환급금을 받으면 많은 돈을 벌 수 있다는 사실을 알고 돈을 벌어 볼 생각으로 웰탑상사를 설립하였다.'는 취지로까지 진술하였으며(수사기록 1383~1394면), 원심법정에서도 '공소외 3로부터

2001.1.경 청계천 소재 공소외 5 주식회사 사무실에 갔을 때 공소외 1 사장이 혼자서 비닐봉투에 수출할 물건을 포장하고 있는 것을 보았는데 아무래도 진짜 금가공제품이 아니고 가짜인 것 같더라는 말을 들은 사실이 있다.'고 진술한 점(공판기록 193면), 한편 피고인이 고려아연으로부터 금괴를 매입하는 과정에서 수취하는 오퍼 쉬트(Offer Sheet)에는 금괴의 매입대금에 관세가 포함되어 있음이 명기되어 있고(수사기록 84면의 양식 참조), 위 금괴는 수출제품용 원재료로 사용될 것을 전제로 하여 판매되는 것이므로, 위 금괴의 매입업무를 담당하는 피고인으로서는 위 금괴를 가공하여 수출할 경우 관세를 환급받을 수 있다는 점을 예견할 수 있었던 것으로 보이는 점, 고려아연이 관세환급에 필요한 기초원재료납세증명서를 공소외 2 주식회사로 송부하면 이를 공소외 4이 공소외 1에게 송부하였고, 공소외 4이 퇴사한 이후로는 피고인이나 공소외 3 중 누군가가 이를 공소외 1에게 송부하였을 것으로 짐작되는 점, 피고인이 공소외 2 주식회사에서 퇴사한 직후 웰탑상사를 설립하여 공소외 1이 공소외 2 주식회사를 이용하여 했던 것과 거의 동일한 방법으로 관세를 부정환급받다가 적발되었는데, 피고인은 공소외 2 주식회사에서의 근무경력 이외에는 달리 관세의 부정환급 수법을 배운 경로를 구체적으로 제시하지 못하고 있는 점(공판기록 80면), 그 밖에 공소외 2 주식회사의 규모, 피고인과 공소외 4의 관계 등 기록에 나타난 제반 사정을 종합하여 보면, 피고인은 적어도 공소외 3로부터 공소외 1이 모조품을 포장하는 것을 보았다는 말을 전해들은 2001.1.경부터는 공소외 1의 관세부정환급 범행까지도 미필적으로나마 인식 또는 예견하였다고 보는 것이 합리적인 증거판단이라고 할 것이다.

(4) 한편, 피고인의 위와 같은 행위는 정범인 공소외 1의 관세부정환급 범행의 실행을 직접적으로 용이하게 하는 것이므로, 피고인에게 방조의 고의가 있었음은 명백하다.

(5) 그런데 기록상 피고인은 2001. 1.경 이후라고 할 수 있는 같은 해 1.10.부터 같은 해 3.27.까지 모두 13회에 걸쳐 금괴매입과정에서 환전 또는 금괴인수 업무를 담당하였고, 위 기간 동안 매입한 금괴에 대한 관세환급은 같은 해 2.19.부터 이루어졌음을 알 수 있으므로(수사기록 228~306면 각 서면 참조), 피고인은 적어도 위 공소사실 중 2001.2.19.부터 같은 해 3.12.까지의 각 범행(위 범죄일람표 3. 13 내지 15번 기재 각 범행)에 대하여는 이를 미필적으로나마 인식 또는 예견하고 그 실행행위를 용이하게 하기 위하여 위와 같은 행위를 하였다고 볼 여지가 충분한데도 불구하고, 원심은 피고인이 공소외 1의 이 사건 관세부정환급 범행에 대하여 구체적인 인식이 없었다는 이유로 피고인에게 방조범의 고의가 없었다고 보고 위 공소사실에 대하여 전부 무죄를 선고

하였으니, 원심판결의 무죄부분 중 2001.2.19.부터 2001.3.12.까지 사이의 각 관세부정환급으로 인한 관세법위반죄 및 특정범죄가중처벌등에관한법률위반(관세)죄 부분에는 채증법칙을 위배하여 사실을 오인하였거나 방조범의 성립요건으로서 방조의 고의 및 정범의 고의에 관한 법리를 오해하여 판결 결과에 영향을 미친 위법이 있다고 할 것이다.

4. 결 론

그러므로 검사의 상고이유의 주장은 일부 이유 있으므로, 원심판결의 무죄부분 중 2001.2.19.부터 2001.3.12.까지의 각 관세부정환급으로 인한 관세법위반죄 및 특정범죄가중처벌등에관한법률위반(관세)죄 부분을 파기하고, 이 부분 사건을 다시 심리 · 판단하게 하기 위하여 원심법원에 환송하며, 나머지 부분에 대한 검사의 상고는 모두 기각하기로 하여 관여 대법관의 일치된 의견으로 주문과 같이 판결한다.

참조조문 형법 제13조, 제32조

법적쟁점

1. 위 사안에서 방조범의 고의로서 요구되는 피고인의 2중의 고의내용을 사안과 관련하여 구체적으로 설명하시오.

2. 확장적 정범개념에 의할 경우 정범과 방조범의 고의측면에서의 차이는 무엇인가?

3. 미수의 방조도 형사책임이 인정되는가?

참고판례 ❶

대법원 1997.1.24. 선고 96도2427 판결【폭력행위등처벌에관한법률위반 · 특수공무집행방해 · 공용물건손상 · 집회및시위에관한법률위반 · 화염병사용등의처벌에관한법률위반】[공1997.3.1(29),708]

【이유】

형법상 방조행위는 정범이 범행을 한다는 정을 알면서 그 실행행위를 용이하게 하는 직접, 간접의 모든 행위를 가리키는 것으로서 그 방조는 유형적, 물질적인 방조뿐만 아니라 정범에게 범행의 결의를 강화하도록 하는 것과 같은 무형적, 정신적 방조행위까지도 이에 해당한다.

원심이 적법하게 인정한 사실과 기록에 의하면, ① 피고인은 총학생회 사회부장으로 일하며 시위로 구속된 전력이 있는 자로서 이 사건 당일 인천대학교 총학생회 사무실에 있다가 원심 공동피고인 로부터 "대원을 데리고 인천시청사에 기습투쟁을 가고 있으니 사진촬영할 사람을 내보내라"는 말을 직접 들어 그 시위의 양상이 폭력적으로 전개될 가능성을 충분히 예측할 수 있었고, 촬영한 사진의 대다수도 사후 게시를 예상하여 촬영한 것으로서 인천시청 옥상에서 학생들이 구호를 외치는 장면이었던 점 등에서 위 원심 공동피고인 등의 범행을 충분히 인식하고 있었던 것으로 보이며, ② 위 원심 공동피고인 으로서는 피고인으로 하여금 자신들의 시위현장을 사진으로 찍게 하여 사후에 일반대중이 볼 수 있도록 게시한다는 생각에서 이 사건 범행을 함에 있어 정신적으로 크게 고무되고 그 범행결의도 강화한 것으로 보이며, ③ 피고인은 위 원심 공동피고인 등의 범행을 돕겠다는 의도에서 이 사건 사진촬영 행위에 나아간 것으로 인정되는 점 등에 비추어 피고인의 이 사건 사진촬영행위 등은 이 사건 폭력행위, 시위, 공용물건손상 등 범행의 방조행위가 된다고 하지 않을 수 없다.

참고판례 ❷

대법원 2003.4.8. 선고 2003도382 판결【특정경제범죄가중처벌등에관한법률위반(사기)(일부 인정된 죄명: 사기)특정경제범죄가중처벌등에관한법률위반(횡령);특정경제범죄가중처벌등에관한법률위반(사기)방조;배임수재;공인회계사법위반;배임증재】[공2003.5.15(178), 1134])

【이유】

방조는 정범이 범행을 한다는 것을 알면서 그 실행행위를 용이하게 하는 종범의 행위이므로 종범은 정범의 실행을 방조한다는 방조의 고의와 정범의 행위가 구성요건에 해당한다는 점에 대한 정범의 고의가 있어야 한다.

원심이 같은 취지에서, 공소사실 중 위 피고인이 피고인 1, 피고인 3이 주식회사 한빛전자통신을 코스닥에 등록하는 과정에서 허위의 감사보고서를 작성하여 줌으로써 이를 도와준 행위가 사기방조로 기소된 부분에 관하여 피고인 1, 피고인 3이 코스닥등록을 한 뒤 주식공모를 통해 청약금을 교부받는 행위가 편취행위에 해당한다는 사실을 인식하고 이러한 사기범행을 도와주려 하였다고 보기 어렵다고 판단한 것은 옳고, 거기에 상고이유로 든 주장과 같은 잘못이 없다.

참조문헌

김혜경, "방조범의 성립범위", 형사판례연구, 17호, 2009, 25면-63면.

원형식, "방조범의 인과관계와 객관적 귀속", 형사법연구, 제21권 제3호, 2009, 209면-228면.

이승준, "무형적 방조행위의 한계", 형사정책연구 제73호, 2008(봄호), 65-93면

이용식, "일상적 · 중립적 행위와 방조: 방조행위의 개념적 의미 내용과 방조의 불법귀속의 이해구조", 서울대 법학 제142호, 2007.3, 302-337면

Ⅵ-4-2 부작위에 의한 방조행위

대상판결

대법원 1996.9.6. 선고 95도2551 판결【특정경제범죄가중처벌등에관한법률위반(횡령)·업무상횡령(업무상횡령방조)·뇌물수수】[공1996.10.15(20),3069]

【피 고 인】피고인 1외 6인

【상 고 인】피고인들

【변 호 인】변호사 이정락 외 4인

【원심판결】서울고법 1995.10.11. 선고 95노1810 판결

【주 문】상고를 모두 기각한다.

【이 유】

피고인들 및 변호인들의 상고이유(피고인 1의 변호인 변호사 이정락 제출의 상고이유보충서의 상고이유는 상고이유를 보충하는 범위 내에서)를 함께 본다.

1. 피고인 1 및 그 변호인, 피고인 2 및 그 사선·국선변호인, 피고인 3, 4, 5, 6의 변호인, 피고인 7의 변호인의 채증법칙 위배 및 심리미진으로 인한 사실오인 주장에 대하여

가. 이 사건 횡령죄의 시기(시기)에 관한 피고인 2의 상고논지는 그 시점을 1994.5.초라고 볼 확증이 없으니 의심스러울 때에는 피고인에게 유리하게 1994.6.초부터 횡령이 있던 것으로 보아야 한다는 것이나, 원심이 적법하게 인정한 대로 관련자의 각 조서(검사가 원심 공동피고인, 피고인 2에 대하여 작성한 각 피의자신문조서, 피고인 2, 공소외 조규대에 대하여 작성한 각 진술조서)의 각 진술 기재를 종합하면, **인천지방법원 경매계의 총무이던 피고인 2는 1994.4. 초순경 인천지방법원 집달관 합동사무소 사무원으로서 위 법원 경매법정에서 받은 부동산경매 입찰보증금을 거래은행에 입금시켰다가 인출하여 법원 총무과 지출계에 납부하는 일을 하던 위 원심 공동피고인이 1987.1.경부터 1994.4.경까지 입찰보증금 약 45억 원을 횡령하고 이미 횡령한 입찰보증금을 나중에 실시한 입찰사건의 입찰보증금 등으로 보전하는 방법으로 입찰보증금을 계속 횡령하고 있다는 사실을 듣고, 그 무렵 위 법원 구내식당에서 위 원심 공동피고인을 만나 이미 횡령한 것의 보전대책을 묻고 앞으로 실시할 경매사건에서는**

경매담당 판사가 직접 보관표의 유무를 확인하기 때문에 입찰보증금의 횡령은 불가능하니 이미 횡령한 것은 배당에 차질이 없도록 보전함과 동시에 앞으로 실시할 경매사건의 입찰보증금은 제때에 납부하라고 요구하여 위 원심 공동피고인으로부터 그 요구대로 이행하겠다는 약속을 받아 낸 바 있으며, 위 원심 공동피고인은 위 약속에 따라 자기의 재산과 타인에게서 빌린 돈 등으로 입찰보증금을 제대로 납부하다가 같은 해 5월 초순경 배당기일이 다가온 입찰보증금을 제대로 납부하지 아니한 채 잠적한 사실, 피고인 2, 당시 경매 3계장이던 공소외 조규대 등은 다급한 나머지 위 원심 공동피고인의 소재를 파악하여 그를 찾아낸 다음, 이번에는 위 조규대가 위 원심 공동피고인 경영의 공소외 합자회사사무실에서 위 원심 공동피고인을 만나 이미 횡령한 입찰보증금의 보전대책을 추궁하면서 최근에 실시한 입찰사건의 입찰보증금은 천천히 납부하더라도 이미 횡령한 입찰보증금은 전과 같이 다른 입찰사건의 입찰보증금으로라도 우선 보전하여 배당에는 차질이 없게 해 달라는 취지로 말하고, 그 사실을 피고인 2에게 전달하였는데 그 무렵 피고인 2는 피고인 5 등 일부 다른 경매계장들에게도 그러한 내용을 이야기하여 피고인 2, 5를 비롯한 경매계장들은 위 원심 공동피고인에게 이미 횡령한 입찰보증금의 보전을 촉구하면서도 배당에는 차질이 없게 그 입찰보증금을 나중에 실시한 입찰사건의 입찰보증금으로 일단 보전하도록 용인하여 왔던 사실이 인정되는바, 위 인정사실에 의하면 위 피고인들이 1994. 5. 초순부터는 위 원심 공동피고인의 횡령행위에 대한 방조행위를 개시한 것이라고 보아야 할 것인바, 같은 취지로 판단한 원심은 정당하며, 또한, 기록에 의하면 피고인들은 위 원심 공동피고인으로 하여금 재산을 처분하게 하여 횡령금을 변상할 기회를 주는 한편 위 원심 공동피고인의 입찰보증금 횡령사실이 형사사건화되면 보관금이 부족하여 배당불능 사태가 올 것을 우려하여 이 사건의 수사가 개시되기 전까지 위 원심 공동피고인의 위와 같은 횡령행위를 용인하였다고 보이므로, 소론과 같이 집달관합동사무소 소장인 피고인 1이 입찰보증금을 예금하던 거래은행을 바꾸고, 피고인들 사이에서 위 원심 공동피고인을 고소하기로 의견이 모아졌다고 해서 횡령의 범의가 없어졌다고 볼 수도 없으니, 이 사건 횡령죄의 시기(시기)와 종기(종기)에 관한 피고인 1 및 그 변호인, 피고인 2, 3, 4, 5, 6의 변호인의 채증법칙 위배를 이유로 한 상고논지(피고인 3, 4 , 5, 6의 변호인의 심리미진 주장 포함)는 받아들일 수 없다.

나. 그리고, 원심이 피고인 1에 대하여 횡령의 방조라고 본 것은 1994.11.29.경 피고인 2로부터 위 원심 공동피고인이 1987.1.경부터 1994.11.28.경까지 입찰보증금 약 45

억 원을 횡령, 착복하고 이미 횡령한 입찰보증금을 나중에 실시한 다른 입찰보증금 등으로 보전하는 이른바 '땜방'을 하고 있다는 사실을 들어 확인하고도, 배당불능 사태로 인한 혼란을 막기 위하여 우선 위 원심 공동피고인으로 하여금 배당기일이 다가온 사건에 관하여 횡령한 금원을 '땜방'을 하더라도 변제하게 하여 배당이 정상적으로 진행되게 하면서 위 원심 공동피고인의 재산을 처분하여 최종적으로 횡령액 전액을 변제하게 하기로 경매계장들 사이에 의견이 모아졌으니 이에 따르라는 위 피고인 2의 요구대로 따르기로 하여 소극적으로 대처한 데 있는 것이지 위 원심 공동피고인이 입찰보증금을 찾아 곧바로 착복하는 것을 막기 위하여 직접 입찰보증금을 찾아 납부하였을 뿐 이에 더 나아가 새로 발생하는 '땜방' 방식에 의한 횡령행위를 방지하기 위하여 요구되는 경매사건의 납부명령서와 보관표를 위 지출계에 직접 전달하거나 전달케 하는 등의 조치를 취하지 아니한 점에만 있는 것은 아니므로, 원심이 피고인 1 및 그 변호인이 지적하는 바와 같이 경매사건의 납부명령서와 보관표의 작성권자 등 입찰보증금의 납부절차에 관한 심리를 다하지 않았다거나 사실을 오인한 것으로 볼 수도 없다.

다. … 생략

라. … 생략

2. 피고인 2의 횡령죄에 관한 법리오해 주장과 관련하여 주범인 원심 공동피고인에게 이 사건 횡령의 범의가 없다고 다투는 부분에 대하여(생략)

3. 피고인 1 및 그 변호인, 피고인 2 및 그 변호인, 피고인 3, 4, 5, 6의 사선변호인, 피고인 2 · 5의 국선변호인, 피고인 7의 변호인의 방조범에 관한 법리오해(횡령죄의 범의가 없다는 주장 포함)가 있다는 주장에 대하여

종범은 정범의 실행행위 중에 이를 방조하는 경우뿐만 아니라 실행 착수 전에 장래의 실행행위를 예상하고 이를 용이하게 하는 행위를 하여 방조한 경우에도 정범이 실행행위를 한 경우에 성립하는 것이고, 또한 자기가 의도한 바와 행위에 의하여 범죄사실이 발생할 것을 인식하면서 그 행위를 감행하거나 하려고 하면 족하고 그 결과 발생을 희망함을 요하지는 않는 것인바, 피고인들은 위 원심 공동피고인이 경매입찰보증금을 횡령, 착복하고 이미 횡령한 입찰보증금을 나중에 실시한 다른 경매의 입찰보증금으로 보전하는 이른바 '땜방'을 하고 있는 사실을 알고 이를 방지할 지위에 있으면서 이를 방치하였으니 비록 피고인들이 적극적으로 '땜방'을 하라고 이야기하거나 종용한 사실이 없더라도 방조의 범의가 있다고 할 것이므로 피고인들에게 방조의 고의가 없다고 볼 수 없고, 앞서 본 바와 같이 업무상횡령죄의 불법영득의사라 함은 타인의 재

물을 보관하는 자가 자기 또는 제3자의 이익을 꾀할 목적으로 업무상의 임무에 위배하여 보관하는 타인의 재물을 자기의 소유인 경우와 같이 처분하는 의사를 의미하고 반드시 자기 스스로 영득하여야만 성립하는 것은 아니므로 피고인들에게 불법영득의 의사가 없다고는 할 수 없다. 논지는 모두 이유 없다.

4. 피고인 2 및 그 변호인, 피고인 2 · 5의 국선변호인, 피고인 7의 변호인의 부작위범에 관한 법리오해가 있다는 주장에 대하여

형법상 방조는 작위에 의하여 정범의 실행을 용이하게 하는 경우는 물론, 직무상의 의무가 있는 자가 정범의 범죄행위를 인식하면서도 그것을 방지하여야 할 제반 조치를 취하지 아니하는 부작위로 인하여 정범의 실행행위를 용이하게 하는 경우에도 성립된다 할 것인바, 비록 피고인들이 위 원심 공동피고인의 횡령범행을 알고 그 범죄행위로 발생한 피해를 최대한으로 줄이기 위하여 노력하였다고 하더라도 그 노력의 한 수단으로 경매업무의 주무계장인 피고인들이 새로 납입되는 입찰보증금에 대한 보관표를 제때에 제출받는 등의 조치를 취하지 않음으로써 새로 발생되는 입찰보증금의 횡령행위에 대하여서는 아무런 방지조치를 취하지 않은 것이 명백하므로 부작위에 의한 방조죄를 저질렀다고 보아야 할 것이다.

한편, 형법상 부작위범이 인정되기 위해서는 형법이 금지하고 있는 법익침해의 결과 발생을 방지할 법적인 작위의무를 지고 있는 자가 그 의무를 이행함으로써 결과 발생을 쉽게 방지할 수 있었음에도 불구하고 그 결과의 발생을 용인하고 이를 방관한 채 그 의무를 이행하지 아니한 경우에 그 부작위가 작위에 의한 법익침해와 동등한 형법적 가치가 있는 것이어서 그 범죄의 실행행위로 평가될 만한 것이라면 작위에 의한 실행행위와 동일하게 부작위범으로 처벌할 수 있는 것임은 소론이 지적하는 바와 같고, 작위의무는 법적인 의무이어야 하므로 단순한 도덕상 또는 종교상의 의무는 포함되지 않으나 작위의무가 법적인 의무인 한 성문법이건 불문법이건 상관이 없고 또 공법이건 사법이건 불문하므로 법령, 법률행위, 선행행위로 인한 경우는 물론이고 기타 신의성실의 원칙이나 사회상규 혹은 조리상 작위의무가 기대되는 경우에도 법적인 작위의무는 있다고 할 것인바, 입찰사건에 관한 제반 업무를 주된 업무로 하는 피고인들이 자신이 맡고 있는 입찰사건의 입찰보증금이 계속적으로 횡령되고 있는 사실을 알았다면 담당 공무원으로서는 이를 제지하고 즉시 상관에게 보고하는 등의 방법으로 그러한 사무원의 횡령행위를 방지해야 할 법적인 작위의무를 지는 것이 당연하다고 할 것이고, 비록 피고인들의 그와 같은 행위가 배당불능이라는 최악의 사태를 막기 위한 동

기에서 비롯된 것이라고 하더라도 자신의 작위의무를 이행함으로써 결과 발생을 쉽게 방지할 수 있는 피고인들이 위 원심 공동피고인의 새로운 횡령범행을 방조 용인한 것을 작위에 의한 법익 침해와 동등한 형법적 가치가 있는 것이 아니라고 볼 수는 없다. 논지 역시 이유 없다.

5. … 생략

6. … 생략

라. 소론이 지적하는 당원의 판결들은 이 사안에 원용하기에 적절하지 아니하다.

결국 논지는 모두 이유 없다.

7. … 생략

8. … 생략

9. … 생략

10. 그러므로 피고인들의 상고를 모두 기각하기로 하여 관여 법관의 일치된 의견으로 주문과 같이 판결한다.

참조조문

구 형법(1995.12.29. 법률 제5057호로 개정되기 전의 것) 제18조, 제32조, 제355조 제1항, 제356조

법적쟁점

1. 부작위에 의한 방조범의 성립요건을 설명하고, 부작위에 의한 공동정범과 방조범의 구별에 대해서 설명하시오.

2. 위 판결에서 대법원은 부작위의 동가치성을 인정하였는데 사실관계에 의해 그 구체적 내용을 설명하시오.

3. 위 판결에서 피고인의 부작위에 의한 방조행위와 정범의 실행행위간의 인과관계에 대해 설명하시오.

참고판례 ❶

대법원 1995.9.29. 선고 95도456판결【특정경제범죄가중처벌등에관한법률위반(사기) · 특정경제범죄가중처벌등에관한법률위반(횡령) · 사기 · 사문서위조 · 사문서위조행사】[공1995.11.15(1004), 3652]

【이유】

피고인들 및 변호인의 상고이유를 함께 판단한다.

1. … 생략

2. 방조죄의 법리오해의 점에 대하여

가) 형법상 방조행위는 정범의 실행행위를 용이하게 하는 직접, 간접의 모든 행위를 가리키는 것으로서 그 방조는 유형적, 물질적인 방조뿐만 아니라 정범에게 범행의 결의를 강화하도록 하는 것과 같은 무형적, 정신적 방조행위까지도 이에 해당한다고 할 것이다. 따라서 이 사건 주식의 입 · 출고 절차 등 주식의 관리에 관한 일체의 절차를 정확하게 알고 있는 증권회사의 중견직원인 피고인들이 제1심 공동피고인에게 피해자의 주식을 인출하여 오면 관리하여 주겠다고 하고, 나아가서 부정한 방법으로 인출해 온 주식을 피고인들이 관리하는 증권계좌에 입고하여 관리운용하여 주었다면, 이러한 피고인들의 행위는 정범인 위 제1심 공동피고인의 일련의 부정한 주식 인출절차에 관련된 출고전표인 사문서의 위조, 동행사, 사기 등 상호 연관된 일련의 이 사건 범행 전부에 대하여 방조행위가 된다고 하지 않을 수 없다. 이러한 취지의 원심의 판단은 정당하고, 거기에 방조죄에 관한 법리오해의 잘못이 없다. 이 점을 지적하는 상고이유는 받아들일 수 없다.

나) 법원은 공소사실의 동일성이 인정되는 범위 내에서 공소가 제기된 범죄사실보다 가벼운 범죄사실이 인정되는 경우에 있어서, 그 심리의 경과 등에 비추어 볼 때 피고인의 방어에 실질적인 불이익을 주는 것이 아니라면 공소장 변경 없이 직권으로 가벼운 범죄사실을 인정할 수 있다고 할 것이므로, 원심이 공동정범으로 공소제기된 피고인들의 이 사건 범죄사실을 방조사실로 인정한 조치는 정당하고, 거기에 공소장 변경에 관한 법리를 오해한 잘못이 없다. 피고인 2가 지적하는 판례는 대법원 1982.5.25. 선고 82도535 판결의 오기로서 전혀 이 사건과 그 판시 내용을 달리하는 것으로 참작할 것이 못 된다. 이 점을 지적하는 상고이유도 받아들일 수 없다.

그러므로 상고를 모두 기각하기로 관여 법관의 의견이 일치되어 주문과 같이 판결한다.

참고판례 ❷

대법원 2008.3.27. 선고 2008도89 판결【공중위생관리법위반】[공2008상,641]

【이 유】

공중위생관리법 제3조 제1항 전단은 "공중위생영업을 하고자 하는 자는 공중위생영업의 종류별로 보건복지부령이 정하는 시설 및 설비를 갖추고 시장 · 군수 · 구청장에게 신고하여야 한다"고 규정하고 있고, 제20조 제1항 제1호는 '제3조 제1항 전단의 규정에 의한 신고를 하지 아니한 자'를 처벌한다고 규정하고 있는바, 그 규정 형식 및 취지에 비추어 신고의무 위반으로 인한 공중위생관리법 위반죄는 구성요건이 부작위에 의하여서만 실현될 수 있는 진정부작위범에 해당한다고 할 것이고, 한편 부작위범 사이의 공동정범은 다수의 부작위범에게 공통된 의무가 부여되어 있고 그 의무를 공통으로 이행할 수 있을 때에만 성립한다고 할 것이다. 그리고 공중위생영업의 신고의무는 '공중위생영업을 하고자 하는 자'에게 부여되어 있고, 여기서 '영업을 하는 자'라 함은 영업으로 인한 권리의무의 귀속주체가 되는 자를 의미하므로, 영업자의 직원이나 보조자의 경우에는 영업을 하는 자에 포함되지 않는다고 해석함이 상당하다.

원심은, 그 채택 증거를 종합하여 판시와 같은 사실을 인정한 다음, 이 사건 (상호 생략)케어코리아 각 지점의 실장직에 있었던 피고인들은 위 회사의 근로소득자에 불과하고 영업상의 권리의무의 귀속주체가 아니라는 이유로 위 규정에 의한 신고의무를 부담하는 자에 해당하지 않는다고 판단하고, 나아가 피고인들에게 공통된 신고의무가 부여되어 있지 않은 이상 부작위범인 신고의무 위반으로 인한 공중위생관리법 위반죄의 공동정범도 성립할 수 없다고 판단하였는바, 앞서 본 법리에 비추어 위와 같은 원심의 판단은 옳고, 거기에 상고이유의 주장과 같은 법리오해의 위법이 있다고 할 수 없다. 그러므로 상고를 기각하기로 하여 관여 법관의 일치된 의견으로 주문과 같이 판결한다.

참조문헌

박상기, "방조행위와 인과관계", 이재상교수화갑기념논문집(1), 2004, 649면-664면.

원형식, "방조범의 인과관계와 객관적 귀속", 형사법연구, 제21권 제3호, 2009, 209면-228면.

이용식, "무형적 · 정신적 방조행위와 인과관계", 형사판례연구 제9권, 2001, 205면-234면.

전지연, "부작위범에서 정범과 공범의 구별", 형사판례연구 제13권, 95면 이하.

VI-4-3 예비단계에서의 방조행위

대상판결

대법원 1997.4.17.선고 96도3377 전원합의체 판결【특정범죄가중처벌등에관한법률위반(뇌물·뇌물방조·알선수재)·특정경제범죄가중처벌등에관한법률위반(저축관련부당행위)·뇌물공여·업무방해】[공1997.5.1(33),1354]

【피 고 인】김○중 외 6인

【상 고 인】피고인들 및 검사

【변 호 인】변호사 윤영철 외 13인

【원심판결】서울고법 1996.12.16. 선고 96노1893 판결

【주　　문】상고를 모두 기각한다. 피고인 이현우의 상고 후 구금일수 중 100일을 본형에 산입한다.

【이　　유】

1. 피고인 김○중, 최○석, 이○우, 이○조의 각 변호인들의 상고이유에 대한 판단

가. 피고인 김○중의 상고이유 제1점에 대하여 … 생략

나. 피고인 김○중의 상고이유 제2, 3점, 피고인 최○석의 상고이유 중 대통령에 대한 뇌물공여 부분, 피고인 이o조의 변호인 법무법인 태평양의 상고이유 제1, 2, 3점 및 같은 피고인의 변호인 양상훈의 상고이유 제1점에 대하여

기록에 의하여 살펴보면, **피고인 김○중, 최○석이 대통령직에 있던 공소외 노태우에게 뇌물을 공여하고, 피고인 이○조가 대통령직에 있던 공소외 전두환 및 위 노태우의 각 뇌물수수를 방조하였다**는 사실을 유죄로 인정한 원심의 조처는 정당하고, 거기에 상고이유로 주장하는 바와 같이 증거능력 없는 증거를 채용하거나 채증법칙을 위반하고 심리를 제대로 다하지 아니하여 뇌물성의 인식, 범의, 금원 공여의 취지 등에 대한 사실을 오인한 위법 또는 방조범에 관한 법리를 오해한 위법이 있다고 할 수 없다.

뇌물죄는 직무집행의 공정과 이에 대한 사회의 신뢰에 기하여 직무행위의 불가매수성을 그 직접의 보호법익으로 하고 있고, 뇌물성을 인정하는 데에는 특별히 의무위반행위의 유무나 청탁의 유무 등을 고려할 필요가 없는 것이므로, 이 사건에서도 뇌물은 대통령의 직무에 관하여 공여되거나 수수된 것으로 족하고 개개의 직무행위와 대가적

관계에 있을 필요가 없으며, 그 직무행위가 특정된 것일 필요도 없다.

그리고 정치자금, 선거자금, 성금 등의 명목으로 이루어진 금품의 수수라 하더라도, 그것이 정치인인 공무원의 직무행위에 대한 대가로서의 실체를 가지는 한 뇌물로서의 성격을 잃지 아니한다고 할 것이다.

따라서 원심이 적법하게 인정한 바와 같이, 대통령에 대한 금원 공여의 취지가 기업경영과 관련된 경제정책 등을 결정 · 집행하고 금융 · 세제 등을 운용함에 있어서, 우대를 받거나 최소한 불이익이 없도록 하여 달라거나 국책사업에 우선적으로 참여할 수 있도록 영향력을 행사하여 달라는 데에 있었던 것인 이상, 그것만으로도 앞서 본 대통령의 직무와 그 금원의 공여가 대가관계에 있음을 인정할 수 있으므로, 피고인 김o중, 최o석이 위 노태우에게 공여한 원심 판시의 각 금원 및 위 전두환이나 노태우가 기업인들로부터 수수한 원심 판시의 각 금원은 모두 대통령의 직무행위에 대한 대가로서 뇌물에 해당한다고 할 것이다.

같은 취지의 원심 판단은 정당하고, 거기에 상고이유로 주장하는 바와 같은 뇌물의 직무관련성 등 뇌물죄에 관한 법리를 오해한 위법이 있다고 할 수 없다.

다. 피고인 김○중의 나머지 상고이유에 대하여

(1) 상고이유 제4점에 대하여 … 생략

(2) 상고이유 제5점에 대하여 … 생략

라. 피고인 최○석의 나머지 상고이유에 대하여 … 생략

마. 피고인 이○우의 상고이유에 대하여

(1) 뇌물수수방조 부분에 대하여 … 생략

(2) 나머지 부분에 대하여 … 생략

바. 피고인 이○조의 나머지 상고이유에 대하여

(1) 변호인 양상훈의 상고이유 제3점에 대하여 … 생략

(2) 변호인 양상훈의 상고이유 제2점에 대하여

그 주장하는 바의 요지는 피고인이 위 전두환, 노태우가 기업인들로부터 뇌물을 수수하기 전에 그 면담을 주선한 것으로서, 정범이 실행행위에 나아가기 전에 방조하였을 뿐이므로 피고인을 수뢰죄의 종범으로 처벌할 수 없다는 것이나, 종범은 정범의 실행행위 중에 이를 방조하는 경우는 물론이고 실행의 착수 전에 장래의 실행행위를 예상하고 이를 용이하게 하는 행위를 하여 방조한 경우에도 정범이 그 실행행위에 나아갔다면 성립하는 것이므로, 원심판결에 상고이유로 주장하는 바와 같은 종범에 관한

법리를 오해한 위법이 있다고 할 수 없다.

(3) 변호인 법무법인 태평양의 상고이유 제4점에 대하여 … 생략

2. 검사의 상고이유에 대한 판단

가. 피고인 정○수의 뇌물공여의 점에 대하여 … 생략

나. 피고인 금○호, 이○훈, 정○수의 업무방해의 점에 대하여 … 생략

3. 결 론

위에서 살펴본 바와 같이 원심판결에 채증법칙 위반, 심리미진, 법리오해, 판단유탈 등의 위법이 있다는 각 상고이유는 모두 받아들일 수 없으므로 피고인 김○중, 최○석, 이○우, 이○조의 각 상고와 검사의 피고인 금○호, 이○훈, 정○수에 대한 각 상고를 모두 기각하고, 피고인 이○우의 상고 후 구금일수 중 일부를 본형에 산입하기로 하여 주문과 같이 판결하는바, 이 판결에는 피고인 정○수 등의 업무방해의 점에 대하여 대법관 김형선, 대법관 송진훈의 보충의견이, 대법관 천경송, 대법관 지창권, 대법관 이용훈, 대법관 이임수의 반대의견이, 대법관 박준서의 별도의 반대의견이 있는 외에는 관여 대법관의 의견이 일치되었다.

4. 대법관 김형선, 대법관 송진훈의 보충의견 … 생략

5. 대법관 천경송, 대법관 지창권, 대법관 이용훈, 대법관 이임수의 반대의견 … 생략

참조조문

형법 제32조, 제129조 제1항, 형법 제314조 제1항 / 특정범죄가중처벌등에관한법률 제2조 / 금융실명거래및비밀보장에관한긴급재정경제명령 제5조

법적쟁점

1. 예비단계에서의 방조행위와 예비행위의 방조행위의 차이점은?

2. 위 판결에서 대통령과의 면담주선이 뇌물수수방조죄로 처벌되고 있는 데 이 경우 피고인은 면담주선 당시 뇌물수수의 점에 대한 사전적 인식이 필요한지 여부에 대해서 설명하시오. 그리고 만일 뇌물을 수수하지 않았을 경우에도 피고인의 행위책임은 인정되는가?

참고판례

대법원 1979.11.27. 선고 79도2201 판결【특정범죄가중처벌등에관한법률위반】[공1980. 1.15(624),12376]

【이 유】

기록에 의하면, 이 건 제1심 판결은 피고인 2에 대한 검사의 주위적 공소사실(피고인 1과 금괴의 무면허 수입을 공모하여 그 판시일화를 은닉하여 무면허수입의 목적으로 그 예비를 하였다는 사실)에 대하여는 증거없다고 판시하고 나서, 검사의 피고인 2에 대한 예비적 공소사실(피고인 1의 무면허수입의 예비행위에 대한 피고인 2의 방조행위)에 대하여 유죄로 인정하고, 이에 대하여 검사는 양형과경을 이유로 피고인 2는 사실오인, 양형과중을 이유로 하여 각 항소를 제기 하였는바, 항소심인 원심은, 무릇 예비행위의 방조행위는 방조범으로서 처단할 수 없는 것임에도 불구하고 제1심은 피고인 2를 본건 금괴 무면허수입 예비행위의 방조범으로 처단하였으니 이는 필경 제1심이 법률적용을 그르쳐 유죄인정을 하여 판결에 영향을 미친것이라 아니할 수 없다 하여 결국 피고인 2에 대한 위 예비적 공소사실은 범죄로 되지 아니한다고 판단하고 있음을 알 수 있는 바, 예비행위의 방조행위는 방조범으로서 처단할 수 없는 것이라는 법리해석을 한 원심의 판단은 정당하고 그와 같은 법리는 특정범죄가중처벌등에관한법률 및 관세법에 규정된 무면허수입 등 예비죄의 방조행위에 있어서 그 귀결을 달리하는 것으로 보아야 할 근거가 없다.

참조문헌

최상욱, “예비죄의 공범”, 강원법학(13), 2001, 81-104면

VI-5-1 교사와 신분범

대상판결

대법원 1994.12.23.선고 93도1002판결【모해위증교사】[공1995.2.1(985),735]

【피 고 인】피고인

【상 고 인】피고인 변호인 변호사 윤일영 외 1인

【원심판결】광주지방법원 1993.3.19. 선고 92노1473 판결

【주 문】상고를 기각한다.

【이 유】

변호인들의 각 상고이유를 함께 판단한다(피고인의 상고이유보충서는 위 각 상고이유를 보충하는 범위 안에서 판단한다).

1. 원심판결이 인용한 제1심판결 적시의 각 증거에 의하면, **피고인이 1984. 12.경 피해자 이O섭을 모해할 목적으로 공소외 인에게 위증을 하도록 교사하여 공소외인이 그 판시와 같이 자기의 기억에 반하는 내용의 증언을 하였다**고 인정한 원심의 조치는 정당한 것으로 수긍이 가고, 거기에 소론과 같은 채증법칙 위배로 인한 사실오인의 위법이 있다고 할 수 없다. 논지는 이유 없다.

2. 형법 제33조 소정의 이른바 신분관계라 함은 남녀의 성별, 내 외국인의 구별, 친족관계, 공무원인 자격과 같은 관계뿐만 아니라 널리 일정한 범죄행위에 관련된 범인의 인적관계인 특수한 지위 또는 상태를 지칭하는 것인 바, 형법 제152조 제1항은 '법률에 의하여 선서한 증인이 허위의 공술을 한 때에는 5년 이하의 징역 또는 2만 5천원 이하의 벌금에 처한다'고 규정하고, 같은 법조 제2항은 '형사사건 또는 징계사건에 관하여 피고인, 피의자 또는 징계혐의자를 모해할 목적으로 전항의 죄를 범한 때에는 10년 이하의 징역에 처한다'고 규정함으로써 위증을 한 범인이 형사사건의 피고인 등을 '모해할 목적'을 가지고 있었는가 아니면 그러한 목적이 없었는가 하는 범인의 특수한 상태의 차이에 따라 범인에게 과할 형의 경중을 구별하고 있으므로, 이는 바로 형법 제33조 단서 소정의 "신분관계로 인하여 형의 경중이 있는 경우"에 해당한다고 봄이 상당하다.

따라서 피고인이 위 이○○을 모해할 목적으로 공소외인에게 위증을 교사 한 이상,

가사 정범인 공소외인에게 모해의 목적이 없었다고 하더라도, 형법 제33조 단서의 규정에 의하여 피고인을 모해위증교사죄로 처단할 수 있다고 할 것이므로 이와 같은 취지로 보여지는 원심의 판단은 정당하고, 거기에 소론과 같이 교사범 및 공범과 신분에 관한 법리를 오해한 위법이 있다고 할 수 없다.

원심판결 이유 중 법률적용란을 보면 원심은 피고인에 대한 적용 법조를 열거함에 있어서 형법 제33조 단서를 누락하고 있음은 소론이 지적하는 바와 같으나, 구체적인 범죄사실에 적용하여야 할 실체법규 이외의 법규에 관하여는 판결문상 그 규정을 적용한 취지가 인정되면 되고 특히 그 법규를 법률적용란에서 표시하지 아니하였다하여 위법이라고 할 수 없다 할 것인바, 원심판결 이유에 의하면 원심이 모해의 목적으로 그 목적이 없는 자를 교사하여 위증죄를 범한 경우 그 목적을 가진 자는 모해위증교사죄로, 그 목적이 없는 자는 위증죄로 처벌할 수 있다고 설시한 다음 피고인을 모해위증교사죄로 처단함으로써 사실상 형법 제33조 단서를 적용한 취의로 해석되는 이상, 법률적용에서 위 단서 조항을 빠뜨려 명시하지 않았다고 하더라도 이로써 판결에 영향을 미친 위법이 있다고 할 수 없는 것이다.

그리고 '타인을 교사하여 죄를 범하게 한 자는 죄를 실행한 자와 동일한 형으로 처벌한다'고 규정한 형법 제31조 제1항은 협의의 공범의 일종인 교사범이 그 성립과 처벌에 있어서 정범에 종속한다는 일반적인 원칙을 선언한 것에 불과하고, 따라서 이 사건과 같이 신분관계로 인하여 형의 경중이 있는 경우에 신분이 있는 자가 신분이 없는 자를 교사하여 죄를 범하게 한 때에는 형법 제33조 단서가 위 제31조 제1항에 우선하여 적용됨으로써 신분이 있는 교사범이 신분이 없는 정범보다 중하게 처벌된다 고 할 것이므로, 이와 달리 정범이 단순 위증죄로 처벌된 이상 위 형법 제31조 제1항에 따라 피고인도 단순 위증죄의 동일한 형으로 처벌할 수밖에 없다는 소론은 위에서 설시한 법리와 상치되는 독자적 견해에 불과하여 받아들일 수 없다. 논지는 모두 이유 없다.

3. 그러므로 상고를 기각하기로 관여 법관들의 의견이 일치되어 주문과 같이 판결한다.

참조조문

형법 제31조 제1항, 제33조, 제152조 제1항, 제2항 / 형사소송법 제323조, 제383조

법적쟁점

1. 형법상 신분범의 종류 및 신분개념에 대해 설명하시오.

2. 위 판결에서 교사자인 피고인이 갖고 있는 모해의 '목적'은 신분요소에 포함된다고 보고 있는데 행위자의 내면의 상태가 신분에 해당한다고 보는 것은 타당한가?

참고판례

광주고등법원 1992.10.23. 선고 92노561 판결【특정범죄가중처벌등에관한법률위반(도주차량)등】[하집1992(3),355]

【이유】

피고인 1 및 그 변호인이 내세운 항소이유의 요지는, 원심이 피고인에 대하여 선고한 형의 양정은 너무 무거워서 부당하다는 것이고, 검사가 내세운 항소이유의 요지는, 첫째 피고인 2의 특정범죄가중처벌등에관한법률위반(도주차량)의 점에 대하여, 위 법률 제5조의3 제2항 제2호, 형법 제268조 위반죄는 교통사고 운전자라는 신분을 가진 자가 당해 사고로 인한 피해자를 사고장소로부터 옮겨 유기하고 도주한 때에 성립하는 강학상의 신분범임이 명백하므로, 피고인 2와 같이 사고 운전자라는 신분이 없는 자가신분을 가진 자의 행위에 가공한 경우 형법 제33조에 의하여 위 법률 제5조의3 제2항 제2호, 형법 제268조 위반죄의 공동정범으로 처벌하여야 함에도 피고인 2에 대하여 단순히 유기방조죄만을 의율한 것은 신분범의 법리를 오해하여 판결에 영향을 미친 위법이 있었다는 것이고, 둘째 피고인들의 이 사건 범행은 그 수법이 대담하고 죄질도 불량한 점 등에 비추어 피고인들에 대한 원심의 양형은 너무 가벼워서 부당하다는 것이다.

그러므로 먼저 검사의 법리오해의 주장에 관하여 살피건대, 무릇 신분관계가 없는 자가 신분을 가진 자의 행위에 가담한 경우에는 형법 제33조 본문에 의하여 그 가공한 정도에 따라 교사범, 공동정범 및 방조범으로 처벌할 것이나, 다만 위 법조 단서에 의하여 신분관계로 인하여 형의 경중이 있는 때에는 신분관계가 없는 자에 대하여는 중한 죄로 처벌하지 못한다 할 것인바, 특정범죄가중처벌등에관한법률 제5조의3 제2항 제2호, 형법 제268조 위반죄는 교통사고를 낸 운전자가 피해자를 사고장소로부터 옮겨 유기하고 도주한 경우에 성립하는 죄로서, 이는 교통사고로 피해자를 다치게 한 사고운전자라는 신분을 가진 자가 그 신분으로 말미암아 피해자를 보호하여야 할 법률상 의무를 지게 되고 그 의무에 위반하여 피해자를 사고장소로부터 옮겨 유기하고 도주한 경우에 성립하는 업무상과실치상죄와 유기죄의 결합범이라 할 것인데 위와 같은 결합범의 경우에는 비록 신분관계가 없는 자가 신분을 가진 자의 행위에 가담하였다하더라도 선행행위인 업무상과실치상행위에 가공한 사실이 없으므로 가공한 행위인 유기죄에 대하여만 책임을 진다고 봄이 상당하고, 업무상과실치상죄를 포함하는 특정범죄가중처벌등에관한법률위반(도주차량)죄까지 책임을 지울 수는 없다 할 것이다. 한편 원심이 적법하게 조사 채택한 증거들을 종합하여 보면, 피고인 2는 원심판시와 같이 피고인 1이 교통사고를 낸 후 동인과 함께 피해자를 사고 차량에 태우고 병원으로 가던 중 피고인 1의 피해자를 유기하고 도주하자는 제안에 따라 이를 승낙하고 상호공모한 다음 피고인 1은 계속 위 차를 운전하여 사고장소로부터 약 6㎞ 정도 떨어진 여수시 만흥동 소재 대우자동차학원 앞 도로상에 이르렀을 때 위 차를 정지시키고 시동을 건 채 라이트를 끄고 대기하고 피고인 2는 왼손바닥으로 피해자의 양눈을 가리고 오른손으로 피해자의 등을 잡고 차에서 끌어내어 도로변에 내려 놓음으로써, 피해자를 유기한 사실을 인정할 수 있는바, 위 인정사실에 의하면 피고인 2가 피고인 1의 이 사건 범행에 가공한 정도는 유기죄의 방조보다는 유기죄의 공동정범으로 봄이 상당하다 할 것이므로 이와 달리하여 피고인 2에 대하여 유기방조죄로 처단한 원심은 공범에 관한 법리를 오해한 위법이 있다 할 것이어서 이 점을 탓하는 검사의 위 주장은 이 한도 내에서 이유 있으므로 원심판결 중 피고인 2에 대한 부분은 나아가 검사의 양형부당의 주장에 대하여 판단할 필요 없이 파기를 면치 못할 것이다.

참조문헌

선우영, "교사범과 부진정신분범", 이재상교수화갑기념논문집, 2004, 665면-685면

이정원, "모해목적으로 단순위증을 교사한 자의 형사책임", 한일형사법의 과제와 전망, 2000, 67면-90면

천진호, "'공범과 신분' 규정에 대한 입법론적 검토", 형사법연구 제22호, 2004,12, 293- 316면

Ⅵ-5-2 비신분자의 신분범 가담

대상판결

대법원 1996.5.28. 선고 95도636 판결【건축법위반】[공1996.7.15(14),2066]

【피 고 인】 피고인 1 외 2인

【상 고 인】 검사 및 피고인들

【변 호 인】 변호사 김형수 외 1인

【원심판결】 대구지법 1994.2.9. 선고 94노1911 판결

【주 문】 원심판결 중 피고인 1, 2에 대한 부분을 파기하고, 그 부분 사건을 대구지방법원 합의부에 환송한다. 검사의 상고를 기각한다.

【이 유】

1. 검사의 피고인 3에 대한 상고이유를 본다(생략)

2. 피고인 1 변호인의 상고이유를 본다.

이 사건에서 검사가 의율한 구 건축법(1995.1.5. 법률 제4919호로 개정되기 전의 것) 제79조 제2호 및 제10조에 의하면 건축허가를 받은 사항을 변경하는데 대한 사건허가를 받지 아니한 건축주 및 공사시공자에 대하여 2년 이하의 징역 또는 금 10,000,000원 이하의 벌금에 처하도록 규정하고 있고, 같은 법 제2조 제12호 및 제16호에 의하면 '건축주'라 함은 건축물의 건축 등에 관하여 공사를 도급계약에 의하여 행하는 경우에는 그 도급인, 그 밖의 경우에는 스스로 그 공사를 행하는 자를 말하고, '공사시공자'라 함은 건축물의 건축 등에 관하여 공사를 도급계약에 의하여 행하는 경우에는 그 수급인, 그 밖의 경우에는 스스로 그 공사를 행하는 자를 말한다고 규정하고 있으며, 같은 법 제78조 제1항은 건축주 및 공사시공자가 법인인 경우에는 그 대표자를 말한다고 규정하고 있으므로, 위 각 규정의 취지에 비추어 건축주 또는 공사시공자인 법인의 대표자 아닌 자가 설계변경의 허가 없이 공사를 시행하였다고 하더라도 그를 법인의 대표자와 공범으로 처벌할 수 있는 경우를 제외하고는 건축법 제79조 제2호에 의하여서는 처벌할 수 없다고 할 것이다.

그런데 원심이 인정한 피고인 1에 대한 범죄사실을 보면 같은 **피고인은 건축주인 공소외 1 주식회사의 상무이사로서 같은 회사의 전무이사로 재직하던 피고인 2 및 공사**

시공자인 공소외 2 주식회사의 관리이사인 제1심 공동피고인 성종운과 공모하여 사전 허가 없이 건축허가된 설계도면과 달리 공사를 시행하였다는 것이나, 그들은 모두 법인의 대표권이 없는 이사에 불과한 자들로서 위 공소외 1 주식회사의 대표자인 피고인 3이 사건 범행에 가담했다고 인정할 증거가 없음은 앞서 본 바와 같으므로, 피고인 3과의 공모관계가 인정되지 아니하는 이상 그들만에 대하여 건축법 제79조 제2호 위반죄의 죄책을 물을 수는 없다고 보아야 할 것이다.

따라서 이와 달리 판단한 원심판결에는 건축법 제79조 제2호의 처벌범위에 관한 법리를 오해한 위법이 있고, 이 점을 지적하는 상고논지는 이유 있다.

따라서 원심판결 중 피고인 1에 관한 부분은 다른 상고이유에 관하여 판단할 필요없이 파기를 면할 수 없다 할 것이다.

3. 피고인 2 부분에 관하여 본다.

피고인 2는 상고이유서를 제출하지 아니하고 있으나, 앞서 피고인 1의 상고이유에 대한 판단에서 본 파기의 이유가 피고인 2에게도 공통되므로, 원심판결 중 같은 피고인에 대한 부분도 파기를 면할 수 없다 할 것이다.

그러므로 검사의 상고를 기각하고, 원심판결 중 피고인 1, 2에 대한 부분을 파기하여 이 부분 사건을 원심법원에 환송하기로 관여 법관의 의견이 일치되어 주문과 같이 판결한다.

참조조문

구 건축법(1995.1.5. 법률 제4919호로 개정되기 전의 것) 제2조 제12호, 제16호, 제10조, 제78조 제1항, 제79조 제2호

법적쟁점

1. 비신분자인 갑이 을을 교사하여 을의 부를 살해하게 한 경우 각자의 형사책임은? 이와 반대로 아들(갑)이 친구를 교사하여 자기(갑) 아버지를 살해하게 한 경우 각자의 형사책임은?

2. 영아살해죄를 친모와 함께 범한 경우에 이에 가담한 비신분자의 형사책임은?

참고판례 ❶

대법원 1986.10.28. 선고 86도1517 판결【업무상배임】[공1986.12.15(790),3153]

【이유】

… 동 피고인은 본건 피해자인 한국상업은행의 직원이 아니어서, 동 은행의 사무를 처리하는 업무에 종사하는 자가 아님이 분명한바, 동 피고인이 은행원들인 피고인 1, 원심공동피고인 1, 2, 3등과 공모하여 본건 업무상 배임죄를 저질렀다 하더라도, 그러한 업무에 종사하는 신분관계가 없는 동 피고인에 대하여는 형법 제33조 단서에 의하여 형법 제355조 제2항의 소정형으로 처벌하여야 할 것임에도 불구하고, 1심은 동 피고인을 형법 제356조의 소정형 중 징역형을 선택하여 그 형기 범위 내에서 처벌하고 있으니, 1심 판결은 법률적용을 그르쳐 판결에 영향을 미친 위법을 저질렀음이 분명하여 파기를 면할 수 없다.

참고판례 ❷

대법원 1995.3.10. 선고 94도3373 판결【조세범처벌법위반】[공1995.4.15(990),1665]

【이유】

변호인의 상고이유를 판단한다.

1. … 생략

2. 부가가치세법의 규정에 의하여 세금계산서를 작성하여 교부하여야 할 자가 아닌 자라도 이를 작성하여 교부하여야 할 자의 교부의무위반행위에 공모하여 가공하면 조세범처벌법 제11조의2 제1항이 규정하는 세금계산서 교부의무위반행위의 공동정범으로서의 책임을 져야 할 것이다. 원심이 유지한 제1심판결 이유를 기록에 비추어 검토하여 보면, 제1심이 그 내세운 증거를 종합하여 피고인들이 합명회사 신성주류의 대표사원인 권경현과 공모하여 그 판시 각 세금계산서를 작성, 교부하지 아니한 사실을 인정한 다음 그 각 행위에 대하여 각 조세범처벌법 제11조의2 제1항 및 형법 제30조를 적용한 조치는 정당하고 거기에 상고이유로 지적하는 바와 같은 법리오해나 심리미진의 위법이 있다고 할 수 없다. 이 점에 관한 상고이유의 주장도 받아들일 수 없다.

3. 그러므로 상고를 모두 기각하기로 관여 법관들의 의견이 일치되어 주문과 같이 판결한다.

참조문헌

한상훈, "신분범과 공범", 형사법연구 제19호, 273면 이하

Ⅶ 과실범론

Ⅶ-1 과실범

대상판결

대법원 1999.12.10. 선고 99도3711 판결【업무상과실치상】[공2000.1.15.(98),260]

【피 고 인】피고인

【상 고 인】검사

【원심판결】전주지법 1999.7.16. 선고 99노164 판결

【주　　문】상고를 기각한다.

【이　　유】

상고이유를 본다.

1. 원심판결 이유에 의하면 원심은, **대학교 부속병원 신경외과 의사로 근무하던 피고인이 피해자에 대한 제5번 요추 척추후궁절제수술을 하던 중 부러진 수술용 메스조각이 피해자의 체내에 남게 되었는데도 이를 제거함이 없이 그대로 봉합**한 잘못으로 피해자에게 일수 미상의 외상 후 신경불안증 및 요통 등의 상해를 입게 하였다는 공소사실에 대하여, 피해자가 입었다는 상해 중 외상 후 신경불안증은 외상 후 스트레스 장애를 말하는 것으로 통상적인 상황에서는 겪을 수 없는 극심한 위협적인 사건에서 심리적인 충격을 경험한 다음 일으키는 특수한 정신과적 증상을 의미하는데, 피해자는 자신의 체내에 메스조각이 남아 있다는 사실을 안 이후에도 별다른 신경불안증을 느끼지 않았다고 진술하는 점 등에 비추어 피해자가 외상 후 신경불안증의 상해를 입었다고 할 수 없고, 또 요통에 대해서도, 이 사건 메스조각은 그 크기가 아주 작고(3×5㎜) 신경조직이 없는 추간판 사이에 위치하고 있어 신경이나 혈관을 손상시키지 않고 있고, 금속이물질은 통상 수술 후 3~6개월이 지나면 일반 섬유세포와 결합조직형성세포에 의해 그 자리에 고정되어 버리며, 피해자에게는 별다른 신경학적 이상도 나타나지 않는 점 등에 비추어 피해자가 호소하는 요통은 요추 추간판탈출증의 수술 후 증상잔존 혹은 심리적 불안감의 결과로 볼 것이지 메스조각의 체내 잔류로 인한 것으로 볼 수 없다는 이유로, 피고인에게 유죄를 선고한 제1심판결을 파기하고 피고인에게 무죄를 선고하였다.

기록에 비추어 살펴보면 원심의 위와 같은 사실인정은 정당한 것으로 수긍이 되고,

거기에 상고이유로 주장하는 바와 같은 심리미진 및 채증법칙 위반으로 인한 사실오인의 위법이 있다고 할 수 없다.

2. 한편 의료사고에 있어서 의사의 과실을 인정하기 위해서는 의사가 결과발생을 예견할 수 있었음에도 불구하고 그 결과발생을 예견하지 못하였고 그 결과발생을 회피할 수 있었음에도 불구하고 그 결과발생을 회피하지 못한 과실이 검토되어야 하고, 그 과실의 유무를 판단함에는 같은 업무와 직무에 종사하는 일반적 보통인의 주의정도를 표준으로 하여야 하며, 이에는 사고 당시의 일반적인 의학의 수준과 의료환경 및 조건, 의료행위의 특수성 등이 고려되어야 한다(대법원 1997.10.10. 선고 97도1678 판결 참조).

기록에 의하면, 피고인이 피해자에 대하여 시행한 수술은 1회용 제품인 메스를 사용하여 척추에 붙어 있는 후종인대의 일부도 제거해야 하기 때문에 딱딱한 척추체에 메스 끝이 부러지는 일이 흔히 있을 수 있는데 그 경우 통상 쉽게 발견되어 제거할 수 있으나 쉽게 발견되지 않는 경우에는 수술과정에서 무리하게 제거하려고 하면 메스가 이동하여 신경이나 혈관계통에 부가적인 손상을 줄 수 있기 때문에 일단 부러진 메스 조각을 그대로 둔 채 수술부위를 봉합하였다가 나중에 엑스레이촬영 등을 통하여 메스의 정확한 위치와 이동상황 그로 인한 위험성 등을 종합적으로 고려하여 재수술을 통하여 제거하거나 그대로 두는 경우도 있는 사실, 피고인은 수술도중에 메스가 부러지자 부러진 메스조각을 찾아 제거하기 위한 최선의 노력을 다하였으나 찾지 못하자 부러진 메스조각을 계속 찾는데 따른 위험성을 고려한 의학적 판단에 따라 일단 수술부위를 봉합한 뒤 메스조각의 위치와 이동추이를 보아 재수술을 통한 제거방법을 택하기로 하여 부러진 메스조각을 그대로 둔 채 수술부위를 봉합한 사실을 알 수 있는바, 위와 같이 피해자가 받은 수술과정에서 수술부위의 상태 등에 따라 수술용 메스가 부러지는 일이 발생할 수 있는 점에 비추어 그것이 특별히 피고인의 과실로 인하여 발생한 것이라고 볼 수는 없고, 또 부러진 메스조각을 그대로 둔 채 수술부위를 봉합한 것도 피고인이 수술용 메스가 부러진 사실을 모른 채 수술부위를 봉합한 경우와는 달리 위와 같이 무리하게 제거하는 경우의 위험성을 고려한 의학적 판단에 따른 것이고, 그와 같은 판단이 일반적인 의학 수준에서 합당한 판단이라고 보이는 점에 비추어 피고인에게 어떠한 과실이 있다고는 볼 수 없다.

3. 그러므로 상고를 기각하기로 하여 관여 법관의 일치된 의견으로 주문과 같이 판결한다.

참조조문

형법 제14조, 형법 제268조

법적쟁점

1. 과실의 개념은 무엇인가? 나아가 고의와의 차이점은 무엇인가?

2. 과실범의 구성요건은 주의의무의 위반을 그 핵심은 한다. 여기서 주의의무의 내용은 무엇인가? 나아가 당해 사안의 피고인에게 주의의무위반을 인정할 수 있는지 검토하시오.(참고판례 1)

3. 평균인을 능가하는 특수한 능력을 가진 행위자가 평균인에게 객관적으로 요구되는 주의는 다했지만 부주의로 자신의 특수한 능력을 발휘하지 않아 사고를 낸 경우, 행위자에게 주의의무위반을 인정할 수 있는가?(참고판례 1)

4. 신뢰의 원칙이란 무엇인가? 나아가 동 원칙의 적용이 제한되는 한계는 무엇인가?(참고판례 2)

5. 최근 판례에 따르면 신뢰의 원칙의 적용이 도로교통사건에 한정되지 않고 기업활동이나 의료행위 등 다수인의 공동에 의하여 실행되는 모든 형태의 과실범에 대하여 그 적용범위가 확대되는 경향을 보이고 있다. 이러한 확대적용이 가능하기 위한 전제요건은 무엇인지 검토하시오.(참고판례 3, 4)

참고판례 ❶

대법원 2003.1.10. 선고 2001도3292 판결【업무상과실치상】[공2003.3.1.(173),656]

【이유】

1. … 생략

2. 이 법원의 판단

원심이 피고인들에게 업무상과실이 있었다고 인정한 것은 수긍하기 어렵다.

의료사고에 있어서 의사의 과실을 인정하기 위해서는 의사가 결과 발생을 예견할 수 있었음에도 불구하고 그 결과 발생을 예견하지 못하였고, 그 결과 발생을 회피할 수 있었음에도 불구하고 그 결과 발생을 회피하지 못한 과실이 검토되어야 하고, 그 과실의 유무를 판단함에는 같은 업무와 직무에 종사하는 일반적 보통인의 주의 정도를 표준으로 하여야 하며, 이에는 사고 당시의 일반적인 의학의 수준과 의료환경 및 조건, 의료행위의 특수성 등이 고려되어야 한다(대법원 1999.12.10. 선고 99도3711 판결 등 참조). … 생략

3. … 생략

참고판례 ❷

대법원 1986.2.25. 선고 85도2651 판결【교통사고처리특례법위반】[공1986.4.15.(774),573]

【이유】

피고인 변호인의 상고이유를 본다.

침범금지의 황색중앙선이 설정된 도로에서 자기차선을 따라 운행하는 자동차의 운전수는 반대방향에서 오는 차량도 그쪽 차선에 따라 운행하리라고 신뢰하는 것이 보통이고 중앙선을 침범하여 이쪽 차선에 돌입할 경우까지 예견하여 운전할 주의의무는 없으나, 다만 반대방향에서 오는 차량이 이미 중앙선을 침범하여 비정상적인 운행을 하고 있음을 목격한 경우에는 자기의 진행전방에 돌입할 가능성을 예견하여 그 차량의 동태를 주의깊게 살피면서 속도를 줄여 피행하는등 적절한 조치를 취함으로써 사고발생을 미연에 방지할 업무상 주의의무가 있다고 할 것이다.

원심이 인용한 1심판결 채용증거중 사법경찰리 작성의 한 덕조에 대한 진술조서기재에 의하면 피해자의 오토바이가 커브를 돌면서 황색중앙선을 넘으며 일직선으로 오다가 피고인 운전차량 좌측전면을 충돌한 사실이 인정되고, 사법경찰리 작성의 실황조사서 기재에 의하면 이 사건 사고발생지점에서 피고인 차량의 전방주시 가능거리는 약 200m로서 그 전방은 커브길인데 피고인은 반대방향에서 달려오던 피해자 오토바이를 전방 약 100m 거리에서 발견한 사실이 인정되며, 한편 검사 및 사법경찰리 작성의 피고인에 대한 각 피의자신문조서(제2회) 기재에 의하면, 피고인은 피해자 오토바이를 발견하고도 속도를 줄여 도로우측으로 피하는 등 조치를 취함이 없이 계속 운행한 사실이 인정된다.

위와 같은 사실들을 종합해 보면, 피고인은 피해자 오토바이가 커브길을 돌면서 중앙선을 침범하여 비정상적인 운행을 하고 있음을 약 100m 전방에서 이미 발견하였으면서도 만연히 교행이 가능하리라고 경신하여 속도를 줄여 도로우측으로 피하는 등 사고발생방지에 필요한 조치를 취함이 없이 만연히 운행한 과실이 있다고 하겠으므로, 피고인의 과실책임을 인정한 원심판결은 정당하고 논지가 주장하는 것과 같은 채증법칙위반, 심리미진 및 법리오해의 위법이 없으며 소론 적시 각 판례는 이 사건에 적절한 선례라고 볼 수 없으니 논지는 이유없다.

그러므로 상고를 기각하기로 하여 관여법관의 일치된 의견으로 주문과 같이 판결한다.

참고판례 ❸

대법원 2003.1.10. 선고 2001도3292 판결【업무상과실치상】[공2003.3.1.(173),656]

【이유】

1. … 생략

2. … 생략

특히 피고인들이 신경과 전문의에 대한 협의진료 결과 피해자의 증세와 관련하여 신경과 영역에서 이상이 없다는 회신을 받았고, 그 회신 전후의 진료 경과에 비추어 그 회신 내용에 의문을 품을 만한 사정이 있다고 보이지 않자 그 회신을 신뢰하여 뇌혈관계통 질환의 가능성을 염두에 두지 않고 내과 영역의 진료 행위를 계속하다가 피해자의 증세가 호전되기에 이르자 퇴원하도록 조치한 점 등에 비추어 볼 때, 내과의사인 피고인들이 피해자를 진료함에 있어서 지주막하출혈을 발견하지 못한 데 대하여 업무상과실이 있었다고 단정하기는 어렵다고 할 것이다.

그럼에도 불구하고, 원심이 그 내세우는 사정만으로 피고인들의 업무상과실로 인하여 피해자의 뇌동맥류 소파열과 대파열을 예방하지 못하여 피해자가 이른바 식물인간 상태에 이르게 되었다고 인정하였으니, 원심에는 채증법칙 위배로 인한 사실오인이나 심리미진 또는 의료사고에 있어서의 의사의 과실에 관한 법리를 오해함으로써 판결에 영향을 미친 위법이 있다고 할 것이다. 이 점을 지적하는 상고이유의 주장은 이유 있다.

3. … 생략

참고판례 ❹

대법원 1998.2.27. 선고 97도2812 판결【업무상과실치사】[공1998.4.1.(55),965]

【이유】

상고이유를 본다.

1. … 생략

2. … 생략

3. 그러나 원심의 판단은 다음과 같은 이유에서 수긍하기 어렵다.

수혈은 종종 그 과정에서 부작용을 수반하는 의료행위이므로, 수혈을 담당하는 의사는 혈액형의 일치 여부는 물론 수혈의 완성 여부를 확인하고, 수혈 도중에도 세심하게 환자의 반응을 주시하여 부작용이 있을 경우 필요한 조치를 취할 준비를 갖추는 등의 주의의무가 있다(대법원 1964.6.2. 선고 63다804 판결 참조).

그리고 의사는 전문적 지식과 기능을 가지고 환자의 전적인 신뢰하에서 환자의 생명과 건강을 보호하는 것을 업으로 하는 자로서, 그 의료행위를 시술하는 기회에 환자에게 위해가 미치는 것을 방지하기 위하여 최선의 조치를 취할 의무를 지고 있고, 간호사로 하여금 의료행위에 관여하게 하는 경우에도 그 의료행위는 의사의 책임하에 이루어지는 것이고 간호사는 그 보조자에 불과하므로, 의사는 당해 의료행위가 환자에게 위해가 미칠 위험이 있는 이상 간호사가 과오를 범하지 않도록 충분히 지도·감독을 하여 사고의 발생을 미연에 방지하여야 할 주의의무가 있고, 이를 소홀히 한 채 만연히 간호사를 신뢰하여 간호사에게 당해 의료행위를 일임함으로써 간호사의 과오로 환자에게 위해가 발생하였다면 의사는 그에 대한 과실책임을 면할 수 없다. … 생략

그리고 피고인이 근무하는 병원에서는 인턴의 수가 부족하여 수혈의 경우 두 번째 이후의 혈액봉지는 인턴 대신 간호사가 교체하는 관행이 있었다고 하더라도, 위와 같이 혈액봉지가 바뀔 위험이 있는 상황에서 피고인이 그에 대한 아무런 조치도 취함이 없이 간호사인 1심 공동피고인 2에게 혈액봉지의

교체를 일임한 것이 관행에 따른 것이라는 이유만으로 정당화될 수는 없고, 1심 공동피고인 2가 혈액봉지를 교체한 것이 1심 공동피고인 1의 지시에 따른 것이었다고 하더라도 피고인이 1심 공동피고인 1로부터 피해자에 대한 수혈 임무를 부여받은 이상 위와 같은 조치를 소홀히 함으로써 혈액봉지가 바뀐 데 대한 과실책임을 면할 수 없다. … 생략

4. … 생략

참고판례 ❺

대법원 2003.8.19. 선고 2001도3667 판결【업무상과실치사】[공2003.9.15.(186),1905]

【이유】

상고이유를 본다.

의료법에 의하면, 간호사는 의사와 함께 '의료인'에 포함되어 있고(제2조 제1항), 간호사의 임무는 '진료의 보조' 등에 종사하는 것으로 정하고 있으며(제2조 제2항), 간호사가 되기 위하여는 간호학을 전공하는 대학 또는 전문대학 등을 졸업하고 간호사국가시험에 합격한 후 보건복지부장관의 면허를 받도록 되어 있음(제7조)을 알 수 있는바, 이와 같이 국가가 상당한 수준의 전문교육과 국가시험을 거쳐 간호사의 자격을 부여한 후 이를 '의료인'에 포함시키고 있음에 비추어 볼 때, 간호사가 '진료의 보조'를 함에 있어서는 모든 행위 하나하나마다 항상 의사가 현장에 입회하여 일일이 지도 · 감독하여야 한다고 할 수는 없고, 경우에 따라서는 의사가 진료의 보조행위 현장에 입회할 필요 없이 일반적인 지도 · 감독을 하는 것으로 족한 경우도 있을 수 있다 할 것인데, 여기에 해당하는 보조행위인지 여부는 보조행위의 유형에 따라 일률적으로 결정할 수는 없고 구체적인 경우에 있어서 그 행위의 객관적인 특성상 위험이 따르거나 부작용 혹은 후유증이 있을 수 있는지, 당시의 환자 상태가 어떠한지, 간호사의 자질과 숙련도는 어느 정도인지 등의 여러 사정을 참작하여 개별적으로 결정하여야 할 것이다.

원심판결의 이유에 의하면, 원심은, 이 사건 **피해자(여, 70세)가 1999.12.3. 뇌출혈 증세로 부산 백병원에 입원하여 뇌실외배액술 등의 수술을 받은 다음 중환자실에서 치료를 받다가 같은 달 9. 일반병실로 옮겨졌는데, 피해자의 몸에는 수술 직후부터 대퇴부 정맥에 주사침을 통하여 수액을 공급하기 위한 튜브가 연결되어 있었고 머리에는 뇌실 삼출액(삼출액)을 배출하기 위한 튜브(뇌실외배액관)가 연결되어 있었던 사실, 위 병원 신경외과 전공의인 피고인은 수술 직후 피해자의 주치의로 선정되었고 위 병원 간호사들은 피고인의 처방 및 지시에 따라 계속하여 대퇴부 정맥에 연결된 튜브를 통하여 항생제, 소염진통제 등의 주사액을 투여하였지만 별다른 부작용이 없었던 사실, 피고인은 1999.12.10. 종전 처방과 마찬가지로 피해자에게 항생제, 소염진통제 등을 정맥에 투여할 것을 당직간호사에게 지시하였는데, 위 병원의 책임간호사인 원심 공동피고인 1(경력 7년)은 신경외과 간호실습을 하고 있던 원심 공동피고인 2(간호학과 3학년)를 병실에 대동하고 가서 그에게 주사기를 주면서 피해자의 정맥에 주사하라고 지시하고 자신은 그 병실의 다른 환자에게 주사를 하는 사이에 원심 공동피고인 2가 뇌실외배액관을 대퇴부 정맥에 연결된 튜브로 착각하여 그 곳에 주사액을 주입하는 것을 뒤늦게 발견하고 즉시 이를 제지한 다음 직접 나머지 주사액을 대퇴부 정맥에 연결된 튜브에 주입하였지만 피해자는 뇌압상승에 의한 호흡중추마비로 같은 날 사망한 사실** 등을 인정한 다음, 피고인의 처방과 지시에 따라 수술 직후부터 계속하여 항생제, 진통소염제 등의 주사액이 간호사들에 의하여 피해자의 대퇴부 정맥에 연결된 튜브를 통하여 투여되어 왔으므로 사고 당일 주사행위 자체에 특별한 위험성이

있었다고 볼수 없고 피고인이 입회하지 않더라도 간호사가 주사의 부위 및 방법에 관하여 착오를 일으킬 만한 사정도 없었던 점, 신체에 직접 주사하여 주사액을 주입하는 것이 아니라 대퇴부정맥에 연결된 튜브를 통하여 주사액을 주입하는 행위는 투약행위에 가깝다는 점, 원심 공동피고인 1의 경력과 그가 취한 행동에 비추어 볼 때 피해자에 대한 주사의 부위 및 방법에 관하여 정확히 이해하고 있었고 그의 자질에 문제가 없었던 것으로 보이는 점, 피해자는 주사로 인한 부작용 발생 여부에 대한 검사가 끝난 상태이고 수술 뒤 상태가 다소 호전되었을 뿐만 아니라 이 사건 사고 전까지 주사로 인한 부작용이 발생하지 아니하였던 점, 피고인으로서는 자신의 지시를 받은 간호사가 자신의 기대와는 달리 간호실습생에게 단독으로 주사하게 하리라는 사정을 예견할 수도 없었다는 점 등을 종합하여 보면, 피고인으로 하여금 그 스스로 직접 주사를 하거나 또는 직접 주사하지 않더라도 현장에 입회하여 간호사의 주사행위를 직접 감독할 업무상 주의의무가 있다고 보기 어렵다는 이유로, 위와 같은 업무상 주의의무가 있음을 전제로 한 이 사건 업무상과실치사의 공소사실에 대하여 무죄를 선고하였다.

앞에서 본 법리와 기록에 비추어 살펴보면, 원심의 사실인정과 판단은 정당하고 거기에 상고이유로 주장하는 바와 같은 의사의 업무상 주의의무에 관한 법리를 오해한 잘못이 있다고 할 수 없다. 그리고 상고이유에서 인용한 판례들은 이 사건과 사안을 달리하여 이 사건에 원용하기에 적절하지 아니하다.

그러므로 상고를 기각하기로 하여 관여 대법관의 일치된 의견으로 주문과 같이 판결한다.

참조문헌

류전철, “주의의무위반성의 척도로서 “사려깊은 일반인”의 비판적 검토“,비교형사법연구 제4권 제1호, 2002, 109면-134면

박상기, “의료과실과 과실인정조건”, 형사판례연구 제7권, 1999, 38면-59면.

전지연, “분업적 의료행위에서 형사상 과실책임”, 형사판례연구 제12권, 2004, 33면-61면.

정영일, “분업적 의료행위에 있어서 형법상 과실책임”, 형사판례연구 제6권, 1998, 40면-61면

조상제, “과실범론의 체계적 재구성”, 고시계 제464호, 1995, 113면-136면

조상제, “교통사고에서 신뢰의 원칙의 적용제한사례 해석”, 비교형사법연구 제4권 제1호, 2002, 437면-456면

한정환, “정상의 주의태만 · 주의의무위반과 과실”, 형사법연구 제20호, 2003, 141면-161면

Ⅶ-2 과실범의 공동정범

대상판결

대법원 1997.11.28. 선고 97도1740 판결【업무상과실치사 · 업무상과실치상 · 업무상과실일반교통방해 · 업무상과실자동차추락】[공1998.1.1.(49),184]

【피 고 인】피고인 1 외 4인

【상 고 인】피고인들

【변 호 인】변호사 이재후 외 3인

【원심판결】서울지법 1997.6.11. 선고 95노2918 판결

【주 문】상고를 모두 기각한다. 상고 후의 구금일수 중 150일을 피고인 2에 대한 본형에 산입한다.

【이 유】

상고이유를 판단한다.

1. 이 사건 교량(성수대교)의 붕괴원인과 관련한 피고인들의 변호인 및 피고인 3, 4의 상고이유(기간 경과 후에 제출된 피고인 2, 5의 변호인의 상고이유보충서는 이를 보충하는 범위 내에서)에 대하여

가. 업무상과실 및 인과관계 부분에 관하여

… 생략(이 부분의 자세한 내용은「독립행위의 경합」에 관한 대상판결을 참고할 것)

나. 예견가능성 및 기대가능성 부분에 관하여

기록에 의하면, 이 사건 성수대교는 위 가항에서 인정한 바와 같이 소위 게르버트러스 공법에 의해 시공된 교량으로서 교량에 부과되는 하중이 이 사건 에스트러스에 집중이 되고 수직재나 핀 등 중요 부재 중의 하나가 끊어지는 경우 바로 붕괴로 이어지는 특성이 있다는 것이고, 설사 피고인들이 이러한 특징을 알지 못하였다고 하더라도 기록에 나타난 피고인들의 학력 및 경력 등에 비추어 보면 트러스교는 일반적으로 교량의 하중이 용접과 용접볼트, 핀 등에 의하여 연결되는 각 부재로 지탱되는 특성이 있는 이상 트러스를 구성하는 각 부재의 용접이나 부재 상호간의 연결의 적정 여부가 교량의 구조에 결정적인 영향을 미친다는 것은 충분히 알 수 있는 것으로 보여지고, 여기에 위 가항에서 인정한 바와 같은 피고인들의 제작, 시공, 감독상의 주의의무 위

반행위를 보태어 보면, 피고인들의 트러스의 제작, 시공 및 감독상의 과실은 이 사건 성수대교의 유지 · 관리상의 과실과 합쳐져서 결과적으로 교량의 붕괴원인이 될 수 있다는 것은 충분히 예상할 수 있었고, 당시 이 사건 사고발생의 방지조치에 대한 기대가능성도 있었던 것으로 인정할 수 있다고 할 것이다.

같은 취지의 원심판단은 정당하고, 거기에 상고이유로 지적하는 바와 같이 채증법칙 위배로 인한 사실오인 또는 예견가능성과 기대가능성에 관한 법리를 오해한 위법이 있다고 할 수 없다. 이 점을 지적하는 상고이유도 받아들일 수 없다.

2. 업무상과실일반교통방해 및 업무상과실자동차추락에 관한 피고인 2,5의 변호인의 법리오해의 상고이유에 대한 판단

가. 업무상과실일반교통방해죄의 '손괴'의 요건에 관하여(생략)

나. 업무상 과실의 주체에 관하여

구 형법 제189조 제2항에서 말하는 '업무상 과실'의 주체는 기차, 전차, 자동차, 선박, 항공기나 기타 일반의 '교통왕래에 관여하는 사무'에 직접 · 간접으로 종사하는 자이어야 할 것인바, 이 사건 성수대교는 차량 등의 통행이 주된 목적으로 하여 건설된 교량이므로, 그 건설 당시 제작, 시공을 담당한 피고인 2, 5도 '교통왕래에 관여하는 사무'에 간접적으로 관련이 있는 자에 해당하는 것으로 보지 않을 수 없다 .

따라서 이와 달리, 단순히 교통왕래에 제공될 교량을 건설한 것에 불과한 위 피고인들의 경우에는 위 법조 소정의 '업무상 과실'의 주체가 될 수 없다는 상고이유도 역시 받아들일 수 없다.

다. 죄수관계에 관하여 … 생략

3. 과실범의 공동정범에 관한 피고인들의 변호인의, 불능미수 및 독립행위경합에 관한 피고인 2, 5의 변호인의 각 법리오해의 상고이유에 대한 판단

가. 공동정범에 관하여

이 사건 성수대교와 같은 교량이 그 수명을 유지하기 위하여는 건설업자의 완벽한 시공, 감독공무원들의 철저한 제작시공상의 감독 및 유지 · 관리를 담당하고 있는 공무원들의 철저한 유지 · 관리라는 조건이 합치되어야 하는 것이므로, 위 각 단계에서의 과실 그것만으로 붕괴원인이 되지 못한다고 하더라도, 그것이 합쳐지면 교량이 붕괴될 수 있다는 점은 쉽게 예상할 수 있고, 따라서 위 각 단계에 관여한 자는 전혀 과실이 없다거나 과실이 있다고 하여도 교량붕괴의 원인이 되지 않았다는 등의 특별한 사정이 있는 경우를 제외하고는 붕괴에 대한 공동책임을 면할 수 없다고 봄이 상당하다 할 것이다.

이 사건의 경우, 피고인들에게는 트러스 제작상, 시공 및 감독의 과실이 인정되고, 감독공무원들의 감독상의 과실이 합쳐져서 이 사건 사고의 한 원인이 되었으며, 한편 피고인들은 이 사건 성수대교를 안전하게 건축되도록 한다는 공동의 목표와 의사연락이 있었다고 보아야 할 것이므로, 피고인들 사이에는 이 사건 업무상과실치사상등죄에 대하여 형법 제30조 소정의 공동정범의 관계가 성립된다고 보아야 할 것이다.

같은 취지의 원심의 판단은 정당하고, 거기에 상고이유로 주장하는 바와 같은 공동정범에 관한 법리를 오해한 위법이 있다고 할 수 없다. 이 점에 관한 상고이유는 받아들일 수 없다.

나. 불능미수에 관하여 … 생략

다. 독립행위의 경합에 관하여

2인 이상이 상호의사의 연락이 없이 동시에 범죄구성요건에 해당하는 행위를 하였을 때에는 원칙적으로 각인에 대하여 그 죄를 논하여야 하나, … 생략

이 사건의 경우도, 앞서 본 바와 같이 피고인들에 대하여 업무상과실치사상죄, 업무상과실일반교통방해죄, 업무상과실자동차추락죄의 공동정범으로 인정되는 이상, 여기에는 독립행위의 경합문제가 제기될 여지가 없다고 할 것이다.

뿐만 아니라, 이 사건 붕괴는 앞서 본 바와 같이 피고인들의 제작시공 및 감독상의 과실과 공소외 2 등 서울시의 유지 · 관리담당 공무원들의 유지 · 관리의 잘못이 모두 합쳐져서 발생한 것이므로, 결과발생의 원인이 된 행위가 판명되지 아니한 경우에 해당한다고 볼 수도 없다. 이와 같은 결론을 취한 원심판단은 정당하고, 거기에 상고이유로 지적하는 바와 같은 독립행위경합에 관한 법리를 오해한 위법이 있다고 할 수 없다. 이 점을 지적하는 상고이유는 받아들일 수 없다.

4. 공소시효에 관한 피고인들의 변호인 및 피고인 4의 법리오해의 상고이유에 대한 판단 … 생략

5. 그러므로 피고인들의 상고를 모두 기각하고 피고인 2에 대하여는 상고 이후의 구금일수 중 일부를 본형에 산입하기로 하여 관여 법관의 일치된 의견으로 주문과 같이 판결한다.

참조조문

구 형법(1995.12.29. 법률 제5057호로 개정되기 전의 것) 제19조, 제30조, 제185조, 제187조, 제189조, 제268조

법적쟁점

1. 과실범의 공동정범과 형법 제30조 공동정범 규정 간에 저촉성은 없는지 설명하시오.

2. 형법상 '공동'의 의미에 대하여 생각해 보시오.

3. 만일 과실범의 공동정범을 인정하지 않을 경우 행위자에 대하여 어떠한 형사책임을 물을 수 있는지 설명하시오.

참고판례 ❶

대법원 1962.3.29. 선고 4294형상598 판결【업무상과실치사】[집10(1)형,030]

【이유】

원판결에 의하면 원심은 "… 과실범에 있어 운전수 또는 조수가 아닌 피고인을 공동정범으로 기소한 자체가 부당할 뿐 아니라 … 피고인에게 과실 또는 인식있는 과실조차 이를 인정… 할 수 없으니 본건 …은 범죄가 되지 아니하거나 또는 범죄의 증명이 없음에 귀착…"된다 하여 피고인에게 무죄를 선고하고 있다.

그러나 형법 제30조에 "공동하여 죄를 범한 때"의 "죄"는 고의범이고 과실범이고를 불문한다고 해석하여야 할 것이고 따라서 공동정범의 주관적 요건인 공동의 의사도 고의를 공동으로 가질 의사임을 필요로 하지 않고 고의행위이고 과실행위이고 간에 그 행위를 공동으로 할 의사이면 족하다고 해석하여야 할 것이므로 2인 이상이 어떠한 과실행위를 서로의 의사연락 아래 하여 범죄되는 결과를 발생케 한 것이라면 여기에 과실범의 공동정범이 성립되는 것이다. 기록에 의하면 본건 사고는 경관의 검문에 응하지 않고 트럭을 질주함으로써 야기된 것인바 제1심 판결에서 본 각 증거를 종합하면 피고인은 원심 공동피고인 현00과 서로 의사를 연락하여 경관의 검문에 응하지 않고 트럭을 질주케 하였던 것임을 충분히 인정할 수 있음이 명백하므로 피고인은 본건 과실치사죄의 공동정범이 된다고 할 것이므로 논지는 이유 있다.

참고판례 ❷

대법원 1994.3.22. 선고 94도35 판결【업무상과실치사, 업무상과실치상, 허위공문서작성, 허위공문서작성행사】[공1994.5.15.(968),1377]

【이유】

가. … 생략

나. 형법 제30조 소정의 "2인 이상이 공동하여 죄를 범한 때"의 "죄"에는 고의범뿐만 아니라 과실범도 포함된다.

참조문헌

김성룡, "고의론에서 접근한 과실범에 있어서 공동정범", 형사법연구 제16호, 2001.12, 127면 이하.

이용식, "과실범의 공동정범", 형사판례연구 제7권, 81면 이하.

이재상, "과실범의 공동정범", 형사법연구 제14호, 2000, 215면-232면.

이정원, "과실범에서의 정범과 공범 - 과실범의 범죄구조를 중심으로", 형사법연구 제16호, 2001.12, 105면 이하.

전지연, "과실범의 공동정범", 형사법연구 제13호, 2000, 27면-54면.

정승환, "인식있는 과실과 과실의 공동정범", 비교형사법연구 제11권 제1호, 2008, 387면-408면.

Ⅶ-3 부진정결과적 가중범

대상판결

대법원 1983.1.18. 선고 82도2341 판결【살인 · 현주건조물등에의방화 · 군무이탈】[공 1983.3.15.(700)463]

【피 고 인】피고인

【상 고 인】피고인

【변 호 인】변호사 유승우

【원심판결】해군고등군법회의 1982.8.19. 선고 (1982.8.27. 확인) 82노29 판결

【주 문】상고를 기각한다.

【이 유】

1. 변호인의 상고이유 제1점을 판단한다.

원심판결이 인용한 제1심 판결 거시의 증거들을 기록과 대조하여 살펴보면, **피고인은 그의 부 공소외 인이 사찰의 주지인 피해자 1때문에 피고인과 공소외인 등 가족이 거주하여 오던 암자에서 쫓겨난데 대하여 원한을 품고 동인을 살해하기로 결의하고, 1982.3.31 소속대로부터 외박허가를 얻고 외출하여 동년 4.1. 00:30 경 안면에 마스크를 하고 위 피해자 1의 집에 침입하여 그 집 부엌의 석유곤로 석유를 프라스틱 바가지에 딸아 마루에 놓아두고 큰 방에 들어가자 피해자 1은 없고 동인의 처 피해자 2와 딸 피해자 3(19세), 피해자 4(11세), 피해자 5(8세) 등이 깨어 피해자 3이 피고인을 알아보기 때문에 마당에 있던 절구방망이를 가져와 피해자 2와 3의 머리를 각 2회씩 강타하여 실신시킨 후 이불로 뒤집어 씌우고 위 바가지의 석유를 뿌리고 성냥불을 켜 대어 피해자 1 및 동인가족들이 현존하는 집을 전소케 하고 불이 붙은 동가에서 빠져 나오려는 위 피해자 4와 5가 탈출하지 못하도록 방문앞에 버티어 서서 지킨 결과 실신하였던 피해자 2와 탈출하지 못한 피해자 4와 5를 현장에서 소사케 하고, 탈출한 피해자 3은 3도 화상을 입고 입원가료중 동년 4.10 사망에 이르게 하여 동인들을 살해하고, 위 범행후 자살을 기도하다가 귀대일시인 동년 4.1. 17:00에 귀대치 아니하고 이튿날인 4.2. 03:00경 검거됨으로써 10시간 동안 부대를 이탈한 사실**이 인정된다.

원심은 피고인의 위 4인에 대한 살해행위를 형법 제250조 제1항에, 위 현주건조물에

의 방화행위를 형법 제164조 전단에 의율하고 양자를 상상적 경합범으로 처단하여 피고인에게 사형을 선고한 제1심 조치를 지지하고 있으므로 살피건대, 먼저 실신한 피해자 2와 3에 대한 범죄사실에 관하여 보면 형법 제164조 후단이 규정하는 현주건조물방화치사상죄는 그 전단에 규정하는 죄에 대한 일종의 가중처벌규정으로서 불을 놓아 사람의 주거에 사용하거나 사람이 현존하는 건조물을 소훼함으로 인하여 사람을 사상에 이르게 한 때에 성립되며 동 조항이 사형, 무기 또는 7년 이상의 징역의 무거운 법정형을 정하고 있는 취의에 비추어 보면 과실이 있는 경우 뿐 아니라 고의가 있는 경우도 포함된다고 볼 것인바(대법원 1966.6.28. 선고 66도1 판결은 과실에 의한 경우에 동조 후단의 적용요건에 관한 사례이므로 위와 같은 당원 견해와 저촉되지 아니한다), 이와 다른 견해에서 형법 제164조 후단의 범죄는 과실의 경우에만 적용되는 것으로 판정하여 피고인을 현주건조물에의 방화죄와 살인죄의상상적 경합으로 의율한 제1심 판단을 지지한 원심판결은 결국 형법 제164조 후단의 법리를 오해하였다는 평을 면하지 못한다 (이 사건에서와 같이 위 양죄의 상상적 경합으로 기소된 사실을 형법 제164조 후단의 범죄로 인정한다 하더라도 공소사실의 동일성이 손상되지 아니함은 물론이다.).

그러나 논지처럼 형법 제164조 후단의 범죄로 인정하여 동 조항을 적용한다면 피고인만이 상고한 이 사건에 있어서 피고인에게 불리한 의율이 될 수밖에 없는 법리로서 결국 논지는 채택될 수 없다.

다음 피고인이 불을 놓은 집에서 빠져 나오려는 위 피해자 4, 5를 방문에서 가로 막아 동녀들을 탈출 못하게 함으로써 불에 타 숨지게 하였다는 공소사실에 관하여 직권으로 살피건대, 형법 제164조 전단의 현주건조물에의 방화죄는 공중의 생명, 신체, 재산 등에 대한 위험을 예방하기 위하여 공공의 안정을 그 제1차적인 보호법익으로 하고 제2차적으로는 개인의 재산권을 보호하는 것이라고 할 것이나, 여기서 공공에 대한 위험은 구체적으로 그 결과가 발생됨을 요하지 아니하는 것이고 이미 현주건조물에의 점화가 독립연소의 정도에 이르면 동 죄는 기수에 이르러 완료되는 것인 한편 살인죄는 일신전속적인 개인적 법익을 보호하는 범죄이므로, 이 사건에서와 같이 설사 사람이 현존하는 건조물에 그 사람을 살해하기 위하여 방화한 경우라 할지라도 그것은 1개의 행위가 수개의 죄명에 해당하는 경우라고 볼 수 없고, 위 방화행위와 살인행위는 법률상 별개의 범의에 의해 별개의 법익을 해하는 별개의 행위라고 하지 않을 수 없는바, 그렇다면 불에 타고 있는 집에서 빠져 나오려는 이 사건 피해자들을 막아 소사케 한 행위는 별개의 행위로서 살인죄를 구성한다고 할 것임에도 이를 위 방화죄와 상상적 경합범으로 처단한 제1심 판단을 지지한 원심판결에는 필경 살인죄, 현주건조물 등에의 방화죄 및 죄수의 법리를 오해한 잘못이 있다고 볼 수 있으나 이 사건에서 피고인을 현주건조물 등에의 방화죄와 살인죄(피해자 4, 5에 대한)의 실체적 경합범(관계)으로 의율처단 한다면 상상적 경합범(관계)으로 의율처단한 원심보다 피고인에게 불리함이 분명하므로 결국 피고인의 불이익에 귀결되는 법리로서 위 직권판단한 이유를 들어 원심판결을 파기할 수는 없다는 결론에 이른다.

2. … 생략
3. … 생략
4. … 생략

참조조문 형법 제15조 제2항, 제164조 제2항

법적쟁점

1. 부진정결과적 가중범의 개념은 무엇인가? 나아가 진정결과적 가중범과의 차이점은 무엇인가?

2. 부진정결과적가중범의 인정 여부에 대하여 중한 결과에 대하여 고의가 있으면 중한 결과에 대한 고의범이 성립하므로 부진정결과적 가중범을 인정할 필요가 없다는 견해에 대하여 비판적으로 검토하시오.(참고판례 1)

3. 부진정결과적 가중범을 긍정하는 입장에서는 이를 인정하지 아니하는 경우에는 처벌의 불균형이 발생할 수 있다고 주장한다. 어느 경우인지 구체적인 예를 들어 설명하시오.

4. 甲은 아버지와 동생을 살해하기로 마음먹고 이들이 잠자고 있는 방에 방화하여 집을 불태웠다. 이로 인하여 아버지와 동생은 연기로 인하여 질식사하였다. 판례에 의할 때 甲의 죄책은 무엇인가?(참고판례 2)

참고판례 ❶

대법원 1995.1.20. 선고 94도2842 판결【성폭력범죄의처벌및피해자보호등에관한법률위반 · 강도상해 · 특수공무집행방해치상 · 폭력행위등처벌에관한법률위반 · 강도예비】[공1995.2.15.(986),947]

【이유】

피고인들 및 변호인의 상고이유를 함께 판단한다.

1. 피고인 1에 대한 변호인의 상고이유 제1점에 대하여

특수공무집행방해치상죄는 원래 결과적가중범이기는 하지만, 이는 중한 결과에 대하여 예견가능성이 있었음에 불구하고 예견하지 못한 경우에 벌하는 진정결과적가중범이 아니라 그 결과에 대한 예견가능성이 있었음에도 불구하고 예견하지 못한 경우뿐만 아니라 고의가 있는 경우까지도 포함하는 부진정결과적가중범이다(대법원 1990.6.26. 선고 90도765 판결 참조). 그러나 결과적가중범에 이와 같이 고의로 중한 결과를 발생케 하는 경우가 포함된다고 하여서 고의범에 대하여 더 무겁게 처벌하는 규정이 있는 경우까지 고의범에 정한 형으로 처벌할 수 없다고 볼 것은 아니다. 결과적가중범은 행위자가 중한 결과를 예견하지 못한 경우에도 그 형이 가중되는 범죄인데, 고의로 중한 결과를 발생케 한 경우까지 이를 결과적가중범이라 하여 무겁게 벌하는 고의범에 정한 형으로 처벌할 수 없다고 하면, 결과적가중범으로 의율한 나머지 더 가볍게 처벌되는 결과를 가져오기 때문이다. 따라서 고의로 중한 결과를 발생케 한 경우에 무겁게 벌하는 구성요건이 따로 마련되어 있는 경우에는 당연히 무겁게 벌하는 구성요건에서 정하는 형으로 처벌하여야 할 것이고, 결과적가중범의 형이 더 무거운 경우에는 결과적가중범에 정한 형으로 처벌할 수 있도록 하여야 할 것이다. 그러므로 기본범죄를 통하여 고의로 중한 결과를 발생케 한 부진정결과적가중범의 경우에 그 중한 결과가 별도의 구성요건에 해당한다면 이는 결과적가중범과 중한 결과에 대한 고의범의 상상적 경합관계에 있다고 보아야 할 것이다(대법원 1990.5.8. 선고 90도670 판결 참조).

이와 같은 법리에 비추어 볼 때 피고인 1의 제1심판시 "제2의 나"항 범죄사실을 특수공무집행방해치상죄와 폭력행위등처벌에관한법률 제3조 제2항, 형법 제257조 제1항(상해)위반죄의 상상적 경합범으로 처단한 제1심판결을 그대로 유지한 원심의 조치는 정당하고, 거기에 결과적가중범 및 상상적경합범에 관한 법리를 오해한 잘못이 없다. 상고이유 중 이 점을 지적하는 부분은 이유 없다.

2. … 생략

3. … 생략

4. … 생략

참고판례 ❷

대법원 1996.4.26. 선고 96도485 판결【존속살인 · 살인 · 현주건조물방화치사】[공1996.6.15.(12),1782]

【이유】

피고인과 그 국선변호인의 상고이유를 함께 판단한다.

1. … 생략

2. 국선변호인의 상고이유 제2점에 관하여

원심판결과 원심이 인용한 제1심판결 이유에 의하면, 제1심은 그 명시한 증거에 의하여 **피고인은 1995.8.7. 03:15경 경기 광주군 도척면 도웅 2리 소재의 피고인 집 안방에서 잠을 자고 있는 피해자인 아버지 인 피해자 1와 동생 피해자 2를 살해하기 위하여 그 곳에 있던 두루마리 화장지를 말아 장롱 뒷면에 나 있는 구멍을 통하여 장롱 안으로 집어 넣은 다음, 평소 소지하고 다니던 1회용 라이터로 화장지에 불을 붙여 장롱으로 불이 번지자 그 곳을 빠져 나옴으로써 직계존속인 위 피해자 1과 동생인 위 피해자 2를 연기로 인하여 질식사하도록 하여 이들을 살해하고, 위 피해자들이 현존하는 건조물을 소훼하여 사망에 이르게 한 사실**을 인정한 다음, 아버지에 대한 살인행위를 형법 제250조 제2항, 동생에 대한 살인행위를 같은 법 제250조 제1항, 각 현주물방화치사의 점을 같은 법 제164조 후단에 의율하여 위 각 죄를 상상적경합범으로 처단하였고, 원심은 이를 유지하였다.

살피건대, 형법 제164조 후단이 규정하는 현주건조물방화치사상죄는 그 전단이 규정하는 죄에 대한 일종의 가중처벌 규정으로서 과실이 있는 경우뿐만 아니라, 고의가 있는 경우에도 포함된다고 볼 것이므로 사람을 살해할 목적으로 현주건조물에 방화하여 사망에 이르게 한 경우에는 현주건조물방화치사죄로 의율하여야 하고 이와 더불어 살인죄와의 상상적경합범으로 의율할 것은 아니라고 할 것이고(대법원 1983.1.18. 선고 82도2341 판결 참조), 다만 존속살인죄와 현주건조물방화치사죄는 상상적경합범 관계에 있으므로, 법정형이 중한 존속살인죄로 의율함이 타당하다고 할 것이다.

따라서 이 사건에 있어 동생의 살해에 대하여는 현주건조물방화치사죄만으로 의율하였어야 함에도 불구하고, 위와 같이 동생의 살해에 대하여 살인죄와 현주건조물방화치사죄의 상상적경합범으로 의율한 제1심을 유지한 원심은 필경 형법 제164조 후단의 현주건조물방화치사죄의 법리나 상상적경합범의 법리를 오해하였다고 아니할 수 없다.

그러나, 피고인의 소위는 1개의 방화행위로 인하여 아버지와 동생을 동시에 사망하게 한 것으로서 이는 상상적경합범에 해당되므로 어차피 현주건조물방화치사죄보다 형이 더 무거운 존속살인죄의 정한 형으로 처벌할 수밖에 없고, 원심도 피고인을 형이 가장 무거운 존속살인죄의 정한 형으로 처벌하였으므로 원심의 위와 같은 잘못은 판결에 영향이 없다 할 것이니, 이 점을 지적하는 상고이유의 주장은 결국 이유 없음에 귀착한다고 할 것이다.

3. … 생략

4. … 생략

참고판례 ❸

대법원 1998.12.8. 선고 98도3416 판결【강도살인 · 현주건조물방화치사 · 도로교통법위반】[공1999.1.15.(74),181]

【이유】

피고인들과 국선변호인의 상고이유를 함께 본다.

원심이 채용한 증거들을 기록과 대조하여 검토하여 보면, … 이 사건과 같이 피고인들이 피해자들의 재물을 강취한 후 그들을 살해할 목적으로 현주건조물에 방화하여 사망에 이르게 한 경우 피고인들의 위 행위는 강도살인죄와 현주건조물방화치사죄에 모두 해당하고 그 두 죄는 상상적 경합범관계에 있다고 할 것이므로(대법원 1996. 4. 26. 선고 96도485 판결 참조), 원심이 이와 다른 견해에서 위 두 죄를 실체적 경합범관계에 있다고 판단하여 각각 무기징역형을 선택한 후 경합범가중을 한 조치는 형법이 정하는 경합범에 관한 법리를 오해한 위법을 저지른 것이지만, 강도살인죄는 그 법정형이 사형 또는 무기징역으로 정하여져 있으므로 원심이 위와 같이 경합범가중을 한 후에도 피고인들을 강도살인죄에 있어서의 법정형의 최하한인 무기징역형으로 처단한 이상, 원심의 위 잘못이 피고인들에 대한 판결의 결과에는 아무런 영향을 미치지 아니하였다고 할 것이어서 이를 이유로 원심을 파기할 수는 없다. 그러므로 상고를 모두 기각하기로 하여 관여 법관의 일치된 의견으로 주문과 같이 판결한다.

참조문헌

김선복, "현주건조물방화치사죄의 성립요건", 비교형사법연구 제7권 제1호, 2005, 369면-394면

김성돈, "형법상 죄수론의 구조", 형사법연구 제9호, 1996, 189면-214면

박광민, "결과적 가중범의 본질과 직접성의 원칙", 저스티스 제94호, 2006, 128면-147면

신동운, "은봉암 방화사건", 판례백선 형법총론, 2004, 180면-188면

이기헌, "경합범과 상상적 경합", 형사판례연구 제7호, 1999, 150면-193면

이재상, "1996년도 형사판례회고", 형사판례연구 제5권, 1997, 516면-551면

조상제, "결과적가중범의 문제점", 형사법연구 제5호, 1993, 82면-106면

Ⅶ-4 결과적 가중범의 공동정범

대상판결

대법원 1991.11.12. 선고 91도2156 판결【강도살인,특정범죄가중처벌등에관한법률위반(강도),폭력행위등처벌에관한법률위반】[공1992.1.1.(911),164]

【피 고 인】장○○

【상 고 인】피고인

【변 호 인】변호사 정현식

【원심판결】서울고등법원 1991.7.26. 선고 91노1818 판결

【주 문】원심판결을 파기하고, 사건을 서울고등법원에 환송한다.

【이 유】

피고인과 변호인의 상고이유를 함께 본다.

1. 기록을 살펴보면, 제1심은 **피고인은 제1심의 상피고인 이○○과 공모하여 유흥비를 마련하기 위해 술취한 사람을 상대로 금품을 강취할 것을 마음먹고, 소나타 승용차를 빌려 운전하고 가다가 밤 00:00경에 술에 취한 피해자 정○○를 집까지 데려다 주겠다고 위 승용차에 태워 가다가 폭행과 협박을 한 후 금품을 강취하고, 계속하여 위 피해자를 주먹과 발로 때리며 승용차 밖으로 끌어낸 다음 경찰관서에 신고하지 못하도록 하기 위해 위 이○○은 부근에 있는 길이 1m정도의 각목으로 위 피해자의 다리를 수회 때리고 사람 머리 크기의 돌멩이를 집어 들어 위 피해자의 등을 때리고 또 뒷통수를 때려 머리에 피를 흘리며 쓰러지게 하여 즉석에서 위 피해자를 외상성 뇌출혈 등으로 죽게 하여 살해**하였다고 인정하였고, 원심은 피고인이 위 이○○과 술취한 사람을 상대로 금품을 강취하기로 공모하고 위 피해자로 부터 금품을 강취한 사실이 있기는 하지만 위 이○○의 살인범행에는 전혀 가담한 바 없을 뿐 아니라 당시 피고인이나 위 이○○ 모두 칼 등 흉기를 전혀 휴대하고 있지 아니하여 위 이○○이 위 피해자를 살해까지 하리라고는 전혀 예견할 수 없는 상태에 있었는데 제1심이 피고인에게 강도살인죄의 죄책을 인정한 것은 부당하다는 피고인과 원심 국선변호인의 항소이유에 대하여, 제1심이 든 증거들을 종합하면 제1심이 판시한 범죄사실을 인정할 수 있다고 판단하여 이를 배척하고, 강도살인죄의 공동정범으로 인정하였다.

2. 살피건대 강도살인죄는 고의범이므로 강도살인죄의 공동정범이 성립하기 위하여는 강도의 점 뿐 아니라 살인의 점에 관한 고의의 공동이 필요하다고 할 것인데 제1심이 들고 있는 증거를 살펴보면 피고인이 위 이○○과 공모하여 강도의 범행을 한 사실은 인정할 수 있으나, 이들 증거에 의하여 피고인이 위 이○○과 살인의 공모까지 하였다고 인정하기는 어렵고 피고인이 살해행위에 가담하였다고 인정할 증거도 없다.

다만 강도의 공범자 중 1인이 강도의 기회에 피해자에게 폭행 또는 상해를 가하여 살해한 경우, 다른 공모자가 살인의 공모를 하지 아니하였다고 하여도 그 살인행위나 치사의 결과를 예견할 수 없었던 경우가 아니면 강도치사죄의 죄책을 면할 수 없다고 할 것이나, 그렇게 한다고 하여도 이 사건에서 피고인이나 변호인은 항소이유로서 이를 전혀 예견할 수 없었다고 주장하고 있으므로, 이에 관하여는 사실심인 원심이 판단을 하여야 할 것이다.

3. … 생략

4. … 생략

참조조문 형법 제15조, 형법 제30조, 형법 제337조, 형법 제342조

법적쟁점

1. 결과적 가중범에 있어서 가중처벌의 근거는 무엇인가?

2. 결과적 가중범에 있어서 직접성의 원칙은 무엇인가?

3. 결과적 가중범의 공동정범을 인정하는 것은 결과책임사상의 한 예로 볼 수 없는가?

4. 판례가 결과적 가중범의 공동정범을 인정하는 근거로서의 행위공동설에 대해 생각해 보시오.

5. 결과적 가중범의 공동정범 성립에 대한 학설의 견해는 무엇인가?

참고판례 ❶

대법원 2000.5.12. 선고 2000도745 판결【살인(인정된 죄명 : 상해치사)】[공2000.7.1.(109),1463]

【이유】

피고인과 변호인들의 각 상고이유를 함께 판단한다.

1. 기록에 의하면, 원심에서 적법하게 변경된 이 사건 공소사실의 요지는, **피고인은 1999.4.18. 01:55경 상근예비역으로 근무하는 친구인 공소외인으로부터 공소외인의 여동생을 강간한 피해자를 혼내주러 가자는 연락을 받고 공소외인과 함께 피해자를 만나 ○○초등학교 앞에서 공소외인과 피고인은 주먹으로 피해자를 때리면서 공소외인은 소지하고 있던 부엌칼(증 제1호)로 피해자를 위협하였으며, 그 후 피해자를 △△초등학교로 끌고 가면서 피고인이 주변에 있던 각목으로 피해자의 머리 부분을 4회 때리고 공소외인이 위 부엌칼을 피해자의 목에 들이대면서 주먹과 발로 무수히 때려 이를 견디지 못한 피해자가 은적사 입구 방면으로 도망가자, 피고인은 공소외인의 뒤를 따라 피해자를 추격하던 중 공소외인이 떨어뜨린 위 부엌칼을 소지하게 된 다음 격분한 나머지 같은 날 02:21경 △△초등학교 옆 골목길에서 공소외인에 의하여 붙잡힌 피해자의 좌측 흉부를 위 부엌칼로 1회 찔러 좌측흉부 자창상 등을 가하고, 이로 인하여 같은 날 04:00경 피해자로 하여금 실혈로 사망에 이르게 하였다**는 것이고, 원심이 인정한 사실은, 피고인은 위 공소사실과 같은 과정을 거쳐 △△초등학교 옆 골목길에서 공소외인에 의하여 붙잡힌 피해자를 공소외인과 함께 폭행하면서 둘 중 누군가가 불상의 방법으로 위 부엌칼로 피해자의 좌측 흉부를 1회 찔러 좌측흉부 자창상 등을 입히고, 이로 인하여 피해자를 사망에 이르게 하였다는 것이다. … 생략

2. 결과적 가중범인 상해치사죄의 공동정범은 폭행 기타의 신체침해 행위를 공동으로 할 의사가 있으면 성립되고 결과를 공동으로 할 의사는 필요 없으며(대법원 1978.1.17. 선고 77도2193 판결, 1993.3.24. 선고 93도1674 판결 등 참조), 여러 사람이 상해의 범의로 범행 중 한 사람이 중한 상해를 가하여 피해자가 사망에 이르게 된 경우 나머지 사람들은 사망의 결과를 예견할 수 없는 때가 아닌 한 상해치사의 죄책을 면할 수 없다고 할 것이다(대법원 1996.12.6. 선고 96도2570 판결 등 참조).

3. - 5. … 생략

참고판례 ❷

대법원 1991.10.11. 선고 91도1755 판결【살인 · 폭력행위등처벌에관한법률위반 · 상해치사】[공1991.12.1.(909),2782]

【이유】

피고인 1및 동 피고인의 변호인들의 상고이유를 함께 본다.

(1) (2) … 생략

피고인 2및 동 피고인의 변호인의 상고이유를 함께 판단한다.

가. 상해치사부분에 관하여

공동정범의 주관적 요건인 공모는 공범자 상호간에 범죄의 공동실행에 관한 의사의 결합만 있으면 족하고, 이와 같은 공모가 이루어진 이상 실행행위에 관여하지 않더라도 다른 공범자의 행위에 대하여 형사책임을 지는 것인 바(당원 1990.9.28. 선고 90도 602 판결, 1990.6.22. 선고 90도 767 판결 등 참

조),원심판결과 원심이 유지한 제1심판결 적시의 증거에 의하면 피고인 2는 피고인 1등 여러명 과 피해자 1을 상해하기로 공모하고, **피고인 2등은 피고인 1의 사무실에서 대기하고, 실행행위를 분담한 공모자 일부가 사건현장에 가서 위 피해자를 상해하여 사망케 하였음이 인정되므로 피고인 2를 상해치사범죄의 공동정범으로 인정**한 원심의 조치는 정당하다고 수긍이 가고 거기에 소론과 같은 채증법칙위배의 잘못을 발견할 수 없으며, 소론과 같은 양형부당의 주장은 이 사건에서는 적법한 상고이유가 되지 않는다. 논지는 모두 이유없다.

나. … 생략

참조문헌

박강우, "결과적 가중범의 인과관계와 미수범처벌", 저스티스 제34권 제5호, 2001, 183면-195면

박상기, "결과적 가중범의 공동정범", 형사판례연구 제1권, 1993, 83면-94면

박상기, "우리나라 학설과 판례에 나타나는 공동정범의 유형과 문제점", 형사판례연구 제13권, 2000, 1면-26면

변종필, "결과적 가중범에서 기본범죄가 미수인 경우의 법해석", 비교형사법연구 제6권 제1호, 2004, 347면-365면

조상제, "결과적 가중범의 제한해석", 형사판례연구 제3권, 1995, 40면-66면

천진호, "결과적 가중범의 중지미수", 형사법연구 제26호, 2006, 47면-72면

Ⅶ-5 결과적 가중범의 공범(교사행위와 피교사자의 초과행위)

대상판결

대법원 1997.6.24. 선고 97도1075 판결【교통사고처리특례법위반 · 도로교통법위반 · 간통 · 상해치사교사(인정된 죄명:상해교사)】[공1997.8.1(39),2220]

【피 고 인】피고인

【상 고 인】피고인 및 군검찰관

【변 호 인】변호사 김규복

【원심판결】고등군사법원 1997.2.28. 선고 96노202, 606 판결

【주 문】피고인 및 검찰관의 상고를 모두 기각한다.

【이 유】

상고이유를 본다.

1. 피고인 및 변호인의 상고이유에 관하여

원심이 유지한 1심판결 채택의 각 증거에 의하면 원심이 피고인에 대한 상해교사 범죄사실을 인정한 조치는 정당한 것으로 수긍이 가고 거기에 채증법칙을 위배하여 사실을 오인한 위법이 있다고 할 수 없다.

원심이 확정한 바와 같이 **피고인이 피해자를 정신차릴 정도로 때려주라고 교사**하였다면 이는 상해에 대한 교사로 봄이 상당하다고 할 것이므로 거기에 소론 주장과 같은 상해교사에 관한 법리오해의 위법이 있다고 할 수도 없다.

그리고 원심이 유지한 위 증거에 의하면 피교사자인 정OO은 피고인의 교사에 의하여 비로소 범죄실행의 결의를 하였음을 알 수 있으니 원심 판시에 교사범에 관한 법리오해의 위법이 있다고 할 수 없다. 논지는 모두 이유 없다.

2. 검찰관의 상고이유에 관하여

교사자가 피교사자에 대하여 상해를 교사하였는데 피교사자가 이를 넘어 살인을 실행한 경우에, 일반적으로 교사자는 상해죄에 대한 교사범이 되는 것이고, 다만 이 경우 교사자에게 피해자의 사망이라는 결과에 대하여 과실 내지 예견가능성이 있는 때에는 상해치사죄의 교사범으로서의 죄책을 지울 수 있다고 하겠다(당원 1993.10.8. 선고 93도1873 판결 참조).

기록에 의하여 살펴보면, 원심이 거시 증거에 의하여 판시와 같은 사실을 인정한 다음, 피고인이 피해자의 사망이라는 결과를 예측하였다거나 또는 피해자의 사망의 결과에 대하여 과실이 있었다고 인정하기 어렵다고 한 조치는 정당한 것으로 수긍할 수 있고, 거기에 소론 주장과 같은 교사범에 관한 법리오해 등의 위법이 있다고 할 수 없다. 논지는 이유 없다.

3. 그러므로 검찰관 및 피고인의 상고를 모두 기각하기로 관여 법관들의 의견이 일치되어 주문과 같이 판결한다.

참조조문 형법 제31조, 제250조, 제257조

법적쟁점

1. 위 사안에서 법원은 피고인의 교사내용과 발생한 결과 간에 구체성이라는 관점에서 연결점을 인정하지 않았다. 만일 피고인(교사자)에게 피해자의 사망이라는 결과에 대한 예견가능성이 인정된다면 상해치사죄를 인정할 수 있다고 판시하고 있다. 이러한 판단은 결과적 가중범에서 직접성의 원칙에 위배되지 않는지 여부를 평가하시오.

2. 만일 피고인인 교사자가 피해자의 살해까지도 포함하는 의미로 교사를 하였으나 피교사자는 반대로 그러한 결과발생에 대한 의사가 전혀 없었던 경우 교사자의 책임은?

참고판례 ❶

대법원 2002.10.25. 선고 2002도4089 판결【살인 · 상해치사 · 총포 · 도검 · 화약류등단속법위반 · 범인은닉 · 범인도피 · 폭력행위등처벌에관한법률위반 · 협박(인정된 죄명: 협박미수) · 도로교통법위반(무면허운전)】[공2002.12.15(168),2929]

【이유】

상고이유를 판단한다.

1. 피고인 1, 2에 대하여

교사자가 피교사자에 대하여 상해 또는 중상해를 교사하였는데 피교사자가 이를 넘어 살인을 실행한 경우에, 일반적으로 교사자는 상해죄 또는 중상해죄의 죄책을 지게 되는 것이지만 이 경우에 교사자에게 피해자의 사망이라는 결과에 대하여 과실 내지 예견가능성이 있는 때에는 상해치사죄의 죄책을 지울 수 있는 것이다(대법원 1993.10.8. 선고 93도1873 판결 등 참조).

원심이 제1심판결 적시의 각 증거를 인용하여, 피고인 1이 상 피고인 3, 4, 5 및 원심 공동피고인 7에게 피고인과 사업관계로 다툼이 있었던 피해자를 혼내 주되, 평생 후회하면서 살도록 허리 아래 부분을 찌르고, 특히 허벅지나 종아리를 찔러 병신을 만들라는 취지로 이야기 하면서 차량과 칼 구입비 명목으로 경비 90만 원 정도를 주어 범행에 이르게 한 사실, 피고인 2는 위와 같이 1가 상 피고인들에게 범행을 지시할 때 그들에게 연락하여 모이도록 하였으며, "피고인 1을 좀 도와 주어라" 등의 말을 하였고, 그 결과 상피고인들이 공소사실 기재와 같이 피해자의 종아리 부위 등을 20여 회나 칼로 찔러 살해한 사실을 인정한 다음, 그 당시 상황으로 보아 피고인 2 역시 공모관계에 있고, 피고인 1와 2는 피해자가 죽을 수도 있다는 점을 예견할 가능성이 있었다고 판단하여, 상해치사죄로 의율한 조치는 위 법리에 따른 것으로 정당하고, 거기에 상고이유에서 주장하는 바와 같은 상해치사죄 또는 공동정범에 관한 법리오해의 위법이 있다고 할 수 없다.

한편, 피고인 1는 원심의 양형이 무거워 부당하다는 취지의 주장도 하나, 10년 미만의 징역형이 선고된 경우에 그와 같은 주장은 적법한 상고이유가 될 수 없는 것이다.

2. 피고인 3, 4, 5에 대하여 … 생략

3. 피고인 6에 대하여 … 생략

4. … 생략

참고판례 ❷

대법원 1993.10.8. 선고 93도1873 판결【상해치사교사】[공1993.12.1(957),3117]

【이유】

피고인 및 그 변호인의 상고이유를 함께 판단한다.

교사자가 피교사자에 대하여 상해 또는 중상해를 교사하였는데 피교사자가 이를 넘어 살인을 실행한 경우에, 일반적으로 교사자는 상해죄 또는 중상해죄의 교사범이 되는 것이지만 이 경우에 교사자에게 피해자의 사망이라는 결과에 대하여 과실 내지 예견가능성이 있는 때에는 상해치사죄의 교사범으로서의 죄책을 지울 수 있는 것이다.

원심이 같은 취지에서, 원심이 인용한 제1심판결 적시의 각 증거에 의하여, 피고인은 자신의 영업에 관하여 사사건건 방해를 하면서 협박을 해 오던 피해자를 보복하기 위하여 피해자의 경호원으로 있다가 사이가 나빠진 공소외 인을 소개받아 착수금 명목으로 금 5,000,000원을 제공하면서 동인으로 하여금 피해자에게 중상해를 가해 활동을 못하도록 교사하였는데, 공소외인은 피해자의 온몸을 칼로 찔러 살해하였고, 그 당시 상황으로 보아 피고인은 중상해를 가하면 피해자가 죽을 수도 있다는 점을 예견할 가능성이 있었던 사실을 인정한 다음, 피고인을 상해치사죄의 교사범으로 처단한 조치는 정당한 것으로 수긍이 가고, 거기에 소론과 같은 심리미진이나 채증법칙위배로 인한 사실오인 및 상해치사죄의 교사범에 관한 법리오해의 위법이 있다고 할 수 없다. 논지는 모두 이유 없다.

그러므로 상고를 기각하고 상고 후의 구금일수 중 일부를 본형에 산입하기로 하여 관여 법관의 일치된 의견으로 주문과 같이 판결한다.

참조문헌

조상제, "결과적 가중범의 공범 : 상해치사죄의 교사범", 저스티스 제77호, 2004, 176면-186면

Ⅷ 부작위범론

1. 부진정부작위범
2. 부작위와 공동정범, 방조범

VIII-1 부진정부작위범

대상판결

대법원 1992.2.11. 선고 91도2951 판결【살인】[공1992.4.1.(917),1077]

【피 고 인】피고인

【상 고 인】피고인

【변 호 인】변호사 김형기 외 1인

【원심판결】부산고등법원 1991.10.23. 선고 91노746 판결

【주 문】상고를 기각한다.

【이 유】

1. … 생략

2. 변호인 변호사 김동호의 상고이유 제1의 (나)점에 대한 판단

형법 제18조에 의하면 위험의 발생을 방지할 의무가 있거나 자기의 행위로 인하여 위험발생의 원인을 야기한 자가 그 위험발생을 방지하지 아니한 때에는 그 발생된 결과에 의하여 처벌하도록 규정되어 있는바, 형법이 금지하고 있는 법익침해의 결과발생을 방지할 법적인 작위의무(작위의무)를 지고 있는 자가, 그 의무를 이행함으로써 결과발생을 쉽게 방지할 수 있었음에도 불구하고 그 결과의 발생을 용인하고 이를 방관한 채 그 의무를 이행하지 아니한 경우에, 그 부작위(부작위)가 작위에 의한 법익침해와 동등한 형법적 가치가 있는 것이어서 그 범죄의 실행행위로 평가될 만한 것이라면, 작위에 의한 실행행위와 동일하게 부작위범으로 처벌할 수 있다고 할 것이다.

이 사건의 사실관계가 원심이 인용한 제1심판결이 확정한 바와 같이, **피고인이 조카인 피해자 1(10세)과 2(8세)를 살해할 것을 마음먹고, 피해자들을 불러내어 미리 물색하여 둔 저수지로 데리고 가서 인적이 드물고 경사가 급하여 미끄러지기 쉬운 제방 쪽으로 유인하여 함께 걷다가, 피해자 1로 하여 금위와 같이 가파른 물가에서 미끄러져 수심이 약 2미터나 되는 저수지 물속으로 빠지게 하고, 그를 구호하지 아니한 채 앞에 걸어가고 있던 피해자 2의 소매를 잡아당겨 저수지에 빠뜨림으로써 그 자리에서 피해자들을 익사하게 한 것**이라면, 소론과 같이 피해자 1이 스스로 미끄러져서 물에 빠진 것이고, 그 당시는 피고인이 살인죄의 예비단계에 있었을 뿐 아직 실행의 착수에는 이

르지 아니하였다고 하더라도, 피고인은 피해자들의 숙부로서 위와 같은 익사의 위험에 대처할 보호능력이 없는 나이 어린 피해자들을 급한 경사로 인하여 미끄러지기 쉬워 위와 같은 익사의 위험이 있는 저수지로 데리고 갔던 것이므로, 피고인으로서는 피해자들이 물에 빠져 익사할 위험을방지하고 피해자들이 물에 빠지는 경우 그들을 구호하여 주어야 할 법적인 작위의무가 있다고 보아야 할 것이고, 이와 같은 상황에서 피해자 1이 물에 빠진 후에 피고인이 살해의 범의를 가지고 그를 구호하지 아니한 채 그가 익사하는 것을 용인하고 방관한 행위(부작위)는 피고인이 그를 직접 물에 빠뜨려 익사시키는 행위와 다름없다고 형법상 평가될 만한 살인의 실행행위라고 보는 것이 상당하다.

같은 취지에서 피고인에게 피해자 1에 대한 살인죄를 적용한 것으로 보이는 원심의 판단은 정당하고, 원심판결에 소론과 같이 살인죄의 법리를 오해한 위법이 있다고 볼 수 없으므로, 논지도 이유가 없다.

3. … 생략

4. … 생략

참조조문

형법 제18조, 형법 제250조

법적쟁점

1. 형법상의 범죄는 적극적 작위는 물론 소극적 부작위에 의해서도 실현될 수 있다. 작위란 '규범적으로 금지되어 있는 것을 하는 것'을 의미하고, 부작위란 '법규범이 요구하는 행위를 하지 않는 것', 즉 단순히 아무 것도 하지 않는 '無爲'가 아니라 '규범적으로 기대되는 특정한 행위를 하지 않는 것'을 의미한다. 그렇다면 당해 사안에서 형법적 평가의 대상이 되는 피고인의 행위는 무엇이며, 이를 부작위로 볼 수 있는가?(참고판례 1)

2. 부진정부작위범은 진정부작위범과 어떻게 구별되는가? 또한 부진정부작위범에서 특별하게 요구되는 구성요건표지는 무엇인가?

3. 보증인적 지위의 개념은 무엇이며, 그 발생근거는 무엇인가? 나아가 당해 사안의 피고인에게 보증인적 지위를 인정할 수 있는지 여부 및 그 근거를 검토하시오.(참고판례 2)

4. 행위정형의 동가치성의 개념은 무엇이며, 이를 요구하는 범죄형태는 무엇인가? 이를 토대로 당해 사안이 과연 행위정형의 동가치성을 요구하는 경우인지 검토하시오.

5. 만약 당해 사안과 달리, 조카 1, 2의 母가 자신의 동생인 피고인이 조카들에게 치명적인 독약을 감기약이라 속여 마시게 함으로써 사망케 하려는 범죄계획을 우연히 알게 되었음에도 불구하고 이를 방치한 채 집에서 드라마를 시청한 결과 피고인이 계획대로 조카들을 살해하기에 이르렀다면, 피해자의 母는 어떠한 형법상 책임을 지는가[후술 부작위와 방조범 참조)]?

참고판례 ❶

대법원 2004.6.24. 선고 2002도995 판결【살인(인정된 죄명 : 살인방조)·살인】[공2004.8.1.(207),1255]

【이유】

1. … 생략

2. … 생략

3. 어떠한 범죄가 적극적 작위에 의하여 이루어질 수 있음은 물론 결과의 발생을 방지하지 아니하는 소극적 부작위에 의하여도 실현될 수 있는 경우에, 행위자가 자신의 신체적 활동이나 물리적·화학적 작용을 통하여 적극적으로 타인의 법익 상황을 악화시킴으로써 결국 그 타인의 법익을 침해하기에 이르렀다면, 이는 작위에 의한 범죄로 봄이 원칙이고, 작위에 의하여 악화된 법익 상황을 다시 되돌이키지 아니한 점에 주목하여 이를 부작위범으로 볼 것은 아니며, 나아가 악화되기 이전의 법익 상황이, 그 행위자가 과거에 행한 또 다른 작위의 결과에 의하여 유지되고 있었다 하여 이와 달리 볼 이유가 없다.

4. … 생략

참고판례 ❷

대법원 1986.9.9. 선고 86도956 판결【사기】[공1986.10.15.(786),1333]

【이유】

피고인의 변호인의 상고이유를 판단한다.

부동산매매에 있어서 매매목적물에 관하여 소유권귀속에 관한 분쟁이 있어 재심소송이 계속 중에 있다면 이러한 사정들은 특별한 사정이 없는 한 매수인으로서는 매매계약의 체결여부를 결정짓는 매우 중요한 요소이므로 매도인은 거래의 신의성실의 원칙상 매수인에게 고지할 법률상의 의무가 있다 할 것이고 매도인이 매수인에게 소송계속사실을 숨기고 매도하여 대금을 교부받았다면 이는 사기죄를 구성한다.

원심판결 이유에 의하면, 피고인들은 이건 부동산을 각 피해자에게 매도함에 있어 재심소송이 계속 중인 사실을 숨겼을 뿐만 아니라 단순히 고지하지 아니한 정도를 넘어 적극적으로 이를 은폐하여 각 피해자를 기망하였다 하여 사기죄로 의률하였음은 정당하고 여기에 부작위에 의한 사기죄의 법리 및 편취의사에 관한 법리를 오해한 위법이 없고 논지는 이유없다.

그러므로 상고를 기각하기로 관여법관의 일치된 의견으로 주문과 같이 판결한다.

참조문헌

김성룡, "부진정부작위범의 정범표지", 형사판례연구 제12권, 2004, 84면-106면

문채규, "부진정부작위범에 있어서 상응성 요건의 허와 실", 비교형사법연구 제11권 제1호, 2008, 183면 이하

오병두, "형사법연구 20년을 통해 본 부작위범이론의 현상과 과제", 형사법연구 제20권 제4호, 2008 겨울, 85면-104면

이석배, "형법상 이중적 의미를 가지는 행위의 작위 · 부작위 구별과 형사책임의 귀속", 형사법연구 제25호, 2006, 55면-84면

장영민, "부진정부작위범의 성립요건", 형사판례연구 제2권, 1996, 37면-45면

조상제, "의사의 응급의료의무와 치료의무", 형사판례연구 제8권, 2000, 93면-110면

한정환, "작위와 부작위, 진정 · 부진정부작위범의 구별", 비교형사법연구 제7권 제1호, 2005, 75면-98면

VIII-2 부작위와 공동정범, 방조범

대상판결

대법원 2006.4.28. 선고 2003도4128 판결【전기통신기본법위반(인정된 죄명:전기통신기본법위반방조)】[공2006.6.1(251),997]

【피 고 인】피고인 1외 1인

【상 고 인】피고인들

【변 호 인】법무법인 광장 담당변호사 김상곤외 1인

【원심판결】서울지법 2003.6.26. 선고 2002노9668 판결

【주 문】상고를 기각한다.

【이 유】

상고이유에 관하여 본다.

1. 상고이유 제1점(음란성 여부)에 관하여(생략)
2. 상고이유 제2점(법률의 착오 여부)에 관하여(생략)
3. 상고이유 제3점(작위의무의 존재 여부)에 관하여

형법상 방조행위는 정범의 실행을 용이하게 하는 직접, 간접의 모든 행위를 가리키는 것으로서 작위에 의한 경우뿐만 아니라 부작위에 의하여도 성립되는 것이고(대법원 1984.11.27. 선고 84도1906 판결, 대법원 1995.9.29. 선고 95도456 판결 등 참조), 형법이 금지하고 있는 법익침해의 결과발생을 방지할 법적인 작위의무를 지고 있는 자가 그 의무를 이행함으로써 결과발생을 쉽게 방지할 수 있었음에도 불구하고 그 결과의 발생을 용인하고 이를 방관한 채 그 의무를 이행하지 아니한 경우에, 그 부작위가 작위에 의한 법익침해와 동등한 형법적 가치가 있는 것이어서 그 범죄의 실행행위로 평가될 만한 것이라면, 작위에 의한 실행행위와 동일하게 부작위범으로 처벌할 수 있고, 여기서 작위의무는 법령, 법률행위, 선행행위로 인한 경우는 물론, 기타 신의성실의 원칙이나 사회상규 혹은 조리상 작위의무가 기대되는 경우에도 인정된다(대법원 1992.2.11. 선고 91도2951 판결, 1997.3.14. 선고 96도1639 판결, 2003.12.12. 선고 2003도5207 판결, 2005.7.22. 선고 2005도3034 판결 등 참조).

이 사건에서 기록에 의하면, 피고인 1은 유무선 전기통신사업 등을 사업목적으로 하

는 공소외 주식회사의 인터넷 포털서비스 사이트인 '(사이트 이름 및 인터넷 주소 생략)' 내 오락채널을 총괄하는 팀장이고, 피고인 2는 위 오락채널 내 만화사업을 책임지고 운영하는 직원으로서, 위 (사이트 이름 생략)을 무료사이트에서 유료사이트로 전환하기 위하여 그 수익사업의 일환으로 성인만화방을 개설하였고, 유료사이트 전환이라는 목적을 달성하기 위하여 그로 인한 수익에 지대한 관심을 가지고 영리의 목적으로 성인만화방 등을 비롯한 성인대상 채널을 중점적으로 관리한 사실, 공소외 주식회사는 콘텐츠 제공업체들과 사이에 위 성인만화방에 게재되는 만화 콘텐츠 이용자들로부터 그 이용료를 받아 그 수익금의 40-50%는 공소외 주식회사가, 50-60%는 콘텐츠 제공업체들이 나누어 갖는 공동사업을 하는 내용의 계약을 체결한 사실, 그 계약에 따르면, 콘텐츠 제공업체들은 위 성인만화방에 게재될 만화 콘텐츠의 수집, 가공, 개발, 입력, 갱신의 업무를 수행하고, 공소외 주식회사는 위 인터넷 사이트 이용자들이 만화 콘텐츠에 접근 · 이용할 수 있도록 하는 온라인 시스템의 유지 관리 및 운영 업무를 수행하기로 하되, 각자의 분담 업무에 관하여 상호 협의하기로 한 사실, 이에 따라 공소외 주식회사의 담당직원들인 피고인들은 사전에 콘텐츠 제공업체들과 협의를 함으로써 위 성인만화방에 대체로 어떠한 내용의 콘텐츠가 게재될 것인가를 사전에 예상하였고 그 콘텐츠의 뷰잉(viewing) 프로그램을 개발하여 제공하는 등 게재의 편의를 적극적으로 도모하였으며, 사후에 콘텐츠의 실제 게재 여부 및 정상 서비스 여부에 관하여 확인하였을 뿐만 아니라 만화 콘텐츠가 저장된 서버에 대한 시스템상 사용 및 보안권한 설정권을 보유하는 등 일반적 통제권한을 보유하여 콘텐츠의 내용을 실시간에 지속적으로 쉽게 검색 · 파악할 수 있었고, 이러한 것들이 피고인들의 주요 업무내용이었던 사실, 공소외 주식회사는 콘텐츠 제공업체들과 사이에 제공업체들은 콘텐츠에 사회윤리를 침해하는 내용의 정보를 담아서는 안 되며 이러한 의무를 불이행할 경우 계약을 해지할 수 있다고 약정하였고, 피고인 2는 이러한 해지권을 근거로 실제 일부 만화들에 대하여 직접 삭제를 하거나 콘텐츠 제공업체에 요구하여 삭제하게 한 사실, 피고인 2는 이 사건 만화들 중 일부가 게재된 것을 알았던 사실, 피고인 1도 성인만화방에서 어떤 내용의 만화가 게재되어 제공되고 있는지 알았으며 직접 검색을 하여 문제가 되는 만화는 피고인 2에게 삭제조치를 취하도록 지시하였고, 음란성의 수위를 조절하도록 지시하면서도 이 사건 만화들은 안이하게 생각하여 방치한 사실 등을 알 수 있다.

이러한 사실관계에 비추어 보면, 공소외 주식회사의 담당직원인 피고인들은 콘텐츠 제공업체들이 위 성인만화방에 게재하는 만화 콘텐츠를 관리 · 감독할 권한과 능력을 갖고 있었다고 할 것이고, 따라서 이 사건 음란만화들이 지속적으로 게재되고 있다는 사실을 안 이상 이를 게재한 콘텐츠 제공업체들에게 그 삭제를 요구할 조리상의 의무가 있었다고 할 것이다.

원심이 같은 취지에서 피고인들에게 위와 같은 작위의무가 있다고 판단하여 피고인들을 구 전기통신기본법 제48조의2 위반 방조죄로 처벌한 조치는 정당하고 거기에 상고이유의 주장과 같이 부작위범에 있어서 작위의무에 관한 법리를 오해한 위법이 없다.

4. 결 론

그러므로 상고를 기각하기로 하여 관여 대법관의 일치된 의견으로 주문과 같이 판결한다.

참조조문

형법 제16조, 형법 제32조, 형법 제18조 / 구 전기통신기본법 제48조의2(2001.1.16. 법률 제6360호로 삭제)

법적쟁점

1. 위 판결에서 피고인에 대해 공동정범이 아니라 조리(條理)상의 의무위반을 근거로 부작위에 의한 방조범을 인정하였다. 그러나 피고인 회사는 성인만화 제공업체들과 사이에 만화내용에 사회윤리를 침해하는 내용의 정보를 담아서는 안 되며 이러한 의무를 불이행할 경우 계약을 해지할 수 있다고 약정하였다는 점을 근거로 계약상의 해지권을 행사하지 않은 점을 이유로 부작위를 인정할 수는 없는가?

2. 피고인들은 사전에 콘텐츠 제공업체들과 협의를 함으로써 위 성인만화방에 대체로 어떠한 내용의 콘텐츠가 게재될 것인가를 사전에 예상하였고 그 콘텐츠의 뷰잉(viewing) 프로그램을 개발하여 제공하는 등 게재의 편의를 적극적으로 도모하였음에도 불구하고 피고인에 대하여 공동정범을 인정하지 않고 방조범을 인정한 이유는 무엇이라고 보는가?

참고판례 ❶

대법원 2008.3.27. 선고 2008도89 판결【공중위생관리법위반】[공2008상,641]

【이유】

공중위생관리법 제3조 제1항 전단은 "공중위생영업을 하고자 하는 자는 공중위생영업의 종류별로 보건복지부령이 정하는 시설 및 설비를 갖추고 시장 · 군수 · 구청장에게 신고하여야 한다"고 규정하고 있고, 제20조 제1항 제1호는 '제3조 제1항 전단의 규정에 의한 신고를 하지 아니한 자'를 처벌한다고 규정하고 있는바, 그 규정 형식 및 취지에 비추어 신고의무 위반으로 인한 공중위생관리법 위반죄는 구성요건이 부작위에 의하여서만 실현될 수 있는 진정부작위범에 해당한다고 할 것이고, 한편 부작위범 사이의 공동정범은 다수의 부작위범에게 공통된 의무가 부여되어 있고 그 의무를 공통으로 이행할 수 있을 때에만 성립한다고 할 것이다. 그리고 공중위생영업의 신고의무는 '공중위생영업을 하고자 하는 자'에게 부여되어 있고, 여기서 '영업을 하는 자'라 함은 영업으로 인한 권리의무의 귀속주체가 되는 자를 의미하므로, 영업자의 직원이나 보조자의 경우에는 영업을 하는 자에 포함되지 않는다고 해석함이 상당하다.

원심은, 그 채택 증거를 종합하여 판시와 같은 사실을 인정한 다음, 이 사건 (상호 생략)케어코리아 각 지점의 실장직에 있었던 피고인들은 위 회사의 근로소득자에 불과하고 영업상의 권리의무의 귀속주체가 아니라는 이유로 위 규정에 의한 신고의무를 부담하는 자에 해당하지 않는다고 판단하고, 나아가 피고인들에게 공통된 신고의무가 부여되어 있지 않은 이상 부작위범인 신고의무 위반으로 인한 공중위생관리법 위반죄의 공동정범도 성립할 수 없다고 판단하였는바, 앞서 본 법리에 비추어 위와 같은 원심의 판단은 옳고, 거기에 상고이유의 주장과 같은 법리오해의 위법이 있다고 할 수 없다.

그러므로 상고를 기각하기로 하여 관여 법관의 일치된 의견으로 주문과 같이 판결한다.

참고판례 ❷

대법원 1997.3.14. 선고 96도1639 판결【상표법위반 · 부정경쟁방지법위반】[공1997.4.15.(32),1157]

【이유】

1. … 생략

2. 피고인 2의 상고이유를 판단한다.

가. 기록에 비추어 살펴보면, 원심이 피고인 2에 대한 검사 작성의 피의자신문조서가 임의성이 없어 증거능력이 없다는 위 피고인의 주장을 배척한 조치는 수긍이 가고, 위 증거와 그 밖에 원심이 채용한 증거들을 종합하면, **위 피고인이 그랜드 백화점 잡화부 소속 직원으로 잡화매장 관리업무를 담당하면서 공동피고인 1이 운영하는 잡화매장에서 원심 판시 가짜 캘빈 클라인(CALVIN KLEIN), 세린느(CELINE), 디케이앤와이(DKNY), 게스(GUESS) 상표가 새겨진 혁대를 판매하는 것을 알면서도 이를 제지하거나, 상급자에게 보고하여 판매를 금지하도록 조치를 취하지 아니한 사실**을 인정할 수 있으므로, 원심판결에 소론과 같이 논리와 경험칙에 반하는 증거판단을 함으로써 사실을 잘못 인정한 위법이나 증거의 증거능력에 관한 법리를 오해한 위법이 있다고 할 수 없다. 이 점을 지적하는 논지는 이유 없다.

나. 그런데 형법상 방조행위는 정범의 실행행위를 용이하게 하는 직접, 간접의 모든 행위를 가리키

는 것으로서 작위에 의한 경우뿐만 아니라 부작위에 의하여도 성립되는 것이고(대법원 1984.11.27. 선고 84도1906 판결, 대법원 1985.11.26. 선고 85도1906 판결, 대법원 1995.9.29. 선고 95도456 판결 등 참조), 형법상 부작위범이 인정되기 위하여는 형법이 금지하고 있는 법익침해의 결과발생을 방지할 법적인 작위의무를 지고 있는 자가 그 의무를 이행함으로써 결과발생을 쉽게 방지할 수 있었음에도 불구하고 그 결과의 발생을 용인하고 이를 방관한 채 그 의무를 이행하지 아니한 경우에, 그 부작위가 작위에 의한 법익침해와 동등한 형법적 가치가 있는 것이어서 그 범죄의 실행행위로 평가될 만한 것이라면, 작위에 의한 실행행위와 동일하게 부작위범으로 처벌할 수 있는 것이다(대법원 1992.2.11. 선고 91도2951 판결, 대법원 1996.9.6. 선고 95도2551 판결 등 참조).

이 사건에 관하여 보건대, … 생략 그랜드 백화점에서 바이어를 보조하여 특정매장에 관한 상품관리 및 고객들의 불만사항 확인 등의 업무를 담당하는 피고인 2로서는 자신이 관리하는 특정매장의 점포에 가짜 상표가 새겨진 상품이 진열 · 판매되고 있는 사실을 발견하였다면 고객들이 이를 구매하도록 방치하여서는 아니되고 점주인 공동피고인 1이나 그 종업원에게 즉시 그 시정을 요구하고 바이어 등 상급자에게 보고하여 이를 시정하도록 할 근로계약상 · 조리상의 의무가 있다고 할 것임에도 불구하고 위 피고인이 이러한 사실을 알고서도 공동피고인 1 등에게 시정조치를 요구하거나 상급자에게 이를 보고하지 아니함으로써 공동피고인 1이 원심 판시와 같이 가짜 상표가 새겨진 위 상품들을 고객들에게 계속 판매하도록 방치한 것은 작위에 의하여 공동피고인 1의 판시 각 상표법위반 및 부정경쟁방지법위반 행위의 실행을 용이하게 하는 경우와 동등한 형법적 가치가 있는 것으로 볼 수 있다고 할 것이므로, 피고인 2는 부작위에 의하여 공동피고인 1의 판시 각 상표법위반 및 부정경쟁방지법위반 행위를 방조하였다고 인정할 수 있다.

3. … 생략

참조문헌

김봉수, "방조에서의 결과개념과 인과관계 판단 - 공범의 처벌근거를 통한 방조의 결과개념도출 - ", 형사법연구 제20권 제2호, 2008, 23면-48면

김성룡, "부진정부작위범의 정범표지", 형사판례연구 제12권, 2004, 84면-106면

김성룡, "부작위범 사이의 공동정범", 형사판례연구 제17권, 2009, 25면-63면

신양균, "부작위에 의한 방조", 형사판례연구 제6권, 1998, 137면-152면

오병두, "형사법연구 20년을 통해 본 부작위범이론의 현상과 과제", 형사법연구 제20권 제4호, 2008 겨울, 85면-104면

전지연, "부작위범에서 정범과 공범의 구별", 형사판례연구 제13권, 2005, 95면-137면

Ⅸ 죄수론

1. 법조경합
2. 불가벌적 사후행위
3. 포괄일죄
4. 상상적 경합
5. 실체적 경합

IX-1 법조경합

대상판결

대법원 2008.11.27. 선고 2008도7311 판결【특수공무집행방해치상 · 폭력행위등처벌에관한법률위반(집단 · 흉기등상해) · 도로교통법위반(무면허운전)】[공2008하,1849]

【피 고 인】피고인

【상 고 인】검사

【변 호 인】변호사 정준모

【원심판결】서울고법 2008.7.24. 선고 2008노1478 판결

【주 문】상고를 기각한다.

【이 유】

상고이유를 판단한다.

기본범죄를 통하여 고의로 중한 결과를 발생하게 한 경우에 가중 처벌하는 부진정결과적 가중범에 있어서, 고의로 중한 결과를 발생하게 한 행위가 별도의 구성요건에 해당하고 그 고의범에 대하여 결과적 가중범에 정한 형보다 더 무겁게 처벌하는 규정이 있는 경우에는 그 고의범과 결과적 가중범이 상상적 경합관계에 있다고 보아야 할 것이지만(대법원 1995.1.20. 선고 94도2842 판결, 대법원 1996.4.26. 선고 96도485 판결 등 참조), 위와 같이 고의범에 대하여 더 무겁게 처벌하는 규정이 없는 경우에는 결과적 가중범이 고의범에 대하여 특별관계에 있다고 해석되므로 결과적 가중범만 성립하고 이와 법조경합의 관계에 있는 고의범에 대하여는 별도로 죄를 구성한다고 볼 수 없다. 따라서 직무를 집행하는 공무원에 대하여 위험한 물건을 휴대하여 고의로 상해를 가한 경우에는 특수공무집행방해치상죄만 성립할 뿐, 이와는 별도로 폭력행위 등 처벌에 관한 법률 위반(집단 · 흉기 등 상해)죄를 구성한다고 볼 수 없다.

기록에 의하면, **피고인이 승용차를 운전하던 중 음주단속을 피하기 위하여 위험한 물건인 승용차로 단속 경찰관을 들이받아 위 경찰관의 공무집행을 방해하고 위 경찰관에게 상해를 입게 하였다**는 이 사건 공소사실에 대하여, 검사는 피고인의 행위가 폭력행위 등 처벌에 관한 법률 위반(집단 · 흉기 등 상해)죄와 특수공무집행방해치상죄를 구성하고 두 죄는 상상적 경합관계에 해당하는 것으로 보아 공소를 제기하였음을

알 수 있다.

이에 대하여 원심은, 피고인의 행위는 특수공무집행방해치상죄를 구성할 뿐, 폭력행위 등 처벌에 관한 법률 위반(집단 · 흉기 등 상해)죄는 특수공무집행방해치상죄에 흡수되어 별도로 죄를 구성하지 않는다고 보아 폭력행위 등 처벌에 관한 법률 위반(집단 · 흉기 등 상해)죄에 관하여 무죄로 판단하였는바, 앞서 본 법리와 기록에 비추어 살펴보면 원심의 위와 같은 판단은 정당하고, 거기에 상고이유로 주장하는 바와 같은 죄수에 관한 법리오해 등의 위법이 없다.

그러므로 상고를 기각하기로 하여 관여 법관의 일치된 의견으로 주문과 같이 판결한다.

참조조문

형법 제40조, 제144조 제2항 / 폭력행위 등 처벌에 관한 법률 제3조 제1항

법적쟁점

1. 결과적 가중범에서 결과적 가중범과 기본범죄는 죄수론상 어떠한 관계에 있는가?(대상판결)
2. 결과적 가중범에서 중한 결과를 고의로 야기한 경우 해당 중한 결과에 대한 고의범처벌규정이 존재하는 경우 결과적 가중범과 고의범의 관계는?(대상판결)
3. 법조경합의 한 형태인 특별관계는 무엇이며, 언제 성립하는가?(참고판례 1)
4. 하나의 범죄가 다른 범죄에 흡수되는 경우인 흡수관계는 언제 존재하는가?(참고판례 2)
5. 법조경합의 한 형태인 보충관계는 무엇이며, 언제 성립하는가?(참고판례 3)
6. 법조경합과 상상적 경합의 차이는 무엇인가?(참고판례 4)

참고판례 ❶

대법원 1997.6.27. 선고 97도1085 판결【공기호부정사용 · 도로교통법위반】[공1997.8.1.(39),2241]

【이유】

상고이유를 판단한다.

1. 제1점에 대하여 … 생략

2. 제2점에 대하여

법조경합의 한 형태인 특별관계란 어느 구성요건이 다른 구성요건의 모든 요소를 포함하는 이외에 다른 요소를 구비하여야 성립하는 경우로서 특별관계에 있어서는 특별법의 구성요건을 충족하는 행위는 일반법의 구성요건을 충족하지만 반대로 일반법의 구성요건을 충족하는 행위는 특별법의 구성요건을 충족하지 못한다(대법원 1993.6.22. 선고 93도498 판결 참조).

자동차관리법 제71조에 의하면 "누구든지 이 법에 의한 …자동차등록번호판을 …부정사용하여서는 아니된다."고 규정하고, 같은 법 제78조에서 위 제71조의 규정에 위반한 자는 10년 이하의 징역 또는 3천만 원 이하의 벌금에 처하도록 규정하고 있으며, 형법 제238조 제1항은 "행사할 목적으로 …공무소의 기호를 부정사용한 자는 5년 이하의 징역에 처한다."고 규정하고 있고, 차량번호판은 위 공무소의 기호에 해당한다(대법원 1983.10.25. 선고 83도2078 판결 참조).

살피건대, 자동차관리법 제78조, 제71조가 형법 제238조 제1항 소정의 공기호부정사용죄와 특별법 관계가 있는가의 여부는 앞서 본 법리에 따라 양 법규의 구성요건의 비교로부터 논리적으로 결정되어야 할 것인바, 위 형법 본조는 인장에 관한 죄의 한 태양으로서 인장 · 서명 · 기명 · 기호 등의 진정에 대한 공공의 신용, 즉 거래상의 신용과 안정을 그 보호법익으로 하고 있는 반면, 자동차관리법의 입법취지는 자동차를 효율적으로 관리하고 자동차의 성능과 안정을 확보함으로써 공공의 복리를 증진함을 그 목적으로 하고 있어(특히 같은 법 제78조, 제71조는 이러한 자동차의 효율적인 관리를 저해하는 행위를 규제하기 위한 것으로 보인다) 그 보호법익을 달리하고 있을 뿐 아니라 그 주관적 구성요건으로서 형법상의 위 공기호부정사용죄는 고의와 더불어 '행사할 목적'이 있음을 요하는 반면 위 자동차관리법은 '행사할 목적'을 그 주관적 구성요건으로 하지 아니하고 있는 점에 비추어 보면, 자동차관리법 제78조, 제71조가 형법 제238조 제1항 소정의 공기호부정사용죄의 특별법 관계에 있다고는 보여지지 아니한다. 따라서 이와 반대의 견해에서 원심판결을 비난하는 상고이유의 주장은 받아들일 수 없다.

3. 제3점에 대하여 … 생략

4. 그러므로 상고를 기각하기로 관여 법관들의 의견이 일치되어 주문과 같이 판결한다.

참고판례 ❷

대법원 1984.12.26. 선고 84도1573 전원합의체 판결【방실침입】[공1985.3.1.(747),283]

【이유】

검사의 상고이유를 본다.

1. 형법 제330조 및 제331조 제1항에 규정된 야간주거침입절도죄와 손괴특수절도죄를 제외하고 일반적으로 주거침입은 절도죄의 구성요건이 아니므로 절도범인이 그 범행수단으로 주거침입을 한 경우에 그 주거침입행위는 절도죄에 흡수되지 아니하고 별개로 주거침입죄를 구성하며 절도죄와는 실

체적 경합의 관계에 서는 것이 원칙이다.

그러나 특정범죄가중처벌등에 관한 법률(이하 특가법이라 한다) 제5조의4 제1항에 규정된 상습절도 등 죄를 범한 범인이 그 범행의 수단으로 주거침입을 한 경우에 주거침입행위는 상습절도 등 죄에 흡수되어 위 법조에 규정된 상습절도 등 죄의 1죄만 이 성립하고 별개로 주거침입죄를 구성하지 않으며, 또 위 상습절도 등 죄를 범한 범인이 그 범행 외에 상습적인 절도의 목적으로 주거침입을 하였다가 절도에 이르지 아니하고 주거침입에 그친 경우에도 그것이 절도상습성의 발현이라고 보여지는 이상 주거침입행위는 다른 상습절도 등 죄에 흡수되어 위 법조에 규정된 상습절도 등 죄의 1죄만을 구성하고 이 상습절도 등 죄와 별개로 주거침입죄를 구성하지 않는 다고 보아야 할 것이다.

위 견해에 배치하는 당원 1983.4.12. 선고 83도422 판결은 이를 폐기하기로 한다.

2. 위와 같이 보는 이유는 다음과 같다.

(1) 특가법 제5조의4 제1항의 규정취지는 범죄습벽의 발현인 상습성을 중시하여 상습으로 절도, 야간주거침입절도 및 특수절도의 죄 또는 그 미수죄를 범한 경우에 이를 포괄하여 상습범의 1죄로서 가중처벌하려는 데에 있다. 그런데 위 규정이 주거침입을 구성요건으로 하지 않는 단순절도에 대하여도 상습성이 인정되는 한 주거침입을 구성요건으로 하고 있는 상습야간주거침입절도와 동등하게 취급하여 동일한 법정형으로 가중처벌하고 있는 점에 비추어 본다면, 상습으로 단순절도를 범한 범인이 상습적인 절도범행의 수단으로 주거침입을 한 경우에 그 주거침입의 위법성에 대한 평가는 상습야간주거침입절도의 경우와 마찬가지로 이미 위 법조의 구성요건적 평가에 포함되어 있다고 보는 것이 타당하므로 위 법조 소정의 상습절도죄의 1죄 외에 별개로 주거침입죄의 성립을 인정할 필요가 없다고 할 것이다.

만일 위와 같이 보지 아니하고 특가법 제5조의4 제1항에 규정된 상습절도 등 죄 외에 별개로 주거침입죄가 성립한다고 본다면, 상습으로 야간에 주거침입을 하여 절도를 한 상습야간주거침입절도의 경우에는 위 법조 소정의 1죄로서 그 법정형기내에서 처단하게 되는 반면 상습으로 주간에 주거침입을 하여 절도를 한 경우에는 위 법조 소정의 죄와 주거침입죄의 경합범이 되어 경합가중을 한 형기범위 내에서 처단하게 되므로, 야간주거침입절도 보다 죄질이 더 무겁다고 볼 수 없는 주간 주거침입절도에 대한 처단형이 오히려 야간주거침입절도의 경우보다 더 무겁게 되는 불합리한 결과가 된다(당원 1983.6.28. 선고 83도1068 판결 참조).

또 상습으로 절도범행을 한 범인이 그 범행 외에 절도의 목적으로 주거침입을 하였다가 절도에 이르지 아니하고 주거침입에 그친 경우에 있어서도, 그 주거침입이 야간에 이루어진 때에는 야간주거침입절도미수에 해당하여 다른 상습절도의 범행과 동종유형의 범행으로서 특가법 제5조의4 제1항 소정의 1죄만이 성립하는 반면 그 주거침입이 주간에 이루어진 경우에는 위 법조 소정의 상습절도죄와 주거침입죄의 두 죄가 성립하여 경합가중한 형기범위 내에서 더 무겁게 처단하게 되므로 균형을 잃은 불합리한 결과가 됨은 전자의 경우와 다를 바 없다고 할 것이다.

(2) 그런데 소수의견은 다음에서 보는 바와 같이 주거침입죄는 목적범이 아닌데도 그 목적여하에 따라 주거침입의 성립여부가 좌우되는 것은 부당하고 또 다수의견에 의하더라도 상습절도범인이 예컨대 절도보다 가벼운 체포목적의 주거침입을 한 경우에는 절도목적의 주거침입보다 무거운 처단형으로 처벌해야 하는 불균형을 피할 수 없다고 주장하고 있다.

그러나 다수의견은 주거침입이 상습적인 절도목적 을 위하여 그 범행수단으로 행해진 경우에 그것이 절도상습성의 발현인 점을 중시하여 특가법 제5조의4 제1항 소정의 상습절도 등 죄에 흡수되는 것으로 본다는 것이고 주거침입의 목적이 절도라는 이유만으로 위 상습절도 등 죄에 흡수된다는 것이 아니다. 또 다수의견이 주장하는 처단형의 불균형은 절도범행의 수단으로 행해진 동일한 주거침입행위를 놓고 야간이냐 주간이냐에 따라서 처단형의 경중이 뒤바뀌는 모순을 지적한 것이며 소수의견이 든 설례의 경우와 같이 절도와 전혀 관계가 없는 주거침입과의 사이에서 생기는 불균형은 당연한 것이므로 위 소수의견의 비난은 당치 않다고 본다.

또 소수의견은 다수의견에 따른다면 절도목적의 주거침입죄와 상습절도죄에 해당하는 수많은 절도죄를 범한 범인이 그중 주거침입죄에 관하여 가벼운 형으로 처벌된 경우에는 다른 상습절도범행에 관하여도 기판력이 미쳐 면소되는 결과가 되어 불합리하다고 주장한다.

그러나 위 주장은 흡수관계의 포괄 1죄에 있어서 피흡수행위에 대한 확정판결의 기판력이 흡수한 죄에까지 당연히 미친다고 보는 것을 전제로 한 것인바, 소수의견이 주장하는 불합리한 결과는 모든 흡수관계의 포괄 1죄에 관하여 생길 수 있는 문제이고 비단 이 사건과 같은 특가법 소정의 상습절도 등 죄와 주거침입죄의 사이에서만 생기는 문제가 아니다.

예컨대 살인을 하면서 피해자의 신체에 상해를 가한 경우를 생각해 볼 때 상해행위는 살인죄에 흡수되어 별개의 죄를 구성하지 않는 것이나 만일 상해행위만이 상해죄로 기소되어 확정판결을 받은 경우에 그 판결의 기판력이 살인죄에 까지 미친다고 본다면 불합리하게 여겨지는 것은 이 사건의 경우와 다를 바 없을 것이다.

결국 소수의견이 지적하는 불합리한 결과는 흡수관계의 포괄 1죄에 있어서 피흡수행위에 대한 확정판결의 효력이 흡수한 죄에까지 미친다고 보기 때문에 생기는 것이므로 기판력의 객관적 범위에 관한 문제로서 거론될 성질의 것이고, 위와 같은 불합리한 결과를 피하기 위하여 흡수관계를 실체적 경합관계로 보아야 한다는 주장은 수긍하기 어려운 입론이라고 생각된다.

3. 원심판결 이유에 의하면, 원심은 **피고인이 야간주거침입절도죄 등 동종 전과 4범인 자로 1984.1.27 서울고등법원에서 상습절도 및 절도미수의 범죄사실에 대하여 특가법 제5조의4 제1항 위반죄로 징역 2년을 선고받고 그 판결은 그 무렵 확정된 사실을 확정한 후 이 사건 공소사실은 피고인이 절취의 목적으로 타인의 주거에 침입한 것**으로서 공소장 기재상 그 범행일자가 위 확정판결 선고전임이 분명하므로 위 확정판결이 있은 범죄사실과 이 사건 공소사실은 특가법 제5조의4 제1항 위반의 포괄1죄의 관계에 있고 위 판결의 기판력은 이 사건 공소사실에도 미치는 것이라 하여 면소의 판결을 선고하고 있다.

기록에 의하여 살펴보면, 위와 같은 원심의 사실확정에 수긍이 가고 또 원심이 위 확정판결이 있은 죄와 이 사건 주거침입죄가 포괄하여 위 특가법 소정의 1죄만을 구성하고 위 판결의 기판력이 이 사건공소사실에 미친다고 판단하였음은 정당하며 논지가 주장하는 것과 같이 죄수에 관한 법리를 오해한 위법이 없으므로 논지는 이유없다.

4. 이상과 같은 결론에는 대법원판사 이일규, 정태균, 강우영, 이정우 및 신정철의 반대의견이 있는 외에 관여법관의 의견이 일치되었으므로 검사의 상고를 기각하기로 하여 주문과 같이 판결한다.

5. 대법원판사 이일규, 정태균, 강우영 및 신정철의 반대의견

가. 다수설의 모두에서 설시하고 있는 바와 같이 형법 제330조, 제331조 제1항 등 법률에 특별히 규정된 경우를 제외하고는 주거침입죄는 절도죄와는 별개의 것임은 이론의 여지가 없다. 이 점은 주거

침입은 절도의 목적으로 하는 경우외에 체포, 상해 등 다른 범죄의 목적으로 하는 경우가 허다하고 또 절도는 언제든지 주거침입을 수단으로 하는 것이 아니기 때문이다. 말을 바꿔보면 법의 별다른 규정이 없는 한 주거침입죄는 그 목적여하에 불구하고 그 목적하는 죄와 별도로 성립하는 것이며 그 목적 때문에 주거침입죄의 성립여부에 영향을 받을리 없다.

나. 그런데 다수설은 유독 특가법 제5조의4 제1항에 규정된 상습절도 등 죄를 범할 목적으로 주간에 주거침입한 경우에는 그 행위는 상습절도죄에 흡수되어 상습절도 등의 1죄만이 성립되고 별도로 주거침입죄를 구성하지 아니한다 하여 상습적인 절도목적으로 주간에 주거침입하였다가 절도에 이르지 아니하고 주거침입에 그친 경우에도 그 주거침입행위는 다른 상습절도 등 행위에 흡수되어 위 법조에 규정된 상습절도 등 1죄만을 구성한다고 한다.

다. 첫째로 상습절도 등의 목적으로 하는 주간의 주거침입이 별개의 죄인 그 상습절도행위에 흡수된다는 것도 이해하기 어려우려니와 절도의 목적이 있었다 하여 절도에 착수하기 전의 주거침입행위가 아무 관련성이 없는 다른 상습절도 등 행위와 포괄1죄로 되어 거기에 파묻히고 만다 함은 우리가 알고 있는 형법이론으로서는 이해할 수 없다.

그리고 둘째로 다수설은 또 이런 경우 주거침입죄를 별죄로 보아 실체적 경합으로 처단한다면 처단형에 있어서 상습의 야간주거침입죄에 비하여 불균형, 불합리함을 들고 있는데 그 설례와 같은 경우에 처단형에 있어서 불균형함은 우리도 승인한다. 그러나 그런 불균형은 구체적인 사안의 양형과정에서 참작할 문제이지 그를 시정하기 위하여 원래 별개의 죄를 흡수 내지 포괄한다는 궁색한 이론을 펼 바 아니라고 여겨진다.

라. 상습절도범이 타인을 체포할 목적으로 주간에 주거침입을 하였다가 사람이 없어 주거침입에만 그 친 사건이 상습절도 등 행위와 동시에 기소되었을 경우 다수설도 이때는 주거침입죄가 별도로 성립하여 실체적 경합죄로 처단한다고 하는 데는 이론이 없을 것으로 짐작되는데 절도죄에 비하여 법정형이 경한 체포를 목적하였다 하여 처단형이 도리어 중하게 되는 불균형한 결과는 어떻게 하려는가? 이 경우는 절도목적이 아니기 때문에 별도라고 본다면 그만 이겠지마는 그 논저에는 야간주거침입절도죄에 사로잡혀 항상 주거침입과 절도는 어떤 연관성이 있다는 견해가 깔려 있는 것으로 생각되는 바, 원래 별개의 주거침입죄를 그가 목적하는 상습절도의 경우에만 타죄에 흡수 내지 포괄된다는 다수설은 동조할 수 없어 이 사건에 있어서 주거침입죄가 성립한다는 반대의견을 적어둔다.

6. 대법원판사 이정우의 반대의견

특가법 제5조의4 제1항은 상습으로 절도죄를 범한 자를 가중처벌함으로써 사회질서를 유지하려는 형사정책적인 고려에서 나온 규정으로 동 조항을 구성하는 행위는 거기에 열기되어 있는 형법 제329조 내지 제331조의 죄 또는 그 미수죄에 한정하고 있으므로, 형법 제319조의 주거침입죄는 비록 상습성의 발현으로서의 절도목적의 주거침입이라 하여도 거기에 열기되어 있지 않은 이상 위 법조에 포함시켜 처벌할 수 없는 것임은 위 규정의 문리해석상 뚜렷하다 할 것 이다.

다수의견은 특가법 제5조의4 제1항 소정의 상습절도의 죄 외에 별도로 주거침입죄가 성립한다고 본다면 주거침입죄를 경합범으로 처벌하게 되어, 상습으로 야간주거침입절도를 한 상습야간주거침입절도 의 경우에 그 죄질이 더 중한데도 특가법 제5조의4 제1항의 법정형기 범위 내에서 처단되는 경우와 비교할 때 오히려 그 죄질이 가벼운 것이 무겁게 처단되는 불합리한 결과가 된다고 함에 있으나 형의 불균형의 문제는 이를 단지 형식적, 논리적으로 판단하여 결정할 것이 아니고 형벌의 실제의 적용에 당하여 그것이 피고인에게 심히 불이익한 가를 실질적, 총체적으로 판단하여 결정하여야 할 것이다.

특가법 제5조의4 제1항의 상습절도의 법정형은 무기 또는 3년 이상의 징역으로서 그 법정형의 폭이 상당히 넓게 정하여져 있어, 주거침입죄를 별개의 죄로 보아 경합가중을 한다 하여도 그 단기는 가중의 유무를 불구하고 모두 징역 3년으로서 상습절도 죄의 법정형과 다를 바가 없으므로 피고인에게 심히 불이익하다고도 할 수 없다.

그렇다면 형의 불균형으로 피고인에게 심히 불이익을 준다는 다수의견은 그 이유가 희박하다 할 것이다.

또 다수의견과 같이 해석할 때는 예를 들면 절도목적의 주거침입죄와 상습절도죄에 해당하는 수많은 절도죄를 범한 자가 그 중 주거침입죄에 관하여서만 가벼운 형으로 처벌된 경우에는 상습절도죄를 구성하는 수많은 절도죄에 관하여도 기판력이 미쳐 면소되는 결과가 되어 그 불합리함은 더욱 크다 할 것이고, 또 주거침입죄는 거주자의 의사에 반하여 타인의 주거에 침입함으로써 성립하는 범죄로서 목적범이 아니므로, 이미 확정판결을 받은 주거침입죄에 관하여 절도의 목적여부의 점이 심리되어 있지 않을 때는 위 주거침입죄가 상습절도죄에 포괄될 절도목적의 주거침입죄인지의 여부를 사후에 가린다는 것도 문제가 있고 어려움이 있을 것이다.

이상의 이유로서 다수의견에 동조하지 못한다.

참고판례 ❸

대법원 2006.10.19. 선고 2005도3909 전원합의체 판결【증거인멸 · 직무유기】[공2006.11.15.(262),1952]

【이유】

상고이유를 본다.

1. 직무유기죄와 증거인멸죄의 관계에 관한 상고이유에 대하여

(명칭 생략)경찰서 방범과장이던 피고인이 부하직원으로부터 (상호 생략)오락실을 음반 · 비디오물 및 게임물에 관한 법률 위반 혐의로 단속하여 범죄행위에 제공된 증거물로 오락기의 변조 기판을 압수하여 위 방범과 사무실에 보관중임을 보고받아 알고 있었음에도 그 직무상의 의무에 따라 위 압수물을 같은 경찰서 수사계에 인계하고 검찰에 송치하여 범죄 혐의의 입증에 사용하도록 하는 등의 적절한 조치를 취하지 않고, 오히려 부하직원에게 위와 같이 압수한 변조 기판을 돌려주라고 지시하여 (상호 생략)오락실 업주에게 이를 돌려주었다면, 직무위배의 위법상태가 증거인멸행위 속에 포함되어 있는 것으로 보아야 할 것이므로, 이와 같은 경우에는 작위범인 증거인멸죄만이 성립하고 부작위범인 직무유기(거부)죄는 따로 성립하지 아니한다고 봄이 상당하다고 할 것이다(대법원 1971.8.31. 선고 71도1176 판결, 1996.5.10. 선고 96도51 판결, 1997.2.28. 선고 96도2825 판결 등 참조).

이와 달리, 사법경찰관인 피고인이 피의자 등에게 관련자를 은폐하기 위하여 허위진술을 하도록 교사하였다면 타인을 교사하여 증거인멸죄를 범하게 한 것인 동시에 그것이 또한, 정당한 직무집행을 거부한 것이 된다고 판시한 대법원 1967.7.4. 선고 66도840 판결은 이를 변경하기로 한다.

같은 취지의 원심의 판단은 정당하고, 거기에 직무유기죄와 증거인멸죄의 관계 및 상상적 경합에 관한 법리오해의 위법이 없다.

2. 나머지 상고이유에 대하여

원심이 **피고인이 공소외 1과 공모하여 2003.5.10. (상호 생략)오락실 운영자 공소외 2에게 압수된 변조 기판을 돌려주어 정당한 이유 없이 직무를 유기함과 동시에 타인의 형사사건에 관한 증거를 인멸하였다**는 공소사실에 대하여 그 증명이 없음을 이유로 무죄를 선고하였는바, 이를 다투는 상고이유의 주장은 결국, 증거의 취사선택과 사실인정을 다투는 취지라고 보아야 할 것인데, 이는 적법한 상고이유가 되지 못한다.

3. 결 론

그러므로 상고를 기각하기로 하여 관여 대법관 전원의 일치된 의견으로 주문과 같이 판결한다.

참고판례 ❹

대법원 2003.4.8. 선고 2002도6033 판결【공직선거및선거부정방지법위반 · 정당법위반】[공2003.5.15.(178),1127]

【이유】

1. 상상적 경합은 1개의 행위가 실질적으로 수개의 구성요건을 충족하는 경우를 말하고, 법조경합은 1개의 행위가 외관상 수개의 죄의 구성요건에 해당하는 것처럼 보이나 실질적으로 1죄만을 구성하는 경우를 말하며, 실질적으로 1죄인가 또는 수죄인가는 구성요건적 평가와 보호법익의 측면에서 고찰하여 판단하여야 한다(대법원 1998.3.24. 선고 97도2956 판결, 2002.7.18. 선고 2002도669 전원합의체 판결 등 참조). 그리고 법조경합의 한 형태인 특별관계란 어느 구성요건이 다른 구성요건의 모든 요소를 포함하는 외에 다른 요소를 구비하여야 성립하는 경우로서 특별관계에 있어서는 특별법의 구성요건을 충족하는 행위는 일반법의 구성요건을 충족하지만 반대로 일반법의 구성요건을 충족하는 행위는 특별법의 구성요건을 충족하지 못한다(대법원 1993.6.22. 선고 93도498 판결, 1997.6.27. 선고 97도1085 판결 등 참조).

2. 공직선거및선거부정방지법(이하 '공직선거법'이라 한다)은 제112조에서 기부행위의 정의 및 제한기간 등을 규정하면서, 제113조에서 "후보자(후보자가 되고자 하는 자를 포함한다)와 그 배우자는 기부행위제한기간 중 당해 선거에 관한 여부를 불문하고 일체의 기부행위를 할 수 없다."라고 규정하고, 제257조 제1항 제1호에서 위 규정에 위반한 자를 5년 이하의 징역 또는 1천만 원 이하의 벌금에 처한다고 규정하고 있으며, 다른 한편 정당법은 제31조의2 제1항 본문에서 "누구든지 정당의 공직선거후보자 및 대표자의 추천 및 선출에 있어 후보자 등으로 당선되거나 되게 하거나 되지 못하게 할 목적으로 선거권을 가진 당원 또는 그 배우자나 직계 존· 비속에게 명목 여하를 불문하고 금품 그 밖의 재산상의 이익 또는 공사의 직을 제공하거나 그 제공의 의사를 표시하거나 그 제공을 약속하는 행위를 할 수 없다."라고 규정하고, 제45조의2에서 위 규정에 위반한 자를 3년 이하의 징역 또는 500만 원 이하의 벌금에 처한다고 규정하고 있다.

그런데 공직선거법은 헌법과 지방자치법에 의한 선거가 국민의 자유로운 의사와 민주적인 절차에 의하여 행하여지도록 하고 선거와 관련한 부정을 방지함에 그 입법목적이 있고(제1조), 같은 법 제113조는 기부행위가 후보자의 지지기반을 조성하는 데에 기여하거나 매수행위와 결부될 가능성이 높아 이를 허용할 경우 선거 자체가 후보자의 인물· 식견 및 정책 등을 평가받는 기회가 되기보다는 후보자의 자금력을 겨루는 과정으로 타락할 위험성이 있어 이를 방지하기 위한 규정인 데에 반하여(대법원 2002.2.21. 선고 2001도2819 전원합의체 판결 참조), 정당법은 정당이 국민의 정치적 의사형성에 참여하는 데 필요한 조직을 확보하고 정당의 민주적인 조직과 활동을 보장함에 그 입법목적이 있고(제1조), 같은 법 제31조의2 제1항은 민주적 절차에 의하여 공직선거후보자 및 대표자를 추천하거나 선출하도록 하기 위하여 당내 경선시 당원 등의 매수행위를 금지한 규정이므로, 각기 그 입법목적 및 보호법익을 달리하고 있을 뿐만 아니라, 공직선거법 제113조, 제112조와 정당법 제31조의2 제1항 본문의 내용을 비교하여 보면, 그 행위 주체, 제한 또는 금지가 이루어지는 기간의 유무, 고의와 더불어 목적을 요하는지 여부, 기부행위 또는 금품 등 제공의 대상, 행위의 내용 및 방법 등 구체적인 구성요건에 많은 차이가 있어, 정당법의 구성요건이 공직선거법의 구성요건의 모든 요소를 포함하는 외에 다른 요소를 구비하는 경우에 해당하지 않으므로, 정당법의 규정이 공직선거법의 규정에 대하여 특별법의 관계에 있다고 볼 수 없고, 이들은 각기 독립된 별개의 구성요건으로서 1개의 행위가 각 구성요건을 충족하는 경우에는 상상적 경합의 관계에 있다고 보아야 한다.

원심은, **피고인이 2002.6.13. 실시된 제3회 전국동시지방선거의 기부행위제한기간 중인 2002.3.27. OO당 제1군수 후보경선(2002.3.29.)에서 후보자로 당선될 목적으로 선거권을 가진 제 2면의 당원 등에게 현금 400만 원을 제공**한 사실을 인정한 다음, 공직선거법 제257조 제1항 제1호, 제113조와 정당법 제45조의2, 제31조의2 제1항 및 형법 제40조, 제50조를 순차 적용하여 피고인을 공직선거법위반죄에 정한 형으로 처단하였는바, 기록과 앞서 본 법리에 비추어 보면 원심의 위와 같은 조치는 정당하고, 거기에 상고이유의 주장과 같은 법리오해 등의 위법이 없다.

3. 그러므로 상고를 기각하기로 하여 주문과 같이 판결한다.

참조문헌

김성돈, "형법상 죄수론의 구조", 형사법연구 제9호, 1996, 189면-214면.

김성돈, "법조경합의 유형과 그 판단방법", 법조 제54권 제1호, 2005.1, 29면-67면.

문채규, "상상적 경합과 법조경합에 있어서 과형의 문제", 형사법연구 제21호, 2004, 232면-254면.

이경렬, "죄수론의 체계적 구성에 관한 시론", 비교형사법연구 제2권 제1호, 2000, 95면-111면.

이경렬, "죄수결정기준과 법조경합의 본질", 형사법연구 제22호, 2004, 96면-120면.

이기헌, "죄수의 결정", 형사판례연구 제8권, 2000, 111면-132면.

이훈동, "죄수론의 신체계", 형사법연구 제7호, 1994, 95면-115면.

임 웅, "불가벌적 사후행위, 사전행위, 수반행위에 대한 형법적 고찰", 형사정책연구 제20권 제3호, 2009, 273면-294면.

Ⅸ-2 불가벌적 사후행위

대상판결

대법원 2006.10.13. 선고 2006도4034 판결【횡령 · 사문서위조 · 위조사문서행사 · 무고】[공보불게재]

【피 고 인】피고인

【상 고 인】피고인 및 검사

【원심판결】대구지법 2006.5.30. 선고 2005노4358 판결

【주 문】상고를 모두 기각한다.

【이 유】

1. 피고인의 상고이유를 판단한다. … 생략

2. 검사의 상고이유를 판단한다.

횡령죄는 상태범이므로 횡령행위의 완료 후에 행하여진 횡령물의 처분행위는 그것이 그 횡령행위에 의하여 평가되어 버린 것으로 볼 수 있는 범위 내의 것이라면 새로운 법익의 침해를 수반하지 않은 이른바 불가벌적 사후행위로서 별개의 범죄를 구성하지 않는다(대법원 1978.11.28. 선고 78도2175 판결 참조).

원심은, 그 판시와 같은 사실을 인정한 다음, **피고인이 피해자 종중으로부터 명의신탁받아 보관 중이던 판시 초곡리 토지를 임의로 매각하여 이를 횡령한 이상, 초곡리 토지의 매각대금을 이용하여 판시 용전리 토지를 취득하였다가 이를 제3자에게 담보로 제공하였다**고 하더라도 이는 횡령한 물건을 처분한 대가로 취득한 물건을 이용한 것에 불과할 뿐이어서 초곡리 토지에 대한 횡령죄와 별개의 횡령죄를 구성하지 않는다는 이유로, 위 담보제공행위에 관한 판시 횡령의 공소사실에 대하여 무죄를 선고하였다.

앞서 본 법리와 기록에 비추어 살펴보면, 원심의 이러한 판단은 정당하고, 거기에 상고이유에서 주장하는 바와 같은 불가벌적 사후행위에 관한 법리오해, 심리미진 등의 위법이 있다고 할 수 없다.

또한 기록에 의하면, 피해자 종중은 사전에 그 총회의 적법한 결의를 통하여 피고인의 용전리 토지 취득에 동의한 바 없고, 사후에도 이를 승인할 수 없다며 피고인으로

부터 용전리 토지를 이전받는 대신 초곡리 토지의 취득자를 상대로 소유권이전등기의 말소소송을 제기하여 그 원상회복을 도모한 사실을 알 수 있어, 피해자 종중과 피고인 사이에 새로이 용전리 토지에 관한 명의신탁 관계가 성립되었다고 볼 수 없고, 따라서 피고인이 용전리 토지를 담보로 제공한 행위가 초곡리 토지의 횡령행위로 침해된 법익을 넘어서는 새로운 법익의 침해로 된다고 볼 수도 없다. 이 부분에 관한 상고논지는 이유 없다.

3. … 생략

참조문헌

형법 제355조 제1항, 민법 제103조(명의신탁)

법적쟁점

1. 불가벌적 사후행위는 왜 별개의 범죄로 처벌되지 않는가?
2. 불가벌적 사후행위에서 새로운 법익침해를 수반하지 않는 경우의 의미는 무엇인가?
3. 새로운 법익을 침해한 것으로 평가할 수 있는 경우는 언제인가?

참고판례 ❶

대법원 1978.11.28. 선고 78도2175 판결【횡령】[공1979.3.15.(604),11624]

【이유】

변호인 한○수와 피고인 본인의 상고이유를 함께 본다(변호인 김○규의 상고이유서 기재사실은 상고이유서 제출기간 도과후의 것이므로 위 상고이유를 보충하는 범위내에서 참작한다).

원심은 **피고인이 공소외 한○○ 소유의 부산 부산진구 부전동 287의 90 대지 62평에 관하여 피해자인 김○만의 대여금 550만원과 피고인의 대여금 150만원의 담보로 김○만과 피고인 양인 명의로 등기할 것을 피고인 단독명의로 소유권이전등기하여 보관함을 기화로 동 대지에 관하여 (1) 1973.11.10 공소외 김○택으로부터 금 50만원을 차용하면서 동 일자로 김○택 앞으로 가등기를 경료해주고, (2) 1974.2.15 공소외 이○○으로부터 금 200만원을 차용하고 동일자로, 동인 앞으로 근저당권설정등기를**

경료하여 주고, (3) 1974.4.1 공소외 강○○로부터 금 120만원을 차용하면서 동일자로 동인 앞으로 근저당권설정등기를 경료하여 주고, (4) 1974.7.12 공소외 허○으로부터 금 200만원을 차용하면서 동일자로 동인 앞으로 근저당권설정등기를 경료하여 주어서 각 횡령한 것이라는 공소사실에 대하여, 이 사건의 경우와 같이 타인의 재물을 보관하는 자 또는 타인과 재물을 공유하는 자가 소유자 또는 타 공유자의 승락을 받지 아니하고 일시적으로 또 상대방을 달리하면서 보관받은 또는 공유하는 재물을 여러차례 담보물로 제공하는 영득의사의 실현행위가 있을 때에는 그 수개의 행위는 경합범관계에게 있는 것이라고 할 것이고 본건의 경우에 본건 공소사실과는 별도의 사실인 피고인이 1974.2.8 공소외 임○○으로부터 금 300만원을 차용하고 그 담보로서 본건 대지에 관하여 동인명의로 가등기를 경료하여 준 소위에 대하여 피고인이 1975.2.27 횡령죄로 유죄 판결을. 선고받아 그 무렵 동 판결이 확정된 사실이 있다고 하더라도 동 확정 판결이 있은 사실과 본건 범죄사실과는 모두 경합범관계에 있는 것이므로 기판력은 본건 범죄사실에 미치지 아니하고 수개의 행위 중 일부가 불가벌적사후행위가 되는 것도 아니라고 하여 모두 유죄로 인정하였다.

살피건대 위 (1) 사실은 1973.11.10 공소외 김○택으로부터 금원을 차용하고 동인 앞으로 본건 대지에 관하여 가등기를 경료하여 주었다는 것인바, 기록을 검토하여 보아도 원심이 동 사실을 인정한 조처에 채증법칙 위배의 위법있음을 인정할 수 없고 피고인이 김○택 앞으로 본건 대지에 관하여 가등기를 경료하여 줌으로써 횡령죄가 성립하였고 그 후 상당한 기간이 경과한 1974.2.7 동 가등기를 말소하여 소유권에 대한 침해를 회복한 후 다시 1974.2.8 공소외 임○○에게 가등기를 경료하여 다시 횡령행위를 한 사실이 기록상 명백하므로 원심이 확정 판결이 있은 횡령죄와는 별도로 피고인의 위 (1)의 소위가 별개의 횡령죄를 구성한다고 판단하였음은 정당하고 위 (1)의 행위가 확정 판결을 받은 횡령행위에 흡수되어 범죄를 구성하지 않는다는 소론 법리오해의 논지는 이유없고 또한 피고인이 위 대지를 김O택에게 담보로 제공하고 동인 앞으로 가등기를 경료하므로써 횡령행위가 기수에 이르렀다고 할 것이니 피고인이 그후에 그 채무를 변제하고 그 가등기를 말소하였다고 하여 중지미수에 해당하는 것도 아니라고 할 것이다. 그렇다면 피고인의 위 가등기 말소행위가 중지미수에 해당한다는 소론 법리오해의 논지도 이유 없으며 원심이 피고인의 위 (1)의 소위를 유죄로 인정한 조처에 소론 심리미진, 일사부재리원칙 위배, 불가벌적사후행위에 관한 법리오해, 공소권의 남용 내지는 공소제기의 법리오해의 위법이나 그 밖의 법리오해의 위법있음을 인정할 수 없다.

그러니 위 (1) 사실에 대한 상고논지는 모두 이유없다.

그러나 위 (2), (3), (4)의 각 사실에 관하여 보건대, 횡령죄는 상태범이므로 횡령행위의 완료후에 행하여진 횡령물의 처분행위는 그것이 그 횡령행위에 의하여 평가되어 버린 것으로 볼 수 있는 범위내의 것이라면 소위 불가벌적 사후행위로서 별개의 별죄를 구성하지 않는 것이라고 할 것인바, 본건의 경우 피고인이 공유자(김○만)의 승락을 받지 아니하고 1974.2.8 공소외 임○○으로부터 금 300만원을 차용하고 그 담보로 본건 대지에 관하여 동인 명의로 가등기를 경료하여 줌으로써(확정 판결이 있은 범죄사실로서) 그때에 이미 본건대지에 관하여 횡령죄가 완성되었다고 할 것이고 그 횡령행위 완성후인 1974.2.15, 1974. 4.1과 1974.7.12에 각 하여진 피고인의 위 (2), (3), (4)의 각 소위는 새로운 법익의 침해를 수반하지 않는 이른바 불가벌적 사후행위로서 별도로 횡령죄를 구성한다고 볼 수 없을 것이다.

그러니 원심이 위 (2), (3), (4)의 피고인의 각 소위가 별도로 횡령죄를 구성한다고 판단하였음은 불가벌적 사후행위에 관한 법리를 오해한 위법을 범한 것이라고 할 것이고 이 위법이 원판결의 결과에 영향을 미쳤다고 할 것인 즉 원판결은 이점에서 파기를 면하지 못할 것이고 따라서 이점을 지적하는 상고논지는 이유있다.

그러므로 위 (2), (3), (4) 사실에 관한 나머지 상고논지에 대한 판단을 할 필요없이 원판결을 파기하고 사건을 원심법원에 환송하기로 하여 관여 법관의 일치된 의견으로 주문과 같이 판결한다.

참고판례 ❷

대법원 2008.9.11. 선고 2008도5364 판결【절도 · 부정경쟁방지및영업비밀보호에관한법률위반】[공2008하,1418]

【이유】

상고이유를 판단한다.

1. 상고이유 제1점에 대하여

부정한 이익을 얻거나 기업에 손해를 가할 목적으로 그 기업에 유용한 영업비밀이 담겨 있는 타인의 재물을 절취한 후 그 영업비밀을 사용하는 경우, 영업비밀의 부정사용행위는 새로운 법익의 침해로 보아야 하므로 위와 같은 부정사용행위가 절도범행의 불가벌적 사후행위가 되는 것은 아니다.

원심이 같은 취지에서, ○○**산업의 영업비밀이 담겨 있는 이 사건 단가리스트 CD를 절취한 후 그 CD에 담겨 있는 영업비밀을 부정사용**한 피고인의 행위가 부정경쟁방지 및 영업비밀보호에 관한 법률 제18조 제2항 위반죄에 해당한다고 본 것은 정당하고, 거기에 불가벌적 사후행위에 관한 법리오해 등의 위법이 없다.

2. 상고이유 제2점에 대하여 … 생략
3. 결론 … 생략

참고판례 ❸

대법원 2008.3.27. 선고 2007도9328 판결【사기{인정된죄명:특정경제범죄가중처벌등에관한법률위반(사기)} · 부정수표단속법위반】[공2008상,639]

【이유】

상고이유를 판단한다.

1. 피고인의 상고이유에 대하여 … 생략
2. 검사의 상고이유에 대하여

원심은, 이 사건 공소사실 중 배임의 점에 관하여, 판시 증거에 의하여 **피고인이 피해자에게 금원 편취의 목적으로 부동산에 근저당권을 설정하여 주겠다고 속이고 피해자로부터 7억 원을 교부받고서도 피해자 명의의 근저당권을 설정하여 주지 아니하고, 농협중앙회로부터 2억 3천만 원을 차용하면서 농협중앙회 명의의 근저당권을 설정하여 준 사실**을 인정한 다음, 이러한 경우에 피고인이 부동산에 피해자 명의의 근저당권을 설정하여 주기로 한 약정은 금원 편취의 수단에 불과하여 피고인이 피해자로부터 금원을 수수하는 순간 사기 범행은 완성되는 것이고, 그 이후에 피해자 명의의 근저당권이 설정되지 아니하였다는 등의 사정은 처음부터 사기 범행에 예정된 당연히 수반되는 결과로 일종의 불가벌적 사후행위라고 할 것으로서 사기 범행에 대한 가벌적 평가에 포함되어 사기죄와 별도로 별죄를 구성하지 아니한다고 봄이 상당하다고 보아 배임의 점에 대하여 무죄를 선고하였다.

그러나 채무의 담보로 근저당권설정등기를 하여 줄 임무가 있음에도 불구하고 이를 이행하지 않고 임의로 제3자 명의로 근저당권설정등기를 마치는 행위는 배임죄를 구성하는 것인바(대법원 1971.11.15. 선고 71도1544 판결, 1993.9.28. 선고 93도2206 판결 등 참조), 부동산에 피해자 명의의 근저당권을 설정하여 줄 의사가 없음에도 피해자를 속이고 근저당권 설정을 약정하여 금원을 편취한 경우라 할지라도, 이러한 약정은 사기 등을 이유로 취소되지 않는 한 여전히 유효하여 피해자 명의의 근저당권설정등기를 하여 줄 임무가 발생하는 것이고, 그럼에도 불구하고 임무에 위배하여 그 부동산에 관하여 제3자 명의로 근저당권설정등기를 마친 경우, 이러한 배임행위는 금원을 편취한 사기죄와는 전혀 다른 새로운 보호법익을 침해하는 행위로서 사기 범행의 불가벌적 사후행위가 되는 것이 아니라 별죄를 구성한다고 보아야 한다.

그렇다면 위 배임죄를 무죄로 판단한 원심판결에는 사기죄의 불가벌적 사후행위에 관한 법리를 오해함으로써 판결에 영향을 미친 위법이 있다고 할 것이므로, 이 점을 지적하는 검사의 상고이유의 주장은 이유 있다.

따라서 원심판결 중 배임의 점에 대하여 무죄를 선고한 부분은 위법하여 파기되어야 할 것인데, 이 부분은 원심판결 중 유죄 부분과 형법 제37조 전단의 경합범 관계에 있어 하나의 형이 선고되어야 할 것이므로 결국 원심판결 전부를 파기할 수밖에 없다.

참조문헌

김성돈, "법조경합의 유형과 그 판단방법", 법조 제54권 제1호, 2005.1, 29면-67면.

조현욱, "불가벌적 사후행위", 비교형사법연구, 제10권 제1호, 2008, 365면-388면.

김창종, "불가벌적 사후행위의 범위", 재판자료 제50집[형사법에 관한 제 문제(하)], 1990, 217면-262면.

임 웅, "불가벌적 사후행위, 사전행위, 수반행위에 대한 형법적 고찰", 형사정책연구 제20권 제3호, 2009, 273면-294면.

Ⅸ-3 포괄일죄

대상판결

대법원 2007.7.26. 선고 2007도4404 판결【도로교통법위반 · 도로교통법위반(음주운전)】[공2007.9.1.(281),1422]

【피 고 인】피고인

【상 고 인】검사 및 피고인

【원심판결】광주지법 2007.5.10. 선고 2006노1850 판결

【주　　문】상고를 모두 기각한다.

【이　　유】

상고이유를 판단한다.

1. 검사의 상고에 대하여

음주운전을 처벌하는 목적은 음주로 인하여 책임능력이 결여되거나 미약한 상태에서 운전함으로써 교통사고를 유발할 위험성을 방지하기 위한 것이고, 음주운전을 처벌하는 방법으로는 혈중알콜농도의 일정기준치를 초과하면 무조건 처벌하는 방법과 혈중알콜농도의 구체적 수치와 상관없이 운전능력저하 여부를 기준으로 처벌하는 방법이 있을 수 있는데, 도로교통법은 전자의 방법을 취하여 도로교통법 제44조 제4항에서 '술에 취한 상태'의 기준을 혈중알콜농도 0.05% 이상으로 규정한 다음 도로교통법 제44조 제1항에서 '술에 취한 상태에서 자동차 등을 운전'하는 것을 금지하고 있다.

한편, 동일 죄명에 해당하는 수개의 행위 혹은 연속된 행위를 단일하고 계속된 범의하에 일정기간 계속하여 행하고 그 피해법익도 동일한 경우에는 이들 각 행위를 통틀어 포괄일죄로 처단하여야 할 것인바(대법원 2005.9.30. 선고 2005도4051 판결, 대법원 2006.5.11. 선고 2006도1252 판결 등 참조), 앞서 본 음주운전으로 인한 도로교통법 위반죄의 보호법익과 처벌방법을 고려할 때, 피고인이 혈중알콜농도 0.05% 이상의 음주상태로 동일한 차량을 일정기간 계속하여 운전하다가 1회 음주측정을 받았다면 이러한 음주운전행위는 동일 죄명에 해당하는 연속된 행위로서 단일하고 계속된 범의하에 일정기간 계속하여 행하고 그 피해법익도 동일한 경우이므로 포괄일죄에 해당한다.

기록에 의하면 **피고인은 목포시 남교동 순대골목에서 친구들과 술을 마신 후 술에**

취한 상태로 레간자 승용차를 운전하여 2006.7.28. 03:20경 목포시 용당동 소재 3호광장 OO여관 앞 노상에 이르러 노상에 주차되어 있던 라세티 승용차의 우측 휀더 및 앞 범퍼 측면부를 손괴하고(제1차 사고), 그 즉시 필요한 조치를 취하지 아니하고 차량을 정차하거나 하차함이 없이 그대로 진행하여 그로부터 20분 후인 같은 날 03:40경 목포시 상동 소재 OO칼국수 앞 노상에 이르러 노상에 주차되어 있던 칼로스 승용차 좌측 앞 휀다 부분을 손괴한 후(제2차 사고), 같은 날 03:50경 음주측정을 받았는데 혈중알콜농도가 0.161%로 측정된 사실, 그 후 피고인은 "혈중알콜농도 0.161%의 술에 취한 상태로 목포시 남교동 소재 순대골목에서 목포시 상동 소재 OO칼국수 앞 노상까지 3km의 거리를 운전"한 도로교통법 위반(음주운전)죄로 벌금 150만원의 약식명령을 받아 그 약식명령이 확정된 사실을 알 수 있고, 이 사건 음주운전으로 인한 도로교통법 위반죄의 공소사실은 "피고인이 2006.7.28. 03:20경 혈중알콜농도 0.161%의 술에 취한 상태로 위 레간자 승용차를 운전하여 목포시 상동 소재 OO칼국수 방향으로 3km의 거리를 운전하던 중 목포시 용당동 소재 3호광장 OO여관 앞 노상에 이르렀다."는 것으로서 제1차 사고 당시의 음주운전행위를 대상으로 하고 있다.

그렇다면 피고인은 이 사건 제1차 사고 이후 제2차 사고에 이르기까지 20여 분 간 단일하고 계속된 범의하에 동일한 차량을 계속하여 음주운전을 한 경우에 해당할 뿐 아니라 위 약식명령이 확정된 도로교통법 위반(음주운전)죄의 음주운전 구간인 목포시 남교동 순대골목에서 상동 소재 OO칼국수 앞 노상까지의 3km 안에 제1차 사고 지점인 목포시 용당동 소재 3호광장 OO여관 앞 노상이 포함되어 있으므로(남교동 ~ 용당동 ~ 상동), 원심이 이 사건 공소사실인 제1차 사고 당시의 음주운전에 대한 도로교통법 위반죄가 위 약식명령이 확정된 도로교통법 위반(음주운전)죄와 포괄일죄 관계에 있으므로 위 확정된 약식명령의 기판력이 이 사건 공소사실에 미치게 되어 결국 이 사건 공소사실은 이미 확정판결이 있는 때에 해당한다는 이유로 제1심판결을 파기하여 이 사건 공소사실에 대해 면소를 선고한 것은 정당하고, 거기에 상고이유의 주장과 같은 음주운전으로 인한 도로교통법 위반죄의 보호법익과 죄수에 관한 법리오해 등의 위법이 없다.

2. 피고인의 상고에 대하여 … 생략

3. 결 론

그러므로 검사와 피고인의 상고를 모두 기각하기로 하여, 관여 대법관의 일치된 의견으로 주문과 같이 판결한다.

참조조문

형법 제37조, 도로교통법 제44조 제1항, 제4항 / 형사소송법 제326조 제1호

법적쟁점

1. 포괄일죄란 무엇이며, 어떠한 요건 하에 포괄일죄가 인정되는가?
2. 접속범과 연속범은 무엇이며, 어떻게 구별되는가?
3. 상습범과 포괄일죄의 관계는?
4. 포괄일죄가 부정되고 실체적 경합이 인정되는 요건은 무엇인가?

참고판례 ❶

대법원 2004.9.16. 선고 2001도3206 전원합의체 판결【사기】[공2004.10.15.(212),1684]

【이유】

1. 원심은, 이 사건 공소사실 중, 전에 사기죄로 유죄판결(인천지방법원 부천지원 1998.3.6. 선고 97고단1587 판결)이 확정된 사건의 사실심 선고 전에 저질러진 부분, 즉 피고인이 1996.12.30.부터 1998.1.17.까지 사이에 피해자 이○○, 민○○, 김○○, 김○○, 송○○, 서○○ 등으로부터 그 판시와 같이 신공항구조물공사 동업자금, 공사현장 식당경비와 운영권 명목, 또는 토지분양대금 명목 등으로 합계 1억 원 남짓의 금원을 편취하였다는 각 사기범행 부분에 대하여, 판결이 확정된 범죄사실과 위 공소사실 부분은 그 범행의 동기, 수단 및 방법이 유사하고 2년여 기간 동안에 반복하여 행하여진 점 등에 비추어 각 사기 범행은 모두 피고인의 사기 습벽의 발현에 의하여 저질러진 범행이라고 할 것이어서 다 같이 포괄일죄인 상습사기죄에 해당하므로 위 확정판결의 기판력이 그와 포괄일죄의 관계에 있는 위 공소사실 부분에 대하여도 미친다고 판단하여 위 공소사실 부분에 대한 제1심의 면소판결을 유지하고 검사의 항소를 기각하였다.

2. 그러나 원심의 판단은 다음과 같은 이유로 수긍할 수 없다.

가. 상습범이라 함은 어느 기본적 구성요건에 해당하는 행위를 한 자가 그 범죄행위를 반복하여 저지르는 습벽 즉 상습성이라는 행위자적 속성을 갖추었다고 인정되는 경우에 이를 가중처벌 사유로 삼고 있는 범죄유형을 가리킨다. 그리고 이러한 상습성을 갖춘 자가 여러 개의 죄를 반복하여 저지른 경우에는 각 죄를 별죄로 보아 경합범으로 처단할 것이 아니라 그 모두를 포괄하여 상습범이라고 하는 하나의 죄로 처단하는 것이 상습범의 본질 또는 상습범 가중처벌규정의 입법취지에 부합한다는 점은

일찍부터 대법원이 견지하여 온 견해이다(대법원 1978.2.14. 선고 77도3564 전원합의체 판결 등 다수).

나. 상습범으로서 포괄적 일죄의 관계에 있는 여러 개의 범죄사실 중 일부에 대하여 유죄판결이 확정된 경우에, 그 확정판결의 사실심판결 선고 전에 저질러진 나머지 범죄에 대하여 새로이 공소가 제기되었다면 그 새로운 공소는 확정판결이 있었던 사건과 동일한 사건에 대하여 다시 제기된 데 해당하므로 이에 대하여는 판결로써 면소의 선고를 하여야 하는 것인바(형사소송법 제326조 제1호), 다만 이러한 법리가 적용되기 위해서는 전의 확정판결에서 당해 피고인이 상습범으로 기소되어 처단되었을 것을 필요로 하는 것이고, 상습범 아닌 기본 구성요건의 범죄로 처단되는 데 그친 경우에는, 가사 뒤에 기소된 사건에서 비로소 드러났거나 새로 저질러진 범죄사실과 전의 판결에서 이미 유죄로 확정된 범죄사실 등을 종합하여 비로소 그 모두가 상습범으로서의 포괄적 일죄에 해당하는 것으로 판단된다 하더라도 뒤늦게 앞서의 확정판결을 상습범의 일부에 대한 확정판결이라고 보아 그 기판력이 그 사실심판결 선고 전의 나머지 범죄에 미친다고 보아서는 아니된다 .

확정판결의 기판력이 미치는 범위를 정함에 있어서는 그 확정된 사건 자체의 범죄사실과 죄명을 기준으로 하는 것이 원칙이고 비상습범으로 기소되어 판결이 확정된 이상, 그 사건의 범죄사실이 상습범 아닌 기본 구성요건의 범죄라는 점에 관하여 이미 기판력이 발생하였다고 보아야 할 것이며, 뒤에 드러난 다른 범죄사실이나 그 밖의 사정을 부가하여 전의 확정판결의 효력을 검사의 기소내용보다 무거운 범죄유형인 상습범에 대한 판결로 바꾸어 적용하는 것은 형사소송의 기본원칙에 비추어 적절하지 않기 때문이다.

다. 그러므로 과거에 이와 다르게, 상습범으로서 포괄일죄 관계에 있는 죄 중 일부에 대하여 유죄의 확정판결이 있고, 그 나머지 부분 즉 확정판결의 사실심 선고 전에 저질러진 범행이 나중에 기소된 경우에, 그 확정판결의 죄명이 상습범이었는지 여부를 고려하지 아니하고, 단지 확정판결이 있었던 죄와 새로 기소된 죄 사이에 상습범인 관계가 인정된다는 이유만으로 확정판결의 기판력이 새로 기소된 죄에 미친다고 판시하였던 대법원의 판결들(대법원 1978.2.14. 선고 77도3564 전원합의체 판결, 2002.10. 25.선고 2002도1736 판결 등 다수)은 이 판결의 견해와 어긋나는 범위 내에서 이를 모두 변경하기로 한다.

3. 따라서 원심판결 중 제1심판결의 면소부분에 대한 검사의 항소를 기각한 부분은 파기되어야 할 것인바, 이 사건은 면소부분을 포함하여 공소사실 전부가 포괄일죄관계에 있어 하나의 형이 선고되어야 할 것이므로, 원심판결 전부를 파기하고 사건을 원심법원에 환송하기로 하여 주문과 같이 판결한다. 이 판결에는 대법관 윤재식의 반대의견과 대법관 이용우의 별개의견이 있는 외에는 관여 대법관의 의견이 일치되었다.

4. 대법관 윤재식의 반대의견은 다음과 같다.

다수의견은, 상습범이라 함은 어느 기본적 구성요건에 해당하는 행위를 한 자가 그 범죄행위를 반복하여 저지르는 습벽, 즉 상습성이라는 행위자적 속성을 갖추었다고 인정되는 경우에 이를 가중처벌사유로 삼고 있는 범죄유형을 가리키고, 이러한 상습성을 갖춘 자가 여러 개의 죄를 반복하여 저지른 경우에는 각 죄를 별죄로 보아 경합범으로 처단할 것이 아니라 그 모두를 포괄하여 상습범이라고 하는 하나의 죄로 처단하는 것이 상습범의 본질 또는 상습범 가중처벌규정의 입법취지에 부합한다는 점은 일찍부터 대법원이 견지하여 온 견해라고 하면서도, 포괄일죄인 상습사기죄의 일부에 관하여 유죄의 확정판결이 있더라도 단순사기죄로 처벌된 것인가, 상습사기죄로 처벌된 것인가에 따라 기판력이 미치는 범위가 달라진다고 하고 있으나, 다수의견에는 다음과 같은 이유로 찬성할 수 없다.

가. 우선 다수의견은 공소불가분의 원칙을 규정하고 있는 형사소송법 제247조 제2항과 일사부재리의 원칙을 규정하고 있는 헌법 제13조 제1항 후단 및 형사소송법 제326조 제1호에 반하는 것으로, 다수의견이 위와 같이 확립된 판례를 변경하는 것은 법령의 해석 · 적용에 관하여 선택할 수 있는 여러 견해 중 하나를 선택하는 차원의 범위를 넘어선 것이다 .

(1) 먼저 공소불가분의 원칙과의 관계에서 보면, 형사소송법은 제247조 제2항에서 "범죄사실의 일부에 대한 공소는 그 효력이 전부에 미친다."고 규정하여 공소불가분의 원칙을 선언하고 있는바, 실체법상 일죄인 포괄일죄의 일부에 대하여만 공소가 제기되었다고 하더라도, 공소제기의 효력은 포괄일죄 전부에 대하여 미치므로(대법원 1999.11.26. 선고 99도3929,99감도97 판결, 대법원 2001.7.24. 선고 2001도2196 판결 등 참조), 단일한 하나의 범죄를 분할하여 각기 달리 심판하는 것은 허용될 수 없다. 따라서 상습사기죄를 포괄일죄로 보는 이상 그 중 일부에 대하여만 공소가 제기된 경우에도 위와 같은 공소불가분의 원칙은 그대로 적용되어야 하고, 상습사기죄의 일부에 대하여 그것이 상습사기죄로 공소가 제기되었는지, 단순사기죄로 공소가 제기되었는지에 따라 그 적용을 달리할 수는 없다 할 것이다.

(2) 다음으로, 헌법 제13조 제1항 후단은 "모든 국민은 동일한 범죄에 대하여 거듭 처벌받지 아니한다."고 규정하여 일사부재리의 원칙을 선언하고 있고, 형사소송법 제326조 제1호는 이를 받아 '확정판결이 있은 때'에는 판결로써 면소의 선고를 하여야 한다고 규정하고 있는바, 위와 같은 확정판결의 기판력은 사건이 단일하고 동일한 경우 그 사건 전체에 미치는 것이므로, 상습사기죄를 포괄일죄로 보는 이상 상습사기죄의 일부에 대하여만 단순사기죄로 공소가 제기되어 판결이 확정되었다 하여도, 그 후에 포괄일죄의 나머지 전부나 일부에 대하여 공소가 제기되는 경우, 위 확정판결의 기판력이 후에 공소제기된 부분에 미치게 되는 것은 당연한 것이고, 이는 전의 단순사기죄의 확정판결을 검사의 기소내용보다 무겁게 상습사기죄의 확정판결로 인정하려는 것이 아니라, 단순사기죄의 확정판결이 있은 후에 그 단순사기죄의 확정판결의 범행과 포괄하여 상습사기죄의 일죄의 관계에 있는 범행에 대하여 다시 공소가 제기된 경우, 단순사기죄의 확정판결의 기판력이 후에 공소제기된 부분에까지 미친다고 보는 데에 불과하므로, 다수의견의 지적과는 달리 형사소송의 기본원칙에 전혀 배치되지 않는다.

나. 후에 공소제기된 사건에 관하여 확정판결이 있었는지 여부는 그 사건의 공소사실의 전부 또는 일부에 대하여 이미 판결이 있었는지 여부의 문제이고, 이는 전의 확정판결의 죄명이나 판단내용에 의하여 좌우되는 것이 아니므로, 이론상으로도 전의 확정판결에서 단순사기죄로 판단한 것의 구속력을 인정할 여지는 없고, 단순사기죄의 확정판결에 그와 같은 내용적 확정력을 인정할 법령상의 근거 역시 찾아볼 수 없다.

포괄일죄의 일부에 관하여 단순범으로 공소제기된 사건을 심판한 법원이 나머지 부분을 고려할 수 없는 제한 때문에 공소제기된 부분만을 단순범으로 판단하였다고 하여, 후에 나머지 부분에 관한 공소제기에 따라 그 부분을 심판하는 법원으로 하여금 전에 확정된 부분이 후에 공소제기된 부분과 포괄일죄의 관계에 있는지 여부에 관하여 판단할 수 없도록 하는 것은, 불완전한 공소제기 및 재판의 결과에 대하여 법령의 근거 없이 피고인에게 불이익을 돌리는 것으로 부당하다.

그리고 다수의견에 의하면, 단순범의 확정판결의 기판력은 언제나 포괄일죄를 구성하는 확정판결 전의 범행에 미치지 아니하는 결과가 되어, 예를 들면, 사기의 습벽을 가진 자에 대하여 상습사기죄,

상습사기죄, 단순사기죄, 상습사기죄의 각 판결이 확정된 다음, 후에 위 단순사기죄의 범행과 포괄일죄의 관계에 있는 범행에 대하여 검사가 별도로 공소를 제기하는 경우, 법원이 공소제기된 부분이 판결이 확정된 부분과 포괄하여 상습사기의 일죄 관계에 있다는 판단을 할 수 없게 되어 다시 처벌할 수 있게 되는바, 이는 피고인의 법적 안정성을 확보하기 위하여 일사부재리의 원칙을 선언하고 있는 헌법정신에도 어긋난다.

특히, 검사가 부주의로 포괄일죄의 관계에 있는 범행 중 일부만을 단순범으로 공소제기하거나 검사가 상습범으로 공소제기 하였음에도 전소에서 법원이 단순범으로 잘못 인정한 경우를 상정해 보면, 법원 및 검사의 부주의로 인한 위험을 피고인에게 전가하는 것이 되어 도저히 찬성하기 어렵다.

다. 다수의견이 기판력이 미치는 범위를 기본적으로 공소장 기재 사실을 한도로 하는 것은 소인개념을 채택하고 있지 아니하는 현행법상으로는 무리한 해석이다.

대법원은, 폭력전과를 과시하여 지나가는 피해자에게 시비하고 행패를 부려 불안감을 주거나 주점에서 손님들에게 시비를 걸고 영업을 방해하였다는 범죄사실로 인한 경범죄처벌법위반의 즉결심판의 기판력이 동일한 일시 · 장소에서 범한 폭행치사죄 또는 상해치사죄에 미친다고 보고 있고(대법원 1979.1.30. 선고 78도3062 판결, 1990.3.9. 선고 89도1046 판결 등 참조), 지나가는 피해자를 따라가면서 손목을 잡고 욕설을 하며 진로를 방해하는 등 공포심과 혐오감을 주었다는 범죄사실로 인한 경범죄처벌법위반의 즉결심판의 기판력이 동일한 일시 · 장소에서 같은 피해자의 멱살을 잡아 부근 비닐하우스 안으로 끌고 들어가 범한 강간죄에 미친다고 보고 있으며(대법원 1984.10.10. 선고 83도1790 판결 참조), 경범죄처벌법위반죄로 범칙금 통고처분을 받아 범칙금을 납부한 범칙행위인 소란행위와 상해죄의 공소사실이 범행장소가 동일하고 범행일시도 거의 같으며, 모두 피고인과 피해자의 시비에서 발단한 일련의 행위임을 이유로 경범죄처벌법위반죄에 대한 범칙금납부로 인한 확정재판에 준하는 효력이 상해의 공소사실에 미친다고 보고 있고(대법원 2003.7.11. 선고 2002도2642 판결 참조), 감금죄의 판결의 기판력이 그 감금 상태에서 피해자 명의의 인감증명서를 이용하여 회사의 대표이사 명의나 회사 부지의 소유자 명의를 변경하여 회사의 경영권을 빼앗았다는 내용의 폭력행위등처벌에관한법률위반죄의 공소사실에 미친다고 보고 있으므로(대법원 1998.8.21. 선고 98도749 판결 참조), 다수의견이 기판력이 미치는 범위를 기본적으로 공소장 기재 사실을 한도로 하는 것은, 위와 같은 대법원판례와도 저촉되어 양립할 수 없는 것이다.

라. 종전 대법원판례의 입장을 보면, 상습성은 행위자의 속성이고 상습범의 유형이 여러 가지임에도 불구하고 이를 모두 포괄일죄로 법률구성을 하고, 포괄일죄의 관계에 있는 범행 중 가벼운 부분만 발각되어 그 부분만 공소가 제기되어 확정판결을 받게 되면, 후에 그 부분과 포괄일죄를 구성하는 더 중한 부분이 발각되더라도 이를 처벌하지 못하는 불합리가 나타나고, 극단적인 경우에는 상습범이 단순 경합범보다 가볍게 처벌되는 경우도 있게 되므로, 그 폐해를 시정할 필요가 있다고 본다. 다수의견이 상습범의 기판력에 관한 판례를 변경하고자 하는 점에는 이러한 뜻이 담겨 있다고 보이므로, 가능하면 이를 지지하고 싶다.

그러나 위와 같은 일부 폐해를 시정할 필요가 있다고 하여, 법리에 어긋나는 해석을 할 수는 없다. 상습범에 관한 깊고 체계적인 연구가 부족한 현 시점에서 명백한 근거도 없이 확립된 대법원판례를 섣부르게 변경하는 것은 시기상조이며 그로 인하여 얻게되는 이점보다는 법적 안정성을 해하고, 피고인의 인권을 침해하는 우를 범할까 두렵다.

위와 같은 폐해는, 형사재판 실무에 있어서 검사가 상습범을 단순범으로 기소하는 일이 없도록 폭넓고 신중한 수사를 거쳐 공소를 제기하는 한편, 법원으로서도 단순범의 확정판결이 있었던 사건과 후에 공소제기된 부분이 상습범의 포괄일죄의 관계에 있는지 여부에 관하여 보다 엄격하고 신중한 판단을 함으로써 상당 부분 시정될 수 있을 것이다.

다수의견이 이 문제를 꼭 해결하고 싶다면 위와 같이 법리에 어긋나는 해석 대신에, 상습범을 구성하는 범행의 일부에 대하여 단순범으로서의 확정판결이 있는 경우, 다른 부분에 대하여 그 후에 기소된 사건에서 그 부분에 관하여 단순범으로 판결이 확정된 부분과 법률상, 사실상 동시심판이 불가능하였고, 기망행위 등 피고인에게 귀책사유가 있었으며, 그 부분이 확정판결의 현실적 심판 대상이었던 범행보다 본질적이고 중요한 핵심 행위에 해당하여 그 부분에 대하여까지 기판력이 미치도록 하는 것은 형사사법에서의 정의와 형평에 현저하게 반하는 때에 한하여, 비록 그 부분이 확정판결의 범죄사실과 단일하고 동일한 범위에 속한다고 하더라도 거기에는 앞의 확정판결의 기판력이 미치지 않는다고 하는 등 새로운 이론을 검토하는 것이 보다 바람직할 것이다.

마. 그러므로 원심이 단순사기죄로 재판이 확정된 판결의 기판력이 판시와 같이 포괄일죄의 관계에 있는 이 부분 범행에 대하여 미친다는 이유로 면소를 선고한 제1심판결을 유지한 것은 정당한 것으로 수긍이 가고, 거기에 상고이유로 주장하는 바와 같이 포괄일죄에 관한 법리를 오해하는 등의 위법이 있다고 할 수 없으므로, 검사의 상고를 기각하여야 할 것이고, 다수의견이 변경하려는 판결들은 그대로 유지되어야 마땅하다 할 것이다.

5. 대법관 이용우의 별개의견은 다음과 같다.

상습사기죄가 포괄일죄라는 다수의견에 대하여는 다음과 같은 이유로 동의할 수 없고 이는 원칙으로 실체법상 수죄로 보아야 함을 여기에 밝히기로 한다.

원래 '상습성'이란 '행위자의 속성'이라는 점에는 학설 · 판례상 이론이 없고 다수의견도 이를 받아들이고 있는바, 이는 곧 단 한번 저질러진 범행이라도 그것이 상습성의 발현에 의한 것이라면 상습범이 된다는 것이다. 따라서 상습범이 성립하기 위하여는 반드시 수개의 범행이 반복될 것을 그 구성요건요소로 하거나 예정하고 있는 것은 아니다. 그러므로 상습성이 발현된 수개의 범행이 있는 경우에 각개의 범행 상호간에 보호법익이나 행위의 태양과 방법, 의사의 단일 또는 갱신 여부, 시간적 · 장소적 근접성 등 일반의 포괄일죄 인정의 기준이 되는 요소들을 전혀 고려함이 없이(그러한 요소들의 고려에 의하여 일정범위내의 상습범행이 포괄일죄로 될 수 있음은 별문제이다) 오로지 '상습성'이라는 하나의 표지만으로 곧 모든 범행을 하나로 묶어 포괄하여 일죄라고 할 수는 없는 것이다. 이는 상습성이 행위자의 속성에 불과하다는 이치와도 부합하는 것이다.

다수의견은 상습범 규정의 입법취지가 상습적으로 반복된 수개의 범행을 '포괄하여 하나의 죄로' 무겁게 처벌하려는 데에 있음을 포괄일죄론의 근거로 들고 있는바, 이는 입법취지를 오해한 것이라 하지 않을 수 없다. 상습범 가중처벌규정의 입법취지는 상습성 있는 자의 범행은 위험성과 해악성이 더 크므로 이를 더 무겁게 처벌하려는 데에 있을 뿐이지 이에 더하여 '포괄하여 하나의 죄로' 처벌하려고 하는 데에 있는 것이 아니고, 이를 더 무겁게 처벌하기 위하여는 수죄로 보아 경합범가중까지 할 수 있어야 하는 것이다. 그렇지 않고 일죄로 보아 경합범가중을 할 수 없다면 상습성이 없는 사람이 수개의 사기범행을 한 경우나(½경합범가중) 상습성이 있는 사람이 수개의 사기범행을 한 경우나(½상습범가중에 그침) 처단형의 범위가 같게 되기 때문이다. 혹시 특별형법 중에 상습범의 법정형을 아주 높게 설정함으로써 그 경우에는 수개의 상습범행을 포괄하여 한 번만 아주 높은 형으로 처벌하고자 하는 것이 그 특별형법의 입법취지로 볼 수 있는 경우가 있을지 모르나 본건과 같은 형법상의 상습사기죄가 여기에 해당한다고 할 수는 없다.

이상과 같은 이유로 수개의 상습사기 범행은 원칙으로 수개의 죄로 보아야 하고 이에 배치되는 종전의 대법원판결들은 모두 변경되어야 한다고 믿는다. 그렇다면 이 사건에서는 원심이 재판이 확정된 범죄사실과 이 사건 공소된 각 사기범행 상호간에 보호법익, 행위의 태양과 방법, 의사의 단일 혹은 갱신 여부, 시간적 · 장소적 근접성 등 일반의 포괄일죄 인정의 기준에 따른 판단을 함이 없이 상습성이란 표지 하나만으로 곧 모든 사기범행을 포괄하여 하나의 상습범이 된다는 전제하에 확정재판 전의 범행에 대하여는 그 기판력에 의하여 면소판결을 선고한 제1심을 그대로 유지하고 있으니 이는 상습사기죄의 죄수에 관한 법리를 오해하여 판결에 영향을 미쳤음이 분명하므로 이를 지적한 검사의 상고는 이유 있어 원심판결은 이러한 이유로 파기되어야 하는 것이다.

참고판례 ❷

대법원 1985.9.24. 선고 85도1686 판결【강도상해】[공1985.11.15.(764),1464]

【이유】

상고이유를 본다.

1. 피고인 등의 변호인 변호사 김○훈의 상고이유 제1점과 피고인 1, 2의 상고이유 및 피고인 3의 상고이유 제2점

소위 포괄 1죄는 수개의 행위가 포괄적으로 한개의 구성요건에 해당하여 단순히 하나의 죄를 구성하는 것으로 수개의 행위가 결합하여 하나의 범죄를 구성하던가 수개의 동종의 행위가 동일한 의사에 의하여 반복되던가 또는 하나의 동일한 법익에 대하여 수개의 행위가 불가분적으로 접속연속하여 행하여지는 것이므로 그 어떠한 경우임을 막론하고 구성요건에 해당하는 수개의 행위가 근원적으로 동종의 행위로서 그 구성요건을 같이함을 전제로 하는 것이다.

원심이 적법하게 확정한 바에 따르면 피고인 1은 1983.6.2 육군 제17사단 보통군법회의에서 군무이탈 특정범죄가중처벌등에 관한 법률위반(특수강도)의 죄 등으로 징역 7년의 선고를 받고 그무렵 그 형이 확정되었고 피고인 2, 3은 1983.6.10 인천지방법원에서 특정범죄가중처벌등에 관한 법률위반죄(특수강도)로 각 징역 6년의 선고를 받고 항소하여 서울고등법원은 1983.6.10 특정범죄가중처벌등에 관한 법률 제5조의 4 제1항이 규정하는 강도의 상습성을 인정할 수 없다고 하여 원심판결을 파기하고 형법상의 특수강도죄로 각 징역 4년의 선고를 하고 그 무렵 그 형이 확정되었으며 피고인등의 이 사건 강도상해죄는 각 위 확정판결 선고전인 1982.3.29에 범하여진 것이나 강도상해죄와 특수강도죄는 그 구성요건 해당 행위가 각기 상이할 뿐만 아니라 강도상해죄에 관한 형법규정에는 같은 강도, 특수강도, 약취강도, 해상강도 등의 죄와는 달리 상습범가중규정을 두고 있지 아니하므로 특수강도의 상습범에 대한 가중처벌을 규정한 특정범죄가중처벌등에 관한 법률 제5조의 4 제1항 위반의 죄(피고인 2, 3에 대하여는 위와 같이 상습성을 인정하지 아니하였고 상습성을 인정하였다 하더라도 결론을 달리할 이유가 없다)와 이 사건 강도상해죄는 포괄1죄의 관계에 있지 않고 따라서 위 각 확정판결의 기판력이 이 사건 강도상해죄에 미친다고 할 수 없으므로 강도상해죄의 포괄 1죄에 관한 법리오해와 의률착오 내지 심리미진등을 들어 원심판결을 비난하는 이 점에 관한 상고논지는 그 이유가 없다고 하

겠다.

2. … 생략

3. … 생략

참고판례 ❸

대법원 1996.7.12. 선고 96도1181 판결【신용카드업법위반 · 절도】

[공1996.9.1.(17),2572]

【이유】

상고이유를 판단한다.

1. 피고인의 상고이유에 대하여 … 생략

2. 국선변호인의 상고이유에 대하여

가. 원심판결 이유와 원심판결이 유지한 제1심판결 이유에 의하면, 원심은 제1심이 "**피고인은 1995.11.2. 09:30경 서울 강동구 천호2동 463의 92 소재 박○의 자취방에서 동인이 보관하고 있던 피해자 하○수 소유의 비씨카드 1매를 절취하고, 같은 날 10:40경 서울 강동구 천호동에 있는 ○○가전마트에서 20인치 컬러텔레비전 1대 시가 금 538,000원 상당을 할부로 구입하면서 그 대금을 절취한 비시카드로 결제하여 도난된 신용카드를 사용한 것을 비롯하여 같은 날 13:00경까지 약 2시간 20분 동안에 걸쳐 같은 동에 있는 위 카드가맹점 7곳에서 합계 금 2,008,000원 상당의 물품을 구입한 후 그 대금을 절취한 위 비시카드로 결제하여 도난된 신용카드를 사용한 것이다.**"라는 범죄사실을 인정한 후, 위 신용카드를 사용한 각 죄를 실체적 경합범으로 처단한 것을 그대로 유지하고 있음을 알아볼 수 있다.

나. 상고이유 제1점에 대하여

신용카드를 절취한 후 이를 사용한 경우 신용카드의 부정사용행위는 새로운 법익의 침해로 보아야 하고 그 법익침해가 절도범행보다 큰 것이 대부분이므로 위와 같은 부정사용행위가 절도범행의 불가벌적 사후행위가 되는 것은 아니고, 신용카드업법 제25조 제1항이 규정하는 "도난, 분실된 신용카드 또는 직불카드를 판매하거나 사용한 자"에 절취한 본범이 해당되지 않는다고 볼 수 없으므로, 원심이 위 신용카드를 절취한 후 이를 위 신용카드의 가맹점에서 물품을 구입하는데 사용한 피고인의 행위가 신용카드업법 제25조 제1항 위반죄에 해당한다고 본 것은 정당하고, 거기에 신용카드업법의 법리를 오해한 위법이 있다고 할 수 없다. 이 점에 관한 상고이유는 받아들일 수 없다.

다. 상고이유 제2점에 대하여

단일하고 계속된 범의하에 동종의 범행을 동일하거나 유사한 방법으로 일정 기간 반복하여 행하고 그 피해법익도 동일한 경우에는 각 범행을 통틀어 포괄일죄로 볼 것이다(대법원 1989.6.20. 선고 89도648 판결, 1990.10.10. 선고 90도1580 판결 참조).

그런데 기록에 의하면, 피고인은 이 사건 신용카드를 절취한 직후 약 2시간 20분 동안에 카드가맹점 7곳에서 합계 금 2,008,000원 상당의 물품을 구입하면서 마치 자신이 위 신용카드의 소유자인 것처럼 행세하여 위 물품의 각 구입대금을 신용카드로 결제하였으며, 피고인이 신용카드를 훔친 목적은 이를 사용하여 신용카드의 가맹점들에서 물품을 구입하는데 있었고, 같은 날 위 신용카드에 대한 도난 · 분실신고가 될 것을 염려하여 즉시 신속하게 위 카드가맹점들을 계속 돌아다니며 위 신용카드를 각 사용한 것인 사실 등을 인정할 수 있다.

위 인정사실에 의하면, 피고인은 절취한 카드로 가맹점들로부터 물품을 구입하겠다는 단일한 범의를 가지고 그 범의가 계속된 가운데 동종의 범행인 신용카드 부정사용행위를 동일한 방법으로 반복하여 행하였다고 할 것이고, 또 위 신용카드의 각 부정사용의 피해법익도 모두 위 신용카드를 사용한 거래의 안전 및 이에 대한 공중의 신뢰인 것으로 동일하다고 할 것이므로, 피고인이 동일한 신용카드를 위와 같이 부정사용한 행위는 포괄하여 일죄에 해당한다고 할 것이고, 신용카드를 부정사용한 결과가 사기죄의 구성요건에 해당하고 그 각 사기죄가 실체적 경합관계에 해당한다고 하여도 신용카드부정사용죄와 사기죄는 그 보호법익이나 행위의 태양이 전혀 달라 실체적 경합관계에 있다고 보아야 할 것이므로 신용카드 부정사용행위를 포괄일죄로 취급하는데 아무런 지장이 없다고 하겠다.

따라서 위 신용카드의 각 부정사용행위를 각각 별개의 범죄로 보고 경합범으로 처리한 제1심판결을 그대로 유지한 원심판결에는 죄수 및 경합범의 법리를 오해한 위법이 있다 할 것이다. 상고이유 중 이 점을 지적한 부분은 이유 있다.

3. 그런데 원심은 판시 제2의 신용카드 절도와 판시 제3의 위 각 부정사용행위를 모두 형법 제37조 전단의 경합범 관계에 있다고 하여 하나의 형을 선고한 것이므로, 원심판결 중 판시 제2, 3의 죄에 대한 부분을 파기하고, 이 부분 사건을 원심법원에 환송하며, 피고인의 나머지 상고를 기각하기로 관여 법관의 의견이 일치되어 주문과 같이 판결한다.

참고판례 ❹

대법원 1970.7.21. 선고, 70도1133 판결【야간주거침입,절도】[집18(2)형,051]

【이유】

변호인의 상고이유를 본다.

원심 판결이유를 보면 원심은 피고인은 1969.12.27 03:00경 진주시 (상세지번 생략) (이름 생략) 경영의 (상호 생략)에 침입하여 그곳 방안 방바닥에 놓여있던 김○한 소유의 전축 1대와 음판 7장을 절취한 후 그 방벽에 걸려있던 최○성 소유의 옷 호주머니 속에서 그 사람 소유 팔뚝시계 1개, 현금 350원을 꺼내어 이를 절취한 사실을 인정하고 물건의 소유자가 다르고 절취한 시간, 장소가 다르므로 형법 제37조 전단의 경합죄가 성립된다고 판시하였다. 그러나 원심이 증거로 한 것을 보면 피고인은 단일범의로서 절취한 시간과 장소가 접착되어 있고 같은 관리인의 관리하에 있는 방안에서 김○한과 최○성의 물건을 절취한 것으로서 이러한 경우에는 일개의 절도죄가 성립된다고 할 것이므로 필경 원심은 절도죄의 죄수에 관한 법리를 오해한 위법이 있고 논지는 이유있다.

참고판례 ❺

대법원 2008.8.21. 선고 2008도3657 판결【폭력행위등처벌에관한법률위반(공동공갈)】[공2008하,1314]

【이유】

상고이유를 판단한다.

폭력행위 등 처벌에 관한 법률 제2조 제1항에서 말하는 상습이란 같은 항 각 호에 열거된 각 범죄행위 상호간의 상습성만을 의미하는 것이 아니라 같은 항 각 호에 열거된 모든 범죄행위를 포괄한 폭력행위의 습벽을 의미하는 것이라고 해석함이 상당하므로, 위와 같은 습벽을 가진 자가 폭력행위 등

처벌에 관한 법률 제2조 제1항 각 호에 열거된 형법 각 조 소정의 다른 수종의 죄를 범하였다면 그 각 행위는 그 각 호 중 가장 중한 법정형의 상습폭력범죄의 포괄일죄에 해당한다고 할 것이다(대법원 1976.11.23. 선고 76도3286 판결, 대법원 1990.4.24. 선고 90도653 판결 등 참조). 그리고 이 경우 폭력의 습벽이 인정된다면 단독으로 위 각개 폭력행위를 하였는지 아니면 다른 사람과 공동하여 하였는지 여부는 상습범의 포괄일죄로 처단하는 데에 있어 문제가 되지 않는다고 할 것이다(대법원 1998.7.14. 선고 98도1359 판결 참조).

원심은 그 채택 증거들에 의하여 피고인이 서울북부지방법원에서 2007.8.2. 판결을 선고받아 확정된 폭력행위 등 처벌에 관한 법률 위반(상습상해)죄와 이 사건 폭력행위 등 처벌에 관한 법률 위반(공동공갈)죄는 모두 피고인의 폭력행위 습벽이 발현되어 저질러진 것으로 인정한 다음, 이 사건 폭력행위 등 처벌에 관한 법률 위반(공동공갈)죄와 위 확정된 폭력행위 등 처벌에 관한 법률 위반(상습상해)죄는 포괄일죄의 관계에 있고 따라서 위 확정판결의 효력은 피고인이 위 확정판결을 받기 전에 범한 이 사건 폭력행위 등 처벌에 관한 법률 위반(공동공갈)죄에 대하여도 미친다고 하여 면소를 선고한 제1심판결을 유지하였는바, 원심의 조치는 위 법리에 따른 것으로 정당하여 수긍이 가고, 거기에 상고이유로 주장하는 바와 같은 폭력행위 등 처벌에 관한 법률 제2조 제1항의 상습성 및 포괄일죄에 관한 법리오해 등의 위법이 있다고 할 수 없다.

참고판례 ❻

대법원 2005.9.30. 선고 2005도4051 판결【청소년의성보호에관한 법률위반(청소년이용음란물제작 · 배포 등) · 정보통신망이용촉진및 정보보호등에관한법률위반(음란물유포 등)】[공 2005.11.1.(237),1757]

【이유】

1. 원심은 "피고인이 2003.12. 중순경부터 2004.6.7.경까지 사이에 울산 남구 (상세 주소 생략) 소재 '24시 라이브클럽 성인PC방'에서, 음란물이 저장된 서버 컴퓨터 2대 등 컴퓨터 18대, 위 컴퓨터를 서로 연결하여 놓은 통신망 등을 설치한 다음, 위 서버 컴퓨터에 인터넷 음란사이트로부터 내려 받은 남녀 간의 성관계가 노골적으로 표현된 속칭 '포르노물'인 음란한 동영상파일 32,739개를 저장하여 놓고, 손님들에게 시간당 6,000원을 받고 컴퓨터의 바탕화면에 있는 '즐겨찾기'라는 아이콘을 통하여 음란한 동영상을 볼 수 있도록 함으로써 정보통신망을 통하여 음란한 영상을 공연히 전시하였다."라는 청소년의 성보호에 관한 법률(이하 '청소년성보호법률'이라 한다) 위반 및 정보통신망 이용촉진 및 정보보호 등에 관한 법률(이하 '정보통신망보호법률'이라 한다) 위반의 이 사건 공소사실에 대하여, 이 사건 공소제기 후인 2004.9.22. "피고인은 2003.12.25.경부터 울산 남구 (상세 주소 생략)에서 약 40평 규모에 컴퓨터 18대, 냉장고, 텔레비전, 에어컨, 정수기 등의 시설을 갖추고 라이브클럽이라는 상호의 PC방을 운영하는 자로, 정보통신망을 이용해서 음란한 화상 또는 영상을 배표, 판매, 임대하거나 공연히 전시하여서는 아니 됨에도 불구하고, 2004.6.24. 23:10경 자신이 운영하는 위 PC방 내에서, 컴퓨터를 이용 인터넷 사이트 오버넷에 올려져 있는 남녀 간의 성행위 영상물을 다운받아 입력시킨 후, PC방을 찾아오는 불특정 손님들에게 1시간당 6,000원의 수수료를 받고 위 영상물을 시청토록 한 것이다."라는 내용의 정보통신망보호법률 위반의 범죄사실로 벌금 200만 원의 약식명령을 발령받아 확정된 사실을 인정한 후, 위 확정된 약식명령의 범죄사실은 이 사건 공소사실 중 정보통신망보호법률

위반의 공소사실과 동일한 내용으로, 피고인이 이 사건 공소가 제기된 이후에도 계속하여 같은 장소에서 같은 업을 하다가 다시 적발되어 위 약식명령을 고지받은 것으로 보여 피고인이 업으로 위와 같이 성인PC방을 운영한 것임을 알 수 있고, 따라서 이 사건 공소사실 중 정보통신망보호법률 위반의 점과 위 확정된 약식명령의 범죄사실은 그 범행수법, 범행장소, 피해법익, 영업의 태양 등에 비추어 볼 때 피고인이 단일하고 계속된 범의하에 영업으로 동종의 범행을 동일하거나 유사한 방법으로 일정 기간 반복하여 행하고 그 피해법익도 동일한 경우에 해당하므로, 모두 포괄하여 정보통신망보호법률 제65조 제1항 제2호 위반의 일죄를 구성한다고 봄이 상당하고, 위 확정된 약식명령의 기판력은 그와 포괄일죄의 관계에 있는 이 부분 공소사실에 미친다고 판단하였다.

2. 동일 죄명에 해당하는 수개의 행위 혹은 연속된 행위를 단일하고 계속된 범의하에 일정 기간 계속하여 행하고 그 피해법익도 동일한 경우에는 이들 각 행위를 통틀어 포괄일죄로 처단하여야 할 것이나, 범의의 단일성과 계속성이 인정되지 아니하거나 범행방법이 동일하지 않은 경우에는 각 범행은 실체적 경합범에 해당한다(대법원 1989.11.28. 선고 89도1309 판결, 2004.5.14. 선고 2004도1034 판결, 2005.5.13. 선고 2005도278 판결 등 참조).

기록에 의하면, 피고인은 2004.6.7. 이 사건 정보통신망보호법률 위반 행위로 인하여 음란 동영상이 저장되어 있던 서버 컴퓨터 2대를 압수당한 후 다시 영업을 재개한 행위로 인하여 위 약식명령에 의한 처벌을 받았는바, 피고인이 위 범행에 가장 필요한 서버 컴퓨터를 압수당한 이후 새로운 장비와 프로그램을 갖추어 다시 범행을 저지른 이상 범의의 갱신이 있었다고 봄이 상당하고, 따라서 이 부분 공소사실은 확정된 위 약식명령의 범죄사실과 실체적 경합관계에 있다고 할 것이므로, 그 약식명령의 효력은 이 사건 정보통신망보호법률 위반의 점에 대하여 미치지 아니하는 것이다.

그럼에도 불구하고, 확정된 위 약식명령의 범죄사실이 정보통신망보호법률 위반의 이 사건 공소사실과 포괄일죄의 관계에 있어 그 효력이 미친다고 한 원심의 판단은 포괄일죄에 관한 법리를 오해하여 판결에 영향을 미친 위법을 저지른 것이라 할 것이다.

이 점을 지적하는 검사의 상고이유의 주장은 이유 있다.

3. 그러므로 원심판결 중 면소가 선고된 정보통신망보호법률 위반의 부분을 파기하여야 할 것인바, 이 부분과 원심이 유죄로 선고한 청소년성보호법률 위반의 부분은 실체적 경합 관계에 있어 전체에 대하여 하나의 형을 정하여야 할 것이므로, 원심판결 전부를 파기하여 원심법원에 환송하기로 하여 관여 대법관의 일치된 의견으로 주문과 같이 판결한다.

참조문헌

김성돈, "확정판결에 의한 포괄일죄의 분리", 비교형사법연구 제2권 제2호, 2000, 307면-328면

박광민, "연속범이론의 재검토", 형사법연구 제13호, 2000, 125면-144면

신영호, "상상적 경합을 통해 본 포괄일죄론", 비교형사법연구 제5권 제2호, 2003, 111면-140면

신양균, "포괄일죄와 이중기소", 형사판례연구 제3권, 1995, 425면-442면

윤동호, “연속범의 수죄성과 한국형법에서 갖는 의미”, 형사정책연구 제18권 제2호, 2007 여름, 141면-160면

이유정, “교통사고와 죄수”, 형사판례연구 제4권, 1996, 276면-306면

허일태, “연속범의 죄수”, 형사판례연구 제5권, 1997, 155면-175면

Ⅸ-4 상상적 경합

대상판결

대법원 2002.7.18. 선고 2002도669 전원합의체 판결【특정경제범죄가중처벌등에관한법률위반(횡령) · 사문서위조 · 위조사문서행사 · 업무상 횡령 · 업무상배임 · 사기 · 신용협동조합법위반 · 특정경제범죄가중처벌등에관한법률위반(사기)】[공 2002.9.1.(161),2010]

【피 고 인】피고인

【상 고 인】피고인 및 검사

【변 호 인】변호사 유효봉

【원심판결】부산고법 2002.1.23. 선고 2001노819 판결

【주　　문】원심판결 중 유죄 부분과 제1심 판시 제2의 라의 (3)(나) 및 (3)(라)항, 제2의 마의 (3)의 별지 범죄일람표 (3) 기재 순번 1, 9 내지 18, 20 내지 25번, 제2의 사의 (3)항의 각 업무상배임의 점에 대한 부분을 각 파기하고, 이 부분 사건을 부산고등법원에 환송한다. 검사의 나머지 상고를 기각한다.

【이　　유】

1. 피고인의 상고이유에 관한 판단

가. … 생략

나. … 생략

2. 검사의 상고이유에 관한 판단

가. 채증법칙 위배로 인한 사실오인의 점 등에 대하여 … 생략

나. 상상적 경합범에 관한 법리오해의 점에 대하여

원심판결 이유에 의하면 원심은, 제1심 판시 제2의 라의 (3)(나) 및 (3)(라)항, 제2의 마의 (3)의 별지 범죄일람표 (3) 기재 순번 1, 9 내지 18, 20 내지 25번, 제2의 사의 (3)항의 각 업무상배임의 점에 대하여, 타인의 사무를 처리하는 자가 그 사무처리상 임무에 위배하여 본인을 기망하고 착오에 빠진 본인으로부터 재물을 교부받은 경우에는 사기죄가 성립될 뿐, 설사 배임죄의 구성요건이 충족되어도 별도로 배임죄를 구성하는 것

이 아니라 할 것이므로, **신용협동조합의 전무인 피고인이 조합의 담당직원을 기망하여 예금인출금 또는 대출금 명목으로 금원을 교부받은 위 각 행위**는 각 사기죄만이 성립된다고 판단하여 제1심판결을 파기 · 자판하면서, 위 각 사기의 점에 대하여만 유죄를 선고하고, 위 각 업무상배임의 점에 대하여는 무죄로 인정하되 위 각 사기죄와 일죄의 관계에 있는 것으로 보아 주문에서 따로 무죄의 선고를 하지 아니하였다.

그러나 상상적 경합은 1개의 행위가 실질적으로 수개의 구성요건을 충족하는 경우를 말하고 법조경합은 1개의 행위가 외관상 수개의 죄의 구성요건에 해당하는 것처럼 보이나 실질적으로 1죄만을 구성하는 경우를 말하며, 실질적으로 1죄인가 또는 수죄인가는 구성요건적 평가와 보호법익의 측면에서 고찰하여 판단하여야 한다고 할 것인바(대법원 2000.7.7. 선고 2000도1899 판결, 2001.3.27. 선고 2000도5318 판결 등 참조), 이 사건과 같이 업무상배임행위에 사기행위가 수반된 때의 죄수 관계에 관하여 보면, 사기죄는 사람을 기망하여 재물의 교부를 받거나 재산상의 이익을 취득하는 것을 구성요건으로 하는 범죄로서 임무위배를 그 구성요소로 하지 아니하고 사기죄의 관념에 임무위배 행위가 당연히 포함된다고 할 수도 없으며, 업무상배임죄는 업무상 타인의 사무를 처리하는 자가 그 업무상의 임무에 위배하는 행위로써 재산상의 이익을 취득하거나 제3자로 하여금 이를 취득하게 하여 본인에게 손해를 가하는 것을 구성요건으로 하는 범죄로서 기망적 요소를 구성요건의 일부로 하는 것이 아니어서 양 죄는 그 구성요건을 달리하는 별개의 범죄이고 형법상으로도 각각 별개의 장에 규정되어 있어, 1개의 행위에 관하여 사기죄와 업무상배임죄의 각 구성요건이 모두 구비된 때에는 양 죄를 법조경합 관계로 볼 것이 아니라 상상적 경합관계로 봄이 상당하다 할 것이고, 나아가 업무상배임죄가 아닌 단순배임죄라고 하여 양 죄의 관계를 달리 보아야 할 이유도 없다.

이와 달리 위와 같은 경우 사기죄와 배임죄의 관계에서 사기죄만이 성립하고 별도로 배임죄를 구성하지 아니한다는 견해를 표명한 대법원 1983.7.12. 선고 82도1910 판결은 이와 저촉되는 한도 내에서 이를 변경하기로 한다.

그렇다면 위 각 사기죄와 각 업무상배임죄를 법조경합 관계로 보아 사기죄에 대하여만 유죄를 선고하고 업무상배임죄에 대하여는 무죄로 판단한 원심판결에는 상상적 경합범에 관한 법리를 오해함으로써 판결에 영향을 미친 위법이 있다고 할 것이므로, 이 점을 지적하는 상고이유의 주장은 그 이유 있다.

다. 따라서 원심판결 중 위 나항 기재 각 업무상배임 부분은 위법하여 파기되어야 할 것인바, 위 각 업무상배임죄는 원심판결 중 유죄 부분과 상상적 경합범 또는 형법 제37조 전단의 경합범 관계에 있으므로 위 유죄 부분 역시 파기되어야 할 것이다.

3. 결 론

그러므로 원심판결 중 위 제2의 나항 기재 각 업무상배임의 점에 대한 부분과 유죄 부분을 각 파기하여, 이 부분 사건을 다시 심리 · 판단하게 하기 위하여 원심법원에 환송하고, 검사의 나머지 상고를 기각하기로 하여 대법관 전원의 일치된 의견으로 주문과 같이 판결한다.

참조조문

형법 제40조, 제347조, 제355조 제2항, 제356조

법적쟁점

1. 상상적 경합과 법조경합의 구별은?(대상판결)

2. 실질적 1죄인가 수죄인가에 대한 구별기준은 무엇인가?(대상판결)

3. 피고인들이 공동하여 피해자들로부터 재물을 강취한 후 피해자들을 살해할 의사로 현주건조물에 방화하여 사망에 이르게 한 경우 강도살인죄와 현주건조물방화치사죄의 죄수관계는?(참고판례 1)

4. 동일한 공무를 집행하는 여럿의 공무원에 대하여 폭행 · 협박 행위가 이루어진 경우 공무집행방해죄의 죄수관계는?(참고판례 2)

5. 피고인들이 여관에 들어가 1층 안내실에 있던 관리인을 칼로 1회 찔러 상해를 가하고, 그로부터 현금과 손목시계 및 여관방실들의 열쇠를 강취한 다음, 다시 2층으로 올라가서 201호실의 문을 위 열쇠로 열고 들어가 투숙객들로부터 금품을 강취하고, 이어서 같은 방법으로 202호실과 207호실의 투숙객들로부터 각각 금품을 강취한 경우 특수강도죄와 강도상해죄의 죄수관계는?(참고판례 3)

6. 독립적인 두개의 범죄를 사실상 연결하고 있는 제3의 범죄가 있을 경우 독립적인 두개의 범죄 사이에도 상상적 경합(연결효과에 의한 상상적 경합)을 인정할 수 있는가?(참고판례 4)

참고판례 ❶

대법원 1998.12.8. 선고 98도3416 판결【강도살인 · 현주건조물방화치사 · 도로교통법위반】[공1999.1.15.(74),181]

【이유】

피고인들과 국선변호인의 상고이유를 함께 본다.

원심이 채용한 증거들을 기록과 대조하여 검토하여 보면, **피고인들이 공동하여 원심의 판시와 같이 피해자들로부터 재물을 강취한 후 피해자들을 살해할 의사로 이불에 방화함으로써 그들을 사망하게 한 사실**을 충분히 인정할 수 있으므로, 원심판결에 논하는 바와 같이 심리를 다하지 아니하였거나 채증법칙을 위반하여 판결에 영향을 미친 사실을 잘못 인정한 위법이 있다고 볼 수 없고, 피고인들의 연령, 성행, 전과관계, 직업과 환경, 범행의 동기 및 수단과 결과, 범행 후의 정황 등 기록에 나타난 양형의 조건이 되는 여러 가지 사정을 살펴보면, 피고인들이 주장하는 정상을 참작하더라도 피고인들에 대하여 각 무기징역을 선고한 원심의 형의 양정은 모두 적절하다고 보이고, 그 각 형의 양정이 심히 부당하다고 인정할 현저한 사유가 있다고 볼 수 없다. 논지는 모두 이유가 없다.

다만 직권으로 살피건대, 이 사건과 같이 피고인들이 피해자들의 재물을 강취한 후 그들을 살해할 목적으로 현주건조물에 방화하여 사망에 이르게 한 경우 피고인들의 위 행위는 강도살인죄와 현주건조물방화치사죄에 모두 해당하고 그 두 죄는 상상적 경합범관계에 있다고 할 것이므로(대법원 1996.4.26. 선고 96도485 판결 참조), 원심이 이와 다른 견해에서 위 두 죄를 실체적 경합범관계에 있다고 판단하여 각각 무기징역형을 선택한 후 경합범가중을 한 조치는 형법이 정하는 경합범에 관한 법리를 오해한 위법을 저지른 것이지만, 강도살인죄는 그 법정형이 사형 또는 무기징역으로 정하여져 있으므로 원심이 위와 같이 경합범가중을 한 후에도 피고인들을 강도살인죄에 있어서의 법정형의 최하한인 무기징역형으로 처단한 이상, 원심의 위 잘못이 피고인들에 대한 판결의 결과에는 아무런 영향을 미치지 아니하였다고 할 것이어서 이를 이유로 원심을 파기할 수는 없다.

그러므로 상고를 모두 기각하기로 하여 관여 법관의 일치된 의견으로 주문과 같이 판결한다.

참고판례 ❷

대법원 2009.6.25. 선고 2009도3505 판결【공무집행방해】[공2009하,1265]

【이유】

1. 상고이유에 대한 판단

원심은 그 채용 증거들을 종합하여, 피고인이 경찰관 공소외 1에게 욕설을 하고, 때릴 듯이 어깨와 몸을 밀면서 다가와 폭행하고, 이를 제지하는 경찰관 공소외 2에게 욕설을 하며 상의를 벗어 던지고, 배치기를 하여 위 두 경찰관의 정당한 신고 처리 및 수사업무에 관한 정당한 직무집행을 방해한 사실을 인정하여 피고인에게 공무집행방해죄가 성립한다고 판단하였는바, 기록에 비추어 살펴보면 원심의 위와 같은 사실인정과 판단은 정당한 것으로 수긍이 가고 거기에 채증법칙 위반 등의 위법이 있다고 할 수 없다.

2. 직권판단

가. 형사소송법 제323조 제1항에 따르면, 유죄판결의 판결이유에는 범죄사실, 증거의 요지와 법령의 적용을 명시하여야 하는 것인바, 유죄판결을 선고하면서 판결이유에 이 중 어느 하나를 전부 누락한 경우에는 형사소송법 제383조 제1호에 정한 판결에 영향을 미친 법률위반으로서 파기사유가 된다.

원심판결의 이유 기재에 의하면, 원심은 직권으로 제1심판결을 파기하고 다시 피고인에 대하여 유죄판결을 선고하면서 그 판결이유에 법령의 적용만 기재하였을 뿐, 범죄될 사실이나 증거의 요지를 전부 누락하였음을 알 수 있으므로, 원심판결은 위법하여 파기를 면할 수 없다.

한편, 이 사건은 소송기록과 원심에 이르기까지 조사된 증거에 의하여 판결하기에 충분하다고 인정되므로 형사소송법 제396조에 의하여 이 법원이 직접 판결하기로 한다.

나. 동일한 공무를 집행하는 여럿의 공무원에 대하여 폭행 · 협박 행위가 이루어진 경우에는 공무를 집행하는 공무원의 수에 따라 여럿의 공무집행방해죄가 성립하고, 위와 같은 폭행 · 협박 행위가 동일한 장소에서 동일한 기회에 이루어진 것으로서 사회관념상 1개의 행위로 평가되는 경우에는 여럿의 공무집행방해죄는 상상적 경합의 관계에 있다고 할 것이다(대법원 1961. 9. 28. 선고 4294형상415 판결 참조).

원심이 적법하게 확정한 사실관계와 기록에 의하면, 경찰관 공소외 1과 공소외 2는 피고인에 대하여 접수된 피해 신고를 받고 함께 출동하여 신고 처리 및 수사 업무를 집행 중이었는데, 피고인은 같은 장소에서 위 경찰관들에게 욕설을 하면서 먼저 경찰관 공소외 1을 폭행하고 곧이어 이를 제지하는 경찰관 공소외 2를 폭행한 사실을 알 수 있는바, 위와 같이 동일한 장소에서 동일한 기회에 이루어진 폭행 행위는 사회관념상 1개의 행위로 평가하는 것이 상당하므로 공소외 1과 공소외 2에 대한 공무집행방해죄는 형법 제40조에 정한 상상적 경합의 관계에 있다고 할 것이다.

그럼에도 불구하고 이 사건 각 공무집행방해의 범행이 실체적 경합의 관계에 있다고 보아 형을 가중한 제1심의 조치는 위법하고, 이러한 잘못은 판결에 영향을 미쳤다고 할 것이므로 제1심판결 역시 더 이상 유지될 수 없다. 따라서 제1심을 파기하고 다음과 같이 판결한다.

범죄사실 및 증거의 요지는 제1심판결의 각 해당란 기재와 같으므로 형사소송법 제399조, 제369조에 의하여 이를 그대로 인용한다.

피고인의 판시 행위는 각 형법 제136조 제1항에 해당하는바, 형법 제40조, 제50조를 적용하여 범정이 더 무거운 공소외 1에 대한 공무집행방해죄에 정한 형으로 처벌하고, 정해진 형 중 벌금형을 선택하여 피고인을 벌금 500,000원에 처하고, 피고인이 위 벌금을 납입하지 아니하는 경우 형법 제70조, 제69조 제2항을 적용하여 50,000원을 1일로 환산한 기간 피고인을 노역장에 유치하고, 형법 제57조를 적용하여 제1심판결 선고 전의 구금일수 1일을 위 벌금에 관한 노역장 유치기간에 산입하기로 하여 관여 법관의 일치된 의견으로 주문과 같이 판결한다.

참고판례 ❸

대법원 1991.6.25. 선고 91도643 판결【특정범죄가중처벌등에관한법률위반 · 강도 · 절도 · 강도상해 · 강도예비 · 횡령】[공1991.8.15.(902),2072]

【이유】

1. 검사의 상고이유에 대한 판단.

원심은, **피고인들이 공소외 1과 함께 1989.12.9. 03:10경 서울 서대문구 홍은동 소재 여관에 투숙객을 가장하고 들어가, 공소외 1이 "조용히 하라"고 하면서 숙박할 방을 안내하려던 여관의 종업원인 피해자 1의 옆구리와 허벅지를 칼로 찔러 상해를 가하고 201호실로 끌고 들어가는 등 폭행 · 협박을 하고 있던 중, 마침 다른 방에서 나오던 여관의 주인인 피해자 2도 같은 방에 밀어 넣은 후, 피해자 2로부터 현금과 금반지를 강취하고, 1층 안내실에서 피해자 1 소유의 현금을 꺼내간 사실, 피고인 2 및 3이 피해자 2에 대한 특수강도죄에 관하여 이미 유죄의 확정판결을 받은 사실** 등을 인정한 다음, 특수강도행위가 동일한 장소에서 동일한 방법으로 접착된 시간적 상황에서 이루어진 경우에는 피해자가 여러 사람이라고 하더라도 단순1죄로 보아야하고, 나아가 특수강도행위에 즈음하여 피해자들 중 1인에게 상해를 가하였다면 1개의 강도상해죄만이 성립한다고 할 것이므로, 피고인들의 위와 같은 행위는 포괄하여 1개의 강도상해죄만을 구성하는 것이고, 따라서 피해자들 중의 1인인 피해자 2에 대한 특수강도죄에 관한 유죄의 확정판결의 효력은 피해자 1에 대한 강도상해 행위에 대하여도 미치게 되는 것이라고 판단하여, 피고인 2 및 3에 대한 위 강도상해의 공소사실에 대하여 면소의 선고를 하였다.

그러나 강도가 동일한 장소에서 동일한 방법으로 시간적으로 접착된 상황에서 수인의 재물을 강취하였다고 하더라도, 수인의 피해자들에게 폭행 또는 협박을 가하여 그들로부터 그들이 각기 점유관리하고 있는 재물을 각각 강취하였다면, 피해자들의 수에 따라 수개의 강도죄를 구성하는 것이라고 보아야 할 것이다.

다만 강도범인이 피해자들의 반항을 억압하는 수단인 폭행 · 협박행위가 사실상 공통으로 이루어졌기 때문에, 법률상 1개의 행위로 평가되어 상상적 경합으로 보아야 될 경우가 있는 것은 별문제이다.

이 사건의 경우 사실관계가 원심이 확정한 바와 같다면, 피고인들이 피해자 1과 2를 폭행 · 협박한 행위는 법률상 1개의 행위로 평가되는 것이 상당하다고 인정되는바, 그렇다면 피해자 1에 대한 강도행위와 피해자 2에 대한 강도행위가 소론과 같이 각별로 강도죄를 구성하는 것임에도 불구하고, 원심이 피고인들의 위와 같은 행위가 포괄하여 1개의 강도죄만을 구성하는 것으로 잘못 판단하였다고 하더라도, 피고인 2 및 3이 피해자 2에 대한 특수강도죄에 관하여 받은 유죄의 확정판결의 효력은 그 죄와 상상적경합의 관계에 있는 피해자 1에 대한 강도상해죄에 대하여도 어차피 미치게 되는 것이므로, 원심이 저지른 위와 같은 잘못은 판결에 영향을 미칠 것이 못된다.

결국 원심판결에 강도죄의 죄수에 관한 법리를 오해하여 판결에 영향을 미친 위법이 있다는 취지의 논지는 받아들일 수 없다.

소론이 내세우는 판결들은 모두 이 사건과 사안이 다른 사건에 관한 것들이어서 이 사건에 원용하기에 적절한 것이 못된다.

2. 피고인 1과 국선변호인의 각 상고이유에 대한 판단. … 생략

3. 피고인 2 및 3과 국선변호인의 각 상고이유에 대한 판단

가. 강도가 서로 다른 시기에 다른 장소에서 수인의 피해자들에게 각기 폭행 또는 협박을 하여 각 그 피해자들의 재물을 강취하고, 그 피해자들 중 1인을 상해한 경우에는, 앞서 1.항에서 본 경우와는 달라 각기 별도로 강도죄와 강도상해죄가 성립하는 것임은 물론, 법률상 1개의 행위로 평가되는 것도 아니므로, 그 피해자들 중 1인에 대한 강도죄에 관하여 확정판결이 있었더라도, 그 확정판결의 효력은 그 밖의 피해자들에 대한 강도죄나 강도상해죄에 대하여는 미치지 않는 것임이 명백한바, 원심이 적법하게 확정한 사실관계에 의하면, 위 **피고인들이 공소외인 세 사람과 함께 1989.12.3. 03:00경 서울 용산구 이태원동 소재 여관에 들어가 1층 안내실에 있던 여관의 관리인인 피해자 3의 목에 칼을 들이대고 "조용히 하라"고 하면서 그의 왼쪽 발가락을 칼로 1회 찔러 상해를 가하고, 그로부터 현금과 손목시계 및 여관방실들의 열쇠를 강취한 다음, 다시 2층으로 올라가서 201호실의 문을 위 열쇠로 열고 들어가 투숙객들로부터 금품을 강취하고, 이어서 같은 방법으로202호실과 207호실의 투숙객들로부터 각각 금품을 강취하였다**는 것이므로, 원심이 위 피고인들의 위와 같은 각 행위는 비록 시간적으로 접착된 상황에서 동일한 방법으로 이루어지기는 하였으나, 포괄하여 1개의 강도상해죄만을 구성하는 것이 아니라 실체적 경합범의 관계에 있는 것이라고 하겠으니, 위 피고인들이 201호실 및 202호실과 207호실의 각 투숙객들에 대한 특수강도죄에 관하여 이미 유죄의 확정판결을 받았다고 하더라도, 그 확정판결의 효력은 피해자 3에 대한 강도상해 행위에 대하여는 미치지 않는다는 취지로 판단한 것은 정당한 것으로 수긍이 되고, 원심판결에 소론과 같이 강도죄 및 강도상해죄의 죄수에 관한 법리나 판결의 기판력에 관한 법리를 오해한 위법이 있다고 볼 수 없으므로, 논지는 이유가 없다.

나. … 생략

4. 그러므로 피고인들의 상고와 검사의 피고인 2 및 3에 대한 상고를 모두 기각하고, 피고인 1에 대하여는 상고 후의 구금일수 중 일부를 원심판결의 본형에 산입하기로 관여 법관의 의견이 일치되어 주문과 같이 판결한다.

참고판례 ❹

대법원 1983.7.26. 선고 83도1378 판결【가중뇌물수수 · 허위공문서작성 · 허위공문서작성행사】[공1983.10.1.(713),1380]

【이유】

피고인 국선변호인의 상고이유를 본다.

1. 원심판결 이유에 의하면, 원심은 **예비군 중대장인 피고인이 그 판시와 같이 공소외 인을 1982년 1년간 예비군훈련을 받지 않게 해주는 대가로 동인으로부터 180,000원을 교부받고 1982년 1년간 동인이 예비군훈련에 불참하였음에도 불구하고 참석한 것처럼 피고인 명의의 예비군 중대학급편성부(출석부)에 " 참" 이라는 도장을 찍어 허위공문서를 작성하고 이를 예비군중대 사무실에 비치하여 행사함으로써 공무원이 그 직무에 관하여 뇌물을 수수하고 부정한 행위를 한 사실**을 인정하고, 위 행위 중 수뢰후 부정처사의 점에 대하여는 형법 제131조 제1항, 제129조 제1항을, 허위공문서작성, 동행사의 점에 대하여는 형법 제227조 및 제229조를 각 적용한 후 이상은 형법 제37조 전단의 경합범에 해당한다고 하여 그 형이 중한 수뢰후 부정처사죄의 형에 경합가중을 하여 피고인에 대한 처단형을 정하고 있다.

2. 형법 제131조 제1항의 수뢰후 부정처사죄에 있어서 공무원이 수뢰후 행한 부정행위가 허위공문

서작성 및 동행사죄와 같이 보호법익을 달리하는 별개 범죄의 구성요건을 충족하는 경우에는 수뢰후 부정처사죄 외에 별도로 허위공문서작성 및 동행사죄가 성립하고 이들 죄와 수뢰후 부정처사죄는 각각 상상적 경합관계에 있다고 할 것인바, 이와 같이 허위공문서작성죄와 동행사죄가 수뢰후 부정처사죄와 각각 상상적 경합범관계에 있을 때에는 허위공문서작성죄와 동행사죄 상호간은 실체적 경합범관계에 있다고 할지라도 상상적 경합범관계에 있는 수뢰후 부정처사죄와 대비하여 가장 중한 죄에 정한 형으로 처단하면 족한 것이고 따로이 경합가중을 할 필요가 없다고 할 것이다.

3. 그럼에도 불구하고, 원심은 수뢰후 부정처사죄와 허위공문서작성죄 및 동행사죄를 모두 실체적 경합범으로 보고 경합가중을 하고 있으니 이 점에서 수뢰후 부정처사죄와 허위공문서작성죄 및 동행사죄의 죄수에 관한 법리를 오해하여 판결에 영향을 미친 허물이 있다고 할 것이다.

그러므로 원심판결을 파기하고, 사건을 육군고등군법회의에 환송하기로 하여 관여법관의 일치된 의견으로 주문과 같이 판결한다.

참조문헌

김선복, "상상적 경합의 법적 효과", 형사법연구 제11호, 1999, 128면-146면

김성돈, "이중평가금지와 연결효과에 의한 상상적 경합", 형사판례연구 제10권, 2002, 172면-200면

문채규, "상상적 경합과 법조경합에 있어서 과형의 문제", 형사법연구 제21호, 2004 여름, 232면-254면

신영호, "상상적 경합을 통해 본 포괄일죄론", 비교형사법연구 제5권 제2호, 2003, 111면-140면

윤동호, "형법 제40조 '1개의 행위'의 의미와 범주", 형사법연구 제26호, 2006, 297면-320면

윤동호, "연결효과에 의한 상상적 경합의 재고찰", 비교형사법연구 제9권 제1호, 2007, 121면-138면

이기헌, "경합범과 상상적 경합", 형사판례연구 제7권, 1999, 150면-193면

이민걸, "강도죄 및 강도상해죄의 죄수관계", 형사판례연구 제3권, 1995, 214면-236면

이승호, "상상적 경합의 비교단위", 형사판례연구 제10권, 2002, 201면-229면

한상훈, "상상적 경합의 명시기능과 이중평가금지의 상충여부", 비교형사법연구 제9권 제1호, 2007, 97면-119면

Ⅸ-5 실체적 경합

대상판결

대법원 2004.11.12. 선고 2004도5257 판결【도로교통법위반(음주운전)】[공 2004.12.15.(216),2071]

【피 고 인】피고인

【상 고 인】검사

【원심판결】대구지법 2004.7.28. 선고 2004노1808 판결

【주　　문】원심판결 중 무죄 부분을 파기하고 이 부분 사건을 대구지방법원 본원 합의부에 환송한다.

【이　　유】

1. 원심은 그 설시 증거들을 종합하여 **피고인이 2003.7.3. 21:15경 대구 61마 5126호 스타렉스 승합차를 운전하여 대구 달성군 유가면 상리 352의 7 소재 대덕공업사 앞길에서 같은 군 구지면 고봉리 소재 고봉네거리 앞길까지 2㎞ 가량 진행하다가, 그 곳에서 음주단속 중이던 대구 달성경찰서 구지파출소 소속 순경 장O해에 의하여 음주감지기로 음주사실이 감지되었고, 당시 피고인은 혈색이 붉고 입에서 술 냄새가 나고 있었던 사실, 피고인은 같은 날 21:27경 구지파출소에서 장O해로부터 음주측정 고지를 받았으나, 21:35경, 21:47경 및 21:57경 총 3차에 걸쳐 음주측정을 거부한 사실, 피고인은 음주측정거부로 입건된 후, 혹시 채혈을 하여 음주수치가 나오지 않을지도 모른다는 생각에 채혈을 요구하여, 같은 날 23:02경 대구 달성군 현풍면 소재 현풍하나병원 응급실에서 채혈하였고, 국립과학연구소 남부분소의 감정인 유O훈의 채혈감정결과 위 혈액의 혈중알코올농도는 0.130%로 판명된 사실** 등 판시 사실들을 인정한 다음, 음주측정거부죄의 입법 취지가 음주운전임을 입증하기 위하여 운전자의 자발적인 협조가 필요한 음주측정호흡기에 의한 측정을 실시하고 있으나 이를 거부하게 되면 운전자의 음주상태를 도저히 입증하기가 어렵게 되므로, 음주측정을 거부한 자에 대하여 음주측정요구에 불응하는 행위 자체를 주취운전과 동일한 법정형으로 처벌하도록 함으로써 음주측정을 간접적으로 강제하여 교통의 안전을 도모함과 아울러 음주운전에 대한 입증과 처벌을 용이하게 하려는 데에 있는 점, 동일한 음주운전에 대하여 음주측정

거부와 주취운전의 각 도로교통법위반죄가 실체적 경합관계에 있다고 인정한다면 동일한 법익침해가 있을 뿐인 일련의 행위에 대해서 이중 처벌하는 결과가 될 뿐만 아니라, 음주측정거부 후에 음주수치가 확인되는 경우가 끝까지 음주측정을 거부하는 경우보다 비난가능성이 높다고 할 수 없음에도 불구하고 그 처단형이 경합범 가중으로 인하여 더 높아지게 되는 불합리성이 있는 점 등에 비추어 보면, 운전자가 호흡측정기에 의한 음주측정을 거부하여 음주측정거부죄가 기수에 도달한 경우에는 그 후 채혈 등을 통하여 음주수치가 밝혀졌다 하더라도 음주측정거부죄로만 처벌하여야 하고, 음주측정거부 외에 주취운전을 추가로 처벌할 수는 없다고 판단하여, 이 사건 공소사실 중 음주측정거부의 점만을 유죄로 처단하고 주취운전의 점에 대하여는 무죄를 선고하였다.

2. 그러나 위와 같은 원심의 판단은 다음에서 보는 바에 비추어 수긍하기 어렵다.

가. 도로교통법 제107조의2 제2호의 음주측정불응죄는 술에 취한 상태에 있다고 인정할 만한 상당한 이유가 있는 사람이 같은 법 제41조 제2항의 규정에 의한 경찰공무원의 측정에 응하지 아니한 경우에 성립하는 것으로서, 당초 도로교통법 제41조 제2항은 "경찰공무원은 교통안전과 위험방지를 위하여 필요하다고 인정하는 때에는 운전자가 술에 취하였는지의 여부를 측정할 수 있으며, 운전자는 이러한 경찰공무원의 측정에 응하여야 한다"고 규정되어 있다가 1995.1.5.자 개정에 따라 같은 조 제1항의 규정에 위반하여 술에 취한 상태에서 자동차 등을 운전하였다고 인정할 만한 상당한 이유가 있는 때까지 포함하도록 개정되었는바, 위 조항의 규정 취지 및 입법 연혁 등을 종합하여 보면, ① 주취운전은 이미 이루어진 도로교통안전침해만을 문제삼는 것인 반면 음주측정거부는 기왕의 도로교통안전침해는 물론 향후의 도로교통안전 확보와 위험 예방을 함께 문제삼는 것이고, ② 나아가, 주취운전은 도로교통법시행령이 정한 기준 이상으로 술에 '취한' 자가 행위의 주체인 반면, 음주측정거부는 술에 취한 상태에서 자동차 등을 운전하였다고 인정할 만한 상당한 이유가 있는 자가 행위의 주체인 것이어서, 결국 양자가 반드시 동일한 법익을 침해하는 것이라거나 주취운전의 불법과 책임내용이 일반적으로 음주측정거부의 그것에 포섭되는 것이라고는 단정할 수 없다.

나. 원심은 음주측정거부 후에 음주수치가 확인되는 경우가 끝까지 음주측정을 거부하는 경우보다 비난가능성이 높다고 할 수 없음에도 불구하고 그 처단형이 경합범 가중으로 인하여 더 높아지게 되어 불합리하다는 점을 그 논거의 하나로 내세우고 있다. 그러나 ① 우리 형사소송법에 의하더라도 음주측정을 거부한 사람에 대하여 법원

의 감정처분허가장 등을 발부 받아 강제로 혈액을 채취한 다음 그 혈액을 의사로 하여금 감정하게 하는 방법으로 혈중알코올농도를 측정하지 못할 이유는 없으며, 교통경찰관들이 음주측정을 거부하는 운전자들에 대하여 강제채혈을 하지 않고 음주측정거부로만 의율하는 것은 어디까지나 우리 형사소송법이 강제채혈에 관련된 명시적 규정을 따로 두지 아니하고 있는 데서 오는, 절차적인 불명확함이나 번거로움, 시 · 공간적 제약 등에서 비롯되는 실무 관행일 뿐이므로, 원심이 지적하는 처단형의 불균형이란 결국 위와 같은 실무 여건으로 말미암아 생길 수 있는 극히 예외적인 현상으로서 이를 이유로 내세워 도로교통법위반(주취운전)죄의 성립 자체를 부인함은 사리에 맞지 않고, ② 오히려 음주측정거부의 주체는 술에 취한 상태에 있다고 인정할 만한 상당한 이유가 있는 사람일 뿐, 반드시 술에 취한 상태에 있는 사람이 아니므로, 예를 들어 술에 취한 상태에서 운전을 하였다고 인정할 만한 상당한 이유가 있는 두 사람의 운전자들이 각각 음주측정거부를 하였다가, 사후에 혈액을 채취하여 감정한 결과, 한 사람은 적발 당시의 혈중알코올농도가 기준(0.05%)에 미달하는 것으로 드러나고 다른 사람은 이를 초과하는 것으로 드러나더라도, 원심의 논리를 따르자면 두 사람 모두 음주측정거부로만 처벌할 수밖에 없어 오히려 비난가능성과 처단형이 균형을 이루지 못하게 되며, ③ 특히 이 사건의 경우 피고인은 일단 음주측정을 거부한 후 혹시 채혈 감정한 결과 혈중알코올농도가 0.05%에 미달하면 처벌이 감면될지도 모른다고 착각한 나머지 채혈검사를 요구하였는바, 이는 음주측정거부행위를 뉘우친 것이 아니어서 비난가능성의 경중에 관한 원심의 논리는 이 사건의 실제 내용과는 무관한 일반론에 근거한 것이고 구체적 타당성이 결여되어 있다. 결국, 위와 같은 원심의 견해는 범죄의 성립요건으로서의 책임과 양형의 기초로서의 책임을 혼동한 것이어서 받아들이기 어렵고, 원심이 지적한 문제점은 선고형량을 정하는 과정에서 충분히 해소될 수 있는 것이다.

다. 결국, 주취운전과 음주측정거부의 각 도로교통법위반죄는 실체적 경합관계에 있는 것으로 보아야 함에도 불구하고 원심은 위 두 죄의 죄수관계에 관한 법리를 오해하여 이와 다른 판단을 함으로써 판결에 영향을 미쳤으므로, 검사가 이 점을 지적하여 상고이유로 내세운 주장은 이유 있다.

3. 결국, 원심판결의 위 무죄 부분을 파기하고, 그 부분의 사건을 원심법원에 환송하기로 하여 주문과 같이 판결한다.

참조문헌

도로교통법 제41조 제1항, 제2항, 제107조의2 제1호, 제2호

법적쟁점

1. 실체적 경합범에 해당하는지에 대한 판단기준은 무엇인가?

2. 실체적 경합과 부진정 실체적 경합은 어떻게 구별되는가?

3. 실체적 경합의 경우 일반적으로 그 처벌은 어떻게 하는가?

4. 수개의 범죄를 실현한 상황에서 그 가운데 이미 확정판결을 받은 죄가 있는 경우 확정판결 이전에 범한 죄를 판결하는 경우(소위 사후적 경합범) 그 처벌은?

참고판례 ❶

대법원 2008.11.13. 선고 2008도7143 판결【특정범죄가중처벌등에관한법률위반(위험운전치사상)·도로교통법위반(음주운전)】[공2008하,1723]

【이유】

1. 도로교통법 제44조 제1항은 "누구든지 술에 취한 상태에서 자동차 등(건설기계관리법 제26조 제1항 단서의 규정에 의한 건설기계 외의 건설기계를 포함한다)을 운전하여서는 아니 된다."라고 규정하고 있고, 같은 조 제4항은 "제1항의 규정에 따라 운전이 금지되는 술에 취한 상태의 기준은 혈중 알코올농도가 0.05% 이상으로 한다."라고 규정하고 있으며, 같은 법 제150조 제1호는 제44조 제1항의 규정을 위반하여 술에 취한 상태에서 자동차 등을 운전한 사람을 2년 이하의 징역이나 500만 원 이하의 벌금에 처하도록 규정하고 있다. 한편, 특정범죄가중처벌 등에 관한 법률 제5조의11은 "음주 또는 약물의 영향으로 정상적인 운전이 곤란한 상태에서 자동차(원동기장치자전거를 포함한다)를 운전하여 사람을 상해에 이르게 한 자는 10년 이하의 징역 또는 500만 원 이상 3천만 원 이하의 벌금에 처하고, 사망에 이르게 한 자는 1년 이상의 유기징역에 처한다."라고 규정하고 있다.

원래 도로교통법은 도로에서 일어나는 교통상의 위험과 장해를 방지하고 제거하여 안전하고 원활한 교통을 확보함을 목적으로 하는 것이어서(도로교통법 제1조), 불특정다수의 사람 또는 차마의 통행을 위한 도로에서의 자동차 운전 등의 통행행위만을 법의 적용대상으로 삼고 도로 이외의 장소에서

의 통행행위는 적용대상으로 하지 않고 있다(도로교통법 제2조 제1호, 제24호). 반면, 음주로 인한 특정범죄가중처벌 등에 관한 법률 위반(위험운전치사상)죄는 입법 취지와 그 문언에 비추어 볼 때, 주취상태에서의 자동차 운전으로 인한 교통사고가 빈발하고 그로 인한 피해자의 생명 · 신체에 대한 피해가 중대할 뿐만 아니라 사고발생 전 상태로의 회복이 불가능하거나 쉽지 않은 점 등의 사정을 고려하여, 형법 제268조에서 규정하고 있는 업무상과실치사상죄의 특례를 규정하여 가중처벌함으로써 피해자의 생명 · 신체의 안전이라는 개인적 법익을 보호하기 위한 것이어서, 그 적용범위가 도로에서의 자동차 운전으로 인한 경우뿐만 아니라 도로 이외 장소에서의 자동차 운전으로 인한 경우도 역시 포함되는 것으로 본다.

한편, 도로교통법 위반(음주운전)죄는 술에 취한 상태에서 자동차 등을 운전하는 행위를 처벌하면서, 술에 취한 상태를 인정하는 기준을 운전자의 혈중 알코올농도 0.05% 이상이라는 획일적인 수치로 규정하여, 운전자가 혈중 알코올농도의 최저기준치를 초과한 주취상태에서 자동차 등을 운전한 경우에는 구체적으로 정상적인 운전이 곤란한지 여부와 상관없이 이를 처벌대상으로 삼고 있는 바, 이는 위와 같은 혈중 알코올농도의 주취상태에서의 운전행위로 인하여 추상적으로 도로교통상의 위험이 발생한 것으로 봄으로써 도로에서 주취상태에서의 운전으로 인한 교통상의 위험과 장해를 방지하고 제거하여 안전하고 원활한 교통을 확보하는데 그 목적이 있다. 반면, 음주로 인한 특정범죄가중처벌 등에 관한 법률 위반(위험운전치사상)죄는 도로교통법 위반(음주운전)죄의 경우와는 달리 형식적으로 혈중 알코올농도의 법정 최저기준치를 초과하였는지 여부와는 상관없이 운전자가 음주의 영향으로 실제 정상적인 운전이 곤란한 상태에 있어야만 하고, 그러한 상태에서 자동차를 운전하다가 사람을 상해 또는 사망에 이르게 한 행위를 처벌대상으로 하고 있는 바, 이는 음주로 인한 특정범죄가중처벌 등에 관한 법률 위반(위험운전치사상)죄는 업무상과실치사상죄의 일종으로 구성요건적 행위와 그 결과 발생 사이에 인과관계가 요구되기 때문이다.

위와 같이 음주로 인한 특정범죄가중처벌 등에 관한 법률 위반(위험운전치사상)죄와 도로교통법 위반(음주운전)죄는 입법취지와 보호법익 및 적용 영역을 달리하는 별개의 범죄로서 양 죄가 모두 성립하는 경우 두 죄는 실체적 경합관계에 있는 것으로 보아야 할 것이다.

이와 달리 원심은 음주로 인한 특정범죄가중처벌 등에 관한 법률 위반(위험운전치사상)죄는 도로교통법 위반(음주운전)죄를 기본범죄로 하는 결과적 가중범으로 그 행위유형과 보호법익을 모두 포함하고 있다는 이유로 특정범죄가중처벌 등에 관한 법률 위반(위험운전치사상)죄가 성립하면 도로교통법 위반(음주운전)죄는 이에 흡수된다고 판단하였으니, 원심판결에는 위 두 죄의 죄수관계에 관한 법리를 오해하여 판결에 영향을 미친 위법이 있다고 할 것이다.

이 점을 지적하는 상고이유의 주장은 이유 있다.

2. 그러므로 원심판결을 파기하고, 사건을 다시 심리 · 판단하게 하기 위하여 원심법원에 환송하기로 하여 관여 법관의 일치된 의견으로 주문과 같이 판결한다.

참고판례 ❷

대법원 1991.9.10. 선고 91도1722 판결【특정범죄가중처벌등에관한법률위반(강도 · 특수강도) · 강도상해 · 사문서위조 · 사문서위조행사 · 사기 · 강도 · 특수강도 · 강도강간등】[공1991.11.1.(907),2567]

【이유】

피고인 1의 상고이유에 대하여,

피고인이 예금통장을 강취하고 예금자 명의의 예금청구서를 위조한 다음 이를 은행원에게 제출행사하여 예금인출금 명목의 금원을 교부받았다면 강도, 사문서위조, 동행사, 사기의 각 범죄가 성립하고 이들은 실체적 경합관계에 있다 할 것이므로 같은 견해의 원심판결은 정당하고 거기에 경합범에 관한 법리오해의 위법이 없다.

피고인들과 변호인의 상고이유에 대하여, … 생략

참고판례 ❸

대법원 2008.9.11. 선고 2006도8376 판결【폭력행위등처벌에관한법률위반(집단 · 흉기등상해)】[공2008하,1398]

【이유】

상고이유를 판단한다.

1. 형법 제37조는 '판결이 확정되지 아니한 수개의 죄'(아래에서는 '전단 경합범'이라 한다) 또는 '금고 이상의 형에 처한 판결이 확정된 죄와 그 판결확정 전에 범한 죄'(아래에서는 '후단 경합범'이라 한다)를 경합범으로 하고, 제38조 제1항에서 전단 경합범을 그 처단형에 따라 흡수주의(제1호 : 가장 중한 죄에 정한 처단형이 사형 또는 무기징역이나 무기금고인 때), 가중주의(제2호), 병과주의(제3호)에 따라 처벌하도록 한 다음, 제39조 제1항에서 "경합범 중 판결을 받지 아니한 죄가 있는 때에는 그 죄와 판결이 확정된 죄를 동시에 판결할 경우와 형평을 고려하여 그 죄에 대하여 형을 선고한다. 이 경우 그 형을 감경 또는 면제할 수 있다."고 정하고 있다.

형법 제39조 제1항이 후단 경합범과 전단 경합범 사이에 처벌의 불균형이 없도록 하고자 하면서도, 경합범 중 판결을 받지 아니한 죄가 있는 때에는 "그 죄와 판결이 확정된 죄에 형법 제38조를 적용하여 산출한 처단형의 범위 내에서 전체형을 정한 다음 그 전체형에서 판결이 확정된 죄에 대한 형을 공제한 나머지를 판결을 받지 아니한 죄에 대한 형으로 선고한다."거나 "그 죄와 판결이 확정된 죄에 대한 선고형의 총합이 두 죄에 대하여 형법 제38조를 적용하여 산출한 처단형의 범위 내에 속하도록 판결을 받지 아니한 죄에 대한 형을 선고한다."고 하지 않고, "그 죄와 판결이 확정된 죄를 동시에 판결할 경우와 형평을 고려하여" 판결을 받지 아니한 죄에 대하여 형을 선고한다고 정한 취지는, 위와 같은 방법으로 전체형을 정하거나 처단형의 범위를 제한하게 되면, 이미 판결이 확정된 죄에 대하여 일사부재리 원칙에 반할 수 있고, 먼저 판결을 받은 죄에 대한 형이 확정됨에 따라 뒤에 판결을 선고받는 후단 경합범에 대하여 선고할 수 있는 형의 범위가 지나치게 제한되어 책임에 상응하는 합리적이고 적절한 선고형의 결정이 불가능하거나 현저히 곤란하게 될 우려가 있음을 감안한 것이다.

따라서 후단 경합범에 대하여 심판하는 법원은 판결이 확정된 죄와 후단 경합범의 죄를 동시에 판결할 경우와 형평을 고려하여 후단 경합범의 처단형의 범위 내에서 후단 경합범의 선고형을 정할 수 있는 것이고, 그 죄와 판결이 확정된 죄에 대한 선고형의 총합이 두 죄에 대하여 형법 제38조를 적용하여 산출한 처단형의 범위 내에 속하도록 후단 경합범에 대한 형을 정하여야 하는 제한을 받는 것은 아니며, 후단 경합범에 대한 형을 감경 또는 면제할 것인지는 원칙적으로 그 죄에 대하여 심판하는 법원이 재량에 따라 판단할 수 있는 것이다.

그러므로 무기징역에 처하는 판결이 확정된 죄와 후단 경합범의 관계에 있는 죄에 대하여 공소가 제기된 경우에도 법원은 두 죄를 동시에 판결할 경우와 형평을 고려하여 후단 경합범에 대한 처단형의 범위 내에서 후단 경합범에 대한 선고형을 정할 수 있고, 형법 제38조 제1항 제1호가 전단 경합범 중 가장 중한 죄에 정한 처단형이 무기징역인 때에는 흡수주의를 취하였다고 하여 뒤에 공소제기된 후단 경합범에 대한 형을 필요적으로 면제하여야 하는 것은 아니다.

만약, 무기징역에 처하는 판결이 확정된 죄와 후단 경합범의 관계에 있는 죄에 대한 형은 필요적으로 면제하여야 한다면, 판결이 확정된 죄의 법정형은 사형 또는 무기징역이었으나 그 판결 당시에는 무기징역이 적절한 양형으로 판단되어 무기징역을 선택하여 선고하였던 것인데 후단 경합범의 법정형에는 사형이 포함되어 있지 않지만 중대한 범죄로서 죄질과 범정이 무거워 이들을 동시에 판결한다면 판결이 확정된 죄의 법정형 중 사형을 선택하여 선고하는 것이 책임에 상응하는 양형으로 평가되는 경우에도 후단 경합범에 대한 형을 면제하여야만 하는지(이 경우, 후단 경합범에 대하여 그 법정형이 아닌 사형을 선고할 수 없음은 분명하다), 무기징역에 처하는 판결이 확정된 죄의 법정형에는 사형이 포함되어 있지 않았는데 후단 경합범의 법정형에는 사형이 포함되어 있고 이들을 동시에 판결한다면 사형을 선택하여 선고하는 것이 책임에 상응하는 양형으로 평가되는 경우에도 역시 후단 경합범에 대한 형을 면제하여야만 하는 것인지 등과 같이 책임에 상응하는 합리적이고 적절한 선고형의 결정이 불가능하거나 현저히 곤란하게 되는 상황을 초래하게 된다. 형법 제39조 제1항이 '동시에 판결할 경우와 형평을 고려하여'라는 문구를 통하여 법원으로 하여금 합리적이고 적절한 선고형을 결정할 수 있도록 하는 유연한 입법 형식을 취한 것은 바로 위와 같은 상황이 초래되는 것을 막기 위한 것이다.

같은 취지에서, 무기징역에 처하는 판결이 확정된 죄와 후단 경합범의 관계에 있는 이 사건 죄에 대하여 두 죄를 동시에 판결할 경우와 형평을 고려하여 후단 경합범의 처단형 범위 내에서 선고형을 정한 제1심을 유지한 원심의 조치는 정당하고, 거기에 형법 제39조 제1항의 해석 · 적용에 관하여 법령을 위반한 위법은 없다.

2. … 생략

3. 그러므로 피고인의 상고를 기각하기로 하여 관여 대법관의 일치된 의견으로 주문과 같이 판결한다.

참조문헌

김정환, "위험운전치사상죄와 음주운전죄의 관계", 형사법연구 제21권 제2호, 2009, 299면-326면.

김태명, "개정형법상 사후적 경합범의 요건과 처벌", 비교형사법연구 제7권 제2호, 2005, 1면-32면.

김태명, "경합범의 양형상 문제점", 형사정책연구 제17권 제4호, 2006 겨울, 837면-873면.

이경렬, "사후경합범의 입법론적 검토", 형사법연구 제22호 특집호, 2004, 354면-380면.

이경렬, "사후적 경합범에 대한 형의 집행과 남은 문제점", 비교형사법연구 제8권 제2호, 2006, 319면-339면.

이경렬, "경합범의 여죄에 대한 정당한 처벌과 일사부재리의 원칙에 대한 연구", 형사법연구, 제19권 제1호, 2007 봄, 63면-86면.
이기헌, "경합범과 상상적 경합", 형사판례연구 제7권, 1999, 150면-193면.
이천현, "형법 제39조 제1항의 의미", 형사판례연구 제17권, 2009, 94-117면.
최병각, "경합범의 성립과 처벌", 비교형사법연구 제6권 제1호, 2004, 73면-90면.

X 형벌론

1. 사 형
2. 몰수와 추징
3. 누 범
4. 집행유예

X-1 사 형

대상판결

대법원 1987.9.8. 선고 87도1458 판결【특정범죄가중처벌등에관한법률위반,강도,강도치사,강도강간,강도상해,특수절도】[공1987.11.1.(811),1604]

【피 고 인】피고인

【상 고 인】피고인

【변 호 인】변호사 안동일, 유현석

【원심판결】서울고등법원 1987.6.12. 선고 87노871 판결

【주　　문】상고를 기각한다.

【이　　유】

피고인과 그의 변호인들의 각 상고이유를 함께 본다.

제1점에 관하여, … 생략

제2점에 관하여,

강도치사죄(형법 제338조)는 이른바 결과적 가중범으로서 살인의 고의까지를 요하는 것이 아니므로 피고인이 강도의 기회에 사람을 죽음에 이르게 한 이상 강도치사죄의 죄책을 면할 수 없다.

제3점에 관하여,

기록에 비추어 피고인의 이 사건 범행이 피고인의 성장과정과 가정환경 등으로 미루어 심한 좌절감에서 한 것이라고 보지 못할 바 아니나 이 사건 범행당시에 심신의 장애가 있었다고는 보여지지 아니한다.

제4점에 관하여,

인도적 또는 종교적 견지에서 존귀한 생명을 빼앗아가는 사형제도는 모름지기 피해야 할 일이겠지만 한편으로는 범죄로 인하여 침해되는 또 다른 귀중한 생명을 외면할 수 없고 사회공공의 안녕과 질서를 위하여 국가의 형사정책상 사형제도를 존치하는 것도 정당하게 긍인할 수 밖에 없는 것이므로 형법 제338조가 그 법정형으로 사형을 규정하였다 하더라도 이를 헌법에 위반되는 조문이라고 할 수 없다.

제5점에 관하여, … 생략

그러므로 상고를 기각하기로 관여법관의 일치된 의견으로 주문과 같이 판결한다.

참조조문

헌법 제10조 / 형법 제338조

법적쟁점

1. 형법에 형벌로 규정된 사형은 우리의 헌법정신에 위반되는 것은 아닌가?
2. 사형제에 대한 위헌여부에 대한 논의와 우리 헌법재판소의 판단은 무엇인가?
3. 사형이 위헌이 아닌 경우 사형의 선고는 어떠한 요건 하에서 허용되는가?

참고판례 ❶

헌법재판소 1996.11.28. 선고 95헌바1 합헌 · 각하결정【형법 제250조등 위헌소원】[판례집 8권 2집, 537]

【판시사항】

1. 사형제도가 헌법에 위반되는지 여부
2. 살인죄에 대하여 사형에 처할 수 있도록 규정한 형법 제250조 제1항이 헌법에 위반되는지 여부

【결정요지】

1. (가) 생명권 역시 헌법 제37조 제2항에 의한 일반적 법률유보의 대상이 될 수밖에 없는 것이나, 생명권에 대한 제한은 곧 생명권의 완전한 박탈을 의미한다 할 것이므로, 사형이 비례의 원칙에 따라서 최소한 동등한 가치가 있는 다른 생명 또는 그에 못지 아니한 공공의 이익을 보호하기 위한 불가피성이 충족되는 예외적인 경우에만 적용되는 한, 그것이 비록 생명을 빼앗는 형벌이라 하더라도 헌법 제37조 제2항 단서에 위반되는 것으로 볼 수는 없다.

(나) 모든 인간의 생명은 자연적 존재로서 동등한 가치를 갖는다고 할 것이나 그 동등한 가치가 서로 충돌하게 되거나 생명의 침해에 못지 아니한 중대한 공익을 침해하는 등의 경우에는 국민의 생명 · 재산 등을 보호할 책임이 있는 국가는 어떠한 생명 또는 법익이 보호되어야 할 것인지 그 규준을 제시할 수 있는 것이다. 인간의 생명을 부정하는 등의 범죄행위에 대한 불법적 효과로서 지극히 한정적인 경우에만 부과되는 사형은 죽음에 대한 인간의 본능적 공포심과 범죄에 대한 응보욕구가 서로 맞물려 고안된 "필요악"으로서 불가피하게 선택된 것이며 지금도 여전히 제 기능을 하고 있다는 점에서 정당화될 수 있다. 따라 서 사형은 이러한 측면에서 헌법상의 비례의 원칙에 반하지 아니한다 할

것이고, 적어도 우리의 현행 헌법이 스스로 예상하고 있는 형벌의 한 종류이기도 하므로 아직은 우리의 헌법질서에 반하는 것으로 판단되지 아니한다.

2. 형법 제250조 제1항이 규정하고 있는 살인의 죄는 인간생명을 부정하는 범죄행위의 전형이고, 이러한 범죄에는 그 행위의 태양이나 결과의 중대성으로 미루어 보아 반인륜적 범죄라고 규정지워질 수 있는 극악한 유형의 것들도 포함되어 있을 수 있는 것이다. 따라서 사형을 형벌의 한 종류로서 합헌이라고 보는 한 그와 같이 타인의 생명을 부정하는 범죄행위에 대하여 행위자의 생명을 부정하는 사형을 그 불법효과의 하나로서 규정한 것은 행위자의 생명과 그 가치가 동일한 하나의 혹은 다수의 생명을 보호하기 위한 불가피한 수단의 선택이라고 볼 수 밖에 없으므로 이를 가리켜 비례의 원칙에 반한다고 할 수 없어 헌법에 위반되는 것이 아니다.

재판관 김진우의 반대의견

1. 헌법 제10조에 규정된 인간의 존엄성에 대한 존중과 보호의 요청은 형사입법, 형사법의 적용과 집행의 모든 영역에서 지도적 원리로서 작용한다. 그러므로 형사법의 영역에서 입법자가 인간의 존엄성을 유린하는 악법의 제정을 통하여 국민의 생명과 자유를 박탈 내지 제한하는 것이나 잔인하고 비인간적인 형벌제도를 채택하는 것은 헌법 제10조에 반한다. 사형제도는 나아가 양심에 반하여 법규정에 의하여 사형을 언도해야 하는 법관은 물론, 또 그 양심에 반하여 직무상 어쩔수 없이 사형의 집행에 관여하는 자들의 양심의 자유와 인간으로서의 존엄과 가치를 침해하는 비인간적인 형벌제도이기도 하다.

재판관 조승형의 반대의견

1. 사형제도는 생명권의 본질적 내용을 침해하는 생명권의 제한이므로 헌법 제37조 제2항 단서에 위반된다. 가사 헌법 제37조 제2항 단서상의 생명권의 본질적 내용이 침해된 것으로 볼 수 없다고 가정하더라도, 형벌의 목적은 응보 · 범죄의 일반예방 · 범죄인의 개선에 있음에도 불구하고 형벌로서의 사형은 이와 같은 목적달성에 필요한 정도를 넘어 생명권을 제한하는 것으로 목적의 정당성, 그 수단으로서의 적정성 · 피해의 최소성 등 제원칙에 반한다.

【당 사 자】

청구인 정○범

대리인 변호사 이O혁, 차O근

관련소송사건 대법원 94도2316 살인 등

【심판대상조문】

형법 제41조(형의 종류)

1. 사형

형법 제250조 제1항(살인, 존속살해)

① 사람을 살해한 자는 사형, 무기 또는 5년 이상의 징역에 처한다.

【주 문】

1. 형법(1953.9.18. 법률 제293호 제정, 1995.12.29. 법률 제5057호 최종 개정) 제41조 제1호, 제250조 제1항은 헌법에 위반되지 아니한다.

2. 청구인의 이 사건 심판청구 중 형법 제66조, 행형법(1961.12.23. 법률 제858호 전문개정, 1995.1.5. 법률 제4936호 최종 개정) 제57조 제1항에 대한 부분을 각하한다.

【이　유】

1. 사건의 개요와 심판의 대상

가. 사건의 개요

청구인은 살인과 특수강간 등의 혐의로 기소되어 제1심 및 항소심에서 사형을 선고받고 대법원에 상고를 함과 동시에 살인죄에 대한 법정형의 하나로서 사형을 규정한 형법 제250조 제1항, 사형을 형의 종류의 하나로서 규정한 같은 법 제41조 제1호, 사형집행의 방법을 규정한 같은 법 제66조, 사형집행의 장소를 규정한 행형법 제57조 제1항에 대한 위헌여부심판의 제청을 하였으나 대법원은 1994. 12. 19. 청구인의 위 신청을 기각하였다.

이에 청구인은 1995.1.3. 헌법재판소법 제68조 제2항에 따라 이 사건 헌법소원심판을 청구하였다.

나. 심판의 대상

그러므로 이 사건 심판의 대상은 형법 제250조 제1항, 제41조 제1호, 제66조 및 행형법 제57조 제1항이다.

위 각 법률조항의 규정내용은 다음과 같다.

(생략)

2. 청구인의 주장 및 관계기관의 의견요지

가. 청구인의 주장요지

(1) 인간의 생명권은 인간의 존엄과 가치를 규정한 헌법 제10조 내지 일반적인 권리보호조항인 헌법 제37조 제1항에 의하여 보장되고, 생명권에 대한 침해는 성질상 생명의 박탈을 의미하므로 기본권의 일반유보조항인 헌법 제37조 제2항에 의하여도 제한할 수 없다. 그렇지 않다 하더라도 생명권은 헌법 제12조에 의하여 보장되는 신체의 자유의 본질적인 내용이므로 법률로써도 이를 제한할 수 없는 것이다.

인간의 생명은 한번 잃으면 영원히 회복할 수 없는 절대적 가치이며, 인간존엄의 근원이다. 그러므로 이와 같이 존엄한 인간의 생명을 국가가 참혹하고 야만적이며 잔학하게 박탈하는 것은 인도주의의 입장에서 볼 때 허용될 수 없는 문화국가의 수치이다.

(2) 재판도 하나의 제도로서 인간이 행하는 것이기 때문에 오판의 가능성을 배제할 수 없으며 오판에 의한 사형의 집행은 인간의 생명을 박탈함으로써 영원히 구제될 수 없는 결과를 초래한다.

사형의 범죄에 대한 일반예방적 효과는 학문적 가설일 뿐 과학적으로 입증된 바가 없고, 형벌의 본질이 응보에서 교육으로 옮겨가고 있는 추세임을 감안할 때 사형을 인정한다는 것은 결국 국가가 범죄인의 사회복귀를 위한 교화와 개선의 노력을 스스로 포기하는 것이다.

결국 사형은 그 자체가 법의 이름으로 자행되는 또 다른 살인행위일 뿐 아니라 국민의 응보적 법감정을 순화시키기보다는 도리어 그것을 황폐화시킬 뿐이며, 국가가 살인행위를 비난하면서도 스스로 사람의 생명을 박탈하는 것은 이를 정당화시키는 모순에 빠진다.

사형으로 응징될 만한 범죄의 경우는 그 범인 개개인의 인격이나 성향보다 그와 같은 범죄로 몰고 간 우리 국가사회 전체의 구조적 모순에서 오히려 더 강한 비난의 요소가 있다고 보여지는 경우가 많을 것임에도 불구하고 범인 개개인의 생명을 박탈하는 극단적인 방법으로 이에 대처하려고 하는 형사정책은 문제의 본질을 왜곡한 임시방편에 불과하다.

(3) 그러므로 이 사건 심판대상 각 법률조항들은 헌법 제10조의 인간의 존엄과 가치, 헌법 제12조의

신체의 자유, 헌법 제37조 제1항의 헌법에 열거되지 아니한 권리 및 동조 제2항의 기본권제한의 한계 규정에 각 위배된다.

나. 대법원의 위헌제청신청 기각이유

형법 제250조 제1항, 제41조 제1호 등 사형이라는 형벌을 규정한 형법규정이 헌법위반의 법률이라고 할 수 없고, 따라서 사형의 집행을 인정하는 형법 제66조, 행형법 제57조 제1항 역시 헌법에 위배되는 것이라고 볼 수 없다.

다. 법무부장관 및 서울지방검찰청 남부지청장의 의견요지

(1) 사형제도의 존폐는 그 나라의 정치적.사회적 조건 및 역사적.문화적 환경과 깊이 결부되어 있는 문제라 할 것이므로 이상적이고도 가치지향적인 결론만을 좇아 사형제도의 폐지를 운위하는 것은 온당치 아니하다. 우리 국민의 법감정도 소위 가정파괴사범, 떼강도 등의 치안문제가 중요시 되는 현 시점에서는 사형이 가지는 강한 위하력에 의한 범죄방지효과라는 관점에서의 존치론이 압도적이라 여겨진다.

(2) 인간의 존엄성 수호를 최고가치로 하는 우리 헌법의 자유민주적 이념상 인간의 생명에 대한 권리는 그 규정의 흠결에도 불구하고 하나의 자연권적 기본권으로서 부정될 수 없다고는 하겠으나, 생명권이라고 하여 그 자체로서 무한정하게 인정되어야 하는 속성을 가졌다고는 볼 수 없으므로 그 생명권이 다른 생명권을 불법하게 침해할 경우에는 사회규범적 가치판단이 개입하게 되는 제약을 면하지 못한다. 따라서 이러한 관점에서 사형제도는 바로 우리 헌법에서 예상하고 있는 형벌의 한 종류로서 헌법질서에 반하지 아니한다.

3. 판 단

가. 형법 제66조, 행형법 제57조 제1항과 재판의 전제성

위 각 법률조항은 사형이라는 형벌의 집행의 방법과 장소를 정하 는 규정에 불과하므로 그 위헌여부에 따라 이 사건 관련소송사건의 재판의 주문이나 내용 및 효력에 관한 법률적 의미가 달라지게 되는 경우라고 할 수 없다. 따라서 청구인의 이 사건 심판청구 중 위 법률조항들에 대한 청구부분은 재판의 전제성이 인정되지 아니하여 부적법하다.

나. 형법 제41조 제1호(사형제도)의 위헌여부

(1) 형법 제41조 제1호는 형의 종류의 하나로서 사형을 규정하고 있고, 사형은 인간존재의 바탕인 생명을 빼앗아 사람의 사회적 존재를 말살하는 형벌이므로 생명의 소멸을 가져온다는 의미에서 생명형이자, 성질상 모든 형벌 중에서 가장 무거운 형벌이라는 의미에서 극형인 궁극의 형벌이다.

사형은 국가형사정책적인 측면과 인도적인 측면에서 비판이 되어 오기도 하였으나 인류 역사상 가장 오랜 역사를 가진 형벌의 하나로서 범죄에 대한 근원적인 응보방법이며 또한 가장 효과적인 일반예방법으로 인식되어 왔고, 우리나라에서는 고대의 소위 기자 8조금법(箕子 八條禁法)에 "상살자 이사상(相殺者 以死償)"이라고 규정된 이래 현행의 형법 및 특별형법에 이르기까지 계속하여 하나의 형벌로 인정되어 오고 있다.

(2) 우리 헌법은 개별적인 인간존재의 근원인 생명을 빼앗는 사형에 대하여 정면으로 이를 허용하거나 부정하는 명시적인 규정을 두고 있지 아니하지만, 헌법 제12조 제1항이 "모든 국민은 … 법률과 적법절차에 의하지 아니하고는 처벌 · 보안처분 또는 강제노역을 받지 아니한다."고 규정하는 한편, 헌법 제110조 제4항이 "비상계엄하의 군사재판은 … 법률이 정하는 경우에 한하여 단심으로 할 수 있

다. 다만, 사형을 선고한 경우에는 그러하지 아니하다."고 규정함으로써 적어도 문언의 해석상으로는 간접적이나마 법률에 의하여 사형이 형벌로서 정해지고 또 적용될 수 있음을 인정하고 있는 것으로 보인다.

(3) 인간의 생명은 고귀하고, 이 세상에서 무엇과도 바꿀 수 없는 존엄한 인간존재의 근원이다. 이러한 생명에 대한 권리는 비록 헌법에 명문의 규정이 없다 하더라도 인간의 생존본능과 존재목적에 바탕을 둔 선험적이고 자연법적인 권리로서 헌법에 규정된 모든 기본권의 전제로서 기능하는 기본권 중의 기본권이라 할 것이다. 따라서 사형은 이러한 생명권에 대한 박탈을 의미하므로, 만약 그것이 인간의 존엄에 반하는 잔혹하고 이상한 형벌이라고 평가되거나, 형벌의 목적달성에 필요한 정도를 넘는 과도한 것으로 평가된다면 앞서 본 헌법 제12조 제1항 및 제110조 제4항의 문언에도 불구하고 우리 헌법의 해석상 허용될 수 없는 위헌적인 형벌이라고 하지 않을 수 없을 것이다.

(가) 인간의 생명에 대하여는 함부로 사회과학적 혹은 법적인 평가가 행하여져서는 안 될 것이지만, 비록 생명에 대한 권리라고 하더라도 그것이 헌법상의 기본권으로서 법률상의 의미가 조영되어야 할 때에는 그 자체로서 모든 규범을 초월하여 영구히 타당한 권리로서 남아 있어야 하는 것이라고 볼 수는 없다.

다시 말하면 한 생명의 가치만을 놓고 본다면 인간존엄성의 활력적인 기초를 의미하는 생명권은 절대적 기본권으로 보아야 함이 당연하고, 따라서 인간존엄성의 존중과 생명권의 보장이란 헌법정신에 비추어 볼 때 생명권에 대한 법률유보를 인정한다는 것은 이념 적으로는 법리상 모순이라고 할 수도 있다. 그러나 현실적인 측면에서 볼 때 정당한 이유없이 타인의 생명을 부정하거나 그에 못지아니한 중대한 공공이익을 침해한 경우에 국법은 그 중에서 타인의 생명이나 공공의 이익을 우선하여 보호할 것인가의 규준을 제시하지 않을 수 없게 되고, 이러한 경우에는 비록 생명이 이념적으로 절대적 가치를 지닌 것이라 하더라도 생명에 대한 법적 평가가 예외적으로 허용될 수 있다고 할 것이므로, 생명권 역시 헌법 제37조 제2항에 의한 일반적 법률유보의 대상이 될 수밖에 없다 할 것이다.

이에 대하여 청구인은 사형이란 헌법에 의하여 국민에게 보장된 생명권의 본질적 내용을 침해하는 것으로 되어 헌법 제37조 제2항 단서에 위반된다는 취지로 주장한다.

그러나 생명권에 대한 제한은 곧 생명권의 완전한 박탈을 의미한다 할 것이므로, 사형이 비례의 원칙에 따라서 최소한 동등한 가치가 있는 다른 생명 또는 그에 못지아니한 공공의 이익을 보호하기 위한 불가피성이 충족되는 예외적인 경우에만 적용되는 한, 그것이 비록 생명을 빼앗는 형벌이라 하더라도 헌법 제37조 제2항 단서에 위반되는 것으로 볼 수는 없다 할 것이다.

(나) 사형은, 이를 형벌의 한 종류로 규정함으로써, 국민일반에 대한 심리적 위하를 통하여 범죄의 발생을 예방하고, 이를 집행함으로써 특수한 사회악의 근원을 영구히 제거하여 사회를 방어한다는 공익상의 목적을 가진 형벌이다.

청구인은 사형이라고 하여 무기징역형(또는 무기금고형)보다 반드시 위하력이 강하여 범죄발생에 대한 억제효과가 높다고 보아야 할 아무런 합리적 근거를 발견할 수 없고, 사회로부터 범죄인을 영구히 격리한다는 기능에 있어서는 사형과 무기징역형 사이에 별다른 차이도 없으므로, 국가가 사형제도를 통하여 달성하려는 위 두 가지 목적은 사형이 아닌 무기징역의 형을 통하여도 충분히 달성될 수 있을 것이고, 따라서 형벌로서의 사형은 언제나 그 목적달성에 필요한 정도를 넘는 생명권의 제한수단이라고 주장한다.

그러나 사형은 인간의 죽음에 대한 공포본능을 이용한 가장 냉엄한 궁극의 형벌로서 그 위하력이 강한 만큼 이를 통한 일반적 범죄예방효과도 더 클 것이라고 추정되고 또 그렇게 기대하는 것이 논리적으로나 소박한 국민일반의 법감정에 비추어 볼 때 결코 부당하다고 할 수 없으며 사형의 범죄억제효과가 무기징역형의 그것보다 명백히 그리고 현저히 높다고 하는데 대한 합리적 · 실증적 근거가 박약하다고는 하나 반대로 무기징역형이 사형과 대등한 혹은 오히려 더 높은 범죄억제의 효과를 가지므로 무기징역형만으로도 사형의 일반예방적 효과를 대체할 수 있다는 주장 역시 마찬가지로 현재로서는 가설의 수준을 넘지 못한다고 할 것이어서 위 주장을 받아들이지 아니한다.

(4) 결국 모든 인간의 생명은 자연적 존재로서 동등한 가치를 갖는다고 할 것이나 그 동등한 가치가 서로 충돌하게 되거나 생명의 침해에 못지아니한 중대한 공익을 침해하는 등의 경우에는 국민의 생명 · 재산 등을 보호할 책임이 있는 국가는 어떠한 생명 또는 법익이 보호되어야 할 것인지 그 규준을 제시할 수 있는 것이다. 인간의 생명을 부정하는 등의 범죄행위에 대한 불법적 효과로서 지극히 한정적인 경우에만 부과되는 사형은 죽음에 대한 인간의 본능적 인 공포심과 범죄에 대한 응보욕구가 서로 맞물려 고안된 "필요악"으로서 불가피하게 선택된 것이며 지금도 여전히 제 기능을 하고 있다는 점에서 정당화될 수 있다. 따라서 사형은 이러한 측면에서 헌법상의 비례의 원칙에 반하지 아니한다 할 것이고, 적어도 우리의 현행 헌법이 스스로 예상하고 있는 형벌의 한 종류이기도 하므로 아직은 우리의 헌법질서에 반하는 것이라고는 판단되지 아니한다.

(5) 그러나 우리는 형벌로서의 사형이 우리의 문화수준이나 사회현실에 미루어 보아 지금 곧 이를 완전히 무효화시키는 것이 타당하지 아니하므로 아직은 우리의 현행 헌법질서에 위반되지 아니한다고 판단하는 바이지만, 사형이란 형벌이 무엇보다 고귀한 인간의 생명을 국가가 법의 이름으로 빼앗는 일종의 "제도살인(制度殺人)"의 속성을 벗어날 수 없는 점에 비추어 우리의 형사관계법령에 폭넓게 사형을 법정형으로 규정하고 있는 이들 법률조항들(반대의견의 참조, 모두 89개 조항임)이 과연 행위의 불법과의 간에 적정한 비례관계를 유지하고 있는지를 개별적으로 따져야 할 것임은 물론 나아가 비록 법정형으로서의 사형이 적정한 것이라 하더라도 이를 선고함에 있어서는 특히 신중을 기하여야 한다는 생각이다.

또한 우리는 위헌 · 합헌의 논의를 떠나 사형을 형벌로서 계속 존치시키는 것이 반드시 필요하고 바람직한 것인가에 대한 진지한 찬반의 논의도 계속되어야 할 것이고, 한 나라의 문화가 고도로 발전하고 인지가 발달하여 평화롭고 안정된 사회가 실현되는 등 시대상황이 바뀌어 생명을 빼앗는 사형이 가진 위하에 의한 범죄예방의 필요성이 거의 없게 된다거나 국민의 법감정이 그렇다고 인식하는 시기에 이르게 되면 사형은 곧바로 폐지되어야 하며, 그럼에도 불구하고 형벌로서 사형이 그대로 남아 있다면 당연히 헌법에도 위반되는 것으로 보아야 한다는 의견이다.

다. 형법 제250조 제1항 위헌여부

비록 형벌로서의 사형이 위와 같이 그 자체로서 위헌이라고는 할 수 없다고 하더라도 형법 제250조 제1항이 살인이라는 구체적인 범죄구성요건에 대한 불법효과의 하나로서 사형을 규정하고 있는 것이 행위의 불법과 행위자의 책임에 비하여 현저히 균형을 잃음으로써 비례의 원칙에 반한다고 평가된다면 형법 제250조 제1항은 사형제도 자체의 위헌여부와는 관계없이 위헌임을 면하지 못할 것이다.

형법 제250조 제1항이 규정하고 있는 살인의 죄는 인간생명을 부정하는 범죄행위의 전형이고, 이러한 범죄에는 그 행위의 태양이나 결과의 중대성으로 미루어 보아 반인륜적 범죄라고 규정 지워질 수 있는 극악한 유형의 것들도 포함되어 있을 수 있는 것이다. 따라서 사형을 형벌의 한 종류로서 합헌이라고 보는 한 그와 같이 타인의 생명을 부정하는 범죄행위에 대하여 행위자의 생명을 부정하는 사형을 그 불법효과의 하나로서 규정한 것은 행위자의 생명과 그 가치가 동일한 하나의 혹은 다수의 생명을 보호하기 위한 불가피한 수단의 선택이라고 볼 수밖에 없으므로 이를 가리켜 비례의 원칙에 반한다고 할 수 없어 헌법에 위반되는 것이 아니다.

4. 결 론

이상과 같은 이유로 청구인의 이 사건 청구 중 형법 제66조 및 행형법 제57조 제1항에 대한 부분은 부적법하고, 형법 제41조 제1호 및 제250조 제1항은 헌법에 위반되지 아니하므로 주문과 같이 결정한다.

이 결정은 재판관 김진우 재판관 조승형의 반대의견이 있는 외에 나머지 재판관들의 의견일치에 따른 것이다.

5. 재판관 김진우의 반대의견

나는 사형제도가 합헌이라는 다수의견에 대하여 다음과 같은 이유로 반대의견을 개진한다.

가. (1) 헌법은 제10조에서 "모든 국민은 인간으로서의 존엄과 가치를 가지며, 행복을 추구할 권리를 가진다. 국가는 개인이 가지는 불가침의 기본적 인권을 확인하고 이를 보장할 의무를 진다."고 규정하여 모든 국민이 이 세상 무엇과도 바꿀 수 없는 인간으로서의 존엄과 가치를 갖는 존재임을 명확히 확인하고 있다. 헌법 제10조에서 이와 같이 확인된 인간의 존엄과 가치는 헌법개정에 의해서도 삭제되거나 제한되어서는 아니되는 것이고, 헌법의 다른 규정들에 의하여도 제한되어서는 아니되는 헌법의 최고의 가치이며, 위와 같은 확인은 가장 중요한 가치결단인 것이다. 다른 기본권들은 이와 같이 최고의 의미를 갖는 인간의 존엄과 가치를 각 생활영역에서 구체화하고 있는 것이며, 따라서 인간의 존엄과 가치는 다른 기본권규정들에 대한 해석의 지침인 동시에 다른 기본권의 제한에 있어서의 절대적 한계를 이룬다. 뿐만 아니라 헌법 제10조의 인간의 존엄과 가치는 기본권보장규범들 이외의 다른 규정들에 대한 해석의 지침으로 작용한다.

(2) 헌법 제10조에 규정된 인간의 존엄성에 대한 존중과 보호의 요청은 형사입법, 형사법의 적용과 집행의 모든 영역에서 지도적 원리로서 작용한다. 그러므로 형사법의 영역에서 입법자가 인간의 존엄성을 유린하는 악법의 제정을 통하여 국민의 생명과 자유를 박탈 내지 제한하는 것이나 잔인하고 비인간적인 형벌제도를 채택하는 것은 헌법 제10조에 반한다. 이는, 극악한 범죄를 범함으로써 스스로 인간임을 포기한 자라도 여전히 인간으로서의 존엄과 가치를 갖고 있는 인간존재인 한, 그에 대하여도 피해자 내지 그 가족 또는 사회의 보복감정을 충족시키기 위해서 또는 유사 범죄의 일반적 예방이라는 목적의 달성을 위해서 비인간적인 형벌을 적용해서는 아니된다는 것을 의미한다. 그런데 형벌로서의 사형은 자유형과는 달리 사형선고를 받은 자에게 개과천선할 수 있는 도덕적 자유조차 남겨주지 아니하는 형벌제도로서 개인을 전적으로 국가 또는 사회 전체의 이익을 위한 단순한 수단 내지 대상으로 삼는 것으로서 사형수의 인간의 존엄과 가치를 침해하는 것이다. 사형제도는 나아가 양심에 반하여 법규정에 의하여 사형을 언도해야 하는 법관은 물론, 또 그 양심에 반하여 직무상 어쩔수 없이 사형의 집행에 관여하는 자들의 양심의 자유와 인간으로서의 존엄과 가치를 침해하는 비인간적인 형벌제도이기도 하다.

나. (1) 그런데 다수의견은 헌법 제12조 제1항이 "모든 국민은 법률과 적법절차에 의하지 아니하고

는 처벌 · 보안처분 또는 강제노역을 받지 아니한다."고 규정하는 한편, 헌법 제110조 제4항이 "비상계엄하의 군사재판은 법률이 정하는 경우에 한하여 단심으로 할 수 있다. 다만, 사형을 선고하는 경우에는 그러하지 아니하다."고 규정함으로써 적어도 문언의 해석상으로는 간접적이나마 법률에 의하여 사형이 형벌로서 정해지고 또 적용될 수 있음을 인정하고 있는 것으로 보면서, 이를 사형제도의 합헌성을 뒷받침하는 주요한 논거들 중의 하나로 제시하고 있다.

(2) 그러나 먼저 헌법 제12조 제1항에서 말하는 적법절차의 원칙이란 입법, 행정 등 국가의 모든 공권력작용에는 절차상의 적법성뿐만 아니라 법률의 실체적 내용도 합리성과 정당성을 갖춘 실체적인 적법성이 있어야 한다는 원칙이다(헌법재판소 1992.12.24. 선고, 92헌가8 결정 등 참조). 그러므로 법률이 정한 처벌도 적법절차에 합치하려면 그 법률에 정한 형벌의 내용이 정당성과 합리성이 있어야 함은 물론이다.

(가) 그런데 아무리 훌륭한 법관이라 하더라도 인간이 하는 재판인 한 오판이 있을 수 있고 그 경우 집행을 마친 후에 있어서는 어떠한 방법으로도 원상회복이 절대적으로 불가능한 사형제도에 의하여 달성하려는 목적인 범인의 영구적 격리나 범죄의 일반예방이라는 공익은 무기징역에 의하여도 달성될 수 있는 것인데도 국민의 기본권 중에서 가장 기본적인 의미를 갖는 기본권인 생명권(인간의 생명은 그 개개인에 있어서는 하나의 우주이고, 지구보다 무거운 것이다)을 완전히 최종적으로 박탈하는 사형제도를 규정하고 있는 법률규정은 피해의 최소성원칙에 반하여 기본권제한에 있어서의 과잉금지의 원칙에 위반되고, 위와 같은 가장 중요한 기본권인 생명권의 본질적 내용을 침해하는 것이어서 헌법 제37조 제2항에 반할 뿐만 아니라(이 점에 관해서는 조승형 재판관의 반대의견에서 상세한 설명이 있으므로 여기서는 상세한 설명은 생략한다.), 위 가.에서 이미 살펴본 바와 같이, 헌법 제10조에서 보장된 인간의 존엄과 가치도 침해하는 것이다. 따라서 형벌제도로서의 사형제도는 아무런 정당성도 합리성도 없는 것이어서 사형제도 및 이를 규정한 법률규정은 적법절차에 반하는 형벌 및 법률규정이라고 할 것이다. 따라서 헌법 제12조 제1항이 사형제도의 합헌론의 근거가 된다고 볼 수는 없다.

(나) 또한 다수의견은 헌법 제110조 제4항 단서에 사형제도의 헌법적 근거가 있다고 보고 있으나 이러한 입장에는 찬성할 수 없다.

① 헌법 제110조 제4항 단서는 사형제도가 법률 차원에서 하나의 형벌제도로 인정되고 있다는 법적 상황을 전제로 사형의 선고가 갖는 기본권침해의 심각성에 비추어 비상계엄하의 군사재판이 일정한 범죄에 대하여 단심제로 이루어질 수 있도록 한 본문의 규정에 대한 예외를 설정하고 있는 것에 불과하다. 그리고 법률차원에서 사형제도가 폐지되는 경우 동 단서조항은 사문화되어 버릴 정도로 동 단서조항의 실제적 의미는 법률차원에서 사형제도가 계속 존속하느냐에 달려 있다. 그러므로 이 규정을 사형제도에 관한 실정 헌법적 근거로 보는 데는 의문이 있다.

② 그러나 설사 다수의견과 같이 위 헌법조항에서 사형제도의 헌법적 근거를 간접적으로 발견할 수 있다고 하더라도 나는 위 헌법조항은, 사형제도가 위헌인 한, 헌법에 위반되는 위헌적인 규정이기 때문에 사형제도를 합헌이라고 보는 다수의견에 찬성할 수 없다.

㉠ 물론 헌법에 반하는 헌법조항을 인정할 수 있는지에 관하여 의문이 있을 수 있다. 그러나 오늘날 모든 헌법규범들이 등가치적인 것은 아니며, 헌법규범들 상호 간에 어느 정도의 가치서열이 있다는 것이 헌법이론적으로도 광범위하게 인정되고 있다. 또한 자유민주적인 헌법제정이나 헌법개정을 통하여 헌법의 근본규범 내지 근본가치에 위반되는 헌법규범이 생성되는 경우는 거의 없다고 볼 수 있

으나 그러한 가능성을 전적으로 배제할 수는 없다. 특히 헌법의 근본가치를 부인하거나 제한하는 규범이 헌법제정시나 헌법의 개정시에 헌법의 각 조항들의 의미에 관하여 충분한 검토를 거치지 못한 채 헌법에 수용될 수 있는 가능성은 졸속으로 헌법제정 및 헌법개정의 작업이 진행되었던 우리의 헌정사에 비추어 볼 때 결코 없다고 할 수는 없다.

㉡ 이론적으로 위와 같이 헌법 규범들 상호 간에 위계가 있고, 따라서 헌법에 반하는 헌법규범이 있을 수 있다고 하더라도 헌법재판소가 위헌적 헌법규범을 위헌으로 선언할 수 있는지, 더구나 국민투표에 의하여 확정된 헌법규범을 위헌으로 선언할 수 있는지에 관하여는 의문이 있을 수 있다. 물론 이 사건에서 헌법 제110조 제4항 단서는 심판대상이 아니어서 이와 같은 문제에 대하여 여기서 판단할 필요는 없다. 그러나 헌법재판소에게 그러한 규범을 제거할 수 있는 권한이 제도적으로 주어져 있지 않다고 하더라도 어떤 헌법규정이 근본적인 의미를 갖는 헌법규범에 반한다고 판단되는 경우에는 그 규정에 적극적으로 의미를 부여하는 것을 삼가함으로써 헌법의 근본가치를 실현하는 것이 헌법재판소가 선택하여야 할 방향이라고 본다.

㉢ 그러므로 헌법 제110조 제4항 단서가 비록 헌법적 지위를 갖는 법규범이라 하더라도, 동 규정이 국가가 사형제도를 통하여 인간의 생명을 제도적으로 박탈함으로써 사형수는 물론 사형집행에 관련된 자들의 인간의 존엄과 가치를 침해하는 것을 용인하는 한, 그 규정 중 사형제도의 인정은 헌법의 근본가치를 규정하고 있는 상위의 헌법규범인 헌법 제10조의 인간의 존엄과 가치에 위반된다고 보아야 한다. 따라서 헌법재판소로서는 헌법 제110조 제4항 단서 중 사형제도를 인정하는 부분은 적극적인 의미를 부여할 만한 가치를 갖고 있지 아니하는 것으로 보아 이 사건에 관한 법리구성을 하여야 하며, 다수의견과 같이, 이 규정에 적극적인 의미를 부여하면서 사형제도의 합헌성을 뒷받침하는 논거로 원용하는 것은 타당하지 아니하다고 본다.

다. 나는 이상과 같은 이유로 사형제도가 합헌이라는 다수의견에 반대하는 것이다.

6. 재판관 조승형의 반대의견

나는 사형제도가 위헌이라는 의견으로 주문 제1항의 다수의견에 대하여 반대한다.

무릇 사형이란 국가권력이 법과 제도라는 이름으로 수형자의 생명을 박탈하여 그 존재를 영구히 말살하는 것을 내용으로 하는 형벌 즉 이른바 극형이다. 그렇다면 인간이 구성한 사회 · 국가권력 다시 말하면 인간이 과연 같은 사회 국가의 구성원인 다른 인간의 생명을 박탈할 수 있는 것인가의 이 문제는 동서고금을 통하여 오랫동안 찬반의 논란이 있어 왔고 각인의 가치관과 인생관에 따라 첨예하게 대립되어 왔다.

그러나 시대의 흐름에 따라 전제사회가 민주사회로 변천하고 인권의식이 고양되면서 19세기 중반부터 선진제국이 이 제도를 폐지하기 시작하였으며 현재는 그 수가 무려 60여개 국가에 이르고(별지 1 참조) 있어, 종당에는 세계의 모든 국가가 이 제도를 폐지하게 될 것이라는 전망과 추론을 배제할 수 없으며, 우리나라의 경우에도 1990년대부터 기왕에 사형에 처할 수 있었던 범죄를 점차 줄여 가고 있는 실정(별지 2 참조)이며, 특히 1996. 11. 18. 정부에서 형법개정안을 확정하면서, 사형은 특별한 경우에 한하여 신중히 고려해 선고해야 한다는 "사형선고 신중선언" 규정을 신설하고 있는 점을 감안하면, 위와 같은 전망과 추론이 가능하다고 보여진다.

나는 이와 같은 사형제도의 폐지에 대한 긍정적인 측면을 바탕으로 하여 다음과 같은 이유로 사형제도의 폐지는 이 시대에 요구되는 당위라고 생각한다.

가. 사람의 생명은 창조주 이외의 어떠한 권위로서도 사람이 이를 박탈할 수는 없다.

사람은 창조주에 의하여 피조된 신비스러운 존재이며 사람의 생명은 창조주 다음으로 가장 고귀하고 신성한 것이므로, 사람의 생명을 박탈하는 일은 창조주만이 가능할 뿐 창조주가 아닌 사람은, 그 어떠한 권위를 가지고서도, 사람이 만든 어떠한 법과 제도를 통하여서도, 불가능하다고 할 것이다. 만약 이것이 가능하다면 이는 창조주의 권위보다 더 큰 권위를 찬탈하는 것이 되며 창조주의 구원(救援)을 거부하는 것이 되기 때문이다. 따라서 사람의 생명에 대하여서는 부정적인 어떠한 사회과학적 평가나 법적인 평가도 허용되어서는 안된다고 할 것이며, 이와 같은 평가로 세워진 사형제도는 허용될 수 없다고 할 것이다(사형제도의 존치론자중 혹자들은 성경 창세기 9장 6절, 출애굽기 21장 24-25절의 성구를 인용하고 있으나, 이 성구들은 보복의 관념을 어느 경우라도 정당화한 것이 아니라 신체에 한하여 보복이 가능함을 말하는 보복의 한계를 정한 것이라 보이며 생명에 대한 보복이 가능함을 정한 성구라고는 이해되지 아니하므로 그들의 인용은 일고의 가치도 없다).

나. 인간의 생명권은 선험적이고 자연법적인 권리로서 이를 박탈할 수는 없다.

사람의 생명에 대하여도 부정적으로 사회과학적 · 법적인 평가가 가능하다고 하여, 헌법상 기본권인 인간의 생명권으로서 법률상의 의미를 조영한다고 하더라도, 인간의 생명권은 사람의 생존본능과 존재목적 그리고 고유한 존재가치에 바탕을 두고 있으므로 이는 선험적이고 자연법적인 권리일 수 밖에 없다. 또한 이는 모든 기본권이 생명이 있음을 전제로 하여 비로소 의미를 가지는 것으로서 모든 기본권의 근원이 되는 최고의 기본권이기 때문에, 어떠한 법률이나 제도에 의하여서도 박탈될 수 없다고 할 것이다.

다. 우리 헌법의 근본정신은 사형제도를 부인하고 있음이 분명하고 생명권은 헌법 제37조 제2항의 기본권 제한에 관한 일반적 법률유보의 대상이 될 수 없다.

사형제도는 아직도 사회안전의 유지라는 명분으로 존치되고 있지만 본래 국가의 목적수행에 있어서 유용한 수단으로 인식되고 특히 개인존중의 이념이 무시된 전제군주제나 전체주의국가에서 군주나 독재자가 자신의 권력유지와 권위보전의 수단으로 애용되어 왔다고 보여진다.

우리 헌법은 제1조에서 전체주의적인 성격을 부인하고 있으며, 제10조에서 인간으로서의 존엄과 가치를 즉 인격주의를 선언하고 불가침의 기본권이 있음을 확인하며 그 보장의무가 국가에 있음을 선언하고 있다. 따라서 우리 헌법의 근본정신은 반전체주의적 정신과 인격주의라 할 것이므로 생명박탈의 형벌은 바로 이 정신에 반하는 형벌로써, 우리 헌법이 사형제도를 예정하고 있지 않다고 보는 것이 논리상 합당하다고 할 것이다. 즉 이와 같은 근본정신하에서 사형을 인정한다면 이는 곧 전체주의국가임을 자인하고 인격주의를 부정하는 것이 되어 그 스스로 논리적인 모순을 범하는 것이 되기 때문이다. 또한 국가가 불가침의 기본권이 있음을 확인한다 함은 적어도 기본권 중에서 근원적이며 최고의 기본권인 생명권을 이 불가침의 기본권으로 확인함을 의미하며, 국가가 이를 보장할 의무를 진다 함은 국가가 스스로 이 불가침의 기본권을 침해할 수 없음을 선언한 것이라고 보아야 할 것이므로, 생명권은 기본권 제한에 관한 헌법 제37조 제2항의 일반적 법률유보의 대상이 될 수 없다고 할 것이다(우리 헌법이 사형제도를 예정하고 있다는 다수의견은 납득하기 어렵다).

라. 사형제도는 생명권의 본질적 내용을 침해하는 생명권의 제한이므로 헌법 제37조 제2항 단서에 위반된다고 본다.

즉 생명권의 제한은 성질상 생명의 박탈을 의미하며 생명권의 본질은 생명 그 자체이므로 이의 박탈은 곧 생명권의 본질적 내용을 침해하는 것이기 때문이다. 또한 생명권이 헌법에서 보장하고 있는 기본권이냐는 논란을 차치하더라도 헌법 제12조가 신체의 자유권을 보장하고 있는 바, 신체는 본래 생명이 있어야 존재하는 것이므로 생명의 박탈은 곧 신체의 박탈이며 신체가 없는 신체의 자유권은 그 본래의 의미까지 상실하게 되고 결국 신체자유권의 본질적 내용까지도 침해하는 것이 되기 때문이다.

다수의견은 현실적인 측면에서 볼 때에 정당한 이유없이 타인의 생명을 부정하거나 그에 못지아니한 중대한 공공이익을 침해한 경우에 국법은 그 중에서 타인의 생명이나 공공이익을 우선하여 보호할 것인가의 규준을 제시하지 않을 수 없게 될 것이며, 이러한 경우에는 생명에 대한 법적 평가가 예외적으로 허용될 수 있다고 할 것이므로, 생명권 역시 헌법 제37조 제2항에 의한 일반적 법률유보의 대상이 된다고 할 것이며 최소한 동등한 가치가 있는 다른 생명 또는 그에 못지 않는 공공이익을 보호하기 위한 불가피성이 충족되는 예외적인 경우에만 적용되는 한, 그것이 비록 생명을 빼앗는 형벌이라 하더라도 헌법 제37조 제2항 단서에 위반되는 것으로는 볼 수 없다고 주장하나, 이 주장은 헌법 제37조 제2항 본문에 따라 기본권을 제한함에 있어서 지켜야 할 입법목적의 정당성, 입법수단의 필요성(적정성 · 피해의 최소성 · 법익균형성) 등 기본권 제한의 상대적 한계인 제원칙과 헌법 제37조 제2항 단서의 절대적 한계규정을 혼동하였거나 생명권의 본질적 내용을 오해한 잘못을 범하고 있는 주장에 불과하여 부당하다. 즉 헌법 제37조 제2항 본문은 국민의 기본권을 법률로써 제한함에 있어서는 입법목적의 정당성, 입법수단의 필요성(적정성 · 피해의 최소성 · 법익균형성) 등 제원칙을 지켜야 한다는 제1차적이고 원칙적이며 상대적인 기본권 제한의 한계규정을 정한 것이고, 헌법 제37조 제2항 단서는 위와 같은 상대적인 한계규정을 준수하더라도 기본권의 본질적 내용을 침해할 수 없다는 최종적이고 예외적이며 절대적인 기본권 제한의 한계규정을 정한 것일 뿐만 아니라, 가사 헌법 제37조 제2항의 일반적 법률유보의 대상이 된다고 가정하더라도, 생명권은 다른 기본권들과는 달리 그 본질적 내용이 생명의 유지이므로 생명의 박탈은 곧 생명권의 본질적 내용을 침해하는 것이며, 위의 절대적 한계를 일탈하는 것 이 되므로 생명권이 헌법상 일반적 법률유보의 대상이 된다는 견해는 헌법 제37조 제2항 본문과 단서규정을 오해하였거나 생명권의 본질적 내용을 오해하였음이 분명하기 때문이다.

마. 가사 헌법 제37조 제2항 단서상의 생명권의 본질적 내용이 침해된 것으로 볼 수 없다고 가정하더라도, 형벌의 목적은 응보 · 범죄의 일반예방 · 범죄인의 개선에 있음에도 불구하고 형벌로서의 사형은 이와 같은 목적달성에 필요한 정도를 넘어, 생명권을 제한하는 목적의 정당성, 그 수단으로서의 적정성 · 피해의 최소성 등 제원칙에 반한다.

(1) 사형은 범죄자의 생명을 박탈하는 것이므로 범죄자에 대한 개선의 가능성을 포기하는 형벌일 수 밖에 없고 그렇다면 형벌의 목적의 하나인 개선의 목적에 반하여 사형제도의 정당성을 인정할 수 없다.

범죄인에 대한 개선의 목적은 개선이 가능한 범죄인에 대하여서만 이룰 수 있을 뿐, 개선이 절대적으로 불가능한 범죄인에 대하여서는 그 목적을 이룰 가능성은 없다고 할 것이나, 과연 개선이 절대적으로 불가능한 범죄인이 있을 수 있을 것인가 하는 문제는 지극히 어려운 문제라 할 것이고, 가사 있을 수 있다고 가정하더라도 이를 절대적으로 명확하게 판단한다는 문제는 더욱 어려운 문제로 결국 인간의 판단력으로서는 불가능한 문제라 할 것이다. 그렇다면 국가는 모든 범죄인에 대한 개선가능성을 긍정적으로 받아들여야 할 것이며, 범죄의 책임이 범죄인 개인만이 아니라 그가 속하여 있는 사회에도 있다고 보아야 한다면, 범죄인에 대한 개선이라는 형벌의 한 목적을 결코 포기할 수는 없다고 할 것이다. 이와 같은 형 벌의 목적달성의 길이 있음에도 불구하고 사형제도를 존치함은 그 길을 포기하는 것으로써 사형제도의 정당성은 인정될 수 없다.

(2) 재판은 인간이 하는 심판이므로 오판을 절대적으로 배제할 수는 없고 오판이 시정되기 이전에 사형이 집행되었을 경우에는 비록 후일에 오판임이 판명되더라도 인간의 생명을 원상으로 복원시킬 수는 없는 것이므로 사형제도는 어떠한 이유로도 그 정당성을 설명할 수는 없다고 할 것이다.

(3) 사형이 인간의 죽음에 대한 공포본능을 이용한 가장 냉엄한 형벌로서 그 위하력을 통한 일반적 범죄예방효과를 거둘 수 있느냐는 문제는 오랫동안 많은 학자들이 실증적인 연구조사를 하여 오고 있다. 그러나 그 결과에 따르면 예방효과를 인정하는 견해는 소수에 불과하고 다수견해는 그 효과를 인정하지 아니하고 있는 실정이다. 이와 같이 사형제도로서도 형벌의 목적의 하나인 범죄의 일반적 예방의 실효를 거두고 있다고는 할 수 없으며 그 효과면에서 보더라도 무기징역형을 최고의 형벌로 정하는 경우와 비교하여 크나큰 차이가 있다고 할 수는 없다. 그렇다면 사형제도가 형벌의 한 수단으로서 적정하다거나 필요한 방법이라고는 할 수 없다.

다수의견은 이와 같은 효과가 클 것이라고 추정하고 기대하는 것이 논리적으로나 소박한 국민감정에 비추어 볼 때 부당하지 않다고 주장한다. 여기서 국민일반의 법감정이 무엇을 의미하는지는 알 수 없으나, 국민여론을 뜻하는 것으로 이해하면서 살피면, 여론조사는 알기회를 전혀 갖지 못한 대다수 국민의 평범한 생각으로, 알기회를 가져서 알고 있는 일부 국민의 생각을 비판하려는 의도로 행하여지는 경우가 허다하다. 예를 들면 "살인죄에 대한 사형은 당연하다"는 생각은 국민 대다수의 소박하고 평범한 서민감각이며 국민대다수는 이와 같은 서민감각을 쉽게 버릴 수 없을 것이므로 그들의 생각이 여론조사에 그대로 반영될 것은 뻔한 노릇이며, 이와 같은 여론조사 결과는, 모든 국민에게 필요한 정보를 완전하게 전달한 후가 아니면, 사형폐지론을 비판하는 데에 남용되는 의도적인 산물에 불과할 뿐 국민일반의 법감정으로 정당화시킬 수는 없다. 또한 생명은 평범 이상의 신비스런 외경의 존재이므로 이와 같은 평범한 서민감각을 일반의 경우와 동일하게 국민 일반의 법감정으로 승화하거나 정당화시킬 수는 없다. 따라서 다수의견이 내세우는 위 근거는 적어도 사형제도의 존치에 관한한 설득력이 전혀 없다고 할 것이다.

(4) 사형이라 하여 무기징역형보다 반드시 위하력이 강하고 범죄발생의 예방효과가 높다고 보아야 할 합리적 근거를 발견할 수 없음은 앞서 본 실증적 연구조사결과로 보아 분명하고, 영구히 사회로부터 범죄를 격리한다는 기능에 있어서는 사형과 무기징역간에 별다른 차이를 인정할 수 없으므로 반드시 사형제도를 통하지 아니하더라도 이를 대체하여 무기징역형 제도를 통하여 형벌의 목적을 충분히 달성할 수 있다고 할 것이다. 따라서 인간의 생명박탈이라는 가장 큰 피해를 입혀 생명권을 제한함은 피해의 최소성의 원칙에 반한다고 할 것이다.

(5) 다수의견은 인간의 생명을 부정하는 등의 범죄행위에 대한 불법적 효과로서 지극히 한정적인 경우에만 부과되는 사형은 죽음에 대한 인간의 본능적인 공포심과 범죄에 대한 응보욕구가 서로 맞물려 고안된 "필요악"으로서 불가피하게 선택된 것으로서, 지금 도 여전히 기능하고 있다는 점에서 정당화 될 수 있다고 주장하나, 자연법적 요구는 오히려 인간의 생명권이 생존본능과 존재목적에 바탕을 둔 선험적이고 자연법적인 권리임을 요구하고 있다 함은 앞서 본 바와 같고 다수의견도 그 점에 관하여서는 수긍한 바 있음에도 불구하고, 인간의 죽음에 대한 본능적 공포심과 응보욕구가 맞물려 고안된 "필요악"으로서 불가피한 선택이라 운운함은 논리적으로 그 선후가 모순되어 수긍할 수 없다.

또한 다수의견이 그 논리의 전제로 삼고 있는, 즉 사형이 지극히 한정된 경우에만 부과되는 형벌이라는 전제는, 에서 보는 바와 같이 우리의 각종 형사법이 광범위하게 사형을 규정하고 있는 실정을 외면하였거나, 이러한 실정이 지극히 한정된 경우의 실정이라는 주장으로 볼 수밖에 없는 전제인 바, 이는 아전인수의 유도논리의 전제에 불과하며, 후손에게 지극히 한정된 경우라 함은 이러한 경우를 지칭하는 것이라고 가르치는 모습이 되어 곤혹스럽다.

또, 다수의견이 말하는 "필요악"으로서 불가피한 선택이라 함은 "생명박탈이 다른 생명권의 보호보장이라"는 논리로도 이해되는 바, 이는 형법상 정당방위나 정당행위의 논리와 맥을 같이 하는 바, 자기의 생명에 대한 현재의 급박한 침해를 방위하기 위하여 부득이 그 침해자의 생명을 박탈할 수밖에 없는 불가피한 선택의 경우라면 모르되, 그와 같은 경우가 아닌, 생명박탈범에 대하여 후일에 국가가 형벌로써 그의 생명을 박탈하는 경우(현재의 급박한 침해의 상태가 아닌 경우) 등은 생명을 박탈할 수밖에 없는 불가피한 선택의 경우라고 강변할 수 없기 때문에 이 점에서도 다수의견은 납득하기 어렵다.

따라서 다수의견은 어느 경우나 사형제도의 입법수단의 적정성이나 피해의 최소성 · 비례성 등 제원칙을 지켰다는 주장을 논증하지 못하고 있어 부당하다.

바. 사형제도는 시대의 변화(정치 · 사회 · 문화 · 국제사회 등 제분야에 있어서의 변천)에 순응하여 폐지되어야 한다.

고금을 통하여 사형제도의 존폐에 대한 논쟁이 이어져 오는 동안 오늘에 이르러서는 앞서 본 바와 같이 이 제도를 폐지한 국가들이 점차 늘어나고 있을 뿐만 아니라, 학계에서도 사형존치론을 적극적으로 주장하는 경우가 드물며, 다만 정치 · 사회 · 문화적 여건으로 보아 사형폐지는 시기상조라고 하거나 단계적인 폐지를 주장하는 경우가 많으나 대부분의 학자들이 사형폐지의 당위성만은 인정하고 있다. 그러나 우리나라는 이제 독재와 독선으로 일관하였던 헌정사를 마감하고 이른바 문민정치의 시대를 열어가고 있으며, 남녀고용평등, 노사공존, 각종 복지제도를 과감하게 실시하여 적절한 소득의 재분배, 빈부격차와 계층간 위화의 해소 등 국민총화를 이루어가고 있으며 각 종교와 자선단체의 노력으로 생명에 대한 외경심을 높이고 있을 뿐만 아니라, 사형수의 사면을 원하는 등 가해자를 용서하는 피해자들이 점차 증가하고 있는 등 귀감이 되어 국민의식이 크게 변화하고 있으며, 국제적으로는 시민적 · 정치적권리에관한국제협약(제6조 참조), 유럽인권협정인 인권및기본적자유보장을위한협정(제1조 참조)에서 사형제도의 폐지를 강조하고 있으며 이들 협정에 가입한 국가들이 점차 증가하고 있는 추세이다.

이와 같은 시대의 변화를 외면하고 아직도 존치론이나 시기상조론 및 단계적 폐지론을 고집할 수는 없다고 할 것이므로, 우리 헌법재판관은 시대의 변화에 순응하여 과감하게 사형제도가 위헌임을 선언함으로써 사회개혁에 선도적 역할을 다하여야 할 것으로 믿는다.

사. 나는 지금까지 사형제도의 존폐에 관하여 오랫동안 좌고우면(左顧右眄)하여 왔으나 이제 이와 같은 태도를 버리고 이 시대에 우리 헌법재판관에게 지워진 소명에 따라 사형제도의 폐지를 주장하면서 다수의견을 반대하기에 이르렀다. 이 사건의 경우 주문 제1항은 "형법 제41조 제1호, 제250조 제1항은 헌법에 위반된다"라고 함이 마땅하다.

참고판례 ❷

대법원 1991.2.26. 선고 90도2906 판결【살인 · 살인미수 · 강도상해 · 특수절도 · 절도 · 특정범죄가중처벌등에관한법률위반 · 강도 · 강도강간 · 강도강제추행 · 폭력행위등처벌에관한법률위반 · 공문서변조】[공1991.4.15.(894),1125]

【이유】

피고인들에 대한 변호인들의 상고이유를 본다.

1. 헌법 제12조 제1항에 의하면 형사처벌에 관한 규정이 법률에 위임되어 있을 뿐 그 처벌의 종류를 제한하지 않고 있으며, 현재 우리나라의 실정과 국민의 도덕적 감정 등을 고려하여 국가의 형사정책으로 질서유지와 공공복리를 위하여 형법 등에 사형이라는 처벌의 종류를 규정하였다 하여 이것이 헌법에 위반된다고 할 수 없다(당원 1963.3.28. 선고 62도241 판결, 1967.9.19. 선고 67도988 판결 등 참조).

2,3,4,5. … 생략

참고판례 ❸

대법원 2003.6.13. 선고 2003도924 판결【성폭력범죄의처벌및피해자보호등에관한법률위반(강간등살인) · 성폭력범죄의처벌및피해자보호등에관한법률위반(특수강도강간등) · 강도상해 · 강도 · 특수절도(일부 인정된 범죄 : 야간주거침입절도) · 야간주거침입절도 · 절도】[공2003.7.15.(182),1566]

【이유】

상고이유를 본다.

1. 원심판결의 요지

원심판결 이유에 의하면, 원심은 피고인의 연령, 불우한 성장배경과 생활환경, 반성태도 등 피고인에 대한 형을 정함에 참작할 사유가 없다고 할 수는 없다고 판단하면서도, 한편 피고인이 특수강도죄 및 특정범죄가중처벌등에관한법률위반(절도)죄 등으로 인한 형의 집행을 마치고 출소한 후 누범기간 내에 이 사건 각 범행을 저지른 점, 피고인은 유흥비 등을 마련할 목적으로 타인의 재물을 절취하거나 연약한 부녀자들을 상대로 흉기 등을 이용하여 손쉽게 금품을 강취하였고 나아가 자신의 가학적이고도 변태적인 성욕을 만족시키기 위하여 피해자들을 강간하였으며 또한 강간과정에서 일부 피해자들이 자신의 얼굴을 보았다는 이유로 신고를 두려워한 나머지 살인에 이르게 되었던 것으로서 그 범행동기에 있어서 비난가능성이 높은 점, 이 사건 각 범행은 피고인이 약 7개월 여의 단기간 동안에 강간등살인(미수) 3회, 특수강도강간 3회, 강도상해 5회, 강도 2회 등을 저지른 사건으로서, 피고인의 범행수법을 살펴보면, 피고인은 주로 야간에 술에 만취하여 피고인에게 물리적으로 거의 저항할 수 없는 상태에 있는 부녀자들을 상대로 강도범행 등을 자행하기로 마음먹고 범행에 사용할 도구인 망치를 오토바이 안장 속에 넣어 둔 채, 오토바이를 타고 다니면서 범행대상을 물색하는 등 그 범행이 대담하고 용의주도하며, 피해자를 주먹과 발로 무자비하게 때리고 짓밟은 후 실신한 채 신음소리를 내면서 죽어 가는 피해자를 강간하거나 피해자의 머리를 망치로 내려친 후 불이 환하게 켜져 있는 방안에서 피를 흘리면서 실신한 채 신음소리를 내면서 죽어 가는 피해자를 강간하였을 뿐만 아니라, 피해자들이 피고인의 얼굴을 보았다고 여겨지는 경우에는 그 피해자들이 경찰에 신고할 것을 두려워한 나머지 조금이라도 신음소리를 내 아직 완전히 사망하지 않았다고 생각되면 실신한 피해자들의 얼굴을 축구공을 차듯이 힘껏 걷어차고 복부와 가슴 등을 마구 짓밟아 무참히 살해하는 등 이는 너무나도 잔인하여 인간의 탈을 쓰고서는 도저히 할 수 없는 범행들이라는 점, 피고인의 이 사건 각 범행으로, 피해자 1은 복부 등의 가격으로 인한 복부동맥손상에 의한 실혈로 사망하였으며, 피해자 2는 피고인의 망치로 인한 가격 등으로 좌측측두골함몰골절로 사망하였고, 피고인이 사망한 것으로 오인하고 현장을 떠나는 바람에 생명을 건지긴 하였으나 피해자 3은 중상을 입었으며, 피고인으로부터 특수강도강간 범행을 당한 충격으로 피해자 4는 심한 기억상실증에 걸리는 등 그 범행들의 결과가 너무나도 중대하고 참혹하다는 점, 이로 인하여 피해자들 본인은 물론이고 피해자들의 가족이나 유족들이 평생 씻을 수 없는 정신적, 육체적 고통을 받았을 것으로 보이는 점, 그럼에도 불구하고 아무런 피해변상조치도 이루어지지 아니한 점, 특히 피고인은 경찰에 검거되지 않았다면 위와 같은 범행을 계속하여 저질렀을 것이라고 그 스스로 진술하고 있어 재범의 위험성도 상당히 높은 점 등을 종합적으로 고찰하여 보면, 피고인의 죄책이 심히 중대하고 죄형의 균형이나 범죄의 일반예방적 견지에서도 피고인에 대하여 극형이 불가피하다고 인정하여 피고인에 대하여 사형을 선고한 제1심의 판단을 그대로 유지하였다.

2. 이 법원의 판단

사형은 인간의 생명 자체를 영원히 박탈하는 냉엄한 궁극의 형벌로서 문명국가의 이성적인 사법제도가 상정할 수 있는 극히 예외적인 형벌이라는 점을 감안할 때, 사형의 선고는 범행에 대한 책임의 정도와 형벌의 목적에 비추어 그것이 정당화될 수 있는 특별한 사정이 있다고 누구라도 인정할 만한 객관적인 사정이 분명히 있는 경우에만 허용되어야 하고, 따라서 사형을 선고함에 있어서는 범인의 연령, 직업과 경력, 성행, 지능, 교육 정도, 성장과정, 가족관계, 전과의 유무, 피해자와의 관계, 범행의 동기, 사전계획의 유무, 준비의 정도, 수단과 방법, 잔인하고 포악한 정도, 결과의 중대성, 피해자의 수와 피해감정, 범행 후의 심정과 태도, 반성과 가책의 유무, 피해회복의 정도, 재범의 우려 등 양형의 조건이 되는 모든 사항을 철저히 심리하여 위와 같은 특별한 사정이 있음을 명확하게 밝힌 후 비로소 사형의 선택 여부를 결정하여야 할 것이고(대법원 2002.2.8. 선고 2001도6425 판결 참조), 이를 위하여는 법원으로서는 마땅히 기록에 나타난 양형조건들을 평면적으로만 참작하는 것에서 더 나아가, 피고인의 주관적인 양형요소인 성행과 환경, 지능, 재범의 위험성, 개선교화 가능성 등을 심사할 수 있는 객관적인 자료를 확보하여 이를 통하여 사형선택 여부를 심사하여야 할 것은 물론이고, 피고인이 범행을 결의하고 준비하며 실행할 당시를 전후한 피고인의 정신상태나 심리상태의 변화 등에 대하여서도 정신의학이나 심리학 등 관련 분야의 전문적인 의견을 들어 보는 등 깊이 있는 심리를 하여 본 다음에 그 결과를 종합하여 양형에 나아가야 할 것이다(대법원 1999.6.11. 선고 99도763 판결 참조).

그런데 돌이켜 이 사건에 관하여 살피건대, 피고인은 제1심 및 원심법원에 제출한 반성문이나 항소이유서 등에서 자신의 환경에 대한 극심한 고통 속에서 번민하다가 일종의 범죄에 대한 환영과 망상에 사로잡혀 충동을 억제하지 못하고 이 사건 일련의 범죄를 저질렀다는 취지로 주장하면서 자신의 성장과정과 현재 상태에 대한 심리가 필요함을 호소하고 있는 데다가, 피고인이 저지른 이 사건 범행 내용에 비추어 피고인이 어떤 성적 충동과 환상에 빠진 상태에서 충동조절능력에 장애가 있었던 것은 아닌가 하는 의심을 가질 수도 있을 것이고, 또한 기록에 의하면, 피고인은 특정범죄가중처벌등에관한법률위반(절도)등의 죄에 대한 형의 집행을 마치고 교도소를 출소한 1999.12.21.부터 1년간은 포항에서 부친과 같이 생활하였고 2001.1.경부터는 울산에서 자신의 자형과 같이 생활하면서 자형의 일을 도와 생업에 종사하던 끝에 2001.11.경 최초로 특수절도 등 범행을 저지르기까지 근 2년간에는 종교에 귀의한 상태에서 다른 범죄를 저지르거나 하는 등의 별다른 문제없이 정상적인 생활을 해 왔는데, 피고인이 2001.12.14. 교통사고를 당하여 2002.3.4.까지 뇌좌상 등으로 울산병원, 태화병원 등지에서 입원치료를 받고 퇴원한 바로 그 직후인 같은 달 중순 이 사건 명동다방 여종업원 강도강간 범행을 비로소 저지르기 시작하여 검거되기까지 불과 석달 정도의 기간 사이에 일련의 연속적인 이 사건 범죄들을 저지르게 되었으며 시간이 흐를수록 점차 더 그 범행의 수법이 대담 · 흉포하게 되어 왔음을 알 수 있는바, 사정이 그러하다면 정상적인 생활을 해 왔던 피고인이 갑자기 어떤 연유로 이처럼 끔직한 범행들을 단기간에 걸쳐 연속적으로 저질렀고 또한 시간이 갈수록 더욱 대담 · 흉포한 범행을 하게 되었던 것인지에 관하여 피고인의 이 사건 일련의 범행 전후에 걸친 정신상태나 심리적 상태의 변화를 전문가의 의견을 들어보는 등 객관적 조사를 해 볼 필요도 있다고 판단되며, 피고인의 교통사고로 인한 병력이 이 사건 범행을 저지르기에 이른 피고인의 심리상태나 정신상태에 어떤 영향을 끼친 것은 아닐까 하는 의심을 할 여지도 없지 않다고 할 것이다.

여기에 피고인이 20대의 젊은 나이이고 수사기관 이래 그 범행을 순순히 자백하면서 잘못을 뉘우치고 있는 태도를 보이고 있는 점과 피고인의 성장환경 등을 더하여 보면, 원심으로서는 피고인의 주관적인 양형요소인 성행과 환경, 지능, 재범의 위험성, 개선교화 가능성 등을 심사할 수 있는 객관적인 자료를 확보하여 이를 통하여 사형선택 여부를 심사하였어야 할 것임은 물론, 앞서 지적한 바와 같이 이 사건 범행 전후에 걸친 정신상태나 심리적 상태에 관하여 전문가의 의견을 들어보는 등으로 피고인에게 사형을 선고하는 것이 정당화될 수 있는 특별한 사정이 있는지 여부를 깊이 있고 철저하게 심리하여 명확하게 밝혀 보았어야 한다고 할 것이다.

그럼에도 불구하고, 피고인의 어머니의 증언을 듣는 외에는 달리 피고인의 양형조건에 대한 조사나 심리를 별도로 해 봄이 없이 수사기록에 나타난 양형자료만을 토대로 하여 간이한 심리만을 끝으로 피고인에게 사형을 선고해버린 제1심을 유지한 원심판결에는 사형의 양정에 관한 법리를 오해하여 형의 양정에 관한 필요한 심리를 다하지 아니한 위법이 있다고 할 것이고 나아가 그러한 심리미진 상태에서 이루어진 원심의 형의 양정에는 심히 부당하다고 인정할 현저한 사유가 있는 때에 해당한다고 할 것이므로 이를 지적하는 상고이유의 주장은 이유 있다.

3. 결 론

그러므로 원심판결을 파기하고, 사건을 다시 심리 · 판단하게 하기 위하여 원심법원에 환송하기로 하여 관여 법관의 일치된 의견으로 주문과 같이 판결한다.

참조문헌

김영옥, "사형제도에 관한 판례연구", 형사법연구 제8호, 1995, 62면-82면.

윤병철, "생명침해범에 대한 양형", 형사판례연구 제12권, 2004, 122면-157면.

이덕인, "양형으로서 사형의 정당성에 대한 검토", 비교형사법연구 제10권 제2호, 2008, 93면 이하.

전지연, "대한민국에서의 사형제도", 비교형사법연구 제6권 제2호(특집호), 2004, 43면-57면.

최석윤, "사형의 형사정책", 비교형사법연구 제9권 제2호, 2007.12, 511면-529면.
허일태, "사형제도폐지를 위한 우리의 임무", 비교형사법연구 제2권 제1호, 2000, 161면-169면.

X-2 몰수와 추징

대상판결

대법원 2006.9.14. 선고 2006도4075 판결【특정범죄가중처벌등에관한법률위반(절도)】[공2006.10.15.(260),1774]

【피 고 인】피고인

【상 고 인】피고인

【변 호 인】변호사 김태완

【원심판결】전주지법 2006.5.25. 선고 2006노301 판결

【주 문】상고를 기각한다.

【이 유】

1. 상고이유 제1점에 관하여 본다.

원심판결 이유에 의하면 원심은, 피고인은 전국의 대형할인매장에서 구입한 물건을 들고 다시 같은 매장 안으로 들어갈 경우 이중계산을 방지하기 위하여 붙이는 계산완료스티커를 할인매장 측에서 회수하지 않는다는 점과 그 스티커의 탈착이 용이하다는 점에 착안하여 피고인이 구입한 물건과 동종의 물건에 스티커를 붙여 환불을 받기로 마음먹고, 2005.7.1. 서울 구로구 구로동 소재 주식회사 신세계 이마트 구로점에서 그곳에 진열된 보쉬 충전드릴 1대 시가 133,000원 상당을 계산하여 위 매장 밖으로 나온 다음 위 드릴을 가지고 다시 매장 안으로 들어가 물건을 구입하려는 것처럼 행세하여 그곳 계산대 직원으로 하여금 위 드릴에 계산완료스티커를 부착하게 한 후 다시 매장 밖으로 나와 위 스티커만을 떼어낸 다음 위 매장 안으로 다시 들어가 그곳 직원들의 감시가 소홀한 틈을 타서 그곳에 진열중이던 위 드릴과 동종인 위 회사 소유의 드릴 1대 시가 133,000원 상당에 위 스티커를 붙인 후 계산대 직원에게 정상적으로 구입한 물건인 것처럼 가장하여 매장을 빠져나오는 방법으로 위 드릴을 절취한 것을 비롯하여 같은 해 10.23.까지 제1심판결 별지 범죄일람표 기재와 같이 모두 60회에 걸쳐 위와 같은 방법으로 피해자 위 회사, 주식회사 홈플러스, 주식회사 롯데쇼핑 소유의 물품 시가 합계 17,327,860원 상당을 절취한 사실을 인정하고, 위와 같은 피고인의 절도범행이 상습으로 행해진 것이라는 점 역시 인정하였는바, 기록에 비추어 살펴보면 원심의 위

와 같은 상습성 인정은 수긍이 되고, 거기에 상고이유에서 주장하는 바와 같이 상습성에 관한 법리를 오해한 위법이 있다 할 수 없다.

2. 상고이유 제2점에 관하여 본다.

형법 제48조 제1항 제1호의 "범죄행위에 제공한 물건"이라 함은, 가령 살인행위에 사용한 칼 등 범죄의 실행행위 자체에 사용한 물건에만 한정되는 것이 아니며, 실행행위의 착수 전의 행위 또는 실행행위의 종료 후의 행위에 사용한 물건이더라도 그것이 범죄행위의 수행에 실질적으로 기여하였다고 인정되는 한 위 법조 소정의 제공된 물건에 포함된다고 볼 것이다.

위에서 본 바와 같이 이 사건의 경우, **피고인은 대형할인매장을 1회 방문하여 범행을 할 때마다 1~6개 품목의 수십만 원어치 상품을 절취하여 이를 자신의 소나타 승용차(증 제1호)에 싣고 갔고, 그 물품의 부피도 전기밥솥 · 해머드릴 · 소파커버 · 진공포장기 · 안마기 · 전화기 · DVD플레이어 등 상당한 크기의 것이어서 대중교통수단을 타고 운반하기에 곤란한 수준이었으므로,** 이 사건 승용차는 단순히 범행장소에 도착하는 데 사용한 교통수단을 넘어서 이 사건 장물의 운반에 사용한 자동차라고 보아야 할 것이며, 따라서 형법 제48조 제1항 제1호 소정의 범죄행위에 제공한 물건이라고 볼 수 있다.

같은 취지에서 원심이, 증 제1호는 이 사건 범행에 제공된 것이 분명하다고 판단하여 이를 몰수한 제1심판결을 그대로 유지한 조치는 옳고, 거기에 몰수에 관한 법리를 오해한 위법이 있다고 할 수 없다.

3. 그러므로 상고를 기각하기로 하여 관여 대법관의 일치된 의견으로 주문과 같이 판결한다.

참조조문 형법 제48조 제1항 제1호

법적쟁점

1. 물건을 범죄행위에 제공하려고 하였으나 해당 범죄행위가 유죄로 인정되지 않는 경우에도 해당 물건을 몰수할 수 있는가?(참고판례 1)

2. 자신과 공범관계에 있는 사람 소유의 물건도 몰수할 수 있는가?(참고판례 2)

3. 해당 물건을 몰수할 수 없는 경우 그에 대한 조치는 무엇이며, 그 경우 추징의 범위와 해당가액의 산정은 어느 때를 기준으로 하는가?(참고판례 3, 참고판례 5)

4. 몰수할 것인가의 여부는 임의적인 것인가 아니면 반드시 몰수하여야 하는가?(참고판례 4)

5. 성매매알선 등 행위의 처벌에 관한 법률 제25조의 규정에 의한 추징의 범위와 다수인의 경우 그 추징가액의 산정은?(참고판례 6)

참고판례 ❶

대법원 2008.2.14. 선고 2007도10034 판결【외국환거래법위반】[공2008상,418]

【이유】

상고이유를 본다.

1. 원심은, 압수된 증 제8호 내지 증 제15호(이하 '이 사건 압수물'이라 한다)가 형법 제48조 제1항 제1호 소정의 '범죄행위에 제공하려고 한 물건'에 해당한다는 취지의 이유로 이 사건 압수물을 몰수한 제1심판결을 그대로 유지하였다.

2. 형법 제48조 제1항 제1호는 몰수할 수 있는 물건으로서 '범죄행위에 제공하였거나 제공하려고 한 물건'을 규정하고 있는데, 여기서 범죄행위에 제공하려고 한 물건이란 범죄행위에 사용하려고 준비하였으나 실제 사용하지 못한 물건을 의미하는바, 형법상의 몰수가 공소사실에 대하여 형사재판을 받는 피고인에 대한 유죄판결에서 다른 형에 부가하여 선고되는 형인 점(대법원 1999.5.11. 선고 99다12161 판결 등 참조)에 비추어, 어떠한 물건을 '범죄행위에 제공하려고 한 물건'으로서 몰수하기 위하여는 그 물건이 유죄로 인정되는 당해 범죄행위에 제공하려고 한 물건임이 인정되어야 한다.

위 법리 및 기록에 의하여 살펴보면, 원심이 유죄로 인정한 이 사건 공소사실은 "피고인이 2007.4.20.경부터 같은 해 7.24.경까지 46회에 걸쳐 재정경제부장관에게 신고하지 아니하고 판시 각 금원을 중국 교통은행의 계좌로 송금하여, 당해 거래의 당사자가 아닌 거주자의 명의를 이용하여 거래의 당사자인 비거주자에게 각 지급을 하였다"는 것인데, 이 사건 압수물은 피고인이 2007.7.24. 체포될 당시 위 각 외국환거래법위반의 범행과 같은 방법으로 중국 교통은행의 계좌로 송금하려고 하였으나 미처 송금하지 못하고 소지하고 있던 각 자기앞수표 또는 현금인 사실을 알 수 있고, 이 사건 압수물에 의한 동종의 범행이 실행되었다 하더라도 이는 유죄로 인정된 판시 각 외국환거래법위반의 범행과는 별개의 범죄이므로, 이 사건 압수물은 피고인이 장차 실행하려고 한 동종의 외국환거래법위반의 범행에 제공하려고 한 물건으로 볼 수 있을 뿐, 원심이 유죄로 인정한 판시 각 외국환거래법위반의 범행에 제공하려고 한 물건이라고는 볼 수 없고, 따라서 피고인으로부터 이 사건 압수물을 몰수할 수 없다.

그런데도 원심이 판시와 같은 이유로 이 사건 압수물을 몰수한 제1심판결을 그대로 유지하였으니, 원심판결에는 형법 제48조 제1항 제1호 소정의 '범죄행위에 제공하려고 한 물건'에 관한 법리를 오해하여 판결에 영향을 미친 위법이 있고, 이를 지적하는 상고이유의 주장은 이유 있다.

3. 피고인은 원심판결 전부에 대하여 상고하였으나, 이 사건 압수물에 대한 몰수부분 이외의 나머지 부분에 대하여는 상고이유를 제출하지 아니하였다.

4. 그러므로 원심판결 중 몰수에 관한 부분을 파기하되, 이 부분은 기록과 원심 법원에 이르기까지 조사된 증거들에 의하여 이 법원이 직접 재판하기에 충분하므로, 형사소송법 제396조에 의하여 자판하기로 하는바, 앞서 본 바와 같은 이유로 피고인으로부터 이 사건 압수물을 몰수할 수 없음에도 제1심은 이를 몰수하였으므로 제1심판결의 몰수에 관한 부분 또한 파기를 면할 수 없어 이 부분을 파기하고, 피고인으로부터 압수된 증 제1호 내지 증 제7호를 몰수하며, 피고인의 나머지 상고를 기각하기로 관여 대법관의 의견이 일치되어 주문과 같이 판결한다.

참고판례 ❷

대법원 2006.11.23. 선고 2006도5586 판결【상법위반】[공2007.1.1.(265),90]

【이유】

1. … 생략

2. 형법 제48조 제1항의 '범인'에는 공범자도 포함되므로 피고인의 소유물은 물론 공범자의 소유물도 그 공범자의 소추 여부를 불문하고 몰수할 수 있는 것이고(대법원 1984.5.29. 선고 83도2680 판결, 2000.5.12. 선고 2000도745 판결 등 참조), 여기에서의 공범자에는 공동정범, 교사범, 방조범에 해당하는 자는 물론 필요적 공범관계에 있는 자도 포함된다.

그리고 피고인 이외의 제3자의 소유에 속하는 물건에 대하여 몰수를 선고한 판결의 효력은 원칙적으로 몰수의 원인이 된 사실에 관하여 유죄의 판결을 받은 피고인에 대한 관계에서 그 물건을 소지하지 못하게 하는 데 그치고 그 사건에서 재판을 받지 아니한 제3자의 소유권에 어떤 영향을 미치는 것은 아닌 점(대법원 1999.5.11. 선고 99다12161 판결 등 참조)과 형법 제49조 단서에 의하면 행위자에게 유죄의 재판을 아니할 때에도 몰수의 요건이 있는 때에는 몰수를 선고할 수 있는 점 등에 비추어 볼 때, 형법 제48조 제1항의 '범인'에 해당하는 공범자는 반드시 유죄의 죄책을 지는 자에 국한된다고 볼 수 없고 공범에 해당하는 행위를 한 자이면 족하다고 할 것이어서, 이러한 자의 소유물도 형법 제48조 제1항의 '범인 이외의 자의 소유에 속하지 아니하는 물건'으로서 이를 피고인으로부터 몰수할 수 있다 할 것이다.

원심은, 피고인이 공소외 2에게 부정한 청탁을 하면서 금원을 교부한 행위와 공소외 2가 이를 수수한 행위는 공소외 2에게 부정한 청탁의 대가로서 수수한다는 의사가 있었는지 여부를 불문하고(기록에 의하면, 공소외 2는 피고인의 이러한 범행을 폭로하는 데 증거로 활용하겠다는 의사로 피고인으로부터 위 금원을 수수한 것으로 보인다.) 필요적 공범에 해당하는 행위라고 보아, 이 사건 압수된 1억 원(증 제1호)이 공소외 2의 소유인 이상 피고인으로부터 이를 몰수할 수 있다고 판단하였는바, 이는 앞서 본 법리에 따른 것으로서 옳고, 거기에 몰수의 요건에 관한 법리오해의 위법 등이 있다고 할 수 없다.

3. 그러므로 상고를 기각하기로 하여 관여 법관의 일치된 의견으로 주문과 같이 판결한다.

참고판례 ❸

대법원 2007.3.15. 선고 2006도9314 판결【마약류관리에관한법률위반(향정) · 마약류관리에관한법률위반(대마)】[공보불게재]

【이유】

상고이유를 본다.

1. 추징가액 산정에 대하여

마약류 관리에 관한 법률상의 추징은 범죄행위로 인한 이득의 박탈을 목적으로 하는 것이 아니라 징벌적 성질을 가진 처분이므로 그 범행으로 인하여 이득을 취한 바 없다 하더라도 법원은 가액의 추징을 명하여야 할 뿐 아니라(대법원 1999.7.9. 선고 99도1695 판결 참조), 소유자나 최종소지인 뿐만 아니라 동일한 향정신성의약품을 취급한 자들에 대하여 그 취급한 범위 내에서 가격 전부의 추징을 명하여야 한다(대법원 1989.12.8. 선고 89도1920 판결 참조). 한편, 몰수할 수 없는 때 추징하여야 할 가액은 범인이 그 물건을 보유하고 있다가 몰수의 선고를 받았더라면 잃었을 이득상당액을 의미한다고 보아야 하므로 그 가액산정은 재판선고시의 가격을 기준으로 하여야 하며(대법원 1991.5.28. 선고 91도352 판결 참조), 몰수, 추징의 대상이 되는지 여부나 추징액의 인정은 엄격한 증명을 필요로 하지 아니한다(대법원 1993.6.22. 선고 91도3346 판결 참조).

원심은 피고인이 제1심 판시 '제1의 나, 다, 라'의 기재와 같이 필로폰을 수수하고 대마초를 흡입하였다는 범죄사실 이외에도 제1심 판시 '제1의 가'의 기재와 같이 공소외 1, 2, 3과 필로폰 공급자인 공소외 4와 사이에 합계 금 400만 원 상당의 필로폰의 매매를 알선하였다는 범죄사실을 유죄로 인정하였는바, 위 법리에 비추어 보면 원심으로서는 피고인이 매매를 알선한 필로폰을 피고인으로부터 몰수할 수 없는 이상 적어도 매매를 알선한 필로폰의 가격에 해당하는 400만 원 이상을 추징하였어야 한다.

그러므로 원심이 861,500원만 추징한 것은 오히려 추징가액 산정에 관한 법리를 오해하여 적은 금액이 추징된 것이지만, 검사는 상고하지 않고 피고인만이 상고한 이 사건에서 피고인에게 불이익하게 원심판결을 변경할 수는 없어 그대로 유지하는 이상 추징금을 다투는 상고이유의 주장은 받아들이지 않는다.

2,3,4. … 생략

참고판례 ❹

대법원 2002.9.4. 선고 2000도515 판결【외국환관리법위반】[공2002.10.15.(164),2372]

【이유】

피고인이 그 소유의 토지개발채권을 구 외국환관리법(1997.12.13. 법률 제5453호로 개정되기 전의 것, 이하 같다) 제19조 소정의 허가 없이 휴대하여 일본으로 출국하려다가 적발되어 미수에 그친 이 사건에서, 위 채권은 허가 없는 수출미수행위로 인하여 비로소 취득하게 된 것에 해당한다고 할 수 없으므로 구 외국환관리법 제33조에 따라 이를 몰수하거나 그 가액을 추징할 수 없다고 할 것이나(대법원 1988.8.9. 선고 87도82 판결, 1999.12.21. 선고 98도4262 판결 등 참조), 다만 위 채권은 피고인의 허가 없는 수출미수행위에 제공된 것에는 해당된다고 할 것이고, 따라서 형법 제48조 제1항 제1호, 제2항에 의한 몰수 또는 추징의 대상이 되는 것으로 보아야 할 것이다(대법원 1999.12.21. 선고 98도4262 판결 참조).

원심이 이와 달리, 위 채권은 구 외국환관리법 제33조의 규정에 의한 몰수 또는 추징의 대상이 되지 않을 뿐만 아니라 형법 제48조 제1항 제1호, 제2항의 규정에 의한 몰수 또는 추징의 대상도 되지 않는다고 판단한 것은 잘못이라고 할 것이다.

그러나 형법 제48조 제1항 제1호, 제2항에 의한 추징은 임의적인 것이므로 그 추징의 요건에 해당되는 물건이라도 이를 추징할 것인지의 여부는 법원의 재량에 맡겨져 있다고 할 것인데, 원심이 유지한 제1심판결이 몰수 불능으로 된 위 채권의 가액을 추징하지 아니한 것은 그 채권이 임의적 몰수의 대상이 되는 것으로 보면서도 위와 같은 재량권을 행사한 결과라고 볼 수도 있는 것이고, 한편 이 사건 범행의 동기 및 경위와 위 채권의 성격 및 소유관계, 위 채권의 수출이 국가경제에 미치는 영향 등을 고려할 때 이 사건 채권의 가액을 추징하지 아니한 제1심의 조치가 '형의 양정이 부당하다고 인정할 사유가 있는 때'에 해당하는 것으로 보여지지는 아니하므로, 결국 검사의 항소를 기각한 원심의 결론은 정당한 것으로 수긍되고, 원심의 위와 같은 판단 잘못은 판결 결과에 영향을 미치지 아니하는 것이다. 이 점에 관한 상고이유의 주장은 결과적으로 이유 없다.

그러므로 상고를 기각하기로 하여 관여 법관의 일치된 의견으로 주문과 같이 판결한다.

참고판례 ❺

대법원 2002.6.14. 선고 2002도1283 판결【특정범죄가중처벌등에관한법률위반(뇌물) · 군무이탈 · 제3자뇌물취득】[공2002.8.1.(159),1746]

【이유】

상고이유를 본다.

상고이유(제출기한을 도과한 후에 제출된 상고이유보충서는 상고이유를 보충하는 범위 내에서만)를 본다.

1. … 생략

2. 추징에 관한 주장에 관하여

형법 제134조의 규정에 의한 필요적 몰수 또는 추징은, 범인이 취득한 당해 재산을 범인으로부터 박탈하여 범인으로 하여금 부정한 이익을 보유하지 못하게 함에 그 목적이 있는 것으로서, 공무원의 직무에 속한 사항의 알선에 관하여 금품을 받고 그 금품 중의 일부를 받은 취지에 따라 청탁과 관련하여 관계 공무원에게 뇌물로 공여하거나 다른 알선행위자에게 청탁의 명목으로 교부한 경우에는 그 부분의 이익은 실질적으로 범인에게 귀속된 것이 아니어서 이를 제외한 나머지 금품만을 몰수하거나 그 가액을 추징하여야 할 것이다(대법원 1982.7.27. 선고 82도1310 판결, 1993.12.28. 선고 93도1569 판결, 1994.2.25. 선고 93도3064 판결 등 참조).

기록에 의하면, 피고인은 군의관등 공무원과 알선행위자들에 대하여 자신이 받은 뇌물 중 합계 353,000,000원을 전달하였다고 주장하고 있고, 범죄일람표 별지(1)의 1, 9, 12, 19, 20, 23, 24, 26, 32, 40, 42, 44, 46, 50, 54, 60, 63, 66항의 각 범죄사실 및 별지(2)의 1, 2, 3, 5, 8, 20항의 각 범죄사실에 관하여 청탁대상이 된 군의관들인 임○호, 김○형, 김○환, 오○기, 김○수, 송○현, 최○석, 고○복, 김○식, 이○수, 윤○일이나 다른 알선행위자들인 이○하, 원○수, 편○식, 이○태도 피고인으로부터 각 청탁의 대가 또는 수고비 명목으로 금원을 수령하였음을 수사기관에서 시인하고 있음을 알 수 있으므로, 원심으로서는 피고인이 수령한 금품 중에 그 받은 취지에 따라 관계 공무원에게 뇌물로 공여한 부분이 있는지 등을 심리한 다음 피고인에게 실질적으로 귀속된 이익이 얼마인지를 가려보아 그 부분만을 추징하였어야 할 것임에도, 이에 이르지 아니하고 총수뢰액에서 몰수된 압수수표 액면가액만을 공제한 금액을 전액 추징한 원심판결에는 필요적 추징에 관한 법리를 오해하여 심리를 다하지 아니한 위법이 있다 할 것이다. 이 점을 지적하는 상고이유의 주장은 이유 있다.

3. … 생략

4. 그러므로 원심판결을 파기하고, 사건을 다시 심리 · 판단하게 하기 위하여 원심법원에 환송하기로 하여 관여 법관의 일치된 의견으로 주문과 같이 판결한다.

참고판례 ❻

대법원 2009.5.14. 선고 2009도2223 판결【성매매알선등행위의처벌에관한법률위반(성매매알선등)】[공보불게재]

【이유】

상고이유(상고이유서 제출기간이 경과한 후에 제출된 국선변호인의 상고이유보충서 기재는 상고이유를 보충하는 범위 내에서)를 판단한다.

1. 성매매알선 등 행위의 처벌에 관한 법률 제25조의 규정에 의한 추징은 성매매알선 등 행위의 근절을 위하여 그 행위로 인한 부정한 이익을 필요적으로 박탈하려는데 그 목적이 있으므로, 그 추징의 범위는 범인이 실제로 취득한 이익에 한정된다고 봄이 상당하고, 다만 범인이 성매매알선 등 행위를 하는 과정에서 지출한 세금 등의 비용은 성매매알선의 대가로 취득한 금품을 소비하거나 자신의 행위를 정당화시키기 위한 방법의 하나에 지나지 않으므로 추징액에서 이를 공제할 것은 아니다(대법원 2008. 6. 26. 선고 2008도1392 판결 등 참조).

원심은 피고인과 제1심 공동피고인 2가 이 사건 성매매알선 등 행위와 관련하여 고객들로부터 60,663,634원을 수취하고 그 절반을 성매매여성에게 지급하였으므로 그 범행으로 인하여 취득한 이익은 30,331,817원이라고 판단하였는바, 앞서 본 법리와 기록에 비추어 보면 원심의 이러한 판단은 정당하고, 상고이유의 주장과 같이 채증법칙을 위반한 잘못이 없다.

그리고 성매매알선 등 행위의 처벌에 관한 법률 제2조 제1항 제2호에 의하면 성매매알선 등 행위에는 성매매의 장소를 제공하는 행위가 포함되고 이 사건 범행의 경우도 피고인 등이 성매매업소를 운영하면서 그 장소까지 제공하였던 것이므로, 그 업소건물의 임대료는 이 사건 범행에 소요된 필요경비에 해당하고 따라서 이를 추징액에서 공제할 수 없다. 이에 관한 상고이유의 주장도 받아들일 수 없다.

2. 한편 수인이 공동하여 성매매알선 등 행위를 하였을 경우 그 범죄로 인하여 얻은 금품 그 밖의 재산을 몰수할 수 없을 때에는, 공범자 각자가 실제로 얻은 이익의 가액을 개별적으로 추징하여야 하

고 그 개별적 이득액을 알 수 없다면 전체 이득액을 평등하게 분할하여 추징하여야 하며, 공범자 전원으로부터 이득액 전부를 공동으로 연대하여 추징할 수는 없다(대법원 1970.1.27. 선고 69도2225 판결, 대법원 1975.4.22. 선고 73도1963 판결 등 참조).

이러한 법리에 비추어 보면, 원심은 피고인과 제1심 공동피고인 2가 공동하여 이 사건 성매매알선 등 행위를 함으로써 얻은 전체 이익 30,331,817원 가운데 피고인이 실제로 취득한 이익 부분을 산출한 다음 피고인으로부터 그 부분만 개별적으로 추징하거나 이를 증거에 의하여 특정할 수 없다면 전체 이득액의 균분 가액을 추징하였어야 함에도 만연히 그 이득액 전부를 피고인으로부터 추징하는 잘못을 범하였는바, 이러한 원심에는 추징에 관한 법리를 오해하여 판결에 영향을 미친 위법이 있다. 이를 지적하는 상고이유의 주장은 이유 있다.

3. 그러므로 원심판결을 파기하고, 사건을 다시 심리 · 판단하도록 하기 위하여 원심법원에 환송하기로 관여 대법관의 의견이 일치되어 주문과 같이 판결한다.

참조문헌

김대휘, "징벌적 추징에 대하여", 형사판례연구 제8권, 2000, 151면-177면

박미숙, "몰수의 범위와 몰수에 관한 법령의 단일화", 형사법연구 제22호(특집호), 2004, 445면-473면

서정걸, "몰수추징의 부가성의 의미 및 그 예외", 형사판례연구 제2권, 1994, 101면-115면

이상원, "몰수와 비례원칙", 형사판례연구 제12권, 2004, 158면-201면

이상원, "몰수의 법적 성격", 비교형사법연구 제6권 제2호(특집호), 2004, 247면-259면

X-3 누범

대상판결

[1] **대법원** 2007.8.23. 선고 2007도4913 판결【폭력행위등처벌에관한법률위반(상습집단 · 흉기등상해) · 폭력행위등처벌에관한법률위반(상습폭행)】[공2007.9.15.(282),1517]

【피 고 인】피고인

【상 고 인】피고인

【변 호 인】변호사 임종길

【원심판결】부산고법 2007.5.30. 선고 2007노153 판결

【주 문】상고를 기각한다. 상고 후의 구금일수 중 75일을 본형에 산입한다.

【이 유】

피고인과 국선변호인의 상고이유를 함께 판단한다.

1. … 생략

2. 폭력행위 등 처벌에 관한 법률(이하 '폭처법'이라고 한다) 제3조 제3항은 "상습적으로 제3조 제1항의 죄를 범한 자는 다음 각 호의 구분에 따라 처벌한다."라고 하면서 그 제3호에 "제2조 제1항 제3호에 열거된 죄를 범한 자는 5년 이상의 유기징역"이라고 규정하여 폭처법 제3조 제1항의 죄의 상습범에 관하여 규정하고 있다. 한편, 폭처법 제3조 제4항은 폭처법 위반 범죄로 인하여 2회 이상의 징역형을 받은 자가 그 집행을 종료하거나 면제를 받는 후 3년 이내에 다시 제3조 제1항의 범죄를 범하여 누범으로 처벌되는 경우에는 제3조 제3항의 법정형과 동일하게 처벌하도록 규정하고 있다.

상습범과 누범은 서로 다른 개념으로서 누범에 해당된다고 하여 반드시 상습범이 되는 것이 아니며, 반대로 상습범에 해당된다고 하여 반드시 누범이 성립되는 것도 아니다. 또한, 행위자책임에 형벌가중의 본질이 있는 상습범과 행위책임에 형벌가중의 본질이 있는 누범을 단지 평면적으로 비교하여 그 경중을 가릴 수는 없고, 사안에 따라서는 폭처법 제3조 제4항에 정한 누범의 책임이 상습범의 경우보다 오히려 더 무거운 경우도 얼마든지 있을 수 있다고 할 것이다(헌법재판소 2002.10.31. 선고 2001헌바68 전원재판부 결정 참조).

이상과 같은 점들을 고려하면, 폭처법 제3조 제4항의 누범에 대하여 폭처법 제3조 제3항의 상습범과 동일한 법정형을 정하였다고 하여 이를 두고 평등원칙에 반하는 위헌적인 규정이라고 할 수는 없다.

또한, 폭처법 제3조 제4항에 해당하여 처벌하는 경우에도 형법 제35조의 누범가중 규정의 적용은 면할 수 없다고 할 것이므로, 원심이 형법 제35조를 적용한 것은 정당하고, 그것이 동일한 행위에 대한 이중처벌로서 헌법상의 인간의 존엄과 가치, 행복추구권을 침해하는 것이라고는 볼 수 없다.

3. … 생략

4. … 생략

5. 그러므로 상고를 기각하고, 상고 후의 구금일수 중 75일을 본형에 산입하기로 하여, 관여 법관의 일치된 의견으로 주문과 같이 판결한다.

[2] **원심판결**: 부산고등법원 2007.5.30. 선고 2007노153 판결【폭력행위등처벌에관한법률위반(상습집단 · 흉기등상해) · 폭력행위등처벌에관한법률위반(상습폭행)】

【피 고 인】피고인

【항 소 인】피고인

【검　　사】박환용

【변 호 인】변호사 최봉용(국선)

【원심판결】창원지방법원 2007.2.1. 선고 2006노1933 판결

【주　　문】원심판결을 파기한다. 피고인을 징역 2년 6월에 처한다.

원심판결 선고 전의 구금일수 182일을 위 형에 산입한다.

【이　　유】

1. 항소이유의 요지

가. 정당방위(원심판시 제1항 범죄사실)

피고인은 자신의 집 앞에서 피해자로부터 허리춤을 잡히자 이를 벗어나기 위하여 피해자의 손목을 비튼 것이므로, 피고인의 행위는 정당방위에 해당함에도, 원심은 유죄로 인정하였으니 원심판결에는 정당방위에 대한 법리를 오해하여 판결에 영향을 미친 위법이 있다.

나. 사실오인(원심판시 제2항 범죄사실)

피고인은 대야슈퍼 앞에서 피해자의 멱살을 잡거나 뺨을 때린 사실이 없으며, 맥주

병을 피해자에게 던졌을 뿐 맥주병으로 피해자의 머리를 때린 사실이 없음에도, 원심은 유죄로 인정하였으니, 원심판결에는 사실을 오인하여 판결에 영향을 미친 위법이 있다.

다. … 생략

2. 판단

가. 직권판단 … 생략

나. 사실오인 주장에 대하여

다만, 위에서 본 직권파기 사유가 있음에도 피고인의 사실오인 주장은 여전히 이 법원의 판단대상이 되므로 살피건대, 원심이 적법하게 조사하여 채택한 증거들과 당심 증인 공소외인의 증언에 의하면, 피고인이 대야슈퍼 앞에서 피해자의 멱살을 잡아당기고, 뺨을 1회 때리고 맥주병으로 피해자의 머리 부분을 1회 내리쳐 상해를 입힌 사실을 충분히 인정할 수 있다.

비록 원심이 피고인이 피해자의 뺨을 수회 때린 것으로 잘못 인정하였다 하더라도 위험한 물건인 맥주병으로 피해자의 머리를 때려 상해를 입힌 부분이 유죄로 인정되는 이상, 원심의 이러한 잘못이 판결결과에 영향을 미쳤다고 보기 어렵다 할 것이므로, 피고인의 사실오인 주장은 이유 없다.

3. 결론

따라서 원심판결에는 위에서 본 직권파기 사유가 있으므로, 피고인의 양형부당 주장에 대한 판단을 생략한 채, 형사소송법 제364조 제2항에 의하여 원심판결을 파기하고, 변론을 거쳐 다시 아래와 같이 판결한다.

【범죄사실 및 증거의 요지】

이 법원이 인정하는 피고인에 대한 범죄사실 및 그에 대한 증거의 요지는, 원심판결의 범죄사실 제2항 중 '손으로 피해자의 뺨을 수 회 때리고' 부분을 '손으로 피해자의 뺨을 1회 때리고'로 고치고, 증거의 요지란에 '당심 증인 공소외인의 증언'을 추가하는 것외에는 원심판결 해당란의 각 기재와 같으므로, 이를 그대로 인용한다.

【법령의 적용】

1. 범죄사실에 대한 해당법조

폭력행위 등 처벌에 관한 법률 제2조 제3항, 제2조 제1항 제1호, 형법 제260조 제1항(상습폭행의 점), 폭력행위 등 처벌에 관한 법률 제3조 제4항, 제3항 제3호, 제2조 제1항 제3호, 형법 제257조 제1항(상습흉기휴대상해의 점)

1. 누범가중
각 형법 제35조, 제42조 단서
1. 경합범가중
형법 제37조 전단, 제38조 제1항 제2호, 제50조{형이 더 무거운 폭력행위 등 처벌에 관한 법률 위반(상습집단 · 흉기등상해)죄에 정한 형에 형법 제42조 단서의 제한 내에서 경합범가중)
1. 작량감경
형법 제53조, 제55조 제1항 제3호(피고인이 깊이 반성하고 있고 피해자가 피고인의 처벌을 원하지 아니하는 점 등 참작)
1. 미결구금일수의 산입
형법 제57조

【피고인의 주장에 대한 판단】

형법 제21조의 정당방위가 성립하려면 침해행위에 의하여 침해되는 법익의 종류, 정도, 침해의 방법, 침해행위의 완급과 방위행위에 의하여 침해될 법익의 종류, 정도 등 일체의 구체적 사정들을 참작하여 방위행위가 사회적으로 상당한 것이어야 하고, 가해자의 행위가 피해자의 부당한 공격을 방위하기 위한 것이라기보다는 서로 싸우다가 가해행위를 한 것이라고 봄이 상당한 경우 그 가해행위는 방어행위인 동시에 공격행위의 성격을 가지므로 정당방위라고 볼 수 없다.

기록에 의하면, 피해자가 피고인의 집 앞에 찾아와 사건 당일 낮에 동네사람들과 함께 훌라게임을 하던 중 피고인이 연장자인 피해자에게 욕설을 한 이유를 따지자 이것이 시비가 되어, 피고인과 피해자가 서로 상대방의 멱살을 잡고 밀고 당기며 몸싸움을 하던 중, 피고인이 피해자의 손목을 비튼 사실을 인정할 수 있는바, 피고인이 이 사건 범행에 이르게 된 경위나 범행 전 · 후의 정황 등 제반사정에 비추어 볼 때, 피고인의 행위가 오로지 피해자의 부당한 공격에서 벗어나거나 이를 방어하기 위하여 부득이하게 저질러진 것으로서 사회적 상당성을 갖춘 것이라고는 볼 수 없으므로, 위 정당방위 주장은 받아들이지 아니한다.

참조조문

헌법 제10조, 제11조 / 형법 제53조 / 폭력행위등처벌에관한법률 제3조 제4항 / 형사소송법 제482조 제1항 제2호

법적쟁점

1. 누범의 규정은 헌법에 위배되는 것이 아닌가?(대상판결, 참고판례 1)

2. 누범가중의 요건 중 전범(금고이상의 형을 받았을 것)에 집행유예도 포함하는가?(참고판례 2)

3. 누범가중의 요건 중 "3년 내에 금고 이상에 해당하는 죄를 범한 경우"에서 3년은 후범의 실행의 착수시점인가 기수시점인가?(참고판례 3)

4. 누범과 상습범은 어떤 관계에 있는가?(참고판례 4)

5. 누범의 요건을 갖춘 자에 대하여 벌금형을 선택한 경우에도 누범가중을 할 수 있는가?(참고판례 5)

6. 무기징역형을 작량감경하는 경우 경합범가중사유나 누범가중사유가 있다 하여 15년을 넘는 징역형을 선고할 수 있는가?(참고판례 6)

참고판례 ❶

헌법재판소 1995.2.23. 선고 93헌바43 각하결정【형법 제35조 등 위헌소원】[판례집 7권 1집, 222]

【판시사항】

1. 법률에 대한 위헌여부심판의 제청이나 헌법재판소법 제68조 제2항의 규정에 의한 헌법소원심판청구의 적법요건인 '재판의 전제성'

2. 누범가중과 일사부재리(一事不再理)의 원칙

3. 누범가중과 평등의 원칙

【결정요지】

1. … 생략

2. 형법 제35조 제1항이 누범을 가중처벌하는 것은 전범(前犯)에 대하여 형벌을 받았음에도 다시 범행을 하였다는 데 있는 것이지, 전범(前犯)에 대하여 처벌을 받았음에도 다시 범행을 하는 경우에는 전범(前犯)도 후범(後犯)과 일괄하여 다시 처벌한다는 것은 아님이 명백하므로, 누범에 대하여 형을

가중하는 것이 헌법상의 일사부재리의 원칙에 위배하여 피고인의 기본권을 침해하는 것이라고는 볼 수 없다.

3. 누범을 가중처벌하는 것은 전범에 대한 형벌의 경고적 기능을 무시하고 다시 범죄를 저질렀다는 점에서 비난가능성이 많고, 누범이 증가하고 있다는 현실에서 사회방위, 범죄의 특별예방 및 일반예방이라는 형벌목적에 비추어 보아, 형법 제35조가 누범에 대하여 형을 가중한다고 해서 그것이 인간의 존엄성 존중이라는 헌법의 이념에 반하는 것도 아니며, 누범을 가중하여 처벌하는 것은 사회방위, 범죄의 특별예방 및 일반예방, 더 나아가 사회의 질서유지의 목적을 달성하기 위한 하나의 수단이기도 하는 것이므로 이는 합리적 근거 있는 차별이어서 헌법상의 평등의 원칙에 위배되지 아니한다.

【당 사 자】

청구인 : 오○식

대리인 변호사 조○황(국선)

관련소송사건 : 서울형사지방법원 93노1944(공갈, 공갈미수)

【심판대상조문】

형법 제35조 (누범) ① 금고 이상의 형을 받아 그 집행을 종료하거나 면제를 받은후(後) 3년 내에 금고 이상에 해당하는 죄를 범한 자는 누범으로 처벌한다.

② 누범의 형은 그 죄에 정한 형의 장기의 2배까지 가중한다.

… 생략

【참조 조문】

… 생략

【참조 판례】

… 생략

【주 문】

이 심판청구 중 형사소송법 제31조, 제33조 제5호, 1994.12.31. 법률 제5015호로 개정되기 전의 행형법 제62조, 제14조 제1항, 제2항, 제18조 제1항 내지 제4항, 제19조, 제31조, 제46조 제1항, 제2항 제2호 내지 제4호, 제6호 내지 제9호, 제3항, 제63조, 제67조에 대한 청구는 각하하고, 형법 제35조 제1항, 제2항은 헌법에 위반되지 아니한다.

【이 유】

1. 사건의 개요 및 심판의 대상

가. 사건의 개요

일건 기록을 살피면, 청구인은 1990.5.4. 서울형사지방법원에서 업무상횡령죄로 징역 10월을 선고받고 1991.1.29. 그 판결이 확정되어 복역하다가 출소한 후, 다시 공갈, 공갈미수의 죄로 기소되어 1993.3.17. 서울지방법원 동부지원이 누범가중을 하여 징역 2년 6월을 선고하자, 이에 불복하여 서울형사지방법원 항소부에 항소하여 같은 법원에 형법 제35조 제1항, 제2항, 형사소송법 제31조, 제33조 제5호, 행형법(1994.12.31. 법률 제5015호로 개정 전의 것, 이하 같다) 제62조, 제14조 제1항, 제2항, 제18조 제1항 내지 제4항, 제19조, 제31조, 제46조 제1항, 제2항 제2호 내지 제4호, 제6호 내지 제9호, 제3항, 제63조, 제67조가 헌법에 위반된다는 이유로 위헌제청신청을 하였으나(서울형사지방법원 93초3297 사건) 같은 법원이 1993.8.17. 이를 기각하자 같은 해 9.9. 이 사건 헌법소원심판청구를 하였다.

나. 심판의 대상

따라서 이 사건의 심판대상은, 누범에 대하여 가중처벌을 규정하고 있는 형법 제35조 제1항, 제2항, 변호인의 자격 및 특별변호인에 관하여 규정한 형사소송법 제31조, 국선변호인에 관하여 규정한 같은 법 제33조 제5호, 미결수용자에 대하여 발하는 명령에 관하여 행형법을 준용하도록 규정한 행형법 제62조 및 미결수용자에게도 적용되는 규정 중 같은 법 제14조(계구) 제1항, 제2항, 제18조(접견 과 서신의 수발) 제1항 내지 제4항, 제19조(서신 등의 영치), 제31조(교회), 제46조(징벌) 제1항, 제2항 제2호 내지 제4호, 제6호 내지 제9호, 제3항, 같은 법 제63조(참관금지), 제67조(작업과 교회)의 각 규정이고, 그 내용은 다음과 같다.

(이하 법률조문 생략)

2. 서울형사지방법원의 위헌제청신청기각 이유

가. 누범에 대하여 형을 가중하는 이유는 이미 형을 받은 자가 개전하지 아니하고 재범한 때에는 책임이 가중되고 행위자의 반사회적 위험성도 커지기 때문이라고 할 것이고 누범가중을 한다고 하여 전에 형벌을 받은 범죄에 대하여 다시 형벌을 과하는 것이 아니고 단지 새로운 범죄에 대한 양형에 관한 것뿐이어서 형법 제35조 제1항, 제2항은 헌법에 위배된다고 할 수 없다.

나. … 생략

3. 청구인의 주장 및 이해관계기관의 의견

가. 청구인의 주장

(1) 형법 제35조 제1항은 전범을 이유로 형을 가중하는 것이므로 전범이 다시 처벌을 받는 것이 되어 헌법 제13조 제1항의 일사부재리의 원칙에 위배되고, 또한 전과자라는 사회적 신분에 의하여 합리적 이유 없이 차별하는 것이어서 헌법 제11조 제1항의 평등의 원칙에 위배된다.

(2) … 생략

(3) … 생략

나. 법무부장관 의견 요지

(1) … 생략

(2) 형법 제35조 소정의 누범가중은 전범을 다시 처벌하는 것이 아니라 이미 형의 집행을 종료하였거나 면제받았음에도 불구하고 짧은 기간 내에 다시 재범을 하였기 때문에 후범에 대한 책임을 가중하는 것이므로 처벌되는 범죄는 어디까지나 후범이라 할 것이어서 이를 일사부재리의 원칙에 반한다고 할 수 없고, 또한 헌법 제11조 제1항의 평등의 개념은 형식적 · 절대적 평등이 아니라 합리적 근거에 기한 사리에 맞는 차별은 허용한다는 실질적 · 상대적 평등을 의미한다고 할 것이므로, 누범가중은 피고인의 책임과 특별예방 및 일반예방이라는 형벌목적에 비추어 피고인에 대하여 적정한 형을 양정하는 것으로 법관이 양형의 조건을 고려하여 누범을 무겁게 처벌하는 것이 결코 불합리한 차별이라 할 수 없다.

다. 검찰총장의 의견 요지

법무부장관의 의견과 대체로 같다.

4. 판단

가. … 생략

나. … 생략

다. 누범가중의 제도는 전범(前犯)에 대한 처벌이 끝났음에도 불구하고 이를 기초로 후범을 중하게 처벌하게 되어 있어 전범이 후범과 합하여져 다시 처벌되는 것처럼 보이므로 누범가중의 제도가 헌법 제13조 제1항 후단의 일사부재리의 원칙에 반하는 것이 아닌가 하는 의문이 생길 수 있으며 전범이 있다는 사실, 즉 전과자라는 사회적 신분을 이유로 차별대우를 하는 것처럼 보여져 헌법 제11조 제1항의 평등의 원칙에 위배되는 것이 아닌가 하는 의문도 생길 수 있다. 그러므로 누범가중이 헌법상 일사부재리의 원칙 및 평등의 원칙에 위배되는지 여부에 관하여 살펴본다.

(1) 누범가중과 일사부재리의 원칙

형법 제35조 제1항이 규정하는 누범은 금고 이상의 형을 받아 그 집행을 종료하거나 면제받은 후 3년 내에 금고 이상에 해당하는 죄를 범한 경우로, 같은 법조 제2항에서 누범을 그 죄에 정한 형의 장기의 2배까지 가중하도록 규정하고 있는바, 이와 같이 가중처벌하는 취지는 범인이 전범에 대한 형벌에 의하여 주어진 기왕의 경고에 따르지 아니하고 다시 범죄를 저질렀다는 잘못된 범인의 생활태도 때문에 책임이 가중되어야 하고, 범인이 전범에 대한 형벌의 경고기능을 무시하고 다시 범죄를 저지름으로써 범죄추진력이 새로이 강화되었기 때문에 행위책임이 가중되어야 한다는 데 있으며 또한 재범예방이라는 형사정책이 배려된 바 있다 할 것이다.

따라서 누범을 가중처벌하는 것은 전범에 대하여 형벌을 받았음에도 다시 범행을 하였다는 데 있는 것이지 전범에 대하여 처벌을 받았음에도 다시 범행을 하는 경우에도 전범도 후범과 일괄하여 다시 처벌한다는 것은 아님이 명백하다. 같은 법조항의 누범은 전범에 대하여 처벌을 받은 후 다시 범죄를 저지른 모든 경우를 포함하는 것이 아니라 일정한 요건 즉 금고 이상의 형을 받아 그 집행을 종료하거나 면제받은 후 3년 내에 금고 이상에 해당하는 죄를 범한 경우만을 누범으로 하고 있으며, 그 형도 장기만을 가중하고 단기는 가중하지 아니하므로 누범을 심판하는 법관은 피고인의 정상을 참작하여 그 형의 최단기형을 선고할 수도 있는 것이며, 전범이 있다는 사실은 단지 하나의 정상으로서 법관의 양형에 있어 불리하게 작용하는 요소일 뿐, 전범 자체가 심판의 대상으로 되어 다시 처벌받기 때문에 형이 가중되는 것은 아니라 할 것이다. 따라서 누범에 대하여 형을 가중하는 것이 헌법상의 일사부재리의 원칙에 위배하여 피고인의 기본권을 침해하는 것이라고는 볼 수 없다.

(2) 누범가중과 평등의 원칙

헌법 제11조 제1항은 "모든 국민은 법 앞에 평등하다. 누구든지 성별 · 종교 또는 사회적 신분에 의하여 정치적 · 경제적 · 사회적 · 문화적 생활의 모든 영역에 있어서 차별을 받지 아니한다"라고 규정하고 있는바 여기서 사회적 신분이란 사회에서 장기간 점하는 지위로서 일정한 사회적 평가를 수반하는 것을 의미한다 할 것이므로 전과자도 사회적 신분에 해당된다고 할 것이며 누범을 가중처벌하는 것이 전과자라는 사회적 신분을 이유로 차별대우를 하는 것이 되어 헌법상의 평등의 원칙에 위배되는 것이 아닌가 하는 의문이 생길 수 있으므로 이에 대하여 살펴본다.

위 헌법상의 평등의 원칙은 일체의 차별적 대우를 부정하는 절대적 평등을 의미하는 것이 아니라 입법과 법의 적용에 있어서 합리적인 근거가 없는 차별을 하여서는 아니 된다는 상대적 평등을 뜻하고 따라서 합리적인 근거가 있는 차별 내지 불평등은 평등의 원칙에 반하는 것이 아니다. 그리고 합리적인 근거가 있는 차별인가의 여부는 그 차별이 인간의 존엄성 존중이라는 헌법원리에 반하지 아니하면서 정당한 입법목적을 달성하기 위하여 필요하고도 적정한 것인가를 기준으로 하여 판단하여야 한다(헌법재판소 1994.2.24. 선고, 92헌바43 결정 참조).

누범을 가중처벌하는 것은 전범에 대한 형벌의 경고적 기능을 무시하고 다시 범죄를 저질렀다는 점에서 비난가능성이 많고, 누범이 증가하고 있다는 현실에서 사회방위, 범죄의 특별예방 및 일반예방이라는 형벌목적에 비추어 보아, 형법 제35조가 누범에 대하여 형을 가중한다고 해서 그것이 인간의 존엄성 존중이라는 헌법의 이념에 반하는 것도 아니며, 누범을 가중하여 처벌하는 것은 사회방위, 범죄의 특별예방 및 일반예방, 더 나아가 사회의 질서유지의 목적을 달성하기 위한 하나의 적정한 수단이기도 하는 것이므로 이는 합리적 근거 있는 차별이어서 헌법상의 평등의 원칙에 위배되지 아니한다고 할 것이다.

5. 따라서 청구인의 이 사건 심판청구 중 형사소송법 제31조, 제 33조 제5호, 행형법 제62조, 제14조 제1항, 제2항, 제18조, 제1항 내지 제4항, 제19조, 제31조, 제46조 제1항, 제2항 제2호 내지 제4호, 제6호 내지 제9호, 제3항, 제63조, 제67조에 대한 헌법소원은 재판의 전제성이 없어 부적법하고 형법 제35조 제1항, 제2항은 헌법에 위반되지 아니하므로 관여재판관 전원의 일치된 의견으로 주문과 같이 결정한다.

참고판례 ❷

대법원 1983.8.23. 선고 83도1600 판결【강도치상(변경된죄명:강간치상) · 사기】

[공1983.10.15.(714),1462]

【이유】

피고인 및 변호인의 상고이유를 본다.

1. … 생략

2. 다음에 직권으로 살피건대, 제1심 판결을 보면 피고인은 1981.11.26 서울형사지방법원에서 업무상 횡령죄로 징역 6월에 2년간 집행유예의 선고를 받은 사실을 인정한 다음 그 법률적용에 있어 피고인에게는 판시 모두의 전과가 있어 누범에 해당하므로 각 형법 제35조에 의하여 판시 제2의 죄에 대하여는 형법 제42조 단서의 제한에 따라 누범가중을 하고 … 경합범가중을 하며 … 작량감경한 형기범위 내에서 피고인을 징역 3년에 처한다고 설시하고 있다. 그러나 금고 이상의 형을 받고 그 형의 집행유예기간 중에 금고 이상에 해당하는 죄를 범하였다하더라도 이는 누범가중의 요건으로 규정한 형법 제35조 제1항은 이 경우에 포함되지 않는다 할 것이다(본원 1965.10.5 선고 65도676, 1969.8.26. 선고 69도1111 판결 참조).

그렇다면 이 사건 제1심 판결은 누범가중하지 못할 경우에 누범가중을 한 경우이어서 그 법률적용에 위법이 있다 할 것이고 이를 유지한 원심판결은 법령에 위반되었다 할 것이다.

따라서 원심판결은 파기를 면치 못한다 할 것이므로 사건을 원심법원에 파기환송하기로 하여 관여법관의 일치된 의견으로 주문과 같이 판결한다.

참고판례 ❸

대법원 2006.4.7. 선고 2005도9858 전원합의체 판결【특정경제범죄가중처벌등에관한법률위반(사기) · 공문서위조 · 위조공문서행사 · 허위감정 · 배임수재】[공2006.12.15.(264),2106]

【이유】

상고이유(기간 경과 후에 제출된 피고인 3 변호인의 상고이유보충서와 피고인 4의 2006. 2. 17.자 상고이유서는 상고이유를 보충하는 범위 내에서)를 판단한다.

1. 피고인 3의 상고이유에 대한 판단

가. … 생략

나. 누범가중의 요건 및 실행의 착수시기에 관한 상고이유에 대하여

형법 제35조 소정의 누범이 되려면 금고 이상의 형을 받아 그 집행을 종료하거나 면제를 받은 후 3년 내에 다시 금고 이상에 해당하는 죄를 범하여야 하는바, 이 경우 다시 금고 이상에 해당하는 죄를 범하였는지 여부는 그 범죄의 실행행위를 하였는지 여부를 기준으로 결정하여야 한다. 따라서 3년의 기간 내에 실행의 착수가 있으면 족하고, 그 기간 내에 기수에까지 이르러야 되는 것은 아니다.

같은 취지에서 피고인 3의 판시 소송사기로 인한 특정경제범죄가중처벌등에관한법률위반(사기)죄에 대하여 누범기간 내에 실행의 착수가 있다는 이유로 누범가중을 한 원심의 판단은 정당하고, 거기에 상고이유에서 주장하는 바와 같은 누범가중의 요건에 관한 법리오해 등의 위법이 없다.

또한, 법률사무의 수임에 관하여 당사자를 특정 변호사에게 소개한 후 그 대가로 금품을 수수하면 변호사법 제109조 제2호, 제34조 제1항을 위반하는 죄가 성립하는바, 그 경우 소개의 대가로 금품을 받을 고의를 가지고 변호사에게 소개를 하면 실행행위의 착수가 있다고 할 것이다.

원심이 적법하게 채택한 증거에 의하면, 피고인 3은 공문서위조죄 등으로 징역 10월을 선고받아 2000.6.23. 그 형의 집행을 종료한 자로서, 판시 소유권보존등기말소 소송의 수임에 관하여 2002년 7월 초순경 그 원고인 공동피고인 2를 변호사인 원심 공동피고인 (이름 생략)에게 소개하고 2004.7.15. 그 대가의 일부로 1억 1천만 원을 지급받았으며, 위 소개 당시 이미 피고인 3과 (이름 생략) 사이에 소개의 대가로 금품을 지급받기로 하는 묵시적 약정이 있었던 사실을 인정할 수 있으므로, 피고인 3은 누범기간 내인 2002년 7월 초순경 판시 변호사법 위반죄의 실행에 착수하였다고 할 것이다. 실행의 착수시기를 이와 달리 인정한 원심의 판단은 잘못이지만, 결과적으로 누범기간 내에 실행의 착수가 있다는 이유로 판시 변호사법 위반죄에 대하여 누범가중을 한 원심의 결론은 정당하고, 거기에 상고이유에서 주장하는 바와 같은 판결 결과에 영향을 미친 법리오해 등의 위법이 없다.

2,3,4,5. … 생략

참고판례 ❹

대법원 2006.12.8. 선고 2006도6886 판결【특정범죄가중처벌등에관한법률위반(절도)】[공2007.1.15.(266),171]

【이유】

피고인과 국선변호인의 상고이유를 함께 본다.

1. 2005.8.4. 법률 제7654호로 개정 · 시행된 특정범죄가중처벌등에관한법률 제5조의4 제6항은 그 입법 취지가 2005.8.4. 법률 제7656호로 공포 · 시행된 사회보호법폐지법률에 의하여 사회보호법이 폐지됨에 따라 상습절도사범 등에 관한 법정형을 강화하기 위한 데 있다고 보이고, 조문의 체계가 일정한 구성요건을 규정하는 형식으로 되어 있으며, 적용요건이나 효과도 형법 제35조와 달리 규정되어 있는 점 등에 비추어 볼 때, 위 법률 제5조의4 제1항 또는 제2항의 죄로 2회 이상 실형을 받아 그 집행을 종료하거나 면제받은 후 3년 이내에 다시 위 제1항 또는 제2항의 죄를 범한 때에는 그 죄에 정한 형의 단기의 2배까지 가중한 법정형에 의하여 처벌한다는 내용의 새로운 구성요건을 창설한 규정이

라고 새겨야 할 것이므로 (대법원 2006.4.28. 선고 2006도1296 판결 참조), 이러한 경우 위 제6항에 정한 형에 다시 형법 제35조의 누범가중한 형기범위 내에서 처단형을 정하는 것이 옳다.

원심이 유지한 제1심판결이 같은 취지에서, 피고인의 이 사건 범죄행위에 대하여 위 법률 제5조의4 제6항을 적용한 후 다시 형법 제35조에 의하여 누범가중을 한 조치는 정당하고, 거기에 법리오해 등의 위법은 없다.

2,3. … 생략

참고판례 ❺

대법원 1982.9.14. 선고 82도1702 판결【도로교통법위반 · 특정범죄가중처벌등에관한법률위반】[공1982.11.15.(692),988]

【이유】

1. 피고인 및 국선변호인의 비약적 상고이유를 함께 본다. (생략)

2. 다만 직권으로 살피건대, 제1심판결에는 다음과 같은 법령적용의 착오가 있음이 발견된다.

(1) 첫째로, 제1심은 피고인의 판시소위 중 소정 면허없이 오토바이를 운전한 행위에 대하여 도로교통법 제77조 제3호를 적용하였으나, 도로교통법은 위판시 행위 전인 1980.12.31 일부 개정되어 제77조 제3호는 횡단 등 금지위반에 대한 처벌규정으로 변경되었고 이 사건과 같이 소정 면허없이 원동기장치 자전거를 운전한 자에 대한 처벌규정은 제77조 제4호에 규정되어 있으므로, 결국 제1심은 행위시의 법률을 적용하지 아니하고 행위 전에 이미 변경된 구법을 적용한 잘못이 있다.

둘째로, 제1심은 도로교통법 위반의 각 행위에 대하여 도로교통법 제75조 및 제77조의 각 소정형 중 벌금형을 선택한 후 피고인에게 판시 전과가 있음을 이유로 형법 제35조에 의하여 누범가중을 하고 있다.

그러나 형법 제35조 제1항에 규정된 " 금고이상에 해당하는 죄" 라 함은 유기금고형이나 유기징역형으로 처단할 경우에 해당하는 죄를 의미하는 것으로서 법정형 중 벌금형을 선택한 경우에는 누범가중을 할 수 없는 것이므로(당원 1960.12.21. 선고 4294형상841 판결, 1982.7.27. 선고 82도1018 판결 각 참조),이 점에서도 제1심은 법률적용을 그릇친 잘못이 있다.

(2) … 생략

참고판례 ❻

대법원 1992.10.13. 선고 92도1428 전원합의체 판결【강도치사 · 특정범죄가중처벌등에관한법률위반(절도)】[공1992.12.1.(933),3190]

【이 유】

1. … 생략

2. 피고인들 변호인의 상고이유 제2점을 본다.

(1) 원심판결 이유에 의하면, 원심은, 피고인들의 이 사건 범행 가운데 강도치사의 소정형 중 무기징역형을, 특정범죄가중처벌등에관한법률위반(절도, 이하 특가법위반죄라 한다)의 소정형 중 유기징역형을 각 선택하고, 피고인 박○수의 특가법위반죄에 대하여는 누범가중을 한 다음, 피고인들의 위 각 범행은 형법 제37조 전단의 경합범이므로 형법 제38조 제1항 제1호에 의하여 피고인들을 무기징역

형으로 처벌하여야 할 것이나 피고인들에게는 정상에 참작할 만한 사유가 있다고 하여 작량감경을 한 후 피고인들을 각 징역 20년에 처하면서, 그 근거로서, 이 사건과 같이 피고인들의 특가법위반죄와 강도치사죄가 경합범관계에 있고 한편 피고인 박○수의 특가법위반죄가 누범인 경우, 특가법위반죄의 소정형 중 유기징역형을 선택하고 강도치사죄의 소정형에 유기징역형이 있다고 가정하여 유기징역형을 선택하였다면, 누범가중 또는 경합범가중을 하여 피고인 박O수에 대하여는 징역 25년(누범가중), 나머지 피고인들에 대하여는 징역 22년 6월(경합범가중)의 상한범위 내에서 형을 양정할 수 있는바, 이러한 경우와의 균형상 이 사건에서도 위 유기징역형을 가중하는 경우의 처단례에 따르는 것이 상당하다고 설시하고 있다.

(2) 그러나 죄형법정주의는 국가형벌권의 자의적인 행사로부터 개인의 자유와 권리를 보호하기 위하여 죄와 형을 법률로 정할 것을 요구하고, 이로부터 파생된 유추해석금지의 원칙은 성문의 규정은 엄격히 해석되어야 한다는 전제 아래 피고인에게 불리하게 성문규정이 표현하는 본래의 의미와 다른 내용으로 유추해석함을 금지하고 있다.

형법 제38조 제1항 제1호는 경합범 중 가장 중한 죄에 정한 형이 사형 또는 무기징역이나 무기금고인 때에는 가장 중한 죄에 정한 형으로 처벌하도록 규정하고 있으므로, 이 사건에서 경합범인 특가법위반죄와 강도치사죄 중 가장 중한 강도치사죄의 소정형에서 무기징역형을 선택한 이상 무기징역형으로만 처벌하고 따로이 특가법위반죄와 경합가중을 하거나 특가법위반죄가 누범이라 하여 누범가중을 할 수 없음은 더 말할 나위도 없는바, 위와 같이 무기징역형을 선택한 후 형법 제56조 제6호의 규정에 의하여 작량감경을 하는 경우에는 같은 법 제55조 제1항 제2호의 규정에 의하여 7년 이상의 징역으로 감형되는 한편, 같은 법 제42조의 규정에 의하여 유기징역형의 상한은 15년이므로 15년을 초과한 징역형을 선고할 수 없는 것이다.

원심은 강도치사죄의 소정형 중 유기징역형이 있다고 가정하여 유기징역형을 선택하였다면 누범가중 또는 경합범가중을 하여 징역 25년 또는 징역 22년 6월의 상한범위 내에서 형을 양정할 수 있어 이러한 경우와의 균형상 이 사건에서도 유기징역형을 가중하는 경우의 처단례에 따르는 것이 상당하다는 것이나, 이는 유기징역형을 가중하는 경우의 처단례를 유추하여 피고인에게 불리하게 징역 15년을 초과하는 처단형을 정할 수 있다는 것이어서 유추해석금지의 원칙에 정면으로 위배될 뿐 아니라, 이 사건에서 강도치사죄의 처단형 상한이 징역 15년으로 된 것은 무기징역형을 선택한 후 작량감경한 결과이므로 원심설시와 같이 유기징역형이 있다고 가정하여 유기징역형을 선택한 경우에도 작량감경을 하게 되면 그 처단형의 상한이 징역 12년 6월 또는 11년 3월이 되어 이 사건의 경우와 균형이 어긋난다고 볼 수도 없는 것이다.

반대의견은 강도치사죄에서 선택한 무기징역형을 감경하는 경우 원칙적으로 그 상한을 징역 15년으로 보되 감경대상이 되는 무기징역형이 실질적으로 가중된 의미를 갖는 무기징역형일 때에는 형법 제42조 단서에 따라 그 상한은 징역 25년의 범위 내에서 가중되는 내용에 상응한 범위의 징역 형기가 되어야 한다는 것이나, 이 또한 위에서 본 형법 제38조 제1항 제1호, 제55조 제1항 제2호 및 제42조의 각 규정 문언이 표현하는 본래의 의미의 한계를 벗어나는 해석으로서 피고인에게 불리한 유추해석에 다름 아니므로 찬성할 수 없다.

또 반대의견은 이 사건에서 무기징역형을 선택하여 작량감경을 함으로써 징역 15년 이하의 징역형을 선고할 수밖에 없다고 한다면 이 사건과 같이 징역 15년의 형은 가볍고 무기징역형은 무거운 사안에서 사실심법원으로 하여금 무기징역형의 작량감경을 주저하게 만들어 결과적으로 피고인에게 불리하게 된다고 주장한다.

그러나 수형자를 사회로부터 영구히 격리시켜 그 자유를 박탈하는 종신자유형인 무기징역형은 유기징역형과는 현저한 차이가 있으므로, 양형의 조건에 비추어 무기징역형에 처하는 것이 과중하다고 인정되고 작량감경의 사유가 있다면 작량감경한 형기 범위 내에서 형을 선고하여야지 작량감경한 형이 가볍게 느껴진다고 하여 과중한 무기징역형을 선고할 수는 없는 것이며, 만일 무기징역형을 선고한다면 이는 형의 양정이 심히 부당한 경우에 해당하여 위법한 것이다. 사실심법원이 이러한 위법한 형의 양정을 할 것을 전제로 피고인에게 불리한 여부를 논하는 것은 옳지 않다고 본다.

결국 원심판결에는 작량감경에 관한 법리를 오해하여 판결에 영향을 미친 위법이 있으므로 이 점을 지적하는 논지는 이유 있다.

(3) 그러므로 피고인들 및 변호인의 나머지 상고이유에 대한 판단을 생략하고 원심판결을 파기하여 사건을 원심법원에 환송하기로 대법관 최재호, 대법관 박우동, 대법관 박만호를 제외한 나머지 관여 법관의 의견이 일치되어 주문과 같이 판결한다.

대법관 최재호, 대법관 박우동, 대법관 박만호의 반대의견

피고인들 변호인의 상고이유 제2점에 관하여 다수의견과는 달리 피고인들에 대하여 각 징역 20년을 선고한 원심판결은 정당하다고 인정되는바, 그 이유는 다음과 같다.

첫째로, 양형의 균형이라는 관점에서 볼 때, 만약 피고인들이 이 사건에서 강도치사죄를 범하지 않고 (상한이 15년인) 유기징역형이 선택형으로 법정되어 있는 더 가벼운 죄를 범하여 법원이 그중 유기징역형을 선택하였다면, 원심이 설시한 각 상한범위 내에서 형을 양정할 수 있었음에 반하여, 법정형으로 사형과 무기징역형밖에 규정되어 있지 않은 중죄인 강도치사죄를 범하고 법원이 그 법정형 중 유기징역형 보다 훨씬 무거운 무기징역형을 선택한 후 그 무기징역형 자체가 너무 무겁다고 인정되어 유기징역으로 작량감경을 하였을 때에는 위 경우보다 아주 낮게 징역 15년 이하라는 상한범위 내에서 형을 양정할 수밖에 없는바, 그렇다면 이는 전자와 비교하여 볼 때 현저히 균형에 어긋나기 때문이다.

둘째로, 무기징역형을 감경하는 경우 원칙적으로는 형법 제42조 본문 후단에 따라 그 상한을 15년으로 보되, 감경대상이 되는 무기징역이 실질적으로는 가중된 의미를 갖는 무기징역일 때에는 형법 제42조 단서에 따라 그 상한은 징역 25년의 범위 내에서 가중되는 내용에 상응하는 범위의 징역 형기가 되는 것으로 보아야 할 것이다.

즉, 이 사건 강도치사죄의 법정형 중 무기징역형을 선택한 후 특가법위반죄의 법정형 중 유기징역형을 선택하여 (피고인 박○수에 대하여는 이에 누범가중을 한 다음) 경합범가중을 하면 형법 제38조 제1항 제1호에 따라 가장 중한 죄에 정한 형인 무기징역으로 처벌하게 되고 유기징역은 위 무기징역에 흡수되는바, 위 무기징역을 선고하는 것이 사안에 비추어 너무 무거워서 작량감경을 하게 되면, 위 유기징역형을 흡수한 무기징역은 실질적으로는 가중된 내용을 가지고 있으므로, 그 감경된 징역의 상한은, 적어도 강도치사죄의 법정형인 무기징역을 감경했을 때의 상한인 징역 15년과 특가법위반죄의 감경된 상한인 징역 7년 6월 (피고인 박O수에 대하여는 징역 12년 6월)의 형기를 형법 제38조 제1항 제2호에 따라 가중한 징역 22년 6월이 된다고 보아야 할 것이다. 그러므로 원심의 판단은 이러한 취지에 따라 형법 제42조와 제55조 제1항 제2호를 조화롭게 해석하면서 형의 선택 폭을 넓혀 적정한 형의 양정을 기하려는 것으로서 옳다고 하겠다.

셋째로, 다수의견에 따르는 것이 반드시 피고인에게 유리하다고만 할 수 없고, 오히려 피고인에게 불리할 경우가 있음을 부인할 수 없다. 왜냐하면, 이 사건 원심과 같이 강도치사죄의 법정형 중 무기징역형을, 특가법위반죄의 소정형 중 유기징역형을 각각 선택하고, 경합범처벌례에 따라 유기징역을 무기징역에 흡수시킨 후, 작량감경을 한 경우, 다수의견과 같이 징역 15년 이하의 유기징역밖에 선고할 수 없다고 한다면, 피고인에게 유리한 것처럼 보이기는 하나, 만약 다수의견대로라면, 법정형이 이보다 낮고 그 상한이 각각 15년의 유기징역형인 범죄를 경합범 가중한 경우의 상한과 이 사건과 같은 경우의 상한이 현저하게 균형을 잃는다고 생각할 경우 즉, 이 사건 피고인들에 대하여서와 같이 징역 15년의 형은 가볍고 무기징역형은 무거운 사안에서, 사실심법원으로 하여금 무기징역형의 작량감경을 주저하게 만드는 불합리가 있는바, 그렇다면 다수의견에 따를 경우 실질적으로 피고인에게 불리한 결과가 생김을 부인할 수 없기 때문이다.

넷째로, 원심의 위 판단에 대하여, '이와 같이 선고할 수 있는 형의 상한이 제한되는 것은 작량감경을 하였기 때문이므로, 이렇게 무기징역형을 작량감경한 경우와 유기징역형이 (누범 또는 경합범) 가중되었지만 작량감경을 하지 않은 경우를 비교하여 전자의 형의 상한이 너무 가벼워 균형이 맞지 아니한다고 탓하는 것은 불합리하다거나, 또는 원심의 설시와 같이 유기징역형이 있다고 가정하여 유기징역형을 선택한 후 작량감경을 하더라도 그 처단형의 상한이 징역 12년 6월 또는 11년 3월로 되니 양자의 균형이 어긋난다고 볼 수 없다'고 비난할 수는 없다고 하겠다. 왜냐하면 작량감경은 사안의 내용과 법정형의 경중을 교량하여 형의 양정에 필요한 범위 안에서 이를 행하는 것인바, 원심이 무기징역형을 감경한 이유는 단지 무기징역형 자체가 너무 무겁다는 데 있을 뿐이고, 만약 형기가 가중된 범위에서 유기징역형으로만 처단할 수 있었다면 굳이 그 형기를 작량감경하려는 취지가 아니었다고 보이기 때문이다.

다섯째로, 우리 형법은 유기징역의 상한을 형의 가중이라는 형식을 거쳐 실질적으로 25년까지 확장하고 있는 점, 그리고 무엇보다도 무기징역은 종신형이므로 일정한 기간만 징역에 처하는 유기징역에 비하여 현격한 차이가 있음은 다수의견도 시인하고 있는바, 무기징역형을 작량감경하고 난 후의 유기징역형의 상한을 위에서 전개한 논리에 따라 징역 25년까지로 확장한다 하더라도, 이렇게 감경된 형과 감경되지 아니한 무기징역 사이에도 역시 현격한 차이가 있다고 하지 않을 수 없고, 이렇게 보는 것이 우리의 법률감정에도 부합한다는 점을 지적해 두고 싶다.

따라서 원심판결에는 소론과 같은 작량감경에 관한 법리오해의 위법이 있다고 할 수 없으므로 상고는 이유 없어 기각하여야 할 것이라고 본다.

참조문헌

김대휘, "특별누범의 처단", 형사판례연구 제16권, 2008, 465면-481면

손동권, "상습범 및 누범에 대한 형벌가중의 문제점", 형사판례연구 제4권, 1996, 105면-135면

안동준, "누범가중의 타당성과 실효성", 비교형사법연구 제2권 제1호, 2000, 69면-94면

원형식, "상습범과 누범의 가중처벌의 문제", 형사법연구 제22호, 2004 겨울, 566면-585면

최병각, “상습범의 법제와 개선방안”, 비교형사법연구 제3권 제2호, 2001, 261면-289면
최호진, “상습범의 상습성 판단자료와 죄수판단”, 비교형사법연구 제7권 제1호, 2005, 343면-367면

X-4 집행유예

대상판결

대법원 1989.9.12. 선고 87도2365 전원합의체 판결【사문서위조,위조사문서행사,사기】[공1989.10.15.(858),1422]

【피 고 인】피고인

【상 고 인】검사

【원심판결】춘천지방법원 1987.10.15. 선고 87노124 판결

【주 문】상고를 기각한다.

【이 유】

검사의 상고이유를 본다.

형법 제62조 제1항 단서에서 규정한 "금고 이상의 형의 선고를 받아 집행을 종료한 후 또는 집행이 면제된 후로부터 5년을 경과하지 아니한 자"라는 의미는 실형의 선고를 받고 집행종료나 집행이 면제된 후부터 5년을 경과하지 아니한 경우만을 가리키는 것이 아니라 형의 집행유예를 선고받고 그 유예기간이 경과하지 아니한 경우도 포함된다고 하는 것이 당원의 견해(1960.5.18. 선고 4292형상563 판결; 1984.6.26. 선고 83도2198 판결 등 참조)임은 소론과 같다.

그러나 위와 같은 해석을 엄격히 하여 집행유예기간이 경과하기 전에는 어떤 경우에도 다시 집행유예를 선고할 수 없는 것으로 한다면 형법 제37조의 경합범관계에 있는 수죄가 전후로 기소되어 각각 별개의 절차에서 재판을 받게 된 결과 어느 하나의 사건에서 먼저 집행유예가 선고되어 그 형이 확정되었을 경우 다른 사건의 판결에서는 다시 집행유예를 선고할 수 없게 되는데 이것은 만약 위 수죄가 같은 절차에서 동시에 재판을 받아 한꺼번에 집행유예를 선고받을 수 있었던 경우와 비교하여 보면 현저히 균형을 잃게 되므로 이러한 불합리한 결과가 생기는 경우에 한하여 위 단서 규정의 "형의 선고를 받아"라는 의미는 실형이 선고된 경우만을 가리키고 형의 집행유예를 선고받은 경우는 포함되지 않는다 고 해석함이 상당하다 할 것이다.

원심이 확정한 사실에 의하면 **피고인은 1986.9.4. 춘천지방법원 영월지원에서 사문서위조등의 죄로 징역 1년에 집행유예 2년의 형을 선고받아 검사와 피고인이 모두**

항소하였으나 1987.2.19. 춘천지방법원에서 항소가 모두 기각되어 위 판결이 확정되었고, 한편 피고인에 대한 이 사건 사문서위조등의 범행은 위 판결이 확정되기 전인 1984.10.25.경에 저질러졌다는 것이다.

따라서 위 판결이 확정되기 전에 범한 이 사건 범행은 위 확정판결의 죄와 형법 제37조 후단의 경합범관계에 있으므로 이에 대하여는 새로이 그 형의 집행을 유예할 수 있다고 하여야 할 것이다.

원심이 집행유예의 판결이 확정된 후에 행하여진 범죄에 대하여도 그 유예기간중에 다시 집행유예를 선고할 수 있는 것처럼 설시하고 있는 판단부분은 잘못된 것이라 하겠으나 원심의 위와 같은 잘못이 이 사건 판결의 결론에는 영향을 미치는 것이 아니다.

당원은 1960.5.18. 선고 4292형상563 판결; 1968.7.2. 선고 68도720 판결; 1969.6.10. 선고 69도699 판결; 1969.10.28. 선고 68오26 판결 ; 1984.6.26. 선고 83도2198 판결; 1989.4.11. 선고 88도1155 판결 등에서 위 견해와 달리 집행유예기간중에는 새로 재판할 사건의 범죄행위가 먼저 집행유예의 선고를 받았던 범죄사실이 있기 전의 행위이었거나 그 후에 있었던 행위이거나를 막론하고 그 사건에 있어서는 다시 집행유예를 선고할 수 없다는 견해를 표명한 바 있으나 이 판시 부분은 폐기하기로 한다.

따라서 같은 취지에서 피고인에게 집행유예의 선고를 한 원심의 조치는 정당하고 이와 다른 의견으로 죄형법정주의의 원칙을 내세워 집행유예 기간중에는 어떤 경우에도 다시 집행유예를 선고할 수 없다는 취지의 논지는 받아들일 수 없다.

그러므로 상고를 기각하기로 하여 대법원장 이일규, 대법관 김주한의 반대의견과 대법관 윤관, 김상원, 배만운, 김용준의 별개의견을 제외한 관여 법관의 일치된 의견으로 주문과 같이 판결한다.

대법원장 이일규 및 대법관 김주한의 반대의견은 다음과 같다.

(1) 형법 제62조 제1항 단서는 금고 이상의 형의 선고를 받아 집행을 종료한 후 또는 집행이 면제된 후로부터 5년을 경과하지 아니한 자에 대하여는 형의 집행을 유예할 수 없도록 규정하고 있는바 여기에서 "금고 이상의 형의 선고를 받아"라고 함은 실형만을 지칭하는 것은 아니고 집행유예의 선고를 받은 경우도 포함하는 것으로 해석되며 이는 같은 법 제63조에 집행유예의 선고를 받은 자가 유예기간중 금고 이상의 형의 선고를 받아 그 판결이 확정된 때에는 집행유예의 선고는 그 효력을 잃는다고 규정된 데에 비추어 보아도 명백하다 할 것이므로 이 점에 관한 한 다수의견과 견해를 같이 하는 바이지만 다수의견이 집행유예기간 이전의 범죄 가운데 일부의 경우에 대하여 앞서본

"금고 이상의 형의 선고를 받아"의 의미를 달리 해석하는데 대해서는 다음과 같은 이유로 이에 찬동할 수가 없다.

(2) 법규의 의미 내용인 문리가 명확하여 논리적으로 모순되지 아니할 때에는 그 문리대로의 적용이 실제로 불가능한 경우 등 예외적인 경우 이외에는 여기에서 자의로 벗어나는 해석을 하여서는 아니되는 것이며 더우기 법률에의 구속에 정도가 다른 법률에서 보다 더 엄격해야 할 형법의 해석에 있어서는 그 명문규정이 어느 일면 불합리한 결과를 초래할 가능성이 있다 하더라도 입법작용에 의한 개정을 기다려야 할 일이지 그 불합리한 결과를 막는다거나 피고인에게 유리하다 하여 명문규정을 억지로 고쳐서 적용하여서는 아니된다 할 것이다.

그런데 형의 집행유예에 관한 위 제62조는 집행유예기간내에 범한 죄에 대한 경우와 집행유예를 선고한 판결확정 전에 범한 죄에 대한 경우를 구별하여 규정하고 있지 아니하고 형법이나 다른 어느 법률에 의하더라도 집행유예기간중에 범한 죄와 그 집행유예 판결확정 전에 범한 죄를 구별하여 해석할 수 있는 근거를 찾아볼 수 없으므로 다수의견과 같이 집행유예를 선고한 판결이 확정된 죄와 그 판결확정 전에 범한 죄에 대해 동시에 심판하였더라면 한꺼번에 집행유예가 선고되었으리라고 인정되는 경우에는 판결확정 전에 범한 죄에 대하여 다시 집행유예를 선고할 수 있다고 해석하는 것은 법관의 법률해석의 범위를 일탈하는 것이라고 하지 않을 수 없다.

(3) 뿐만 아니라 다수의견이 불합리한 결과가 생길 수 있다고 지적하는 경우를 보더라도, 그 가운데 검사가 수개의 죄에 대해 의도적으로 나누어서 기소한 데에 기인한 경우이거나 실체적 경합관계에 있는 2 이상의 죄가 함께 기소되었으나 일부 죄에 대하여는 형의 집행유예가 나머지 죄에 대해서는 무죄가 선고되고 검사만이 무죄부분에 대해 상소를 제기한 결과 상급법원에서 무죄부분에 대해 징역 또는 금고형을 선고하는 경우처럼 판결확정 전에 범한 죄와 확정된 죄를 동시에 심판하지 않은 것이 피고인의 책임없는 사유로 인한 경우에는 불합리한 결과가 생길 가능성이 있다고 하겠으나 이러한 사례들은 실제로 문제된 때가 거의 없으며 흔하지도 않다. 오히려 이와 반대로 대다수의 경우에서 처럼 그것이 피고인이 판결확정 전에 범한 죄를 부정직하게 숨긴 탓으로 검사가 함께 기소하지 못함으로 말미암은 경우라면 이는 피고인이 자초한 결과이므로 그 숨겼던 죄에 대하여 다시 집행유예를 못하게 되었다 하여 반드시 불합리하다 할 수 없으며(어느 누구도 자기가 범한 죄를 다 털어 놓아야 할 의무는 없고 또 죄를 숨긴데 대해 직접적으로 불이익을 줄 수는 없는 것이지만 죄를 숨김으로 인하여

생길 수도 있는 불이익은 어느 면에서는 감수할 수도 있는 것이므로 그 불이익을 반드시 제도적으로 방지해야 하는 것은 아니라 할 것이다) 또 집행유예판결이 확정되기 전에 범한 죄 가운데 그 재판이 진행되는 동안에 범한 죄는 집행유예기간중에 새로 죄를 범한 경우와 달리 취급할 아무런 이유도 없는 것이므로 다수의견은 결국 불합리한 결과가 생길수 있는 극히 일부의 예에만 집착한 나머지 특별히 관대한 처분을 할 필요가 없는 대다수의 경우에 대해서 불필요하게 집행유예를 허용하게 되는 또다른 불합리한 결과를 초래하게 하여 그 해석의 결과가 타당성 마저도 지니지 못하였다고 할 것이다.

(4) 다수의견이 모순된 점은 집행유예실효제도와의 관계에서 더욱 뚜렷이 나타난다. 즉 집행유예의 실효에 관한 형법 제63조에 규정된 "금고 이상의 형의 선고를 받아"의 의미를 실형 뿐 아니고 형의 집행유예도 포함하는 것으로 해석하여 온 데에는 이론이 없었던 터이므로 다수의견에 따라 그 집행유예의 판결확정 전의 죄에 대해 집행유예를 선고하면 먼저번의 집행유예의 선고는 실효되는 것이 명백하며 그렇게 되면 유예되었던 형을 집행해야 되는 반면에 그와 같이 형의 집행을 받게 된 사람에게 새로 집행유예의 선고를 하게 되는 기이한 결과가 발생하여 집행유예제도의 목적에 반하게 된다. 그런데 우리나라의 집행유예실효제도 아래에서는 그 실효여부를 법원이 다시 정하는 것이 아니라 일단 실효사유가 발생하면 그 사유의 발생 자체로서 집행유예의 선고가 실효되도록 규정되어 있기 때문에 위와 같은 모순된 결과가 발생하는 때에 한하여 집행유예가 실효되지 않도록 이를 선별하여 처리할 수가 없게 되어 있다.

물론 다수의견에 의할 때에는 위와 같이 집행유예가 가능한 경우에는 먼저번의 집행유예의 선고가 실효되지 않는다는 해석을 시도할지 모르나 위 제63조는 물론 형법의 어느 규정에도 집행유예기간중 집행유예가 선고된 경우 가운데 어느 특정한 경우에는 집행유예가 실효되지 않는다고 해석할 수 있는 아무런 근거가 없다. 그렇다면 위와 같이 해석하는 것은 위 제62조 제1항 단서에 관하여 무리한 해석을 하여서 생긴 모순된 결과를 막기 위하여 또다시 위 제63조에 관하여 근거없는 해석을 시도하는 것으로서 결론부터 설정하여 놓고 이유를 억지로 갖다 부치는 식으로 무리에 무리를 거듭하고 있다는 비난을 면할 수 없으며 이는 결국 다수의견이 법관의 법률해석의 범위를 넘는 자의적인 해석을 하고 있음을 스스로 들어내는 것이라 아니할 수 없다.

대법관 윤관, 대법관 김상원, 대법관 김용준의 별개의견은 다음과 같다.

다수의견이 그 판시와 같은 이른바 여죄의 경우에는 집행유예기간중에도 집행유예를 선고할 수 있다고 하여 결과적으로 원심판결을 유지한 것은 찬성하나 다만 형법 제

62조 제1항 단서에서 규정한 "금고 이상의 형의 선고를 받아"에서의 "형의 선고"를 실형 뿐만 아니라 집행유예를 받은 형의 선고까지도 포함하는 것으로 해석한 나머지 집행유예기간중에는 집행유예를 선고할 수 없다고 하여 반대의견과 그 견해를 같이 하고 있고 그러면서도 유독 여죄의 경우에만 집행유예기간 중에도 집행유예를 할 수 있다는 것이어서 이 점들에 관하여 다른 의견을 밝혀두고자 한다.

형법 제62조 제1항 단서의 "금고 이상의 형의 선고를 받아"에서 말하는 "형"이란 실형만을 가리키는 것이지 집행유예를 받은 형까지도 포함하는 것으로는 해석되지 아니한다.

왜냐하면 집행유예의 선고를 받은 후 무사히 그 유예기간을 경과하면 형법 제65조에 의하여 형의 선고는 그 효력을 잃게 되는 반면에 그 기간이 경과하기 전의 미확정상태에서는 형의 집행의 종료 또는 면제란 처음부터 있을 수가 없기 때문이다.

다시 말하면 형법 제62조 제1항 단서에서 "금고 이상의 형의 선고를 받아"라는 부분만 따로 떼어서 보면 그 "형의 선고"는 실형 뿐만 아니라 집행유예를 받은 형의 선고도 포함하는 것으로 보이지만 위 문언에 바로 연결되어 있는 "집행을 종료한 후 또는 집행이 면제된 후로부터 5년이 경과하지 아니한 자"라는 부분까지를 묶어 보면 "금고 이상의 형"은 당연히 실형만을 가리킨다고 볼 수밖에 없는 것이다.

그런데도 다수의견은 앞뒤 문언의 연결고리를 제쳐둔 채 앞부분의 "금고 이상의 형의 선고를 받아" 만을 따로 떼어 그 형 속에는 집행유예를 받은 형도 포함된다고 해석해 버리고 만 것이다.

형법 제35조 제1항에서의 "금고 이상의 형을 받아 그 집행을 종료하거나 면제를 받은 후"라는 문언은 형법 제62조 제1항 단서의 그것과 다를 바 없는데 일찍이 당원은 위 제35조 제1항의 금고 이상의 형은 실형만으로 보아 온 것이다(1983.8.23. 선고 83도1600 판결 등 참조).

다수의견과 반대의견이 지지하고 있는 지금까지의 당원의 판결이, 집행유예 기간중에는 집행유예를 할 수 없다고 한 이유를 요약해 보면 집행유예는 그 기간이 경과되기 전에 실효 또는 취소되면 그 유예된 형이 집행되는 미확정상태에 놓여 있으므로 그 기간경과 전에는 형의 집행종료 또는 집행면제 후 5년이 경과한 자에 해당하지 아니하며 또 이러한 자에 대하여 집행유예를 선고하는 것은 법의 적용에 모순이 있고 (1960.5.18. 선고 59형상563 판결 등 참조) 집행유예 기간중에 있는 자에게 다시 집행유예를 선고하여 그 판결이 확정되면 먼저 번의 집행유예가 실효되어 그 형의 집행을 받게 되므로 두 번째 형의 집행을 유예한다는 것은 집행유예제도의 목적에 반한다(1965.4.6. 선고 65도162 판결 등 참조)는데 있다. 그러나 이는 어느 것이나 형법 제62조 제1항 단서는 그것이 그 제1항 본문의 집행유예사유를 제한하는 예외 규정이므로 이를 엄격하게 해석하여야 하고, 집행유예가 실효 또는 취소되어 그 형의 집행을 받게 된 경우에는 이미 집행유예 기간중에 있는 자가 아니므로 집행유예를 할 수 있는 요건을 가리는데 있어서 집행유예의 실효 또는 취소사유는 처음부터 고려의 대상이 되지 아니할 뿐더러 그것 때문에 집행유예 기간중에 집행유예를 선고하는 것이 바로 집행유예제도의 목적에 반한다고도 할 수 없다 할 것인데도 앞에서 본 바와 같이 문언 해석을 외면하고 집행유예의 실효와 취소에 관하여 규정한 형법 제63조와 제64조를 끌어들여 다분히 나름대로의 목적론적 유추해석에 얽매인데서 연유한 것이라고 볼 수밖에 없다.

그리고 이와 같은 전제에서 보면 지금까지의 당원판결은 왜 형의 집행이 미확정 중인자에게 다시 집행유예를 할 수 없다는 것인지 또 왜 법의 적용에 모순이 생기는 것인지에 대하여 납득할 만한 설명을 하여 주지 못한 셈이 된다. 다수의견은 집행유예기간중에는 집행유예를 할 수 없다고 하면서도 유독 이른바 여죄의 경우에는 그것이 가능하다고 한다.

죄형법정주의의 원칙상 형법의 해석은 엄격하여야 하고 차등해석은 배제되어야 한다.

여죄만을 따로 차등을 두어 집행유예 기간중에도 집행유예를 할 수 있다는 문언이나 그렇게 유추할 만한 근거마저도 우리 형법전에는 아무데도 없다.

여죄의 경우 뿐만 아니라 다른 경우에도 그에 못지 않게 집행유예를 선고할 만한 사안이 얼마든지는 것이고 그와 같은 기회는 균등히 보장되어야 한다.

요컨대 형의 집행유예기간중이라 하더라도 여죄인지의 여부에 관계없이 집행유예를 할 수 있다고 보는 것이 이에 관한 형벌법규의 해석에 보다 충실히 접근하는 것이 아닌가 한다.

대법관 배만운의 별개 의견은 다음과 같다.

형법 제62조 제1항 단서의 해석에 관하여는 위의 별개 의견과 견해를 같이하며 그렇게 해석하는 것이 문리에도 어긋나지 아니한다고 생각하는 바이므로 이를 원용하고 여기에 몇 마디를 첨가하고저 한다.

우리 형법에서 형의 집행유예제도를 규정한 것은 모든 징역형과 금고형을 기계적으로 집행함으로써 생기는 폐단을 방지하고 특별예방의 목적을 달성하고저 하는 형사정책상의 고려에 의한 것이며 그러므로 집행유예의 요건을 어떻게 정할 것인지는 입법에 관한 문제라고 할 것이나 집행유예제도의 위와 같은 목적과 기능에 비추어 보면 집행유예기간중에 있는 자에 대한 집행유예를 일률적으로 배제하는 것이 반드시 옳다고 할 수는 없다고 보며 오히려 집행유예기간중에 있는 자에 대하여도 다시 집행유예를 선고하는 것이 타당하다고 인정되는 사건이 허다하게 있음을 우리가 경험하는 바이다.

물론 우리 형법의 해석으로서도 다수의견이 반대의견과 같이 금고 이상의 형의 집행유예의 선고를 받아 그 유예기간중에 있는 자를 위의 "금고 이상의 형의 선고를 받은" 자에 포함되는 것으로 해석하지 못할 바는 아니라고 할 것이나 이와 같은 법의 해석은 우리 형법의 취지가 금고 이상의 형의 집행유예기간중에 있는 자에 대하여는 다시 집행유예를 허용하지 아니하고저 하는 것이고 또 그렇게 해석하는 것이 형사정책상으로도 타당하다는 견해하에서 가능하다고 할 것인데 우리 형법의 취지가 반드시 그와 같은 것이라고 보아야만 하는 것은 아니라고 보며 형사정책상으로나 집행유예제도의 본래의 취지에 비추어 보면 오히려 집행유예기간중에 있는 자에 대한 집행유예의 길을 일률적으로 봉쇄할 것이 아니라 그 길을 터주는 것이 상당할 것으로 생각한다.

그러므로 집행유예기간중에 있는 자에 대한 집행유예를 명문으로 배제하고 있지 아니하는 형법의 규정을 해석함에 있어서 집행유예기간중에 있는 자에 대하여 다시 집행유예를 할 수 있다고 해석할 수 있는 길이 있음에도 불구하고 이를 봉쇄하여 법관의 양형의 재량범위를 축소하는 것이 반드시 옳은 것인지 재고하여 볼 필요가 있다고 생각하며 또 그렇게 하는 것이 형사정책상으로나 집행유예제도의 본질에 비추어 반드시 타당한 것인지 의문을 가지는 바이다.

그리고 다수의견과 같이 형법 제37조 후단의 경합범에 한하여서는 "형의 선고를 받아"라는 의미를 실형이 선고된 경우만을 가리키고 형의 집행유예를 선고받은 경우는 포함되지 아니한다고 보는 것은 편의적인 해석을 한 것이라고 볼 수 밖에 없을 것인바 그렇게 해석할 수 있는 바에야 나아가 "형의 선고를 받아"라는 의미를 모든 경우에 실형이 선고된 경우만을 가리킨다고 해석 못할 것이 없으며 또 이렇게 해석하는 것이 오히려 법의 해석의 일관성을 유지할 수 있을 것으로 본다.

참조조문

형법 제62조 제1항 단서

법적쟁점

1. 하나의 자유형의 일부에 대하여도 집행유예를 선고할 수 있는가?(참고판례 1)

2. 하나의 판결로 두 개의 징역형을 선고하는 경우, 그 중 하나의 징역형에 대하여만 집행유예를 선고할 수 있는가?(참고판례 2)

3. 집행유예기간에 죄를 범하였으나 집행유예기간이 종료하거나 면제되어 3년을 경과한 경우에도 집행유예를 선고할 수 있는가?(참고판례 3)

4. 집행유예기간이 아직 경과되지 아니한 자에 대하여도 집행유예를 선고할 수 있는가?(참고판례 4)

5. 집행유예기간이 경과한 자에 대하여 선고유예가 가능한가?(참고판례 5)

6. 집행유예를 선고하는 경우 사회봉사명령을 부가할 수 있는가, 어떤 종류의 사회봉사명령을 부가할 수 있는가?(참고판례 6)

참고판례 ❶

대법원 2007.2.22. 선고 2006도8555 판결【폭력행위등처벌에관한법률위반(집단 · 흉기등상해)】[공2007.4.1.(271),523]

【이유】

상고이유를 판단한다.

집행유예의 요건에 관한 형법 제62조 제1항 본문은 "3년 이하의 징역 또는 금고의 형을 선고할 경우에 제51조의 사항을 참작하여 그 정상에 참작할 만한 사유가 있는 때에는 1년 이상 5년 이하의 기간 '형'의 집행을 유예할 수 있다."고 규정하고, 같은 조 제2항은 "형을 '병과'할 경우에는 그 형의 '일부'에 대하여 집행을 유예할 수 있다."고 규정하고 있는바, 비록 형법 제62조 제1항이 '형'의 집행을 유예할 수 있다고만 규정하고 있다고 하더라도, 이는 같은 조 제2항이 그 형의 '일부'에 대하여 집행을 유예할 수 있는 때를 형을 '병과'할 경우로 한정하고 있는 점에 비추어 보면, 조문의 체계적 해석상 하나의 형의 전부에 대한 집행유예에 관한 규정이라 할 것이다.

또한, 하나의 자유형에 대한 일부집행유예에 관하여는 그 요건, 효력 및 일부 실형에 대한 집행의 시기와 절차, 방법 등을 입법에 의해 명확하게 할 필요가 있으므로, 그 인정을 위해서는 별도의 근거 규정이 필요하다고 할 것이다.

원심은 이와 달리 형법 제62조 제1항이 일부집행유예를 인정하고 있다고 보아 대법원 2002.2.26. 선고 2000도4637 판결을 원용하여 피고인에 대하여 하나의 징역형 중 일부에 대한 집행유예를 선고하였으나, 위 판결은 형법 제37조 후단의 경합범 관계에 있는 각 죄에 대하여 두 개의 자유형을 선고하는 경우 그 중 하나의 자유형에 대한 집행유예를 인정한 것으로서, 하나의 자유형 중 일부에 대하여 집행유예를 선고한 이 사건과 사안을 달리하여 원용하기 부적절하다.

따라서 원심의 조치에는 집행유예에 관한 법리오해의 위법이 있고, 이는 판결 결과에 영향을 미쳤다고 할 것이므로 이 점을 지적하는 검사의 상고이유의 주장은 이유 있다.

한편, 피고인의 상고이유에는 원심을 유지하여 달라는 주장 외에 별다른 주장이 들어 있지 않으므로 이는 적법한 상고이유가 될 수 없고, 따라서 상고이유서 제출기간 경과 후에 제출된 국선변호인의 상고이유보충서는 상고이유를 보충한다고 볼 수 없으므로, 피고인의 상고이유에 대하여는 판단하지 아니한다.

그러므로 원심판결을 파기하고, 사건을 다시 심리 · 판단하게 하기 위하여 원심법원으로 환송하기로 하여 관여 대법관의 일치된 의견으로 주문과 같이 판결한다.

참고판례 ❷

대법원 2002.2.26. 선고 2000도4637 판결【특수강도 · 절도】[공2002.4.15.(152),840]

【이유】

형법 제37조 후단의 경합범 관계에 있는 죄에 대하여 형법 제39조 제1항에 의하여 따로 형을 선고하여야 하기 때문에 하나의 판결로 두 개의 자유형을 선고하는 경우 그 두 개의 자유형은 각각 별개의 형이므로 형법 제62조 제1항에 정한 집행유예의 요건에 해당하면 그 각 자유형에 대하여 각각 집행유예를 선고할 수 있는 것이고, 또 그 두 개의 자유형 중 하나의 자유형에 대하여 실형을 선고하면서 다른 자유형에 대하여 집행유예를 선고하는 것도 우리 형법상 이러한 조치를 금하는 명문의 규정이 없는 이상 허용되는 것으로 보아야 할 것이다(대법원 2001.10.12. 선고 2001도3579 판결 참조). 다만 우리 형법이 집행유예기간의 시기(시기)에 관하여 명문의 규정을 두고 있지는 않지만 형사소송법 제459조가 "재판은 이 법률에 특별한 규정이 없으면 확정한 후에 집행한다."고 규정한 취지나 집행유예 제도의 본질 등에 비추어 보면 집행유예를 함에 있어 그 집행유예기간의 시기는 집행유예를 선고한 판결 확정일로 하여야 하고 법원이 판결 확정일 이후의 시점을 임의로 선택할 수는 없다 할 것이다.

원심은, 그 판시와 같이 피고인에 대한 판시 각 죄를 모두 유죄로 인정하면서 피고인에게는 1999.4.10. 확정된 벌금 500,000원의 약식명령이 있으므로 이와 형법 제37조 후단의 경합범 관계에 있는 판시 제1의 가, 판시 제2의 가, 나의 죄들에 대하여는 징역 2년 6월, 그 나머지 판시 제1의 나, 판시 제2의 다, 판시 제3의 죄들에 대하여는 징역 3년 6월을 각 선고하되, 이 사건 판결 확정 후 판시 제1의 나, 판시 제2의 다, 판시 제3의 죄들에 대한 위 형의 집행종료일부터 4년간 판시 제1의 가, 판시 제2의 가, 나의 죄들에 대한 위 형의 집행을 유예하였는바, 위에서 본 법리에 비추어 보면, 원심이 판시 제1의 가, 판시 제2의 가, 나의 죄들과 그 나머지 판시 제1의 나, 판시 제2의 다, 판시 제3의 죄들에 대하여 각각 징역형을 선고하면서 그 중 판시 제1의 가, 판시 제2의 가, 나의 죄들에 대한 위 징역형에 대하여만 집행유예를 선고한 것은 위법하다 할 수 없으나, 그 집행유예기간의 시기를 판결 확정 후 판시 제1의 나, 판시 제2의 다, 판시 제3의 죄들에 대한 위 징역형의 집행종료일로 한 것은 위법하다 할 것이고 이는 판결 결과에 영향을 미쳤음이 분명하다. 상고이유 중 이 점을 지적하는 부분은 이유 있다.

그러므로 원심판결 중 판시 제1의 가, 판시 제2의 가, 나의 죄들에 대한 부분을 파기하고 이 부분 사건을 원심법원에 환송하기로 하여 관여 대법관의 일치된 의견으로 주문과 같이 판결한다.

참고판례 ❸

대법원 2007.2.8. 선고 2006도6196 판결【병역법위반】[공2007.3.15.(270),461]

【이유】

상고이유를 판단한다.

형법 제62조 제1항 단서에서 규정한 '금고 이상의 형을 선고한 판결이 확정된 때'는 실형뿐 아니라 형의 집행유예를 선고한 판결이 확정된 경우도 포함된다고 해석되며, 형의 집행유예를 선고받은 자가 형법 제65조에 의하여 그 선고가 실효 또는 취소됨이 없이 정해진 유예기간을 무사히 경과하여 형의 선고가 효력을 잃게 되었다고 하더라도, 형의 선고의 법률적 효과가 없어진다는 것일 뿐, 형의 선고가 있었다는 기왕의 사실 자체까지 없어지는 것은 아니라 할 것이고, 더구나 집행유예 기간 중에 죄를 범하였다는 역사적 사실마저 소급적으로 소멸되는 것은 아니다.

그러나 형벌법규는 그 규정 내용이 명확하여야 할 뿐만 아니라 그 해석에 있어서도 엄격함을 요하고, 명문규정의 의미를 피고인에게 불리한 방향으로 지나치게 확장해석하거나 유추해석하는 것은 죄형법정주의의 원칙에 어긋나는 것으로서 허용되지 아니한다(대법원 1992.10.13. 선고 92도1428 전원합의체 판결, 2005.11.24. 선고 2002도4758 판결, 2006.6.2. 선고 2006도265 판결 등 참조). 따라서 위 단서 조항이 형의 집행종료나 집행면제 시점을 기준으로 집행유예 결격기간의 종기를 규정하고 있는 만큼, 이를 무시한 채 유예기간이 경과되어 집행가능성이 소멸되었기 때문에 집행종료나 집행면제의 시기를 특정할 수 없게 된 경우까지를 위 단서 조항의 요건에 포함된다고 볼 수는 없고, 상고이유의 주장과 같이 집행유예를 선고한 판결의 경우에는 그 유예기간의 장단 및 경과 여부를 불문하고 일률적으로 그 판결의 확정시로부터 3년간이 결격기간으로 되는 것으로 유추해석할 수도 없다. 또한, 이와 달리 집행유예 기간이 경과한 때를 위 결격기간의 종기에 해당하는 것으로 해석하는 것도 같은 이유로 허용될 수 없다 할 것이다.

그렇다면 집행유예 기간 중에 범한 죄에 대하여 형을 선고할 때에 위 단서 소정의 요건에 해당하는 경우란, 이미 집행유예가 실효 또는 취소된 경우와, 그 선고 시점에 미처 유예기간이 경과하지 아니하여 형 선고의 효력이 실효되지 아니한 채로 남아 있는 경우로 국한된다고 해석할 수 밖에 없다. 이에 반하여 집행유예가 실효 또는 취소됨이 없이 유예기간을 경과한 때에는, 형의 선고가 이미 그 효력을 잃게 되어 '금고 이상의 형을 선고'한 경우에 해당한다고 보기 어려울 뿐 아니라, 집행의 가능성이 더 이상 존재하지 아니하여 집행종료나 집행면제의 개념도 상정하기 어려우므로 위 단서 소정의 요건에의 해당 여부를 논할 수 없다 할 것이다. 이 점은 이 사건과 같이 집행유예 기간 중에 범한 죄에 대한 기소 후 그 재판 도중에 유예기간이 경과한 경우라 하여 달리 볼 것은 아니다.

결국, 피고인에게 징역형의 집행을 유예한 제1심의 판단을 그대로 유지한 원심의 조치는 정당하고,

거기에 상고이유로 주장하는 바와 같은 형법 제62조 제1항 단서 소정의 집행유예 결격사유에 관한 법리오해의 위법이 있다고 할 수 없다.

그러므로 상고를 기각하기로 하여 관여 법관의 일치된 의견으로 주문과 같이 판결한다.

참고판례 ❹

대법원 2002.2.22. 선고 2001도5891 판결【마약류관리에관한법률위반(향정) · 마약류관리에관한법률위반(대마)】[공2002.4.15.(152),831]

【이유】

원심은, 피고인이 1998. 12. 9. 수원지방법원에서 폭력행위등처벌에관한법률위반죄로 징역 1년 6월, 집행유예 3년을 선고받고 그 유예기간 중에 이 사건 범행을 저지른 사실을 인정하면서도, 집행유예의 제도적 취지, 그 결격사유를 규정한 형법 제62조 제1항 단서와 관련 규정의 문언과 규정형식 등에 비추어 형법 제62조 제1항 소정의 '금고 이상의 형의 선고를 받아'라고 하는 의미는 금고 이상의 실형의 선고를 받은 경우만을 뜻하고 그 형이 집행유예된 경우는 이에 포함되지 않는다고 해석함이 상당하다고 판단한 다음, 이러한 해석에 터잡아 집행유예기간 중에 이 사건 범죄를 저지른 피고인에 대하여 집행유예기간이 경과하지 아니하였음에도 다시 그 형의 집행을 유예하는 판결을 선고하였다.

그러나 형법 제62조 제1항 단서에서 규정한 '금고 이상의 형의 선고를 받아 집행을 종료한 후 또는 집행이 면제된 후로부터 5년이 경과하지 아니한 자'라는 의미는 실형의 선고를 받고 집행종료나 집행이 면제된 후부터 5년을 경과하지 아니한 경우만을 가리키는 것이 아니라 형의 집행유예를 선고받고 그 유예기간이 경과하지 아니한 경우도 포함되고, 다만 어떤 사람이 저지른 형법 제37조의 경합범관계에 있는 수죄가 전후로 기소되어 각각 별개의 절차에서 재판을 받게 된 결과 어느 죄에 대하여 먼저 집행유예가 선고되어 그 형이 확정된 경우 그 나머지 죄에 대한 판결에서 다시 집행유예를 선고할 수 없다면 위 수죄가 같은 절차에서 동시에 심판을 받아 한꺼번에 집행유예를 선고받을 수 있었던 경우와 비교하여 현저히 균형을 잃게 되어 불합리하므로, 이러한 경우에 있어서는 위 단서규정의 '형의 선고를 받아'라는 의미는 실형이 선고된 경우만을 가리키고 형의 집행유예를 선고받은 경우는 포함하지 않는다. 따라서 형의 집행유예를 선고받고 그 유예기간이 경과되지 아니한 사람에게는 그 사람이 형법 제37조의 경합범관계에 있는 수죄를 범하여 같은 절차에서 동시에 재판을 받았더라면 한꺼번에 집행유예의 선고를 받았으리라고 여겨지는 특수한 경우가 아닌 한 다시 형의 집행유예를 선고할 수 없다는 것이 대법원의 확립된 견해이다(대법원 1989.9.12. 선고 87도2365 전원합의체 판결, 1989.10.10. 선고 88도824 판결, 1991.5.10. 선고 91도473 판결, 1992.8.14. 선고 92도1246 판결, 1997.10.13.자 96모118 결정 등 참조).

그럼에도 불구하고, 원심이 종전에 선고받은 징역형의 집행유예기간이 경과하지 아니한 피고인에게 다시 집행유예를 선고하였음은 형법 제62조 제1항 단서의 법리를 오해한 위법이 있다 할 것이고, 이 점을 지적하는 상고이유의 주장은 이유 있다.

그러므로 원심판결을 파기하고 사건을 다시 심리 · 판단하도록 원심법원에 환송하기로 하여 관여 법관의 일치된 의견으로 주문과 같이 판결한다.

참고판례 ❺

대법원 2007.5.11. 선고 2005도5756 판결【업무상배임】[공보불게재]

【이유】

상고이유를 판단한다.

형법 제59조 제1항은 “1년 이하의 징역이나 금고, 자격정지 또는 벌금의 형을 선고할 경우 제51조의 사항을 참작하여 개전의 정상이 현저한 때에는 그 선고를 유예할 수 있다. 단, 자격정지 이상의 형을 받은 전과가 있는 자에 대하여는 예외로 한다.”고 규정하고 있는바, 위 단서에서 정한 “자격정지 이상의 형을 받은 전과”라 함은 자격정지 이상의 형을 선고받은 범죄경력 자체를 의미하는 것이고, 그 형의 효력이 상실된 여부는 묻지 않는 것으로 해석함이 상당하다. 따라서 형의 집행유예를 선고받은 자는 형법 제65조에 의하여 그 선고가 실효 또는 취소됨이 없이 정해진 유예기간을 무사히 경과하여 형의 선고가 효력을 잃게 되었다고 하더라도 형의 선고의 법률적 효과가 없어진다는 것일 뿐, 형의 선고가 있었다는 기왕의 사실 자체까지 없어지는 것은 아니므로, 형법 제59조 제1항 단서에서 정한 선고유예 결격사유인 “자격정지 이상의 형을 받은 전과가 있는 자”에 해당한다고 보아야 한다(대법원 2003. 12.26. 선고 2003도3768 판결 참조).

원심이 같은 취지에서, 피고인은 1991.12.30. 창원지방법원 진주지원에서 폭력행위 등 처벌에 관한 법률 위반죄로 징역 8월에 집행유예 1년을 선고받아 그 판결이 확정된 후 그 집행유예 선고가 실효 또는 취소됨이 없이 유예기간을 경과하였지만, 형법 제59조 제1항 단서에 정한 선고유예 결격사유인 “자격정지 이상의 형을 받은 전과가 있는 자”에 해당한다고 보아, 피고인에 대하여 형의 선고를 유예한 제1심판결을 파기하고 판시의 벌금형을 선고한 조치는 정당하고, 거기에 상고이유로 주장하는 바와 같은 선고유예에 관한 법리나 형 선고의 실효에 관한 법리를 오해한 위법 등이 없다.

그리고 형의 실효 등에 관한 법률(이하 ‘형실효법’이라 한다) 제7조 제1항은 수형인이 자격정지 이상의 형을 받음이 없이 그 형의 집행을 종료하거나 그 집행이 면제된 경우에 한하여 적용될 수 있는 형의 실효에 관한 규정이므로, 이 사건에서와 같이 피고인이 징역 8월에 집행유예 1년을 선고받은 후 그 집행유예의 선고가 실효 또는 취소됨이 없이 유예기간을 경과함으로써 형법 제65조에 의하여 위 형의 선고가 효력을 잃은 경우에는 형실효법 제7조 제1항에 의하여 위 형이 실효될 여지는 없는 것이고, 가사 형실효법 제7조 제1항에 의하여 위 형이 실효되었다고 하더라도 그 형의 선고가 있었다는 기왕의 사실 자체까지 소멸하는 것은 아니므로 (대법원 2004.10.15. 선고 2004도4869 판결 참조), 이와 다른 전제에서 원심 판단에 형실효법에 관한 법리오해가 있음을 탓하는 상고논지도 이유 없다.

그러므로 상고를 기각하기로 하여 관여 대법관의 일치된 의견으로 주문과 같이 판결한다.

참고판례 ❺

대법원 2008.4.11. 선고 2007도8373 판결【특정경제범죄가중처벌등에관한법률위반(횡령)·특정경제범죄가중처벌등에관한법률위반(배임)·업무상배임·뇌물공여{인정된죄명:특정경제범죄가중처벌등에관한법률위반(증재)}】[공2008상,710]

【이유】

상고이유(상고이유서 제출기간이 경과한 후에 제출된 의견서 등의 기재는 상고이유를 보충하는 범위 내에서)를 판단한다.

1. 피고인들에 대한 사회봉사명령 부분

우리 헌법은 "모든 국민은 신체의 자유를 가진다. 누구든지 … 법률과 적법한 절차에 의하지 아니하고는 처벌 · 보안처분 또는 강제노역을 받지 아니한다."(헌법 제12조 제1항)라고 정하여 처벌 · 보안처분 · 강제노역에 관한 법률주의 및 적법절차 원리를 선언하고 있다. 이를 이어받아 이른바 범죄인에 대한 사회내 처우의 한 유형으로 도입된 사회봉사명령 등에 관하여 구체적인 사항을 정하고 있는 형법 제62조의2와 보호관찰 등에 관한 법률 제59조 내지 제64조, 특히 제59조 제1항 "법원은 형법 제62조의2의 규정에 의한 사회봉사를 명할 때에는 500시간 … 의 범위 내에서 그 기간을 정하여야 한다." 등의 내용을 종합적으로 검토하여 보면, 현행 형법의 사회봉사는 형의 집행을 유예하면서 부가적으로 명하는 것이고 집행유예 되는 형은 자유형에 한정되고 있는 점 등에 비추어, 현행 형법에 의하여 법원이 형의 집행을 유예하는 경우 명할 수 있는 사회봉사는 자유형의 집행을 대체하기 위한 것으로서 500시간 내에서 시간 단위로 부과될 수 있는 일 또는 근로활동을 의미하는 것으로 해석된다. 따라서 법원이 형법 제62조의2의 규정에 의한 사회봉사명령으로 피고인에게 일정한 금원을 출연하거나 이와 동일시 할 수 있는 행위를 명하는 것은 허용될 수 없다고 본다.

한편, 법원이 피고인에게 유죄로 인정된 범죄행위를 뉘우치거나 그 범죄행위를 공개하는 취지의 말이나 글을 발표하도록 하는 내용의 사회봉사를 명하고 이를 위반할 경우 형법 제64조 제2항에 의하여 집행유예의 선고를 취소할 수 있도록 함으로써 그 이행을 강제하는 것은, 헌법이 보호하는 피고인의 양심의 자유, 명예 및 인격에 대한 심각하고 중대한 침해에 해당하므로, 이는 허용될 수 없다(헌법재판소 1991.4.1. 선고 89헌마160 결정, 헌법재판소 2002.1.31. 선고 2001헌바43 결정 등 참조).

또, 법원이 명하는 사회봉사의 의미나 내용은 피고인이나 집행 담당 기관이 쉽게 이해할 수 있어 집행 과정에서 그 의미나 내용에 관한 다툼이 발생하지 않을 정도로 특정되어야 한다. 특히, 피고인으로 하여금 자신의 범죄행위와 관련하여 어떤 말이나 글을 공개적으로 발표하도록 하는 것은 경우에 따라 피고인의 명예나 인격에 대한 심각하고 중대한 침해를 초래할 수 있는바, 법원이 피고인에게 유죄로 인정된 범죄행위와 관련하여 어떤 말이나 글을 공개적으로 발표하라는 사회봉사를 명한 경우, 그 말이나 글이 어떤 의미나 내용이어야 하는 것인지 쉽게 이해할 수 없어 집행 과정에서 그 의미나 내용에 관한 다툼이 발생할 가능성이 적지 않고, 유죄로 인정된 범죄행위를 뉘우치거나 그 범죄행위를 공개하는 취지의 말이나 글을 발표하도록 하는 취지의 것으로도 해석될 가능성이 적지 않다면 이러한 사회봉사명령은 위법하다고 볼 수밖에 없다.

오늘날 범죄인의 사회내 처우에 대한 관심과 지원의 필요성이 증대하고 있고, 형사정책적 · 특별예방적 견지에서 볼 때 다양하고 효과적인 내용의 사회봉사명령 및 특별준수사항이 개발 시행되는 것은 바람직하다 할 것이다. 그러나 헌법 제12조 제1항이 선언한 죄형법정주의의 정신에 비추어 볼 때 그 요건과 절차 등에 관한 사항은 가능한 한 구체적으로 법률에서 정해져야 하고, 적법 절차의 원리에 따른 것이어야 하며, 함부로 확장 · 유추 해석하여 운용되어서는 아니 된다.

원심은, 피고인들이 경영하던 주식회사 소유 자금을 횡령하였다는 등의 범죄사실이 유죄로 인정된다는 이유로 각 징역형을 선고하고 그 집행을 유예하면서, 형법 제62조의2에 규정된 사회봉사명령으로서 사회공헌기금으로 일정액의 금전을 출연하는 것을 주된 내용으로 하는 사회공헌약속 및 준법 경영을 주제로 한 강연과 국내 일간지 등 기고를 이행하도록 명하였다.

그러나 앞서 본 법리에 비추어 살펴보면, 원심의 위와 같은 사회봉사명령은 위법하여 허용될 수 없는 것으로 보인다.

먼저, 원심의 사회봉사명령 중 사회공헌기금으로 일정액의 금전을 출연하는 것을 주된 내용으로 하는 사회공헌약속 이행을 명한 부분은, 500시간 내에서 시간 단위로 부과될 수 있는 일 또는 근로활동이 아닌 일정한 금원을 출연할 것을 명하는 것이어서, 현행 형법 제62조의2에 의한 사회봉사명령으로 허용될 수 없는 것이다.

한편, 원심이 "준법 경영을 주제"로 한 강연과 국내 일간지 등 기고를 명한 부분의 정확한 취지가 뒤에서 보는 바와 같이 분명하지 아니하나, 만약 그 취지가 준법 경영을 주제로 한 강연과 기고를 통하여 유죄로 인정된 자로 하여금 횡령 등 사실을 뉘우치는 뜻을 다수인에게 공개적으로 밝힐 것을 피고인들에게 요구하는 것이라면 그것은 헌법이 보호하는 피고인들의 양심의 자유 등에 관한 심각하고 중대한 침해에 해당하는 것이어서 허용될 수 없는 것임이 명백하다.

나아가, 원심은 단순히 "준법 경영을 주제"로 한 강연과 기고를 명한다고 할 뿐이어서 위 명령만으로는 준법 경영을 주제로 하여 구체적으로 어떤 의미나 내용의 강연 또는 기고를 해야 하고 또 할 수 있다는 것인지, 예컨대 자신의 범행에 대한 사죄 또는 반성의 취지를 담아야 하는 것인지, 준법 경영에 관한 것이기만 하면 경영 일반론에 관하여 언급하는 것이어도 무방하다는 것인지, 자신의 행위를 유죄로 인정한 법원의 판단을 납득하기 어렵다고 변명하고 반박하는 것도 허용되는 것인지 명확히 알기 어렵다. 이로 인하여 피고인들과 집행 담당 기관은 위 강연 또는 기고가 구체적으로 어떤 의미나 내용을 담은 것으로 이행되어야 하는지를 쉽게 파악하기 어렵고, 이로 인하여 집행 과정에서 위 사회봉사명령의 의미나 내용에 관한 다툼이 발생할 가능성이 적지 않은 것으로 보인다. 또, 형벌을 대체하는 불이익한 처분이라는 사회봉사명령의 성격에 비추어 볼 때 현실적으로 위 강연과 기고는 앞서 본 바와 같이 피고인들로 하여금 유죄로 인정된 범죄행위를 뉘우치거나 그 범죄행위를 공개하는 취지의 말이나 글을 발표하도록 하는 취지의 것으로 이해되고 집행될 가능성이 없지 않다 할 것이다. 따라서 이러한 사회봉사명령은 그 의미나 내용이 특정되지 아니할 뿐만 아니라, 그에 따라 헌법이 보호하는 피고인들의 양심의 자유 등에 관한 심각하고 중대한 침해를 초래할 가능성이 적지 않아 위법하다고 볼 수밖에 없다.

결국, 원심판결에는 사회봉사명령의 내용과 한계에 관한 법리를 오해한 위법이 있는 것이어서 그대로 유지될 수 없다.

2. 피고인 2에 대한 뇌물공여 부분

… 생략

3. 결 론

그렇다면 원심판결 중 피고인들에 대한 사회봉사명령 부분과 피고인 2에 대한 뇌물공여 부분은 그대로 유지될 수 없는데, 피고인들에게 선고된 징역형의 집행유예와 사회봉사명령은 서로 불가분의 관계에 있고, 피고인 2에 대한 뇌물공여 부분의 예비적 공소사실은 물론 이와 경합범의 관계에 있는 나머지 공소사실들은 위 뇌물공여 부분의 판단에 따라 한꺼번에 다시 심판되어야 할 것이므로, 결국 피고인들에 대한 원심판결을 모두 파기하고, 사건을 다시 심리 · 판단하게 하기 위하여 원심법원에 환송하기로 하여, 관여 대법관의 일치된 의견으로 주문과 같이 판결한다.

참조문헌

권오걸, "동시재판의 가능성과 집행유예기간중의 집행유예의 선고", 비교형사법연구 제6권 제1호, 2004, 445면-470면.

백원기, "집행유예기간중 발각된 범죄에 대한 집행유예선고의 가능여부", 형사판례연구 제7권, 1999, 194면-205면.

손동권, "집행유예의 요건과 예외", 비교형사법연구 제8권 제1호, 2006, 201면-230면.

이천현, "하나의 자유형에 대한 일부 집행유예", 형사판례연구 제16권, 2008, 58면-80면.

정준섭, "집행유예 기간경과의 효과로서의 "형의 선고는 효력을 잃는다"의 의미", 비교형사법연구 제9권 제1호, 2007, 139면-163면.

한영수, "집행유예기간이 경과한 자에 대한 선고유예", 형사판례연구 제13권, 2005, 218면-235면.

한영수, "재벌그룹회장에 대한 집행유예의 선고", 형사판례연구 제17권, 2009, 118면-161면.

용어색인

판례색인

판례교재 형법총론

초판발행 / 2010년 2월 25일

글쓴이 / 박상기, 신양균, 조상제, 전지연, 천진호
펴낸이 / 박준성
펴낸곳 / 준커뮤니케이션즈
등록일 / 2004년 1월 9일 제25100-2004-1호
주　소 / 대구광역시 중구 봉산동 217-16 삼협빌딩 3층
홈페이지 / www.junecom.co.kr
전　화 / (053)425-1325
팩　스 / (053)425-1326

ISBN 978-89-93272-17-8

값 30,000원